法律今典译丛

Die deutsche Strafrechtswissenschaft
Tradition und Moderne

德国刑法学

从传统到现代

〔德〕埃里克·希尔根多夫 (Eric Hilgendorf) 著
江 溯 黄笑岩 等译

图书在版编目(CIP)数据

德国刑法学:从传统到现代/(德)希尔根多夫著;江溯等译.—北京:北京大学出版社,2015.8
（法律今典译丛）
ISBN 978-7-301-26264-1

Ⅰ.①德… Ⅱ.①希… ②江… Ⅲ.①刑法—法的理论—研究—德国 Ⅳ.①D951.64

中国版本图书馆 CIP 数据核字(2015)第 199625 号

书　　　名	德国刑法学：从传统到现代
著作责任者	〔德〕埃里克·希尔根多夫(Eric Hilgendorf)　著
	江　溯　黄笑岩　等译
责 任 编 辑	李　昭
标 准 书 号	ISBN 978-7-301-26264-1
出 版 发 行	北京大学出版社
地　　　址	北京市海淀区成府路 205 号　100871
网　　　址	http://www.pup.cn
电子信箱	law@pup.pku.edu.cn
新浪微博	@北京大学出版社　@北大出版社法律图书
电　　　话	邮购部 62752015　发行部 62750672　编辑部 62752027
印 刷 者	三河市北燕印装有限公司
经 销 者	新华书店
	965 毫米×1300 毫米　16 开本　36 印张　500 千字
	2015 年 8 月第 1 版　2021 年 1 月第 3 次印刷
定　　　价	88.00 元

未经许可，不得以任何方式复制或抄袭本书之部分或全部内容。
版权所有，侵权必究
举报电话：010-62752024　电子信箱：fd@pup.pku.edu.cn
图书如有印装质量问题，请与出版部联系，电话：010-62756370

译者简介及分工

江溯：北京大学法学院副教授、德国马普外国刑法与国际刑法研究所博士后(第二十五、二十七、二十八章)

黄笑岩：德国维尔兹堡大学法学院博士研究生(第一、三、九、十、二十二、二十六章)

梁奉壮：中国人民大学法学院博士研究生、德国维尔兹堡大学法学院博士研究生(第二、二十三、二十四章)

何庆仁：中国青年政治学院法学院副教授、德国马普外国刑法与国际刑法研究所访问学者(第四章)

陈毅坚：中山大学法学院副教授、德国慕尼黑大学法学院访问学者(第五、十六章)

刘刚：北京大学法学院讲师、德国柏林洪堡大学法学博士(第六、八章)

陈金林：武汉大学法学院讲师、德国马普外国刑法与国际刑法研究所访问学者(第七、二十章)

胡莎：中国人民大学法学院博士研究生(第十一章)

黎杰翠：中国人民大学法学院博士研究生(第十一章)

曹斐：北京大学法学博士、德国维尔兹堡大学法学院博士研究生(第十二章)

徐凌波：北京大学法学博士、德国维尔兹堡大学法学院博士研究生(第十三、十四、十五章)

王佐发：中国人民大学法学院硕士研究生(第十七章)

蔡桂生：北京大学法学院博士后研究人员、北京大学法学博士、德国波恩大学法学博士(第十八章)

赵晨光：北京师范大学刑事法律科学研究院讲师、德国弗莱堡大学法学博士(第十九、二十一章)

作 者 序

黄笑岩 译

本书收录了我在15年时间里所发表的各种论文,其中囊括了对刑法基础理论问题以及各种总论、分论问题的研究。尤其受到关注的是医事刑法和互联网刑法领域的相关问题。尽管这些论文本身由德语写成,但我相信它们对于处于迅速成长中的中国刑法学同样具有意义。在过去的20年时间里,中国受到了德国刑法理论的强烈影响,这在《中华人民共和国刑法》中也有所体现。

本书介绍了许多目前在德国十分热门的问题。虽然德国刑法理论并不局限于这些问题,但是文集中收录的文章则表明,德国刑法学的研究重点已经从总论转移到了分论的研究上。研究关注的核心已经不再是"行为""违法性"以及"罪责"等一般概念,而是经济刑法、医事刑法或是现代科技刑法(在互联网刑法的影响下)等方面的实践问题。其中体现了德国刑法体系的成熟性,以及随之而来的刑法理论问题。

但这并不意味着一般性的问题不再有意义,相反应当认为它们大部分已经得到了阐明。因此德国刑法学者整体认为再去重新分析和回答之前提及的这些一般性问题是没有必要的。

中国是一个有着特殊历史、文化和政治体制的大国。他与西方体制有着本质的区别。因此认为中国可以直接地继受西方尤其是德国的法律体系,这种观点从一开始就是错误的。只有那些在中国能够得到有效适用的法律要素才值得被继受。因此与刑法分论相比,刑法总论的结构与教义阐释更容易被中国刑法学界所接受。因为与建立在逻辑演绎基础上的总论相比,刑法分论的内容更容易受到来自世界观和政治观的影响。世界观和政治观可以是不同的,但逻辑则是普适的。

不过在刑法分论中也存在一些可以得到普遍认可的要素。这包括了各种侵犯了基础性(因此也是普适性)的法益例如生命、身体完整性的犯罪行为。为了防止现代经济秩序所产生的副作用而设置的各种犯罪构成要件,也受到了各国的共同关注。在此仅举环境刑法、经济刑法以及科技刑法尤其是互联网刑法为例。特别是互联网刑法中存在着明显的普适化倾向:正如互联网技术适用于全球各地那样,互联网犯罪所使用的方法与攻击方式也十分类似。因此在打击互联网犯罪方面,也有必要在国际范围内对刑法进行和谐化。德国是欧洲的核心,而中国则是正在崛起中的国际力量,二者对于刑法的国际和谐化都需要承担特殊的责任。

2010年,我与北京大学法学院的梁根林教授一起创建了"中德刑法学者联合会"。联合会的宗旨在于推动和深化两国在刑法领域的交流与合作。迄今联合会的运作极其成功,分别在维尔兹堡和北京举行了两届中德刑事法论坛。第三届中德刑事法论坛预计将于2015年9月再次在维尔兹堡举行。2014年7月维尔兹堡大学法学院成功举办了德国刑法总论暑期课程,来自中国各地的青年刑法才俊参加了这次课程。我希望中德刑法学者之间的合作在未来能够取得更辉煌的成绩。而本书也可以被视为其中的一份努力。

在此我首先要感谢江溯先生和他组织的翻译团队。此外,我还要感谢我的助手黄笑岩先生,没有他的努力也就没有中德刑法学界今天如此巨大的合作成果。另外我还要感谢我的中国同行陈兴良教授和梁根林教授为本书所作的序言。

埃里克·希尔根多夫
2015年1月于维尔兹堡

陈 兴 良 序

德国维尔兹堡大学法学院希尔根多夫教授的著作《德国刑法学：从传统到现代》一书即将在中国出版，这对于中国学者系统地了解德国刑法学的历史与现状，都具有重要的意义。对此我十分期盼。

为本序的写作，我阅读了本书的电子版。本书多达五百多页，每页在电脑的屏幕上蓦然闪过，如同坐在高铁上，窗外的景色随着火车的高速运行而一闪而过，呈现出斑驳陆离的风景。本书给我的第一个观感就是——"杂"：不是杂乱无章的"杂"，而是丰富多彩的"杂"。本书提供的显然不是体系化的教科书式的刑法知识，而是前沿性的刑法知识。对于一般的读者来说，最为熟悉的也就是教科书中的刑法知识。毫无疑问，教科书是对某一学科基本原理的体系化叙述，是我们了解某一学科知识的窗口。以往对于外国刑法著作的翻译，一般都始于教科书。以德国为例，已经翻译出版的就有（以作者年代为序排列）：费尔巴哈刑法教科书，李斯特刑法教科书，耶赛克刑法教科书，罗克辛刑法教科书等。通过这些不同时代的德国刑法教科书，我们可以系统地把握德国刑法理论体系的全貌。在我看来，对于一个国家刑法知识的了解，仅有刑法教科书是远远不够的。因为刑法教科书呈现的是较为成熟的、稳定的知识，可以说是对于这个国家刑法学的过去的了解。如欲了解这个国家刑法学的现状，还是要阅读论文与专著，这才代表了这个国家刑法学的现在，并昭示着这个国家刑法学的未来。希尔根多夫的《德国刑法学：从传统到现代》一书，就是这样一部能够反映德国刑法学研究的理论现状，并为我们勾画出德国刑法学研究的理论走向的著作。

《德国刑法学：从传统到现代》一书，从书名上就可以看出，存在着传统与现代这两个视角。本书呈现了德国刑法学的多个面向与维度，万花筒般的闪烁着德国刑法学的夺目光彩。

德国的刑法教义学是德国刑法学的瑰宝，本书对德国刑法教义学进行了专门的介绍，这对于中国读者来说，是颇为有益的。在德国刑法学中，对于刑法学的表述，存在三个概念，一是整体刑法学，二是刑法教义学，三是刑法理论。整体刑法学是一个具有悠久历史的称谓，一般认为源自李斯特。整体刑法学相当于刑事法学，包括了与犯罪和刑罚相关的各个学科。例如狭义上的刑法学，刑事诉讼法学，刑事执行法学（监狱学），刑事政策学，犯罪学等。整体刑法学强调将刑法置于整个刑事法的视野中进行考察，构建了一种体系化的刑事法知识，具有其合理性。刑法教义学则是狭义上的刑法学，它采用德国所谓教义学的分析方法，对刑法法规进行系统叙述。至于刑法理论，可以说是刑法教义学的代名词。在本书中，希尔根多夫教授明确指出："刑法学的核心一直是刑法教义学或刑法理论。当本文以下提到'德国刑法理论'，更为准确地说是德国刑法教义学时，主要就是指以体系构成为目的，对刑法规定以及其中的构成要件特征所进行的概念性分析。"值得注意的是，德国的刑法教义学在其内容上只是包括犯罪论，而不必包括刑罚论。德国刑法中的刑罚论，主要是在刑事政策学中进行研究。在这一点上，德国和日本基本上是相同的，而与我国不同。在以上对刑法教义学的定义中，希尔根多夫教授论及三个关键词，这就是体系构成、构成要件和概念性分析。体系化是刑法教义学的首要特征，刑法教义学是一种体系性的知识集成，对于刑法问题也主要是采用体系性的思考方式。构成要件是一个理论概念而非法律概念，但构成要件又是与法律规范密不可分的，它是从法律规定中提炼和抽象出来的一个概念，其特征是源于法律，高于法律。概念性分析是刑法教义学的基本方法，它具有哲理性和逻辑性。一般来说，概念性分析不同于语言性分析。因此，刑法教义学并不是一般意义上的法解释学，而更多的是对法律规范进行逻辑分析，因而具有法逻辑学的特征。

在论及刑法教义学的性质时,希尔根多夫教授介绍了德国刑法学者对刑法学的一般理解,也即是所谓刑法学功能的见解,指出:"刑法学是'刑法—限制科学'。也就是说,大多数刑法学者对于立法者所致力的刑法范围扩大化以及刑罚加剧化是持否定怀疑态度的。刑法的作用在于当公民的合法权益遭受侵犯时,对其进行保护;刑法的核心在于通过保护公民的法益 保障其自由。刑法教义学通过其尽可能明确可罚性的法定前提并且以此使得刑事追诉具有预见性和审核性,来保障犯罪人以及犯罪嫌疑人的自由。"这里所说的"刑法学是'刑法—限制科学'",可以说是对刑法教义学功能的最为深刻的阐述,对于我国刑法学者也是具有重要的启示意义的。立法与司法都是天然地具有扩大性与扩张性的,尤其是在刑法作为专政工具的刑法价值观的指导下,刑法更倾向于打击犯罪。在这种情况下,刑法学者的使命并不在于为刑法的扩大化与扩张化提供理论根据,而恰恰在于发挥刑法教义学对于刑法适用的规范与约束功能,从而达到对公民权利与自由的保护与保障。在本书中,《刑法的体系构成》一章曾于2013年在北京大学法学院举办的中德第二届刑法论坛上发表,给我国学者留下深刻的印象。作为这一论文的评论人,我对希尔根多夫教授在文中提到的"刑法的两极:体系构成与恣意"这个命题深有感触。刑法本身具有恣意滥用的可能性,为此,刑法教义学必须以体系性的教义学原理去约束刑法的恣意性。唯有如此,刑法教义学才能成为法治国的精神财富,而不至于成为专制的知识附庸。

当今的德国,刑法教义学已经发展到极致,要想在传统的刑法教义学领域有所突破,有所创新,已经变得十分困难。因此,德国刑法学目前的学术前沿大多集中在特别领域的刑法,例如本书中所涉及的计算机刑法(网络刑法),医事刑法和经济刑法等。例如,希尔根多夫教授本人就是刑事产品责任领域的专家,对刑事产品责任问题颇有研究。在本书关于风险社会刑法的论述中,希尔根多夫教授对风险刑法的理论在德国的发展情况做了介绍,可以看出在风险刑法与自由刑法之间存在着较大的价值上的分歧。风险刑法更为追求的是安全价值,为此对传统刑法进行改造,在立法上扩大犯罪范围,设置抽象的危险犯。风险刑法观念对刑法教义学也带来较大影响,如同希尔根多夫教授在本书中所说的,各种教义学机制,如因果关系、既未遂的理论、正犯与参与理论、故意和过失的理论,在风险刑法之下都被修改或被灵活化了。而自由刑法则仍然坚持法治国的刑法理念,把人权保障放在第一位,坚守刑法的限制机能。对于以上两种刑法价值分野,希尔根多夫教授并没有过多地进行正面评价,而是从刑事产品责任的角度提出了以下问题:刑事产品责任是否也具有"风险刑法"的特征,还是说,至少判决已经成功地在传统的受法治国原则约束的教义学框架内解决了所出现的紧迫问题?为此,希尔根多夫教授以德国著名的皮革喷雾剂案为例,进行了深度的分析,由此得出结论:"在皮革喷雾剂案判决中并不存在那种有违法治国原则的对教义学结构的灵活化处理,相反,本案以过去相关判决和文献为基础构建了刑事产品责任的基础,而且努力地尝试以过去判决和文献上的观点来解决几乎所有的问题。虽然联邦最高法院的某些论证事实上并非毫无疑问,但笔者认为,批评者指责这份判决是在一个风险刑法意义上对刑法教义学结构的灵活化处理也是不能令人信服的。应当认为,刑事产品责任并不具有'风险刑法'的特征。"对于这一观点,我是赞同的。风险刑法在我国也是一个充满争议的话题。在《风险刑法理论的法教义学批判》(载《中外法学》2014年第1期)一文中,我站在刑法教义学的立场上,对风险刑法理论进行了批判,尤其是揭示了风险刑法理论与其赖以凭借作为理论根据的风险社会理论之间难以无缝对接,使风险刑法理论根基不稳的问题。现在,读到希尔根多夫教授关于风险刑法理论的评论,十分亲切,使我产生"吾道不孤"的感觉。

从本书对作者的简介可以看出,希尔根多夫教授研究领域广泛,著述颇丰,在德国中青年刑法学者中是佼佼者。尤其使中国学者感到亲切的是,希尔根多夫教授热心于中德刑法学术交流活动。在希尔根多夫教授担任德国维尔兹堡大学法学院院长期间,他与北京大学法学院的梁根林教授共同发起成立了中德刑法学者联合会。2011年9月16日至18日,首届中德刑法学者交流在德国维尔兹堡大学法学院举办,主题是"中德刑法解释语境下的罪刑法定原则"。我和张明楷教授等中方学者参加了这次中德刑法学者的盛会。令我们感动的是,著名德国刑法学家罗克辛教授虽已年过八旬,身体状况不佳,但还是亲自与会,向大会提交了《德国刑法中的明确性原则》一文,并在大会上宣读。在参会期间,我们游览了美丽如画的维尔兹堡古城,参观了历史悠久的维尔兹堡大学,留下了深刻而美好的印象。2013年第二届中德刑法学者交流活动在北京大学法学院举行,希尔根多夫教授率领德国刑法学者来到北大未名湖畔,参与深入而深刻的刑法学术交流。虽然存在着语言上的障碍,但对于刑法的领悟使我们心灵相通。今年9月第三届中德刑法学者交流活动又将在德国维尔兹堡大学举行,虽然我不能亲自参加,但希尔根多夫教授的本书中译本在中国出版,将会是一个最为美好的礼物,也是中德刑法学术交流的结晶,献给大会。

最后值得一提的是,参与本书翻译的,是中国年轻的刑法学者。作为翻译工作的主持者,北京大学法学院的江溯副教授做了大量的组织工作,使本书的翻译能够顺利进行。本书翻译工作的另一位主持者黄笑岩博士,在德国维尔兹堡大学跟随希尔根多夫教授攻读博士学位,同时也是希尔根多夫教授从事中德刑法学术交流活动的得力助手,为中德刑法学者之间的学术交流做出了重要的贡献。其他译者都是中国年轻刑法学者,他们接受了中国刑法教育,同时又在德国学习或者进修过,对中国和德国刑法都有研究和造诣,是将来中国刑法学界的有生力量。这里尤其需要指出的是徐凌波博士,在北京大学法学院跟随我攻读博士学位期间,于2012年希尔根多夫教授来北京大学参加学术交流活动之后,又跟随希尔根多夫教授去德国维尔兹堡大学法学院攻读博士学位。现在,徐凌波已经取得了北京大学的博士学位,也完成了维尔兹堡大学的博士论文的写作,即将举行答辩,成为中德联合培养的法学博士。中德刑法的学术交流活动,寄希望于这一代年轻刑法学者。

是为序。

陈兴良
谨识于北京海淀锦秋知春寓所
2015年3月23日

梁 根 林 序

欣闻我的德国知己好友、维尔兹堡大学法学院埃里克·希尔根多夫教授的学术论文集《德国刑法学：从传统到现代》，经由我的同事江溯副教授、黄笑岩博士领衔的专业翻译团队译成中文，即将由北京大学出版社出版。作者和译者分嘱陈兴良教授与我为之作序，我感到十分荣幸。鉴于陈兴良教授在他的序中已经就文集的学术内涵、学术价值及其对中国刑法学的可能借鉴意义进行了评说，我想结合文集的翻译出版，特别与读者分享一下希尔根多夫教授为推动中德刑法学术交流与对话所作的真诚努力与积极贡献。

我与希尔根多夫的缘分与交往始于2009年。当年，他作为国际法律哲学与社会哲学联合会理事，计划于2009年9月中旬出席在北京举行的第24届国际法律哲学与社会哲学大会，以此为契机萌生了与中国同行建立学术联系的想法，便委托他的学生兼学术助理黄笑岩先生，通过互联网搜索对医事刑法有过研究的中国同行的相关信息。因为我本人曾经先后就安乐死发表过三篇小文的缘故，黄笑岩搜索到了我的信息，并通过邮件与我取得联系，转达了希尔根多夫教授希望与中国同行进行学术交流的意向。我当即对希尔根多夫教授的这一提议给予了积极回应，并欢迎他在北京参会期间到访北大。2010年9月17日，希尔根多夫如约到访北大，在我的主持下，就"德国的医事刑法"这一前沿与交叉领域问题进行了学术演讲。他在演讲中展现了德国法学家深邃的抽象思维能力、缜密的逻辑推理能力、对前沿和交叉研究领域复杂问题高屋建瓴的驾驭能力，给我留下极其深刻的印象。初次见面之前，我想象中的希尔根多夫教授应该像多数德国教授那样，是不苟言笑、沉默寡言，甚至多少有点孤傲高冷的。但是，他给我的第一印象迥异于常人，不仅开朗活泼、幽默风趣、充满活力，而且古道热肠、推己及人、善解人意。初次见面,我们即交谈甚欢,甚至大有相见恨晚之感。很快,我们就商定了推动建立中德刑法学定期化的交流机制和交流平台的设想。一方面,我们商定,由希尔根多夫教授和我出面,协调、召集中德刑法学界志同道合的同仁,成立中德刑法学者联合会,每隔两年在德国与中国轮流举行中德刑法论坛;另一方面,我们计划共同组织翻译出版中国刑法学者的刑法学术论文,向德国同行推广介绍最新的中国刑法学术成果。

得益于希尔根多夫教授非比寻常的协调、沟通与组织能力,在中德两国刑法同仁的大力支持下,2011年9月16日至18日,中德刑法学者联合会(CDSV)在位于缅因河畔的德国巴伐利亚州大学城维尔兹堡正式宣告成立,同时举行了第一届中德刑法论坛。按照我们之间事先经过充分沟通达成的规划,中德刑法论坛的议题将完全按照中方的意向与需要设定,并将根据刑法教义学的逻辑顺序,就罪刑法定、构成要件、违法性、责任、共犯等刑法总论基本问题,结合相关的刑法分则具体问题包括前沿和交叉领域问题,依次依序予以展开。因此,第一届中德刑法论坛的主题被设定为"罪刑法定与刑法解释",具体包括"罪刑法定的立法解读""罪刑法定的司法适用""罪刑法定与类推解释"三个议题,每一个议题分别由中德双方派出一位学者进行主题报告和评论。德方的主题报告人分别为慕尼黑大学罗克辛教授、曼海姆大学库伦教授与弗莱堡大学佩龙教授,评论人则为维尔兹堡大学舒斯特教授、奥德河畔法兰克福大学约尔登教授与马普外国刑法与国际刑法研究所原所长埃塞尔教授。慕尼黑大学许逎曼教授为论坛作了主题导引报告。此外,出席会议的其他德方主要学者还有洪堡大学普珀教授等。中方的主题报告人分别是北京大学陈兴良教授、清华大学张明楷教授与中国人民大学冯军教授,评论人则为清华大学周光权教授、中国政法大学曲新久教授和我本人。在整整三天的会议期间,得益于王莹副教授、黄笑岩博士、王钢博士、蔡桂生博士等组成的专业翻译团队的语言支持,中德双方学者克服语言交流的困难与文化理解的差异,就三个论坛议题进行了高强度、高收益的对话与交流。德国同行特别是以罗克辛教授、埃泽尔教授、普珀教授为代表的老一辈刑法学家对刑法学术的执著、对学术交锋的坦诚以及与中国同行平等对话展现的学术尊重,给我们留下极其深刻的印象。会后,中德双方报告人与评论人又在会议对话与交流的基础上,对各自的书面报告与评论进行了修改润色,最后以**《中德刑法学者的对话——罪刑法定与刑法解释》**为名,于 2013 年分别交付中国北京大学出版社与德国 Mohr Siebeck 出版社,用中文与德文正式出版。

在第一届中德刑法论坛成功举行之际,我们即开始筹办拟于两年后在中国北京举行的第二届中德刑法论坛,会议的主题被设定为"刑法体系与构成要件",具体包括"刑法体系""客观归责""缺陷产品的过失责任"三个议题。2013 年 9 月 3 日至 4 日,第二届中德刑法论坛在北京大学如期举行,德方的主题报告人分别为维尔兹堡大学希尔根多夫教授、科隆大学魏根特教授与曼海姆大学库伦教授,评论人分别为奥德河畔法兰克福大学约尔登教授、维尔兹堡大学舒斯特教授、拜罗伊特大学瓦利留斯教授。中方的主题报告人分别为北京大学梁根林教授、清华大学周光权教授与中国政法大学曲新久教授,评论人分别为北京大学陈兴良教授、清华大学张明楷教授与中国人民大学冯军教授,来自首都各高校的数十位刑法学者参加了本次论坛。中国人民大学王莹副教授、陈璇博士、黄笑岩博士以及来自中国台湾地区的就读于希尔根多夫教授门下的林信铭博士,联袂承担了本次论坛的翻译任务。考虑到双方学者参会的身体极限,自第二届论坛起,会期被压缩至两天,每个半天集中研讨一个议题,最后一个半天就整个论坛主题进行开放式自由对话。在大家的共同努力之下,会议同样达到了预期的目的,取得了完全的成功。经过报告人和评论人对书面报告与评论的事后修改与翻译,第二届中德刑法论坛文集**《中德刑法学者的对话——刑法体系与构成要件》**,将在今年由北京大学出版社与 Mohr Siebeck 出版社分别用中文与德文出版。

今年 9 月初,第三届中德刑法论坛又将回到论坛的出生地维尔兹堡大学。今年的论坛主题将在"罪刑法定与刑法解释""刑法体系与构成要件"的基础上,继续按照刑法教义学的体系逻辑顺序向前推进，集中研讨"不法理论与风险规制"主题，下设"违法论的基本问题""被允许的危险与违法""病患的知情同意与违法"三个专题。根据计划，包括慕尼黑大学罗克辛教授、许迺曼教授、科隆大学魏根特教授、波恩大学金德豪伊泽尔教授在内的多位德国著名刑法学者将作为主题报告人与评论人参会，中方则在第一届会议的原班人马之外，增加清华大学劳东燕副教授、北京大学车浩副教授以及江溯副教授等刑法学新生代干将参会。

在中德刑法论坛这一机制化的交流平台之外，希尔根多夫教授积极推动中德刑法学术成果的交流出版。为了改变中德刑法学术交流德国向中国单向输出的现状，加强德国同行对中国刑法学术包括整个东亚刑法学术研究成果的了解，希尔根多夫教授邀请我与他一起担任"东亚刑法研究丛书"（中德刑法论坛会议文集的德文版已经纳入该丛书系列）的主编，并提议我遴选中国刑法学者代表性的刑法学术论文，翻译成德文，纳入该丛书。在张明楷教授、黎宏教授、周光权教授、劳东燕副教授、陈兴良教授、王世洲教授、刘明祥教授、冯军教授、谢望原教授、林维教授的大力支持下，经过由中德双方组成的强大翻译团队的反复译校，中国刑法学术论文集《中国刑法前沿问题》的翻译、校对工作已经全部完成，即将纳入"东亚刑法研究丛书"，由德国 Mohr Siebeck 正式出版。

在热心致力于推动中德刑法学术交流的同时，希尔根多夫教授还不惜投入时间、精力与财力培养中国刑法研究后备人才。2013年，经过陈兴良教授和我本人的力荐，北京大学郑重聘请他担任北京大学客座教授，这是北京大学对具有重要国际影响力的学者正式授予的最高学术荣誉。希尔根多夫教授不辱使命，不仅担任了北京大学与维尔兹堡大学联合培养的双博士学位研究生曹斐、徐凌波同学的德方指导老师，而且在2013年春季学期专程来到中国，为北京大学法学院学生担任了为期一个月的《德国刑法专题》课程的授课老师，毫无保留地为北大学子集中讲授德国刑法总论的基本问题与刑法研究中的前沿问题，使北大学子有机会系统、深入与充分地了解德国刑法理论及其前沿进展。在此基础上，希尔根多夫教授又主动向我提议,2014年夏季在维尔兹堡大学举行德国刑法暑期课程班,他从自己的课题经费中出资支付参加该暑期课程班的中国学子在德国落地期间的食宿交通费用。2014年7月下旬,暑期课程班在维尔兹堡大学如期举行,包括中国、以色列、土耳其、韩国、日本在内的二十多位青年学子参加了课程班。希尔根多夫教授不仅作为主讲教师担任了主要的授课任务,还热情邀请中国学子游览巴伐利亚首府慕尼黑、中世纪古城班贝格,参加一年一度的维尔兹堡啤酒节。我有幸与希尔根多夫教授一起,与各国学子在啤酒节上随着音乐的旋律一起痛饮狂欢,并在横跨美茵河的大桥上席地而坐,纵情欣赏啤酒节闭幕式绚丽的焰火表演。此情此景,至今历历在目。

在中国同行耳熟能详的罗克辛教授、许迺曼教授等享誉世界的法学大师面前,希尔根多夫教授无疑属于晚辈。但是,他确实是当今德语地区国家刑法学界最为活跃、最为独特因而不可忽视的学术中坚分子。作为维尔兹堡大学刑法学、刑事诉讼法学、法学理论、信息法学和法律信息学教授,他的理论视野非常开阔,研究兴趣极其丰富。在强调"术业有专攻"的中国同行看来,他的研究似乎过于庞杂。但是仔细研读他的学术论文,就会发现,他的研究正如陈兴良教授所言,虽然"丰富多彩",但绝非"杂乱无章",贯穿始终的,是他对文化与哲学的独特理解、对体系与逻辑的严格恪守、对科技发展的紧密跟踪以及时代脉搏的准确把握。这种发散型的研究风格和学术取向,或许既可归因于他个人独特的教育背景与学术兴趣,也可归因于德国法学的时代发展与整体品格。希尔根多夫教授是毕业于图宾根大学的哲学与法学正宗双料博士,不仅对德国哲学、法哲学、法史学和法教义学有着深刻的理解,而且对东方文化特别是中国传统文化与哲学有着浓厚的兴趣。在我2010年3月初访维尔兹堡期间,我曾经讶异于他对老子哲学与儒家思想的认知与理解,在维尔兹堡古城老市政厅一楼的餐厅里,我们对坐把酒言欢,畅谈儒释道的思想精髓。而作为刑法学家,他不仅对居于大陆法系刑法学之巅的德国刑法教义学基本理论特别是刑法总论问题有着深刻的体悟,而且多年来一直承担着多项在德国乃至全世界都属于最前沿、多学科交叉领域的复杂研究课题,在诸如经济刑法、医事与生物刑法、生物伦理、传媒刑法特别是计算机与互联网刑法、交通刑法、机器人与全自动汽车刑法、欧盟刑法、比较刑法等诸多研究领域,都著述甚丰,颇有建树。2013年他在北大讲学期间,我陪同他游览十三陵,他一路上津津有味地对我描述全自动汽车的未来蓝图,以及由此可能带来的诸多法律规制包括刑法规制问题,并且竭力鼓动我加入他的全自动汽车法律规制课题研究。2014年我访问维尔兹堡期间,一进入他的办公室,映入眼帘的就是摆在他办公桌前的机器人模型,原来他刚刚拿下一个关于智能机器人的新课题,正将研究的视野转向包括全自动汽车在内的智能机器人。可以说,正是这种常人难以企及的理论视野与研究兴趣,决定了希尔根多夫教授收入本文集的数十篇学术论文具有明显的跨学科、交叉性、前沿性与多面向的特征。

　　不可否认,当代中国刑法学与德国刑法学之间存在着代际差异,德国刑法学早已完成的刑法体系与刑法教义的基础建构,仍然是中国刑法学当下面临的主要任务。但是,希尔根多夫教授展示的德国刑法学根据体系思维与教义逻辑,处理当今世界前沿与交叉领域复杂问题的驾驭能力及提供的解决方案,对身处全球化时代的当代中国问题的解决,仍然是极富启发与借鉴意义的,而这正是文集中译版出版的学术交流与学术贡献价值所在。

　　最后,需要特别指出的,以上所述希尔根多夫教授推动中德刑法学术交流与学术对话的努力,以及中德刑法学术交流在短短几年内取得的重要进展,与中德双方刑法同仁背后强大的学术翻译团队的鼎力支持与无私奉献,须臾不可分离。多年来,我的同事和朋友江溯副教授、黄笑岩博士分别作为中德刑法学者联合会的中方和德方秘书,为开展中德刑法学术交流默默无闻地做了大量工作。今次,他们又携手何庆仁副教授、陈毅坚副教授、刘刚助理教授、赵晨光博士、蔡桂生博士、曹斐博士、徐凌波博士、陈金林讲师以及梁奉壮、胡莎、黎杰翠、王佐发诸同学,精诚团结,通力合作,高质量地完成了由希尔根多夫教授文集的跨学科、交叉性、前沿性、多面向特征所决定的极富挑战性的译事,为中德刑法学术交流做出了他们独特的贡献。在此,我要向这些代表中国刑法学未来的青年才俊们表示由衷的感谢与敬意!

是为序!

梁根林
谨识于北京海淀圆明园花园寓所
2015 年 5 月 12 日

目　录

第一编　刑法哲学

第一章　德国法学基础研究的现状　　3
第二章　1975—2005年德国刑法发展之考察　　23
第三章　德国刑法学的学派构建
　　　　——法社会学的一个篇章　　46
第四章　法律与法律科学中的价值　　63
第五章　人文主义与法
　　　　——人文主义的法：一个概览　　81
第六章　通过非法理解法？跨文化视角　　101
第七章　工具化禁止与人的尊严的集合理论　　119
第八章　"人之形象"与法　　141

第二编　刑法教义学

第九章　德国刑法学现状　　165
第十章　刑法的体系构成　　182
第十一章　罪刑法定原则：维护自由的工具
　　　　　——论贝卡里亚和法国启蒙运动哲学中的罪刑
　　　　　法定原则　　198

第十二章 惩罚主义与法益理论
　　——对现代刑法理论中若干关键概念的质疑　　219
第十三章 "风险社会的刑法"真的存在吗？
　　——概述　　238
第十四章 集体决定中的因果关系问题
　　——以皮革喷雾剂案为例　　256
第十五章 现代因果论意义上的"合法则性关系"　　273
第十六章 法治国中的酷刑？　　295
第十七章 悲惨案件：比较法视野下刑法中的极端情形
　　与紧急状态　　319
第十八章 互联网上的诈骗　　348

第三编　互联网与计算机刑法

第十九章 作为现代信息法任务的网络的刑法规制　　373
第二十章 新媒体与刑法　　391
第二十一章 计算机刑法新论　　422
第二十二章 Web 2.0 时代的名誉冒犯（"flaming"）
　　——对实然之法与应然之法的问题审视　　441

第四编　医　事　刑　法

第二十三章 生物主义的歧途
　　——生物学和法律关系史之篇章　　461
第二十四章 禁止克隆与人的尊严
　　——从"智人"到复制人？对《胚胎保护法》
　　第6条的思考　　480

第五编　经 济 刑 法

第二十五章　刑法合规中的基本问题：以反腐为例
　　　　　　——刑法合规作为刑罚的一种选择？　　　　503

第六编　比 较 刑 法

第二十六章　浅析全球化与法律
　　　　　　——当今刑法比较的使命与方法　　　　　513
第二十七章　刑法与跨文化
　　　　　　——辩护之于德国刑法教义学文化上的
　　　　　　　灵活性　　　　　　　　　　　　　　527
第二十八章　从法律的发展援助到法律对话
　　　　　　——法律对外科学政策的序言　　　　　540

第一编

刑法哲学

第一章

德国法学基础研究的现状

一、导论

法学工作以历史预设为基础,它面向价值并且遵循准则。此外,它还兼具社会效应。法学与其他学科间存在着许多共同的问题领域。法学基础研究的任务就是要对法学工作的先决条件与结果进行思想意识上的挖掘、解释以及系统化体现,并在必要的时候对其展开批判。

(一)法学基础研究的学科分类

术语"法学基础研究"在本文中作为上位概念包括了法律制度史、法哲学、法学理论以及源自实践的学科,如法律社会学与法律心理学。这些基础专业的共同点在于,它们并不像法律适用那样涉及解释法律规范以及法律规范在个别事实——"法律案件"——中的适用。对现有法律规范进行系统化理解、阐明以及分析的工作也不属于法学基础研究的范畴,这样的工作恰恰是法学的金科玉律,即法教义学的核心。[1]

---

[1] 当法学被进一步构造并且包含法律适用时,法律教义学就可以称为法学的核心。参见 *Eric Hilgendorf*, Das Problem der Wertfreiheit in der Jurisprudenz, in: *ders. /Lothar Kuhlen*, Die Wertfreiheit in der Jurisprudenz, 2000, S. 1—32。大多数的法学家将"Rechtswissenschaft"与"Jurisprudenz"视为同义词。

法学基础研究相对法教义学有着不同的目标[2]：法律制度史探究的是法律的历史形成过程以及法律的社会背景，人们将法律制度史理解为一般历史研究的分支学科，尤其是在其所使用的研究方法上，即一种"经验—注释性"的方法，相比法律教义学，其更接近于一般的史学研究。法律社会学与法律心理学则是从社会学或心理学的角度对法律进行研究，这就涉及经验性的社会科学，同时也意味着在这些学科范围内，必须要在现实中检验所提出的假设。在全球化时代显得日益重要的将不同国家的法律进行比较（即法学家们向来提及的"法律比较"）的工作也被视为法律社会学的分支领域[3]；犯罪学，即对犯罪行为与其他形式的越轨行为进行的经验性研究，不仅应用社会学方法，也应用心理学以及其他经验方法。

在法哲学与法学理论中存在大量的方法，可分为分析性、注释性或者规范性方法。哪一种方法是"适当"的，这本身就是一个哲学问题。分析方法式的理解在当今的法哲学，同时也在专业哲学领域占据主导地位。在法哲学与法学理论之间并不存在一个明确的界限；人们借助于使用一个被广泛引入的概念可以确定：相比法学理论研究法律概念的意义以及对其进行分析，法哲学的讨论重点则是何为"适当"或"正义"的法律。法学方法论（至少以其更讲究的形式）也属于法学理论的范畴。法学理论第二个非常重要的目标是要创设一个跨学科的维度。这就意味着：在法学与其他社会科学、自然科学以及人文科学领域的其他学科之间架设一座桥梁。[4] 法律教义学通过其最普遍的问题（如对概念"所有权""因果关系"以及"归责"的普遍理解）转化为法学理论，其涉及如何"公正"地解决案件的问题，因此它经意或不经意间便开启了一扇

---

[2] 详见 *Hubert Rottleuthner*, Grundlagen des Rechts, in: *Stephan Machura/Stephan Ulbrich* (Hg.), Recht—Gesellschaft-Kommunikation: Festschrift für Klaus F. Röhl, 2003, S. 1—21。

[3] *Max Rheinstein*, Einführung in die Rechtsvergleichung, 2. Aufl., 1987, S. 11 f.

[4] *Dieter Grimm* (Hg.), Rechtswissenschaft und Nachbarwissenschaften, Bd. I, 2. Aufl.,1973, 1976; Bd. II, 1976.

通往法哲学的大门,这在法教义学者出于一些与本文并无关联的理由致力于明确界定法学理论与法哲学的界限时也是如此。

(二) 法学理论的特殊地位

为了更好地了解德国法学基础研究的现状,对其基础学科的近代史进行一个回顾是十分必要的。德国的法学基础研究在1965—1985年间很大程度上告别了其形而上学的传统,开始接受诸如批判性理论、批判理性主义以及现代科学理论等新的哲学思潮。这些所谓的迹象以及理论引进被称为"法学理论的文艺复兴"。[5]学界将之前很少在法学中进行研究的、来自哲学与科学理论的概念、问题以及解决方法在法学理论和法哲学的框架中得到讨论。

前文已经提到,在法学理论与法哲学之间并不存在严格的概念界限。纵观法学基础研究近200年的发展史就会明显发现"法学理论"这个词在法学基础研究领域,尤其是在法哲学中经常被作为一种更新的代号。学界打着"法学理论"的旗号从其他学科引入新的理论并尝试新的方法,这些方法刚开始与传统的法哲学并不兼容,但是其在时间的推动下最终融入法哲学。这样的发展历程可以通过关键词在以下公式中得到体现:从法哲学到法学理论——重新回归法哲学![6]

德国法学理论从20世纪90年代开始处于一个研究停滞的阶段。这种停滞透漏出一种信息:徒劳的系统化、烦琐化以及研究主题匮乏预示了一场法哲学危机的到来,甚至预示一场德国法学基础研究整体危机的到来。然而,近期越来越多的研究迹象表明,可以成功地打破这种僵局并开辟出新的问题领域。

---

[5] *Eric Hilgendorf*, Die Renaissance der Rechtstheorie 1965—1985, 2005;也可参见 *Matthias Klatt*, Contemporary Legal Philosophy in Germany, in: Archiv für Rechts-und Sozialphilosophie (ARSP) 93 (2007), S. 519—539.

[6] 对这一命题的批判性探讨,参见 *Ralf Dreier*, Von der Rechtsphilosophie zur Rechtstheorie und wieder zurück?, in: Die Ordnung der Freiheit: Festschrift für Christian Starck zum siebzigsten Geburtstag, 2007, S. 22—33。

二、法学理论在 1965—1985 年间的"文艺复兴"

(一) 20 世纪 60 年代思想的全新方向

法学理论的蓬勃发展与 20 世纪 60 年代全新的思潮息息相关。1963—1970 年间出版的《伏尔泰俱乐部的批判性启蒙运动年鉴》就明确地体现了这种联系,在年鉴中发表文章的作家有汉斯·马格努斯·恩岑斯贝格尔(Hans Magnus Enzensberger)、京特·格拉斯(Günter Grass)与埃里希·克斯特纳(Erich Kästner),哲学家有汉斯·阿尔贝特(Hans Albert)、恩斯特·托皮奇(Ernst Topitsch),法学家则有弗里茨·鲍尔(Fritz Bauer)、维尔纳·迈霍弗(Werner Maihofer)与阿达尔贝特·波德勒希(Adalbert Podlech)。他们的文章都致力追求一种思想新起源、对传统观点背景情况的批判探究以及体现一种跨越学科性。

汉斯·阿尔伯特为这部年鉴作了一篇名为"批判理性观念"的序言。在序言中,他提出了重新发掘一个德国学界几乎忘却或忽视的传统,即"批判性思想、批判性讨论以及对观念、评价、权威暨机制进行客观分析与检验"[7]。从这句引文中可以感受到一个进一步的主旨,即恢复被纳粹主义排斥的思想潮流。这个主旨对于 20 世纪 60 年代初期哲学范围内的思想新起源是至关重要的。这首先涉及分析哲学的起源,即所谓的"维也纳学派"与"柏林学派"[8],也涉及早期霍克海默尔(Horkheimer)与阿多尔诺(Adorno)的批判理论。思想的再度引进,对科学理论和法学理论有着特别的促进作用。值得注意的是,不久之后,一场激烈的争论就爆发在

---

[7] Hans Albert, Die Idee der kritischen Vernunft, Zur Problematik der rationalen Begründung und des Dogmatismus, in: Gerhard Szczesny (Hg.), Jahrbuch für kritische Aufklärung, Band I (1963), S.17—30 (18).

[8] 这两个哲学学派构成了现代分析哲学的中坚。对于法学基础研究重要的文献收录在 Eric Hilgendorf (Hg.), Wissenschaftlicher Humanismus, Texte zur Moral- und Rechtsphilosophie des frühen logischen Empirismus, 1998。

这些在德国重新得以构建的学派之间,这场在批判性理论与批判理性主义间爆发的"实证主义争论"被载入了联邦德国的知识史。[9] 这场争论一方面涉及社会学的方法论问题,另一方面(可能主要)则涉及对政治以及世界观立场的争论。学界将这场争论尖锐地冠以"马克思对韦伯"的称呼。虽然批判理性主义从未达到批判性理论那样的高度,但它最终也获得了承认。[10]

(二) 讨论范畴

从20世纪60年代末期至70年代初期,法学理论的讨论范畴是极其多样并互相关联的,以至于事后无法对其进行一个完整的系统化复述。学界有所保留地将其区分为下列12个讨论范畴:法律修辞学、法律注释学、法律论证理论、法律范围内的沟通哲学、科学理论、大型讨论范畴"法学与社会学"、系统论、马克思主义法学理论、政治法学理论、对"纯粹法学"的新探讨、法律逻辑与道义逻辑以及(当时主要是以理论观点从事的)法律信息学。学界围绕这12个范畴进行了极其热烈的讨论,借此机会也将传统的法学方法与问题予以整合,并且一再地引进来自相邻学科——尤其是科学理论与普通哲学——的新理论。

当然,这种接纳也存在遗漏,其主要涉及逻辑经验主义、斯堪的纳维亚学派主张的法律现实主义、功利主义、女权主义、后结构主义、不属于社会学与社会学批判主流的大量学说以及经济法律研究领域,自然科学与法律的关联性也被大幅减弱。尽管如此,1965—1985年间,法学与相邻学科还是爆发了一场关于法学基础研究的激烈争论,其激烈程度自20世纪以来前所未有。

学界从1985年开始关注新的问题,特别涉及"应用伦理学",

---

[9] 争论的由来参见 *Hans-Joachim Dahms*, Positivismusstreit, Die Auseinandersetzungen der Frankfurter Schule mit dem logischen Postivismus, dem amerikanischen Pragmatismus und dem kritischen Rationalismus, 1994。

[10] *Herbert Schnädelbach*, Kritische Theorie? Aufgaben kritischer Philosophie heute, in: Hans Albert/Herbert Schmädelbach/Roland Simon-Schäfer (Hg.), Renaissance der Gesellschaftskritik?, 1999, S. 44—70 (52).

如传媒伦理学与经济伦理学,尤其还涉及生物伦理学。[11] 法学家们将这些问题与刑法教义学以及基本法教义学的研究工作衔接起来,在这一时期就产生一个特有的法律领域。由于其类似于生物伦理学,学界将其命名为"生物法学",更确切地说,"生物刑法"。[12] 由此可以明确地体现引进的哲学理论如何促进法律教义学自身的发展。

(三) 20 世纪 60 年代以来法学基础讨论的成果

学界在今日讨论 1965—1985 年间法学理论文艺复兴的成果问题时认为:曾经被纳粹当权者排斥的分析哲学不仅重新出现在德国的专业哲学中,而且在德国的法学基础讨论中站稳了脚跟。此后,源自分析哲学的方法甚至对法律教义学的研究工作具有决定性作用。[13] 以马丁·海德格尔(Martin Heidegger)和汉斯·格奥尔格·伽达默尔(Hans-Georg Gadamer)为代表的德国形而上学派与基督教的自然法一起受到了压制,而这个自然法在 20 世纪 50 年代及 60 年代还对判决产生了影响。[14] 法律注释学在 20 世纪 60 年代及 70 年代初期曾经拥有很多的追随者;虽然带有其烙印的概念如"前理解"或"法律适用的注释范围"已经在法学方法论中赢得了一席之地,但是,其追随者现在变得越来越少。

虽然沟通哲学的观点在今日看来略显过时,但它当时在法学范围内得到了广泛认可。值得注意的是,沟通伦理学明显不再被理解为认知伦理学,导致其从根本上更近似于其老对手——批判

---

[11] 具有代表性的文章是 *Dieter Birnbacher*, Bioethik zwischen Natur und Interesse, Mit einer Einladung von A. Kuhlmann, 2006。
[12] *Anne Osterlow*, Biostrafrecht, Eine neue wissenschaftliche Teildisziplin, 2004.
[13] 20 世纪 60 年代中期的哲学历史学家 John Passmore 就已经引人注目地断言,维也纳学派的逻辑分析思想在德语区的完全失败(wholly failed),参见 John Passmore,"Logical Positivism", in: P. Edwards (ed.), *The Encyclopedia of Philosophy*, Vol 5, 1967, pp.52—57 (56). 10 年之后这种形态发生了巨大的改变。
[14] 《联邦最高法院刑事判例集》(BGHSt),第 6 卷,第 46 页;《联邦宪法法院判例集》(BverfGE),第 6 卷,第 389 页。

理性主义——的主张。沟通伦理学的精辟之处在于,其能够通过认知伦理学的意义"最终形成"波普尔(Popper)的"批判框架",即一个"开放社会的基础条件"。[15] 与此相同的是卢曼(Luhmann)的系统论,它的观念对20世纪80年代的许多理论探讨都产生了影响。在今日,一般来说,系统论术语还是被作为对专业法学解释的修饰性附属物;依照笔者的看法,其对专业法学并不具有重要影响。

一旦出现神学或形而上学的论据,在大多数情况下,学界会将它们嵌入到宽泛和相应具有解释能力的宪法概念中,如"人类尊严"或"生命权",以便掩盖它们形而上学的特征。在法学基础研究中,对于这些概念的批判分析十分重要。这样的工作在相当程度上需要借助法学理论,更为确切地说,需要借助论证理论的工具。法学理论,在很大程度上,也时常与诸如来自生物伦理学方面的新问题联系起来。

整体上可以确认,就法哲学与法学理论方面而言,法学基础研究的风格明显近似于分析哲学。就内容而言,基础研究也对法律伦理学问题,主要是生物伦理学问题敞开了大门。此外,在法律教义学与实践法学中形成了一个清晰的方法论意识。这其中包含了关于经验对法律之意义的理解;这个效果评价在司法实践中也获得了认可。因此,整体上可以说,1965—1985年间的法学理论发展史是成绩斐然的。

三、法学基础研究的现状

几乎不太可能只用三言两语就恰当地概括德国法学基础研究的现状。笔者想通过下文尽量尝试去揭示一些具有深刻影响的观点。

---

[15] *Karl-Otto Apel*, Das Apriori der Kommunikationsgemeinschaft und die Grundlagen der Ethik, in: *ders.*, Transformation der Philosophie, Band II: Das Apriori der Kommunikationsgemeinschaft, 1973, S. 358—435.

(一) 今日法学基础研究的典型特征

引人注目的是,首先还缺乏一个被普遍予以认可的、类似于在20世纪50年代自然法文艺复兴时期以及在1965—1985年间法学理论文艺复兴时期出现的研究范式。从20世纪90年代开始,德国的法哲学就呈现出一个旧有与新兴研究方法、科学项目以及观点喜好百家争鸣、百花齐放的景象,但这并不意味着德国的研究水平不能与国际接轨。正好相反,德国一如既往地推动着世界范围内法哲学与法学理论的发展。这一点可以通过来自东欧以及东亚的博士研究生和访问学者的数量予以证明。但是,在这个不容忽视的"方法"多元化中,这些今日所主张的方法意外地被置于毗邻的地位,并没有被一个综合范式所涵盖。

而盎格鲁-撒克逊的法哲学赢得了巨大的智识吸引力以及影响力,这种现象主要通过已提到的德国法哲学近似于分析思考的风格来予以解读,从中所体现的德国讨论场景的国际化是百利而无一害的。但是,德国法哲学应注意保留其当前的方法。在保持谦逊的同时,也要指出:许多在美国是作为法哲学创新而问世的理论,德国早在一百年前就已经对其进行了探讨。

各种毗邻的方法也逐渐导致了专业语言以及语言风格的多样化,这不仅给法哲学团体以及学派间的统一造成了困难,而且让法哲学与相邻学科(在专业法学的影响下)难以交流。很多法哲学家生活和工作在一个闭塞的问题环境以及语言环境中,并且顾忌同相邻学科的任何交流。对于这些法哲学家而言,这样一种理智孤立的状况自然而然地抵御着其不希望出现的干涉,即比较与批判。但是,这种状况也会导致对问题的片面认识与知识上的孤立。研究者孤立化的原因主要在于专业化程度的增长,这在法学基础研究中得到了关注。

进一步值得注意的是,当今法学基础研究同大量政治、社会问题的联系从根本上不再像以前那样紧密了。20世纪50年代及60年代初期自然法的文艺复兴可被视为法哲学对于纳粹罪行及其对德国法律文化严重破坏的道德弥补。法学理论在20世纪60年代末期及 70 年代的蓬勃发展同德国社会性与文化性调整联系紧密，这种调整始于 20 世纪 60 年代初期，并在 70 年代达到顶峰。然而，20 世纪 90 年代的法哲学并没有就联邦德国和民主德国的再次统一做出任何反应，并且学界就当时被广泛关注的主题——持续的科技进步、科技以及经济的全球化、在民族以及国际背景下的多元文化、第三世界国家（中国、印度）的崛起——没有给予足够的重视。对飞速发展的生物科技进行的弥补成果则是为数不多的例外，法学家们以生物伦理学为题撰写了很多文章，其中，部分非常具有学术价值。这些文章在教义学与判决中——部分甚至在专业哲学中——赢得了赞誉。[16]

此外，当今法学基础研究对法律教义学甚至对法律政策影响甚微。引人注目的是，年轻一代的学者看来决意不会以任何"令人厌恶"的言论出名以及挑衅，而这是老一辈学者的权利。例如，汉斯·阿尔伯特（Hans Albert）或诺贝特·赫斯特（Norbert Hoerster），他们对不加思考的笃信新浪潮进行了坚决地反对，而此浪潮今日恰恰威胁到了启蒙运动的价值观。除此以外，尚有沃尔夫冈·瑙克（Wolfgang Naucke）以及温弗里德·哈塞默（Winfried Hassemer），他们俩不厌其烦地在政治时代精神的鲜明反差中对刑法的持续扩张以及向一个没有法治国约束的安全法的转化给予了批判。

（二）法学基础研究与跨学科性

一个非常有意思的问题是：当今法学基础研究如何看待跨学科性？从学术政策到大型科研机构都经常呼吁跨学科性，所有学科代表在讨论中也都称赞跨学科性，然而，它在科学实践中难以实行。为什么呢？目前，所有学科强调说明的专业化与跨学科性极不协调。跨学科交流无疑具有推动作用，而且如果它对其他专业具有足够敏锐性则能够提出新的问题。一个建立在共同术语和共

---

[16] 参见 *Reinhard Merkel*, Forschungsobjekt Embryo, Verfassungsrechtliche und ethische Grundlagen der Forschung an menschlich embryonalen Stammzellen, 2002, mit Besprechung von Eric Hilgendorf, Goltdammer's Archiv 2004, S. 613 ff。

同目标基础上且达到各参与专业的专业水平的长期合作实在罕见。因此,跨学科性只有在实际上提出新的问题以及观点并有助于解决参与学科自身的问题时,才具有价值。

在法学基础研究内部,一个符合以上意义、富有成果的跨学科性工作并不是自然而然的事情。虽然在法学所隶属的社会科学领域可以发现共同的基础问题,如相当因果关系概念或价值自由的问题。随着神经科学的发展,意志自由再次成为了一个跨学科性话题。[17] 法学与其他专业,如医学,所面临的另一个共同问题领域是,一个关于国家父权主义之容许性的问题,如刑事禁止的受嘱托杀人。[18] 然而,法学家们在基础研究的背景下倾向于自我封闭。当他们洞察到相邻学科相关问题的时候,一般来说,该问题在10年或15年前就已出现;并且该洞察也受大众传媒影响,就是说,他们只洞察那些受大众传媒关注的问题。当考虑到大众传媒的关注是有选择性的,并且其选择标准不一定能体现问题的科学意义时,在法学中开辟跨学科性的通行实践就显得困难重重。它导致的后果之一就是,直到今日,与相邻学科长期而有益的交流寥寥无几。

然而,就当前法学基础研究的状况而草率地得出这种研究倾向对法律与法律教义学没有任何意义的结论无疑是错误的。不同于20世纪七八十年代,当今法学基础研究重新面向实质问题;它致力于一种盛行于法律教义学的客观—分析的思想风格,并且挣脱了形而上学的枷锁。因此,法学基础研究不仅具有与国际接轨的能力,而且能够产生既不同于法律教义学也不同于专业哲学的新的自我意识。当今法学基础研究只是缺少主题。

---

[17] 目前对此总结以及澄清的是,*Reinhard Merkel*, Willensfreiheit und rechtliche Schuld: Eine strafrechtsphilosophische Untersuchung, 2008 (Würzburger Vorträge zur Rechtsphilosophie, Rechtstheorie und Rechtssoziologie, Heft 37)。

[18] *Michael Anderheiden u. a.* (Hg.), Paternalismus und Recht, 2006.

四、法学基础研究的蓬勃发展进入视野了吗?

法学基础研究的新方法通常产生于法学理论[19],从这个观点出发,法学基础研究在历经 15 年的无所作为后或许会迎来一个全新的蓬勃发展阶段:探讨新的主题、与其他学科建立新的联系,或者至少通过全新的术语来阐述以及透过全新角度讨论一些早已熟悉的问题。那么,哪些主题隶属于这样一种充满活力的法学基础研究的范畴呢?

(一) 新兴生命科学

第一个重要主题是新兴生命科学,也就是已被法学基础研究发掘的生物科技、社会生物学以及神经科学。对问题现象如"生物主义"(将来自生命科学的实践结论不假思索地转嫁到法学中)的探讨也与此相关[20],"生物学与法律"可以作为未来重要的主题之一。[21] 学界在医事法,主要是在医事刑法中,从法律教义学的角度探讨像安乐死或胚胎保护这样的主题;然而,对于中心问题却几乎找不到教义性答案,其主要原因在于缺乏相关的法律规范(如德国并没有出台《安乐死法》)。因此,医事刑法领域的重要问题带有法哲学,更确切地说带有伦理学本质。

鉴于各方的世界观,许多事关医事及生物科技的争论非常激烈。不仅法学家与法哲学家,还有其他学科如实践哲学以及道德神学的代表也参与到讨论中。鉴于这些学科不同的论证标准,要达成共识通常是十分困难的。此外,还有教会、大众传媒以及公众的参与。因此,法哲学与法学理论所面临的任务就是尽可能明确

---

[19] *Hilgendorf* (Fn. 5), S. 13 f.
[20] *Eric Hilgendorf*, Irrwege des Biologismus. Ein Kapitel aus der Geschichte des Verhältnisses von Biologie und Recht, in: *Klaus P. Berger u. a.* (Hg), Zivil-und Wirtschaftsrecht im europäischen und globalen Kontext. Festschrift für Norbert Horn, 2006, S. 1131—1148.
[21] *Hasso Hofmann*, Recht, Politik und Religion, in: Juristenzeitung 2003, S. 384.

地表达其先决条件以及论据并且捍卫法律的合理性。

(二) 经济与法律

"经济与法律"作为第二个主题,其在未来会吸引越来越多的法学基础研究人员的目光。经济范式日益地作为一种万能钥匙在法学问题领域被予以讨论。法学基础研究的任务,是更为准确地突出及批判地探讨经济方法在法律中的可行性。功利主义是这种经济性思考在法哲学上的先导与"开创者"。目前,法律的经济分析是这两个学科一个很重要的连接点。然而,这种分析已经引发了许多批评家的批判,在德国也只有少许法学家支持进行这样的分析。[22]

反对经济与法律间存在一种紧密联系的最常见的批判理由之一在于,目的理性的、以"效益"为导向的经济思维与法学所具有的特殊的规范维度是不相符的。由于法学以人类尊严以及其他人权等主流价值为导向,因此,一种"纯粹以效益为导向"的思维并不能完全将其囊括。然而,这种批判却忽视了一点:效益概念就内容而言是开放的。"有利"也可以意味着"对实现人类的尊严有利"。换句话说,这种目的理性的方法可以容纳任何一种主流价值观念。[23]因此,从一开始就不能断定在经济与法律或者法律与伦理学间存在范畴上的对立。

(三) 全球化

一个充满活力的法学基础研究所蕴含的第三个主题是流行语"全球化与法律"。科技与经济的全球化、特定文化内容的全球化以及它们所导致的消极后果都与此相关,在这一方面已经出现了

---

[22] 特别参见 Horst Eidenmüller, Effizienz als Rechtsprinzip: Möglichkeiten und Grenzen der ökonomischen Analyse des Rechts, 3. Aufl, 2005。

[23] 同时内部也存在着一个缺陷,参见 Eric Hilgendorf, Begründung in Recht und Ethik, in: Cordula Brand u. a. (Hg.), Wie funktioniert Bioethik?, 2008, S. 233—254 (237)。

一些值得注意的方法。[24] 一国法律的鞭长莫及将通过出台国际以及跨国法律来弥补,然而,围绕国际以及跨国法律内容合法性会产生一些特别问题。这些问题首先存在于潜在的世界法中,这种世界法已经在某些规制领域中得以形成,国际刑法就是如此。世界性法律规则对于互联网刑法领域也是极具意义的。互联网交流并不局限于一国范围;同样,在网络上实施的具有社会危害性的行为以及犯罪行为也不局限于一国范围。虽然存在统一互联网刑法的方法,但目前的情况是依然充斥着各国刑法规范相互抗衡的竞争,法学基础研究的任务是要考虑一部世界范围统一的互联网刑法的可行性。

(四) 多元文化

与全球化主题紧密相连的问题领域是"文化间的冲突",这个问题为塞缪尔·亨廷顿(Samuel Huntington)[25]所发现,而且得到政治学领域的长期关注。与此同时,法律教义学领域也对这个主题进行了探讨。"名誉"以及与之相关的"名誉谋杀"等主题在刑法领域受到强烈关注。然而,可以确定的是,目前德国的法教义学还没有做好充分准备去迎接具有多元文化的联邦社会。怎么准确理解"文化"这个概念本身,就是一个还没有解释清楚的问题。人们常常会听到以下意见:文化是单一的、不可分割的整体。文化间不存在毗邻或相对的关系。"外来文化"的信徒,即"外国人"突然出现在"本国人"面前。[26] 更深入地思考各种文化的内在多样性、动力、其相互之间的重叠以及影响进行,或许会更加符合现实。德国

---

[24] *Rüdiger Voigt* (Hg.), Globalisierung des Rechts, Frankfurt am Main 1999;近期见 *Andreas Fischer-Lescano/Gunther Teubner*, Regime-Kollisionen: Zur Fragmentierung des globalen Rechts, 2006。

[25] Samuel P. Huntington, The Clash of Civilizations, 1996,德语标题:Der Kampf der Kulturen, Die Neugestaltung der Weltpolitik im 21. Jahrhundert, 1996。多次再版。

[26] 在德国刑法中,对于外国价值观的思考(特别是《德国刑法典》第 211 条中的"卑劣动机"),参见 *Thomas Fischer*, Strafgesetzbuch und Nebengesetze, 55. Aufl., 2008, § 211, Rn. 29 ff。

构筑多元文化已经先行一步。个人可以同时隶属多个文化圈:作为穆斯林、作为青少年以及作为足球迷。社会学对这个主题以及类似主题,在关键词"多元文化主义""跨越文化性"以及"跨越文化交流"的范围内,以跨学科的角度进行讨论。[27] 法学特别是法学教育最初并没有接纳这种讨论,法学教育几乎没有促使法律工作者去应对德国以及欧洲范围内多元文化的挑战。因此,跨越文化交流能力的传授是法学教育改革以及法学基础学科的重中之重。这些基础学科所要面临的任务,是使这个在文化学里早已设立的概念与法学融为一体。

(五) 多元宗教和宗教批判

新兴的宗教多元主义是文化间冲突的一个重要组成部分,这种多元论对国家共同体,也对单一社会,越来越多地施加影响。与此相关的是,一些令人感兴趣的基础问题,如启蒙运动标准普遍主义同单一、并且常常是与启蒙运动价值针锋相对的宗教要求相比所具有的生命力问题,以及关于广大基督教会在欧洲许多国家(如德国)所(实际)拥有的特权的合法性的问题。[28] 这就产生了另一个法学基础研究的关注主题:宗教批判。对于宗教立场以及宗教权利的批判性探究对于今日很多人而言依然是一个禁忌。显而易见的是,宗教批判随着宗教的回归[29]重新赢得了意义。令人特别感兴趣的是,能否成功地在法学基础研究中保持坚定的(虽然大多

---

[27] 概括见 *Astrid Erll/Marion Gymnich*, Interkulturelle Kompetenzen, 2007。

[28] *Eric Hilgendorf*, Religion, Recht und Staat. Zur Notwendigkeit einer Zähmung der Religionen durch das Recht, in: Wissenschaft, Religion und Recht, Hans Albert zum 85. Geburtstag, 2006, S. 359—383.

[29] *Martin Riesebrodt*, Die Rückkehr der Religionen, Fundamentalismus und Kampf der Kulturen, 2. Aufl., 2001; 第二版,也可参看文集 *Horst Dreier/Eric Hilgendorf* (Hg.), Kulturelle Identität als Grund und Grenze des Rechts, Stuttgart 2008。

数人并没有意识到)法学自然主义思想风格。[30] 与此相关联,笔者将这个世俗的、面向实践科学的态度称为"自然主义"立场,即世界上的万物最终都是以"正确的本质"呈现,并且诉诸超自然实体或者影响关联在研究语境下与科学的立场并不相容。[31]

首先在盎格鲁-撒克逊地区爆发了一场宗教思想典范的信徒与科学世界观的卫道者之间的争论,并在今天在"创造论"和"智设论"关于科学特性的争论中达到了高潮。相反,在德国的讨论中,往往假设知识与信仰之间是相互对立的,这种对立排除了在一个理性—科学的基础上研究宗教的可能性。这种在知识与信仰之间划定边界的尝试,同时也可以被认为是双方为回避不可欲的批判所做的尝试,出于较多理由是不能令人信服的:每一种宗教都包含认知方式的假设,如特定宗教活动所具有的影响和效果,这种影响通常在经验上是可检验的,至少能够通过观察宗教戒律的影响来对其进行检验与批判。因此,一个对"信仰"和"知识"间的严格界分已经不再具有说服力。此外,德国法律历来公认宗教信仰能够具有法律效力,比方说,考虑一下刑法对于良心犯的处理。[32] 反过来,法律对宗教也产生着影响。由此,所称谓的国家教会法也被意味深长地冠以现代名称:"宗教暨世界观法"。[33] 这种法律直到不久前仍然在基督教界根深蒂固。在今天的公开讨论中,宗教信仰鉴于多元宗教以及宗教举足轻重的意义在许多法律部门中都发挥着作用。因此,法学基础研究对这个主题的重新审视就变得刻不容缓。

---

[30] *Eric Hilgendorf*, Tatsachenfragen und Wertungsfragen: Bausteine zu einer naturalistischen Jurisprudenz, in: *Ch. Lütge/G. Vollmer* (Hg.), Fakten statt Normen? Zur Rolle einzelwissenschaftlicher Argumente in einer naturalistischen Ethik, 2004, S. 91—102.

[31] 依据 *Gerhard Volbner*, Was ist Naturalismus? Eine Begriffsverschärfung in zwölf Thesen, in: *ders.*, Auf der Suche nach der Ordnung, Beiträge zu einem naturalistischen Welt—und Menschenbild, 1995, S. 21—42 (24).

[32] *Claus Roxin*, Strafrecht Allgemeiner Teil, Bd. I, 4. Aufl., 2006, § 22 C.

[33] *Cerhard Gzermak*, Religions-und Weltanschauungsrecht, 2008.

(六) 从刑法到安全法以及教义法领域的其他发展

另一个重要主题涉及教义问题与法学基础研究的特殊联系，比方说，"定时炸弹案件"中的刑讯[34]或者《德国航空安全法》第14条第3款（被联邦宪法法院解释为无效）关于以牺牲（少数）无辜者生命去拯救更多生命的规定。[35] 此外，属于这方面主题的还有：（不可避免地）在一个共同发展的欧洲范围内修改民主概念、即将成为一个更加严厉的"安全法"的刑法的法治丧失[36]以及当前对数据保护与人格权越来越多的监控。

鉴于针对复制数据出现的新型技术方法，必须重新考虑知识产权的概念。最终，鉴于文化多元，应重新检验婚姻与家庭的主流观念。对此，不应当废除知识产权、婚姻以及家庭的原有概念，而应对它们进行检验以及继续拓展。如果法学讨论不致力于新型技术以及社会问题的研究，法律就会滑向由一个不受科学引导而纯粹根据生活需要而设置的法律政策而掌控的深渊。

(七) 自然法的文艺复兴

法学基础研究的问题具有实质以及方法的一面。传统上，实质问题在宏观层面上可以转化为关于正义或是"正确之法"等命题。在沟通哲学解体以后，目前还没有出现一个大有前途的理论可供一个新的认知性伦理驱策。另一方面，显而易见，不能任意

---

[34] *Winfried Brugger*, Vom unbedingten Verbot der Folter zum bedingten Recht auf Folter?, in: Juristenzeitung 2000, S. 165—173.

[35] BVerfGE 115, 118 ff.；也可参见 *Eric Hilngeodrf*, Tragische Fälle. Extremsituationen und strafrechtlicher Notstand, in: *Ulrich Blaschke u. a.* (Hg.), Sicherheit statt Freiheit? Staatliche Handlungsspielräume in extremen Gefährdungslagen, 2005, S. 107—132。

[36] *Eric Hilgendorf/Thomas Frank/Brian Valerius*, Die deutsche Strafrechtsentwicklung 1975—2000, Reformen des Besonderen Teils und neue Herausforderungen, in: *Thomas Vormbaum/Jürgen Welp* (Hg.), Das Strafgesetzbuch, Supplementband 2: 130 Jahre Strafgesetzgebung—Eine Bilanz, 2004, S. 258—380。

决定实质问题。由此而生的"正确之法"问题肯定不会过时,而且应在未来的法学基础研究中对这个问题进行进一步研究。鉴于社会生物学在过去十年的蓬勃发展,可能会演变为一个受实践驱动的人类学。法哲学家们可以从中致力取得"正确"之法与"错误"之法的标准。这在某种意义上是对"自然法"思想的回归。

核心论证如下[37]:价值源于人类的评价,也就是正面或负面标签。如果某一群体将一特定行为评价为正面,这个行为对这个群体就意味着具有价值。当有相当多数的人对于特定的行为做出了正面评价时,普遍的价值才得以形成。乐于助人或人与人之间的互相关照可作为普遍价值方式的最佳范例,很显然,许多人对诸如此类的行为予以正面评价,原因在于人类天性包含了特定的评价倾向,也就是说,对于一定的正面评价以及负面评价的固定倾向是预设好的。

此外,借助社会生物学对这些倾向的探寻可以发现以下方面:哪些评价倾向是先天的,哪些是后天习得的,此外,是否存在可以作为普遍价值基础的普遍评价倾向。这种方法的特别问题在于,它存在自然主义所具有的、错误地从事实中推导出价值的危险:从事实出发,很多人,也可能是所有人,都对一个特定行为予以正面评价,但是,从中并不会严格得出应当对这个行为予以正面评价的结论。社会生物学能够解释人类的评价行为,但是不能提供(规范)依据。在经验科学与确立规范——更为确切地说——与设立规范的法律政策以及法学间存在的衔接问题,在笔者看来,原则上是可以解决的,然而,这需要更进一步的研究。

---

[37] 更详细的论述请参见 *Eric Hilgendorf*, Recht und Moral, in: Aufklärung und Kritik, 2001, S. 72—90 (86 ff.)。

(八) 法律论证理论与法律科学理论

法学基础研究的方法问题隶属法学方法论、法律论证理论[38]以及法律科学理论的职责范围。[39] 启发式的操作,如"十字路口的抉择"[40],能够有助于将问题情形结构化并找到合理的答案。没有明确、合乎逻辑安排的论证以及一个清楚的基本原理,就没有科学的基础研究。语言上的混乱,或者刻意制造"大有前途的深奥思想",都不符合同样适用于法学及其他学科的科学方法标准。不可理解并不是"深奥"以及聪慧的问题,恰恰相反,其是缺乏知识深度和对问题的穿透力的表现。就这点而言,法学基础研究同法律教义学存在着相同的问题。所以,笔者希望在未来更频繁地使用法学论证理论,也就是系统地、跨学科地对法学论证关联进行分析。

五、寄望

法学基础研究要想在以上提到的方面取得成功,一方面要寻求并保持同专业教义学的联系;另一方面不能中断与专业哲学的接触。一个纯"法学家哲学"在今日几乎没有引起法学家以及专业

---

[38] *Ulfrid Neumann*, Juristische Argumentationslehre, Darmstadt 1986; *ders.*, Juristische Methodenlehre und Theorie der juristischen Argumentation, in: Rechtstheorie, 32 (2001), S. 239—255.

[39] *Maximilian Herberger/Dieter Simon*, Wissenschaftstheorie für Juristen. Logik-Semiotik-Erfahrungswissenschaften, 1980; *Hans-Joachim Koch/Helmut Rüßmann*, Juristische Begründungslehre, 1982; *Ulfrid Neumann*, Wissenschaftstheorie der Rechtswissenschaft, in: *Arthur Kaufmann/Winfried Hassemer/Ulfrid Neumann* (Hg.), Einführung in Rechtsphilosophie und Rechtstheorie der Gegenwart, 7. Aufl., 2004, S. 385—400.

[40] 重要的文章收集于 *Winfried Brugger*, Das anthropologische Kreuz der Entscheidung in Politik und Recht, 2005; 此外 *Eric Hilgendorf*, Heuristische Figuren in der Jurisprudenz? Das "Kreuz der Entscheidung" und die Rechtsphilosophie(n) in methodologischer Perspektive, in: *Matthias Jung/Hans Joas* (Hg.), Das anthropologische Kreuz der Entscheidung in Politik und Recht (不久出版)。

哲学家的严肃重视。此外,还必须进一步致力于对国际性的研究,法学基础研究的问题不能局限于一国界限之内,应当突破国界限制予以讨论。一个受系统化意图推动的法学基础研究还应当关注哲学史的演进,当中蕴含了大量问题及解决方法尝试,它们在今日仍然非常有用,阅读古典哲学通常比研究最新的流行哲学更加有益。[41]

法学基础研究要想呈现新文艺复兴的关键在于,应当像20世纪60年代末期与70年代那样重新面向广大民众,而不是只局限于少数的专业同事。启蒙,特别意味着对法律及其包含的原理以及一般问题的启蒙。直到今天,德国不可原谅地忽视了法律以及法学思想的大众化。由此产生了一个非常令人惋惜的后果,即民众的法律素养,特别是在基础问题上,非常不尽如人意。[42]

特奥多尔·盖格尔(Theodor Geiger)在第二次世界大战结束后不久,就提交了一个对西欧社会的分析结果,直到今天仍然具有现实意义。盖格尔指出:

> 人类的人格发展远远落后于实体技术以及社会秩序的发展,人类对于他们所创造的文明力不从心。实体形态的合理性与社会立场的不合理性是相互矛盾的。我们处在一种奇特的环境,即想要通过迷信的内心使得长时间发展而来的技术仪器继续运转,而全球秩序的荣辱掌握在受教区约束的小市民手中。这样是不会有任何效果的。人类可以凭借理智化将自己带到实体世界结构所处于的那个高度来消除这种失衡。[43]

在这一段话里,盖格尔明确地提到了当今法律与政治所要面

---

[41] 在这个关联下要表明的是"法哲学思想史工作组",即隶属国际法哲学与社会哲学协会德国分部的一个工作小组。

[42] 此外这同样适用于大众传媒的代表。这些大众传媒有时候使得关于德国的法律政策的讨论背上了沉重的负担。

[43] *Theodor Geiger*, Demokratie ohne Dogma, Die Gesellschaft zwischen Pathos und Nüchternheit, München 1963, S. 240.

临的两个关键挑战:总是进一步强化的能力以及可供我们驱策的复杂技术与世界社会的形成。人类的世界观和道德意识已经跟不上这样发展的步伐,大部分人仍旧在狭隘的认知、道德及感情的范畴中进行思考。盖格尔将借助启蒙与批判的民众"理智化"作为对症良药;另一方面[44],他将他的纲领描绘为一种"理智人文主义"。这样一种积极的、启蒙的、面向诸如自由与人类尊严的人文主义价值的立场,对于一个全新的法学基础研究是十分有利的。

---

[44] *Theodor Geiger*, Demokratie ohne Dogma, Die Gesellschaft zwischen Pathos und Nüchternheit, München 1963, S. 361.

第二章

1975—2005 年德国刑法发展之考察

一、初始状况

在 1975 年刑法总论的改革生效之后，刑法改革讨论的重点就转移到了分论上面。刑法不再被视为现代化的，以前的改革方法被看做过去时代的印记，因此——"起草草案的教授们"提出——应该需要一部更符合基本法精神的法治国家和社会国家的刑法。1974—1978 年间的内政部长、刑法教授维尔讷·迈霍费尔（Werner Maihofer）为这个改革提出了两个指导方针："刑法是公民的自由大宪章"和"刑法是社会政策的最后手段"。[1] 他试图通过这两条指导方针消除刑法以前所存在的缺陷，尤其是刑事政策的过度化和不恰当地混淆法律与道德的趋势。他主张，刑法不是社会政策的任意手段，而且关注轻微犯罪会耗损刑事追诉机关追诉真正犯罪的资源。[2]

与迈霍费尔相似，鲁道夫·维特赫尔特（Rudolf Wiethölter）在作为 20 世纪 60 年代法律批判的关键读物《法学》[3]这本入门书中也描述了当时的刑法的主要缺陷。他要求思考刑法在我们社会中的功能，这个社会已不再是受王权和祭坛束缚的市民财产社

---

[1] W. Maihofer, Die Reform des Besonderen Teils des Strafrechts, in: L. Reinisch (Hg.), Die deutsche Strafrechtsreform, 1967, S. 72—88 (74).
[2] W. Maihofer, a. O. O., S. 75；同样参见 Hilgendorf/Frank/Valerius（vor Fn. 1），S. 262。
[3] R. Wiethölter, Rechtswissenschaft, 1968.

会和教育社会,而在 19 世纪人们的理解中,刑法仍然服务于财产社会和教育社会的安全。他把政治刑法和风俗刑法,特别是通奸、人工授精、堕胎和单纯的同性性行为作为分论改革的主要领域。[4]

迈霍费尔和维特赫尔特拟定的改革方案只能在 20 世纪 60 年代初开始的社会变革的背景下加以理解。[5] 那时,有关刑法典分论的大多数法律政策的要求可以概括为"自由化"和"废除"这两个核心概念:性刑法和政治刑法的自由化,《刑法典》第 218 条以下数条规定的松动或废除,以及《刑法典》第 175 条的废除。接着,从 20 世纪 90 年代中期开始,针对改革计划出现了两个新的因素,它们至今还影响着刑法的发展:法律的欧洲化和国际化。

二、发展趋势

关于刑法分论改革的讨论融汇于一系列的改革浪潮当中。在本文研究的时期内,首先进行改变的领域是终止妊娠法、打击恐怖主义、经济犯罪、针对环境的犯罪行为、性刑法和有组织犯罪。1998 年第 6 部《刑法改革法》对刑法规定进行了大量和广泛的修改。[6] 从对这些主要领域的回顾中,我们可以发现 1975—2005 年间德国刑法发展的(部分矛盾的)趋势和特色。

多年以来,法兰克福的刑法学者沃尔夫冈·瑙克(Wolfgang Naucke)一直属于德国刑法发展的最敏锐的观察者和批判者。瑙

---

[4] W. Maihofer (Fn. 1), S. 79.
[5] 参见 E. Wolfrum, Die geglückte Demokratie. Geschichte der Bundesrepublik Deutschland von ihren Anfängen bis zur Gegenwart, 2006, S. 187 ff., 253 ff.; 关于同时出现的法学中法律理论的繁荣现象,参见 E. Hilgendorf, Die Renaissance der Rechtstheorie 1965—1985, 2005。
[6] 关于所提及的主题领域的详细内容,参见 Hilgendorf/Frank/Valerius (vor Fn. 1), S. 265—363。

克的核心命题[7]是,《刑法典》背离了古典自由主义的、旨在保护个人权利的刑法模式,而总是延伸到新的领域,如环境、毒品、有组织犯罪、恐怖主义、高科技犯罪和产品责任。事实上,这种观察是正确的:德国刑法并非在谦抑,而是在不断向外扩展,其中包含了远远处于"古典"刑法理论之外的领域。

然而,在评价这种发展时,不应该轻率地陷入一种片面批判的立场,并信誓旦旦地保证"古典自由主义刑法"的优点,事实上,纯粹的古典自由主义刑法从来没有存在过。同样必须考虑的是,在经历了多次备受争议的修改之后,当今的刑法远比 30 年前更加符合时代精神。这首先体现在,现行法律的规定不仅高度适应社会伦理的发展,也高度符合数据处理、信息传递等方面的技术进步水平。下文将借助通常与当今刑法批判中的主要概念相适应的 16 个核心概念,来分析这种整体发展,从而,至少以正确的方式评价它。

(一) 修改手段

立法者以往推进刑法改革所运用的手段包括:① 针对特定现实问题的法律,这些现实问题只是或多或少地触及刑法领域;② 刑法修改法,借此特别解决那些在刑法领域出现的、得到清晰界定的个别问题;③ 针对由于其重要性而受到重视的整体生活领域进行规制的法律;④ 刑法改革法,全面深入地对刑法典的大部分领域进行了修改与完善,如 1998 年的第 6 部《刑法改革法》。在本文所讨论的时间范围内,立法者大体上采取了这几类传统的手段。不过,仅仅附带涉及刑法单一修改法的数量在该时期内大量增加。

(二) 规范结构和范围

立法者日渐倾向于进行极其精细而内容丰富的规范化。例

---

[7] 对该命题的多种表述参见 W. Naucke, Gesetzlichkeit und Kriminalpolitik: Abhandlungen zum Strafrecht und zum Strafprozessrecht, 1999; ders., Über die Zerbrechlichkeit des rechtsstaatlichen Strafrechts. Materialien zur neueren Strafrechtsgeschichte, 2000 (Juristische Zeitgeschichte, Abt. 1, Bd. 4)。

如,《刑法典》第261条(洗钱)中一再扩展的犯罪行为系列,《刑法典》第263条a(计算机诈骗)中有争议的行为方式以及《刑法典》第152条a(伪造支付卡)。这种意图包罗所有个别情况的立法技术给法律适用造成了困难,使臣服于法律的人通常不能清楚地认识到什么是被禁止的,什么不是被禁止的。在这些对入罪化行为进行详细描述的规范中,高度精细的表述方式导致人们很难将新的行为方式纳入其中,因为刑法是禁止类推的。[8]

(三) 不精确的法律

同时,许多法律也会采用规范的概念或者引入其他不确定的用语,这给法律适用者留下了相当大的裁量空间。因此,事先就能够预料到解释上的争议,它们给司法资源造成负担,引起法的不安定性。从分权原则的角度看,法律适用者拥有广大的裁量空间也是有问题的,因为裁量权由此就从民主立法的议会转移到了法院和行政机关身上。此外,使用不精确概念的趋势将阻碍上文第二点提到的尽可能精确描述行为的努力。

(四) 非犯罪化

尽管20世纪60年代末、70年代初的时代精神仍受到尽可能广泛的非犯罪化要求的影响——有时甚至要求"废除刑法"——从1975年到2005年,只在少许范围内出现了真正的非犯罪化。例如废除《刑法典》第175条,与之相应,通过1994年第29部《刑法修改法》废除和青少年达成合意的同性性行为的可罚性。对于具有轻度不法内涵的广泛流行的犯罪,如单纯的商店盗窃或司机肇事后逃逸,非犯罪化的努力却未获成功。

---

[8] 关于过去十年立法技术的详细内容,参见 U. Scheffler, Strafgesetzgebungstechnik in Deutschland und Europa, ZStW 117 (2005), S.766—800; F. C. Schroeder, Die Entwicklung der Gesetzgebungstechnik, in: Th. Vormbaum/J. Welp (Hg.) (vor Fn. 1), S.381—422。

(五) 新犯罪化和重刑化

整体而言,1975—2000年间,去犯罪化影响甚微,而犯罪化的趋势涌现出来,首先是在关于暴力色情——特别是儿童色情——的性刑法的领域。在这里,自由化让位于非常具有约束性的方针。犯罪化趋势得以增强的其他重要领域是环境刑法和经济刑法。此外,还有提高身体伤害犯罪的量刑幅度(为了达到量刑幅度的协调,同样可以降低财产犯罪的量刑幅度)、增加未遂的可罚性(例如在简单的身体伤害情形中)以及第6部《刑法改革法》中将侵入住宅的盗窃升格为加重情形。可以说,从新犯罪化和重刑化中能够看出过去30年刑法发展的主要趋势。

(六) 犯罪的前置化

在通过设立新的刑法规定而开展的犯罪化的同时,刑法还不断扩展到法益受到真正侵害之前的阶段进行提前干预。其手段除了增加未遂的可罚性之外,首先是设立抽象危险犯。对于抽象危险犯,不一定要像具体危险犯那样出现法益的事实上可以确定的具体危险,相反,行为人实施了一个在立法者看来具有一般危险性的行为,就足够了。[9]《刑法典》第326条以下的环境刑法规定,第298、299条针对竞争的犯罪行为以及第306条a第1款的放火罪,都是抽象危险犯的典型例子。

(七) 面向未来的刑事立法

在本文论述的时期内,德国刑事立法的一大特色在于,立法者多次试图抢在技术发展之前就确定某些行为方式的可罚性,而在进行立法时,这些行为方式从技术上而言还是完全不可实现的。最令人难忘的例子是1991年的《胚胎保护法》,其中,诸如克隆人类细胞、利用人类细胞培育嵌合体和杂交体的行为都是可罚的,而

---

[9] *J. Baumann/U. Weber/W. Mitsch*, Strafrecht Allgemeiner Teil. Lehrbuch, 11. Aufl. 2003, § 8 Rn. 42 f.

这些行为方式在 90 年代初仅存在于科幻小说之中。显然,这些立法努力的背景是这种——并非没有问题的——尝试,即通过刑法事先影响关于生物技术新方法的道德和政治决策。

(八) 作为社会塑造手段的刑法和最后手段原则

按照传统的、依然通行的理解,作为国家最严厉手段的刑法应该总是最后的手段:只有在其他所有的方法都失败时,动用刑法才是合理的。[10] 现代刑事立法者已经放弃了这个原则,刑法不仅被用作最后的手段,而且经常也被作为首要手段加以运用,有时甚至是唯一的手段,这尤其体现在经济刑法和打击恐怖主义与有组织犯罪当中。然而,需要思考的是,动用刑法手段虽然并不总能、但有时确实能比使用其他的手段,特别是民法上的防御请求权和损害赔偿请求权,取得更好的效果。刑法后果的威吓在这里能够更加有效。

(九) 以结果为导向

对刑法新发展的典型批评是,现代刑法正以一种不恰当的方式为结果主义的思维所左右。[11] 这尤其体现在现代刑法抛弃了对刑罚目的的传统理解,转而诉诸考虑立法和刑事判决中的实践结果。事实上,这种发展已经出现了。然而,并不清楚的是,为什么它一开始就要受否定的评价。同样,考虑犯罪行为的实践层面,并且根据结果来评价刑罚和刑法,这毕竟属于贝卡里亚以来的文明刑法的主要成就。这实质上是视角的转换,它带来了启蒙运动以来刑法的人性化。

(十) 日常政治的重要性

前文所述的趋势形成的原因也在于,日常政治在现代对于刑

---

[10] *Baumann/Weber/Mitsch* (Fn. 9), § 3 Rn. 19.
[11] 例如 *W. Hassemer*, Strafrechtswissenschaft in der Bundesrepublik Deutschland, in: *D. Simon* (Hg.), Rechtswissenschaft in der Bonner Republik. Studien zur Wissenschaftsgeschichte der Jurisprudenz, 1994, S. 259—310 (276 ff.).

事立法进程的影响远甚于从前。虐待儿童、环境灾难或经济活动中有伤风化的行为等引人注目的事件经常导致对刑事立法的呼求，而刑事立法者也乐见通过表达使刑法严厉化的意愿，朝着对自己有利的方向引导民意。尤其是，性刑法可以被看做经常由人为操纵的舆论狂热所主导的"现代"刑法的典型。

（十一）政治流派和刑法过度

将这种趋势仅仅归咎于某一种政治流派是错误的。多年以来，几乎所有的政治派别都更加倾向于犯罪化而不是非犯罪化，分歧仅仅在于应当以哪个领域作为动用刑法手段的重点。一方认为犯罪化应当优先用于确保国内安全或打击有组织犯罪；而另一方则认为应当在生物技术、环境保护或经济犯罪领域着重进行犯罪化，这最终导致了刑法规范在数量和范围上的显著扩增。1871年的《刑法典》，更不用说附属刑法，在当下比以前任何时候都要庞大，不计其数的刑法禁令甚至广泛地覆盖了法益受到真正侵害之前的阶段。这导致了对自由的限制，然而除了刑法的专业观察者之外，似乎仍然只有很少的公民敏锐地意识到了这一点。

（十二）作为反向调控手段的机会原则

对于轻微和中等程度的犯罪，目前广泛通过终止诉讼程序的方式来在一定程度上纠正扩张的犯罪化趋势。1981—1998年，基于起诉便宜主义结束诉讼程序的案件数量增长了161.4%，尤其是，根据《刑事诉讼法》第153条和第153条b的规定结束诉讼程序的数量甚至增长了260.5%。[12] 由此可知，起诉便宜主义原则在广泛的范围内排除了起诉法定原则。在很多案件中，这可以避免行为人遭受耻辱和社会排斥，并因此间接地避免累犯。但是，在大多数情况下，诉讼经济方面的考量（释放、简易化、节约成本）起了决定作用：检察院缺少资源以紧跟广泛的犯罪化的步伐。对法

---

[12] Erster Periodischer Sicherheitsbericht, Herausgegeben vom Bundesministerium des Innern und vom Bundesministerium der Justiz, 2001, S.349.

治国而言,起诉便宜主义原则的扩张是相当令人质疑的:关于可罚性或不可罚性的决定权落于刑事追诉机关手中,同时,当事人经常缺少保护自身利益的途径。

(十三) 被害人导向

传统观点认为刑法是指向行为人的,国家刑法的前提在于排除被害人及其家庭施加刑罚的地位。但近年来,刑事政策给予了被害人更多的关注。一方面,对被害人的关注常常简化为民粹主义,从而为更高的刑罚威吓提供根据。此外,在量刑和停止刑事诉讼程序的实践操作中,行为人对于被害人的事后表现有着越来越大的影响。理论和实践都接受了"补偿"的可能性,这通过《刑法典》第46条a引入的行为人与被害人和解的规定就可以看出来,该规定由1994年10月28日颁布的《打击犯罪法》所确立。另外,刑事诉讼中出现了被害人更强的参与权,如由1986年12月18日的《被害人保护法》确立的《刑事诉讼法》第406条d以下的规定。

(十四) 再天主教化的趋势

1975年以来的刑法修改主要反映了当时议会中政治多数的意愿,符合民主原则。不过,在保护未出生的生命方面,联邦宪法法院两次反对民主立法的议会多数,而贯彻了大基督教会特别是天主教会的观点。[13] 在一群极富热心的议员推动之下,刑事立法中的这种天主教化和再天主教化更进一步,即胚胎保护法和干细胞法对受精的卵细胞和试管中的全能细胞进行刑事保护。在生物刑法的问题上,现在自称"进步的"政治流派所持的部分立场恰好和天主教会的如出一辙。

(十五) 刑罚目的以及刑法和其他法领域的关系

刑罚目的论不仅是学界的问题,也对立法和法律适用的实践

---

[13] 关于刑法和宗教关系的一般论述,参见 E. Hilgendorf, Religion, Recht und Staat, in: ders. (Hrsg.), Wissenschaft, Religion und Recht, 2006, S. 359—383 (384 ff.).

起着重要的作用。在本章所研究的这段时间里,起初特殊预防的希望占主导地位,随后在20世纪70年代逐渐被(积极的)一般预防的想法所取代。就此而言,本章所述时期之内的刑法事实上具有"预防刑法"的特征。与其他的法领域相关,刑法的立场通过其一般预防的定位发生了变化。它明显地向警察法、行政法、社会法和损害赔偿法靠拢,而且这些资源融合为没有鲜明轮廓和清晰指导原则的"安全法"。[14]

(十六)刑法和犯罪学

起初,犯罪学对于刑事立法的意义微乎其微,而最近决策者的态度似乎有所改变。由联邦内政部和司法部委托撰写的2001年出版的《第一次定期安全性报告》标志着一个里程碑。[15] 它以经验犯罪学的工作为基础,对德国的犯罪状况进行了一个全面的评述,这将在未来的立法中加以考虑。该报告的作者除了参与部门的代表和着力进行犯罪统计的机关代表之外,还有德国顶尖的犯罪学家。这份安全性报告显示了一种途径,即将来如何可以完善(包含犯罪学的)刑法学和立法实践之间的合作。

三、德国刑法的新挑战

(一)灵活化

刑法的发展在一定程度上与一种趋势紧密相关,人们可称之为刑法及其法治国基础的"灵活化"。[16] 传统的法治国原则,如最后手段原则、确定性原则和法定原则,被削弱,并且经常成为非理性的惩罚需求的牺牲品。

---

[14] *Hilgendorf/Frank/Valerius*(vor Fn. 1),S. 380;有关文章,也参见 *Adolf-Arndt-Kreis*(Hrsg.),Sicherheit durch Recht in Zeiten der Globalisierung,2003。
[15] 编者是德国联邦内政部和联邦司法部。
[16] *E. Hilgendorf*, Strafrechtliche Produzentenhaftung in der "Risikogesellschaft",1993,S. 48 ff.

试图或多或少地明显返回到含有形而上学意味的"绝对"刑罚观,也并不能消除现代刑法中的这些现象。应该通过加强刑事立法的科学性来纠正前述的错误发展,这可以借助诸如犯罪学的经验研究来得以实现。这样做的起点是对现代刑法起源的思考,即弗兰茨·冯·李斯特(Franz von Liszt)的"现代学派"。和我们有关的最重要的原则是:刑法是保护法益的手段,不仅其适用要严格遵循目的理性的要求,而且鉴于其严厉性对自由的威胁,刑法也只能作为最后的手段。刑法规定也必须是适当的和必要的,从而实现明确界定的社会目标。通过明确规定的犯罪行为构成要件和有关刑事诉讼的清晰规定,就可以确保被追诉者不仅仅是国家权力的对象。

(二) 刑法的扩张

1975—2005年间,刑法发展的概况清楚展现了一种倾向于更多和更严厉刑法的趋势。刑法没有谦抑,而是在不断扩张。如果仍然像之前一样放任这种扩张趋势的发展,那么它最终就会对自由的法治国和在其中生活的个人的自由构成危险。

刑法服务于法益保护,为此,它不仅针对导致损害发生的行为,还(越来越多地)针对危险(即具有导致损害发生的潜在可能性的)行为。随着科技的进步,我们的行为方式也在迅速增加,相应地,我们行为的潜在危险和个人通过特定行为使他人遭受侵害的机会也在增加。此前远在人们视野之外的利益也不免受到损害,如环境污染领域。在这种发展中,任何科学进步都是一把双刃剑。出现了新的、合法的保护需求,它们也可以要求将刑法作为最后手段加以使用,这一点可以部分地解释1975年以来的刑法扩张。

科技的发展不仅直接促生新的侵害方式和对法律上新的保护规定的需求,还间接影响社会的态度和价值。由此,法益将失去威望,直到它们仅仅变成个别利益的表述方式,其他的利益则将进入法益行列。刑法也反映社会的价值变化,即使通常情况下具有明显的滞后性。目前,产生新的刑罚需求的是像大量电子邮件("垃圾邮件")、电子商务的迅速传播[17]和窥探网络交往这样的技术,将来就可能是生物技术和纳米技术。严重的社会老龄化进程也可能产生新的刑罚需求。

(三) 欧洲化

第三个正在深刻改变德国刑法的趋势就是刑法的欧洲化。虽然欧盟或者说欧共体没有自己的刑罚权,但是,欧盟各成员国有义务将欧盟通过的指令、框架决议等形式的关于各国刑法的规定转化成国内法。在(最初失败的)《欧盟宪法》中,第Ⅲ—172条第1款规定了欧盟公布框架法律的广泛权限。尽管欧盟或者说欧共体设置刑法的权力有限,但最晚从20世纪90年代初开始,各成员国的刑法就开始了欧洲一体化的进程。这个过程起初悄无声息,近年来则日益明朗和流畅。

原则上,欧洲范围内刑事追诉和实体刑法的协调的意义鲜有争议。有争议的是欧洲化的速度、范围和内容。首先受人诟病的是欧盟刑法规定缺少民主正当性,它们是由欧共体委员会这样的行政机构而非议会起草公布的。此外,欧盟的计划经常不能立即和德国以法治国原则为导向的刑法教义学传统相契合。值得注意的是,欧盟的很多计划都是模糊的,这增强了刑法灵活化和刑法保护前置的趋势。因此,法兰克福刑法学派的代表者[18]也对此前德国刑法中的"推动欧洲化"提出了强烈批判。然而,只要德国刑法在共同发展的欧洲还能得到充分的认可,就无须过度

---

[17] 特别的后果就是网络诈骗犯罪的增加,对此参见 E. *Hilgendorf*, Betrug im Internet, in: K. *Asada u. a.* (Hrsg.), Das Recht vor den Herausforderungen neuer Technologien. Deutsch-japanisches Symposium in Tübingen vom 12. bis 18. Juli 2004, 2006, S. 141—161。

[18] Repräsentativ der vom Institut für Kriminalwissenschaften Frankfurt a. M. herausgegebene Sammelband: Vom unmöglichen Zustand des Strafrechts, 1995 (Frankfurter kriminalwissenschaftliche Studien 50).

地悲观。[19]

(四) 世界观的多元化

刑法的第四个挑战体现在社会价值观的多元化。基督教已经在很大程度上丧失了作为主流价值观的功能,社会中的一大部分人认为,在宗教信仰上是自由的,很多人信奉基督教以外的宗教。因此,国家刑法会越来越多地适用于那些拥有不同的文化或世界观的人群。在公法方面,宗教多元化已经引起了重大的争议。[20]

对刑法而言,社会中文化和世界观的多元化也具有重要意义。随着社会世界观的多元化,国家规范不再被臣服于法律的人看作单一世界观的表达,而只能期望一般性的接受。所以,国家的立法者要在刑法中比过往更加注意价值观的中立性。[21]在立法和法教义学中出现的再天主化的趋势[22]是与此相悖的。

自东欧集团解体以来,国际法的蓬勃发展意味着跨文化的刑法是可能的。在这方面,1998年7月17日的《罗马规约》设立的国际刑事法院是最具有意义的,该《规约》于2002年7月1日生效,规定了四种犯罪:灭绝种族罪(第6条)、危害人类罪(第7条)、战争罪(第8条)和侵略罪(第5条第2款)。

四、当今的刑法和社会

和德国历史上的任何时期都不同,当今刑法进入了社会、政治和大众媒体的领域。在1975年,非犯罪化的要求仍然盛行,而当

---

[19] 与之相反,除了刑法适用法(Strafanwendungsrecht)、网络刑法(Internet-strafrecht)和国际刑法(Völkerstrafrecht)等部分领域外,法律的全球化在刑法中还没有明显地体现出来。对法律全球化的一般论述参见 R. Voigt (Hrsg.), Globalisierung des Rechts, 2000。

[20] 参见 M. Morlok, Kommentierung von Art. 4 GG Rn. 119 ff., in: H. Dreier (Hrsg.), Grundgesetz. Kommentar, 2. Aufl. 2004;已经从基础性视角展开论述的是 H.-M. Pawlowski, Recht und Moral im Staat der Glaubensfreiheit. Ausgewählte rechtstheoretische Arbeiten, 1992。

[21] 参见 E. Hilgendorf (Fn. 13), S. 379 ff。

[22] Hilgendorf/Frank/Valerius (vor Fn. 1), S. 372.

今的时代潮流转向了不断增多和严厉的犯罪化。对公众和大部分的政治家来说,刑法已然成为了应对各种不受欢迎的发展的万能手段。经常体现民粹主义的刑事立法以快速起草的新法律做出反应,它们侵害了最后手段原则,总是设立新的犯罪行为构成要件,将刑罚幅度严厉化并且在整体上将刑法"灵活化",以便刑法能胜任其新任务。让刑法不堪重负的刑事政策威胁到自由主义法治国家的自由,并可能最终削弱刑法在民众中的威望和接受度。因此,有必要重新回归到20世纪60年代末刑法分论的现代化开始时期提出的那些原则:刑法仅仅意味着开明的法律政策的最后手段,它不仅服务于"打击"犯罪人[23],而且可能首先是自由的法治国家的自由大宪章。

通观1975年以来德国刑法的发展概况,可以看出两个大的趋势:一方面是经由新犯罪化和刑罚严厉化而进行的刑法扩张;另一方面是通过去除明确和有约束力的规则而出现的刑法灵活化。刑法扩张的首要原因或许在于老龄化社会中对安全需求的日渐增长,其次则是一定程度上的国家导向性,或者说是对国家的依赖,即寄希望于由国家来解决所有的社会和生活问题,即便以刑法的手段。未经反省的刑法扩张会造成威胁自由的后果,而对此的认识被抛到九霄云外,并再也没有经过深思熟虑。其中,民众和舆论制造者法律知识的匮乏起着相当大的作用。

这种刑法的灵活化在确定法律后果("多样化")等方面也顺应了当前的国际发展趋势。此外,德国这样一个法治国和罪刑法定原则早在民主制度确立之前就已经根深蒂固的国家,自身也出现了一些引人注目的问题。自20世纪60年代晚期以来,形式的罪刑法定一直背负着保守主义的名声,而"实证主义"几乎是一个骂语。在法律中,形式和自由密不可分这个观念遭到冷落。自20世纪60年代以来,刑法理论自身也已经明显"灵活化"了;可

---

[23] 鉴于其生物主义的色彩,"打击犯罪人"这个人格化的表述原本是有问题的,应该取代指向人而称之以"打击犯罪"(对此提示,笔者感谢同事 Uwe Scheffler 先生,Frankfurt/O.)。

以确定,自那时起,德国刑法理论的主要工作就变成了瓦解包含"精确"概念性和清晰规则的传统刑法教义学。在大量的博士论文和执教资格论文中,刑法传统概念性的继续消解常常是以极大的学术消耗来推动的。关于刑法正当性及其边界的基础知识的传授,以及法律约束力的重要性都变得次要。如此培育出的法律人在政治和社会中非常容易受到不断推进的"灵活化"的影响,就不足为奇了。

在可预见的将来,重返德国刑法的法治国传统是不可能的。倒不如说刑法是内容广泛的、鉴于其目的和使用方法而高度灵活的"安全法"的组成部分,这个安全法从社会法、警察法一直延伸到损害赔偿法。目前,部分法学著作乃至大众媒体在认真地思考"敌人刑法"这个范畴,而在敌人刑法中,法治国基本的安全将被置之不理,这一情况值得反思。[24] 刑法学最重要的任务包括,要清醒地认识到,获得(真正的或者想象中的)安全常常是以失去自由为代价的。

五、重刑化的可能原因

刑法的扩张和灵活化可以归因于常被称作"重型化"的社会整体倾向。人们将其理解为一种未经省察的亲近刑法的态度,它表现为要求增加并加重刑罚。[25] 专家们一致认为,增加犯罪行为构成要件和重刑的数量显然绝不会改善法益保护的状况。然而,在欧洲的许多国家,特别是德国,仍然能看到重刑化的趋势。为了阻止并尽可能逆转这种趋势,首先需要认清它的原因。为

---

[24] 具有说服力的批判参见 F. Saliger, Feindstrafrecht: Kritisches oder totalitäres Strafrechtskonzept?, JZ 2006, S. 756—762。Saliger 正确地强调"敌人刑法"这个构想在使用上的模糊性,它有时在纯描述性的意义上或作为价值中立的分析工具被使用,有时(恰好在它的创造者 Günther Jakobs 那里)也在完全肯定的意义上被运用。

[25] 有关详细内容的文章,参见 R. Lautmann/D. Klimke/F. Sack (Hrsg.), Punitivität. 8. Beiheft des Kriminologischen Journals, 2004。

此,下文的概述表达了一些假设,它们在多数情况下还需要实践的检验。

(一) 惩罚的传统

第一个可能的原因是特定的惩罚传统,正如它们以前在东欧经常出现的情况一样。[26] 这些传统及其代表观点到现在仍有影响,可能也与此有关的是,东欧国家的法律人在向某种市场经济转型的过程中大多没有受到影响。然而,德国恰恰没有悠久的惩罚传统:在20世纪六七十年代,不仅大部分的刑法学者,而且刑事政策制定者、知识分子和引导舆论的大众媒体都支持非犯罪化和刑法的谦抑。[27] 直到大约20世纪70年代中期,这个情况才出现转变。此时,人们不再引用刑事政策的旧传统,而它们仍体现在1962年的草案[28]当中。所以,用旧传统来解释20世纪70年代中期以来德国刑法的扩张肯定是不充分的。

(二) 欧洲的影响

当前,刑事政策中广为流传的对更多和更严厉刑罚的倾向并非源自刑罚传统,而是受到欧洲刑事政策影响的结果。乍看起来,刑法的大部分内容似乎并没有受到德国法律的欧洲化的影响,然而,这个现象具有欺骗性,来自布鲁塞尔的决定越来越多地参与到

---

[26] 例如,特别值得关注的是波兰,参见 K. Buchara, Grundzüge des Reformvorhabens. Entwurf des polnischen Strafgesetzbuches vom Oktober 1990, in: A. Eser/G. Kaiser/E. Weigend (Hrsg.), Viertes deutsch-polnisches Kolloquium über Strafrecht und Kriminologie, 1991, S. 9—32; B. Stando-Kawecka, Strafrechts-und Kriminalpolitik in Polen, in: A. Eser/J. Arnold/J. Trappe (Hrsg.), Strafrechtsentwicklung in Osteuropa. Zwischen Bewältigung und neuen Herausforderungen, 2005, S. 318—330; 总体上参见 A. Eser/G. Kaiser/E. Weigend (Hrsg.), Vom totalitären zum rechtsstaatlichen Strafrecht. Kriminalpolitische Reformtendenzen im Strafrecht osteuropäischer Länder, 1993。

[27] 参见本章第二部分之(四)。

[28] 全面的内容参见 U. Scheffler, Das Reformzeitalter 1953—1975, in: Vormbaum/Welp (vor Fn. 1), S. 174—257 (176 ff.)。

德国刑事政策的制定当中,"欧洲的刑法"正在成形。[29] 这种发展的一个大问题在于,新的欧洲刑法的民主合法性基础极其不充分。[30] 推动刑法在欧洲发展的并不是欧洲议会,而是行政机构的代表。此外,出现了警察和司法合作的领域,几乎难观其全貌(事实上也确实不需要加以控制)。[31] 一个由行政机构创制的、遍及欧洲的实体刑法和刑事诉讼法网产生了。计划制订者与参与者极端的重刑化立场支持着这种新的发展趋势[32],这种趋势也影响国内的立法者。

(三) 经济和刑法

第三个原因存在于国家经济发展与刑罚理论与实践的关系之中。经济较发达的国家在其刑事制度中可能更倾向于采取金钱刑,而有待论证的是,经济较贫困的国家则依赖自由刑或身体刑。照此方式,严厉的制裁实践就可以通过经济的视角来解释。尽管这个理论可能初看起来是可信的,它仍然有待实践证实。这个方法不适合用来解释德国的发展,因为迈向更多和更严厉刑法的第一波趋势在20世纪70年代中期就开始了,而当时还根本谈不上经济衰退。不过,这种猜测毕竟是很有可能的,即在出现经济问题和

---

[29] K. Ambos, Internationales Strafrecht (Strafanwendungsrecht, Völkerstrafrecht, Europäisches Strafrecht), 2006; B. Hecker, Europäisches Strafrecht, 2. Aufl. 2007; H. Satzger, Internationales und Europäisches Strafrecht, 2005; 也参见 F. Zieschang/E. Hilgendorf/K. Laubenthal (Hrsg.), Strafrecht und Kriminalität in Europa, 2003。

[30] 对此以及刑法欧洲化的其他问题,例如"网络刑法"的规则领域,参见 E. Hilgendorf, Tendenzen und Probleme einer Harmonisierung des Internetstrafrechts auf Europäischer Ebene, in: Ch. Schwarzenegger/O. Arter/F. S. Jörg (Hrsg.), Internet-Recht und Strafrecht, 2005, S. 257—300 (S. 286 ff.)。

[31] 概述参见 Satzger (Fn. 29), § 9。

[32] B. Schünemann, Fortschritte und Fehltritte in der Strafrechtspflege der EU, GA 151 (2004), S. 193—209 (参考第203页:"目前,匆忙在欧洲引入一部全新风格的刑法并没有客观的基础")。另参见同一人主编的书 B. Schünemann, Alternativentwurf europäische Strafverfolgung, 2004。它属于一个工作组的首批成果,该工作组也致力于在欧洲化的刑法中维持和捍卫法治国的基础。

经济与社会的分配斗争的时期,选民对于严厉制裁和惩罚观的其他表现形式的接受度就会提高。

(四) 政治和"象征刑法"

毋庸置疑,一个重要的因素在于,政治已经发现刑法是一种打击犯罪的廉价和非常具有象征性的手段。[33] 现在,刑法不仅仅是立法者最后的手段,而且是首要的、甚至在不少情况中是唯一的手段。[34] 对媒体和公众而言,引入新犯罪行为和强化刑罚幅度是奏效的,却没有什么成本。社会在很多领域都面临着重大的问题,如欠缺整合、越轨的经济活动、危害社会的网络行为,目前对这些问题并没有一劳永逸的解决办法。通过刑法措施,政治可以营造一种积极性的印象,而不必承认它找不到解决问题的有效方法。[35]

(五) 大众媒体的角色

大众媒体很喜欢用异乎寻常和令人震惊的方式来满足人们显然自然的需求,没有这些大众媒体,就不会出现法律政策中的重刑化倾向。[36] 为了满足读者的需求,一些媒体就勾勒出谋杀、强奸、

---

[33] 特别是 Wolfgang Naucke 多年以来一直强调这种情况,参见 W. Naucke (Fn. 7)。

[34] W. Hassemer, Produktverantwortung im modernen Strafrecht, 1994, 2. Aufl. 1996, S. 8 (mit Besprechung von E. Hilgendorf, JZ 1997, S. 611)。

[35] W. Hoffmann-Riem, Kriminalpolitik ist Gesellschaftspolitik, 2000, S. 204。

[36] 在此只能稍微提及这一点中特别重要的话题。关于媒体心理学的介绍参见 W. Faulstich, Medienpsychologie, in: ders. (Hrsg.), Grundwissen Medien, 4. Aufl. 2000, S. 77—84;关于大众媒体描述暴力的后果参见 H. M. Kepplinger, Wirkung von Gewalt in Massenmedien, in: Fischer Lexikon Publizistik/Massenkommunikation (Hrsg.), von E. Noelle-Meumann/W. Schulz/J. Wilke, aktualisierte Neuauflage 2002, S. 648—658; W. Wunden, Medienwirkungen am Beispiel von Gewaltdarstellungen im Fernsehen, in: M. Karmasin (Hrsg.), Medien und Ethik, 2002, S. 77—98 (beide m. w. N.)。在网络中对暴力的描述参见 F. Rötzer (Hrsg.), Virtuelle Welten-reale Gewalt, 2003。

虐待儿童和其他形式的暴力犯罪蔓延的图景,这与这些犯罪真正的发生频率几乎不相符,而可信的刊物几乎不努力纠正这种印象。在不少情形中,特定媒体的夸张和大肆渲染可以称得上是显然错误的报道。特别有问题的往往是电视报道[37],对图像的夸大排斥了客观的信息。[38] 这种方式造成了一种危险的场面,它表现为受到强烈影响的对犯罪的恐惧。社会的老龄化还可能会强化这种趋势。[39] 通过这种方式产生的对犯罪的过度畏惧几乎是滋生更多和更严厉刑罚的理想温床。

(六)专家影响力的丧失

用以遏制本章第二至四部分所述的发展状况的途径已经大为减少。那些要求适度的刑事政策的政治和媒体呼声几乎难以获得认同。对公众而言,更具有吸引力的不是不同的观点,而是关于所谓不断增长的"犯罪潮流"的严重告诫,伴随这种浪潮的是迅速引入更重刑罚的呼声。在公众和政治中,对刑法教义学和犯罪学专家的重视已经减少。这也可能是由于——真正的或者想象中的——专家数量众多。毫不夸张地说,对于任何一种观点人们都能找到专家对其进行论证。在这种情况下,对个别的研究者和学者,乃至整个学界的重视自然都会下降。刑事政策的一个例子可以说明这一点:1998 年的第 6 部《刑法改革法》几乎是在没有学界的参与下起草和实施的——然而导致了损失,正如许多解释上的

---

[37] 在这一点上,德国 20 世纪 80 年代中期出现的从纯粹公共广播系统到二元广播系统(公共电视台和私人电视台并行)的转变是否起到了作用,值得进一步研究。关于从纯粹公共广播系统到二元广播系统转变的详细内容,参见 R. Mathes/W. Donsbach, Rundfunk, in: *Fischer Lexikon Publizistik/Massenkommunikation* (Fn. 36), S. 546—596 (568 ff.)。

[38] 甚至一再听到,暴力行为人和其他犯罪人从记者那里得到钱,从而在摄像机面前"按照媒体的要求"滋事。关于法律形象化的新趋势的一般论述参见 E. Hilgendorf (Hrsg.), Beiträge zur Rechtsvisualisierung, 2005.

[39] S. Beck, Alter-eine neue Herausforderung für das europäische Strafrecht?, in: M. Tomasek (Hrsg.), Menschenrechte im europäischen Strafrecht. Sammelband des Deutsch-Tschechischen Grundlagenseminars zum Europäischen Strafrecht, 21. — 22. April 2006 in Würzburg, 2006, S. 50—67.

困境表明的一样。[40]

不过,也存在相反的例子。在2001年的《第一次定期安全性报告》中,犯罪学和刑法学的权威专家成功地对犯罪的事实状况做出了详细客观的报告,该报告也为政治家所知;在2006年出现了第二次安全性报告。可以预期,刑法学和刑事政策之间的这种成功合作不会只是个例。

(七) 法学教育的失误

专家的弱点和一大部分法律人阻碍最后手段原则的意愿,也要部分归咎于法学教育的失误。目前在法学教育中,刑法的哲学和法律政策基础几乎不再是重要的。几乎在所有大学中,学生运用技巧通过考试显然是可能的,而不用在大学期间即便是唯一一次研究刑罚的意义[41]、法治国刑法的哲学前提、合理的刑事政策的条件或现代惩罚研究和经验犯罪学的成果。年轻的法学学生反而被迫记忆关于现行法繁冗的细节知识,考试的——因而也是学生准备的——核心是在极为有限的时间内根据固定的模式解决十分离奇的刑法案例。很明显,在不断更新且日益多样的犯罪化面前,以这种方式培养出来的法律人完全缺少抵抗力。

(八) 知识分子和"批判性公众"的沉默

另一个推动惩罚性的刑事政策的因素是,知识分子和批判性的公众很少有热情致力于非犯罪化和限制刑法。在20世纪60年代和70年代初期的改革运动实现了其改革性刑法和政治刑法的基本目标,而后续的规划——如试图"废除刑法"[42]——被搁置之后,非犯罪化就已经大为失色,支持废除刑法的声音自此沉寂。如今,自视为"进步"的政党和政治组织并不少见,它们支持刑罚的继

---

[40] G. Arzt, Wissenschaftsbedarf nach dem 6. StrRG, ZStW 111 (1999), S. 757—784.
[41] E. Schmidhäuser, Vom Sinn der Strafe. Herausgegeben und mit einer neuen Einleitung versehen von E. Hilgendorf, 2004.
[42] 例如,参见 A. Plack, Plädoyer für die Abschaffung des Strafrechts, 1974。

续严厉化,如关于防止性骚扰、歧视或不同形式的"跟踪"[43]。

(九) 学科界限的模糊

由上述因素得出的评价是,刑法的轮廓开始变得模糊。刑法逐渐融入广泛意义上的"安全法",其涵盖警察法直至社会法。[44]此外,出现了越来越多的跨学科领域,如信息刑法和生物刑法。这种发展是否会导致刑法的解体,就像刑法自启蒙运动以来的发展状况一样,仍需观望。无论如何,法治国刑法的特殊控制机制——从罪刑法定原则到最后手段原则——在失去重要性。刑法将越来越被理解为预防性的。现在,对预防的思想的评价完全不再是否定性的——相反,一般预防和特殊预防的刑法观念是启蒙运动的主要成就。但是,如果不按照法治国的方式对预防的思想加以限制,恐怕它就会严重地危害自由。

(十) 作为整体解释模式的"激情民主"

上文所述的因素本身并不足以充分解释当前刑事政策的惩罚性,不过,笔者认为,从其整体中能够看出可行的解释方法的轮廓。为了更加清楚地指明解释当前刑事政策的关键因素,有必要将视线跳出刑事政策的范围,转向我们民主制度的一些基础条件和特性。

在50多年前,西奥多·盖格(Theodor Geiger)就在其著作《没有教条的民主》[45]当中提到了一种现象,他称之为"激情民主"。盖格从这一事实出发,即自19世纪以来,民主国家的公民所必须

---

[43] *E. Hilgendorf/S. -H. Hong*, Cyberstalking, Kommunikation und Recht, 2003, S. 168—172. 对《德国刑法典》第238条新"跟踪条款"的确切而言积极的评价,参见 *W. Mitsch*, Der neue Stalking-Tatbestand im Strafgesetzbuch. NJW 2007, S. 1237—1242。

[44] *Hilgendorf/Frank/Valerius* (vor Fn. 1), S. 380.

[45] *Theodor Geiger*, Demokratie ohne Dogma. Die Gesellschaft zwischen Pathos und Nüchternheit, 1963[该著作出版于作者逝世之后的1960年,是奥胡斯大学 Acta Jutlandica (XXXII, 1) 系列之出版物,标题为"Die Gesellschaft zwischen Pathos und Nüchternheit";由 Manfred Rehbinder 审阅并作序的第4版在1991年问世。下文引用的是1963年出版的首部德文版书籍]。

具备的关注和塑造政治的知识不断扩展。以前,"每一个具有正常禀赋的人……经过相应的教育就能一般地理解民主政治的实质",而随着"国家任务范围的扩大",这种状况已经发生了根本的改变:在专家和职业政治家有分歧的地方,一般公民就无所适从。[46] 国家的任务,从制定关于经济和对内政策的国家预算到对外关系,对公民而言变得太复杂了,致使公民不能认真地发表意见。"这种发展的整体结果就是,对于大部分的政治内容,不仅没怎么受过教育的'广大群众'缺少真正的专门知识,连大部分受过最好教育的公民也是如此。"[47]

这种发展的后果是,选民无法做出客观地以利益为导向的决定,而是"根据情绪"做出反应。因为我们增长的经济知识和社会学知识同时也会使政治的实质物化,所以,政客要做的是推动政治的物化与情绪化。在此,政治考虑的不是理性的个人,而是"群众",而争取到他们的最好方式就是"以足够普遍的意识形态激发他们的情绪"。[48] 盖格特别强调的一点是,由于复杂的情况,公民现在并不满足于将这个领域交给专家和职业政治家。他的态度"并不怎么消极,而是事实上的惰性和情绪紊乱的特殊混合"。"他有很好的理由不积极参与解决政治问题,而很多人却狂热地支持某一个政治学说,并且几乎所有人都是政治上非常积极的苛责者。……人们在漠不关心的惰性、激动的狂热和情绪不佳时不负责任的吹毛求疵之间的这种徘徊是情绪民主的不幸。"[49] 由此,那些想连任的政治家被迫从事表面政治活动,造成物化政治的灾难性后果:"用意识形态的口号麻痹群众,随之又期盼他们对现实政治的决定做出清醒的评价,这是不可能的。同样,政治家借以获得群众委托的程序也阻止他践行使命。"[50]

如果考虑到,在触发公共激情的问题上,大众媒体为了保证其

---

[46] *Theodor Geiger* (Fn. 45), S. 337.
[47] Id., S. 339.
[48] Id., S. 342 f.
[49] Id., S. 345.
[50] Id., S. 346 (H. i. O).

发行量也不得不向所有人献媚,那么就可以清楚地解释,为什么刑事政策摆脱不了民粹主义的干预。因此,当前刑事政策的重刑化来自于当代群众民主的特定条件。电视在其中发挥了重要作用,所以,也可以取代"激情民主"而称之为"电视民主"。[51]

(十一)现实危险——恐怖主义为惩罚性的刑事政策提供根据

为了进行完整的分析,还需要研究可能为当前刑事政策的重罚性提供客观根据,并因此驳倒对民粹主义的谴责的问题范围:国际恐怖主义的新规模,它从2001年9月11日的恐怖袭击以来就已世人皆知。2004年马德里的恐怖袭击、2005年伦敦的恐怖袭击以及2006年试图对德国普通客车的恐怖袭击,在安全政策上导致了新的重刑化、拓展许可的通缉方法和在公共场所扩展不依赖于怀疑的监视[52]。

不过,这并不意味着对民粹主义刑法的批判已经过时,相反,对刑事政策的理性审视比以往任何时候都更加重要。虽然当恐怖组织引起大规模的严重伤害或者死亡的危险时,自由让位于安全是合理的做法,但是,如果国家想有效地保护其公民,就必须采取适当的和必要的手段。然而,这时候不允许舍弃自由国家的核心价值。刑法的每一种严厉化,许可的通缉方法的每一种扩展都伴随着一部分自由的丧失。自由的丧失是逐渐发生的,并且几乎是未被察觉的。因此,人们需要反复地检讨,新的惩罚措施事实上是否更好地保障安全,还是说它们只会以民粹主义的方式通过政治活动进行迷惑。正是鉴于恐怖主义的挑战,才更要保持刑事政策的客观性和目的合理性。那些想限制公民自由的政治家有义务说明,他们所建议的措施事实上是否能够增进安全。结论就是,盖格

---

[51] M. Rehbinder, Rechtssoziologie, 5. Aufl. 2003, S. 257;同样,参见 ders., Ist Theodor Geigers Demokratietherapie realistisch?, in: ders., Abhandlungen zur Rechtssoziologie, 1995, S. 222—232; ders., Erziehung zum intellektuellen Humanismus als Staatsaufgabe, in: M. Rehbinder/M. Usteri(Hrsg.), Glück als Ziel der Rechtspolitik, 2002, S.139—148.

[52] 例如,特定范围内的摄像头监视,就像现在许多政治家要求的那样。

就激情民主的诱惑提出的警示在恐怖主义盛行的时代也具有现实意义。

六、展望:走向"刑法适用的民粹主义"?

有些情况表明,朝向更多和更严厉刑法的趋势会继续演进。对此,一种发展状况显得特别可疑:不仅在立法领域,而且在刑法适用时,按照当时的"舆论"进行判决这种对法律人的压力都可能在增加,即有一种"法律适用的民粹主义"的危险,它可能危及刑事追诉和法院的独立性,并由此危及刑法适用的客观性和目的指导性。

夸张点说,人们可以称之为刑事司法中"过度民主"的危险。法院的独立性也意味着独立于民众变化无常的激情和偏见。民主作为国家组织的原则不可放弃,然而,它经常和法治国原则处于一种紧张的关系中,这是早已众所周知的。[53] 如果把法治国属性理解为通过法律和程序规则限制统治者,那么,当前在刑法中,对"法治国的加强"和"民主的限缩"的要求可能会列入议程。

如何才能停止或者至少缓解这种重刑化趋势,这在目前并不清楚。为了至少防止以舆论狂热为导向的判决的危险,一方面需要加强法官的独立性,正如《基本法》第 97 条所规定的一样,必须向法官和其他的法律适用者指出民粹主义影响的危险,而且在有冲突的情况下必须加强对他们的支持;另一方面现在正需要改善对民众和大众媒体代表的法律教育,需要对刑法及其法治国原则和历史根源进行宣传教育。最后手段原则、法律约束力和法官独立原则应该成为不言自明的常识。这就是对我们平常多次讨论的法律化的合适回应,也是对民粹主义刑事政策的诱惑的合适回应,该刑事政策将摧毁启蒙运动以来刑法发展的主要成就。

---

[53] E. Benda, Der soziale Rechtsstaat, in: E. Benda/W. Maihofer/H.-J. Vogel (Hrsg.), Handbuch des Verfassungsrechts, Studienausgabe, Bd. 1, 2. Aufl. 1995, § 17 Rn. 8.

第三章

德国刑法学的学派构建
——法社会学的一个篇章

学派的形成与科学理论中自由的丧失之间关系错综复杂。第一,这显然并不涉及法教义学、法制史或法哲学问题,而是一个应当被归为科学社会学[1]的计划,这是一个至今仍在很大程度上被法学严重忽视的社会学分支。第二,特殊的挑战在于,这在法学文献中是一个全新的问题,至少在笔者看来,此前的文献并没有就此进行论述。[2] 第三个问题在于"科学学派"的概念是模棱两可而意义丰富的。因此,在对学派的形成与科学中自由的丧失之间的关系这一主题进行探讨之前,首先必须对"学派"这一概念进行界定。鉴于真正或者臆想的学术自由之丧失,对法学学派持怀疑态度似乎是一种风尚,其正确与否将在下文中阐明。

弗里德里希·保尔森(Friedrich Paulsen)作为撰写德语区大学

---

[1] 导论见 P. Weingart, Wissenschaftssoziologie, 2003;详见 R. Schützeichel, Soziologie des wissenschaftlichen Wissens, in: ders. (Hrsg.), Handbuch Wissenssoziologie und Wissensforschung, 2007, S. 306—327。对于当前科学社会学的方向以及问题的概况见 S. Maasen u. a. (Hrsg.), Handbuch Wissenschaftssoziologie, 2012。

[2] 可参见 E. Klausa, Programm einer Wissenschaftssoziologie der Jurisprudenz, in: N. Stehr und R. König (Hrsg.), Wissenschaftssoziologie. Studien und Materialien, 1975, S. 100—121, 然而,该文并没有探讨科学学派(Kölner Zeitschrift für Soziologie und Sozialpsychologie, Sonderheft 18/1975)。其他专业并不限制学派的概念,参见 W. Bleek (Hrsg.), Schulen der deutschen Politikwissenschaft, 1999。

历史的文豪,将学派构建视为德国所特有的现象。[3] 然而这种看法只能适用于 19 世纪。至迟从 20 世纪初开始,法学中的学派构建已然成为了一种国际现象。对主题"科学中自由的丧失"的说明也与此类似:在欧洲范围内,自 15 年前开始的大学改革所带来的变动是巨大的,其中部分可以被描述为学术自由的丧失。对此我只想以大学所引入的新的管理结构、全新的同行评审程序、基础设备向绝对最小化的倒退以及外部基金的征募为例。[4] 年轻学者尤其面临着出版著作的压力(不出版即出局)以及全方位网络化的强制。这些现象绝不仅仅波及一个国家。

一、科学社会学的导论

作为科学社会学的奠基人,美国社会学家罗伯特·金·莫顿(Robert K. Merton)在 1942 年,即波普尔(Popper)《研究的逻辑》出版了几年以后,发表了一篇文章,他在其中概述了一个自由科学成功运转所需的条件。[5] 鉴于当时科学的自由在苏联和纳粹德国急剧丧失,莫顿特别强调了自由科学的规范。对此他提出了四个条件:

其一,普遍性。首先,真理要求必须以独立于其起源的方式被提出:"并且经过客观标准的考验……它应当与所观察到的现象和

---

[3] *F. Paulsen*, Die Deutschen Universitäten und das Universitätsstudium, 1902, S. 209.
[4] 德国大学财政的捉襟见肘是造成学院自由丧失的重要原因。其中,主要波及的是自然科学学科。不容忽视的是,法学申请外部资金的来源也十分紧张。因此,法学院应当仔细考虑是否竭力仿效其他院系申请外部基金的灵活性。
[5] Robert K. Merton, "Science and Technology in a Democratic Order", in 1 *Journal of Legal and Political Sociology* 115 (1942). 英文版本,请参见 Robert K. Merton, "Science and Democratic Social Structure", in Robert K. Merton, *Social Theory and Social Structure*, Fress Press, 1949; 德文版本,请参见 *Robert K. Merton*, Die normative Struktur der Wissenschaft, in: *Robert K. Merton*, Entwicklung und Wandlung von Forschungsinteressen. Aufsätze zur Wissenschaftssoziologie. Mit einer Einleitung von Nico Stehr, 1985, S. 86—99。以下注释都是引用的德文版。

被证实的知识相一致。对于那些在科学的竞技场中相互抗争的命题的认同或者否决并不取决于其捍卫者的个人或者社会特征,即捍卫者的种族、国籍、宗教、阶级以及个人性格都是无关紧要的。"[6]

其二,(土地和资本为共同所有意义下的)公有性。"科研成果是社会各方合作的结果,并且为全社会人员共有。它们形成了一种共享的资源,而私有生产者对此只能提出十分有限的要求。"[7]

其三,无私利性。作为科学家必须能够抵住诱惑,即不使用非法手段为自己谋取利益。因此,他们的行为受制于"拥有特殊监控机制的体系,而这个体系则关系到各种各样(笔者语:非法)的动机"[8]。莫顿认为,科学的一个最为重要的制度元素在于其基础具有公共性以及可检验性。[9]

其四,有组织的怀疑。对此,莫顿理解为"暂时搁置各种特定的价值判断与偏见,并基于经验与逻辑标准无偏见地检验信念"[10]。由此,科学陷入了既定的政治或者宗教冲突的循环:"科学家并不考虑神圣与世俗之间的区分,也不考虑以及不加批判地尊重要求与客观分析间的分离。"[11]

莫顿所提出的"科学规范"已被多次作为批判研究的课题,[12]它们构成了一系列实践以及规范建议的基础。然而,莫顿的原始模型几乎出现在了所有科学家们的自我认识中,并且转化为规章化的科学标准,而这些标准正是在近年来一些学术不端事件发生以后制定的。[13] 莫顿的文章因此被看做现代科学社会学的开山之作。

---

[6] *Merton* (Fn. 5), S. 90.
[7] Id., S. 94.
[8] Id., S. 96.
[9] Id., S. 97.
[10] Id., S. 99.
[11] Id.
[12] *Weingart* (Fn. 1), S. 17 f.
[13] *Weingart* (Fn. 1). 解释见上述引文,莫顿在第 17 页中提到的关于"超越"的建议,可参阅第 21 页中其在科学规范新规章化中不可改变的国际意义。

这个全新的学科被分化和扩展为多个方面。典型的问题是涉及科学的规范基础、科学内部的分化以及专业化、科学知识相对于其他知识形态(如日常知识、宗教知识或者以传统为基础的知识)所具有的特殊地位。不同寻常的是(从其实际结果来看十分棘手)试图准确衡量科学成果(科学计量学),这些尝试在今日尤其是在自然科学领域最终演变为普遍的"引用数量"以及学术"排名"。自20世纪70年代开始热烈讨论跨学科性的问题。[14] 新的课题包括诸如科学与政治、经济以及传媒的关系。[15]

近年来,"科学治理"[16]的新形态成为科学研究的重点,如"新公共管理理论"(NPM)。以此为基础,大学被按照商业企业的模式进行了改革。"卓越计划"作为朝这个方向前进的大动作,带来了诸多的问题,法学也不能幸免。[17]

科学社会学的问题也包含了关于科学共同体化形式的合法地位问题。对于该问题的研究甚至早于对科学社会学的研究。对于这一问题的反思也表明,"在孤独与自由中"[18]追求自己的兴趣这一研究者的经典形象已经与现实大相径庭,科学已成为了一种社会活动。[19]

---

[14] 法律视野的概括见 E. Hilgendorf, Bedingungen gelingender Interdisziplinarität-am Beispiel der Rechtswissenschaft, JZ 2010, S. 913—922; R. Frodeman ed., *The Oxford Handbook of Interdisciplinarity*, Oxford University Press, 2010。

[15] *Weingart* (Fn. 1), S. 89 ff., 103 ff., 113 ff.

[16] 详见 *S. Lange/J. Gläser*, Governance der Wissenschaft, in: R. Schützeichel (Hrsg.) (Fn. 1), S. 773—782。

[17] *E. Hilgendorf*, Die Juristischen Fakultäten in Deutschland und die jüngsten Universitätsreformen: Skeptische Anmerkungen zu Bologna, Exzellenzinitiative und der Ökonomisierung der Universitäten, in: *ders./Frank Eckert* (Hrsg.), Subsidiarität, Sicherheit, Solidarität. Festschrift für Franz-Ludwig Knemeyer zum 75. Geburtstag, 2012, S. 559—580.

[18] *H. Schelsky*, Einsamkeit und Freiheit. Idee und Gestalt der deutschen Universität und ihrer Reformen, 1963.

[19] *Einführend J. Gläser*, Scientific communities, in: Handbuch Wissenschaftssoziologie (注释1), S. 151—162.

二、科学共同体化与"科学学派"

科学共同体化的形式是非常多样的,其范围包括大学内外单纯的兴趣团体、网络系统[20]、引用卡特尔、项目组[21]、"智库"以及固定的工作团队。路德维希·弗莱克(Ludwig Fleck)的思想集体也隶属于这个范畴。[22] 院系以及研究机构可被视为科学共同体化的制度固化形式,大学本身也是如此。对于科学家的认知取向和社会融合而言,科学共同体化的非正式形式所扮演的角色比制度固化形式更为重要。[23]

"科学学派"在多方面具有特殊地位。首先,涉及"科学学派"的讨论在很早之前就已开始,其甚至远远早于科学社会学。[24] 毕达哥拉斯(Phytagoras)、苏格拉底(Sokrates)和柏拉图(Plato)都广收门徒。其中,柏拉图学派被认为是大学的精神起源。[25] 比它更古老的是孔子的儒家学派,他在公元前6世纪在自己挑选的门徒中传播他的学说。[26] 由此就形成了一个师生关系的特定规范,并在东亚一直流传到了现在。在西方似乎也很早就构建了一个特定

---

[20] Th. Heinze, Netzwerke der Wissenschaft, in: R. Schützeichel (Hrsg.) (Fn. 1), S. 191—201.

[21] M. Torca, Neue Arbeitsweisen: Projekte und Vernetzungen, in: R. Schützeichel (Hrsg.) (Fn. 1), S. 329—340.

[22] Weingart (Fn. 1), S. 130.

[23] F. Meier, Organisationen der wissenschaftlichen Wissensproduktion, in: R. Schützeichel (Hrsg.) (Fn. 1), S. 783.

[24] 值得注意的是,"科学学派"的概念在目前的科学社会学中显得并不重要,这个概念在最新的 Handbuch Wissenschaftssoziologie (Fn. 1)中一次也没出现过。研究科学共同体化的形式则是在其他的主导概念下进行的,参照前注 19—21。对于自然科学学派的构建,参见 S. R. Mikulinskij/M. G. Jaroševskij/G. Kröber/H. Steiner (Hrsg.), Wissenschaftliche Schulen, Bd. 1, 1977, Bd. 2, 1979。

[25] H. Flashar, Athen. Die institutionelle Begründung von Forschung und Lehre, in: A. Demandt (Hrsg.), Stätten des Geistes. Große Universitäten Europas von der Antike bis zur Gegenwart, 1999, S. 1—14.

[26] H. Schleichert/H. Roetz, Klassische Chinesische Philosophie. Eine Einführung, 3. Aufl. 2009, S. 23 ff.

的学派规范,其基本特点也是为了区分同门与外人。这可以从《希波拉底誓言》的某些段落中看出端倪。[27]

学派概念在法学中也有着悠久的历史,比如,中世纪的注释法学派与后注释法学派[28],同样,还有 16 世纪的人文主义法学派。[29] 影响特别巨大的是 17 世纪的卡尔波佐夫(Carpzow)学派,其确定了欧洲刑法在启蒙运动前的共同发展方向。[30] 与此相比,18 世纪末 19 世纪初在德国发生的在费尔巴哈(Feuerbach)、格罗尔曼(Grolmann)以及阿尔门丁根(Almendingen)与老一辈顶尖的刑法学者克莱因(Klein)以及克莱因施罗特(Kleinschrod)间的争论则更多被视为代沟,而不是学派间的争论。[31]

著名的刑法学派之争是 19 世纪末 20 世纪初卡尔·宾丁(Karl Binding)的古典学派与弗兰茨·冯·李斯特(Franz von Liszt)的"现代学派"之争。[32] 其所争论的核心问题是刑罚的正当性究竟在于报应还是预防? 韦尔策尔(Welzel)学派在 20 世纪下半叶高举

---

[27] 在《希波拉底誓言》中可看到以下话语:"凡授我艺者敬之如父母,作为终身同业伴侣,彼有急需,我接济之。视彼儿女,犹我兄弟,如欲受业,当免费并无条件传授之。凡我所知,无论口授书传,俱传之吾子、吾师之子及发誓遵守此约之生徒,此外不传他人。"(援引 J. Kollesch, D. Nickel (Hrsg.), Antike Heilkunst. Ausgewählte Texte aus den medizinischen Schriften der Griechen und Römer, 2007, S. 54。)

[28] F. Wieacker, Privatrechtsgeschichte der Neuzeit, 2. Aufl. 1967, S. 60 ff.

[29] Wieacker, Privatrechtsgeschichte (Fn. 28), S. 88 ff., 146 ff., 155 ff.

[30] Eb. Schmidt, Einführung in die Geschichte der deutschen Strafrechtspflege, 3. Aufl. 1964, ND. 1983, S. 153 ff.

[31] G. Radbruch, Paul Johann Anselm Feuerbach. Ein Juristenleben, 1934 (Gustav Radbruch Gesamtausgabe, Bd. 6, bearbeitet von G. Haney, 1997), S. 82 中提到的"年轻一代的揭竿而起"。

[32] Th. Vormbaum, Einführung in die moderne Strafrechtsgeschichte, 2009, S. 137—140; ausführlich A. Koch, Binding vs. v. Liszt—Klassische und moderne Strafrechtsschule, in: E. Hilgendorf/J. Weitzel (Hrsg.), Der Strafgedanke in seiner historischen Entwicklung. Ringvorlesung zur Strafrechtsgeschichte und Strafrechtsphilosophie, 2007, S. 127—145. Zu Liszt jetzt auch Th. Stäcker, Die Franz von Liszt-Schule und ihre Auswirkungen auf die deutsche Strafrechtsentwicklung, 2012, mit kritischer Besprechung von M. Frommel, Was bedeutet uns heute noch Franz von Liszt?, in NK 2012, S. 152—160.

"目的主义"的旗帜,其讨论的并不仅仅是方法论的问题,还有犯罪体系的改造。[33] 有些时候,学派也不以其创立者的名字命名,而是以学派创立地或其主要影响范围来命名,比如"维也纳法学派"[34]或"法兰克福刑法学派"。[35]

在深入探究目前德国刑法学派之前,有必要先从普遍角度对一些与科学学派构建的相关问题进行探讨。一个"科学学派"意味着什么?对此,在文献中可找到以下标准:

其一,"学派领导者"的卓越人格作为管理中枢、精神领袖以及作为学派基本理论以及方法概念的创立者;

其二,原创的、广泛的、理论性如按照一定方法进行的高要求的研究计划作为共同任务设置的基础,更为准确地说,在自然科学中作为一种分析或者经验方法;

其三,狭义和广义上,一个学派共同体的成员(门徒)以及他们在理论、方法甚至有时在社会上的相似之处;

其四,独特的工作方式、创造性的工作氛围、有利的工作条件以及全新的教学和科研方法,这也意味着交流关系的方式以及范围、学派内部标准的评判以及对于所实现目标的认可,还有学术论文的优先权问题以及组织形式;

其五,学派的学术以及社会认可,它在竞争激烈的情况下、在形成紧张状态的领域中以及在社会条件和学术传统的影响下对于本国以及国际上的意义。[36]

---

[33] *B. Schünemann*, Einführung in das strafrechtliche Systemdenken, in: ders. (Hrsg.), Grundfragen des modernen Strafrechtssystems, 1984, S. 1—68, 34 ff.; Vormbaum (Fn. 34), S. 240 f.

[34] *E. Hilgendorf* (Hrsg.), Die deutschsprachige Strafrechtswissenschaft in Selbstdarstellungen, 2010, S. 200.

[35] 具有代表性的是法兰克福犯罪学研究所的出版物:Institut für Kriminalwissenschaften Frankfurt a. M. (Hrsg.), Vom unmöglichen Zustand des Strafrechts, 1995 (Frankfurter Kriminalwissenschaftliche Studien, Band 50)。

[36] *R. Stolz*, Schulenbildung in der Wissenschaft: historisches Phänomen und theoretisches Problem, in: (keine Herausgebernennung), Wissenschaft und Schulenbildung, 1991, S. 13 (*Alma Mater Jenensis*, Studien zur Hochschul-und Wissenschaftsgeschichte, Heft 7).

以下的"科学学派"应被理解为研究者或多或少的紧密结合。这些研究者针对一个导师人格的指导看法,即一个研究计划,他们接受、捍卫并继续这一计划,以此可区分身为学派成员的研究者与非学派成员的研究者。一个典型的学派关联包含了导师与学生间的个人关系,比如,学生在导师那里完成博士论文或教授资格论文。一个学派的标准形式表现为提出问题以及(经常为学派专用的)解决方案,这两者会共同应对别人的批判。学派的特征在于联合会议、出版物以及通过引用来进行相互间的参考。

一个学派通常会具有一种整体归属感。然而,这种学派关联也不总是得到当事人的认可。对此,法兰克福刑法学派的克劳斯·吕德森(Klaus Lüderssen)有着以下的体会:

> 尽管我们法兰克福的学者首先让人想到的是特奥多尔·阿多尔诺(Theodor Adorno)、于尔根·哈贝马斯(Jürgen Habermas)和马克斯·霍克海默(Max Horkheimer)的批判理论,但是,人们很快也开始谈论起刑法中的法兰克福学派。这种标签化并未引起我们的什么兴趣,不过却使我们感到,应当或明或暗地让我们成为一个联系体。[37]

吕德森随后以他的视角勾勒出了"法兰克福刑法学派"最为重要的共同信念:

> 刑罚带来了种种无解的问题,作为刑法学者的人饱受其苦。我花了很多时间才发现,大多数刑法学者并未认识到这一点。此外,尽管我们不能就如何解决问题达成一致,却可以对应当去哪里寻找答案有一致看法。在我们看来,放弃过时的正统教义、否认一种自创的体系思考(其自我局限于对既存刑法机能的价值无涉的管理)、拒绝象征性的刑法立法,这都是没有问题的。相反,在理性的去犯罪化的目的中,在为传统自由主义立场——无论其主要是哲学地还是"仅仅"政治地被

---

[37] *E. Hilgendorf* (Hrsg.) (Fn. 34), S. 373.

确立——辩护中,在根据最新的科学理论标准进行基础研究——包括经验对价值判断的归纳作用——的必要性中,在充分利用宪法对刑法的积极效用中,在对刑法领域进行科学的政策咨询和寻找刑法的(特别是法律性的)替代方案中,我们都发现了要严肃对待的各种问题。[38]

此外,其他通常被归入法兰克福刑法学派的学者也发出了以下质疑:是否存在过一个刑法的"法兰克福学派"?还是仅存在一个特别的"法兰克福讨论方式"?[39]讨论范围主要是"周二研讨课",这个词汇在学派成员的学术自传中出现了多次。[40]

一个人作为他人"学生"的标签并不是一个学派在概略意义上存在的强迫性依据。如果一个人在另一个人手底下完成教授资格论文,就可将这个人称作另一人的"学生"。这在德国十分普遍,即使他们根本不具有概略意义上学派的特征。作为一个无法改变的事实,即年轻学者严格来说并不是在一个单一的"导师"的指导下,而是在整个法学系教授的指导下完成教授资格论文。甚至博士生也经常被称为"学生"。"师生关系"的存在虽然是一个科学学派存在的必要条件,但并不是一个充分条件,其并不与出于纯粹赞扬的目的将他人称作自己"学生"的方式矛盾。同样,在某些情况下,对师生关系的排斥可能会使作为学生的那个人感受到伤害。[41]

在科学学派中恰好可以发现一种非常紧密的,有时对于学生及其周遭而言过度紧密的师生关系。希尔施(Hirsch)在作为其导师韦尔策尔的科研助理期间要对学生的考卷进行预阅卷,要参与编写韦尔策尔的新版教科书,要照管参与研讨课的学生以及给学生上练习课,以至于其推迟了博士论文以及教授资格论文的完成时间。他在其学术自传中写道:"基本上不存在就暂时出现的问题

---

[38] Id., S.373 f.
[39] Id., S.434.
[40] Id.并且经常出现。
[41] E. *Hilgendorf* (Hrsg.) (Fn. 34), S.362.

的交谈。韦尔策尔是一位非常严厉的导师,此外,他极为不耐烦,有时甚至会很伤人。"甚至作为其学生的私人生活也不能幸免:"如果韦尔策尔需要什么,无论是周末还是清晨他都会打电话给我。"对于新婚的希尔施而言,韦尔策尔也是"无处不在"。然而,值得注意的是,希尔施对这种"严格的培养"充满着感激之情。韦尔策尔给人一种"胜于父亲"的感觉,他为其科研助手们未来的学术职业不仅在专业方面,更是在人格方面做好了铺垫。[42] 对韦尔策尔作为导师给予高度评价的,还有汉斯-路德维希·施赖伯(Hans-Ludwig Schreiber)。此外,他还提到了,与他人经常宣称的恰恰相反,韦尔策尔认为,构建自身学派并不是非常重要。[43]

韦尔策尔学派和法兰克福刑法学派在德国刑法学中可算作最后的、在一定程度上清晰可辨的学派,处于模棱两可状况的是阿图尔·考夫曼(Arthur Kaufmann)的门徒们。他们虽然提出的主题有一些重合,如涉及注释学的主题,但除此之外,他们都有着各自的研究道路。而像温弗里德·哈塞默(Winfried Hassemer)就加入了法兰克福刑法学派,而乌尔弗里德·诺伊曼(Ulfrid Neumann)和乌尔里希·施罗特(Ulrich Schroth)几乎没有被归入一个学派。无论如何,值得注意的是,直到今日,阿图尔·考夫曼在拉丁美洲和东亚还被认为是"学派的创立者"[44];总而言之,可以肯定的是,在国外,尤其是在东亚学派范畴的思维要比德国强烈的多。[45]

像于尔根·鲍曼[46](Jürgen Baumann)和克劳斯·罗克辛

---

[42] 所有的引用均来自 Id., S.137。
[43] Id., S.362.
[44] 参照 Ulfrid Neumann/Winfried Hassemer/Ulrich Schroth (Hrsg.), Verantwortetes Recht. Zur Rechtsphilosophie Arthur Kaufmanns, 2005 (ARSP-Beiheft 100)。
[45] 具有代表性且令人印象深刻的著作为 Koichi Miyazawa, Die deutsche Strafrechtswissenschaft, Bd. 1: Die Akademiker, 1978,其详细描绘了同时代德国刑法学者的"学统"。
[46] 鲍曼的得意门徒包括:Gunther Arzt, Ulrich Weber 和 Ellen Schlüchter。此外,在 Weber 手下取得大学执教资格的人有:Wolfgang Mitsch, Detlev Sternberg-Lieben, Eric Hilgendorf 和 Bernd Heinrich。

(Claus Roxin)这样极具影响力的学者也并没有建立自己的学派。罗克辛对此写道,他"从未在某种意义上建立过一个学派",以此将"自己的博士生和在自己手下取得大学执教资格者绑定在固定的学说上。在他看来,这是与对科学的理解背道而驰的。而他的理解恰恰是以以下论点为基础,即所有对法学的认识都是暂时的并且总是会被质疑。"无论如何,他的所有学生都主张"以法治—自由的刑事政策为基础的刑法主导思想,因为这是由协作而产生的。"[47] 然而,通过以下方面可以确定,在罗克辛那里构建了一定意义的学派,即他从20世纪70年代开始为外国博士生和客座学者在慕尼黑提供了一个学术家园并且倾尽全力地支持他们。而这样一种在德国法学界并不常见的高尚作风不仅意味着他大量的外国学生对其专业素养的钦佩,而且意味着对其人格的崇拜。他的许多国际旅行维持并加深了这种交流,而这种交流远远超出了单纯的个人关系:"当事人借此对一个世界刑法文化做出了自己适度的贡献,而这样一种文化在全球化时代并不是一种学术奢侈,而是有其必要性。"[48] 同样,阿尔宾·埃泽尔(Albin Eser)在其作为马普外国与国际刑法研究所所长期间,也对此做出了巨大的贡献。正是这种方式使得克劳斯·罗克辛和阿尔宾·埃泽尔成为了德国刑法学的世界大使。

鉴于其基础特性,总论的方法性问题,相比于分论各式各样的问题解决办法,更能促成学派的构建。一个典型的例子就是目的行为论,它认为从所谓的"物本逻辑结构"可以推导出对于教义问题的答案。[49] 但是,这种说法已经在20世纪40年代被恩吉施(Engisch)以有力的论据予以了驳回。[50] 对立观点形成了——时

---

[47] E. *Hilgendorf* (Hrsg.) (Fn. 34), S. 471.
[48] *Roxin*, in: Selbstdarstellungen (Hrsg.) (Fn 34), S. 468.
[49] *Vormbaum* (Hrsg.) (Fn. 34), S. 240 f.
[50] *Engisch*, Der finale Handlungsbegriff, FS-Kohlrausch, 1944, S. 1431 ff. 值得注意的是,Engisch作为第二次世界大战后德国最具有洞察力以及影响力之一的刑法学者并没有创立自己的学派。在对考虑平衡的Engisch与好斗的Welzel的比较中,可以呈现出丰富的关于"学派创立心理学"的材料。

常带有"规范主义"[51]些许误导性标题的——意见,法学概念的构成是基于目的论方法,即关注它们带有目的性的结果。此外,在反对韦尔策尔"本体主义"的过程中,罗克辛、许迺曼(Schünemann)的方法论立场与雅各布斯(Jakobs)的方法论立场没有实质区别。

三、科学中学派构建的后果

以上对于学派构建所列举的意见表明,目前在德国刑法学中构建一个学派往往会与限制学术自由联系起来,并因此而受到反对。值得注意的是,构建学派在非法学文献中更容易受到青睐。弗里德里希·保尔森在1902年写道:

> 大学导师以其共同研究者的身份,以让自己的学生加入到自己研究工作中的方式让他们一起形成了他学术事业的持久力。科研工作的连续性,即其成果性的前提因此得到了保证。同时在学派共同体中也带入了竞争,作为导师非常欢迎与年轻并且有抱负的工作同事进行活跃的交流以及有意义的学术碰撞,以共同体的研究方式进行工作为他自身赢得了新的价值。[52]

科学学派的构建改变了科学讨论的语境。学派成员不仅被认为是其个人,而且被认为是一个特定圈子的成员,其学术观点也被等同于是这个圈子的观点,直到本人收回。在一个学科内的意见形成过程深受一个有影响力学派出现的影响,典型的例子是在大量有影响力的杂志上出版类似的文章。通过补充新的学派成员使得学派的影响力经久不衰。学派范围与得到重要资源(经费资助、出版物发行可能性、顾问以及鉴定地位)的机会是成正比的。而职

---

[51] 对于普遍使用概念"规范性"以及"规范主义"的批判,见 E. Hilgendorf, Was heißt "normativ"? Zu einigen Bedeutungsnuancen einer Modevokabel. In: Matthias Mahlmann (Hrsg.), Gesellschaft und Gerechtigkeit. FS-Hubert Rottleuthner, 2011, S. 45—61。

[52] Paulsen, Die Deutschen Universitäten (Fn. 3), S. 209.

业前景可能受到是否为一个学派成员的影响似乎也是合情合理的。然而在20世纪70年代出现了一个十分明显的特别情况：即使学派争论被赋予了一个重要意义，但是鉴于大量新设置的教席，作为一个特别学派的成员也不会具备太大的优势。蔡特措伊格（Zeitzeuge）这样写道："谁写了多于三个连贯的句子，就可以马上得到很多的电话。"[53]

学派构建导致科学的人格化。在社会语境下，学派不仅讨论学术观点，更会发生其他方式的相互影响。换一句话说：学派也具有"人性化"。第一个问题是关于优先权的争论，而莫顿对此现象致力于一个自身的分析。[54] 科学中伴随着优先权的争论所带来的怨恨对于非学术人员来说是不可理解的。在学派内部经常会出现争论，因为在与其他学派成员的讨论中会形成以及发展出新的观点，因此该观点并不好确定归属于哪一个特定学派成员。学派在内部关系上也会打上竞争以及嫉妒的标签。

第二个问题涉及学派的师生关系。这种关系可以特别紧密并且超出"一般"学术关系的范畴。用语"博士生或者取得大学执教资格者之父"或者"博士生或者取得大学执教资格者之母"（即博士生导师）就是对此最好的说明。罗克辛在其自传中写道，他的导师海因里希·亨克尔（Heinrich Henkel）对待他就如同一个充满深情的父亲，并且为他付出了很多。[55] 这样的体会并不在少数。[56] 但是，问题在于，如果当事人是不同性别的呢？关于导师与女学生间不被允许的感情以及思念的故事，还没有被披露出来。有些师生恋会最终步入婚姻的殿堂，琴瑟和鸣，而有些师生恋会导致悲剧的后果。[57] 许多有趣的例子可以在像迪特尔·施瓦尼茨（Dieter

---

[53] E. Hilgendorf (Hrsg.) (Fn. 34), S.484.
[54] R. H. Merton, Prioritätsstreitigkeiten in der Wissenschaft, in: Merton (Fn. 5), S.258—300.
[55] E. Hilgendorf (Fn. 34), S.471.
[56] 也可参见本章第二部分以及脚注[34]。
[57] 这里最著名的例子是阿伯拉尔（Abelard）和他女学生埃洛伊斯（Heloise）的关系。而这对直接当事人的关系戏剧性地以埃洛伊斯的叔父派人将阿伯拉尔施以"宫刑"结束。

Schwanitz)的大学小说《校园》(Campus)一类的作品中找到。[58]

　　学派内部的另一问题涉及对老师评价的竞争(这在学术中简直可以带来"明显的"优势)以及关于"继承的争论",比方说,导师逝世后要澄清谁是新的领头人。当一个学派成员同这种"纯理论"分道扬镳时,有时会产生非常痛苦的冲突。这样的情况就出现在韦尔策尔教科书工作的进行过程中。这本教科书在 20 世纪五六十年代不仅是最具影响力的,还是出版次数最多的德国刑法学教科书。在希尔施由于其他方面的负担不能再将此教科书的工作继续下去之后,此工作最终落到了京特·雅各布斯(Günther Jakobs)的肩上。他将该书做了彻底的改变并且将其方法论向对立面做了转化,即放弃了对"本体论"预先给予性的联系,转而以宽泛的"规范主义"为基础将其取代。[59]

　　从外部来看,学派处于一种竞争关系中。这就涉及解决特定学术问题答案的优先性、对于特定学术观点的肯定以及对于学派新成员的招募和资源的获取。具有竞争性学派间的争论偶尔会特别激烈,就如同词汇"Schulenstreit"(学派之争)所勾画的那样[60],这种争论甚至可以波及下一代。[61] 这种冲突有时涉及一点细微的差别,在外人看来其根本就微不足道。而争论的形式也扮演着非常重要的角色。韦尔策尔的门徒在其自传中写道,他们碰见的情况是,由于其导师苛刻的论证风格,受到伤害继而发出反批判的刑法学者有时就如同一个"教派"成员那样。[62] 对立仅仅是学派争论的一种形式。京特·凯泽(Günther Kaiser)在其自传中写道,在

---

[58]　*D. Schwanitz*, Der Campus, 1995.

[59]　雅克布斯在新教科书第 1 版的前言中写道:"本体论的刑法教义学破灭了,而且破灭得比当时有意创设的还要彻底。"*G. Jakobs*, Strafrecht Allgemeiner Teil. Die Grundlagen und die Zurechnungslehre. Lehrbuch, 2. Aufl. 1991, S. VII.

[60]　贝林的"古典"学派与李斯特的"现代"(或者社会学)学派之争参见脚注 32。

[61]　*S. Saito*, Die sog. "frühere" und die sog. "spätere" klassische Strafrechtsschule: Fortgang des Schulenstreits in Japan?, FS-Harro Otto, 2007, S. 155—163.

[62]　*E. Hilgendorf* (Fn. 34), S. 139.

20世纪六七十年代的犯罪学学界,不同学派的成员,主要是古典以犯罪人为指引方向一派与新"标签理论"一派,老死不相往来,甚至出现了两个独立的犯罪学团体。[63] 当然也存在只有专业争论、没有人身攻击的折中路线。[64]

一个学派内部的社会凝聚力可能导致对于共同观点的维持以及捍卫,而这种立场有可能已被单一研究者放弃许久。学派所固有的延续性以及捍卫过时观点的趋势有悖莫顿所要求的"有组织的怀疑"[65]。对此,马克斯·韦伯(Max Weber)认为,过时已成为科学的宿命。[66] 而学派可能有助于抑制科学转变。

只考虑学派构建的负面作用也是很片面的。通过统一特定的问题及其解决方案有助于一个学派在集中的讨论中解释并无矛盾地阐明观点,而这是研究者个人所不能做到的。[67] 没有一个学派的协作是不能使得一个观点得到全面阐述的。其他积极效果则体现在促进年轻学者的社会化以及便于讨论,这是因为特定的观点不用反复地重新解释,而是作为已知的前提条件。此外,通过对一个理论的持续扩充来增加差异化以及解决问题的能力。在此意义

---

[63] *E. Hilgendorf* (Fn. 34), S. 226.
[64] 对此的例子是施特拉腾韦特(Stratenwerth)对于法兰克福学派一些观点的批判,参见 *E. Hilgendorf* (Fn. 34), S. 566 f。
[65] 参见本章第一部分。
[66] "我们每一位科学家都知道,一个人所取得的成就,在10年、20年或50年内就会过时。这就是科学的宿命,当然,也是科学工作的真正意义所在。这种情况在其他所有的文化领域一般都是如此,但科学服从并投身于这种意义,却有着独特的含义。每一次科学的'完成'都意味着新的问题。科学要求被超越,要求成为过去。任何希望投身于科学的人,都必须面对这一事实。科学成果由于其所具有的艺术性,或作为一种教育手段,肯定会在很长时间里继续有着'使人愉快'的重要作用。但是,在科学中的不断赶超,让我再重复一遍,不但是我们每个人的命运,更是我们共同的目标。我们不能在工作时不想让别人比我们更胜一筹。从原则上说,这样的进步是无止境的。" *M. Weber*, Wissenschaft als Beruf (1919), in *ders.*, Gesammelte Aufsätze zur Wissenschaftslehre, hrsg. von *J. Winckelmann*, 1988, S. 582—613 (592 f)。在科学理论中总是会反复触及这一命题,参见 *W. L. Bühl*, Einführung in die Wissenschaftssoziologie, 1974, S. 13。
[67] 参见本章第三部分开头以及前注52。

上,我们可以将学派成员比作葡萄种植园的园丁。

四、今日的刑法学——从学派构建转向"交联化"

德国刑法学的学派构建以及学派争论的顶峰是在20世纪五六十年代。[68] 尽管在基础问题上仍然有大量的不同观点,然而,目前德国刑法学的学派并不具有实际意义。虽然有时可表达出影响学派构建的指导构想,然而,其并不被学术新生力量(也不是其特有)以学派方式进行研究、发展以及捍卫。对于这样的发展,原因如下:

第一个因素是刑法学研究的重点由总论转向分论。[69] 分论的问题大多数是远离世界观并且涉及细节,并不能成为学派滋生的土壤。争论行为概念和犯罪构成的时代已经结束了。第二个因素是当今许多刑法学者所谓的"激情不再"的态度,而这种态度显得其专业只是似乎有两下子,而非其个性的表达。这种显露出向更多客观性发展的趋势绝对不只是消极的评价,在某些方面甚至符合莫顿理想的严格的客观性。[70]

这是否意味着被解除了所有社会关系以及同盟的学者的"孤独与自由"的时代最终到来?这种设想可能为时过早。最新的科学发展明显加强了研究的社会性。虽然在自然科学中所确定的,部分甚至是跨越多国的研究联盟的趋势日益扩大,其在德国刑法学中尚未确定。然而,一些外部压力,即出于筹款目的而经历他人鉴定以及为了出版文章而屈服于同行评审程序却存在于刑法学中。个别教授,首推作为新生力量的学者,如果不想在现代科学运作中落伍的话,就再不能放肆地以一个(小)国王的形象出现。他们为了得到积极的评价以及"评论",不仅要参与研究联盟,还要参

---

[68] *E. Hilgendorf* (Fn. 36), S. 483.
[69] E. Hilgendorf, "Contemporary German Criminal Jurisprudence", *Peking University Law Journal*, 1, 2013, 181.
[70] 参见本章第一部分。

与科学共同体的其他现代形式。每一个同仁都可以作为鉴定人，吹毛求疵地为下一个第三方资金的申请进行评论，以致好几个月的努力付之东流。

因此，主要是年轻的研究者在现今承受了巨大的适应压力。[71] 但是，这种压力并不会促使学派的形成——研究者属于某个学派的事实甚至会在评价中能带来负面效应，即鉴定者属于潜在的竞争学派——从而推动了一个交联化的趋势。每一个人都想认识每一个人，至少是互相进行了一番友好的对话，从而可以优化下次同行评审程序中入选的可能性。由此，学派构建让步于——几乎可以这样说——一种平均的关系网构建。与此同时，与 20 世纪八九十年代不同的是国境的跨越。总体而言，法学工作的社会性并没有因此减少，而是增加了。按照一定形式以及匿名执行的同行评审程序使得一个学派的构建显得不合时宜。这也是目前学派消失的主要原因。

---

[71] *Hilgendorf* (Fn. 19), S. 579.

第四章

法律与法律科学中的价值

一、导言

法律与法律科学几乎无处不在谈论价值以及价值的基础、维持与保护,也无时不在谈论对事实的评价、衡量性的价值、价值性的决断、基本价值与价值序列。如此泛滥的语言使用当然在一定程度上引起了许多法律人对价值这一惯用语(Werttopos)的怀疑,如果不说是厌恶的话。而且,该语言使用极不统一;价值问题的某些方面存在巨大争议;价值问题也不是一个单纯的法律问题,如经济学、实践哲学、政治学、社会学、(实践)神学以及心理学等学科也都有着充分的理由在价值争论中占有一席之地;更不用提那些政治性的观点分歧了,在那里,对"价值"的诅咒往往是星期天谈话和选举演讲的标准节目(Standartrepertoire)。总之,关于价值问题的文献汗牛充栋,却没有就其问题、方法和解决达成最基本的共识,即使经过了最近150余年的激烈争论,仍然如此。[1]

鉴于这样的问题状况,在对法律的基础进行科学考察时,也许

---

[1] 关于概览请参见 J. Ritter, K. Gründer 以及 G. Gabriel 主编的《哲学历史辞典》(Bd. 12, 2004, S.556—583)对"价值"一词的解释。关于今天的哲学讨论现况,参见 H. Schnädelbach, Wertungen und Werte, in Logos N. F. 7 (2001), S.149—170; H. Joas, Die Entstehung der Werte, 1997。后者与 Nietzsche、James、Durkheim、Simmel、Scheler、Dewey 和 Taylor 就价值是否产生自"自我养成和自我超越的经验(Erfahrungen der Selbstbildung und Selbsttranszendenz)"进行了深入研究。"盎格鲁-撒克逊"文化圈的介绍则请参见 J. W. van Deth/E. Scarborough eds., The Impact of Values, Oxford, 1995。

根本就不应该考虑价值问题。实际上,法哲学和其他部门法的基础研究也的确对其较为敬而远之,法律科学对价值问题的详细概述和体系性分析更为少见[2];即使是在法学教育当中,往往也缺乏与价值问题打交道的训练项目。在法律实践中(但不只是在法律实践中),人们才不断地遭遇到法律本身的洞察力与方法论上幼稚的价值绝对主义之间奇怪的结合。

尽管如此,本文仍然不揣浅陋,试图对价值问题作一体系性的概览。因为与价值纠缠在一起的诸专业问题(Sachprobleme)——将一切修辞学抛在一旁——对法律与法律科学具有极为重要的意义。况且,法学本身就是一门"价值科学",几乎所有重要的法律与法律政策行为,从制定法律规范到其体系性解释再到法律适用,无一不与价值问题的方方面面息息相关。[3]

因此,下文第二部分将首先对一些术语问题进行分析,并介绍一种价值形成的理论;然后,第三部分将说明法律与法律科学中价值问题的核心要素;紧接着,第四部分将对法学基础研究中一个至今仍未得到应有重视的问题,即价值无涉问题(Wertfreiheitsproblematik)展开自己的分析;随后,第五部分是关于"意识形态与法律"之主题的若干评论;结尾部分(第六部分)针对的是法律中价值问题的新发展,如"价值变迁(Wertewandel)""价值多元化(Wertepluralisierung)""文化间性(Interkulturalität)"等。

二、评价与价值

由于价值概念漫长而多变的历史[4],其蕴含有完全异质的多

---

[2] 关于较早前的争论,参见 H. Henkel, Einführung in die Rechtsphilosophie, Grundlagen des Rechts, 2. Aufl. 1977, §28;分析性的文献参见 A. Podlech, Wertungen und Werte im Recht, AöR 95 (1970), S. 185 ff。

[3] Stig Jörgensen 曾经正确地指出:"法律科学与判例的特点正好就在于,如同道德科学一样,它们几乎排他性地与评价联系在一起。"(S. Jörgensen, Recht und Gesellschaft, 1971, S. 8.)

[4] 参见上文脚注 1 中《哲学历史辞典》的说明。

重含义一点都不令人奇怪。[5] 显然,想要精确表述"价值"是极为困难的。为了更好地理解"价值"这一现象,不以定义开始,而是从价值的开端(Ursprung),即[6]评价以及人类的评价行为入手,看上去是更合理的选择。人类无时无刻不在作着评价,认为某些事实、物品或者行为优于其他的对应物。谁决定喝红葡萄酒而不是白葡萄酒,或者谁更想去布拉格而不是罗马旅游,谁就同时做出了一项评价。更准确地说,"评价"意味着将某种对象视为积极或消极的。谁说一幅画"漂亮",谁就积极地评价了这幅画;反之,说一个人或其某种行为方式很糟糕、是犯罪或不礼貌,随之就做出了消极的评价。人们不仅在道德领域或者谈论艺术时会做出评价,在人类活动的所有领域里都是如此。

评价(或者表达评价)不一定要通过明确的语言形式,诸如"哦!"或"呸!"这种突然发出的声音也可以是一种评价。非语言的评价同样可能。当然,完全符合语法的判断形式(Form eines Urteils)也是一种评价,如"X 城市非常漂亮"或"Y 的行为很糟糕"。此时就涉及价值判断。价值判断(不同于事实判断和事实陈述)的典型特征在于其评价内容的超越性,是对所描述之物的积极或消极的称谓。由于价值判断与事实判断有着同样的语言形式,二者经常混杂在一起,此时,人们往往忽视二者背后迥异的基础,这会带来很多严重的问题。清楚地区分价值判断与事实判断,因

---

[5] 概览请参见 H. T. Krobath, Werte. Ein Streifzug durch Philosophie und Wissenschaft, 2009, S. 30 ff., 320 ff。

[6] 这里的"即"绝非不言而喻,反而需要符合一系列前提;其背后潜藏的并非微不足道的问题,是对"主观的"或"主观主义的"价值理论之信奉,以及对"客观"价值理论的拒绝。后者认为,价值是先于人类的认识而存在的东西,不受人类的评价行为之影响。囿于篇幅,本文不便就主观价值论与客观价值论的传统争议作更深入的分析,请参见 V. Kraft, Die Grundlagen der wissenschaftlichen Wertlehre, 2. Aufl. 1951, S. 5 ff.[Kraft 谈到了"价值绝对主义"与"价值经验主义"的对立("Wert-Absolutismus" vs. "Wert-Empirsumus")]; Krobath (Fn. 5), S. 35。支持客观主义价值观念的,有诸如 W. Waldstein, Werte und Objektivierung des Rechtsdenkens, in: Krawietz (Hrsg.), Objektivierung des Rechtsdenkens. Gedächtnisschrift für Ilmar Tammelo, 1984, S. 405—423。该文对早前的争议提供了大量线索。

此在学术语言上非常重要。[7]

评价的主体和开端是个体,个体在评价时当然会受到方方面面的影响,如文化和个人的社会化。[8] 无论如何,可以确定的是,个体不是恣意或随性地在评价,毋宁说个体的评价几乎总是遵循一种固定的模式,并有一种显著的稳定性;对于其他人(Außenstehende)而言,这是该个体人类属性中的重要部分。

值得注意的还有,对不同人的评价经常有很大的相似性。人们不仅可以在政党内部发现一种对其局部统一的评价,还可以在同一年龄段的人或者相同宗教信仰的家庭成员之间发现大致相同的评价。各个不同的团体(Gesellschaften)甚至可以通过获得一种类似的评价来标示自己的存在,尽管此时如何区分各个不同团体本身就已经是一个问题。例如,谈论德国人时,人们都会说值得信赖、准时和其他"普鲁士的"美德,从而以这种方式做出积极的评价。虽然此种老生常谈——其中对某一"民族性格"的旧观念有一定影响——不见得有多少说服力(Aussagekraft),几乎没有争议的却是,一个普通德国人的价值导向(Wertorientierung)与一个拉丁美洲人的导向,有着非常明显的差异。

整体文化可以塑造共同或者至少类似的评价。例如,影响着欧洲和美国的主要西方文化一般更关注个体,即给予个体积极的评价;对西方世界认为每个个体应当享有的(人类)权利的尊崇,也是如此。这与更强调集体的思维就有很大不同,受儒家文化影响的东亚大抵如是。由此可以看出,评价受整体文化的影响,不同的文化可能会做出不同的评价。

某些评价甚至似乎是普遍的本性(universeller Natur),也就是说,所有人都会以至少类似的方式做出评价。[9] 例如,饥饿和痛苦就会被普遍性地评价为消极的东西,任意的身体伤害乃至杀人行为也一样,无论是自己还是他人牵涉其中,人们的评价大概都不会

---

[7] 详见本章第四部分所谓的价值无涉理论。
[8] 关于评价的心理学因素,参见 *Krobath*(Fn. 5),S. 319 ff.
[9] *E. Hilgendorf*, Recht und Moral, in: *Gerhard Engel*(Hrsg.), Aufklärung und Kritik, 2001, S. 72 ff.

有什么不同。当然,也会有人给予饥饿和痛苦等以积极评价,但是,这种人的行为大多是在某种特定文化影响之下而实施的,其意旨通常正好在于有意识地背离一般规范。可以说,那些原初的评价是被他们的文化给覆盖了。

关于普遍存在的评价,有两点值得特别注意。其一,它们与营养、福祉等生物需求密切相关,决定于人的本性。但是,经验的人类学并不是相同评价的唯一原因,文化转换和文化渗透(kulturellen Transfer bzw. die kulturelle Diffusion)等也可能有所影响。[10] 其二,普遍性的评价往往具有消极的属性,与积极评价相比,人们似乎更容易对那些糟糕的和消极的评价达成一致意见。

至此谈及的人类评价,都是人类的一种确定的行为方式。那么,如何从评价中产生价值呢?答案是:通过抽象。一种被积极评价的典型行为或者状态,就产生一种(积极的)价值。例如,当 A 帮助了邻居 B,B 因此认为,邻里间乐于助人是好的,他就将"乐于助人"视为一种价值。由于评价通常或多或少都有一定的同质性,将某种行为或状况视为积极或消极,就不是单一事件,而是在社会的众多背景中做出的,并由此而形成超个人的价值。普遍性价值是以普遍性评价为基础的。今日之全球文化的日常经验可以表明,确实存在着这样的价值,例如,与他人和谐相处,无论在中国、中欧、非洲或者美国,都同样是被珍视的价值。[11] 热衷于关注文化间的差异,可能会忽略全人类为数众多的共性。[12]

按照本文所简要描述的模式,没有绝对的、独立于人类愿望与意志的"客观"价值。价值都是主观的,都有赖于人类的评价。迄今为止,所有试图建立客观价值的努力都是失败的。[13] 除了价值

---

[10] 请概括地参见 Chr. Antweiler, Was ist den Menschen gemeisam? Über Kultur und Kulturen 2. Aufl. 2009; ders., Heimat Mensch. Was uns alle verbindet, 2009。
[11] "和谐"是儒家思想的指导性价值之一。有学者因此进一步认为,在儒家思想里可以发现最适合于正在形成中的全球大社会的社会哲学,参见 O. Weggel, China im Aufbruch. Konfuzianismus und politische Zukunft, 1997, S. 128 f。
[12] Antweiler (Fn. 10), S. 12 ff.
[13] Hilgendorf (Fn. 9), S. 80 ff.

的主观性之外,人们还经常谈及价值的"相对性":价值只是相对于其赖以成立的评价才有效。倘若上文关于超越文化的普遍性评价之观点是正确的,那么,也一定存在着值得称之为"普遍性的"价值,但这不是因为这些价值独立于人类的评价——根本就没有此种"客观的"价值——而是由于它们被所有人或者至少几乎被所有人分享。

三、法律与法律科学中的价值

为了厘清问题,首先应当区分法律与法律科学。实际上,这两个领域在日常用语和法律专业语言中都经常被混淆。[14] "法律"是指国家的法律秩序整体,由全部法律规范的总和组成;[15] 相反,"法律科学"则指对法律的体系性研究、对法律的解释以及对法律实践的分析。两者都与(国家)制定新法的法律政策不同。正因为此,法律科学里才有"*de lege lata*"(实然法、现行有效的法律)和"*de lege ferenda*"(应然法、尚有待创制的法律)两种不同的研究视角。

德国宪法秩序的指导性价值是人类尊严(《德国基本法》第1条第1款),其在《德国基本法》中的突出地位是宪法制定者反思"第三帝国"罪行的结果。按照绝大多数人以及本文的观点,人类尊严的保护范围不受任何限制;对人的人类尊严的每一种侵犯本质上(eo ipso)都是违宪的。[16] 并不令人意外的是,人类尊严在德意志联邦共和国的宪法结构(Verfassungsgefüge)里享有如此崇高的地位,可能会产生滥用的危险;宪法实践中对人类尊严的频繁甚至近乎泛滥的引用,也已经使作为基本权利的人类尊严有沦落为"小

---

[14] 例如,法学学者会被称为"刑法学者"或"民法学者"等,但其正确的称呼本该是"刑法科学学者"或"民法科学学者"。

[15] 法律与道德,即法律规范与道德规范的区分标准通常是制裁方式的不同,违反道德规范者一般仅受个人(良知)或集体的惩戒,而违反法律规范者则需要承受社会(国家)有组织的暴力。

[16] *H. Dreier*, Kommentierung zu Art. 1 Abs. 1 GG, Rn. 132, in: *ders.* (Hrsg.), Grundgesetz Kommentar, Bd. 1, 2. Aufl., 2004.

硬币"(kleinen Münze)的危险。[17]

"人类尊严"此一惯用语——该惯用语不仅是一个法学术语，在其他学科诸如实践哲学和道德神学里也同样存在——本身的不明确性，使上述滥用变得不那么显眼。不确定性还体现在，它大大提高了与德国宪法的指导性价值相联系的可能性。但是，一种过大的不确定性很容易就会导致，每个人都只接受"自己的"人类尊严，这会损害人类尊严作为我们宪法秩序之指导性价值和"规范性支柱(normativer Anker)"的机能。因此，为了使其所保护的领域更为清晰，对人类尊严概念予以进一步的明确化，是很有必要的。

本书认为，可以将人类尊严视为主体的下列基本权利的集合体[18]，这些基本权利均服务于保护主体的自治和自治能力：享有最低物质生存条件的权利、自治性的自我展开的权利即最低的自由权利、免于极端痛苦的权利、保护私人空间的权利、保持精神和心理上的纯洁性的权利、享有原则性的法律平等的权利以及享有最低尊重的权利。[19] 对人类尊严的侵犯就(至少)是对这些基本权利中的某种基本权利的侵犯。如此理解下的人类尊严，可以成为其他基本权利的基础。换言之，人类尊严建构了其他基本权利的核心内容。[20] 由于人类尊严是不能受限制的，为避免滥用，其所包括的基本权利的范围应当被予以非常严格的理解。[21]

这里所简述的权利集合体，其界限要充分鲜明，以便可以保护人类尊严的不同领域；同时又要保有一定的抽象程度，以便在出现

---

[17] 已经指出这一点的有 G. Dürig, Kommentierung zu Art. 1 Abs. 1 GG (1958), Rn. 16, in: *Th. Maunz/G. Dürig* (Hrsg.), Grundgesetz Kommentar, Loseblatt-Sammlung, Bd. 1, Stand 2010。

[18] *E. Hilgendorf*, Die missbrauchte Menschenwürde. Probleme des Menschenwürdetopos an Beispiel der bioethischen Diskussion, in: Jahrbuch für Recht und Ethik 7 (1999), S.137—158 (141 ff.); 持类似观点的还有 *W. Maihofer*, Rechtsstaat und menschliche Würde, 1969, S. 56 ff.; *Birnbacher*, Mehrdeutigkeiten im Begriff der Menschenwürde, in: Aufklärung und Kritik, Sonderheft 1/1995, S. 4—13 (6)。

[19] *Hilgendorf*, Die missbrauchte Menschenwürde (Fn. 18), S. 148 ff.

[20] *Dürig* (Fn. 17), Rdn. 6 ff.

[21] 参见前文脚注16。

了新的问题时可以将其纳入保护范围之内,而不至于受到判例法那样的制约。此一理解下的人类尊严建构起了德国的宪法秩序,不仅决定了(其他)基本权利,而且间接决定了宪法秩序整体(决定机能)。它还是(在宪法本身的影响之下)解释法律的指导性价值以及立法的指导准则(指导机能)。最后,人类尊严也是一种批判性的连接点,法律秩序与法律政策都必须以此检视自己(批判机能)。联邦宪法法院正好是在诸如《空气防治法》(Luftsicherheitsgesetz)这样重要的判决中[22],才援引《德国基本法》中的人类尊严之保障条款,来纠正立法者的错误,因此并不令人意外。

决定机能、指导机能和批判机能三大着眼点并不只是在"人类尊严"的指导性价值内部有所不同,而且也一般性地体现了法律中的价值的机能:

法律中的价值的决定机能在于,其可以使其他价值和权利合法化。权利是由价值决定的,是保护和实现相应价值的手段。自从 Jhering 以来,对法律的这种目的主义(工具主义)的理解就已广为接受。不仅在立法层面如此,在法律适用层面亦不例外:选择某种确定的规范解释,是由它可以最好地实现规范适用者(立法者)的目的决定的。Hans Albert 因此曾经借鉴"盎格鲁-撒克逊"法律界对法律适用的理解,言简意赅地提到了一种司法的"社会技术学意义"(sozialtechnologischen Deutung)。[23]

法律和法律科学中价值的指导机能在于,其可以在法律适用中导入和建构更重要的法律价值。合宪性解释原则(Grundsatz der verfassungskonformen Auslegung)就是一个典型的例子[24]:法律必须被解释得与宪法中的基本价值,尤其是人类尊严和诸基本权利没有冲突。

法律与法律科学中价值的批判机能则表现在,各种状况、事件以及低位阶的规范和价值都可以据此而被衡量,它们是否与指导

---

[22]　BVerfGE 115, 118 ff.
[23]　H. Albert, Traktat über rationale Praxis, 1978, S. 75 ff.
[24]　参见 K. F. Röhl/H. CH. Röhl, Allgemeine Rechtslehre. Ein Lehrbuch, 3. Aufl., 2008, S. 623 ff。

性价值,尤其是人类尊严和诸基本权利相协调。例如,人们可以论证说,许多新技术(诸如人类生物技术或者机器人制造技术)造成了各种有悖于人类尊严的危险状况。这样的说法是否正确,当然是法律与政治领域内经常被讨论的话题。这也再次显示了解释的开放性和人类尊严这一惯用语的伸缩性。

四、法律科学中的价值无涉

马克斯·韦伯提出的社会科学中的价值无涉理论,在20世纪伊始就已引起强烈反响[25],直至今日仍是社会科学方法论上的重要议题。在20世纪六七十年代的实证主义之争中[26],围绕价值无涉理论的讨论得以进一步深化,但是,参与各方之间并未能达成一致。[27] 值得注意的是,无论是早期的价值判断之争还是后来的实证主义之争,都没有对法律科学中的基础性争论产生影响。[28] 不过,价值无涉理论在法律科学里实际上也是得到了承认的[29],甚至有学者认为,马克斯·韦伯正是从法学中得到了重要的启发,才提

---

[25] 对此参见 H. Albert/E. Topitsch (Hrsg.), Werturteilsstreit, 2. Aufl., 1979(书中附有详细的参考书目);更有体系性的分析,参见 H. Kreuth, Wissenschaft und Werturteil. Zu Werturteilsdiskussion und Positivismusstreit, 1989。

[26] 历史性的分析参见 H.-J. Dahms, Positivismusstreit. Die Auseinandersetzungen der Frankfurter Schule mit dem logischen Positivismus, dem amerikanischen Pragmatismus und dem kritischen Rationalismus, 1994. 实证主义之争的重要文献均收录在 Th. Adorno/H. Albert u. a. (Hrsg.), Der Positivismusstreit in der deutshcen Soziologie, 1969, Taschenbuchausgabe 1993。

[27] E. Hilgendorf, Hans Albert zur Einführung, 1997, S. 31 f.

[28] 关于争论的准确概述参见 H. Dreier, Max Webers Postulat der Wertfreiheit in der Wissenschaft und die Pilitik, in: ders.,/D. Willoweit (Hrsg.), Wissenschaft und Politik, 2010, S. 35—70. 关于价值无涉问题在法学内的可适用性,参见 E. Hilgendorf, Das Problem der Wertfreiheit in der Jurisprudenz, in: ders./L. Kuhlen (Hrsg.), Die Wertfreiheit in der Jurisprudenz. Konstanzer Begegnung: Dialog zwischen der Juristischen Fakultät der Universität Konstanz und Richtern des Bundesgerichtshofs, S. 1—32 (Juristische Studiengesellschaft Karlsruhe Heft 242)。

[29] 想想法律科学语言里对 de lege lata 和 de lege ferenda 的区分。

出了他的理论。[30]

价值判断乃至实证主义之争里各种问题点、论点和论据层出不穷,清楚地还原各种尖锐对抗的立场因此显得没有太大必要。马克斯·韦伯所提出的方法论性质的理论,其核心在于,要严格区分本学科对事实的陈述与个人的价值判断。马克斯·韦伯认为,这是一个"最起码的要求,研究者和陈述者应当无条件地区分,什么是对经验性事实的确定,什么是对事实的经验性评价,也就是说,关于这些事实是令人高兴的还是令人不高兴的评价性态度;因为这是两个完全不同的问题"[31]。

讨论价值无涉理论时,难免会触及大量一般方法论的和政治性的论述。如果只是想一般性谈谈(法律)科学中的评价与价值问题,就必须极尽精简之能事。本文关注的是以下三个问题点[32]:① 科学的价值基础之问题;② 科学的研究对象范围里的价值与评价问题;③ (法律)科学学者是否可以、在多大范围内可以以及应当如何亲自从事评价性行为。一般认为,这些问题也是价值判断之争里的核心议题。

第一,如果按照上文对"评价"的理解[33],从事科学活动的决定本身显然就已经是建立在一种"评价"之上了。论题的选定与方法的抉择也依赖于"评价"。甚至某种科学学科的概念也要仰赖于"评价",因为新的科学专业之定义同样也是受评价指导的,如同做出遵循一种已经习以为常的语言习惯的决定一样。总而言之,法律科学的评价基础——如同任何一门科学一样——是由无数评价构成的。

第二,毫无疑问,有些学科可以将价值和评价作为其研究对

---

[30] E. *Hilgendorf*, Zum Begriff des Werturteils in der Reinen Rechtslehre, in: F. *Stadler/R. Walter* (Hrsg.), Logischer Empirismus und Reine Rechtslehre. Beziehungen zwischen dem Wiener Kreis und der Hans-Kelsen-Schule, 2001, S. 117 ff.

[31] M. *Weber*, Der Sinn der "Wertfreiheit" der soziologischen und Ökonomischen Wissenschaften (1917). 本章此处引用的版本是 M. *Weber*, Gesammelte Aufsätze zur Wissenschaftslehre, hg. von J. Winckelmann, 7. Aufl., 1988, S. 489—540 (555)。

[32] *Hilgendorf* (Fn. 27), S. 122.

[33] 参见本章第二部分。

象,而不至于因此引起太多方法论上的问题。例如,经验性的社会学就既研究现象也研究价值多元主义和价值变迁。需要特别强调的是,研究价值和评价,也就是说,将价值和评价置于某一学科的对象范围中,并不必然意味着该学科的学者要亲自表述价值或者做出评价。毋宁说,对价值和评价的经验性研究是价值无涉的,至少在马克斯·韦伯的价值无涉理论看来是如此。

第三,围绕价值无涉理论的核心争议是,为了从事科学活动,科学学者是否以及在多大范围内必须亲自做出评价,或者科学学者是否可以将陈述科学性的事实和表达个人的评价严格区分开来。一如所述,探讨科学的研究对象领域里的价值和评价问题,并不必然要求学者们给出自己的评价。可以说,即使是研究评价问题和社会价值问题的法律社会学,也无需说出研究者自己的评价为何。

当然,本书的立场是否对于法学的主要学科——法律教义学——也具有可适用性,似乎不是没有疑问。法律教义学包含了对规范与法律判决的分析,包含了对所追求之结论的体系性阐释,还包含了对具体的法律判决问题提出解决建议。分析规范,即解释其中已存的概念和提供各种解释建议时,解释者不做出自己的评价是可以的,因为其可以局限于提供各种可能的规范含义之建议。体系性地阐释所追求之结论也不需要表达自己的评价;而在解决具体的法律判决问题时,情况则有所不同。理由是,大多数法律规范都有一定的解释空间,这使得法律适用者在判决具体的法律案件时,不得不做出自己的评价;否则,就不可能在规范认可的宽泛空间内做出具体的选择。[34]

法律教义学中价值无涉理论的效力问题因此有两种可能性:其一,价值无涉理论对于法律教义学是无效的;其二,法律适用在概念上与法律教义学是可分离的,法律教义学仅限于分析性的、描述性的和体系性的活动与研究结论。在后一种情况下,法律教义

---

[34] H. Kelsen, Reine Rechtslehre, 2. Aufl., 1960, S. 347. 该文谈到了一种"自由裁量空间",但是,这并不会使得理性表达自己的评价在法律适用时成为不可能。

学就(在某种意义上)是价值无涉的,而法律适用没有适用者自己的评价就不可能进行,以至于它不尽符合价值无涉理论。由于针对法律的学理争议往往不仅仅是在教义学层面展开,同时也包含了对法律适用的指导,所以,就无涉自我评价的活动领域这一点而言,似乎"法学(Jurisprudenz)"的表述是正确的,而"法律科学(Rechtswissenschaft)"的称呼则要有所保留。[35]

五、法律与意识形态

在评价整体或者部分法律体系时,尤其是在20世纪七八十年代,有一种批评意见认为,法律完全是"意识形态"的反映,其提出的论据主要受到传统马克思主义理论的影响。这样的意见在今天仍然得到了某些国际组织的支持,如国际货币基金组织和国际刑事法院。连人权也间或难逃此种意识形态之嫌疑,不少人认为人权并不是普世权利,而只是一种服务于个别国家利益的工具,是"西方"的带有偏见的思维。[36]

一旦认为法律或部分法律具有完全的"意识形态"属性,那么法律秩序的产生、维持和运用就只是对特定部分人的利益的保护(如某个阶级、某个非民主选举出的统治者或合法性不充分的精英);法律不是服务于全民的利益和价值,而只保护部分人的利益。

应如何看待这种意见呢?按照本文已经阐述的观点,法律的确是贯彻某种确定的利益和价值的工具。但是,因此就将所有的法律都置于意识形态嫌疑之下,可能是不适当的。因为,那样一来,意识形态的指责就将丧失批判功能,而沦为一种陈腔滥调。也就是说,我们需要的是一种更为严格定义的"意识形态"。遗憾的是,尽管几经努力,迄今也未能发展出一个有若干共识的意识形态

---

[35] 关于笔者的建议,参见 E. Hilgendorf (Fn. 28), S. 22。
[36] 对此参见 S. Schmahl, Überlegungen zur Kategorisierung internationaler Menschenrechte, in: H.-G. Ziebertz (Hrsg.), Menschenrechte, Christentum und Islam, 2010, S. 27 ff (33 ff.)。

概念。鉴于这样的状况,*Kurt Salamun* 建议,可以通过以下几方面的结构性要素来确定意识形态的思维方式[37]:

其一,意识形态的重要要素首先在于其对二分意义范式(dichotomishcer Deutungsschemata)的使用,即一种极端简化的、对现实的两极化感知:"现实中丰富多彩的现象和角度……被缩减为一种不是什么就是什么(Entweder-Oder)的关系、一种支持我还是反对我的关系、一种敌我关系;通过此一方式,令人非常难以接受地被简化了。"[38]

其二,在意识形态体系里,对现实的黑白描述(Schwarz-Weiß-Darstellung)经常与非常情绪化的称谓——"敌人"——捆绑在一起。[39] 通过妖魔化敌人的形象,强化己方阵营的联系,而对"外部人"(außen)则毫不宽容、充满偏激。这种思维方式和对现实的理解非常符合极权主义的世界观,纳粹主义就是一个明证。

其三,意识形态话语体系的另一个要素是,其认为某种陈述或原则是"绝对真实的",不应受任何怀疑。[40] 这样绝对的真实性断言(Wahrheitsbehauptungen)不仅在认知上和科学理论上问题重重,在实践层面上造成的困难也不少,当被视为"不可变更"的断言与一种规范性维度有关,如其赋予一部分人以支配权时,即是如此。可以举一个不受怀疑的断言的例子,某些人在智力上是有缺陷的,却能付出更少的努力就合法地成为统治者中的一员。

其四,在绝对真实性断言笼罩下的社会理论和政治理论里,由于那些被视为不可怀疑的陈述和原则之存在,经常会有一些精英垄断了认知和解释的权利。从这种垄断地位中随之又产生了他们优越的影响力地位,以及在社会和经济方面的特权。[41] 本书在这

---

[37] *K. Salamun*, Strukturmerkmale ideologischer Systeme, in: *ders.* (Hrsg.), Ideologie, Wissenschaft, Politik. Sozialphilosophische Studien, 1975, S. 16—42.
[38] *K. Salamun* (Fn. 37), S. 21.
[39] Id., S. 25 ff.
[40] Id., S. 28.
[41] Id., S. 30.

里想到的首先是宗教背景下的神权政体,以及承载该政体的僧侣阶层。Salamun 因此正确地指出,以一种"更高级的知识"(höheren Wissen)之面目出现的此种断言,必须被视为反民主思维的基本方式之一。[42] 众所周知,在柏拉图的社会哲学里,就可以发现这种方式的明显迹象。[43]

其五,意识形态体系的另一重要要素是对空洞公式(Leerformeln)的使用。与乍看上去不同的是,由于是一种循环论证或矛盾关系,空洞公式实际上没有任何经验性的内容。经验性虚拟的空洞公式几乎可以与每一种事实状况相吻合,因此不会遭遇反驳。规范性虚拟的空洞公式则由于(近乎)没有规范性内容("各得其所"(Jedem das Seine)、"行善避恶"(Tue das Gute und meide das Böse)),尽管有着很强的情绪号召力,却没有做出具体的行为指示;其解释上的开放性,反而使其成为几乎不受任何限制的控制和驾驭工具。

其六,意识形态体系的最后一个结构要素,在 Salamun 看来,是该体系里的主观性评价和个人的规范性优先地位,却并不少见地呈现出事实陈述的面貌,而且是非常真实,甚至可能是不容置疑的事实陈述。[44] 通过此一方式,规范性的要求就被当作了受科学保障的事实认知。某种程度上,可以说,这是一种社会和政治维度里的"实然—应然关系错误(Sein-Sollen-Fehlschlüssen)"[45]。Salamun 正确地认为,这是一种"经验的虚假合法性",是"给规范原则打上了非法的虚拟科学的幌子"。[46]

一般认为,Salamun 所列举的结构要素之清单,揭示了意识形态体系的重要特点,大致上都是正确的。如果接受他的建议,不难

---

[42] K. Salamun (Fn. 37), S. 30.

[43] K. Popper, Die offene Gesellschaft und ihre Feinde, 2. Bände, 1945, 7. Aufl., 1992, Bd. 1: Der Zauber Platons.

[44] K. Salamun (Fn. 37), S. 36.

[45] A. Brecht, Politische Theorie. Die Grundlagen politischen Denkens im 20. Jahrhundert, 1961, 2. Aufl., 1976. 该书将近 700 页,几乎主要是在研究方法问题和"实然—应然"问题。

[46] K. Salamun (Fn. 37), S. 36.

发现,法律其实并不具有意识形态的属性,因为法律明确表明了某种确定的利益和价值。针对法律的如此理解下的意识形态指责,就是没有意义的。毋宁说只有当一种法律秩序或其部分,至少呈现出一些上文介绍过的结构要素时,其才(全部或者部分地)具有了意识形态的属性。

六、新的问题

社会性价值会随着时间而改变。时代精神的风行与变化或长或短地都会表现为一种价值变迁。[47] 在不同的时代和不同的文化里,该过程或多或少都有所体现。其中,尤以西方社会自从第二次世界大战以来的价值变迁为例,但是欧洲之外的社会性价值快速而剧烈的变迁也不是没有,明治时代的日本社会变迁和 Atatürk 统治下的土耳其社会重组,皆是如此。

价值变迁对法律有何意义?立法者在颁布法规时,都是以当时通行的价值为指导的。[48] 社会中的价值之变迁往往会使法律变得过时,使法律成为对过去时代的表达。以法律为业的法律人因此大多数时候都被贴上了保守主义的标签。当然,法律人坚持现状(status quo)主要是因为他们总是以现行法为据,实践性的法律人应当适用法律而不是改变法律。这一点本身(per se)绝不该受到消极评价,如果检察官、刑事法官或税务官员坚持现行的法律规范而不任意附加新的规则,我们每一个人都应该表示庆幸。法律适用者必须以现行法为根据甚至是宪法的要求(《德国基本法》第20条第3款)。

与此紧密相关的一种观点认为,法官修正现行法并不是当然合理的,其缺乏民主上的合法性,原则上,该合法性应来自于经民

---

[47] *Krobath* (Fn. 5), S. 532 ff. 更详细的论述,请参见 *K. -H. Hillmann*, Wertwandel. Ursachen, Tendenzen, Folgen, 2003。
[48] 即使在那些将其法律视为超越时代的、永恒的甚至上帝赐予的社会里,这一点也同样有效。

主选举而出的国会。基于这样的理由,民主国家里的法官权力,总是带来种种问题。在如同刑法一样的法领域里,由于国民的权利非常可能被法官的权力所侵犯,甚至会最大限度地排除法官的权力。为此,Feuerbach,德国刑法科学的创始人,曾在19世纪初提出了那个著名的公式:"法无明文规定不为罪,法无明文规定不处罚"(nullum crimen, nulla poena sine lege)。[49]

但是,时代精神的变迁通过解释而传递到法律当中,也是完全可能的。[50] 四种传统的解释方法——根据文义解释(语法解释)、法律体系解释(体系解释)、立法者的意志解释(历史解释)和法律的"客观目的"解释(目的解释)——中,最后一种方法为在法律中贯彻新的社会性评价提供了最好的途径。而那些如同人类尊严一样解释空间较大的宽泛概念,仅仅是文义解释就可以考虑到新的社会性评价了。尽管如此,法官还是应当尽力避免判例的剧烈变化,以免影响民众对国家法律的认可程度。无论如何,改变先前判决之观点的判例变化无疑是存在的,也是合法的。[51]

如果社会性价值和已被制定的法律之间矛盾过于激烈,法律的改革就是必要的,因为刑法特别抵触法官适用法律时对法律的调整。刑法改革最有名的例子有:堕胎权的变动(《德国刑法典》第218条以下)、20个世纪70年代初期在联邦德国有其必要的对男同性恋行为的刑法禁令之废止(《德国刑法典》第175条)、废除杀害婴儿条款(《德国刑法典》第217条)。最后的杀害婴儿条款之废除,受社会性价值变迁影响尤其巨大,因为当时的社会已经完全接受了非婚生子女,杀害出生过程中或在出生后马上杀害婴儿,就不

---

[49] 关于法定性原则在今天刑法中的意义,参见 J. Baumann/U. Weber/W. Mitsch, Strafrecht Allgemeiner Teil, 11. Aufl., 2003, §9。

[50] 关于从魏玛共和国向"第三帝国"过渡时值得注意的法律调整,参见 B. Rüthers, Die unbegrenzte Auslegung. Zum Wandel der Privatrechtsordnung im Nationalsozialismus, 1968, 6. Aufl., 2005。

[51] 在致力于将自己的立场视为不可改变的和准确无误的方面,法律与宗教非常相似。

再值得给予特殊的刑法惩罚。

一个特别的问题是,是否有可能通过刑法来影响民众的评价行为。以前经常有人提到所谓"刑法的塑造道德的力量"。但是,现在大多认为,通过刑法影响社会性价值是相当可疑的。[52] 如果刑法和社会性评价发生了分歧(如20个世纪70年代的堕胎权那样),最终所期待的也不是去改变社会性的评价,而是一种贯彻社会性评价的迂回策略。不过,是否立法者可以通过在新的行为领域内,如生物科技或者生殖医学,提前进行犯罪化,以便向社会灌输某种评价,情况可能有所不同。1990年的德国《胚胎保护法》就是一个很好的例子,它在当时技术根本不可能的情况下,就以刑法禁止(治疗性的和再生性的)克隆。问题是,倘若刑法基于其特别严厉性而只应是法律政策中的最后手段(ultima ratio),这样的提前犯罪化就必须被视为是有问题的。

最近30年,社会发展所引发的堪称"价值多元化"的价值变迁不可谓不明显。如何评价某一事实在社会中越来越充满争议,从接受、认可到强烈反对可能都不乏其人,(男性)同性恋、积极的死亡帮助或治疗性的克隆,即为了治疗目的而克隆细胞等,都是如此。在这种道德上充满争议的领域里,立法者会进退维谷,因为其做出的任何决定都可能会激起其他阵营的反对,并陷于重重质疑当中。遗憾的是,德国的立法者在面对这样的困境时,大多保持不作为,而将继续发展法律秩序的任务转交给法院,这在民主原则和权力分立的法治国原则看来,并非没有疑问。最近的例子是德国联邦最高法院关于允许预先移植诊断(Präimplantationsdiagnostik,PID)[53]和死亡帮助[54]的两个判决。

值得特别注意,并且对法秩序而言难以克服的,是伴随着近数十年来声势浩大的移民运动而生的价值多元化。德国社会新的文化间性早就是大学内、经济中甚至报刊随笔里的讨论主题之一,至

---

[52] 这与人们看待刑法的方式发生了改变有很大的关联,即刑法不再是预先存在的和近乎不可改变的,而是对某种政治意志的表达。
[53] BGH NJW 2010, S. 2672 ff.
[54] BGH NJW 2010, S. 2963 ff.

今只有法律对此仍几乎无动于衷。德国传统的法律秩序之核心,如《民法典》和《刑法典》,都是在19世纪制定的,面对那些因为已然改变了的社会条件和新文化导致的冲突,其是否还能胜任自己的主要任务,即平衡社会的利益与和平地解决冲突,令人忧心。诸如此类的问题今天已经在"主体间性和法律"的题目下展开了深入研讨。[55]

---

[55] *E. Hilgendorf*, Strafrecht und Interkulturalität, Juristenzeitung 2010, S. 139 ff; *J. Vogel*, Transkulturelles Strafrecht, Goltdammer's Archiv 2010, S. 1 ff.

第五章

人文主义与法

——人文主义的法：一个概览

一、引言

由于传统宗教导向的意义丧失以及现代社会伦理与普遍文化的多元主义(Pluralisierung)的日益强化，以下问题日益显现，即非宗教的观点是否能够以被认可的方式提供具有群体重要性的理解导向(gruppenübergreifende Orientierungsangebote)。作为其结果或局部的论题是，法律是否能够存在宗教无涉的理解框架。

对这两大论题，已经存在大量的研究成果，但主要集中在对传统构想的批判上，或者致力于个别问题的研究[1]。只有极少数尝试综合性的分析[2]；恰恰在法哲学领域中，这种分析如今也并不时兴。在笔者看来，超越传统批判式和个别式研究，冒险进行整体考察的时机已经到来。笔者的观点是完全正统的，也就是被运用到法律中的人文主义。在只有45分钟的讲演中，部分内容只能简要

---

[1] 上述的评注不应当使被提及的研究的价值受到质疑，相反，没有基础的细节研究，是不可能进行概括性的综合研究的。在大量的文献中，此处只是指出：*H. Fink* (Hrsg.), Der neue Humanismus. Wissenschaftliches Menschenbild und säkulare Ethik, 2010; *Horst Groschopp* (Hrsg.), Humanismusperspektiven, 2010; *Horst Groschopp* (Hrsg.), Humanistik. Beiträge zum Humanismus, 2012. 英美语系的文献如 Alfred Jules Ayer, *The Humanist Outlook*, Rationalist Press, 1968。

[2] 比如 Paul Kurtz, *What is Secular Humanism?*, Servant Publications, 2007。

述及,大部分甚至必须完全忽略,这是理所当然的。给我的题目"人文主义与法——人文主义的法?"实在太大了,以致我只能为讲演加一个限制性的副标题:"一个概览"。

"人文主义"(Humanismus)这个概念对于法律而言并不陌生,但其中也被赋予各种不同的涵义。在法律史中,"人文主义"意味着十六、十七世纪整个欧洲不再仅仅以经院哲学(Scholastik)的方法,而是以语言学(philologisch)的方法为阐释罗马法所做出的种种努力。[3] "人文主义"的表述也被用于指称对法律所进行的人文形塑(humaneren Gestaltung),即法律的人文主义化(Humanisierung)。[4] 对法律进行人文主义化的努力首先就涉及刑法[5],刑法的残酷性和恣意性受到法国启蒙时期的思想家——尤其是伏尔泰(Voltaire)——的猛烈攻击。[6] 启蒙时期对刑法人文主义化影响最为深远的法学著作首推贝卡利亚(Mailänders Cesare Beccaria)1764年出版的《论犯罪与刑罚》[7]。此外,与此启蒙思想传统一脉相承的还有19世纪和20世纪早期的刑法学家,如李斯特[8](Franz von Liszt)和拉

---

[3] *Marcel Senn*, Rechtsgeschichte—ein kulturhistorischer Grundriss, 4. Aufl., 2007, S. 190 ff., 197 ff.; *Franz Wieacker*, Privatrechtsgeschichte der Neuzeit, 2. Aufl., 1967, S. 146 ff; 251 ff.; 也请参见 *Guido Kisch*, Humanismus und Jurisprudenz, 1955; *Hans Erich Troje*, Humanistische Jurisprudenz. Studien zur europäischen Rechtswissenschaft unter dem Einfluß des Humanismus, 1993。

[4] *Rudolf Wassermann*, Mehr Menschlichkeit im Recht und durch Recht, in: ders. (Hrsg.), Vorsorge für Gerechtigkeit. Rechtspolitik in Theorie und Praxis, 1985, S. 36—62.

[5] *Thomas Würtenberger*, Humanität als Strafrechtswert, in: ders. (Hrsg.), Kriminalpolitik im sozialen Rechtsstaat. Ausgewählte Aufsätze und Vorträge (1948—1969), 1970, S. 1—9.

[6] 全面的参见 *Eduard Hertz*, Voltaire und die Französische Strafrechtspflege im Achtzehnten Jahrhundert, 1887; 此外 *Otto Fischl*, Der Einfluß der Aufklärungsphilosophie auf die Entwicklung des Strafrechts, 1913, S. 1—11。

[7] *Cesare Beccaria*, Über Verbrechen und Strafen. Nach der Ausgabe von 1766, hg. von *Wilhelm Alff*, 1988.

[8] 首先参见其讲演 *Franz von Liszt*, Der Zweckgedanke im Strafrecht, in: ders. (Hrsg.), Strafrechtliche Aufsätze und Vorträge, Bd. 1 (1875—1891), 1905, S. 126—179。即所谓的"马堡计划"。

德布鲁赫(Gustav Radbruch)[9]。其他对法律进行人文主义化的努力主要有劳动法[10](Arbeitsrecht),还有社会救助方面的法律[11](das Recht der Sozialhilfe),一般的程序法,尤其是诉讼法。20世纪五六十年代早期,人文主义化概念的出现与从法政治学上克服纳粹独裁紧密相关。[12]

"人文主义"的概念也出现在不久之前和现在的法哲学和法学基础理论研究中。一种将"人道(Menschenfreundlichkeit)与怀疑主义的、开明的基本立场相联系"的观点,被法社会学家盖格(Theodor Geiger)称为"理性的人文主义"(intellektuellen Humanismus)[13]。为最近刚去世的东德法哲学家Gerhard Haney祝寿的学术研讨会论文集将以《法与人文主义》为题出版。[14] 奥地利法学家迈尔-马利(Theo Mayer-Maly)也以"人文主义的现实主义"著称。[15] 就在几年前,政治学家Peter Cornelius Mayer-Tasch也在其大部头的专著中描绘了人文主义的历史及其与国家的关系。[16]

总之,可以说,"人文主义"的概念在法学思想中完全是被偶然

---

[9] 拉德布鲁赫也研究过人文主义的思想,参见 *Gustav Radbruch*, Strafrecht der Zauberflöte, in: *Günther Spendel* (Hrsg.), Gustav Radbruch Gesamtausgabe, Bd. 4, 2002, S. 285—296。

[10] *Hans Matthöfer*, Humanisierung der Arbeit und Produktivität in der Industriegesellschaft, 2. Aufl., 1978.

[11] *Horst Groschopp* (Hrsg.), Humanistisches Sozialwort, Aschaffenburg 2009.

[12] *Adolf Arndt*, Humanität—Kulturaufgabe des Politischen, in: *ders.* (Hrsg.), Geist der Politik. Reden, 1965, S. 44—69; *Alexander Mitscherlich*, Humanismus heute in der Bundesrepublik, in: *Hans Werner Richter* (Hrsg.), Bestandsaufnahme: Eine deutsche Bilanz 1962, 1962, S. 135—156; 也参见 *Eugen Kogon*, Bedingungen der Humanität, 1998 (Gesammelte Schriften, Band 7)。

[13] *Theodor Geiger*, Demokratie ohne Dogma. Die Gesellschaft zwischen Pathos und Nüchternheit, 1963, S. 361; 也参见 *Manfred Rehbinder*, Ist Theodor Geigers Demokratietherapie realistisch?, in: *ders.* (Hrsg.), Abhandlungen zur Rechtssoziologie, 1995, S. 222—233。

[14] *Rolf Gröschner/Martin Morlok* (Hrsg.), Recht und Humanismus, FS-Gerhard Haney, 1997.

[15] *Theo Mayer-Maly*, Rechtswissenschaft, 5., 1991, S. 202.

[16] *Peter Cornelius Mayer-Tasch*, Mitte und Maß. Leitbild des Humanismus von den Ursprüngen bis zur Gegenwart, 2006.

发现的。它没有像其在其他欧洲思想史和文化史中那样发挥那么重大的作用,许多人主张将法律的应用形式全部理解为思想史运动的派生物。为了获取一个有承载力的"人文主义"概念,在其基础上能够发展出法律人文主义的基本特征,就必须从整体上审视思想史。正如大部分思想史的重点概念一样,人文主义概念当然也在诸多(相互不同的)涵义上被使用。[17] 而在政治理论中,恰好存在一些完全相反的建议,认为应该赋予该概念实质内涵。Pfahl-Traughber 建议将"人文主义"理解为一种特殊伦理和普适伦理的综合体,即基于人类的自由意志、个体性和尊严,而将其置于核心地位,同时也不忽视其社会嵌入(soziale Einbettung)。[18] 这种定义观点强调了人文主义概念中强烈的伦理以及法律维度,这很正确。我认为,一个世界图景(Weltbild)能够被称之为"人文主义的",必须至少具备以下四个最基本的条件:

其一,根据人文主义对世界的理解,人类处于中心点:人类的目标和需求构建了所有人类行为的导向点。

其二,人文主义关注当下俗世:使我们以及所有人类此时、当下的生活尽可能有价值,这是最重要的。

其三,人类尊严是最高价值。这对于所有人类都是均等的。道德和法律必须根据它来衡量。

其四,理性和科学是改善人类生活条件的重要工具。

正确理解的人文主义还有一个重要的附加要素,即强调在和

---

[17] *Horst Groschopp*, Differenzierungen im Humanismus, http://www. humanismus-aktuell. de/node/120;英美语系文献参见 Stephen Law, *Humanism*, Oxford University Press, 2011, p. 1;也参见 Paul Kurtz (ed.), *The Humanist Alternative*: *Some Definitions of Humanism*, Pemberton Books, 1973。关于思想史背景参见 *Ruggiero Romano/Alberto Tenenti*, Die Grundlegung der modernen Welt. Spätmittelalter, Renaissance, Reformation, 1967, S. 144—176 (Fischer Weltgeschichte, Bd. 12)。

[18] *Armin Pfahl-Traughber*, Demokratischer Humanismus, in: *Horst Groschopp* (Hrsg.), Humanismusperspektiven (Fn. 1), S. 87—105 (92).

谐而全面地提升人类能力的意义上进行教育。[19] 与此相关联的，人文主义也包含一种人们可以通过诸如"共感"（Mitgefühl）、"移情"（Empathie）或"怜悯"（Barmherzigkeit）等词汇加以表达的基本伦理态度，这根基于一个非常重要的认识，即人与人之间不仅仅是简单的"他者"（Andere）、对手（Konkurent）或敌人（Gegner），而是通向死亡旅程中的同行者。

这表明，上文所表述的概念界定放弃了将无神论（atheistische）或至少是不可知论（agnostische）的基本立场升格为人文主义思想的前提，即使信仰一神或多神的人也可以成为人文主义者。总体上，人文主义者反对任何形式的有神论（Theismus），尤其是犹太教（Judentum）、基督教（Christentum）和伊斯兰教（Islam）三大一神论教派，更确切地说，人文主义者怀疑有神论，而更倾向于自然主义的世界观，认为不存在超自然的实体，没有天堂，没有轮回或者死后的生活，也没有奇迹。[20] 在英美法的文献中，"反一神论"（antitheistische）的攻击论调经常被特别强调[21]，而这在德语语系的人文主义论战中则相对居于次要地位。然而，在此也不应忽视。在欧洲思想史上，人文主义的立场大体上表现为与教会立场[22]相对

---

[19] 对人文主义这一"传统"要素的论述，战后时期的文献请参见 Richard Newald, Humanitas, Humanismus, Humanität, 1947；当代的文献请参见 Julian Nida-Rümelin, Humanismus als Leitkultur. Ein Perspektivenwechsel, 2006；Martha C. Nussbaum, *Cultivating Humanity*: *A Classical Defense of Reform in Liberal Education*, Harvard University Press, 1997。

[20] 值得注意的是，在此意义上的"自然主义"立场与德国法理学（但并不必然与其中的个体）完全分离，请参见 Eric Hilgendorf, Naturalismus im (Straf-)Recht, in: B. Sharon Byrd/Joachim Hruschka/Jan C. Joerden (Hrsg.), Jahrbuch für Recht und Ethik, Bd. 11 (2003), S. 83—102。

[21] Stephen Law 的 *Humanism* 一书专门有两章详细研究一神的存在可能性问题（a.a.O., S. 29—70）；类似的，请参见 Peter Cave, *Humanism*: *A Beginner's Guide*, Oneworld Publications, 2009, pp. 23—64。

[22] "事实上，人文主义永远是宗教的对立物，是对待生活在这世界上人类的一种实质上不同的方式。"（H. J. Blackham, *Humanism*, Penguin Books, 1968, p. IX）

立;而且对于教会来说,也是这样看待人文主义的。[23]

除了法律史之外,人文主义概念在法律领域中较小的重要意义是提供了术语上新肇端的契机:所谓"人文主义的",相应的就应该以如下的一种法哲学立场来理解,即将人类及其自然的需求和利益(natürlichen Bedürfnissen und Interessen)置于核心,衡量所有法律的标准都应该是,该法律在何种程度上适合于促进人类的福祉(Wohlergehen)。努力谋求实现此种法律的,都可以被标志为"法学人文主义"(juristischer Humanismus)。如此被理解的法学人文主义已经足以囊括大量的法哲学及法政治学思潮,但它同时又有明显的选择性,因而一个以人文主义价值为导向的法体系的界限仍然清晰可辨。通过与"自然需求和利益"的关联,表明了将人类理解为自然的一部分,更准确地说:是进化发展的结果。[24] 诸如"万物之尊"等关于人类所有唯心的或宗教的涵义,都因此被排除。人类的整体关联(Gemeinschaftsbezug)也属于人类自然主义理解的内容。因此,作为本文基础的人类图景(Menschenbild),既不是严格个人主义的,也不是集体主义的。

---

[23] 关于人文主义与基督教的关系,可参见 Hubert Cancik, Antike—Christentum—Humanismus: Ein Versuch zu Grundbegriffen von Friedrich Heers europäischer Religions-und Geistesgeschichte, in: ders., Europa—Antike—Humanismus: Humanistische Versuche und Vorarbeiten, 2011, S. 459—484; ders., Der Ismus mit menschlichem Antlitz. "Humanität" und "Humanismus" von Niethammer bis Marx und heute, 1992, S. 485—504 (493 ff.); Wilhelm Nestle, Humanismus und Christentum, in: ders., Griechische Weltanschauung in ihrer Bedeutung für die Gegenwart, 1946, S. 389—413; Georg Essen, "… an der zähesten Stelle der Humanität". Theologische Brocken zum Verhältnis von Christentum und Humanismus, in: Martin Gieselmann/Jürgen Straub (Hrsg.), Humanismus in der Diskussion. Rekonstruktionen, Revisionen und Reinventionen eines Programms, 2012, S. 63—78。

[24] 就此而言,人们也可以称之为"进化的人文主义"(evolutionären Humanismus),参见 Julian Huxley, Der evolutionäre Humanismus. Zehn Essays über die Leitgedanken und Probleme, 1964; Michael Schmidt-Salomon, Manifest des evolutionären Humanismus: Plädoyer für eine zeitgemäße Leitkultur, 2006。

二、人权和人类尊严作为基础和核心价值

为了确保法律体系的导向点确实是具体的人(konkrete Mensch),从18世纪后期开始,人权(Menschenrechte)被理解为一种约束性的权利(verpflichtendes Recht),如美国1776年《人权法案》(Bill of Rights)和法国1789年《人权宣言》(Erklärung der Menschenrechte)。1948年《世界人权宣言》(Allgemeinen Erklärung der Menschenrechte)第1条规定:"人人生而自由,在尊严和权利上一律平等。他们赋有理性和良心,并应以兄弟关系的精神相对待。"[25] 正如Cancik称之为"现代人文主义的……基础文本"[26]。通过在《德国基本法》第1条明确规定,人类尊严不可侵犯并且毫无例外地约束国家[27],《德国基本法》立法者甚至将人类尊严和人权保障置于(西德)宪法秩序的最高位置。完全类似的规定也出现在《欧洲基本权利宪章》(Europäischen Grundrechte-Charta)中。[28] 值得注意的是,近期人类尊严的概念在英美政治理论中也似乎变得重要。[29]

如果将人类尊严和人权的保障作为人文主义法律秩序的核心要素,那么,因此而获得的对个人的保护就必须尽可能牢固地加以形塑。为了试图实现这个目标,德国1949年之后的宪法传统,就是将人类尊严所保护的人类生活规划和生活形态(humaner Lebensplanung und Lebensgestaltung)的核心领域视为绝对地不容侵犯。因而,任何对人类尊严所保护之领域的侵犯都是违法的,而且不可能被正当化。[30] 侵害人类尊严绝对不可能正当化的例子有酷刑

---

[25] http://www.un.org/en/documents/udhr.
[26] *Hubert Cancik*, Europa—Antike—Humanismus, in: *ders.* (Hrsg.) (Fn. 23), S. 13—41 (40).
[27] 关于1945年之后该规范的发生史,参见 *Horst Dreier*, Kommentierung von Art. 1 Abs. 1 Grundgesetz, in: *ders.* (Hrsg.), Grundgesetz-Kommentar, Bd. 1, 2. Aufl., 2004, Rn. 21 ff., 39 ff.。
[28] *Dreier*, a. a. O., Rn. 32.
[29] 参见 George Kateb, *Human Dignity*, Belknap Press, 2011。
[30] *Dreier* (Fn. 27), Rn. 44, 132.

(Folter)、奴役(Sklaverei)或对经济上的最低生活保障的剥夺(der Entzug des materiellen Existenzminimums)。违反人类尊严的国家行为,同样毫无例外地不能正当化,亦即,无论如何都是违法的。相反,在德国宪法中定位为基本权的人权,则可以在法律上有效地加以限制,比如,言论自由(Meinungsfreiheit)(《德国基本法》第5条第1、2款)和生存权(Recht auf Leben)(《德国基本法》第2条第2款第1句)。

如果在概略地意义上理解人类尊严,那么,为了不使概念的论证变得荒谬,人类尊严的保护领域就必须被严格把握。[31] 为人类尊严寻求一个恰当界定的努力至今仍未完成;在德国的(同时也是欧洲的)宪法学说中,存在各种不同的概念界定。[32] 为了强调人类尊严的保障性质,往往将其理解为各种权利的总和,诸如最低生活保障的权利(Existenzminimum)、原则上法律的平等权(rechtliche Gleichheit)、免受极度痛苦的自由权(Freiheit von extremen Schmerzen)及最低限度的人身自由(ein Minimum an persönlicher Freiheit)。[33] 如此被理解的人类尊严,可以被理解为人类法律秩序的基础和方向标。与此相悖的规范,是无效的。

民主是一种特别适合于保护人类尊严和人权的政体(Regierungsform)。历史的经验已经表明,较之民主选举产生(进而也可以选举解散)的政府,非民主体制更倾向于侵犯其统治下人民的权利。在此,"民主"的概念是根据其经典解释作为"人民民主"

---

[31] *Dieter Birnbacher*, Mehrdeutigkeiten im Begriff der Menschenwürde, in: Aufklärung und Kritik, Sonderheft 17 (1995), S. 4—13.
[32] 概览可参见 *Dreier* (Fn. 27), Rn. 50—61。
[33] 详见 *Eric Hilgendorf*, Die missbrauchte Menschenwürde. Probleme des Menschenwürdetopos am Beispiel der bioethischen Diskussion, in Byrd/Hruschka/Joerden (Hrsg.): Jahrbuch für Recht und Ethik Band 7 (1999), S. 137—158 (148 ff.) 在 *Dieter Birnbacher* (Fn. 31), S. 6 中引证;也参见 *Eric Hilgendorf*, Instrumentalisierungverbot und Ensembletheorie der Menschenwürde, FS-Ingeborg Puppe, 2011, S. 1653—1671。

(Volksherrschaft)的同义语加以使用。[34] 必须注意的是,民主是以不同形式出现的;因此,联邦德国、瑞士和美国的民主体制相互之间区别很大。Karl Popper 认为,识别民主的最重要特征是,人民不满意的政府,可以通过和平的方式解散。[35]

三、保护人类尊严的一般法律

一个人文主义的法秩序并不仅仅通过宪法层面来确保对个人的保护,而是贯穿于法秩序的各个层面,从法律到法规,再到法院的具体判决或行政机关的具体决定。[36]

提到法律人文主义化(Humanisierung des Rechts),首先想到的就是刑法,亦即刑事可罚性的条件、犯罪构成要件及其科处的刑罚,此外还有刑事诉讼法和刑事执行法。18 世纪中叶,欧洲刑法很大程度上还很野蛮,这在现在是很难想象的。刑罚基本上是恣意科处,而且经常是极端残忍的。[37] 刑事程序则大部分表现为酷刑。[38]

---

[34] 其他的参见 *Armin Pfahl-Traughber*, Demokratischer Humanismus, in: *Groschopp* (Fn. 1), S. 87—105 (90),其中,"民主"的概念只是适用于包含以下基本原则的政治体系:"弹劾可能性(Abwahlmöglichkeit)、权力控制、个体、人权、多元主义、法治国、世俗化(Säkularitä)、人民主权(Volkssouveränität)。"通过这些概念,现代民主与法治国的宪法国家的理念事实上受到了恰当的限定。对民主如此"现代"的解释,其缺点在于,因为吸收太多的视角,从而使该概念丧失了可以分析的清晰性,而且,也与大部分的宪法文本的用语不相对应,比如《德国基本法》。
[35] *Karl Popper*, Die offene Gesellschaft und ihre Feinde, Bd. 1: Der Zauber Platons, 7. Aufl., 1992, S. 149.
[36] 对德国法的总体概览,可参见 *Eric Hilgendorf*, dtv-Atlas Recht, Bd. 1, 3. Aufl., 2012; Bd. 2, 2008.
[37] *Hertz* (Fn. 6), S. 2 ff., 6 ff.
[38] *Edward Peters*, Folter. Geschichte der Peinlichen Befragung, 2003, S. 100 ff. 关于废除酷刑的争论,参见 *Mathias Schmoeckel*, Humanität und Staatsraison: Die Abschaffung der Folter in Europa und die Entwicklung des gemeinen Strafprozeß- und Beweisrechts seit dem hohen Mittelalter, 2000。关于"救助酷刑"(Rettungsfolter)的新近讨论,参见 *Eric Hilgendorf*, Folter im Rechtsstaat? in: Juristenzeitung 2004, S. 331—339。

当时,针对宗教的犯罪意义重大;但是在真正的宗教刑法(Religionsstrafrecht)之外,宗教也发挥重要作用,因为犯罪不仅仅被视为对世俗的社会秩序的违反,而且同时也被视为对神的秩序的违反,因此,相应地被严厉处罚。[39]

因此,18世纪伟大的刑法改革家——伏尔泰(Voltaire)、贝卡利亚(Beccaria)、德国的霍梅尔(Hommel)和费尔巴哈(Feuerbach)——都不遗余力地使世俗领域从神明领域中脱离出来,并赋予刑法纯粹世俗的任务。[40]刑事程序应该符合规则进行,并且采取理性的措施;酷刑被拒绝。具有重要意义的是在刑法中引入工具性的视角(instrumentelle Perspektive):如果刑法的任务是保护市民和确保国家安全,那么对于实现这个目标,刑罚就必须是适宜的而且是必要的。任何限度的超越都是恶。这种工具性的论点,是批判非理性或不人道的严酷刑罚的非常有效的手段。[41]

这个论点迄今仍然被适用。刑法是国家可以介入被适用者权利领域的最严厉手段。相应地,刑罚的创设和适用也都必须被严格控制,其措施主要就是法官约束于法(Recht)和法律(Gesetz),刑法中具体表现为法律主义原则(罪刑法定原则 Gesetzlichkeitsprinzip)[42]:刑罚必须能够以成文法律为依据,该法律必须足够明确,以使市民们能够明确认识到哪些行为是应受刑罚处罚的。刑法必须在行为之前就已经存在,不允许刑法溯及既往,不允许类推适用于法律不能够囊括而又"相似"的案件。此外,刑罚不允许比法益保

---

[39] *Hertz* (Fn. 6), S. 5; *Fischl* (Fn. 6), S. 9.

[40] 费尔巴哈的经典表述:"神灵被侮辱,这是不可能的,神灵因为侮辱而报应于人,是无法想象的,通过对侮辱者科处刑罚而慰藉神灵,是愚蠢的。"参见 Paul Johann Anselm von Feuerbach, Lehrbuch des gemeinen in Deutschland geltenden Peinlichen Rechts, 1801, S. 265。这一段虽然首先针对的是渎神犯罪,但是,除此之外,也可以作为费尔巴哈式刑法理解的基本原则加以解读。

[41] Eric Hilgendorf, Gesetzlichkeit als Instrument der Freiheitssicherung: Zur Grundlegung des Gesetzlichkeitsprinzips in der französischen Aufklärungsphilosophie und bei Beccaria, in: *Hans Kudlich/Juan Pablo Montiel/Jan C. Schuhr* (Hrsg.), Gesetzlichkeit und Strafrecht, 2012, S. 17—33 (32 f.).

[42] *Jürgen Baumann/Ulrich Weber/Wolfgang Mitsch*, Strafrecht Allgemeiner Teil, 11. Aufl., 2003, § 9 Rn. 1—103.

护所必需的更严厉,此处又再次强调法律的工具性视角。最后,刑法只允许作为其他所有保护法益的手段都失效时使用的"最后手段"(*ultima ratio*)。刑事诉讼中,被告人毫无限制的作为法律主体受到尊重。这些原则至今形成了人文主义刑法的基础。

法律人文主义化思想发挥作用的另外一个重要领域是民法,尤其必须特别提到的是劳动法[43]、消费者保护法[44]和反歧视的一些现代规定。[45] 最后,肩负法律人文主义化任务的是公法。这表现为整体国家权力受人类尊严和基本权约束,这无论在法治国原则,还是在行政法和行政诉讼法等部门法中都是有效的。特别是紧急状态下救助人类以及避免社会重大不公的社会法,便属于以人为本的法律。[46]

尽管如此,必须注意的是,人文主义的原则在特定法秩序中并没有具体的规定。相反,人们提及的是特定框架和特定原则的界定。法秩序的所有规范都必须通过人类尊严来加以衡量;违反了,就是违法的。[47] 为了恰当地考虑各种文化的特殊性,在人文主义的框架内,存在完全不同的规则是可能的,也是有意义的。在一个民主政体中——这种政体在法律中尤其易于接受人文主义的价值——由人民确定的议会,是确定法秩序实质细节的机构。

四、通往世界性法律之路?

从人文主义的视角出发,人类尊严和人权体现为普适性的价值。因此,它们不仅仅在民族国家语境中,而是必须在全世界范围内加以保护和贯彻。为了实现这个目标,已经出现了大量的国际

---

[43] *Hans Matthöfer* (Fn. 10);关于思想史背景参见 *Helga Grebing* (Hrsg.), Geschichte der sozialen Ideen in Deutschland, 1969。
[44] *Dieter Schwab/Martin Löhnig*, Einführung in das Zivilrecht, 19. Aufl., 2012, Rn. 814 ff.
[45] *Schwab/Löhnig*, a. a. O., Rn. 86.
[46] *Groschopp* (Fn. 11).
[47] 参见 *Dreier* (Fn. 27), Rn. 44, 132.

人权公约,其中先导的就是1948年的《世界人权宣言》。[48] 人文主义的核心观念是,"人类"——进而也是我们星球上的任何人——拥有值得保护和值得推进的尊严,如果确实认真对待这一观念,那么,还必须超越上述的人权公约。这就超越了(有效的)法律的界限,而进入法政策(Rechtspolitik)的领地。考虑所有的人类,而不仅仅是一个国家范围内的法律秩序,这属于在全球标准下讨论的人文主义。

尝试此种路径的人文主义宣言首先出现在美国。《人道主义宣言2000》(Humanist Manifesto 2000)就要求必须"尊重整个世界共同体所有人的尊严和价值"[49]。该宣言呼吁,全世界任何一个角落都应当减少人类的痛苦和提升人类的幸福。应该被聚焦的,不是人类文化的差异,而是其共性。所有人都应当同等地被保护和受尊重,而且,不仅仅是当下,也应放眼于未来,亦即应虑及子孙后代。[50] 该宣言明确拥护1948年的《世界人权宣言》,同时意图扩大和提高其可执行性。为了实现这个目标,应当强化如联合国等现有机构,同时也应创立有效运作的国际性法院[51]等新机构。相应地,应当制定全球适用的新的法规范,以避免冲突、保护人类健康、实现社会正义、保护环境以及抵制经济不公。最后,则在于创设真正的国际法和全球法秩序。

这些诉求听起来似乎有些乌托邦,但这却是在人类尊严被剥夺和被贬低时,人文主义致力于改善人类状况之使命的必然结论。这与对人类尊严和人权做局限于单一国家的民族性理解是自始有异的。这种全球视角中的法律人文主义在渊源上与古希腊斯多噶

---

[48] 参见本章第二部分开篇。
[49] "Humanist Manifesto 2000. A Call For A New Planetary Humanism". Drafted by Paul Kurtz, 1999, p.35.
[50] A. a. O., S. 35—39.
[51] 位于荷兰海牙的国际刑事法院自2002年就开始运作,对于种族屠杀(Völkermord)、反人类罪(Verbrechen gegen die Menschlichkeit)、战争罪(Kriegsverbrechen)以及侵略罪(Verbrechen der Aggression)具有管辖权。

学派的世界主义（Kosmopolitismus der Stoa）紧密相连。[52]

五、法秩序的其他类型

（一）背道而驰的模式

法秩序要实现人道，尤其必须明确考察与其背道而驰的模式。从历史上考察，第一种与人文主义法秩序相反的模式是20世纪的极权体制，尤其是希特勒治下的德国。"汝乃无物，民族实系一切！"（Du bist nichts, dein Volk ist alles!）——这种口号表明了为了模糊不清的所谓集体利益而剥夺个人权利，因此，甚至对个体的个人权利的极端侵害也被合法化。这种观念与以具体的个体人类为导向的人文主义是格格不入的。因此，"第三帝国"的理论家们强烈批判人文主义理想便不令人惊异。[53]

可以被认为与人文主义法律模式相反的第二种法律模式，是对法律和国家做神权政治的理解。法律整体上体现的是所谓一个或多个神明的意志。人类及其需求，无论在抽象层面上还是具体存在意义上，都无足轻重。实践中，就是神甫通过垄断对神明意志的解释来实现控制。这种"法律—国家"模式在历史上的例子——众所周知在具体表现上有很大差异——诸如教皇格利高里七世（Papstes Gregor VII, 1073—1085）所梦寐以求的绝对神权政治，16世纪早期被寇帝兹（Cortez）征服之前阿兹特克（Azteken）的神权国家，可能也包括现在某些伊斯兰的神权政治。

第三种与人文主义法秩序相悖的模式，是完全放弃有效运作

---

[52] *Hubert Cancik*, "Mensch als Mensch". Begriffsgeschichtliche Bemerkungen zu den antiken Grundlagen des Humanismus, in: *ders.* (Hrsg.) (Fn. 23), S. 237—254 (247 ff.); ders., Gleichheit und Freiheit. Die antiken Grundlagen der Menschenrechte, in ders. (Hrsg.) (Fn. 23), S. 281—309 (287 ff.) 及多处。

[53] *Horst Junginger*, Antihumanismus und Faschismus, in: *Groschopp* (Hrsg.) (Fn. 1), S. 165—179.

的法秩序。不仅历史上,而且现下,均有这种"破产国家"[54](failing, failed states)的例子,在这些国家中没有有效运作的法律体系,对人权和人类尊严的保护是完全不可能的。个人保护的只是自身的利益,而不关乎他人,"博爱"的种子无从撒播。

最后,必须明确的是,为什么从法律人文主义视角出发,极端的市场激进主义(ein extremer Marktradikalismus)是值得怀疑的。并非解除了个人寻求利益所受的法律限制,就必然同时自动地出现状况改善的结果。相反,这种形式的自由反而容易导致更大的不公,很多情况下反而表现为对个人基本权利的侵害。此时,要寻求适当的平衡是很困难的,甚至是不可能的;现代国家中,政治利益的焦点有时在于自由,有时又在于平等。至少2008/2009年的经济危机就表明了,要用法律重新规制一度被扰乱的市场是如此困难(暂且完全不考虑金融市场法——尤其是金融市场刑法——在面对全球化市场的条件下必须克服的重大困难)。经济危机至少证明了,如果不是民主的、合法化的立法者,而是掩藏着的金融寡头(也许可能只是由一小撮参与者组成)政治上实质地决定那些影响整个社会福祉和阵痛的决策,那将会发生什么事情。

(二) 类似的模式

本文开篇已经指出,"人文主义"的概念在很多涵义上被使用。尤其是还存在很多融合,比如"基督教人文主义"(christlicher Humanismus)[55]、"马克思人文主义"(marxistischer Humanismus)[56]、

---

[54] *Matthias Herdegen*, Völkerrecht, 9. Aufl., 2010, S. 94 ff.

[55] *Jacques Maritain*, Christlicher Humanismus, Politische und geistige Fragen einer neuen Christenheit, 1950. 其中收录的文本首先以西班牙语于1934年8月以 Problemas espiritualesytemporales de una nueva cristianidad 为标题出版。

[56] 参见 *A. Robert Caponigri*, Richard T. De George, Artikel "Humanismus", in: C. D. Kernig (Hrsg.), Marxismus im Systemvergleich, Ideologie und Philosophie 2, 1973, S. 30—45 (Sonderausgabe der Enzyklopädie "Sowjetsystem und Demokratische Gesellschaft). 此外参见 *Hermann Klenner*, Vorgeschichtliches zum Humanismus als Rechtsbegriff, in: *Rolf Gröschner/Martin Morlok* (Hrsg.) (Fn. 14), S. 53—65。

"跨文化人文主义"(interkultureller Humanismus)[57]，还有其他类似的形态。[58] 这就有一个问题，即法律人文主义在多大程度上可以面向这类思潮开放，而其界限又在哪？

这里试图发展的法律人文主义，首先区别于人文主义的古老形式：马克思人文主义。特别是在卡尔·马克思(Karl Marx)早期的作品中，存在对人文主义理念的明确信奉。[59] 早期的东欧集团完全在卡尔·马克思的理论中寻求合法性依据，虽然在很多法学家和政治学家的文献中经常出现马克思主义理论，但在政治实践中却很少顾及这一理念。为什么早期东欧在理论和实践上存在如此巨大的脱节，此处并不需要做过多研究。但是，我认为，最有意义的是不要从一开始就排除马克思人文主义的观点，而是必须注意，人文主义的基本立场不能借助"循环定义"(umdefiniert)的方法，或者被用于掩盖一种完全不同的政治实践。不容忽视的是，当代独裁统治也总是将人文主义立场作为其合法性基础，通常是以一种高度抽象的形式，比如认为为了实现未来理想的人类，允许容忍此时此地压制和消灭具体个人，这些都是不言而喻的。

人文主义与基督教之间的关系，可能是一个充斥整个图书馆的论题。当代人文主义的根源在于公元前的古典时期，在 16 世纪

---

[57] *Jörn Rüsen/Henner Laass* (Hrsg.), Interkultureller Humanismus, 2009；也参见 *Karen Armstrong*, Die Botschaft, Der Weg zu Frieden, Gerechtigkeit und Mitgefühl, 2012.

[58] 可参见 *Horst Junginger*, Religiöser Humanismus, in: *Horst Groschopp* (Hrsg.), Humanismus, Laizismus, Geschichtskultur, 2013, S. 183—202；*Heinz-Bernhard Wohlfahrt*, Politischer Humanismus und universelle Veränderungspflicht, in: *Horst Groschopp* (Hrsg.), Humanismus, Laizismus, Geschichtskultur, 2013, S. 203—220。

[59] 马克思著名的表述是，人是人的最高本质，从而也归结为一种"绝对命令，即必须推翻使人成为被侮辱、被奴役、被遗弃和被蔑视的东西的一切关系"。(Zur Kritik der Hegelschen Rechtsphilosophie, Einleitung, MEW, Bd. 1, S. 385.)

文艺复兴和 18 世纪启蒙时期。[60] 当时,人权和人类尊严必须通过抵抗基督教派的顽固阻力方得以贯彻。罗马天主教派直到 20 世纪 60 年代中叶,才真正接受启蒙时期的人权观念。[61] 另一方面,天主教的道德哲学家,如雅克·马里坦,对人权和人类尊严的表述和解释直到 1945 年之后才发挥重要作用。而且,现在很多自认是基督教徒的人,不仅仅接受上文概述的人文主义法律理想,甚至是积极地支持。在这种情况下,很难划分两者。基督教信仰在其漫长的历史中已经表明其有着巨大的变化和调适能力,因此也能够与人文主义的信念相兼容。然而重要的是,始终被视为法律的核心和导向的,是人类,而非模糊不清的(因此只能通过有权力意识的神甫才能交流和行为的)神灵。

值得进一步考察的第三种形式的人文主义是后人文主义或超人文主义(Post- oder Transhumanismus)。这主要是指 20 世纪六七十年代在美国出现的一场运动,其核心观念认为人类应当通过新兴科技获得进一步超越自我的发展。[62] 掌握提升人类行为可能性的新兴科技,如人类生物技术(Humanbiotechnologie)、计算机技术(Computertechnologie)、纳米技术(Nanotechnologie),还有低温储藏技术(Technik der Kryokonservierung)和现代机器人制造技术(modernen Robotik)等,这是超人文主义所喜闻乐见的。从提高技能的物质开始,到提升人类的电子形式,再到人类新物种的进一步发展,这恰恰是人类物理和精神潜能的提升。正如最后提及的例子所表明的,超人文主义的想象和科技模拟之间的界限有时是模糊的。

---

[60] *Hubert Cancik*, Europa—Antike—Humanismus, in: *ders.* (Hrsg.) (Fn. 23), S. 13—41; *ders.*, Gleichheit und Freiheit. Die antiken Grundlagen der Menschenrechte, in: *ders.* (Hrsg.) (Fn. 23), S. 281—309.

[61] *Eric Hilgendorf*, Religion, Recht und Staat. Zur Notwendigkeit einer Zähmung der Religionen durch das Recht, FS-Hans Albert, 2006, S. 359—383.

[62] *Bernd Vowinkel*, Auf dem Weg zum Transhumanismus? Technischer Fortschritt und Menschenbild, in: *Fink* (Hrsg.) (Fn. 1), S. 135—159; 也参见 *Eric Hilgendorf*, Menschenwürde und die Idee des Posthumanen, in: *Jan C. Joerden/Eric Hilgendorf/Felix Thiele* (Hrsg.), Menschenwürde und Medizin: Ein interdisziplinäres Handbuch, 2012, S. 1047—1049。

这种技术会产生重大的伦理以及法律上的挑战,这是不言而喻的。

超人文主义也不应从一开始就被排除出人文主义的体系。如同其马克思人文主义和基督教人文主义这些旧的近亲,超人文主义也需要特殊关注。因此,应当指出,科技的发展不仅开启了新的机遇,更导致了对人类的多元危险,从无意识的副作用、对人类健康或生命的威胁,到制造敏感的物件强制(Sachzwänge),即导致技术不是强化而是降低人类的行为可能性,因为统一化的技术反而强制人类去适应机器。因此,根据人文主义的思想,技术也必须以人类的需求为导向,而不是相反。

六、人文主义法律思想(humanistische Rechtsdenken)的挑战

法律领域的人文主义视角面临的挑战在于全球化,全球化早已不再仅仅局限于通讯媒体和经济上,而且也涉及法律。这种本质上源自古希腊和古罗马的观点,现在是否真的适合于在全球适用?或者"人类尊严"和"人权"这些概念是否只是欧洲先天的设计,到了欧洲之外就只是成了一纸空文,而且因为这些概念文化上不具有结合能力,所以最多也只能在政治影响上有所用处?[63]

上文概述的法律人文主义源自欧洲古典时期,其本质特性受16世纪人文主义和18世纪启蒙时期影响深远。[64] 但这一思想史的起源并不会排除人类尊严和人权等概念在欧洲之外也能适用的可能性。人文主义是以人类本身为导向,而不是以欧洲人、非洲人或亚洲人。人种学(Ethnologie)的实证表明存在所谓的人类学恒数(anthropologische Konstanten),所有人类在思维、感觉和行为的共相

---

[63] 关于这一讨论详见 Lawrence M. Friedman, *The Human Rights Culture: A Study in History and Context*, Quid Pro Books, 2011, p.69。

[64] 参见脚注1。

(Universalien)上是共同的。[65] 法律人文主义可以与该种共相相连接。[66] 此外,在很多其他文化中也存在与人文主义思想有承载力的连接点,尤其是儒学(Konfuzianismus)[67]、佛学(Buddhismus)。[68] 国际上对人文主义价值的接受最终表明,《世界人权宣言》及其他类似的文件不仅被全球几乎所有国家所签署,而且其中所包含的权利在市民中获得特别积极的名誉。这明显是因为其中所提及的权利对于所有人类都具有巨大的吸引力。[69]

由于德国的文化多元化,全球化在国际语境中所产生的类似问题,也与德国内国相关联。德国事实上已经成为一个移民国家;具有移民背景的人在全体市民中占约20%。[70] 宗教成员也是多元化的:在原来的联邦德国,几乎所有人都信仰基督教派(包括新教和天主教);但在现今德国(2011年的数据)信仰新教和天主教的只各占市民的29%,而无教派的占36.7%,穆斯林占2.3%。[71] 因此,人们可能会问,鉴于如此巨大的文化,特别是宗教多元化,是否仍然能认为人文主义价值仍被普遍接受,或者至少对受其影响和合法化而形成的法律秩序所必需的那种程度上被接受?根据我的观察,这个问题的答案只会是:在文化和宗教多元社会中,恰恰是诸如人类尊严、人权等人文主义价值现在仍然有机会被普遍地

---

[65] *Christoph Antweiler*, Heimat Mensch: Was uns alle verbindet, 2009; *ders.*, Was ist den Menschen gemeinsam? Über Kultur und Kulturen, 2. Aufl., 2009.

[66] Christoph Antweiler, *Inclusive Humanism: Anthropological Basics for a Realistic Cosmopolitanism*, V&R University Press, 2012; 也参见 *Klaus E. Müller*, Die Grundlagen der Moral und das Gorgonenantlitz der Globalisierung, 2. Aufl., 2012。

[67] *Heiner Roetz*, Konfuzianischer Humanismus, in: *Rüsen/Laass* (Fn. 57), S. 89—114.

[68] *Daisaku Ikeda*, Humanismus: Ein buddhistischer Entwurf für das 21. Jahrhundert, 2012.

[69] Friedman, supra note 63, p. 73.

[70] Statistisches Bundesamt, Bevölkerung und Erwerbstätigkeit: Bevölkerung mit Migrationshintergrund—Ergebnisse des Mikrozensus 2009—, Fachserie 1, Reihe 2.2, 2010. S. 7.

[71] Angaben der Forschungsgruppe Weltanschauungen in Deutschland (fowid), 参见 www.fowid.de。

接受,因为人文主义价值不是以个别的文化存续为导向,而是直接以人类的本性为导向。

人文主义法律思想的另一个挑战是技术进步。众所周知,法律不仅仅是认识,而且是积极地伴随、控制和操纵技术进步。新兴技术——我仅以计算机和互联网技术、人类生物技术和现代机器制造技术为例——极大地拓展了我们的行为可能性,甚至有时候大到我们传统的人类形象(Menschenbild)都似乎存在问题。[72] 如果人们不愿从法律上容许所有事实上所可能存在的,那么,技术进步促成了大量的规制需求。多种多样的规制可能性达到不受限制的推动力,比如同意赋予税收优惠、从单纯的容许到通过保留许可进行行政法上的禁止、从刑法上侧面地禁止研究和运用。至于哪些技术应当被推进、哪些应该被许可、哪些应该被限制或完全阻止,是必须通过慎思和决策的问题,不是技术人员或学理研究的法学家所单独能够处理或者完全解决的。这里更需要进行基础的法伦理考量,即在背后特定准许的价值与现实的效果评估之间对支持还是反对新兴技术进行理性地权衡。[73]

最后,请允许我再指出人文主义法律思想的第四个挑战:"虽胜犹败"(Sich-zu-Tode-Siegens)的危险。人文主义思维模式在当代主流文化中的支配地位不是在术语上,而是在内容上。这就产生了很大的危险,即与其竞争的导向模式,诸如源自基督教的模式,会试着"劫夺"人文主义的概念,进而从其自身的涵义上加以阐释。那么,"人类尊严"就极易隐蔽为"基督教尊严",其内涵是被教皇及其主教确定的。修正地占领"理性""启蒙"或"人文主义"等概念的类似尝试,也出现在极"左"分子之中。[74] 如今已经是时候有意识地跟这种概念侵夺作斗争,是时候坚决抵制将人文主义概念纳

---

[72] 关于法理学中"人类形象"这个论题参见 *Eric Hilgendorf*, Konzeptionen des "Menschenbilds" und das Recht, in: *Jan C. Joerden/Eric Hilgendorf/Felix Thiele* (Hrsg.) (Fn. 62), S. 195—216。

[73] 典型的如 *Dieter Birnbacher*, Bioethik zwischen Natur und Interesse: Mit einer Einleitung von Andreas Kuhlmann, 2006。

[74] 例子参见 *Pfahl-Traughber* (Fn. 18), S. 89 f。

入相竞争的世界观的各种尝试。

　　无论是从历史的视角,还是比较法的视角,法律的人文主义化都并非不言而喻的。即使人文主义的设想如今被视为欧洲在伦理和国家理论上启蒙的(暂时的)胜利,甚至可能被大部分的国家宪法所接受,但这并不意味着就保证其继续存在甚或移植。因此,法律中人文主义的辩护和贯彻仍是持续的挑战。

第六章

通过非法理解法？跨文化视角

一、导论

法是什么？法学者面对这个问题，如果不满足于同义反复的回答，或者不想以某国特定时间的法律所规定的内容来敷衍应对，而欲给出普遍有效的回答，那么，他势必如逻辑学家面对真理是什么这个问题一样，陷入焦灼难安之窘况。具体的法律是什么，也就是说，特定地点和时间的法律规定了什么内容，法学者可以给出答案。但是，具体的法律所规定的内容，是否也是合法（符合正义）的，人们分辨合法与非法的一般性标准是什么，法学者可能无言以对。

康德在《道德形而上学》[1]中写下的这个著名段落区分了实定法律科学与法哲学的各自任务。值得注意的是，康德不仅谈到法及界定法概念的棘手之处，他还谈到了非法。然而，法哲学研究至今仍几乎没有认真对待康德对于非法问题之重要价值的提醒。虽然围绕法的概念及其证立的文献已经不胜枚举，但系统研究"非法"问题的法哲学家至今仍寥寥无几。[2]

但是，我们不应据此认为，非法现象在围绕正义的论辩中从未

---

[1] *Kant*, Metaphysik der Sitten: Einleitung in die Rechtslehre, 2. Aufl., 1798, in: *Weischedel* (Hrsg.), Werkausgabe VIII, 1968, S. 336.

[2] 属于例外的人物有 John Stuart Mill 和 Arthur Schopenhauer，本章第二部分。

发挥作用。罗尔斯就曾对此给予关注,他的《正义论》[3]极大推进了当代围绕正义问题[4]的哲学讨论:"正义是社会制度的首要美德,正如真理是思想体系的首要美德一样。如果理论徒具华丽的外表和精妙的言辞,但却是不正确的,那么,也必须被放弃或修正;同理,不管法律制度运转得多么顺畅,如果它是不公平的,也必须被修改或废弃。"[5]在罗尔斯看来,非正义现象所起的作用是,纠正实定的正义概念,也即现行的法律和法秩序。

在20世纪90年代,围绕"非法"和"不正义"的讨论,由美国政治学者施克莱(Judith Shklar)再次掀起,她的著作《不公之面》[6]在德国也被广泛接受[7]施克莱的立论前提是,不正义也具有一种道德意义,它可以促使人们对现实中存在的不正义进行批判。由于对正义的感知受情境所限,因此,施克莱认为,正义不止一种,而是多种多样。施克莱的命题可从下述事实中得到印证,即人们由于经历了各种切实的不公和苦痛,才开展针对奴隶制的斗争。[8]

最近,洛特纳(Hubert Rottlenthner)深入研究了"不正义"这个主题。[9]他指出,我们今日视为明显不公的许多现象,如奴隶制、十字军或纳粹时期的强制绝育,在以前都曾被视为符合正义,这就给我们提出一个问题,诸如奴隶制这样的制度是怎样失去其正当性的。洛特纳认为,在这种观念变迁的过程中,不仅规范性论辩发挥了作用,还有客观条件,如经济因素,也在起作用:"如果实施不正义的成本非常高昂,或者废止不正义的难度非常小,那么,从这个

---

[3] *Rawl*, A Theory of Justice, 1971. 但是,Rawls 并未提出一般性的正义概念,而是专注于重新表述契约论的核心命题。
[4] 基础性论述参见 *Seelmann*, Rechtsphilosophie, 4. Aufl., 2007, §10。
[5] *Rawls* (Fn. 3), S.27.
[6] Shklar, *The Faces of Injustice*, Yale University Press, 1990; vgl. Cahn, *The Sense of Injustice*, Indiana University Press, 1962.
[7] Vgl. *Kaplow / Lienkamp*, Sinn für Ungerechtigkeit: Ethische Argumentationen im globalen Kontext, 2005. 在并未借鉴 Shklar 的情况下,已有德国学者探讨了非正义的意义,参见 *Hofmann*, Einführung in die Rechts-und Staatsphilosophie, 3. Aufl., 2006, §15。
[8] Hochschild, *Bury the Chains*, Macmillan, 2005.
[9] *Rottleuthner*, Ungerechtigkeiten: Anmerkungen zur westlichen Leidkultur, 2008.

世界中消除不正义的机会就会随之增加。"[10]

二、对于非法现象的体验

一般来说，人们都会接受这样的观点，即围绕人权的大多数讨论都起源于对非法现象的切实体验。[11]对非法遭遇的切实体验会催生人们最强烈的内在情绪。非法行为会激起愤怒、防御和反抗[12]；谴责非法可以赢得公共支持。这不仅适用于自己遭受的非法对待，也适用于他人遭受的非法对待。对于非法行为的情绪反应[13]要远远强过对于合法行为的情绪反应。因此，叔本华认为非法乃是一个更重要的范畴："非法这个概念是本源和肯定性的，与之对应的合法这个概念则是衍生和否定性的……如果不存在非法现象，谈论合法就毫无意义"。[14]

人们之所以研究非法的概念、前提及其存在根由，另一个原因在于，人们很容易就是否存在非法达成一致看法，而对于何为合法的问题，常常众说纷纭。这不仅在相对同质的文化圈内是如此，在欧洲和美国代表的西方国家中，而且在跨文化的视角下同样如此：随意杀害或伤害人的生命，或者恣意剥夺人的权利，均构成非法行为，这在当前世界的任何地方都不会有人质疑。但是，却存在一些与特定文化相关的理由，它们会在特定条件下把本质上非法的行

---

[10] *Rottleuthner*, a. a. O., S. 57.
[11] *Brugger*, Der Staat 31 (1992), 19 (22).
[12] "此时此刻存在着不正义，乃是一种自发且强烈的感觉。" *Hofmann* (Fn. 7), S. 72.
[13] 此外，对不正义现象的情绪反应也无需事先进行道德哲学的反思；因此，这里使用对不正义的"感知"这个术语，这是一种道德感觉。
[14] *Schopenhauer*, Die Welt als Wille und Vorstellung, in: *v. Löhneysen* (Hrsg.), Sämtliche Werke I, 1982, S. 463. Gustav Radbruch 也曾表达类似观点："非法比合法更加古老，正如侵犯比防守更加古老一样，正如防御随侵犯而调整，法也因非法而应变。"Die Argonauten 9 (1916) 128 = Radbruch, in: *Arthur Kaufmann* (Hrsg.), Gesamtausgabe IV, 2002, S. 222.

为说成是合法的。例如,关于何为"正义战争"[15],就会存在各种各样的学说。

　　法哲学深入研究非法的第三个原因在于,非法经常会产生新的非法:经历过非法遭遇的人,经常还会把非法遭遇加诸他人,他之所以这么做,或者是因为相信这是"合法的",或者完全丧失了区分合法与非法的能力。文学作品经常会探讨这个话题,最著名的的是克莱斯特(Heinrich von Kleist)小说中的科尔哈斯。[16]恰恰就在需要对真正的或可能的非法做出反应的地方,非法与合法的界限常常会变得模糊不清,人们可以想一下"卡尔奈亚迪斯的木板"这个紧急避险的例子,[17]或安提戈涅所处的两难境地,她违背克吕翁的(法律上有拘束力)的命令,埋葬了其兄波利尼科斯,合法还是非法?

　　密尔试图系统整理最重要的一些非法现象,并把它们分作基本的类型。第一种"被视作非法的行为是,剥夺他人依法受到保护的人身自由、财产或其他所有物"。据此,非法是指侵害"某人受到法律保障的权利"。[18]第二种非法的类型是,"剥夺或阻止某人依道德权利可拥有的法益"。[19]在这里,密尔着重强调的是"非法的制定法"的问题,他提醒人们,"制定法并不是正义的最终标准,制定法可为一人创设利益,却为另一人制造正义所不许的损害"。[20]在密尔看来,法和制定法有可能互相背离。根据第三种类型,"正义是指,每个人得到(不管是善果还是恶果)他该得的,不正义是指,人们得到或承受的并非他们应该得到或承受的。这也许是正义概念在人们意识中最清晰的表达"。[21]密尔提出的第四种不正

---

[15] *Nagel*, in: *Görres-Gesellschaft* (Hrsg.), Staatslexikon Recht, Wirtschaft, Gesellschaft III, 7. Aufl., 1987, S. 714 ff.

[16] *Sendler*, in: *Redeker*, Recht-Gerechtigkeit-Rechtsstaat, 2006, S. 3 ff.

[17] *Hilgendorf*, in: *Blaschke u. a.*, Sicherheit statt Freiheit? Staatliche Handlungsspielräume in extremen Gefährdungslagen, 2005, S. 107 ff.

[18] *Mill*, in: *Birnbacher*(Übers.), Der Utilitarismus, 1976, S. 75.

[19] *Mill*, a. a. O., S. 77.

[20] Id.

[21] Id.

义的形式是,"向他人明目张胆地宣布,不会遵守自己的明确或默示义务,或者不会去遵守我们的行为给他人制造的期待"。[22]密尔归纳的第五种也是最后一种类型是指,"不能做到不偏不倚,而是不合理地偏向某一人"。[23]

我们应该如何评判这种对于人类不正义行为的类型化呢?一方面,密尔从他所处时代的英国社会道德出发,因此,他的阐述不可能普遍有效。另一方面,直到今天,密尔提出的类型仍然能够在欧洲大多数人的心中引起共鸣。但是,关键的问题在于,密尔的类型化缺乏系统性,而且不同类型之间也未形成特定结构;人们不应忽视的是,密尔的不同类型之间存在重叠。他所用的术语也并不完全清晰。因此,为了更加系统性地处理"合法与非法"的问题,有必要首先进行概念区分。

三、概念区分

"法与非法"乃是常被使用的一对概念。二者似乎紧密相关,互相对应。但是,若经仔细观察,就会发现二者存在本质区别:"法"通常被界定为所有社会规范,其效力通过社会组织起来的(也就是国家的)强制来保障。[24]

这种意义上的法可以在概念上明确地区别于道德,道德缺乏社会组织起来的强制的保障。许多规范,如禁止杀人,既出现在道德中,也见于法,因为社会通过组织性的强制来保障对某些特别重要的道德规范的侵犯,由此,道德规范也获得法的地位。法与道德的重叠是经常发生的[25];但是,二者作为两种规范类型,还是能够清晰地相互区别的。

法与非法的关系就不是这么简单。"非法"在通常的语言中被

---

[22] Id., S.78.
[23] Id.
[24] *Seagle*, Weltgeschichte des Rechts: Eine Einführung in die Probleme und Erscheinungsformen des Rechts, 3. Aufl., 1967, S.11—42.
[25] *Hilgendorf*, Aufklärung und Kritik, 2001, 72.

作为一个道德范畴来使用,而不是法的范畴。[26] 人们会谈论"非法"或"不正确"的制定法;"不正确的法"这样的表述也被广泛使用。"非法"这个术语有各种不同的含义,而且指涉不同的对象。例如,它可以指涉情势、学说、行为或规范(既包括道德也包括法律规范)。所有这些用法的共同之处在于,某物(一种情势、学说、行为或规范等)在道德上被做出否定评价,并因此被拒斥。

因此,严格来说,"法与非法"这一对概念表达的是一种范畴的混合,是法与道德的融合。[27] 不过,由于人们也经常在道德的意义上使用"法"的概念,因此,混合带来的问题并不严重。据此,"法"就是指"正确的法"。不懂法律的人通常在这种意义上使用这两个概念。但是,任何人都能觉察到,在今天,国家制定的法当中的很多内容在道德上是中立的,到底应该靠右行驶还是靠左行驶,在道德上是无关紧要的,这里需要的就是有一个规矩。

通常,人们认为,法符合道德要求,这乃是理所当然的。一旦法背离了道德,亦即一旦涉及"非法",人们就会强烈地感觉到法与道德应该具有的内在关联。关于是否构成非法的问题,人们通常(并非总是)能够比较容易地达成一致看法。但棘手之处在于,人们很难明确表达出背后的道德评判标准。在这种情况下,简要回顾一下道德哲学的历史以及各种道德论证学说,也许有所帮助。其中展示了各种努力,它们均旨在把善与恶、(道德上的)法与非法区分开来。

---

[26] 关于法学视角下的"非法"(犯罪构成要件)参见 Roxin, Lehrbuch des Strafrechts Allgemeiner Teil, Bd. I, 4. Aufl., 2006, § 7, Rn. 7, 25;对于主流犯罪体系的批评参见 Spendel, FS-Küper, 2007, S. 597 ff。此外还可比较 Beling, Grenzlinien zwischen Recht und Unrecht in der Ausübung der Strafrechtspflege, 1913。

[27] 该结论也适用于作为"正义国家"的对立面的"不正义的国家"这个概念。对于"不正义的国家"这个概念的使用,参见 Heuser, in: Patzold/Weißbacker, Schlagwörter und Schlachtrufe: Aus zwei Jahrhunderten deutscher Geschichte II, 2002, S. 223 ff。

四、绝对或相对的判断非法的标准?

所有旨在区分法与非法并对此进行证立的尝试,在观念史上可被分作两个脉络:绝对的规范证立观和相对的规范证立观。谁若打算为规范提供绝对证立,就会提出这样的主张,规范的证立乃是独立于人的观念和需求的。绝对的规范证立应该独立于时空,它为区分法与非法提出的标准始终且普遍有效。与此相反,相对(或曰相对主义)的规范证立脉络并不主张超越时间和空间的区分标准;据此,区分法与非法的标准是相对的,也就是说,它们随着人们的需求和利益而变化,在不同的时代和不同的文化中呈现不同的面貌。[28]

(一)非正义观念在时空当中的相对性

相对主义视角至少乍看起来从人类价值和文化之间事实上存在的巨大差别中得到确证,例如,欧洲/美国文化圈、东亚文化圈、伊斯兰文化圈遵循着明显不同的观念和价值,它们在各自的文化圈内都被看做是有效的。这样一来,伊斯兰关于妇女地位的观念在西欧和美国就会被视为不正义;同样,在许多伊斯兰和东亚国家的眼中,西方的大众文化在道德上是应受质疑的,某种程度上甚至是充满色情的。在对家庭价值的评判上,也存在巨大差别,西方人对待老人的方式在东亚人看来是不可理喻的,某种程度上甚至是不正义的。

这些例子(很容易举出更多的例子)表明,在与其他文化交流的时候,人们必须小心谨慎,文化上的他者并非必然比自身的文化低劣。[29] 如果从我们自己的视角出发,给其他的观念或行为模式

---

[28] 本章第四部分之(三)将阐明,一种虽然是相对主义的但却拥有普遍效力的规范证立方式是可能的。
[29] 这一点也许恰恰在西方被人忘记,参见 Wallerstein, Die Barbarei der anderen: Europäischer Universalismus, 2007。

贴上"不正义"的标签,这将是非常幼稚的做法,因为这种做法没有意识到,其他文化中生活的人们也同样会在部分程度上对我们的观念和行为方式做出否定的评价,并予以拒斥。在全球化的时代,这种文化差别扮演着越来越重要的角色,因为不同文化之间的交流在今天所达到的程度,对之前的一代人来说是完全不可想象的。[30]今天,跨文化交流不仅发生在身处国外的场合,即使在国内的人际交往中,人们也越来越多地遇到以其他文化观念为指引的人们。在今天的德国,生活着好几百万具有移民背景的人,他们的文化与传统的西德价值观在重要的方面存在着巨大差别。这种差别有时会达到相当严重的程度,以至于给其他的价值或观念贴上"不正义"的标签。[31]

由于存在这些已经显明的差别,关于何为"法"与"非法"的文化冲突已经注定发生。亨廷顿广受引用的著作"文明的冲突"[32]明确表达了由文化引起的巨大冲突的危险。不宁唯是,即使在日常生活中也存在冲突的可能,特别是当受不同文化熏陶的人在私下或工作中[33]共同相处,如涉及伦理规范、妇女地位或关于宰杀牲畜的宗教规定等问题。根据这些可能发生冲突的领域,培养起"跨文化能力",也就是识别、分析和避免因文化引起的冲突的能力,就显得日益重要。[34]

即使在同一个文化圈中,随着时间的推移,基础性的价值和观念也会相应变化,关于法与非法的评判标准也随之变迁。例如,在

---

[30] Lustig/Coester, *Intercultural Competense: Interpersonal Communication Across Cultures*, 5th Edition, Pearson, 2005.
[31] 这一点特别适用于处理占人口多数的人群与具有土耳其血统的移民之间的关系,对后者来说,"婚姻"具有完全不同的含义,且与主流社会道德并不相同。
[32] Huntington, *The Clash of Civilizations*, Touchstone, 1996.
[33] 不同文化的人必须共同工作,且需要协力完成一个项目时,就面临着严峻的挑战。如果出现不同文化之间的冲突,那么,这种工作方式所追求的融合效果就无法实现。
[34] 除脚注 30 提到的文献外,还可参见 Erll/Gymnich, Interkulturelle Kompetenzen: Erfolgreich kommunizierten zwischen den Kulturen, 2007。

18 世纪中叶的欧洲,奴隶制还被广为接受;特别是在英国,不仅是富裕的商人,就连政治家和教会人员也参与奴隶贸易,他们从非洲抓取奴隶,在非人的条件下把他们转运到美洲,主要是加勒比海的各岛,在那里换取所需的糖和其他物品。直到 18 世纪的最后十年,才激起激烈的反抗,并最终导致英国在 1807 年废止奴隶贸易。[35]

鉴于这种关于法与非法的观念的根本变迁,我们可以设想,我们今日视为正确的、道德上中立或者至少没有什么问题的行为方式,有可能会被后来人视为不正义。对此视而不见,只能是幼稚和傲慢的表现。当然,在这个问题上,可能会存在多种观点。谁若在 2300 年后回望我们当下的时代,一定会发现某些在他看来属于应受道德责难的现象。[36]

总之,不论是横向比较,还是纵向回顾,法与非法的标准都处于变迁当中。关于何为"法"与"非法"的问题,存在着重大的观念分歧。正是因为这些显然存在的文化多样性,以及从关于法与非法的不同观念中产生的紧张,促使我们必须去思考普遍有效的规范和价值。需要回答的问题是:是否存在独立于时间和文化变迁的关于"法"与"非法"的标准?

---

[35] *Hochschild* (Fn. 8),S. 366 ff. 大洋彼岸国家反对奴隶制的斗争还远未结束。参见 *Rottleuthner* (Fn. 9),S. 22—40。
[36] 这一点可以用来说明我们对于第三世界人民的态度,他们的苦痛(剥削穷人、饥饿、夭折、不公平的贸易条件、破坏环境)很容易被我们——明显与我们自己的平等和人之尊严追求相悖——忽视;另一个例子是我们对于动物保护的漠不关心,我们在养殖场里冷漠地把动物视同无生命的物体来对待,虽然它们显然也有疼痛和知觉。这里还可以提出我们对待后代的态度,我们现在就应该担起责任,避免对环境进行大规模破坏。属于这种类型的例子可能还包括我们对于某些宗教学说太过宽容的态度,例如,在伊斯兰的某些地区对妇女的歧视,或者罗马天主教会关于性行为的道德规范,它们禁止使用避孕器具可能是导致艾滋病在非洲蔓延的一个重要原因。这些学说可能会招致后代毫不留情地反对,正如我们今日反对奴隶制一样。

(二) 绝对的规范证立的尝试[37]

对道德与法以及与此相关的法与非法的区分提供绝对证立时,历史上最早的尝试就是诉诸一个更高存在的意志,这个意志或者被理解为诸神的意志,或者是唯一的上帝的意志。根据这种神法学说,上帝定下标准,据此区分善与恶、法与非法。人的因素,如人们的价值观或人类的幸福,在此并不起决定作用。因此,在基督教神学中,那场几乎毁灭了所有人类的大洪水[38],被给予肯定的评价,因为它出于上帝的意志。同样,根据上帝给以色列选民的命令,他们在出埃及的时候可以拿走别人的财物[39],或者根据上帝给亚伯拉罕的命令,他可以杀死自己的儿子以撒。[40] 在所有这些情形中,根据神学的论证方式,所实施的行为并不是非法的,而是合法的。

另一条路径因其主要代表者柏拉图而被称为"价值柏拉图主义",这条脉络主张,人们可以把永恒不变的理念作为指引。依柏拉图的教导,理念无相、无始无终、不生不灭;它不能被感知,只能通过静虑来体悟。"正义"与"善"亦通过这种方式加诸于人。价值柏拉图主义的证立思路以各种不同的面貌一直存续至今,在法理学中特别以诉诸"道德律"的形式再现。[41] 在德国联邦最高法院于 20 世纪五六十年代的判决中,道德律发挥着不容小视的作用。[42]

自然法亦是一种区分法与非法的重要尝试。依这条脉络,"正确的"法和道德是符合自然的,非法是违背自然的。从"自然"(世界、人类、创造物)当中寻找区分法与非法的标准的观念,在古典时

---

[37] 下文阐述延续笔者在另一篇文章的思路,参见 *Hilgendorf*, Aufklärung und Kritik, 2001, 72 (80 ff.)。

[38] 1 Mose 6. 5 ff.

[39] 2 Mose 11, 2.

[40] 1 Mose 22, 1 ff.

[41] "道德律"这个表述见于现行《德国基本法》第 2 条第 1 款,它被作出限缩解释,参阅 *Dreier*, in: Dreier, GG I, 2. Aufl., 2004, Art. 2 I Rdn. 60。

[42] *Weinkauff*, NJW (1960), 1689.

期就已经出现。[43] 在中世纪,这种观念被整合进基督教学说当中,并得到神学论证。世俗自然法时代则开始于 17 世纪,其标志是"国际法之父"格老秀斯把自然法从宗教中分离出来,他指出,即使不存在上帝,自然法也照样有效。由此,法从宗教中分离出来,这在 18 世纪首先导致的结果是,自然法开始明确反对基督教以及基督教教会的诉求,并视其为不正义。[44]

理性法是对自然法的进一步发展。区分法与非法的标准不再取自于"外在"的自然,而是诉诸"理性",亦即应该通过明晰而不带成见的思考来认识。启蒙也经常被称为"理性的时代",我们今日关于法和非法的观念基本上来自于启蒙时期的思想。启蒙思想家谴责对巫婆施行的火刑、酷刑、迫害异教徒、奴隶贸易,他们提议改革非人道的刑法制度。[45]

在欧洲大陆,人们从"理性出发"为法和非法进行论证;与此相对,在大不列颠,功利主义者诉诸道德和法律规范的实际后果,力图从结果方面为法和非法确立标准。经典功利主义的核心思想是:那些能够提升人们幸福的规范就是"正确的",那些降低人们幸福的规范就是不正确的(因此也是"不正义"的)。经典功利主义的先驱边沁认为,启蒙政治的目标就在于创造"最大多数人的最大幸福"。[46] 功利主义在现代的一条分支是考夫曼(Arthur Kaufmann)提出的"否定性功利主义":"不应该像'肯定性功利主义'那样只关注最大多数人的最大幸福,……而应该以尽可能减少苦痛为宗旨,也就是说,要把苦痛降低到最低限度,把负担降低到最低程度。"[47]

---

[43] 斯多葛的道德哲学纲领可以浓缩为一句话:"顺其自然地生活。"
[44] Voltaire 在批评教会的权力诉求时,提出"打倒卑鄙"的口号。
[45] 经典论述参见 *Beccaria*, Dei delitti e delle pene, 1764。
[46] *Hilgendorf*, in: *Brugger*, Legitimation des Grundgesetzes aus Sicht von Rechtsphilosophie und Gesellschaftsthoerie, 1999, S. 249 ff. (252 ff.).
[47] *Arthur Kaufmann*, in: *Arthur Kaufmann /Hassemer/Neumann*, Einfürhung in Rechtsphilosophie und Rechtstheorie der Gegenwart, 7. Aufl., 2004, S. 26 ff. (140 ff.). 类似观点见于 *Popper*, Die offene Gesellschaft und ihre Feinde I, 7. Aufl., 1992, S. 289 ff.; 批评观点参见 *Smart*, Mind 67 (1958), S. 542f。

另外一种区分法与非法的重要尝试诉诸逻辑和其他形式性的程序,如可普遍性原则。可普遍性思想以"金科玉律"[48]的形式出现于许多文化当中[49],其主张的"己所不欲,勿施于人"明确地以否定的形式来表述,也就是说,它并未告诉我们去认识什么是法,而是告诉我们一种判定(和避免)非法的方法。金科玉律假定,人们关于不应施于别人的作为,至少存在某种程度上的一致。[50]可普遍性思想的代表性概念是康德的"绝对命令"。在判定某个规范是否合法时,人们只需问这样的问题:"你能够期望你的准则也变成普遍的法律吗? 如果不能,它就应该被抛弃。"[51]

历史哲学也尝试区分法和非法。据此,何为"法",何为"非法",应该依照传统和历史惯例来判断。在德国法律史当中,主要因历史法学的影响,历史哲学在区分法和非法方面也发挥了重要作用。在历史法学派的重要代表人物萨维尼看来,法从"民族精神"当中发展而来;他坚定地反对由立法者把法实定化。黑格尔主义和马克思列宁主义代表了历史哲学思想的另外一些形式,据此,历史发展规律也决定法的性质。但是,在这个脉络中,"非法"通常却并非简单地通过偏离既定历史规律来界定,而是通过各种历史视角来判定。例如,马克思就曾从人道主义出发,提出如下要求:"无论哪种生产关系,如果把人当作低级的、卑劣的、可抛弃的、可虐待的存在,就应该被推翻。"[52]

最近的一种主要源于德国的思想脉络主张,应该从语言当中推演出区分法与非法的标准。从语言当中,我们能够识别出某些根本的道德规范,据此也就能够界定法和非法。在商谈伦理中,人

---

[48] *Spendel*, in: *Spendel*, Für Vernunft und Recht: Zwölf Studien, 2004, S. 69 ff.

[49] *Konfuzius*, Gespräche, in: *Moritz* (Hrsg.), 1998, Kap. XII, 2 (S. 71).

[50] 既然金科玉律乃是广泛承认的判断行为对错的标准,人们就会追问,这些金科玉律是从哪里来的。它们的来源可能在于,某些行为被看作"可欲的"和"不可欲的"是来自于人类学定律,参见本章第四部分之(三)。

[51] *Weischedel* (Hrsg.): Kant, Werkausgabe VII: Grundlegung zur Metaphysik der Sitten, 2. Aufl., 1786, 1968, S. 30.

[52] *Marx*, in: *Fetscher* (Hrsg.), Studienausgabe I: Zur Kritik der Hegelschen Rechtsphilosophie (Einleitung), 1966, S. 24.

们可以发现这样的主张,语言中包含着一种"理性商谈"的"运作规则"。[53] 商谈伦理的倡导者的论证步骤可分作两步:第一层次包含的是运作规则,它们借助于语言在人们做决定之前就已经存在,能够帮助开展"理性商谈",在理性商谈中,人们可以针对第二层次的规范展开讨论;第二层次的这些规范的内容是随机的,也就是说,它们并未针对"法"与"非法"做出确定的描述。

当前,有人尝试运用道德起源的概念,并借此区分法与非法。例如,有人论证说,对于人的生命的保护取决于人们是否把胚胎就已经看作"人",或者有人尝试从人之尊严的概念中推演出该如何对待临终人群的指南。[54] 在这种论证思路的倡导者看来,法与非法要依据相关规范是否符合人之尊严来判定。这种论证模式的问题在于,它会陷入循环论证:在"人之尊严"的概念中,通过恰当的概念设定(自觉或不自觉地),就会把事后要从人之尊严概念中推演出来的内容已经包含进去。[55] 因此,这种论证脉络的说服力非常弱。

(三) 相对效力与普遍效力的结合

当前,大多数法哲学家和道德哲学家都承认,追求"法"与"非法"的绝对标准的努力基本已经失败[56],仅存的可能道路只能是相对的或相对主义的论证思路:什么是"法",什么是"非法",需从利害关系人群的评价中去寻找。初看起来,这条脉络似乎只能为"法"和"非法"提供个体层面的证立标准;但是,仔细考察就会发现,许多人给出的评判内容都是一样的:互相体谅、乐善好施、尊重

---

[53] 对这种论证思路的批评观点参见 Hilgendorf, Argumentation in der Jurisprudenz: Zur Rezeption von analytischer Philosophie und kritischer Theorie in der Grundlagenforschung der Jurisprudenz, 1991, S. 142 ff。

[54] Spaemann, Personen: Versuche über den Unterschied zwischen "etwas" und "jemand", 1996.

[55] 深入的批评观点参见 Birnbacher, Das Dilemma des Personbegriffs, in: Strasser/Starz (Hrsg.), Personensein aus bioethischer Sicht. 1997, 9 ff。

[56] Kelsen, Das Problem der Gerechtigkeit (Anhang zu Kelsen, Reine Rechtslehre, 2. Aufl., 1960, S. 357—444).

他人被大多数人给予肯定评价,恣意放肆、唯我独尊、自私自利则被大多数人给予否定评价。这不仅在我们的文化中如此,在其他文化圈中亦同。通过这种方法总结出的标准虽然是相对标准,也就是说,从人的需求和利益出发,但是,它们却拥有普遍或近于普遍的效力。[57]

恰是那些基础性的概念,如人之尊严,可通过根本性的人类需求和利益获得内容。人之尊严可通过如下这些主观权利来界定[58]:

其一,如果剥夺个体生存所必需的物品,如给养、空气、空间等,就构成对人之尊严的侵犯(最低生存保障权);

其二,如果剥夺个体所必需的自由权利,就构成对人之尊严的侵犯(自治地自我发展权);

其三,如果(通过作为或不作为)给他人造成沉重且持久的生理或精神痛苦,就构成对人之尊严的侵犯(避免痛苦的权利);

其四,如果把个体的私密空间及其相关信息暴露给他人,就构成对人之尊严的侵犯(隐私权);

其五,如果通过无法反抗的手段,如麻醉或催眠,长期且深入地介入他人的意识,就构成对人之尊严的侵犯(精神—灵魂不受侵犯权);

其六,如果剥夺人的法律主体的地位,就构成对人之尊严的侵犯,其中也包括剥夺人诉诸法院救济的权利(法律面前平等的权利);

其七,除上述六种方式之外,如果人受到极端侮辱,或者被剥夺自尊,也构成对人之尊严的侵犯(获得必要尊重的权利)。

上述七项描述了侵犯人之尊严(《德国基本法》第 1 条第 1 款)的几种基本的违法行为。通过这种方式,人之尊严的内容能够比正面界定更加清楚地展现出来。这个路径具有普遍推广的可能

---

[57] *Victor Kraft*, Die Grundlagen einer wissenschaftlichen Wertlehre, 2. Aufl., (1951), S. 222 ff.

[58] *Hilgendorf*, Jb. für Recht und Ethik 7 (1999), 137 ff. (148).

性:通过明确展示何为非法,就能从否定的意义上获知合法的内容。

五、从法学角度对非法的界定

法拥有多种处理非法现象的可能。首先应该提到的是刑法,刑法在犯罪的构成要件中规定应受惩罚的非法行为的类型。[59] 关于国家刑罚的意义的各种理论也与"非法"的概念密切相关:按照绝对刑罚理论代表者的观点,刑法的意义在于对非法进行"报复";而按照相对刑罚理论代表者的观点,刑法的任务在于预防非法行为。[60] 警察法中也有许多针对非法的应对措施,从警告一直到采取直接强制。即使在民法中,也能发现针对非法的应对方案,如损害赔偿请求或停止侵害请求。

在法哲学层面,尤其值得关注的问题是,如何处理"符合制定法的非法"这种现象。所谓"符合制定法的非法"是指这样一些规则,它们形式上是国家的法律,但内容上却明显违背道德准则。拉德布鲁赫对纳粹时期的立法深有感触,为处理"符合制定法的非法"问题提出如下方案:

> 当正义不再被践行,当作为正义之核心的平等被制定法故意否认,那么,这种制定法不仅是"不正确的法",而且完全丧失了作为法的资格。因为人们只能如是界定法和制定法:它们创设一种秩序和定则,其意义在于促成正义的实现。据此标准,纳粹的所有法律都没有资格享受法的尊严。[61]

"拉德布鲁赫公式"可以简述如下:适格的立法者在既定程序中按照通例颁布的制定法就是有效的法,但是,如果这些规范在内容上严重背离正义,亦即,与道德形成明显的冲突,它们就不再是

---

[59] 然而,在过去几十年,立法者采行一种新的策略,制定出并不包含"非法内核"的刑罚规定。这类例子可见于§§202 c, 303a StGB。
[60] *Schmidhäuser*, Vom Sinn der Strafe, 2. Aufl., 1971 (Nachdruck 2004/2007); *Roxin* (Fn. 26), §3.
[61] *Radbruch*, in: *Dreier/Paulson*, Rechtsphilosophie, 1999, S. 216.

有效的法。在这种情况下,它们不再是法,而是以制定法形式出现的非法。[62]

拉德布鲁赫公式影响深远,联邦最高法院在从法律层面处理纳粹和民主德国的问题时,常诉诸该公式。[63] 但是,这个公式也会引发棘手难题:一方面,"严重背离正义"的范围到底有多大,并无清晰界定。除那些显而易见的情形,如通过制定法发布大规模屠杀的命令或对某个人群进行严酷奴役,还存在一些灰色的国家行为,它们虽然也可能是违背法或不正义的,但是,并不能被视为"严重背离正义"。因此,人们有充足的理由去怀疑,对越过边境线的人进行射击的命令——毫无疑问,这在道德上是非法的——事实上已经越过拉德布鲁赫公式意义上的"严重背离正义"这个门槛。另一方面,适用拉德布鲁赫公式有可能与法不溯及既往的原则相抵触。法治国家的刑法的一个核心前提就是,不能溯及既往地宣布某个行为应受刑罚处罚。任何一个人都应该能够期待:他做出行为时的刑法规范能够告诉他什么是禁止的、什么是允许的。否则,就几乎不可能通过刑罚威慑来发挥预防效果。适用拉德布鲁赫公式有可能导致这样的结果,那些在做出行为时显白无疑的规范在事后却失去作为行为之正当性根基的效力。由此,一个在做出行为时不应受到惩罚的行为却可能在事后受到惩罚。[64]

如果人们把基础性的非法评判看作人类学定律[65]的表达,上述问题就可能得到解决。如果我们承认,每个人从本性出发都有某些特定的需求和利益,而且可能会因恣意杀害和对上述从人之

---

[62] Dreier, JZ 1997, 421; Saliger, Radbruchsche Formel und Rechtsstaat, 1995; Hilgendorf, Aufklärung und Kritik 2001, 72 (76 ff.)

[63] BGHSt 39,1 = NJW 1993, 141 = NStZ 1993, 129; 39, 168 = NJW 1993, 1932 = NStZ 1993, 486; Roxin (Fn.26), §5 Rdn. 54, § 21 Rdn. 67 f.

[64] 在保护柏林墙的诉讼中,争议的问题是,为射杀越界者提供正当化依据的民主德国《边界法》第27条是否有效,参见 Roxin (Fn. 26), § 5 Rdn. 54, BverfGE 95, 96 (133) = NJW 1997, 929, 这些都涉及到禁止溯及既往的问题。

[65] Lampe, Grenzen des Rechtspositivismus: Eine rechtanthropologische Untersuchung, 1988.

尊严[66]中衍生出来的权利的限制而受到伤害，那么，我们就会接受这样的观点，即存在一些极端的非法现象，对此，原则上每个人都能识别出来。例如，纽伦堡种族法自始就可以被贴上极端"符合制定法的非法"的标签。它们既不值得被尊重，也不值得被信赖。当然，必须承认，"轻微的"非法与"极端的"非法之间的界线经常并不能轻易地划出。然而，"划界问题"在法理学中随处可见，这个问题可以一方面通过类比，另一方面通过分配证明责任[67]来解决。

由此获得的"极端非法"的判别标准本质上是一种自然主义的标准，因为它诉诸人类学定律，它"从自然"而来。这种思路可以追溯到古希腊的精神传统。那种自然主义的谬误推理，即不适当地从"实存"中推导出"应然"，在这里并不存在，因为在上文描述的人类学层面并不存在推演规范的前提，而只是一种评判基础，由此出发做出评判是否存在极端非法的决断。恣意杀害和大规模奴役人群之所以是不正义的，因为它们违背了人所共有的、所有文化都接受的需求和利益。上述的自然法命题对经验科学，特别是对现代人类学和社会生物学，具有借鉴意义。[68]斯多葛道德哲学的格言"道法自然"，可以被视作具有超越时空的效力。

六、总结

在法律实践中，追问法与非法乃是经常出现的问题。但是，这种追问在大多数情况下都是以无法继续追溯的日常道德为基础来回答的。本章却对法与非法的概念和标准提供了批评性分析。在此，跨文化视角尤其重要。

---

[66] 参见本章第四部分之（三）。
[67] 谁认为国家的规范构成严重不正义，因此不必服从，那么，他就须为此提供证明。
[68] 对这种自然主义的研究方案在法理学的可能性，参见 *Higendorf*, Jb. für Recht und Ethik 11(2003), 83 ff.; ders, FS-Lampe, 2003, S. 285 ff。

本章表明,针对"法"与"非法"的观念随时空变迁而发生深刻改变。笔者否定针对"法"与"非法"的绝对标准。但是,本章阐明,即使是相对主义标准,也就是以人的利益和需求为基础的道德证立概念也可以具有普遍效力:"人的本性"是一个标准,凭此可以评判所有规范性概念。最后,笔者主张对传统的自然法做自然主义的重新表述。

第七章

工具化禁止与人的尊严的集合理论

一、基本法对人的尊严的保护

对人的尊严的保障,被规定在《德国基本法》的第 1 条,处于第一位的、具有优先性的位置,这一位置表明了一种在特别的意义上着重强调的立场,这种立场即便对《德国基本法》的内行解释者也会产生效果。在基本法教义学的部分领域,围绕如下问题爆发了一种类型的纷争:谁能用一种着重强调的话语来描述宪法对人的尊严的描述,以将其适用范围最大化地扩张并将其对宪法、国家以及社会的意义用最明显的方式加以强调。在一定程度上,人的尊严恰恰被作为一种"平民宗教"(Zivilreligion)的基础理解了[1],它被视为一种任务转换,鉴于成文宗教的意义在当今社会中大幅缩水,这种任务转换在该背景之下显得易于理解:人的尊严在一个高度多元的社会里可以在事实上作为一种"规范性立足点"。不过,坚持这一点的前提是,人类尊严的意义至少存在一定程度的清晰性,另外,这一概念不会被用得太泛滥而因此被贬值为"小钢镚儿"。[2]

---

[1] *H. Dreier*, Kommentierung Art. 1 Abs. 1 GG Rn. 41, *ders.* (Hrsg.), GG, Bd. I2, 2004:"在高度相对主义的世界中的绝对性。"对此持怀疑态度的可参见 *Gröschner/Lembcke*, Dignitas absoluta. Ein kritischer Kommentar zum Absolutheitsanspruch der Würde, *dies.* (Hrsg.), Das Dogma der Unantastbarkeit. Eine Auseinandersetzung mit dem Absolutheitsanspruch der Würde, 2009, S. I (22)。

[2] 对膨胀式地滥用人的尊严的警告早已有之,*Dürig* 早就指出了这一点,参见 *Dürig*, Kommentierung von Art. 1 GG, in: *Maunz/ Dürig* (Hrsg.), GG Kommentar, 1. Aufl., 1958, Rn. 16。

不过,法理学界对人的尊严的推崇,不能掩盖一个事实,即人的尊严的概念无论是过去还是现在都引发了很多质疑,例如,"炸弹即将爆炸"(ticking-time-bomb-Szenarien)的情形中,是否可允许刑讯的争论,或将民用航空器击落以防止恐怖袭击。这些新涌现的疑难案件表明,虽然宪法对人的尊严的保障已经展开了长时间的解释工作,但这一概念在具体案件中的运用仍会引起特别疑难的问题。通常的解释方式呈现出了论证的困难,这些困难表明,完全有必要重新思考人的尊严保护的意义和范围,并重新从一种概念逻辑的视角反思至今为止的通说的理解模式。为了解决这一问题,下文首先将"工具化"这一惯用语置于中心位置,它一直被很多人视为理解人的尊严的捷径。

二、"工具化"究竟是什么意思?

"工具化"这一惯用语出现在不同的语境之中,从日常用语到精英用语,再到哲学、法学以及立法用语。在日常用语中,"工具化"被理解为"违背某人的自身利益、意志,或违背某物的用途,将其作为手段加以利用"。[3] 伦理学家 Pauer-Studer 在解释康德"绝对命令"的框架之下,对其作了类似的解释:"工具化存在于以下条件之下,即行动者的真实目的对被牵涉的人而言不可识别,且如果所牵涉人受到了充分的信息通告,将不同意这种被对待的方式。"[4] 因此,"工具化"的术语在这里被狭义地建立在(理性)同意能力的基础之上。

工具化的术语更多是在大众生物伦理学文献中得到了特别广

---

[3] *Brockhaus/ Wahrig*, Deutsches Wörterbuch in sechs Bänden, Hrsg. von *Wahrig u. a.*, Bd. 3 (1981), S.761;亦可参见 *Duden*, Das Fremdwörterbuch (Duden Bd. 5), 8. Aufl., 2005, S. 463: "(für seine Zwecke) als Instrument benutzen".

[4] *Pauer-Studer*, Einführung in die Ethik, 2003, S.14.

泛的传播,在动物伦理学中,这一概念也开始露面。[5] 在针对人的尊严的法学文献中,这一术语紧密地建立在 Dürig 式的"客体公式"之上:"当具体的人被降格为客体、纯粹的工具或可以替代的尺度之时,就涉及了人的尊严。"[6]尤其是在"降格为纯粹的工具"这一表达中显示出了工具化的思想。"纯粹作为工具"的表达建立在"绝对命令"的第二个主要公式的基础之上,其具体表述是:"如此行动,以至于你总是不仅将自己人格中的人性,也将每个其他人格中的人性,同时作为目的对待,而绝不将其作为纯粹的手段使用。"[7]

尤其值得注意的是,"工具化"这一用语现在进入了立法条文之中,特别是在欧洲的立法层面,(1998 年的)欧洲委员会《有关克隆生物医学的人权条约》导言中写道:"通过有意地制造同一基因的人类生命对人类生命进行工具化,侵犯了人的尊严,因此构成了对生物和医学的滥用。"[8]"解释性报告"的第 3 条对这一规定作了如下说明:

> 故意地克隆人,是对人的尊严的威胁,因为它将放弃预防第三方预先决定人类基因结构,而这种预防是必不可少的。另一个禁止克隆人类的伦理学理由,首先且尤其建立在人的尊严的基础上,而人的尊严会因为人工的人类克隆这种工具化过程而被危及。即便是在将来,理论上能够想象一种情境,在其中似乎能够杜绝将人工克隆的人类后代工具化,也不得将其视为克隆人的伦理上的充分理由。由于自然发生的基因重组,与事先决

---

[5] Pulmer, "Killing animals in animal shelters", in Armsrong/ Botzler (ed.), *The Animal Ethics Reader*, 2nd. edition, Routledge, 2008, pp.570—578 (575 ff.).

[6] *Dürig* (Fn. 2), Rn. 28.

[7] *Kant*, Grundlegung zur Metaphysik der Sitten (1785), in Werkausgabe Bd. VII, Hrsg. von *Weischedel*, 1968, S.61. 有关康德伦理学的概览,见 *Röd*, Die Philosophie der Neuzeit 3, Teil I: Kritische Philosophie von Kant bis Schopenhauer, 2006, S.74—92。最新的讨论选集见 *Klemme* (Hrsg.), Kant und die Zukunft der europäischen Aufklärung, 2009。

[8] 引自 *Müller-Terpitz*, Das Recht der Biomedizin: Textsammlung mit Einführung, 2006, S.115。

定的基因组合相比,很可能会为人类创造更多的自由,保持人类基因组合的实质上的随机属性,对所有人都有利。[9]

虽然"工具化"这一用语现在已经占据了广阔的领地,但在基本法的教义学中,这一概念仍在某种程度上被批判。例如,Herdegen 在其非常有影响力的对《德国基本法》第 1 条的评注中,就将其称为"工具化"的"修辞学"。[10]

三、精确化的尝试

让人吃惊的是,至今为止,不仅在法理学领域,而且在专业的哲学领域,都很少有人尝试将"工具化"这一术语精确化。[11] 为了澄清这一概念,首先来看一种不构成问题的工具化的情形:

---

[9] *Müller-Terpitz*, a. a. O., S. 120. 其他能够找到的位置见"Addtional Protocol to the Convention on Human Rights and Biomedicine concerning Transplantation of Organs and Tissues of Human Origin (2001)", ETS No. 186, Article 15 (90);"Steering Committee on Bioethics, The Protection of the Human Embryo and Fetus (CDBI-CO-GT3). 2003", pp. 10, 21, 28, 29, 35, 36, 37; Erläuternder Bericht zu dem Übereinkommen zum Schutz der Menschenrechte und Der Menschenwürde im Hinblick auf die Anwendung von Biologie und Medizin: Übereinkommen über Menschenrecht und Biomedizin, 1997, Europarat DIR/ JUR (97) 5, S. 34; Stellungnahme des Wirtschafts-und Sozialausschusses zum Thema "Der Beitrage der Europäischen Union zu einer bedarfsgerechten Arzneimittelpolitik: bessere Versorgung, Wiederbelebung der innovative Forschung unkontrollierte Kostenentwicklung im Gesundheitswesen", ABl. C 14 vom 16. 1. 2001. S. 122—132, unter 2.3。

[10] *Herdegen*, Art. 1 Abs. 1 Rn. 36, in: *Maunz/ Dürig* (Fn. 2)。

[11] 不过,至少可以参阅 *Birnbacher*, Annäherungen an das Instrumentalisierungsverbot, in *Brudermüller/Seelmann* (Hrsg.), Menschenwürde: Begründung, Konturen, Geschichte, 2008, S. 9 ff.; *Hoerster*, Ethik des Embryonenschutzes: Ein rechtsphilosophischer Essay, 2002, S. 13 ff.; *Rothaar*, Der Grundsatz der Menschenwürde und das Problem des "Zweck an-sich", ARSP 2008, S. 421 (423 ff.); 此外还可参见 *Hilgendorf*, Die missbrauchte Menschenwürde: Probleme des Menschenwürdetopos am Beispiel der bioethischen Diskussion, Jahrbuch für Recht und Ethik 7 (1999), S. 137 (141 ff.)。

案例1：A 用一个锤子砸一块玻璃。

在此案例中，行为人（A）用一种工具（锤子），为的是对特定行为对象（玻璃）起作用。因此，在这里，锤子被工具化了，目的在于砸玻璃。同样的结构存在于如下案例：

案例2：A 利用 B 这个人来砸玻璃。

唯一的区别在于，被作为工具利用也即被工具化的不再是锤子，而是 B 这个人。抽象而言，两个案例的特征都在于，一个行为人引发了一个因果流程，这一流程改变了行为对象（玻璃），在此过程中，工具（锤子、作为人的 B）的介入成为了因果关系的必要组成部分，或者说是改变行为对象的一个必要条件。以此为出发点可以得知，在被称为将人工具化的情形中，可以区分出三个核心的概念要素：

（1）工具化的目的是利用另外一个人；

（2）从被害者的立场出发，利用的目的与他自己无关；

（3）最后，在工具化的过程中，当事人被当做工具（3a）或者被纯粹当做工具（3b）而使用。

Birnbacher 曾不无道理地指出，在当今的分工社会，利用其他人是一个必要的元素，因此不能直接对其作负面评价。[12] 尤其有道理的是，它并不当然（*per se*）构成对人的尊严的侵犯。因此，或许可以有"正常"的工具化这一说法。根据 Birnbacher 的观点，在道德上可疑的工具化具有以下特征：首先，它涉及的是依照策略性的理性利用他人："A 必须通过将针对 B 实施的行为，追求一种超越这种对待方式之外的其他目的。"[13] 因此，这种对待不能仅仅以自己为目的。其次，这种利用不能追求当事人已经同意的目的。根据这一点，如康德在论证反对自杀时所引出的"自我工具化"的概念[14]

---

〔12〕　*Birnbacher*（Fn. 11），S. 10.

〔13〕　*Birnbacher*，a. a. O.，S. 17.

〔14〕　Metaphysik der Sitten（Tugendlehre），1797，§ 6（Werkausgabe, Hrsg. von Weischedel（Fn. 7），Bd. VIII, S. 555）.

是不可能的。[15] 再次，根据 Birnbacher 的观点，目的是道德上可疑的工具化的根基之一，但这种目的不受限制，不仅包括自利的目的，也包括利他的、审美的或者道德上的目的。[16] 最后，为了成为道德上可疑的工具化，对工具化的对象从某种视角而言必须是有害的。这暗含着如下内容：工具化终归要对意图指向的工具化对象产生某种影响。[17] 因此，要排除纯粹观念性的工具化。就此，Birnbacher 指出，说再生性的克隆是对已经出生的孩子的工具化，是建立在逻辑错误的基础之上的。[18]

并非每种道德上可疑的工具化都当然已经构成了一种对人的尊严的侵犯，应当具备哪些补充性的条件才能跨过人的尊严的侵犯的门槛呢？在 Birnbacher 看来，这一点仍没有确定的答案，他提供了三种可供选择的思路[19]：第一，人的尊严的侵犯可能涉及的是一种特别严重的将其他人"纳入目的追求过程"（Verzwecklichung）的情形，如卖给外国的军队服役。第二种进路的标志在于，增加附加性的不法面向，如通过侮辱的行为，施加痛苦或其他损害。最后，也即第三种思路，建立在如下标准之上，即由于工具化，特定人的相关能力丧失了，如自由的能力、思想的能力或以重要的目的或价值为导向的能力。Birnbacher 并未详细讨论这些思路，但他表明自己明显偏向于第二种思路。[20]

四、工具化的概念是否太狭窄？

在以这种方式勾勒的精确化建议的基础上，也存在严重的质

---

[15] *Birnbacher* (Fn. 11), S. 18. 刑法学中的情况有所不同，在刑法学中讨论了将自己作为"工具"使用的可能性。*Baumann/ Weber/ Mitsch*, Lehrbuch des Strafrechts Allgemeiner Teil, 11. Aufl., 2003, § 19, Rn. 45 ff.
[16] *Birnbacher* (Fn. 11), S. 18.
[17] *Birnbacher*, a. a. O., S. 19.
[18] Id., S. 20.
[19] Id., S. 22 f.
[20] Id., S. 22.

疑,即工具化的概念是否适合用来概括通常被认为侵犯了人的尊严的情形?[21] 在一些对人的尊严侵犯完全有意义的情形中,这一概念显得太狭窄了。

案例3:A 出于对折磨他人的病态喜好折磨 B,但 B 究竟是谁,对 A 而言无所谓,A 甚至根本不知道他折磨的是谁。

在这一案例中,如果将"策略性的理性"理解为有意地、有计划地追求深思熟虑的目的,在这里根本不存在"策略性理性"意义上的"利用",很难说 A 将 B 作为工具使用以实现对他(B)而言所不欲的目的。本案中所发生事实的最终目的,在于行为本身的展开(就跟赌博一样)。B 根本不是工具,而是折磨的(行为)对象。无论如何,如果认为本案的情形构成"目的—工具"术语所描述的情形,将引起用语层面的扭曲。[22] 尽管如此,A 侵犯了 B 的人的尊严可能不会有争议。类似的疑问也出现在以下的案例中:

案例4:A 因为过失认错了人,将一种对特定病人能减轻痛苦但对健康的人则会引发极度严重的痛苦的药给了 B,由此对 B 造成了非常严重的痛苦。如果 A 充分注意,他原本能够认识到他所面对的(B)并非病人,而是一个健康的人。

很明显,案例4中缺乏对 B 的利用,因此不存在工具化。不能得知,B 是否被 A 作为工具或"纯粹作为工具"使用。B 更多是行为对象,A 所利用的工具是药,只不过错失了药原本的目的(减轻痛苦)。尽管如此,必须将导致 B 处于痛苦状态视为对人的尊严的侵犯。如果将故意引发的最严重痛苦视为对人的尊严的侵犯,但排除过失的情形,将会没有说服力。

案例5:自动机器人 A 或一个功能发生错误的机器人给 B 造成了极度的痛苦,跟在刑讯的时候造成的痛苦一样。

在这一案例中,B 的尊严受到了侵犯吗? 在案例4中,毕竟还

---

[21] 同样的观点亦可参见 Birnbacher, a. a. O., S. 11 f., 17, 21 f.;该作者在此前已经提出了这一观点,参见 ders., Mehrdeutigkeiten im Begriff der Menschenwürde, Aufklärung und Kritik, Sonderheft I/ 1995, S. 4 ff.

[22] 将满足行为意愿与"目的—手段"关系中的目的相联系的可能性,参见本章第六部分。

有一个人导致了 B 的痛苦状况；而在案例 5 中，是一个机器人导致了这样的结果。因此，浮现出了一个问题，人的尊严侵犯的原因是否需要同时考虑那些不能直接归结给特定行为人的因素，或者至少不需要通常意义上的行为人？[23] 为了将这种问题极端化，且看下面这个案例：

案例 6：B 痛苦地忍受着在一个人在孤岛上的生活，但没有人对此知情，甚至没有人有知道的可能性。

在没有侵犯行为人的情形之下，存在人的尊严的侵犯吗？在案例 6 中，缺乏引发痛苦状态的人。案例 6 既不能有意义地建立在作为的基础之上，也不能建立在诸如不予救助等不作为的基础之上。尽管如此，也应将忍受这种痛苦作为对人的尊严的侵犯过程加以看待。认为人在所处情境之下的痛苦忍受可以被认定为对人的尊严的侵犯，而独自忍受这种痛苦则不构成这种侵犯，是非常奇怪的。所以，无论是否有居于可予救助地位的人在场，评价的结果都不会改变。即便没有任何人出现，B 独自一人死去，结论也是一样的。由此可以得出，对人的尊严的侵犯根本不需要行为人，不需要作为人的原因引发者。尊严的侵犯存在于 B 的痛苦之中，它不取决于该痛苦是否由人引起。[24] 由此给出了另一个理由，以证明"工具化"的术语作为对人的尊严侵犯的概念性理解显得太狭窄了：工具化以工具化的主体作为前提，也即以一个以人的形式出现的行动者为前提，而人的尊严的侵犯不需要这一前提。

工具化术语的另一个弊端，同样也与它的范围缺陷相关。这一缺陷可以通过如下案例加以阐释：

案例 7：A 用火箭炮射击一架载有 300 个无辜乘客的飞机，以

---

[23] 是否可以将机器人视为"行为人"，显然与愿意如何理解"行为人"这一词语相关。与机器人事业最新发展相联系的问题最近才开始逐渐进入法学研究的视野，参见 Beck, Grundlegende Fragen zum rechtlichen Umgang mit der Robotik, JR 2009, S. 225 ff。

[24] 不同的观点可参见 Hörnle, Menschenwürde als Freiheit von Demütigungen, Zeitschrift für Rechtsphilosophie 2008, S. 41 (57)。根据这一文献的观点，人的尊严的侵犯仅在(至少)两个个体之间的互动过程中才能出现。

避免一起可能造成无数死伤的恐怖袭击。

这涉及2001年9月11日的情形,在2005年通过《航空安全法》时[25],这一情形给德国立法者留下了深刻的印象。该法第14条第3款规定,允许在案例7的情形之下击落航空器。不过,联邦宪法法院废除了《航空安全法》的这一条款,其理由中包含了如下内容:

> 在这种情形下采取防卫措施(射击)的国家,将(无辜的乘客及驾驶组人员)作为救助他人的纯粹行为客体对待,以保护其他人。飞机上被作为牺牲品对待的成员处在一种走投无路且别无选择的环境之中,在面对命令和执行击落飞机的主体时,这一现实并没有改变。飞机上的机组人员以及乘客,由于完全无法控制当时的环境,因此完全不能避免国家的行动,而是毫无防卫和救助可能地被置于这种结果之下,以至于他们一起与飞机被作为目标击落了,因此他们会因为一种超过一定概率的安全而被一起杀害,这种对待蔑视了具有尊严的、作为主体的当事人及其未言明的权利。通过杀死他们,以将其作为救助他人的手段,这些人被作为了物加以对待,并因此同时被剥夺了法律上的地位,国家单方面地支配了他们的生命。航空器上被作为牺牲品的人本身,也是值得保护的。但在这里,他们的价值被否定了,这种价值是因为他们自己的原因而被赋予的。[26]

联邦宪法法院在其判决中同时使用了Dürig公式的两个侧面[27]:"降格为国家行为的对象"以及"工具化"的术语。即便在结果上看判决值得赞同,但在笔者看来,它一方面显得太不确定了[28],另一方面又容易引发误会。仔细分析案例7,就会发现,乘客和杀死乘客都不是任何一种目的的手段,毋宁说,死亡是击落飞

---

[25] 2005年1月11日有关航空安全任务新规定的立法,见BGGl. I, S.78, Art. I。
[26] BVerfGE 115, 118 (154).
[27] 就此可参见本章第二部分。
[28] 详细分析参见 Hilgendorf (Fn. 11), S.142。

机时有认识但没有目的的附带性结果[29],而乘客则是杀人行为的对象。案例7中击落的目的在于阻止可能继续进行的恐怖袭击,其手段是用于射击的火箭,行为对象是飞机、在飞机上发现的恐怖主义者和无辜的乘客。如果要在哲学家的工具箱中寻找合适的分析工具,则工具化的术语恐怕不会是妥当的选择,值得推荐的是源自经院哲学的双重效果的古老学说。[30]

总而言之,至少从以下三个理由来看,工具化的用语对于把握人权侵犯而言太狭窄了:首先,它主张除了侵害行为之外不追求其他的目的,这一点是有问题的;其次,它无法妥当解决不存在行为人的人的尊严侵犯;最后,当侵犯的过程中没有形成工具,而仅仅是构成没有进入"手段—目的"关系的可感知的事件附随结果时,这一术语也有问题。当然,原本也可以认为这些条件之下根本不存在对人的尊严的侵犯,尤其是后两种情形。不过,这种方式会导致在大范围内被接受的对人的尊严的侵犯受到大幅度地限制,显著地削弱人的尊严的观念并导致其实践中有意义的适用可能性受限。

五、工具化的观念是否太宽泛了?

在某些情形下,工具化禁止显得太窄,以至于不能根据通行的观念来概括侵犯人尊严的情形;而在另外的一些案例中,它们又显得太宽泛了,因为根据其语义,工具化禁止也能运用到根据普遍的理解没有侵犯人尊严的案例。且看:

案例8:A 送给 B 一束花,以讨其开心。

在这一案例中,原本可以主张 A 将 B"纯粹作为工具"加以利用(与案例2类比),以达成一个更进一步的目的,即讨其开心。虽

---

[29] Merkel, § 14 Abs. 3 Luftsicherheitsgesetz: Wann und warum darf der Staat töten?, JZ 2007, S. 373 (379 f.).

[30] 详细分析参见 Joerden, Spuren der duplex-effectus-Lehre im aktuellen Strafrechtsdenken, FS-Günther Jakobs, 2007, S. 235 ff.

然缺少对 B 的损害,但根据"工具化"用语的字面意思,损害也不是必要的元素。[31] 在这种情形下,涉及 B 的尊严的侵犯么?与此相反的理由在于,B 根本未因此而承受损害。相反,她现在成了这束花的占有者,而在此之前她并未拥有这束花,因此,她在这一过程中变得更富足了。

另外一个否定对人的尊严的侵犯的理由可能是,B 完全可能同意这一赠送,因此至少不存在与其意志相违背的行为。这一观点值得高度注意,可能会有主张认为,工具化的概念只能用于那些违背当事人意志而实施的行为方式,[32] 则案例 8 就完全不存在工具化。不过,即便是这种意义上的工具化观念,仍可能太宽泛了。如下面的案例所示:

案例 9:A 送给了 B 一束花,以让自己开心。

案例 10:A 送给了 B 一束花,以给老板留下印象。

案例 11:A 送给了 B 一束花,尽管 B 表明了不准 A 这样做的意思,但 A 仍基于案例 8—10 的动机情形实施了这样的行为。

在案例 9 中,是否存在 B 的认同完全不确定;案例 10 中,这种推定显得非常可疑;案例 11 中,B 的同意肯定被排除了。因此,存在第二种意义上的、限制意义上的违反当事人意志的行为。但是,即便如此,只要不将这一术语在极端意义上扩张并因此完全丧失其原有意义,也很难说(在该等情形之下)存在对 B 尊严的侵犯。[33] 究竟是否能够通过工具化的禁止将案例 8—11 与对人的尊严的侵犯联系起来?即便 A 惹恼了 B,或许仅仅是为了利用 B,以

---

[31] 见本章第二部分。不过,与 Birnbacher 所提出的理论有所不同,参见本章第三部分结尾处。

[32] 以重要的论据在这种意义上解释康德的文献,可参见 Joerden, Der Begriff "Menschheit" in Kants Zweckformel des kategorischen Imperativs und Implikationen für die Begriffe "Menschenwürde" und "Gattungswürde", in: Kaufmann/Sosoe (Hrsg.), Gattungsethik—Schutz für das Mesnschengeschlecht?. 2005, S. 177 ff。

[33] 此外,还有其他的问题:他人的心理(如"同意"就是这种情形)只能通过间接的方式进行认识;不仅证明的难度很大,而且与此相关的认知理论的难度也很大,尽管后者在法理学中扮演的角色有限。

使自己在老板眼中获得加分,这些情形的不法内容与典型的对人的尊严侵犯,如刑讯或奴役,根本无法相提并论。不礼貌、纠缠或无廉耻这些范畴内的情形,如果被界定为对人的尊严的侵犯[34],不仅不妥当,在道德上也是值得怀疑的。如果持这样的观点,就会陷入如下的危险,即让纳粹时代的人权侵犯变得琐碎化。虽然区分人的尊严的"轻微"侵犯和"深度"侵犯是可能的,但也只能部分地缓解这一问题。最后,这种陷入质疑的进路的缺陷还在于,人的尊严的保护在18世纪末的传统中与自由保护是等同的[35],且因为19世纪的社会问题和20世纪的集权主义的经验对人的尊严的重大修正已经消失了。

下面这个案例涉及一个类似的、在哲学中经常讨论的问题:

案例12:法官A正当地判处了罪犯B500欧元的罚金,以产生威慑效果,而B没有责任(情形a),或B有责任(情形b)。

在案例12的两种情形中,为了实现威慑效果,都将B工具化了。在情形a中(B没有责任,但被判有罪),毫无疑问对B做出了违法的判决,B丧失了500欧元,此外还以非正当的方式在社会意义上受到了非难。不过,仍值得怀疑的是,是否有足够的理由说这种情形构成了对人的尊严的侵犯? 尤其应当考虑到,500欧元的损失虽然对B而言可能造成深刻的体验,但并不能威胁到他的生存。社会意义上的受辱更多应被作为名誉损失加以理解,而不是作为对人的尊严的侵犯。在情形b中(B因为有责任而被判有罪),如果考虑到B是依据裁判规则而被判处了刑罚,B就没有受到不法对待。尽管如此,B也被"工具化"了,因为判决是威慑他人实施犯罪的一种手段。消极的一般预防因此隐含着对人的尊严的侵犯吗? 恰恰在我们再度审读人的尊严的典型案例之时(刑讯、剥夺生

---

[34] *Dürig* (Fn. 2), Rn. 16.
[35] 就此,席勒已经准确地在诗中写到:"我请求你们,人的尊严——无外乎给人提供饮食和住宿,让其有衣服裹体,还他们自身所拥有的尊严。"(*Schiller, Gedichte, Gesammelte Werke*, Bd. 3, 1976, S. 438.)

存的必要条件、奴役),难以对这一问题给予肯定性结论。[36]

六、解决的办法

案例3讨论的问题,即工具化的概念太狭窄,或许可以通过考虑行为的主观方面加以解决。也许会有主张认为,虐待的情形中,其行为的目的是实现"刑讯",受害人纯粹是实现该目的的工具。对需要评价的案情作这种表达上的转化,事实上让工具化的术语可以运用到这一情形之上。尽管如此,这种解决办法也没有充分的说服力:

其一,能包括的情形仅限于行为人追求"刑讯目的"的情形,也即意图刑讯(他人)。那么,对于折磨他人仅仅是追求其他目的的附带性结果的情形,该如何处理?这种情形的典型案例可能是,行为人对某建筑物放火,以实施保险诈骗,在实施该行为的同时意识到并容认残忍地烧死房屋中的居住者。如前所述[37],这些人的死亡,并不是一种手段,而是放火的一种非目的性的附带后果。尽管如此,残忍地将他人烧死是对其尊严的侵犯,对此应该不会有异议。

其二,援引具体行为的目的将导致囊括很多与人的尊严侵犯毫无关联的行为。严格而言,甚至每种针对人实施故意行为所涉及的情形都能解释为人的"工具化",也即人被"纯粹作为工具",以实现特定的目的。这一论断是建立在对案例8的分析之上的,案例4到案例6所述的问题,也不能通过考虑行为的主观面得到解决。

如前所述[38],如果只在有明显或推定的承诺的情况下才认为

---

[36] *Schmidhäuser*, Über Strafe und Generalprävention, FS-E. A. Wolff, 1998, S. 443—458(特别是455页以下);亦可参见 *Mohr*,"nur weil er verbrochen hat"—Menschenwürde und Vergeltung in Kants Strafrechtsphilosophie, in: Kant (Fn. 7), S. 469—499。

[37] 本章第四部分及脚注29。

[38] 本章第五部分。

人的尊严受到了侵犯,这不能真正解决案例8—11所述的工具化思想过于宽泛的问题。不过,一种可能的出路是,另外增加一个条件,即给被害人造成了严重的客观损害,如极端的痛苦施加,即属于这种情形。[39] 在笔者看来,这种观点找对了方向。不过,问题是,这样的话,工具化的观念是否还有必要存在?为何不能直接以客观的损害作为对人的尊严的侵犯的基础?如此一来,讨论"目的手段"关系就会是多余的;当有人追求特定目的且将其他人作为达到其他目的的手段加以利用时,最多推定在这种情形下具有特别高的侵犯人的尊严的危险性,并在此基础上考虑给他人造成的严重损害。这样,人的尊严的侵犯就不是与将其他人工具化联系在一起,而是,将后者作为人的尊严可能受到侵犯的一种征表。这种客观性的进路将在本文第八部分进一步讨论。在此之前,笔者想简短地讨论一下工具化用语面对的另外几个难题。

七、其他问题

工具化术语的很多问题都来自于作为其根基的"目的/手段"这一组术语,究竟在什么意义上,人可以成为一种"目的"?[40] 鉴于康德式的"绝对命令"的崇高地位,人们已经习惯于如下的表述:"人只能被作为目的,决不能被纯粹作为手段加以利用。"因此,内生于这一表述中的难题从未被提起过。目的是行为的目的,行为的目的反过来又是某种形式的改变。人,或一种物,或一种状态,都不会是这种意义上的目的,而是仅仅在人、物身上做出改变,或(在通常意义上)改变或达成某种状态。

作为工具化这一用语基础的"手段",也是不清晰的。行为手段与行为的附随后果之间的混淆,已经在击落飞机的案例中被阐释:无辜的乘客的死亡并非击落飞机的手段,也不是拯救恐怖活动其他潜在受害人的手段,而仅仅是击落飞机(有认识,但并非目的

---

[39] 持这种观点的,可参见 Birnbache (Fn. 11), S. 22。
[40] 持怀疑态度的,还可参见 Rothaar (Fn. 11), S. 427。

性的追求)的附带后果。[41] 如果要将某人"纯粹作为工具"使用，则必须将其像工具一样地使用；这个被用来实现这个人之外的目的(参见案例2)。对工具本身施加作用，其行为目的又是对工具带来改变，这时工具本身就不是行为的手段了，而是改变的对象。

概括前述论述，形成的总的印象是："工具化"这一用语虽然扎根于康德实践哲学并因此具有非常有影响力的源头，但其现代版已不适宜用来排除歧义地描述对人的尊严的侵犯。它既不能囊括通常理解中构成人的尊严侵犯的情形，也不能清晰地界分侵犯人的尊严的情形和未侵犯人的尊严的情形。因此，可能叔本华当年的立场是有道理的，他在几乎200年前就以其特有的清晰方式做了如下表述：

> 康德主义者喋喋不休地重复的句子，"人只能被作为目的，而不能被当做工具对待"，虽然听起来具有意义，并对那些更想要一个公式以节省进一步思考的人而言，完全是妥当的表述。但仔细思考后就会发现，这是一种高度模糊、不确定的、完全以拐弯抹角的方式来实现其意图的表述，在对其进行运用的每一场合，都只有在增加特别阐释、限定和修正的前提下才具有可能。因此，它含有一般性的内容，但不充分，没有表达什么内容，且显得问题重重。[42]

八、人的尊严的集合理论作为替代者？

(一) 人的尊严作为基本权利的集合

很久以来一直被推崇的哲学思考原则是："若无必要，勿增实体"(*entia non sunt multiplicanda praeter necessitatem*)。意译过来，这句话想表达的意思就是被作为"奥卡姆剃刀"原则所熟知的规则，

---

[41] 参见本章第四部分及脚注29。
[42] Schopenhauer, Die Welt als Wille und Vorstellung, Bd. 1, S. 477 (Gesammelte Werke, Hrsg. von *W. Freiherr von Löhneisen*, 1982).

其意思可以重述如下:"不要让理论的复杂程度超过必需的范围。"将主观面纳入对人的尊严的侵犯的概念,就可能违反了这一原则。鉴于工具化术语具有前文已经提出的多种问题,正好可以优先寻找一种问题更少但可能完全一样有效(甚至更有效)的理论。

一种具有相应能力的替代可能是,从(个体的)人的唯一的自身价值观念出发来界定人的尊严,将其作为基础性主体权利的集合[43],这些权利须根据保护自治和自治能力的必要性加以确定。[44] 这样的话,侵犯人的尊严就会是(至少)对其中一种权利的侵犯。这种侵犯可以纯客观地加以确定,与侵犯者的主观内容无关。与此相关的共同构成人的尊严个人主体性权利,包括以下内容:对生存所必需的物质享有的权利;自治性的自我发展的权利,即最小限度的自由权;免于极端痛苦的自由权;维护私人空间的权利;对精神—心灵完整性的权利;对基础平等的权利;最必要的受尊重的权利。[45]

以这种方式构建起来的人的尊严可以被理解为其他基本权利的基础。换言之,人的尊严构成了其他基本权利的核心内容。[46] 由人的尊严所确定的权利的范围必须被理解得狭窄一些,因为人的尊严不受任何限制,故而对这种意义上的人的尊严的侵犯在任何情形之下都不得被正当化,即便是通常被普遍接受的正当化理由,如正当化的紧急避险(《德国刑法典》第 34 条)或正当防卫(《德国刑法典》第 32 条),也不得将其正当化。这一结论会引发广泛的后果:诸如针对身体的不可侵犯性这一基本权利(《德国基本法》第 2 条第 2 款第 1 句)的痛苦施加,反而能在某些情形之下被正当化,例如,在警察强制措施的框架之下。相反,由国家当局施加的极端的、长期持续的痛苦,就侵犯了人的尊严,因而根据本文

---

[43] *Hilgendorf* (Fn. 11), S. 147;此前已经提出的类似观点可参见 *Maihofer*, Rechtsstaat und menschliche Würde, 1969, S. 56 ff. 以及 *Birnbacher* (Fn. 21), S. 6。

[44] *Stoecker*, Selbstachtung und Menschenwürde, Studia Pilosophica Bd. 63 (2004), S. 107—119.

[45] *Hilgendorf* (Fn. 11), S. 148 ff.

[46] *Dürig* (Fn. 2), Rn. 6 ff.

所代表的立场，绝不能被正当化。

(二) 集合理论的问题

集合理论也不能解决人的尊严及其侵犯这一框架之内的所有问题，这并非稀罕之事。但毕竟，在这一理论的框架之下，构成了本文此前有关人的尊严讨论的核心问题，都已经得以展现，并形成了虽然仍需进一步讨论但清晰的解决意见。

存在问题的第一方面是，在尚可正当化的基本权利侵犯和不再能得以正当化的人的尊严的侵犯之间是否存在清晰的界限？在哪一个时间点上，受国家命令而实施的痛苦施加的评价，因为成为了侵犯人的尊严的折磨而开始从还可以正当化的直接强制变得不能再被正当化？这就是法秩序领域无所不在的"界限问题"的典型例子，对相应的抉择问题（Entscheidungsprobleme）呈现得越是清晰，越是没有歧义，这一问题就会表现得越是突兀；而相关的提问越是不清晰、越含混，则这一问题就越不会被意识到。如果基于缺少精确的、预先存在的界限，就认为相关概念性的观念不具有可适用性，在方法论上会显得非常幼稚。一定程度的模糊性和不确定性，几乎是所有自然语言概念固有的属性。人的尊严保护的边沿性案例，须在考虑到如下理由的前提下做出判断：与个人自治的保护相关联的理由；能建立在得出重要理性结论的典型案例之上的理由；能推广到绝大多数案例的判决理由。只要建立在这些理由之上的决定没有呈现出明显的问题，这种判断就是正确的。在这一问题上，与其他法律论证没有区别。

另一方面的问题是，当一个人的尊严与另外一个人的尊严发生冲突时，也即国家对个体 A 的主体性基本权利的维护只能通过牺牲个体 B 的主体性基本权利加以保护时，该如何处理？如果要将人的尊严建立在个体的主体性权利之上，这类问题就随时可能出现。[47] 这类情形的典型例子就是"法兰克福刑讯案"，在这一案例中，负责处理案件的警察局局长面临着一个抉择，要么对绑架者

---

[47] *Rothaar* (Fn. 11), S. 423.

下令并最终实施刑讯,要么让人质痛苦地死去。[48] 两种情形之下,最基本的、通过人的尊严保护的权利都受到了侵犯,第一种情形下是绑架者的权利,后一种情形下是人质的权利。

有两种可予以考虑的解决方案:其一,或许可以以如下的方式解除这一困境,即必须将其中一个人的尊严排在另一个人的尊严之后。至于哪一方具有更重要地位,应考虑具体情形下所有相关的观察角度。因此,在诸如"法兰克福刑讯案"之类的情形中,应给予人质的尊严维护以高于绑架者相关权利的价值,因为后者不仅有责地制造了相关的情境,而且可以通过说出人质所在地轻松地结束这一情境。[49] 根据这种解决方案,其结果是,罪犯的尊严评价将被打折扣,具体而言:对罪犯适用强制手段"刑讯"被正当化了。这种立场的激进性,可以通过要求一种严格的合比例性检验(Verhältnismäßigkeitsprüfung)加以缓和,也即刑讯的适用不得超过挽救被害人绝对必需的限度。

根据第二种解决方案,对刑讯的正当化毫无例外地被排除。[50] 当人的尊严与人的尊严相冲突时,一方面要消极地维护其公民的尊严,另一方面又要积极地保护其公民的尊严的国家,其行为必然会是违法的:如果它不对罪犯适用强制措施,则它通过其不作为侵犯了被害人的尊严;如果适用了强制措施,则它又侵犯了罪犯的尊严(即便由于刑讯拯救了被害人,罪犯的尊严仍受到了侵犯)。这是一种困境,在该情境中,法秩序无法让人满意地加以解决。

第二种方案也不具有完全的说服力,它将问题解决转移至个人出于道德上的原则救助被害人并在同时明目张胆地实施违法行

---

[48] LG Frankfurt NJW 2005, 692 ff.

[49] *Brugger*, Vom unbedingten Verbot der Folter zum bedingten Recht auf Folter, JZ 2000, S. 165 ff.

[50] 这是通说(还是通说么?)的观点,有关这一内容可参见 *Fischer*, StGB 57, 2010, § 32 Rn. 13—15 所附的全面介绍。

第七章　工具化禁止与人的尊严的集合理论　　**137**

为的决心。这就是所谓的安提戈涅(Antigone)*的解决方案。[51]从法学的视角来看,法律可以与民众的不顺从(ziviler Ungehorsam)相平行。不过,这种解决方案绝对应当是在它能够提供的解决方案中造成损失最小的。[52]

　　第三个问题存在于:对于个人的尊严的保护是否可以放弃?这一提问所涉及的著名案例可以通过色情表演(Peepshow)[53]和扔矮人比赛(Zwergenweitwurf)[54]等关键词加以标识。个人是否能放弃尊严并毫无尊严地行为或毫无尊严地任他人实施相关行为? 一方面,乍一看,人的个人权利的核心组成部分的"不可处分"的观念,会对此持否定态度。如果个人被赋予了放弃人的尊严的权利,人的尊严被滥用的危险性就会很高。另一方面,构成人的尊严思想的思想史背景的自治基本原则,又允许介入通过人的尊严加以保护的核心领域的可能性。古老的法律原则"承诺时无伤害"(volenti non fit injuria)也表明了同一立场,恰好在将人的尊严的核心视为主体性权利的基本组成部分时(就如集合理论那样),这一原则有了适用的空间。

　　如果联系到人的尊严保护的基础性思想,即保护个人的基础性自治能力[55],就会对这些立场起到补充作用。在终局性的自治

---

*　安提戈涅是古希腊悲剧作家索福克勒斯同名作品中的主人翁,剧中描写了俄狄浦斯的女儿安提戈涅不顾国王克瑞翁的禁令,将自己的兄长、反叛城邦的波吕尼克斯安葬,而被处死。安提戈涅被塑造成维护神权/自然法、不向世俗权势低头的女英雄,她象征着运用高级法批判国家的实证法的态度和精神。(译者注)

[51]　*Sophokles*, Antigone. Herausgegeben und übertragen von Schadewaldt, 1974; *Hayo* (Hrsg.), Mythos Antigone. Texte von Sophokles bis Hochbuth, 2004.

[52]　更详细的论述可参见 *Hilgendorf*, Folter im Rechtsstaat?, JZ 2004, S. 331 (337 f.); Herdegen 准确地称其为人的尊严与"超实证伦理"的"棘手对立",见 *Herdegen* (Fn. 10), Rn. 51。

[53]　BVerwGE 64, 274, 对此的评论可参见 *Niehues*, Die Achtung der Würde des Menschen in der Rechtsprechung des Bundesverwaltungsgerichts, in: *Gröschner/Lembcke* (Hrsg.) (Fn. 1), S.53 (62 ff.)。

[54]　VG Neustadt NVwZ 1993, 98; 更多的案例群见 *Dreier* (Fn. 1), Rn. 154。

[55]　深入研究,参见 *Stoecker* (Fn. 44)。

能力的否定之外，人的尊严的保护范围还包括防止严重危及人的尊严但并未持续性地剥夺个人自治能力的侵犯。将这一点与同意的问题联系起来，则如下的观点是可以被支持的：个人可以有效地同意针对其自治性能力的危险行为或危险情形，但不得同意对其自治性能力的持续性剥夺。

因此，女性（或男性）可以自我决定进入出卖色相的状态，或从事色情表演（需注意的是，绝大多数形式的性服务根本没有进入人的尊严保护的范畴）。在当事人同意或推定同意的前提下，也可以允许追求高强度的心理影响，直至"洗脑"（Gehirnwäsche），只要能确保当事人对限制其自治能力的其他改变没有保留即可。根据这一思路，也允许在一定的时间范围内自陷被奴役的状态，同样的情形也适用于有限度的痛苦忍受，或者像卡夫卡的著名小说中出现的"饥饿艺术家"（Hungerkünstler）。不过，立法者可能出于其他理由，如保护公共秩序，限制与人的尊严"相关"的行为或表现，如在特定的封锁区禁止色情行为。[56]

九、一个概括性的案例

最后，本文所处理的两种竞争型的观念之间的区别，即 Dürig 式的公式以及工具化术语与人的尊严的集合理论之间的关系，可以通过下面的案例加以解释：

案例 13：A 友好地邀请 B 到他家（1），以殴打的方式强迫 B（2），让其将来没有任何权利地在一个地下金矿为他工作（3），该金矿是如此的让人不堪忍受，以至于它连负责安全的人员都没有。A 一旦强迫一个人去那里工作，原则上就会强迫他在那里工作至 A 将其释放为止。过了几年之后，A 忘记了 B。不过，B 仍继续为 A 工作（4），直到 B 因痨病死亡（5a），或者最终由于偶然原因重获自由（5b）。

以工具化的术语为基础，则阶段（1）就构成了对人的尊严的侵

---

[56] BVerwGE 84, 314.

第七章 工具化禁止与人的尊严的集合理论　139

犯,因为 A 为了一个更进一步的目的将 B"纯粹作为工具"加以利用。他滥用了 B 的信任,以将其置于被奴役的境地之中。根据人的尊严的集合理论,这种行为虽然已构成了值得谴责的信任滥用,但由于缺少对前文列举的基本权利的侵犯,最多可以以侵犯人的尊严的预备来谴责 A。

在阶段(2)中,尚不清楚根据工具化的理论殴打行为是否能被视为对人的尊严的侵犯。如果认为任何强制都当然(per se)已经侵犯了人的尊严[57],则能够肯定 B 的尊严受到了侵犯。从另一个角度考虑,则不清楚 B 因进一步的目的而在何种程度上被折磨了。虽然殴打的目的在于迫使 B 驯服地接受被奴役的事实,但 B 并不是驯服的工具,他更多应当是受驯服的人,也因此是行为对象。在这里,手段是殴打,只有付出明显扭曲相关概念的代价,才能将被殴打的 B 视为其自身被奴役的工具。[58] 与此相反,在阶段(3)中存在工具化,因此存在对人的尊严的侵犯。

从集合理论的视角出发,提出的问题就是,前述被列举的基本权利中的一项或多项是否被侵犯了?在阶段(2)中,如果认为不存在非人道的严重殴打,则如阶段(1)一样,不存在对基本权利的侵犯;而在阶段(3)和阶段(4)中,法律平等的权利被侵犯了。[59] 阶段(4)中缺少一个可答责的行为主体,在集合理论的语境中并不会构成问题,只有 B 在阶段(5)中忍受了超越阶段(3)和阶段(4)中已经承受的痛苦,才存在新的对人的尊严的侵犯。生命丧失本身,根据本文所代表的立场,并不构成人的尊严的侵犯。[60] 几乎根据所有的观点,情形(5b)都没有隐含对 B 的人的尊严的侵犯。不过,

---

[57]　参见本章第五部分及脚注32。
[58]　参见本章第四部分。
[59]　根据德国的教义学,基本权利以及人的尊严的保护效果是排他性地或者主要是针对国家的,有关这一问题,本文暂不予以考虑。
[60]　死亡是否当然隐含着或者应当隐含对死者人的尊严的侵犯,引发了很多难题,在这里不能展开论述。正确的方式是对这一问题作否定的回答:虽然生命构成了人的尊严的"重要基础",同样的关系也适用于生命与言论自由、选举权以及其他人格权利。仅仅因为在人死亡之后不能再使用各种权利,就认为在杀死他人的过程中同时侵犯了他人所有其他权利,是没有意义的。

有意思的地方在于,如果 A 预测到了 B 的出逃并同意甚至意图如此(如吓唬那些可能听 B 讲述其遭遇的其他人),则可能构成人的尊严的侵犯。在这一情形之下,又存在了对 B 的工具化(他被"纯粹作为工具",以吓唬其他人,并因此才被释放);而在阶段(4)中,B(被 A 遗忘)在金矿工作,由于无法构成工具化这一根基,人的尊严反倒未受到任何影响。这是一个非常奇怪的结果,它再次显示了工具化术语的严重问题。

十、结 论

前述分析的结论可归结如下:工具化的术语在某些方面太狭窄了,在某些方面又显得过于宽泛,因此,不能清晰地标识对人的尊严的侵犯。它既不能作为对人的尊严侵犯的存在标准,也不能作为对人的尊严侵犯的定义,最多只能作为以特定方式危及人的尊严情形的认识根据。考虑到"目的—手段"关系更多是引发了附加性的问题,可能会导致人的尊严保护的主观化,也即将其建立在诸如罪犯主观视角之内的纯粹主观化的观察点之上。值得推荐的思路是,仅将其建立在客观的观察点之上。根据这一观点,所有具体地危及人作为自治性的主体而行动的能力的情形,都是违背人的尊严的。这类情形可能归因于某个人的行为,但并非必然如此。侵犯人的尊严的案例群,包括:侵犯生存所必需的物质享有的权利;侵犯自治性的自我发展的权利,也即最小限度的自由权;侵犯免于极端痛苦的自由权;侵犯维护私人空间的权利;侵犯对精神—心灵完整性的权利;侵犯对基础平等的权利;以及侵犯最必要的受尊重的权利。转向积极的一面,则可以将"人的尊严"定义为"不忍受前述潜在地干涉自治性的侵犯的权利组成的权利",也即权利的集合。

第八章

"人之形象"与法

一、什么是"人之形象"?

(一)字面意义与引申意义的人之形象

对"人之形象"的言谈,所涉领域非常广泛。这类言谈不仅见于哲学指引下的人类学[1]和生物学[2]领域,还出现在其他一些性质迥异的学科,如历史学[3]、人文地理学[4]、信息与沟通学[5]、医学[6]、经

---

[1] *Alwin Diemer*, Elementarkurs Philosphie: Philosphische Anthropologie, 1978; *Willi Oelmüller/Ruth Dölle-Oelmüller / Carl-Friedrich Geyer* (Hrsg.), Diskurs: Mensch, (Philosophische Arbeitsbücher, Bd. 7), 1985.

[2] *Joachim Illies*, Biologie und Menschenbild, 2. Aufl., 1977; *Walter Linden* (Hrsg.), Geist, Seele und Gehirn: Entwurf eines gemeinsamen Menschenbildes von Neurobiologen und Geisteswissenschaftlern, 3. Aufl., 2005; *Adolf Portmann*, Um das Menschenbild. Biologische Beiträge zu einer Anthropologie, 1970.

[3] *Klaus E. Müller* (Hrsg.), Menschenbilder früher Gesellschaften. Ethnologische Studien zum Verhältnis von Mensch und Natur, 1983; *Martina Neumeyer* (Hrsg.), Mittelalterliche Menschenbilder, 2000; *Josef Raab* (Hrsg.), Klassische Menschenbilder, 2004.

[4] *Jürgen Hasse/Ilse Helbrecht* (Hrsg.), Menschenbilder in der Humangeographie, 2003.

[5] *Michael Bölker*, Michael, Information und Menschenbild, 2010.

[6] *Hubert E. Blum/ Robert Haas* (Hrsg.), Über das Menschenbild in der Medizin: Symposium am 24. Mai 2003 im Congress Centrum Hamburg, 2004; *Günther Rudolph/Jürgen R. Bierich*, Medizin und Menschenbild. Eine selbstkritische Bestandsaufnahme, 1994.

济学[7]、神经学[8]、教育学[9]、政策咨询[10]、政治学[11]、心理学[12]、社会学、一般意义上的社会科学[13]、社会工作学[14]、运动学[15]、神学[16]。在这些学科中,不断会提出让人印象深刻的典型

---

[7] *Nils Goldschmidt*, Vom homo oeconomicus zum homo culturalis. Handlung und Verhalten in der Ökonomie, 2009; *Helmut Woll*, Menschenbilder in der Ökonomie, 1994.

[8] *Ansgar Beckermann*, Gehrin, Ich, Freiheit. Neurowissenschaften und Menschenbild, 2008; *Eve-Marie Engels* (Hrsg.), Neurowissenschaften und Menschenbild, 2005; *Peter Janich*, Das Bild des Menschen in den Wissenschaften, 2009; *Wolf Singer*, Ein neues Menschenbild? Gespräche über Hirnforschung, 2008.

[9] *Eckhard Meinberg*, Das Menschenbild der modernen Erziehungswissenschaft, 1988; Urs *Haeberlin*, Das Menschenbild für die Heilpädagogik, 6. Aufl., 2010; *Peter Müller* (Hrsg.), Bildung und Menschenbilder, Karlsruhe (Karlsruher pädagogische Beiträge 58), 2004.

[10] *Martin Führ*, Menschenbilder und Verhaltensmodelle in der wissenschaftlichen Politikberatung. Möglichkeiten und Grenzen interdisziplinärer Verstandigung, 2007.

[11] *Ludwig K. Adamovich*, Das Menschenbild der Demokratie und der Grundrechte, 2001; *Hans-Otto Mühleisen*, Das Menschenbild der Politik: Über wechselseitige Einsichten von politischer Theorie und praktischer Politik, in: *Thomas Herkert* (Hrsg.), Welcher Mensch ist das Maß? Kultureller Streitfall Menschenbild, 2009, S. 5390.

[12] *Viktor E. Frankl*, Das Menschenbild der Seelenheilkunde: drei Vorlesungen des dynamischen Psychologismus, 1959; Alexander *Mitscherlich*, Freiheit und Unfreiheit in der Krankheit: das Bild des Menschen in der Psychotherapie, 1946; *Bernard Pauleikhoff*, Das Menschenbild inn Wandel der Zeit. Ideengeschichte der Psychiatrie und Klinischen Psychologie, 1983 ff.; *Karl-Friedrich Wessel*, Wie krank dart der Gesunde sein? Zum Menschenbild von Psychologie und Medizin, eine interdisziplinäre Begegnung, 1996.

[13] *Stefan Bayer/Volker Stümke* (Hrsg.), Mensch. Anthropologie in sozialwissenschaftlichen Perspektiven, 2008.

[14] *Johannes Schilling*, Menschenbilder in der sozialen Arbeit, 2000.

[15] *Michael Krüger* (Hrsg.), Menschenbilder im Sport, 2003.

[16] *Carl G Jung*, Menschenbild und Gottesbild, 3. Aufl., 1989; *Karl Kardinal Lehmann*, Gibt es ein christliches Menschenbild? In: *Vossenkuhl/Wilhelm u. a.* (Hrsg.), Ecce Homo! Menschenbild—Menschenbilder, Stuttgart, 2009, S. 121139; Lobkowicz 1989; Pieper 2002.

描述[17]和总体概览,以阐明"科学中的人之形象"[18]。

最近,"超人类主义视野下的人之形象"[19]引起了广泛关注。值得注意的是,在英语世界,人们使用"人的类型""人的本质"或"人的图像"这类用语,表达出一种更加谨慎的态度;与"人之形象"相对应的讨论主要在哲学和哲学人类学的语境下展开。[20]

尽管这个概念被广泛使用,但是,"人之形象"到底该如何理解,仍无清晰界定。从字面来看,这里涉及的是"人类的形象",也就是说,并不是特定的个别人的形象,而是"人类"作为一个种属的形象。[21]此处,人们可能首先会想到某个希腊的雕塑,或列奥纳多·达·芬奇

---

[17] See Armin Grunwald/Mathias Gutmann/Eva M. Neumann-Held (eds.), *On Human Nature. Anthropological, Biological, and Philosophical Foundations*, (Wissenschaftsethik und Technikfolgenbeurteilung, Bd. 15), 2002; *Heinrich Schmidinger* (Hrsg.), Topologien des Menschlichen, 6 Bände, 2004—2010. Einzelbände: *Heinrich Schmidinger/Clemen Sedmak* (Hrsg.), Der Mensch—ein "animal rationale"?, 2004; *dies.* (Hrsg.), Der Mensch—ein freies Wesen?, Darmstadt 2005; *dies.* (Hrsg.), Der Mensch—ein "zoon politikon"?, 2006; *dies.* (Hrsg.), Der Mensch—ein "animal symbolicum"?, 2007; *dies.* (Hrsg.), Der Mensch—ein kreatives Wesen?, 2008; *dies.* (Hrsg.): Der Mensch—ein Mängelwesen?, 2009; *dies.* (Hrsg): Der Mensch—ein Abbild Gottes?, 2004 ff.

[18] *Herlmut Fink*, Der neue Humanismus: wissenschaftliches Menschenbild und säkulare Ethik, 2010; *Wolfgang Frühwald*, Das Design des Menschen: vom Wandel des Menschenbildes unter dem Einfluss der modernen Naturwissenschaft, 2004; *Walter Hollitscher*, Der Mensch im Weltbild der Wissenschaft, 1969; *Martin Bandt*, Menschenbild und Wissenschaft: eine philosophische Wortmeldung, 1990; *Gerda Henkel Stiftung* (Hrsg.), Das Bild des Menschen in den Wissenschaften, 2002; *Peter Janich* (Fn. 8); *Krzysztof Michalski*, Der Mensch in den modernen Wissenschaften, 1985; *Harald Petri*, Wer oder was ist der Mensch? Die Wissenschaften und das Menschenbild, 1994.

[19] *Christopher Coenen*, Die Debatte über ?Human Enhancement": historische, philosophische und ethische Aspekte der technologischen Verbesserung des Menschen, 2010.

[20] *Martin Hollis*, *Models of man: Philosophical thoughts on social action*, Cambridge University Press, 1997; *Bernard G. Rosenthal*, *The images of man*, Wm. B. Eerdmans Publishing Co., 1971; *Roger Trigg*, *Ideas of human nature: An historical introduction*, Blackwell Pub., 1988.

[21] 在此意义上使用这个概念的著述,请参阅 *Susanne Scholz*, MenschenFormen: Visualisierungen des Humanen in der Neuzeit, 2007。

关于人体(男人身体)比例的著名图示。不过,在更多的情况下,当说到"人之形象"时,人们想到的并不是图示意义上的图像,而是对于"人"是什么——或抽象地说,"依其本性"或"依其本质"来看,"人"是什么——的一种描述。行文至此,就已经很明显,关于人之形象的言谈势必包含某种不确定性。言谈所及并非针对一般意义的人类所做出的精确的、可在经验上证实的陈述,而是强调指出某些根本的、由世界观决定的特征。就此而言,对人之形象的描述,近乎关于人类的艺术创造。例如,针对人之形象所做的陈述会涉及人类的起源、人类在面对自然(或自然界的一部分)时的位置、人与动物的区别、人与上帝或诸神的关系以及人的个体性、社会性、自由和责任等特征。

即使在法律中,也经常会提到"人之形象",例如,《德国基本法》的人之形象[22]、宪政国家的人之形象[23]、《欧洲人权公约》和其他人权公约中的人之形象[24]、共同体法中的人之形象[25]、或

---

[22] *Ulrich Becker*, "Das Menschenbild des Grundgesetzes" in der Rechtsprechung des Bundesverfassungsgerichts, 1996; *Willi Geiger*, Menschenrecht und Menschenbild in den Verfassungen Schwedens, Deutschlands und Österreichs, 1983; *Peter M. Huber*, Das Menschenbild im Grundgesetz. Jura 20 (1998), S. 505511; *Herbert Landau*, Bundesverfassungsgericht und Strafvollzug: das Menschenbild des Grundgesetzes, 2010; *Gottfried Leder*, Das Menschenbild des Grundgesetzes und die Zukunft unserer Verfassung, in: *Jakob Kraetzer* (Hrsg.), Das Menschenbild des Grundgesetzes. Philosophische, juristische und theologische Aspekte, 2. Aufl., 1997, S. 6888;批评意见,*Helmut Ridder*, "Das Menschenbild des Grundgesetzes": Zur Staatsreligion der Bundesrepublik Deutschland, Demokratie und Recht 7 (1979), S. 123134.

[23] *Karl Heiz Auer*, Das Menschenbild als rechtsethische Dimension der Jurisprudenz, 2005; *Geiger*, a. a. O.; *Peter Häberle*, Das Menschenbild im Verfassungsstaat, 3. Aufl., 2005; vgl. *Bernd Schünemann* (Hrsg.), Das Menschenbild im weltweiten Wandel der Grund-rechte, 2002.

[24] *Jan Michael Bergmann*, Das Menschenbild der Europäischen Menschenrechtskonvention, 1995; *Georg Mohr*, Sind die Menschenrechte auf ein bestimmtes Menschenbild festgelegt? Plädoyer für eine Umkehr der Beweislast. in: *Hans-Jörg Sandkühler* (Hrsg.), Menschenrechte in die Zukunft denken. 60 Jahre Allgemeine Erklärung der Menschenrechte, 2009, S. 6578; *Valentin Tischler*, Menschenbilder und Menschenrechte, 2010; *Arno Baruzzi*, "Europäisches Menschenbild" und das Grundgesetz für die Bundesrepublik Deutschland, 1979.

[25] *Michael Brenner*, Rahmenbedingungen des Menschenbildes im Gemeinschaftsrecht, FS-Walter Leisner, 1999, S. 19—37.

第八章 "人之形象"与法　　**145**

刑法[26]及刑事执行法[27]中的人之形象。没有哪个学科(也许基督教神学除外)像法律[28]这样,如此强调人在面对人类之外的自然时的中心地位:"如果想把人类看作高级物种,那么,溢美之词绝不

---

[26] *Matthias Geist*, Das Menschenbild im Strafrecht: internationale Tagung in Wien vom 21. bis 24. September 2009 in Bundesministerium für Justiz veranstaltet von der Evangelischen Akademie Wien gemeinsam mit der International Prison Chaplains' Association (IPCA) Europe, 2009; *Hans-Heinrich Jescheck*, Das Menschenbild unserer Zeit und die Strafrechtsreform, 1957 (Recht und Staat in Geschichte und Gegenwart, Heft 198/ 199). ND, in: *Hans-Heinrich Jescheck*, Strafrecht im Dienste der Gemeinschaft: Ausgewählte Beiträge zur Strafrechtsreform, zur Strafrechtsvergleichung und zum Internationalen Strafrecht aus den Jahren 19531979, mit einem Geleitwort von Hans Schultz, hrsg. von Theo Vogler, S. 327; *Ulrich H. J. Körtner*, Muss Strafe sein? Menschenbild und Strafrecht aus theologischer Sicht, Zeitschrift fur evangelische Ethik 54 (2009) S. 105—120; *Herbert Tröndle*, Das Menschenbild des Grundgesetzes und die Neuregelung des Abtreibungsrechts im geeinten Deutschland, FS-Günter Spendel, 1992, S. 611628; ND, in: *Hervert Tröndle*, Antworten auf Grundlagenfragen. Ausgewählte Beiträge eines Strafrechtskommentators aus drei Jahrzehnten, 1999, S. 361379; *Erik Wolf*, Vom Wesen des Täters, 1932.

[27] *Landau* (Fn. 22), 2010; *Jorgen Worsaae Rasmussen*, Menschenbild und Menschenrechtzur Kontrolle des Strafvollzugs. in: *Matthias Geist* (Hrsg.), Das Menschenbild im Strafrecht: internationale Tagung in Wien vom 21. bis 24. September 2009 inn Bundesministerium für Justiz veranstaltet von der Evangelischen Akademie Wien gemeinsam mit der International Prison Chaplains' Association (IPCA) Europe, 2010, S. 7387.

[28] 关于法律中的人之形象的一般性论述,参阅 *Fritz Bauer*, Auf der Suche nach dem Recht, 1966, 158 ff.; *Siegfried Broß*, Das Menschenbild der Rechtsordnung, in: *Thomas Herkert/Karsten Kreutzer* (Hrsg.), Welcher Menschen ist das Maß? Kultureller Streitfall Menschenbild, 2009, S. 35—52; *Heinrich Henkel*, Einführung in die Rechtsphilosophie: Grundlagen des Rechts, 2. Aufl., 1977, § 24; *Hans Huber*, Das Menschenbild des Rechts (1960), FS-Verfasser, 1971, S. 7695; *Heinrich Hubmann*, Das Menschenbild unserer Rechtsordnung, FS-Hans Carl Nipperdey, Bd. 1, S. 3755; *Ulrich Klug*, Thesen für eine Analyse des Menschenbildes im Recht: Eine rechtsphilosophische Skizze, in: *Ulrich Klug* (Hrsg.), Skeptische Rechtsphilosophie und humanes Strafrecht, Bd. 1: Rechts- und staatsphilosophische Analysen und Positionen, 1981, S. 3953; *Ferdinand Kopp*, Das Menschenbild im Recht und in der Rechtswissenschaft, FS-Klaus Obermayer, 1986, S. 5364。

嫌多。对我们法律人而言,所有其他存在物之总和占据一端,人则占据另一端,人是法律主体,所有法律客体通过各种方式与之发生关联。"[29] 由此,个别法律规范背后的人之形象对于整体法秩序来说具有至关重要的意义。然而,在当前的哲学和法律文献中,人之形象这个主题却主要出现在对医学[30]和人类基因技术[31]进行管控的讨论当中。

在下文中,笔者将系统分析各种"人之形象"的概念,并指出它们对于法的意义。本文的主要关注点并不是在内容上对特定的人之形象进行条分缕析,而是主要关注方法论层面的设问,以此为基础,笔者将在结论部分简要探讨人之形象对于当下的医学和生物技术的问题所具有的意义。

(二) 人之形象——形式与功能

人们通常会区分出不同的人之形象,如基督教的、人文主义和文艺复兴的、自然科学的,或达尔文主义的、人类基因工程的、神经生物学的人之形象等。进而,人们赋予特定的人(如学者、艺术家、作家)以特定的人之形象。例如,人们会谈论康德或叔本华的人之形象。除了"人之形象"之外,人们还会谈论"上帝之形象""女人之形象"或"外国人之形象"等。这些表述所传达的观念或信念与人之形象这一术语一样,都包含着不确定性和无法验证性,不过,明确的是,它们指的乃是另外的一些对象。人们经常会强调某种特定的人之形象:例如,普罗泰戈拉关于"人为尺度的名言","人是万物的尺度";或者,亚里士多德的命题,人是"政治动物",也就是

---

[29] *Karl Engisch*, Vom Weltbild des Juristen, 2. um ein Nachwort erweiterte Auflage, 1965, S. 26.

[30] *Thomas Fuchs*, Menschenbild und Menschenwürde am Ende des Lebens, 2010; vgl. *Jan C. Joerden* (Hrsg.), Der Mensch und seine Behandlung in der Medizin: Bloß ein Mlttel zum Zweck?, 1999; *Jan C. Joerden*, Menschenleben: Ethische Grund-und Grenzfragen des Medizinrechts, 2003.

[31] *Coenen* (Fn. 19); *Henrik Walter*, Was können wir messen? Neuroimagingeine Einführung in die methodischen Grundlagen, häufige Fehlschlüsse und ihre mögliche Bedeutung für das Strafrecht und Menschenbild, 2009.

说,是社会性存在。

但是,很少得到阐明的是,人之形象到底有或者应该有什么功能。我们至少可以区分出如下这些部分程度上明显重叠的用法:

(1)首先,使用"人之形象"这一术语,意在传达精神史上的某个思潮或者哲学上的某个流派关于人、人在自然中的地位及其任务的核心命题。例如,当人们谈论智者派的人之形象、文艺复兴的人之形象,甚至纳粹的人之形象时,都是在这种意义上使用该术语。在这种语境下,"人之形象"一语主要是在描述的意义上被使用,其功能在于简明地传达某种人类学立场。

(2)在另一种与之相关的使用形式中,"人之形象"独立于特定的精神史思潮,而被用来表述某种世界观立场或人类学假定。属于这种用法的典型设问包括:"在(这种或那种)实践背后潜藏着什么样的人之形象?""这个规范背后所假定的人之形象是什么?"这种概念用法的典型特征在于,所追问的"人之形象"至今尚未被明确揭示,也未在理论上得到反思。

(3)此外,人之形象还可作为提升意义或解释世界的手段。例如,当人们说,某人秉持一种特定的人之形象,或某人展示了一种独特的人之形象,就是在这种意义上使用该术语。通常,这种意义上的人之形象除了传达关于"人的本质"的事实命题外,还包含一些规范要点,如价值和行为指令等。这种意义上的人之形象经常见于各种宗教当中;它与上文(1)和(2)标题下描述的人之形象之间并无明确的界别。

(4)还有一种方式在使用"人之形象"这一术语时,假定存在某种特定的(或多或少具有独特性质)的人之形象,有待于人们去发现或发明。在前一种情况下,人之形象在人们对其观察之前就已经存在;在后一种情况下,则必须经过人们的发明。例如,根据人类基因技术的全新可能性,当然也包括风险,有些人开始急切地

"寻找基因技术的发展可能带来的——可靠的——人之形象"。[32]这表达了人们的一种期待,这就是,这种有待发明的人之形象不仅是描述性的,而且还可作为评判标准,据此来区分可接受的和不可接受的人类基因技术的形式。

(5)第五种也是最常使用的"人之形象"同样是一个规范性概念,不过,这种意义上的人之形象无需被发现或发明,而是已经成为一个评判标准。例如,当诉诸基督教的人之形象或《德国基本法》的人之形象时,通常都是在这个意义上使用该术语。如果借用这种意义上的人之形象来证立或批判某些命令或禁令时,尤其需要我们认真对待。特别是,该语境下的这个术语是否传递了一种统一、连贯和内容充实的人之形象,通常都是存在疑问的。不宁唯是,为何这种规范性的人之形象就应该导生出一些法律后果,也并非不证自明。为了回答这些问题,有必要首先对于我们社会中的两种最重要的规范性人之形象做出简要澄清,它们分别是基督教的人之形象与德国法、《基本法》的人之形象。

二、基督教的人之形象

在生物技术引发的政治论辩中,许多人都诉诸"基督教的人之形象",并声称从中可以获得启发,来解决生物技术引发的政治问题。棘手的难题首先在于,基督教在其发展历史中,不仅提出过各种各样的人类学和政治立场[33],而且发展出许多支系,它们在道德问题上有时针锋相对。不仅在天主教、东正教和新教之间存在巨大差别,就连这些教派内部也存在着根本差异,对此,人们只要想想美国的福音派和德国的改革宗,就会对此心知肚明。因此,认

---

[32] *Kristiane Weber-Hassemer*, "Das Individuum in Schatten der Biomedizin" Menschenwürde zwischen Menschen und Menschengeschlecht, in *Wolfgang Vossenkuhl u. a.* (Hrsg.), Ecce Homo! Menschenbild-Menschenbilder, 2009, S. 204-218; *Kristiane Weber-Hassemer*.

[33] 关于20世纪早期的神学的人之形象(天主教视角)参见,Stöckl/Wasmann 1911, Bd. 3, S. 1067—1083。

为存在着统一、连贯的"基督教的人之形象",这种看法一开始就难以立足。

教会方面也同意这种看法。1987—2008 年担任德国主教会议主席的 Karl Kardinal Lehmann,就曾明确否认存在统一的基督教的人之形象。[34] 任何一种神学上的人之形象都是历史形成的,即使以耶稣基督的福音和教会学说为指引,人们也并未被要求"不顾历史地固守一种抽象的人之形象"。[35] 真实的情形是,在基督教神学的人之形象中,同时要考虑具体的人及我们与其交往而得的经验。恰恰是救赎的历史表明,在基督教中从来没有绝对地设定唯一的人之形象,相反,存在着许多形态各异的基督教人之形象。[36] 不过,Lehmann 还是认为,可以分辨出三条"脉络",它们为所有基督教神学的人之形象所共有。[37] 他对此这样描述:

> 其一,人们不应也不能否认,人——由于其具有超越事实世界的潜能——自觉地追问超越于自身和经验事物的存在。基督确信,人不会仅仅局限于自己。他还是一种超越的存在。这就可以说明,因为人是自由的存在,因此具有人之尊严、独立价值和人权。人并非无助地被当下和此在的条件牢牢束缚。

> 其二,人虽然是一种多面和多样的存在,但是,他在本质上却是同一的,也就是说,并非是各种要素的聚合。如果错误地把人简化和化约为这种多样体(如肉体—灵魂、感知—精神、传统—创新),就剥夺了人在本质上具有的整全性。人始终生活在这种不可消除的紧张当中。

> 其三,由于人性的共性以及超越偶然因素的整全特征,人性的普遍特征必须无条件得到尊重。归属于某个特定种族、阶级、民族、政党或宗教,并不会减损人之为人的本质。只不过这种归属会潜在地降低人们之间的团结和友爱。[38]

---

[34] *Lehmann* (Fn. 16), S. 123 f.
[35] *Lehmann*, a. a. O., S. 124.
[36] Id., S. 125.
[37] Id., S. 126.
[38] Id., S. 125 f.

概括来说,Lehmann 强调了"超越""整全性"和"普遍性"这几个要点。Lehmann 认为,从这些要点中能够勾勒出一幅基督教的人之形象,其中包括八个结构性要素[39]:① 人归向上帝的超越性;② 人在所有创造物中的独特地位(与上帝形象相同)以及与此相应的人之尊严;③ 从独特的人类潜能中有了堕落的可能(罪孽);④ 被创造物、弱点和局限性;⑤ 向善的自由;⑥ 耶稣基督是人类的榜样;⑦ "十字架上的人性":接受此世的痛苦、磨难和死亡;⑧ 通过上帝恩典而有了普遍救赎希望。

最后,Lehmann 再次强调"基督徒趋向皈依和转变的巨大力量"以及因此产生的自我"改变"的巨大力量。[40] 他在文章末尾出人意料地引述莱辛的戒指寓言:"最终,满怀慈爱的竞争是判断各种人道主义是否可信的唯一标准。'包含善的所有事物,都要接受审查'(1 Thess 5,21)。"[41] 人们可以这样来理解 Lehmann,就连基督教观念的代表者也要参加这场竞争。

在我看来,值得重视的要点首先在于,Lehrmann 也强调基督教的人之形象的多样性。唯一的"基督教的人之形象"并不存在。另外,值得注意的是,Lehrmann 提出的基督教的人之形象所包含的"结构要素"在很大程度上对于生物技术引发的政治问题都是中立的。不过,从中还是可以识别出一个框架:① 和 ② 这两个要素对于基督教会在动物保护问题上所持的立场具有重要意义;据此,人和动物的平等,就如在其他宗教和世界观中主张的那样[42],在基督教中几乎不会被认同。从第 ⑤ 个要素中可以推演出对于意志自由的原则性认可。第 ⑦ 个结构性要素,也就是基督徒对于痛苦、磨难和死亡的接受,可能会证立如下观点,即通过人工手段(Lehrmann 举

---

[39] Id., S. 126—138.
[40] Id., S. 139.
[41] Id., S. 139.
[42] 概述性介绍参见 Kirsten Holzapfel, Artikel "Tier II: Weltreligionen", in: Christoph Auffarth/Jutta Bernard/Hubert Mohr (Hrsg.), Metzler Lexikon Religion: Gegenwart, Alltag, Medien, Bd. 3: Paganismus—Zombie, Sonderausgabe, 2005, S. 500506,以及此处提及的相关文献。

出止疼片和兴奋剂为例)[43]来掩盖现实的做法是不可接受的。第⑦个要素对于维系性的以减少痛苦的人工手段将持什么观点,我们不得而知。这些维系性的手段一方面包括各种增强机能的做法,另一方面也包括各种保守性的治疗方案,如手术和器官移植,对此,罗马天主教不但没有否认,反而给予支持。在 Lehmann 的观点里,特别值得注意的是,他坚定地欢迎对话和变革。这样一种态度,并非总能在天主教会的代表者身上看到。

我们可以这样总结,在基督教中,尽管有共同的结构要素,但还是可能包容不同的人之形象,并与其他的人之形象和世界形象竞争并存。对于生物技术引发的政治争论而言,基督教的人之形象给我们提供的帮助显然不大;人们从中最多只能够抽取出一个框架,最终还要取决于为基督教的人之形象填充哪些具体内容。因此,接受基督教的人之形象和世界形象,并不能取代进一步的讨论,也不能放弃以其他标准对其进行毫无偏见的评判。

三、德国法中的人之形象

现行法中的人之形象是精神史长期发展的结果。如果不首先了解其历史起源时的概貌,就不可能理解今日的人之形象。[44] 法国革命开启了对法的现代理解,它拓展到德国和欧洲,其典型特征在于,明确以个体为依归:个体的人占据法的中心位置。这种对个体的强调并不是法的一贯特征。在中世纪,甚至一直到早期现代,在亚里士多德传统的笼罩下,人首先是一种受共同体约束的存在,后来才被看作孤独的个体。这种(在精神史上经历了长期准备的)[45]转折最明显地体现在霍布斯的思想中,特别是在其人类学

---

[43] *Holzapfel*, a. a. O., S. 135.
[44] *Ernst-Wolfgang Böckenförde*, Vom Wandel des Menschenbilds im Recht, in: *Gerda Henkel Stiftung* (Hrsg.), Das Bild des Menschen in den Wissenschften, 2002, S. 193—224; Senn 2006.
[45] *Sabine Schulze*, Body and soul: Menschenbilder aus vier Jahrtausenden, 1986.

观念"人对人是狼"这一比喻中得到淋漓尽致的表达。[46] 在启蒙哲学中,单个的人,而不是人群,被看做(人的)权利和义务的主体。[47]《德国基本法》及其联邦宪法法院对《德国基本法》中的人之形象的解释[详见本章第三部分之(一)之3]同时包含了自由主义启蒙的视角和亚里士多德的视角,不过,对个体的关注明显占优。

(一) 民法、刑法和宪法中的人之形象

在现行法中,也可发现"人之形象"这个术语。但是,"人之形象"在民法、刑法和宪法这三个重要的法律部门中,扮演的角色并不相同。

(1) 民法预设的人之形象是一个自治的、在法律交往中理性地追求自己利益的个体。对此,有人恰当地强调民法典中的"伦理人格主义"。[48]这种人之形象的核心要素是私人自治原则:每个人原则上都应该自己决定是否以及和谁签订契约(契约自由),契约应该包含什么内容(内容自由)以及通过什么形式订立契约(形式自由)。很明显,这种模式接近于"经济人"假设,因此,在民法中,与经济的关联尤其紧密,这也就不足为奇。

然而,独立的、摆脱蒙昧的、能够与任何人平等地讨价还价、并订立契约的私法主体,只能是想象当中的产物。正是因为认识到事实上的不平等[49],私人自治从《德国民法典》于 1900 年生效之日起就越来越多地受到限制,目的就是为了纠正现实中在契约双方之间存在的协商和力量方面的不对等[50],这种发展趋势得到基

---

[46] *Thomas Hobbes*, Vom Menschen, Vom Bürger (1642), 1994, S.69. 把人看作狼的观点可以追溯到罗马诗人 Plautus。

[47] *Böckenförde* (Fn. 44), S.202 ff.

[48] *Karl Larenz/Manfred Wolf*, Allgemeiner Teil des Bürgerlichen Rechts, 9. Aufl., 2004, § 2 I.

[49] Anatole France 的格言广为人知:"崇高的法律公平地禁止富人和穷人在桥下留宿、上街乞讨和偷窃面包。"(*Anatole France*, Die rote Lilie, 1925, S.116.)

[50] *Franz Wieacker*, Privatrechtsgeschichte der Neuzeit: unter besonderer Berücksichtigung der deutschen Entwicklung, 2. Aufl., 1967, S.461 ff., S.468 ff.

本法中的社会国原则的进一步推动。例如,我们可以在竞争法中看到对于契约自由的限制,除此之外,在一般合同法中,也存在着强制签约及反对歧视的规定。[51] 对于医疗法来说,尤其重要的规定是,根据善良风俗(《德国民法典》第134、138条)来审查契约,据此,某些整容手术和其他形式的增强机能的做法就有可能是存在问题的。

(2)刑法很少提及某种确定的人之形象。"法律中的人之形象"以及"刑法中的人之形象"这类术语主要出现在20世纪五六十年代,当时的语境是在讨论如何消除纳粹专政的影响,总体来说,主要是在刑法改革的语境中使用。[52] 在联邦最高法院的近期判决中,很少提及人之形象,即使在少数几次提及的场合,也并非牵涉到"刑法中的人之形象",而是引述联邦宪法法院判决中提到的"基本法中的人之形象"。[53] 刑法的基本原则,如罪刑法定或责任原则,并非从"刑法中的人之形象"推导出来,而是直接来源于法治国原则和/或人的尊严。[54] 即使在这里,学术界仍然非常谨慎,通常只寥寥数语,而不会长篇大论。

一个例外是联邦最高法院合议庭在1952年关于意志自由的阐述。[55] 从教义学来看,该案涉及禁止错误在犯罪构成要件中的定位。法院对此做出如下阐述:

> 通过责任的无价值判断,就是在谴责行为人,谴责他没有按照法律去行动,谴责他决定赞成不法,尽管他本来能够按照法律去行动,尽管他本来能够做出赞成法的决定。责难的内

---

[51] *Eduard Picker*, Das Allgemeine Gleichbehandlungsgesetz: Gebot allgemeiner Gleichbehandlung?, FS-Klaus Adomeit, 2008, S. 541562.

[52] Vgl. *Jescheck* (FS-26); *Thomas Würtenberger*, Über das Menschenbild im Strafrecht (1965), in: *ders.* (Hrsg.), Kriminalpolitik im sozialen Rechtsstaat: Ausgewählte Aufsätze und Vorträge (19481969), 1970, S. 926; *Gustav Radbruch*, Der Mensch im Recht. Heidelberger Antrittsvorlesung, 1927.

[53] BGHSt 22, 146, 152; 37, 55, 62; 41, 247, 262.

[54] *Reinhold Zippelius/Thomas Würtenberger*, Deutsches Staatsrecht: Ein Studienbuch, 32. Aufl., 2008, § 21 Rn. 15.

[55] BGHSt 2, 194.

在理由在于，人具有自由的、负责的、道德上的自我决定禀赋，因此，能够选择守法，避免违法，依法律的应然规范调整自己行为，避免法律上禁止的做法。当然，这需具备的条件是，行为人在道德能力上已经成熟，其进行自由的道德自我决定的能力没有因为疾病暂时受到干扰或永远丧失。[56]

在这些言辞中，联邦最高法院深受20世纪50年代的哲学语言的影响，认同了意志自由的命题：只要不受疾病导致的身心障碍的影响，人就能自由地区分合法与非法、善与恶。如此理解的意志自由构成刑事责任法的核心要素，在德国刑法著述中，这种观念直到今天仍广为接受。[57]

（3）最受重视的是"基本法中的人之形象"。联邦宪法法院对此在1952年的一个判决中这样写道：

> 基本法中的人之形象不是一个孤傲的个体；实际上，基本法认识到个体——共同体之间的紧张，决定一方面照顾到个体与共同体的关联及其归属，另一方面又不伤及个体的独立价值。[58]

联邦宪法法院从中推出如下结论：

> （因此）个人必须接受立法者出于呵护社会共同生活之旨，在情势所需的限度内，在尊重个人自主人格的前提下，对行为自由所设的限制。[59]

上文所勾勒的个人在共同体中的地位在联邦宪法法院的主流判决中自始便得到确证和维护。需要注意的是，现行法中的人之形象的历史发展正是在共同体价值和个人主义的交织当中逐步形

---

[56] BGHSt 2, 194, 200 f.
[57] Vgl. *Claus Roxin*, Strafrecht Allgemeiner Teil, Bd. I: Grundlagen, Der Aufbau der Verbrechenslehre, 4. Aufl., 2006, § 19 Rn. 37; *Reinhard Merkel*, Willensfreiheit und rechtliche Schuld: eine strafrechtsphilosophische Untersuchung, 2008.
[58] BverfGE 4, 7, 15.
[59] BverfGE 4, 7, 16.

成的[60]，不过，个人价值始终被置于明显的优位。联邦宪法法院认为，"在社会共同体内自由发展的人格及其尊严"乃是《德国基本法》确立的"价值体系"及"客观价值秩序"的"核心"，它们集中体现为宪法当中的基本权利。[61] 由此，描述《德国基本法》的人之形象的核心关键词包括：人的独立价值、尊严、个人所受的社会约束、作为"价值体系"和"客观价值秩序"之要素的个人基本权利。这种关于人之形象的观念非常接近于传统的天主教社会学，例如，Nell-Breuning[62]仍持这种立场，这一点需要我们有所认识。[63] 尽管如此，经由宪法法院勾勒出的人之形象仍只包含很少的几条特征，而这些特征一方面仍不十分确定，另一方面又略显空泛。

（二）法学上的人之形象的特征

（1）法律中的人之形象的首要特征是其明显的不确定性。用以描述的术语非常宽泛，因此无法精确检验。与之相关的一个特征是，人们戴着有色眼镜进行描述。"人"并未被作为一个整体来刻画，相反，论者只关注个别的、与法律相关的特征，如个体性、受共同体约束或自由意志。

（2）《德国基本法》中的人之形象的第二个与前述要点相关联的特征是，它不仅仅包含描述性要素，还包含着规范性要素。由此，也常被用作评判的标准和工具。在这一点上，基本法的人之形象明显区别于以描述为主的刑法的人之形象。不过，人们有时也在规范的意义上谈论刑法的人之形象，此时，人们就会据以评判一般意义上的刑法的任务以及与此形象相背离的法律规则或教义解释。

（3）"法律中的人之形象"有两个维度：在一个维度下，人之形象包含的是人类学上的预设，这些预设乃是立法的基础：人是一种易受伤害因此需要保护的生物（例如，参见《德国刑法典》第223条

---

［60］ 本章第三部分开头部分。
［61］ BverfGE 7, 198, 205.
［62］ *Oswald von Nell-Breuning*, Art. "Katholische Soziallehre". in: Staatslexikon, Bd. 3, 7. Aufl., 1987, S. 349 ff., 354.
［63］ *Leder* (Fn. 22), S. 70.

以下),人拥有某些天生的习性和利益,其中,最重要者通过基本权利(《德国基本法》第1—19条)予以保护。[64]法律上的人之形象的另一个维度来自于对既有规范的抽象:从实定法中抽离出背后的人之形象。这两个维度可以和谐并处,但也并非始终如此。[65]

(4)上文所描述的人之形象的另一个值得注意的特征是,它在宗教方面是基本中立的。在人之形象的描述中,不包含对于和人"相对"的超越实体的言说,未提及人在宇宙中的地位,不涉及侵犯人之形象之后是否存在"地狱"的问题,也不牵涉生命的意义或死后的来生问题。人们可以把这些观点集中表述为法律中的人之形象的一种"自然主义"。[66]这里所谓的"自然主义",应在哲学的语境下理解,它是指言谈应该局限于所有"真切存在的事物",也就是说,不能突破或放弃自然规律。[67]就此而言,法律与当今自然科学的世界形象(即"科学的世界观")密切相连。

因此,法政治层面的一些讨论常以人之形象的变迁为论据,这也就不足为奇。由此,某项改革的必要性可以诉诸人类学上的新认识,这种新的认识会修正旧有的、支撑现行法律的"人之形象"。

---

[64] 在这个问题上,也应参阅 *Ernst-Joachim Lampe*, Rechtsanthropologie heute, in: *Robert Alexy u. a.* (Hrsg.): Rechts-und Sozialphilosophie in Deutschland: Beiträge zur Standortbestimmung, 1991, S. 222235 (Archiv fur Rechts-und Sozialphilosophie, Beiheft Nr. 44 对于基本的人类需求或人类学定律的研究;民族学方面的研究参见 *Christoph Antweiler*, Was ist den Menschen gemeinsam? Über Kultur und Kulturen, 2009。关于此类基本需求对于道德证立的意义,参见 *Eric Hilgendorf*, Recht und Moral, Aufklärung und Kritik l (2001), S. 72—90。

[65] 我们可以设想这样的情形,立法者在制定法律规范时,以关于人的经验假设为依据,但是,这些假设事后被证明是错误的,尽管如此,该法律规范仍可能与另外的人类学假设契合共存。此类例证可见于 § 20 StGB.

[66] *Eric Hilgendorf*, Rechtswissenschaft, Philosophie und Empirie: Plädoyer für ein naturalistisches Forschungsprogramm. FS-Ernst-Joachim Lampe, 2003, S. 285300; *Eric Hilgendorf*, Naturalismus im (Straf-)Recht. Ein Beitrag zum Thema "Recht und Wissenschaft", in: Jahrbuch für Recht und Ethik 11, 2003, S. 83102.

[67] *Gerhard Vollmer*, Was ist Naturalismus? Eine Begriffsverschärfung in zwölf Thesen, in: *Gerhard Vollmer* (Hrsg.), Auf der Suche nach der Ordnung: Beiträge zu einem naturalistischen Welt-und Menschenbild, 1995, S. 2142.

这方面的例证有,人们借用神经生物学上的新发现来反对据称已经过时的刑法上的人之形象(本章第四部分之二详述)。不过,在刑法学中,欲在法政治层面的讨论中引用生物学上的新命题,必须应对非常严格的批评。[68]

四、新挑战

近期,人们经常谈论对传统的人之形象,当然也包括法律中的人之形象构成的新挑战。这些挑战的突出特征在于,它们触及到根本性的问题、根本性的价值决断或基础性的概念界定。下文将讨论两项这类挑战,其一是关于协助自杀的问题;其二是围绕意志自由的当前争论。

(一) 自杀与协助自杀

人是否可以自杀,这并不是新问题;相反,关于是否可以自杀的文献堆满图书馆,然而,仍未能穷尽这个问题的究竟。较少受到关注的问题是,是否允许协助他人自杀。在道德哲学中,似乎没人讨论这个问题。在德国刑法(以及大多数受其影响的刑法)中,基本的规则是,协助或劝诱他人自杀不受惩罚,因为自杀本身就不(再)具有可罚性。这来源于刑法中的一条一般性规则,据此,如果"主行为"不具有可罚性,则参与行为也不受罚。由此可见,参与行为不受惩罚是从一条形式性规则中推导而来,与自杀的问题逻辑本身无关。

近几年,随着所谓协助自杀社团的出现,该问题再次引起特别关注。这些社团为厌世者提供自杀协助,如提供舒适的场所、人员的配备,也包括自杀工具。在德语世界,最重要的这类社团包括瑞士的超脱社(Gesellschaft Exit),它只为瑞士公民提供协助,还有同

---

[68] *Lorenz Böllinger u. a.*, Können Menschenbilder von "gefährlichen Menschen" selbst gefährlich werden? in: *Lorenz* Böllinger u. a. (Hrsg.): Gefährliche Menschenbilder, Biowissenschaften, Gesellschaft und Kriminalität, 2010, S. 13—34.

样位于瑞士的尊严社(Gesellschaft Dignitas),它同时也为非瑞士籍的人员提供协助,另外还包括人道死亡德国社(Deutsches Gesellschaft für Humanes Sterben)。在德国,虽然也有许多人试图禁止这类社团,但是,这些尝试均遭失败,原因在于,关于这些社团所提供的服务,人们并未达成一致的伦理评价。[69]

借助于"人之形象"这一术语,我们可以这样表述问题情势:如果人可以处置自己的生命,这与法律中的人之形象符合吗?如果符合,人的处置权应该是受限的还是绝对的?人之形象的哪些方面可以证立对其处置生命的权利的限制?最后,人可以协助他人自杀吗?一方面,我们的社会日益老龄化,人工延长寿命的技术手段又不断增多;另一方面,个人自我决定的权利又不断被强化。这种情势下,前述问题就显得越来越重要。

如果《德国基本法》中包含有关于处置自己生命的强制规定,那么,基本法的人之形象对于解决这些问题就有所帮助。然而,事实并非如此:基本法的人之形象对此问题并无明确答案。虽然《基本法》第2条第2款第1句特别规定了对人的生命的保护,但是,这项基本权利最多只能说间接地包含着对于毁灭自己生命的权利的保护。依主流观点,《德国基本法》第1条,即人的尊严,建立在自治和自我决定的思想之上,表面看来,它包含着处置自己身体和生命的权利。从基本法的人之形象及其核心要素——人的独立价值、尊严,个人在共同体中受到的社会约束[70]——当中,我们推导不出进一步的答案。因此,基本法的人之形象对于是否允许自杀和协助自杀的问题,并未提供明确决断。

(二) 神经生物学与刑法

在刑法当中,问题情境还会表现出另外的形式。人脑研究专家,主要是 Wolf Singer 和 Gerhard Roth,指出,现行的刑事责任法已

---

[69] *Eric Hilgendorf*, Zur Strafwürdigkeit von Sterbehilfegesellschaften: Aktuelle Strafbarkeitsprobleme im Kontext der assistierten Selbsttötung, in: Jahrbuch für Recht und Ethik 15,2007, S.479499.

[70] 参见本章第三部分之(一)1。

经过时,因为意志自由是一种错觉。[71] 他们引述美国神经生物学家 Benjamin Libet 的研究成果,后者在 20 世纪 80 年代早期发现,在任何一个自觉行为做出之前,大脑中都会产生一个所谓的准备电位(Bereitschaftspotential),也就是说,在受意志掌控并被感知为自由的行为做出之前,大脑已经提前运作了。这个结论在部分程度上可解释如下,不是"我们自己",而是"我们的大脑"(在我们尚未觉察的时候)就做出了决定。我们自己是最后才感知到大脑所做的决定。

Singer 和 Roth 的观点受到广泛关注,这表明,"意志自由"这个话题至今仍常话常新。另外一些脑科学家,不过主要还是哲学家,则反对意志自由的终结之命题。[72] 本文感兴趣的要点只在于,大脑研究的新成果与传统的刑法中的人之形象之间到底在多大程度上有关系。[73]

自由意志的观念,如联邦最高法院在 1952 年所表述的那样,建立在 20 世纪三四十年代的自然科学认知水平之上。今天,法院将修正其表述。联邦最高法院在界定其对自由意志的理解时,尚不知悉今日的神经生物学的研究成果,但我们不应从中推出结论说,联邦最高法院关于"自由决定之可能性"的刑法教义建构就是错误或不合时宜的。依主流的并且也是恰当观点来看,刑罚的意义在于预防犯罪行为。一方面,应该能够使罪犯不再继续犯罪;另一方面,通过判处刑罚,应该能够在整个社会范围内对犯罪行为构成一般威慑,从而使人们意识到法律秩序的效力。如此理解的预防功能无需仰赖于关于意志自由的任何形而上学层面的争论不休的前提预设。由此,神经生物学家关于刑罚的意义的命题在很大程度上也就失去相关性。

刑法只需根据对我们心理运作方式的认知假设与描述这种运

---

[71] *Singer* (Fn. 8).
[72] Vgl. *Beckermann* (Fn. 8).
[73] 关于域外刑法文献,参阅 *Gunnar Duttge u. a.* (Hrsg.), Das Ich und sein Gehirn: Die Herausforderung der neurobiologischen Forschung für das Strafrecht, 2009。

作所需使用的词汇而做出相应的调整。刑法科学和刑法判决应该摆脱20世纪前半叶的那些受形而上学影响的语言形式。在此范围内,我同意Singer和Roth的观点,应该对刑法的人之形象做出修正。

五、对人之形象的法律保护

对我们的主题来说,非常重要的一个问题是,人之形象,或法律中的人之形象,是否受法律的保护。如果应受保护,那么,与这种人之形象相悖的行为就应该受到法律的限制。有时,人们也借助于"基本法的人之形象"来支持对于基本法规范,尤其是《基本法》第1条第1款(人之尊严)的解释。这些尝试的限度在哪里呢?

对于法律人来说,欲对某种特定的人之形象提供法律保护,必须满足的前提是,在法律秩序当中能够找到提供这种保护的法律规则。但是,在德国现行法律秩序中并不存在这样的规则。无论是《基本法》还是《刑法典》,抑或是其他重要法律,都不曾使用"人之形象"一词。另外一个导致无法为人之形象提供法律保护的原因在于,在多元文化的现代社会,人之形象表现出无穷无尽的多样性。就连"基督教的人之形象",如果认真审视的话,都包含着许多互相排斥的观念,它们都竞相争取获得承认。至于"基本法的人之形象",如上所述,只包含一些关于人的独立价值和社会归属的基本预设。如果这些预设在《基本法》的措辞当中,尤其是基本权利的措辞当中得到明确规定,那么,它们就会享受法律保护。但是,出于准确性的考虑,人们并未使用人之形象这一术语,而是使用了诸如"法治国原则""社会国原则"等措辞。一种超出《基本法》措辞之外的对于某种特定"人之形象"的保护并不存在。

"人之尊严"(《基本法》第1条第1款)概念高度抽象,需要通过解释获得具体内容,借助于这条渠道,人之形象有望获得法律上的器重。为在个案当中获得适用,它还需要法律适用机关的独立评价。适用机关通常从自己所理解的人之形象当中推演出这种评价,如上所述[74],他们把人之形象当做规范性的关于人的"指引形象",也就是说,其中隐含着评判与价值。

为保护人之形象而反对生命科学领域的新型研究的做法同样无法得到支持,因为根据《德国基本法》第5条第3款,研究自由同样受到保护。也就是说,研究自由乃是一种基本权利。不宁唯是,研究自由的基本权利没有包含任何法律保留。因此,只有同其他宪法价值的权衡,才能识别这项权利的边界。如果人们谈论"基本法中的人之形象",无论如何也要包括人们系统性地拓展自己的知识和能力的自由,探求智慧的人亦是基本法的人之形象的一部分。

六、结论

上文思考的结论可总结如下:"人之形象"对于表述某种精神立场大有帮助;此外,它也可为自我解释提供一个认知和感知框架,就此而言,对于个体层面追求意义的行为具有非常重要的价值。但是,作为评价人类生物技术的新成果的一种法律标准,人之形象则很难胜任。通常,人之形象包含了当时的经验认知,随着科学进步,它也相应变迁。因此,作为一个具有法律约束力之标准的"人之形象",应该谨慎使用。并不存在一种受到法律保护的人之形象,并且可以借此去反对人类生物技术和其他现代生命科学的技术转化。

这也并不意味着,法律秩序对于这些新问题和新挑战无言以对。不过,法律的回答并不依靠模糊的、变动不居的"人之形象",而是诉诸于宪法上的标准,尤其是作为主观防御权的基本权利和人之尊严。如果基本权利不能提供明确答案——这在生物技术引发的政治问题领域是常有的事——法政治和伦理学就必须担起提供答案的重任,为此,它们要澄清问题情境,勾勒出关键性的问题框架,发展出具有解释力的回答方案。对于生物技术研究的限制,或更准确地说,对它们的"防控",首当其冲的并不是法学去完成,而应该是一项伦理和政治任务。

---

[74] 本章第一部分之(二)5。

第二编

刑法教义学

第九章

德国刑法学现状

一、导言

人们一般将刑法学理解为"整体刑法学"[1],它囊括了大量的研究领域,从实体刑法、刑事诉讼法到青少年刑法、刑事执行法再到犯罪学。但是,刑法学的核心一直是刑法教义学或刑法理论。当本文以下提到"德国刑法理论",更为准确地说是德国刑法教义学时,主要就是指以体系构成为目的,对刑法规定以及其中的构成要件特征所进行的概念性分析。"刑法理论"的称谓不仅具有跨学科性,而且相对"刑法教义学",更加具有国际联系性,在德国,这个词更多的是用在法哲学层面的研究中。

德国刑法理论在全球范围产生了极大的影响。今天,不仅西班牙和拉丁美洲受到了德国刑法模式指引,而且土耳其也接受了德国模式,并且开始将其刑法思想向中亚传播。特别值得注意的是,德国刑法理论在东亚范围从日本到韩国再到中国的传播。当然,这些国家的刑法模式,还是或多或少地与德国的原始刑法模式存在着差异;这些差异首先反映在规范构成上(主要是在刑法分论上),也反映在各自国家的历史以及普遍文化上。

其他欧洲国家对刑法学的研究也产生了积极的影响。关于刑罚的意义以及其正当化的讨论在欧洲的古典时期就已开始。现代

---

[1] *Franz von Liszt*, Die Aufgabe und die Methoden der Strafrechtswissenschaft, in: *Franz von Liszt*, Strafrechtliche Vorträge und Aufsätze, Bd. 2, 1905, S.284—298.

欧洲的刑法思想源自 18 世纪法国的启蒙运动哲学思潮,代表人物包括孟德斯鸠(Montesquieu)、伏尔泰(Voltaire)以及百科全书派思想家狄德罗(Diderot)和霍尔巴赫男爵(Baron d'Holbach),他们为了反对日益没落的专制制度及其专横、残酷的刑法而进行着斗争。[2] 他们的思想是受到了英国的启发,18 世纪初英国的法律以及政府体系是他们推崇备至的。[3]

整个欧洲大陆贪婪地吸取着法国启蒙思想的精髓。一个年轻的意大利法学家西萨尔·贝卡里亚(Cesare Beccaria)将启蒙思想对于刑法的要求极具创造性地总结于自己在 1764 年发表的著作《论犯罪与刑罚》中。这部著作是关于刑法改革问题最负盛名的奠基之作,被译为欧洲多国语言的版本,并迅速在欧洲各国以及俄罗斯、拉丁美洲传播。在德国,贝卡利亚以及其他学者的思想被卡尔·费迪南德·霍梅尔[4](Karl Ferdinad Hommel)继续发扬光大,但是,他的著作还是过多偏向于刑法哲学以及刑事政策,而极少触及本文所提到的刑法教义学内容。

保罗·约翰·安森·里特尔·冯·费尔巴哈(Paul Johann Anselm Ritter von Feuerbach)作为德国刑法学的奠基人,在其 1801 年撰写的第一版刑法教科书中阐述了这些新的思想。他首先提出了我们今天所使用的"德国刑法理论"的概念。此外,他作为刑事立法者也极具影响,他制定的 1813 年《巴伐利亚王国刑法典》对于之后整个德国的刑事立法意义深远,这部刑法典在 2013 年度过了它 200 岁的生日。

保罗·费尔巴哈作为刑法理论家以及作为立法者对 19—20 世纪的俄国也产生了深远的影响;人们可以说,贝卡利亚以及费尔

---

[2] *Eberhard Schmidt*, Einführung in die Geschichte der Deutschen Strafrechtspflege, 3. Aufl., 1964, S. 212—219.

[3] 最为重要的是 John Locke, *Second Treatise on Government*, 1690,他的著作由伏尔泰在法国推广。

[4] *Friedrich Ferdinand Hommel*, Philosophische Gedanken über das Criminalrecht, 1784.

巴哈的思想影响了俄国甚至此后苏联的刑法思想。[5] 大约在19世纪末,德国刑法理论达到了体系化以及内部多样化的程度,这也使得德国刑法理论的水准高于其他欧洲国家。当时的代表人物是卡尔·宾丁[6](Karl Binding)以及弗兰茨·冯·李斯特[7](Franz von Liszt)。李斯特的著作受到了国际上的广泛肯定,而且直到今天还在世界范围内引起对德国刑法理论的共鸣,这种共鸣也同德国刑法学界一些著名教授的名字联系起来:汉斯-海因里希·耶塞克[8](Hans-Heinrich Jescheck)、克劳斯·罗克辛[9](Claus Roxin)、阿尔宾·埃泽尔[10](Albin Eser),汉斯-约阿希姆·希尔施[11](Hans-Joachim Hirsch)以及贝恩德·许迺曼(Bernd Schünemann)。

二、德国刑法学的现状——对其特征的简要说明

在论述德国刑法学的优缺点之前[12],我想先简短介绍一下它

---

[5] *Günter Baranowski*, P. J. A. Feuerbach und die Arbeit der "Gesetzeskommission" des Russischen Reiches, in: *Rolf Gröschner/Gerhard Haney* (Hrsg.), Die Bedeutung P. J. A. Feuerbach (1775—1833) für die Gegenwart. IVR-Tagung Jena 15. Und 16. März 2002, S. 168—185.

[6] *Karl Binding*, Handbuch des Strafrechts, 1885.

[7] *Franz von Liszt*, Lehrbuch des deutschen Strafrechts, 1881, 26. Aufl., 1932. Binding 与 von Liszt 的关系详见 *Arnd Koch*, Binding vs. v. Liszt—Klassische und moderne Strafrechtsschule, in: *Eric Hilgendorf/Jürgen Weitzel* (Hrsg.), Der Strafgedanke in seiner historischen Entwicklung. Ringvorlesung zur Strafrechtsgeschichte und Strafrechtsphilosophie, 2007, S. 127—145。

[8] 自传见 *Eric Hilgendorf* (Hrsg.), Die deutschsprachige Strafrechtswissenschaft in Selbstdarstellungen, 2010, S. 169—203。

[9] 自传见 *Eric Hilgendorf*, a. a. O., S. 449—477。

[10] Id., S. 77—122.

[11] Id., S. 125—166.

[12] 也可见 *Thomas Würtenberger*, Die geistige Situation der deutschen Strafrechtswissenschaft, 1957, 2. Aufl., 1959;(一部经典之作)*Albin Eser/Winfried Hassemer/Björn Burkhardt* (Hrsg.), Die deutsche Strafrechtswissenschaft vor der Jahrtausendwende—Rückbesinnung und Ausblick, 2000; *Winfried Hassemer*, Strafrechtswissenschaft in der Bundesrepublik Deutschland, in: *Dieter Simon*

的从业人员、研究主题以及讨论范围。在德国刑法学界总共有大概400位专职的刑法学者。[13] 要进入学界的传统方法是取得大学执教资格,但是随着大量具有专业知识、攻读了刑法学博士学位、并没有取得大学执教资格的人士进入到研究机构或者法院工作,这个传统标准也就变得有名无实了。

德国刑法学者有着不同的政治倾向。与20世纪20年代不同的是,当时,古斯塔夫·拉德布鲁赫(Gustav Radbruch)由于其社会民主主义的政治倾向而引发了极大关注,但同时也招致了部分人的批评;今天,人们不能再认为德国刑法学者是极其保守的,他们就像德国法学一样,在日常工作中对法学与法律政策进行一个原则上的分离,也就是以解释论同立法论的分离、法律与道德的分离作为基础。在这背后的理由,也可能是许多法学工作者不为所知的,是马克斯·韦伯所要求的在科学研究上的价值自由,但是,这种要求在法学领域只有在法律教义学和法律适用严格分离的基础下才能实现。[14]

绝大多数德国刑法学者的法律政治的基本观念具有以下特性,即刑法学是"刑法—限制科学"。也就是说,大多数刑法学者对于立法者所致力的刑法范围扩大化以及刑罚加剧化是持否定怀疑态度的。刑法的作用在于当公民的合法权益遭受侵犯时,对其进行保护;刑法的核心在于通过保护公民的法益[15]保障其自由。刑法教义学通过其尽可能明确可罚性的法定前提并且以此使得刑事

(Hrsg.), Rechtswissenschaft in der Bonner Republik. Studien zur Wissenschaftsgeschichte der Jurisprudenz, 1994, S. 259—319; *Bernd Schünemann*, Kritische Anmerkung zur geistigen Situation der deutschen Strafrechtswissenschaft, in: Goltdammer's Archiv 1995, S. 201—229; *Bernd Schünemann*, Die deutsche Strafrechtswissenschaft nach der Jahrtausendwende, in: Goltdammer's Archiv 2001, S. 205—225; *Thomas Weigend*, Strafrecht und Zeitgeist, FS-Hans-Heinrich Jescheck, 2005, S. 44—65。

[13] 他们大多数都是"德国刑法学者联合会"的会员。
[14] *Eric Hilgendorf/Lothar Kuhlen*, Die Wertfreiheit in der Jurisprudenz, 2000 (Juristische Studiengesellschaft Karlsruhe, Heft 242)。
[15] Franz von Liszt 将"法益"定义为"受法律保护的权益",参见 *Franz von Liszt* (Fn. 7), § 2 I。

追诉具有预见性和审核性,来保障犯罪人以及犯罪嫌疑人的自由。

德国刑法学界研究主题范围非常广泛和多样,这也是对弗兰茨·冯·李斯特所提出的"整体刑法学"理想的延伸。研究主题不仅有实体刑法,包括它的总论以及分论,也包括刑事程序法、秩序违反法、青少年刑法、刑事执行法以及作为实践学科和具有特殊意义的犯罪学。实体刑法以及(与之相比具有较少内容的)刑事诉讼法,在大学教育以及之后的国家考试中占据着首要地位。

刑法学作品的传统形式依旧是论文、判决评注、法条注释以及教科书。在过去的二十年里,短篇教科书的出版数量呈井喷式增长,法条注释也呈现相同的趋势。对此主要原因有两点:一是出版社可以明显降低印刷费用;二是与从业相关:定期出版学术作品的强制要求。同行评审程序在德国刑法学界还没有得到广泛应用,即使这样,知名刑法学杂志,如《高登刑法档案》及《整体刑法学杂志》,在没有采用这种程序的情况下同样,保障了高质量的学术水平。在自然与社会科学界非常普遍的"引证率排名"在德国刑法学界也不占据重要地位。

刑法学界与司法实践,主要与法院判决的关系是相当和谐的。德国高级法院的刑事判决具有极高的专业水准。法官也寻求同学界联系,州高等法院以及联邦最高法院的刑事判决不仅大量引用刑法学界出版的著作的内容,而且还吸取其中的精华。高等法院法官与学界代表的联系非常紧密,很多大学教授在州高级法院担任兼职法官,而联邦最高法院的法官也经常被大学法学院聘为编外讲师或名誉教授。当然,并不是每个刑法学者都对所有判决持赞同态度;同样,少数州高级法院以及联邦最高法院的法官偶尔也会因刑法学者对其判决的批判而恼羞成怒。

刑法学界与(法律)政策间的关系就没有那么和谐。笔者之前已经提到,大量德国刑法学者对于刑法范围扩张的政策趋势,也就是要求刑法更严厉化,是持怀疑态度的。许多政治家提出的平民主义、要求刑法严厉化以便赢得选民的政治倾向,受到了学界的严厉批评。而且,政治家们特别喜欢在立法程序的准备阶段利用刑法学者的鉴定书。人们常常会有这样的印象,即刑法学者受到了政治家的利用并且被其出卖。

一个很大的问题是,政治当局在过去十年里对于考虑犯罪学新的认知兴趣欠缺。虽然"安全报告"[16]能够将对犯罪现象的经验性研究与刑事政策的制定高度地联系起来,但这一实践目前并没有进行下去。很显然,如果不对执法、打击犯罪以及犯罪学领域的具有法律意义的相关事实和信息进行充分的整合,是无法制定出有效的法律的。在一个力求通过刑法工具进行有效的法益保护的现代国家中,"盲目的刑事政策"[17]是不允许存在的。

刑法学与公众的关系同样很不和谐。媒体常常大肆渲染某种现实中并不存在的危险处境。在德国,受严重暴力犯罪侵害的可能性还是非常小的;但由于媒体对此类案件的报道往往具有轰动性,最终导致了公众对于刑罚严厉化的不合理诉求。与此相反,几乎所有的专业人士(受高层文官的影响)一致认为刑罚严厉化(如一个性犯罪刑罚的严厉化)是不能更好保护相关法益的。[18]毫不夸张地说,这里涉及公众以及那些影响舆论的意见领袖对于刑法学基本知识的匮乏。

公众刑法知识匮乏的原因之一在于,德国刑法学或者说整个德国法学直到现在都没有以通俗易懂的方式将它的基础、研究方法以及成果传达给公众。古斯塔夫·拉德布鲁赫撰写的《法学导论》[19]那样的深入浅出的作品还是非常罕见的,并且,这样的作品

---

[16] *Bundesministerium des Innern und Bundesministerium der Justiz* (Hrsg.), Erster Periodischer Sicherheitsbericht, 2001; *Bundesministerium des Innern und Bundesministerium der Justiz* (Hrsg.), Zweiter Periodischer Sicherheitsbericht, 2006.
[17] 这句著名的短语来自康斯坦茨大学犯罪学家 Wolfgang Heinz,见 *Eric Hilgendorf/Rudolf Rengier* (Hrsg.), FS-Wolfgang, 2012, S. 7。
[18] 德国刑法自 1975 年起的历史见 *Eric Hilgendorf/Thomas Frank/Brian Valerius*, Die deutsche Strafrechtsentwicklung 1975—2000: Reformen im Besonderen Teil und neue Herausforderungen. In: *Thomas Vormbaum/Jürgen Welp* (Hrsg.), Das Strafgesetzbuch, Supplementband 2: 130 Jahre Strafgesetzgebung-Eine Bilanz, 2004, S. 258—380。
[19] *Gustav Radbruch*, Einfuhrung in die Rechtswissenschaft,1. Aufl., 1910; 11. Aufl., 1964.

并不被法学评价机制所赏识。

刑法教义学影响着绝大多数刑法学者的思维方式,即以体系性为导向、对于法律规范进行概念分析并且对其进行解释。虽然通过个人评价可以将法律适用程序同一个纯法律教义学方法区分开来,但人们通常很少对法律教义学和法律适用进行区分。通过刑法学者所实现的个人评价,一方面以普遍的社会道德为导向,另一方面则以体现为与集体相联系的个体的人类的特定图像为导向,这种图像下的人类个体是有能力判断何为正义、何为非正义的。[20]

刑法教义学的思维模式产生的影响导致了刑法学与经验性研究所得出的结论难以融合,这也引发了以上提到的德国犯罪学危机的爆发。虽然在刑法的解释和适用上,经验性研究的成果,尤其是特定的裁判结论,得以通过对刑事法规的目的论解释而得到考虑。然而,占统治地位的方法论遮蔽了经验研究的影响,而许多法律应用者在一开始并没有意识到这一点。德国刑法学离一个由科学理论解释、满足现代跨学科性需要的方法意识还非常遥远。

三、德国刑法学的学派与讨论

到目前为止,提到的还是整体的德国刑法学。这个表达虽然突出了德国刑法学整体所具有的共性,但这并不能掩盖其内部的确存在着不同的立场倾向。"学派"这个概念,意指由对问题及其解决方法拥有共同的观点的学者所组成的共同体,当然这种意义上的学派在今天已经很少被提及了。在德国,最后一个可以称之为"学派"的是由汉斯·韦尔策尔[21](Hans Welzel)与汉斯-约阿希姆·希尔施(Hans-Joachim Hirsch)所代表的目的主义学派。

---

[20] 见 Bundesgerichtshof in Strafsachen, Bd. 2, 1952, S. 200 f.
[21] *Hans Welzel*, Lehrbuch des deutschen Strafrechts, 11. Aufl., 1969; *Hans Welzel*, Das neue Bild des Strafrechtssystems, 4. Aufl., 1961.

人们将沃尔夫冈·瑙克[22]（Wolfgang Naucke）和温弗里德·哈塞默（Winfried Hassemer）称为"法兰克福学派"，但他们只具备一个非常松散的类学派关系，因为他们仅拥有共同的问题以及论证基础。[23] 受"注释学"这一主导概念引导的阿图尔·考夫曼（Arthur Kaufmann）的门下弟子之间虽然并不具备真正意义上的学派关系，但却存在共同的问题以及论证关系。具有深远影响的学者，如汉斯-海因里希·耶塞克或阿尔宾·埃泽尔，并没有建立学派，另外两位极具影响的学术传承者尤尔根·鲍曼（Jürgen Baumann）和克劳斯·罗克辛，也没有建立传统意义上的"学派"。

德国刑法学当前主要所要解决的是如何通过刑事实体法与刑事诉讼法的规则来控制实践中出现的新问题，这包括了从道路交通刑法到经济刑法（在此领域投入了许多精力）再到已设立的部门学科（如医事刑法和互联网刑法）等多个领域。理论焦点集中于刑法的具体问题而非一般问题上，而刑法哲学的内容在当前则并不具有重要性。

虽然在德国刑法学界不再存在真正意义上的刑法学派，但还是存在各种明显不同的观点倾向，而这些观点倾向必须结合主张者的基本立场才能得以理解。例如，韦尔策尔目的论的中心思想就是存在所谓的物本逻辑结构，即便是立法者也要受到这种结构的约束，韦尔策尔也正是从这个基本立场出发主张重建行为概念。人们从方法论的角度已经对这个事先确定的事理逻辑结构与法律紧密联系的论点提出了疑问。韦尔策尔所主张的所有的法律都应当受到物本逻辑的约束这一观点在方法论层面受到了批评，人们从鲁道夫·冯·耶林（Rudolf von Jhering）的观点出发，强调所有法律并不是以本体论，应该以目的论来理解。[24] 自20世纪70年代

---

[22] 自传见 Eric Hilgendorf（Fn. 8），S. 417—446。
[23] Institut für Kriminalwissenschaften Frankfurt a. M.（Hrsg.），Vom unmöglichen Zustand des Strafrechts, 1995（Frankfurt Kriminalwissenschaftliche Studien 50）.
[24] Würtenberger（Fn. 12），S. 16.

起,克劳斯·罗克辛[25]和许迺曼[26]对这种目的论方法进行了研究并进行了扩展。[27] 京特·雅各布斯[28]（Günter Jakobs）所代表的"纯粹规范主义"进一步否定了这种经验性预设,但在罗克辛、许迺曼的目的论方法与这种"规范主义"间在范畴上并不存在区别。[29]

这两派在他们对于政策刑法的立场上区别的尤为明显。雅各布斯在20世纪80年代提出了"敌人刑法"的概念。"敌人刑法"与"市民刑法"的区别在于,其日渐脱离了法治国原则的约束[30],这会使人想起卡尔·施密特（Carl Schmitt）对于朋友—敌人的区别。[31] 这个摇摆于描述性与建议性之间的极不明确的概念在美国"9·11"恐怖袭击后引起了广泛的关注。虽然雅各布斯对此观点并没有做进一步的阐述,他还是遭到了德国刑法学界[32]激烈的批判。但是,有些对于雅各布斯的批判意见是人云亦云;一些批判者的意见比他们自己所认为的似乎更接近于朋友—敌人的思想。

另外一个大的争论是关于现代立法者所致力的刑法扩张趋势。用温弗里德·哈塞默的贴切表述来说,刑法对于德国立法者

---

[25] *Claus Roxin*, Kriminalpolitik und Strafrechtssystem, 2. Aufl., 1973;也可见 *Claus Roxin*, Zur neueren Entwicklung der Strafrechtsdogmatik in Deutschland, in: Goltdammer's Archiv 2011, S. 676—695。
[26] *Bernd Schünemann*（Hrsg.）,Grundlagen des modernen Strafrechtssystems,1984.
[27] 批判分析见 *Ernst Joachim Lampe*, Zur funktionalen Begründung des Verbrechenssystems, FS-Claus Roxin, 2001, S. 45—68。
[28] *Günter Jakobs*, Strafrecht Allgemeiner Teil: Die Grundlagen und die Zurechnungslehre, 2. Aufl., 1991.
[29] *Roxin*, Zur neueren Entwicklung der Strafrechtsdogmatik in Deutschland,（Fn. 25）, S. 668 ff.
[30] Feindstrafrecht? —Eine Untersuchung zu den Bedingungen von Rechtlichkeit, in: HRRS 8—9/2006, S. 289—303; An den Grenzen rechtlicher Orientierung. Feindstrafrecht, FS-Jan Sootak, 2008, S. 131—153.
[31] *Carl Schmitt*, Der Begriff des Politischen, 1927.
[32] *Bernd Heinrich*, Die Grenzen des Strafrechts bei der Gefahrprävention. Brauchen wir oder haben wir ein Feindstrafrecht?, Zeitschrift für die gesamte Strafrechtswissenschaft 121（2009）, 94—130; *Thomas Vormbaum*（Hrsg.）, Kritik des Feindstrafrechts, 2009.

（也对于欧洲范围而言）早已不是最后手段，而是优先适用的手段，有时甚至是唯一手段。与此同时，刑法总是被前置；通过设置大量的未遂可罚性以及大力扩大具体以及抽象的危险犯罪范围来实现法益保护；超个人法益的创设则进一步确保和加速了刑法扩大化与灵活化的实现。"风险刑法"这个概念正是对这整个发展趋势的概括。

对立法者的批评主要来自所谓的德国刑法学"法兰克福学派"的学者。其中，一些学者认为，除了对个人法益（如生命、人类身体发肤的保全以及自由）的保护以外，刑法在其他方面的正当性是受到质疑的。他们倡导一个"传统"的法治国刑法，但这也正是其受到批判之处，因为刑法从未以这样的形式存在过。此外，近数十年的技术发展正在以全然不同于过去的方式威胁着人类的生活基础。那么，我们为什么不能用刑法来对付这些新兴的、最终会威胁到每一个单一个体的发展呢？

在这种背景下也产生了所谓的关于法益概念所具有的限制刑法适用的功能的争论。根据冯·李斯特的理论，人们将法益理解为"受法律保护的利益"。[33] 这种利益来源于社会；它是国家公民所具有的现实的利益。当国家通过法律（如刑法）对这些利益进行保护时，它们就上升为法益。法益具备很多功能：它指导着刑事法规的解释，使得在刑法分论中区分法律素材成为可能，并且在教学中具有非常重要的意义。部分学说，特别是来自法兰克福学派的学说还想赋予法益概念另外一个作用：所允许的立法活动的界限。这个基本思想是说，只有在法益遭受威胁的时候，立法者才允许使用刑事手段，在此之外使用刑法是不被允许的。

这个论证恰恰忽略了正是立法者通过自己的立法活动使社会利益上升为了法益这一点。利益之所以成为法益，正是通过立法者的决定而实现的。因此，在逻辑上用法益概念来对刑事立法者

---

[33] *Franz von Liszt* (Fn. 7).

进行限制是不可能的。[34] 正如联邦宪法法院所指出的[35],可行的方案是通过比例原则与《德国基本法》所规定的基本权利来对立法者进行限制。(《德国基本法》第1—19条。)

在许多观察家看来,在最近二十年里,德国刑法学面临着日益增多的新问题,这些问题是不能以传统的方法来解决的,因而需要德国刑法教义学的进一步发展。

第一,迫切需要对全球性问题进行深入的探讨。在传统刑法中,人们几乎是专门处理局限在一定范围的案情,如两人间的伤害、侮辱或盗窃。重大的跨国性问题首先出现在环境刑法领域,而今天出现在如互联网或金融市场等领域的犯罪问题从一开始就具有跨越国界性的特点。

第二个问题领域,典型的例子是根据现代脑科学的研究结论,传统责任刑法[36]是否还能站得住脚的问题。美国脑研究专家本杰明·莱比特(Benjamin Libet)通过实验表明,在德国刑法中占据中心地位的个人意志自由是错误的。因此,整个德国刑法学都必须寻找一个新的基础。值得注意的是,这种极具挑衅的观点导致了德国刑法学界就此问题的深入讨论。[37] 但是,现在这个话题已经不属于学界的热门话题了。最后,传统观点获得了肯定,依据这个观点,意志自由既无法证成也无法证伪,它毋宁是一个国家所必需的假定。

第三个新的问题涉及德国以及整个欧洲新的宗教以及文化多元化。[38] 在德国,29%的民众信奉基督教新教,29%的民众信奉天

---

[34] Eric Hilgendorf, Punitivität und Rechtsgutslehre: Skeptische Anmerkungen zu einigen Leitbegriffen der heutigen Strafrechtstheorie, Neue Kriminalpolitik 22 (2010), 125—131.

[35] Entscheidungen des Bundesverfassungsgerichts 120 (2008), S. 224 ff. = Neue Juristische Wochenschrift 2008, S. 1137 ff.

[36] Jürgen Baumann/Ulrich Weber/Wolfgang Mitsch, Strafrecht Allgemeiner Teil. Lehrbuch, 11. Aufl., 2003, § 18.

[37] Thomas Hillenkamp (Hrsg.), Neue Hirnforschung-neues Strafrecht? Tagungsband der 15. Max-Alsberg-Tagung am 28.10.2005 in Berlin, 2006.

[38] Brian Valerius, Kultur und Strafrecht: Die Berücksichtigung kultureller Wertvorstellungen in der deutschen Strafrechtsdogmatik, 2011. 这种新的跨越文化性也是法学教育所要面临的挑战,见 www.gsik.de。

主教,2.3%的民众信奉伊斯兰教[39],一大部分民众(37.6%)则没有宗教信仰。这意味着德国新的文化多元化在未来会对刑法造成越来越大的影响。

四、踏上刑法理论体系化之路

笔者接下来想详细论述一下目前德国刑法理论的优点与缺点。我们先从德国刑法理论为什么能在世界范围内产生深远影响开始。

自启蒙运动开始,罪刑法定原则[40]便是刑法思想的核心价值:刑罚必须以成文法为依据,法律必须将刑罚发动的前提条件规定得足够明确。法官在适用刑事法律时必须遵守条文的文义解释界限,禁止法官超越此界限,如进行类推解释。法律只适用于其生效以后所规定的违法行为;禁止溯及适用刑法。

罪刑法定原则的主要目标在于,排除施加刑罚的任意性及不公正性。此外,法臣服者应该随时能够了解到什么是违法行为、什么是合法行为。只有在这种情况下,法臣服者才能根据刑法的命令性或禁止性规范调整他的行为举止,换一句话说,只有当法律规定得足够明确,并且法臣服者能够确信刑事追诉机关准确恪守法律规定时,刑法才具备预防作用。

为了将刑法的内容适用在个案上,法官要进行逻辑推论:法律规定是大前提,对案件的具体描述则是小前提,由此而产生的法律后果则是结论。例如:谁杀了人,就会受到刑罚(法律),A杀了人(具体案例),A就会受到刑罚(具体的法律后果)。这个所谓的"实践三段论法",也被称为"法律三段论法",已经广为人知,在这里就不需要笔者进一步阐述了。

重要的是对以下问题的回答:在何种情况下可以认为,A以其

---

[39] www.fowid.de
[40] *Eric Hilgendorf/Genlin Liang* (Hrsg.), Das Gesetzlichkeitsprinzip. Ein deutsch-chinesischer Vergleich, 2013.

行为将一个人杀害？一个"行为"是什么？在行为与法律规定的结果之间,也就是说与一个人的死亡结果之间必须具备什么样的关系,才能够将犯罪行为视为是"犯罪人作品"而将犯罪人归责？犯罪行为与意外事故之间有什么区别？当 A 为了防卫他人的攻击而杀害了攻击者,会产生什么样的结果？而当 A 纯粹错误地以为他会受到攻击,又会如何？在酩酊大醉的状态下或存在其他严重精神错乱的情况下是否仍然可能实施犯罪行为？

如果人们想从体系角度而不仅仅是个案角度出发来回答这些问题,从而保证法安定性并实现刑法的预防功能,那么,一个关于刑法及其适用的理论就是必要的,这个理论中应当包含体系化的审查结构,在这个结构中每个问题都能找到其恰当的逻辑位置。恩斯特·冯·贝林[41]（Ernst von Beling）的古典犯罪体系区分了（客观的）构成要件该当性、违法性与罪责。体系的进一步演进发展在此不再赘述。[42] 很长时间以来,关于体系本身如何设置的问题在德国刑法理论中并不具有特别的意义。绝大多数刑法学者都是以耶塞克教授[43]和罗克辛教授[44]在其教科书中所构建的体系为典范。

五、体系性刑法理论的优点

一个对犯罪构成的体系性处理方法的优点是什么？一个卓有成效、具有结构性的刑法理论排除了任意性,并且使得一个受规则引导的刑法适用成为可能。通过这个方式,刑法适用是可预见的,

---

[41] *Ernst von Beling*, Die Lehre vom Verbrechen, 1906.
[42] *Bernd Schünemann*, Einführung in das strafrechtliche Systemdenken, in: Bernd Schünemann (Hrsg.), Grundfragen des modernen Strafrechtssystems, 1984, S. 1—68.
[43] *Hans-Heinrich Jescheck/Thomas Weigend*, Lehrbuch des Strafrechts. Allgemeiner Teil, 5. Aufl., 1996.
[44] *Claus Roxin*, Strafrecht Allgemeiner Teil. Bd. I: Grundlagen, Der Aufbau der Verbrechenslehre, 4. Aufl., 2006; *Claus Roxin*, Strafrecht Allgemeiner Teil. Bd. II: Besondere Erscheinungsformen der Straftat, 2003.

并且也是可审核的。"规则导向""可预见性"及"可审核性"这三个方面使得具有概括性的刑法理论可以在特殊标准下被认为是"合理"的。恣意的排除使得法律的适用者,尤其是法官,受到立法者意志的约束。从中也可以看到刑法适用与法治国的特殊联系。法官服从于法律,这是大陆法系的重要特征。在英美刑法中,法官所具有的强势地位在大陆法体系是难以想象的。即便人们并不想像孟德斯鸠(Montesquieu)一样,认为法官不过是"法律的喉舌"[45],法官必须受到刑法严格约束并且绝对不允许超过法条文意界限进行解释这个观念,在欧洲大陆尤其是在德国的刑法思想中依然根深蒂固。

这样一种受刑法理论支持的法官严格受到法律约束的情况,可以保证作为法臣服者的公民原则上能够预知法庭的判决并据此来调整他们的行为举止。刑法理论以这种方式来强化法律的预防作用。此外,作为法臣服者的公民还可以相信只有在法律明确规定其行为是违法行为时,他才会受到刑事处罚。对个案的刑法适用要依据严格的逻辑以及方法论规则,如果刑法的适用并不符合这些严格的逻辑以及方法论规则,那么它就是不被允许的。

刑法以这样的方式不仅在公民遭受犯罪侵害时保护其法益,也保护公民免受刑事追诉机关的非正当性侵犯。犯罪人本身不允许受到比法定刑罚还要严厉的刑罚。由此看来,弗兰茨·冯·李斯特当时在其刑罚理论的背景下将刑事法律称为"犯罪人的大宪章"的说法是完全正确的。[46]

前述所列举出的各种观点——以一定方法为导向,因此在排除国家任意性条件下的可预见与可审核的刑法适用,法律适用者受到立法者意志的严格约束,通过明确的方法来保障刑法的预防作用,同时保护公民免受不公正刑罚的侵害——正是大陆法系,特别是德国刑法理论之所以得到世界上众多国家青睐的魅力所在。

---

[45] Montesquieu, De l'Esprit de Lois, 1748, book 11 chapter 6.
[46] Franz von Liszt, Über den Einfluss der soziologischen und anthropologischen Forschungen auf die Grundbegriffe des Strafrechts, in: Franz von Liszt, Strafrechtliche Aufsätze und Vorträge, vol. l. 2 Band, 1905, S. 80.

而这些国家大多都是由于自身旧有刑法体系不再满足目前本国的需要,从而致力于构建新的法律体系。对此,一个典型的例子就是19世纪日本对于德国刑法以及其刑法理论的继受。

综上所述,德国刑法学之所以在世界范围内大获成功并不在于它的研究主题或它对于具体的规制问题提出了独特的解决方案。其成功之处在于其理论,即"刑法教义学"。

德国刑法学在法治国罪刑法定原则的基础上以体系化的方式集概念与论证方法之大成,从而使得法律案件得以通过清晰明确的方式得到解决。刑法适用的过程因而是可预见的且可合理审核的,法官的个人评价——不管是道德性的还是政治性的——都会受到显著的遏制。这样才满足了启蒙思想家们所认为的一个人道的刑事司法体系所应当具有的基本条件。

六、德国刑法理论的缺点

德国刑法理论所取得的成功也丝毫不能掩盖今日德国刑法学说所面临的,要与之抗争的诸多问题。在这些问题中,部分是从内部产生,部分是由外部所造成。

内部问题之一在于,在某些教义学问题上,对细枝末节的过度分析几近荒唐。在解决一定的问题时如果所引入的教义学区分过度精微而导致这种区分在实践中完全不能被验证,那么司法实践对这种文字游戏的疏离也便不足为奇。

第二个问题就是已经提到的不能明确区分实践性问题与法律教义学问题以及适当地去解决它们。这在德国刑法学应对跨学科性问题时,如涉及现代医学、互联网或金融风暴领域,尤为明显。这里涉及的是带有新特性的交叉学科,而这些交叉学科并非传统的三大法学领域(即民法、刑法及公法)的问题的简单相加,而是需要大量的非法学专业(如医学、通讯技术或财经方面)的知识。

第三个问题是一个巨大的挑战就是部分内容已经公开讨论、部分内容还没有讨论的继续推动德国刑法的欧洲化,而德国刑法学对于这样一种欧洲化还没有找到一个令人信服的答案。一方面,出现了越来越多的跨国犯罪问题,像已经提到的互联网以及金融市场犯罪,因此就需要寻求跨国的或至少是类似国际性的应对方案[47];另一方面,迄今为止,欧洲刑法的民主合法性仍然没有得到确立,刑法在欧洲层面上的发展,主要是由欧洲各国的行政当局推动的。

欧洲的刑法改革政策以高度刑罚化为特点:为了"抗击"日益增多的真实或臆测的不良状况就会搬出刑法,这样一来,最后手段原则便失去了其生存空间。另外,使人更加怀疑的是,欧洲刑法向国内刑法的转化经常不符合法律明确性的基本要求。在欧洲,由于宗教或文化差异,对一些关于现代人工生物技术或安乐死的案件很难出台统一的刑事规定。

而刑法学很难有效地使公众认识到,历经艰辛才得以实现的法治国保障正在受到(欧洲法律貌似合法的)侵蚀,并将这种顾虑通过公众传达给政客。以平民主义的刑法改革政策赢得选票对于政客们的诱惑实在是太大了,而政客与公众对于法治国保障在刑法中意义的认识又实在是太少了,两者都表明了刑法学没有将法治国刑法思想史及法律政治的基础介绍给广大大众。

对此,有效的补救只能是寄希望于回到欧洲启蒙运动时期找寻现代刑法的起源。[48] 由于当时存在许多不公正的情况,刑法是建立在一个人道、自由以及合理的基础之上的。即使之后遇到了很多阻力,但这个基础依然被坚持了下来。逐步的贯彻罪刑法定原则,则是其重中之重,也就是说,刑事法官受到在犯罪行为实施前已经将其规定为犯罪的法律的严格约束,以及在刑法领域内引入比例原则作为"最后手段的原则"。

为了立于当今的全球化世界之林,本国刑法学也要向别国学习,要将眼界放到国外,并且寻求建立国际间的联系。东亚刑法学就此已经进行了很长时间的探索,并且取得了巨大成功,这对德国

---

[47] Bernd Schünemann, Das Strafrecht im Zeichen der Globalisierung, in: Goltdammer's Archiv 2003, S. 299—313; Ulrich Sieber, Rechtliche Ordnung in einer globalen Welt, Rechtstheorie 41 (2010), 151—198.

[48] 见本章第一部分。

刑法学也极具教育意义。德国刑法学必须打破自身定位,赋予刑法比较相对于之前更加重要的意义,并且首先是要学习同别国的刑法学进行对等的合作。由笔者和中国的梁根林教授在 2010 年创建的中德刑事法学者联合会[49]应该为我们两国刑法学的研究工作做出积极贡献。

七、综述

本章总结如下:德国刑法学的优点就在于其理论,它可以使得复杂的法律问题具有明确而又直观的结构,从而得到解决。通过这种方式,法官的判决是可预见的,并且是可合理审核的,法官的个人评价同样会被遏制,就像遏制政治影响的可能一样。德国刑法理论正是基于这些优点才在国际上被广为传播。

德国刑法理论第一个缺点在于,对教义学的细节分析有时进行得过火了,使得这种分析对于实践而言没有任何意义。第二个缺点是,虽然刑法教义学在法学中得到了极高的认同,但是,公众和政治家经常不能领会它的核心思想,这就导致公众捍卫刑法法治国核心的决心涣散。还有就是,欧洲刑法正苛求德国刑法做出改变。

在未来,德国刑法学在本质上要进一步加强对刑法学的研究,在德国以外的地方(如东亚、西班牙语世界和土耳其)的学界同仁也要加强对刑法学的研究。未来是刑法比较的世界,这种刑法比较并不涉及对抗,而是一种在合作伙伴间进行的论证交流。经过中期者长期的努力,或许可以实现世界范围内刑法规定一致化的目标。

---

[49] www.cdsv.de.

第十章

刑法的体系构成

一、引言

法学体系构成的相关问题近年来已不再是德国法学讨论的焦点。在刑法领域也是一样。然而,这并不意味着教义学体系以及体系性的论证丧失了其意义。情况恰恰相反,只要仔细检索德国刑法学的文献,就会注意到,几乎所有作者都力求遵循一定的教义暨论证结构。法学教育不仅在课堂传授而且在解决实践案例中都非常重视系统性方法;秉持分析案例的结构常常是通过一门刑法学科闭卷考试或一项假期作业的必要条件。

刑法教义结构还是一如既往的重要,只是学界不再对结构问题予以过多地讨论。今日刑法学暨刑事司法实践普遍是以鲍曼/韦伯/米奇(Baumann/Weber/Mitsch)、耶塞克/魏根特(Jescheck/Weigend)以及罗克辛(Roxin)在各自教科书中所阐述的一个"标准体系"为导向,只不过在细节上略有分歧。[1] 然而这样的分歧并

---

[1] 最重要的区别依然在于故意的地位,*Weber*, in: *Baumann/Weber/Mitsch*, Strafrecht Allgemeiner Teil, 11. Aufl., 2003, § 12 Rn. 16, § 13 Rn. 68 ff. 认为其应在责任中审核;而 *Jescheck/Weigend*, Lehrbuch des Strafrechts Allgemeiner Teil, 5. Aufl., 1996, § 30 I;*Roxin*, Strafrecht Allgemeiner Teil, Bd. 1, 4. Aufl., 2006, § 10 Rn. 61 ff. 则将其作为主观构成要件要素来审核。

不会对司法实践产生影响。[2]

然而,在其他一些国家,其刑法秩序处于变革中或仍在构建中。这首先就涉及构建一个刑法体系。在此背景下,那些国家的刑法学者自然时常将目光投向其刑法体系暨刑法教义学已向外输出一百多年的德国,而中国的刑法学者近年来已就德国刑法模式的优缺点展开了热烈的讨论。

笔者将在接下来的论述中阐述一下自己的意见。为此,笔者将广泛地展开自己的观点:笔者于第一部分将探讨法学体系论的一些基础问题;第二部分将简单介绍德国刑法体系思维的发展过程并对此进行评论;第三部分则将以美国刑法与苏联刑法为例,简要阐述与德国刑法并存竞争的模式;第四部分将从整体上总结刑法学体系构成的成果及功能;在第五部分,笔者将比较德国刑法体系与竞争模式,论述其优缺点。

二、法学体系论

德语"体系"(System)一词源自希腊语"Systema",其含义等同于德语单词"Zusammenstellung"(动词"zusammenstellen"的名词化,意即把……组装、合成在一起)。然而,人们所寄望的科学体系通常并不仅仅是简单的拼接:一个科学体系最好应将现有知识整合为一个具备逻辑结构的统一整体。体系作为一个"依照原则归整

---

[2] 但这并不意味着不需要研究刑法学的体系问题。因此,在多数大型教科书和有关专著中,都能找到对德国标准体系历史形成过程的详细阐述。此外,并不是所有的德国刑法学者都无保留地接受了标准体系;最近提出的各种替代模式也颇具独创性,并对体系进行了深入全面的思考。参见 *Kindhäuser*, Zur Logik des Verbrechensaufbaus, in: Harald Koch (Hrsg.), Herausforderungen an das Recht: alte Antworten auf neue Fragen? Rostocker Antrittsvorlesungen 1993—1997, Bd. 1, 1997, S. 77 ff; *Lesch*, Der Verbrechensbegriff. Grundlinien einer funktionalen Revision, 1999; *Walter*, Der Kern des Strafrechts: die allgemeine Lehre vom Verbrechen und die Lehre vom Irrtum, 2006; *Pawlik*, Das Unrecht des Bürgers. Grundlinien der allgemeinen Verbrechenslehre, 2012。

出的知识整体"[3],是当今各种科学理论的鲜明特征。[4]

　　法学体系构成的历史,可以追溯到古希腊—罗马时期。用以建构法学体系的早期方法,主要是罗马法学对古希腊哲学及其科学理论成果的吸纳。[5] 西塞罗(Cicero)的失传著作《将市民法重铸为一门科学》(de Jure civili in artem redigendo)论述的就是罗马法在古希腊科学理论精神要求下的结构化。然而,古罗马法学家是以个案为导向的,并且局限于一种"打包式的材料编排"。[6] 最著名的例外是盖尤斯(Gaius)的制度体系,虽然它当时仅以教学为目的。直到19世纪初期,它都被欧洲民法学视为导向标。尽管如此,在同时期还是一再地尝试设计出更好的体系。[7] 这段时期也被视为启蒙理性法学及概念法学科学实证主义特别重要的阶段。[8]

　　德国法学界已经习惯于对不同种类的体系进行区分。第一个非常重要的区分是外部体系与内部体系。一个外部体系主要用于演示目的并且停留在"表层",而一个内部体系是以一个对象范围的实质结构为基础。[9] 然而,外部体系常常以内部体系为导向,就

---

[3] *Kant*, Metaphysische Anfangsgründe der Naturwissenschaft, 1786, Vorrede (Akademieausgabe Bd. 4, S. 467).

[4] 鉴于大量的文献,仅参见 von der *Stein*, System als Wissenschaftskriterium, in: Diemer (Hrsg.), Der Wissenschaftsbegriff. Historische und systematische Untersuchungen, 1970, S. 99 ff; für die Jurisprudenz *Engisch*, Sinn und Tragweite juristischer Systematik, in: *ders.*, Beiträge zur Rechtstheorie, hrsg. von Bockelmann, Art. Kaufmann und Klug, 1984, S. 88 ff.; eingehend *Canaris*, Systemdenken und Systembegriff in der Jurisprudenz, entwickelt am Beispiel des deutschen Privatrechts, 1969。

[5] *Hilgendorf*, Juristische Argumentation und Dialektik. Ein Streifzug durch die Geschichte der juristischen Argumentationsmethoden, FS-Arthur Kaufmann, S. 93 ff.

[6] *Mayer-Maly*, Rechtswissenschaft, 5. Aufl., 1993, S. 69.

[7] 对此详见 *Troje*, Wissenschaftlichkeit und System in der Jurisprudenz des 16. Jahrhunderts, in: *ders.*, Humanistische Jurisprudenz. Studien zur europäischen Rechtswissenschaft unter dem Einfluß des Humanismus, 1993, S. 19 ff。

[8] 对体系思维进行有理有据的学术批判,最早始于20世纪初的自然法学派,并在20世纪中期成为主题,参见 *Mayer-Maly* (Fn. 6), S. 69。

[9] *Heck*, Begriffsbildung und Interessenjurisprudenz, 1932.

像刑法分论是按照相关法益来安排的那样。第二种区分是开放体系与封闭体系。在开放体系中,其所包含的元素是可变更及可补充的,而一个封闭体系正好相反。[10] 对于法学而言,由于其认知领域始终处于不断变化之中,所以,基本上只会考虑开放体系。[11] 第三个区分是僵化体系与灵活体系。[12] 其背后凸显的观念是:在一个灵活体系中,若干体系元素的缺乏可通过其他体系元素(比如在请求权基础的框架内)得以补强。刑法由于本身高度形式化,因此很少考虑概述中所谓的"灵活"体系。[13]

三、刑法的两极:体系构成与恣意

法学体系构成的历史在刑法中几乎无迹可寻。[14] 虽然在古希腊—罗马时期以及近代,对法学体系构成的方法已经有所认识,但是,似乎缺乏连续的传统沿革。要衡量一个带有功能科学性以及法律实践性的体系论对于一个像刑法这样的法律领域具有何种意义,就要把目光转回到不存在体系监督刑法适用的年代。那时的刑法与宗教观念紧密结合,产生了巨大影响;犯罪被认为是对上帝及其所制定之律法的违逆。17世纪末至18世纪初是欧洲刑事司法的黑暗时期。一篇年代久远的论文这样写道:

> 法官偏执于耽于感官地残暴折磨被判处刑罚的犯罪人,并将其解释为上帝惩罚以及威慑的意志。……司法实践基于威慑倾向还得出以下结论:公开处决原则,尽可能地在犯罪地

---

[10] *Mayer-Maly* (Fn. 6), S. 71 f.
[11] *Mayer-Maly*, a. a. O., S. 71.
[12] *Walter Wilburg*, Entwicklung eines beweglichen Systems im bürgerlichen Recht, 1950.
[13] 很难认为,在特定的行为与特定的损害结果之间的因果关系存在疑问时,可以通过损失的特别严重性来对此种疑问进行补强。
[14] 重要的教科书如 *Jescheck/Weigend* (Fn. 1) 或 *Roxin* (Fn. 1)对体系发展史的介绍通常是从19世纪开始的。这是符合事实的,因为直到19世纪最后30年,才开始形成了今日所谓的"古典犯罪概念"。

点处决罪犯并且让公众亲眼目睹行刑;快速执行原则,刑罚执行常常紧接着犯罪行为的实施。这种严厉、残酷的刑法体系毫无人性可言,并与法官的恣意紧密相关,量刑标准极其混乱且无视刑事司法原则。[15]

"法官极端野蛮的状况"[16]在法国尤其严重;关于处决刺杀亨利四世(Heinrich IV)的凶手拉瓦耶克(Ravaillac)的报告,直到今日仍令人触目惊心。[17]

越来越多的启蒙派学者开始批判这些弊端。批判从18世纪中期开始主要在法国达到了白热化,当时法国的社会及政治形势极度紧张。伏尔泰(Voltaire)作为法国乃至之后整个欧洲启蒙运动的代言人也反复参与到当时的刑事诉讼中,并动员欧洲民众反抗封建贵族制度下极其残忍、带有宗教消极影响及恣意的刑法。在此期间,最著名的刑事案件是1761年新教徒图卢兹商人让·卡拉(Jean Calas)被误判死刑。伏尔泰虽然未能阻止这场悲剧的发生,但他通过发起一场欧洲范围内史无前例的运动恢复了让·卡拉及其家庭的名誉。通过这场运动,人道及公平的刑事诉讼,也就是我们今天所说的法治国刑事诉讼的核心思想被提升到新生的欧洲舆论意识当中。其他意识包括宗教中立、施刑适宜,主要即刑罚不过于残酷,以及对我们而言最为重要的:一个受原则与规则引导的、体系的、排除恣意的、可审核的法律适用。[18]

年轻的米兰法学家西萨尔·贝卡利亚(Cesare Beccaria)研究了伏尔泰的要求并在其1764年出版的著作《论犯罪与刑罚》(Von

---

[15] *Fischl*, Der Einfluss der Aufklärungsphilosophie auf die Entwicklung des Strafrechts, 1913, ND. 1983, S. 8 f.

[16] *Fischl*, a. a. O., S. 9.

[17] 参见 *Schmidhäuser* 的叙述, Schmid*häuser*, Vom Sinn der Strafe, 2. Aufl., 1971. Herausgegeben und mit einer neuen Einleitung versehen von Hilgendorf, 2. Aufl., 2007, S. 6 ff。

[18] 详见 *Hilgendorf*, Gesetzlichkeit als Instrument der Freiheitssicherung. Zur Grundlegung des Gesetzlichkeitsprinzips in der französischen Aufklärungsphilosophie und bei Beccaria, in: *Kudlich/Montiel/Schuhr* (Hrsg.), Gesetzlichkeit und Strafrecht, 2012, S. 18 ff。

den Verbrechen und von den Strafen)中进行了总结。[19] 贝卡利亚一方面将法哲学讨论与法律政策讨论相互衔接,另一方面将狭义上的法学与其改革联系起来。"卡拉案件"(Der Fall Calas)掀起了欧洲18世纪最后30年的刑法改革浪潮。

费尔巴哈(Feuerbach)在18世纪末对这些改革要求进行了思考,并将其汇总于他在1798/1799年出版的著作《对实证主义刑法的原理以及基本概念的修正》(Revision)及1801年出版的著作《刑法教科书》(Lehrbuch des peinlichen Strafrechts)中。他于青年时代就读耶拿大学时受到康德(Kant)及康德主义(Kantianismus)的影响,同时也受到法国启蒙哲学的影响。费尔巴哈在其转向实践法学后摆脱了康德的影响,而政治启蒙运动则影响其一生。[20]

费尔巴哈被视为德国刑法学的鼻祖。他虽然生前没有完成今日意义之"刑法体系",但是他强调了科学体系论对于法学的普遍意义:"通过经验积累以及加工的内容并不是科学本身;它们必须以科学形态表现出来。"[21] 费尔巴哈认为这种符合科学要求的表现必须满足以下三个条件:"第一个条件是法律概念的正确性、明确性、准确性及直白性;第二个条件是法规的内部关联;第三个条件是法学理论的体系关联。"[22] 他继续阐述道:"一种科学所包含的概念是该科学的基础,概念之于科学就如同骨骼之于身体一样,骨骼赋予身体坚固性以及体态。通过概念将认知客体,即科学传授知识所要借助的对象,定位绑定,从而对其思考理解。"[23]

---

[19] *Beccaria*, Von den Verbrechen und von den Strafen, 1764. Aus dem Italienischen von Thomas Vormbaum. Mit einer Einführung von Wolfgang Naucke, 2004.

[20] *Hilgendorf*, Paul Johann Anselm von Feuerbach und die Rechtsphilosophie der Aufklärung, in: *Koch u. a.* (Hrsg.), Feuerbachs Bayerisches Strafgesetzbuch, 2014, S. 149 ff.

[21] *Paul Johann Anselm von Feuerbach*, Über Philosophie und Empirie in ihrem Verhältnis zur positiven Rechtswissenschaft. Eine Antrittsrede (1804), in: *ders./Carl Joseph Anton Mittermaier* (Hrsg.), Theorie der Erfahrung in der Rechtswissenschaft des 19. Jahrhunderts. Zwei methodische Schriften. Einleitung von Klaus Lüderssen, 1968, S. 59, 80. 凸显原作。

[22] *P. J. A. von Feuerbach*, a. a. O., S. 80.

[23] Id.

费尔巴哈认为法规也必须相互依存于一个体系关联中：

> 仅靠概念并不能构成科学，就如同建筑的框架并不等同于建筑本身一样。法学知识本身蕴含于法规之中。然而，无根据即无知识，无原理即无科学！科学中的单一原理通过内部因果关联互相衔接起来，特殊性必须通过普遍性予以证实，普遍性必须通过最普遍性予以证实，特殊性寓于普遍性之中及普遍性寓于最普遍性之中是作为从普遍性推导出特殊性、从最普遍性推导出普遍性的必要真理。只有这样法学才能上升到科学的高度；若非如此，法学不过是记忆的累赘，一堆悲哀蹩脚的垃圾，粗糙破碎的、对于国家毫无用处的、践踏理性的材料。[24]

费尔巴哈在他对于法学理论必要体系关联的论述中极为清晰地阐明了刑法学体系论的教义：

> 当一个内在相互关联的现有知识整体具有外部的或体系性的关联时，那么，该知识整体便具备了科学的完备形态。任何混乱及不协调都是对理性的侮辱，理性的最高使命是协调与统一。这适用于万物，自然也适用于认知及行为。秩序呈现思考方法，或者更为准确地说，作为一盏明灯使思考对象变得明确。过去的诗人将混乱的世界描述为一个被黑暗笼罩、正在发酵的整体；我们也可以以此来形容科学的混乱状态。科学的黑暗意味着，对内容不予区分、对不同种类不予分离、对相同种类不予整合、对于科学的各组成部分没有按照逻辑顺序加以编排，其中一部分以另一部分为其前提、根据或通过该部分得以诠释，却没有根据这样的关系将各部分予以逐一排列。总的来说，就是不通过以上方法将一个粗糙整体变为一个有组织性的，自身与其各组成部分协调的整体。[25]

---

[24] Id., S. 87.
[25] Id., S. 93 f.

四、德国刑法体系的构成期

德国有关刑法体系建构的现代讨论[26]通常要追溯到恩斯特·贝林(Ernst Beling),正是他在1906年将犯罪划分为构成要件符合性、违法性以及罪责。[27] 弗兰茨·冯·李斯特(Franz von Liszt)已经在他1881年出版的第1版《德国刑法教科书》中采用了这种古典的犯罪构成。冯·李斯特与贝林时常被称为"自然主义者",因为他们具有以下的观念:一定的法律范畴,如因果性,在一定程度上已经被自然预先给定,因此,法学不能对其进行修正。[28] 这个"古典"的犯罪概念之后则有"新古典学派",新古典学派对于犯罪构成的理解是以其对法学概念构成的"规范性"理解而著称。

目的行为论(也称为"目的主义")最初可追溯到20世纪30年代,它的核心内容在于接纳了同时代哲学思想对"行为"的全新理解。据此,行为不再被认为是"因果性的",而是以"目的为导向的"或者说是"目的论的"。因此,主观要素也必须包含在行为概念之中。

目的主义对于理解犯罪行为的影响在故意全新定位于主观构成要件这一点上尤为明显。尽管人们在20世纪60年代开始对目的行为论的哲学"基础",特别对行为的理解本身,产生怀疑,在构

---

[26] 不同的介绍参见 Jescheck/Weigend (Fn. 1) § 22; Roxin (Fn. 1), § 7; Schünemann, Einführung in das strafrechtliche Systemdenken, in: ders. (Hrsg.), Grundfragen des modernen Strafrechtssystems, 1984, S. 1 ff。

[27] Beling, Die Lehre vom Verbrechen, 1906, S. 7. "犯罪是符合构成要件的、违法的、有责的、可使其面临刑事处罚的以及满足刑事处罚条件的行为。"

[28] "自然主义"的概念在现代科学用语中有着另外的意义并且体现了以下科学理论的立场:自然法则不容破坏,即所有现象基本上都可以从自然科学的角度加以解释。在这个意义上,参见 Vollmer, Auf der Suche nach der Ordnung. Beiträge zu einem naturalistischen Welt-und Menschenbild, 1995(特别是 Kapitel 2:"Was ist Naturalismus?")。

成要件中区分客观及主观部分的做法仍被保留了下来。[29] 人们日益相信,法学概念的构成并不具有主观想象的、"存在的"或"本体的"预先给定性,而是要依据科学目的来进行。克劳斯·罗克辛(Claus Roxin)在 20 世纪 60 年代就提出了这种被称为"目的论"或"目的理性"的观点,并且说明了令人信服的理由。[30] 罗克辛及其他学者主张,刑法概念构成以及刑法体系构建应当以刑罚目的及刑事政策为导向。这使得刑法学得以重新接纳同时期的哲学思想及其他科学理论,并使其在刑法学中发挥作用。

20 世纪 60 年代及 70 年代初期所进行的关于方法论的大量讨论在今日已成过往云烟。总的来看,不再有学者明确主张"行为"具有一个特定的前法学结构而刑法对于"行为"的理解也受到这一结构的约束。然而,对于行为的目的主义式理解所带来的刑法体系成果,即故意定位于(主观)构成要件却获得了承认。这主要是因为这个结构所具有的实践优越性。今日现行的标准体系在某些方面兼具古典主义元素、新古典主义元素以及目的主义元素。这一标准体系目前鲜有有力的竞争者。

体系设计的这种历史发展常常有其内在逻辑,它以特别的方式突出之后的体系优越于之前的体系。然而,这无疑低估了体系及构造设计中所存在的重大的历史偶然性。除了之前所阐述的刑法体系抑或体系设计之外,18 世纪以来理论上还提了许多完全不同的划分及体系提议。尽管其中存在诸多的细节差异,但从中还是可推导出一个普遍的发展趋势。而许多构造提议的内容基本上都是相同的,至于它们是否获得认可,似乎常常更多地取决于科学史的偶然,而不是它们的逻辑优越性。[31]

---

[29] 反对目的行为(die finale Handlungslehre)参见 Weber, in: Baumann/Weber/Mitsch (Fn. 1), § 13 III; 详见 Roxin, Zur Kritik der finalen Handlungslehre, in: ders., Strafrechtliche Grundlagenprobleme, 1973, S. 73 ff。

[30] 他的论文 Kriminalpolitik und Strafrechtssystem(2. Aufl., 1973)在当时被奉为经典。

[31] Friedrich-Christian Schroeder, Die Entwicklung der Gliederung der Straftat in Deutschland, Hokkaigakuen Law Journal 24 (1988), 175 ff.

20世纪在德国所进行的关于刑法体系论的讨论还是得出了以下重要结果:刑法概念(就如同所有的科学概念一样)并不是先天给定的,而是随着时间的流逝而变化,而且可以通过适当的定义有针对性地对其加以明确。因此,刑法的理性就在于它的概念构成以及体系论都以刑罚目的为导向。

目前,理论上普遍认为,刑法的目的在于防止特别重要的法益遭受侵害。这在刑法中就涉及对侵害法益进而危害社会的行为进行预防。因此,许多学者主张将行为理解为受人类意志控制的人类行为方式。究竟是以积极的作为还是以不作为来实施并没有差异。然而,也只有一定的行为方式受到禁止,即那些符合立法者所定义之不法类型的行为,在"构成要件符合性"的框架内检验是否属于这样的情况。自欧洲启蒙运动以来备受赞誉的"罪刑法定原则"对于构成要件的界定而言是十分重要的:构成要件中所包含的可罚的不法内涵必须以法定的方式足够准确地被加以说明,以便使受法律约束的公民能够清楚地辨认违法行为与合法行为。

一般来说,每个符合构成要件的行为都是违法的,原因在于这样的行为实现了一种法定的不法类型。但是,一个符合构成要件的行为在例外情况下可以基于一个特殊的阻却违法事由而被正当化,并且不违反法秩序。与此相关的问题将在第二阶层、即违法性中探讨。违法性的排除意味着一个行为不再被理解为对法秩序的违反,警察对这样行为的干涉因而都是不允许的。

行为虽然符合构成要件且违法,但却是可免责的或行为人出于其他理由而无罪责地实施了该行为时,情况则有不同。因为这样的行为是违法的,警察可以并且应该对其进行干涉。出于一定的理由,如行为人由于酗酒而无能力控制自己,预防目的就会落空。在这样的情况下,如果行为人无罪责地实施了行为,他将不会受到刑罚处罚。相对于涉及一个特定行为与法秩序整体符合性的违法性阶层,罪责阶层则被用于确定是否可以就行为人的(违法)行为对其个人进行非难。

通过这种方式,可从刑法的预防目的及刑事罪刑法定原则推导出德国的三阶层刑法体系。在德国刑法学说中也有关于体系分类的其他主张。过失犯、未遂犯以及不作为犯罪则具有其他的体系,其中若干体系元素与所谓故意既遂犯的若干体系元素相同,若干体系元素则超越了故意既遂犯的范畴。虽然许多细节都有待商榷,但这种描述性的"标准体系"已经获得了普遍承认,在可预见的未来是不会对其做本质改变的。[32]

五、刑法体系构成的其他方式:特别以美国与苏联为例

几乎不能想象存在一个完全不具有体系的法律。如果不想仅限于对个案纯粹的死记硬背,在知识传授时无论如何都需要一定的体系论。因此,判例法体系的刑法教科书中也存在明确的体系论,受到《模范刑法典》影响的美国刑法教科书自然首当其冲。[33] 得到普遍肯定的是区分犯罪行为与犯罪意图,其大致相当于德国对构成要件符合性、故意与罪责阶层的区分。此外,还有"辩护事由",讲究的美国刑法教科文献又将其分为正当事由(相当于德国的排除违法性事由)与宽免事由(相当于德国的免责事由);然而,在大部分情况下并没有对两者进行详细区分。一种"从案例到案例"的风格在美国司法实践以及大学解决案例的讨论中占支配地位:不遵循一个固定体系模式而直接阐述重要的认知观点。一个欧洲意义的"刑法学"在美国是不存在的,一个依照德国模式的刑法体系在美国自然也是不存在的。[34]

而苏联的刑法则明确体现了一个更强烈的体系特性。它的刑法从 20 世纪 20 年代开始对许多国家都产生了重大影响,从波罗的

---

[32] 也可详见 *Jescheck/Weigend* (Fn. 1), § 22 VI. 5。

[33] 参见 Dressler, *Understanding Criminal Law*, 6th Edition, LexisNexis, 2012; Paul Robinson/Michael Cahill, *Criminal Law*, 2nd Edition, Aspen Publishers, 2011; 专门针对犯罪概念见 Paul Robinson, *Structure and Function in Criminal Law*, Oxford Unviersity Press, 1997。

[34] 然而,德国法学可以从与美国法学更密切的交流中获益。对此详见(主要是公法) Lepsius, Was kann die deutsche Staatsrechtslehre von der amerikanischen Rechtswissenschaft lernen?, in: Schulze-Fielitz (Hrsg.), Staatsrechtslehre als Wissenschaft, 2007, S. 319 ff. (Die Verwaltung, Beiheft 7)。

海诸国、高加索地区、中亚再到中国。因此,中国的 1979 年《刑法》就明显受到了当时苏联的影响。

这也反映在了犯罪构成上,可罚性前提被划分为四要件:犯罪主体、犯罪主观方面、犯罪客体及犯罪客观方面。在"犯罪主体"范畴要讨论的是在德国称为归责能力的问题;"犯罪主观方面"包含了故意及过失的问题;"犯罪客体"中探讨的问题是犯罪行为所侵害的利益;"犯罪客观方面"则涉及犯罪实施的方式、因果关系及正当事由如正当防卫、紧急避险及同意。对于我们而言,重要的是,这些要件几乎不能相互联系,以至于它们的顺序排列完全无关紧要。此外,还要特别审核行为的"社会危害性"[35]。

引人注目的是,许多东欧国家现在都避开了这种四要件模式。值得注意的是爱沙尼亚的发展,它在 19 世纪就已经受到了德国刑法以及沙皇俄国刑法的强烈影响,在十月革命以后就接受了苏联刑法的四要件模式。现在,爱沙尼亚又回归到了德国的三阶层模式[36]。格鲁吉亚也是如此[37]。

六、刑法体系论的功能

下面,笔者将试图从抽象角度来阐述(刑事)法学体系论的

---

[35] 先前的"民主德国"采用的也是四要件模式,对此参见 *Lyon*, Der Verbrechensbegriff in der Strafrechtswissenschaft der DDR, 1960, S. 87 ff. m. w. N。苏联刑法学对于中国的影响参见 *Chen*, Die Wiedergeburt der chinesischen Strafrechtswissenschaft, ZStW 124, 2012, 807, 809 ff。

[36] 尤其是 Jan Sootak 撰写了大量文章介绍关于爱沙尼亚刑法改革细节,即从苏联的四要件体系转变为德国的三阶层体系,对此参见 *Jan Sootak*, Grundelemente der subjektiven Verantwortlichkeit im estnischen Strafrecht, in: *Eser u. a.* (Hrsg.), Strafrechtsentwicklung in Osteuropa. Zwischen Bewältigung und neuen Herausforderungen, 2003, S. 224 ff。

[37] *Turawa*, Straftatsysteme in rechtsvergleichender Sicht unter besonderer Berücksichtigung des Schuldbegriffs. Ein Beitrag zur Entwicklung eines rechtsstaatlichen Strafrechts in Georgien, 1998, insbes. § 2.

功能。[38]一个法学体系论不是只具备一种,而是具备多种功能。

其一,每一种体系论都会产生一种相应的制度。一个采纳体系及以一个体系呈现或至少能以一个体系呈现的法律体系显示了固定的结构元素,而这些元素的作用在于引导。因此,可以轻易将新问题在体系中定位。这就是法学体系论的制度功能。

其二,一种法学体系将其中所包含的相关元素联结成了一个整体,就会产生所谓的综合影响,这种体系是否依据逻辑规则或其他观点组成并不重要。这就是法学体系论的综合功能。

其三,体系化是科学理论得以形成的重要前提。法学理论中所包含的结构元素相互间具有一定的关联。一种(实践性的)与理论无关的、由相互间并无关联的单一判决组成的法学知识积累至多是一种"胚胎阶段"的科学。这就涉及体系构成的"科学构造"功能。

其四,体系对于法学家而言是一种重要的协助。他们在体系内不仅可以对新的问题进行定位并对它们之间的体系关联加以说明,而且法学体系也会在找寻解决问题的方法时提供帮助。虽然依照克里斯蒂安·沃尔夫蓝本所构建的演绎体系或带有德国唯心主义哲学风格的绝对"类演绎"体系结构的观念从方法论来看是十分幼稚的,并且迄今已几乎无人主张;但是,通过将刑法上的疑难问题在标准体系中进行准确定位能够发现特定的解决路径。这些解决方案的有效性,已经在该体系中其他问题的解决上得到了证明。因此,所应用的法学体系有助于找寻解决法学问题的方法。这就是刑法体系构成的"启发功能"。

其五,相比于一个缺少固定体系元素的法律部门,一个在体系中呈现的法律部门非常容易讲授。如果没有体系,就必须熟记单

---

[38] 下面的内容也可参见 Roxin(Fn. 1),§ 7 Rn. 38 ff。Roxin 将功能分为"方便审核案件""体系秩序作为均匀性及区分性法律适用的前提""简化和更好地适用法律"及"引导法律的进一步发展"。他同时也列举了风险以便与上述优点进行对比:"忽视个案公平""减少解决问题的可能性""体系的推导并不具有刑事政策上的正当性"及"使用过于抽象的概念"。

一结论或法庭判决,而体系恰恰赋予这样的知识一种体系关联。这就体现了体系化在教学上的重大意义。可将这点称之为法学体系论的"讲授功能"。

其六,在一个受到法治国原则约束的大陆法系的法律体系中,法律适用者受到特定体系的约束并且必须将其判决进行体系性解释。也就是说,依照作为各自依据,预先设定的体系进行解释。这种对于法律适用者的体系约束虽然限制了他们的行为能力,但是却使得法律适用更加容易。因为这个体系或者至少其若干构成元素可以用来作为法律适用的审核模式。法学体系论这样一种"法律适用指导"功能对于解决法律案例而言意义重大。

其七,通过一个法学体系对法律适用者的约束可以排除恣意(或者让恣意变得不那么容易);法律适用者,如一个行政官员或法官的决定或判决是直观的、可预测的及可审核的。可将这点称之为法学体系论的法治国透明化功能。

其八,一个法律判决受到一个特定体系的约束,并且因此变得直观及可审核,就可以轻易地对其进行批判,因为固定的若干体系元素至少已经预先确定了这个判决的结构(法学体系论的批判功能)。

其九,一个犯罪论体系最终体现了特定的社会及政治价值,而这些价值则通过犯罪论体系适用于一切领域。这体现在诸如苏联刑法体系的"社会危害性"特征之中。德国的犯罪论体系力求实现在社会道德及政治上的特殊中立性,而这种内容中立性的确定自然也是一种特定(面向法治国)评价的表现。

一个外国法律文化的所属成员不仅可以极其快速地理解一个以体系呈现的法律,而且通过体系可以轻松地进行突出相似性与区别的比较。因此,相比于大量无序的法规及法律观点,一个以体系编排的法律或法律部门更容易为其他法律文化所继受。

七、对于一个刑法体系比较的思考

法学体系的转换以及犯罪构成体系的转换是可行的。然而"盎格鲁-撒克逊"模式几乎是无法输出的。原因在于,这种模式几乎不能脱离英美的法律文化而单独存在。就像"盎格鲁-撒克逊"法系这样一种丰富而古老的法律文化几乎无法被全盘接受,或许这就是为什么美国刑法在美国以外的国家几乎不被接纳的原因。[39]

相反,苏联模式就被一系列国家所接受,当然有些国家也不是完全自愿地接受这种模式。在笔者看来,这种模式也具有上述一系列的功能。然而,这种模式鉴于它的政治前提在今日被许多国家批判。这种四要件模式缺乏逻辑严谨性,而这恰恰是德国三阶层模式(构成要件符合性、违法性、罪责)值得称道的地方。此外,通过"社会危害性"标准为主观评价提供了进一步的空间,以至于这些功能都大大打了折扣。

德国体系的优点在于对在标准体系中呈现的教义问题存在大量的解决方法。一代又一代的德国刑法学家拟定出解决方法,并对这些方法进行理论审核以及在实践案例中予以检验。因此,德国体系就包含了丰富的问题分析及问题解决方法的建议,这在国际比较中也是无与伦比的。

德国体系通过将刑法问题的精密结构化,以卓越的方式赋予检察官决定及法官判决适宜的结构,以此来达到法的安定性及保障国家权力(即立法权、行政权及司法权)的分立。

在笔者看来,德国体系的另一个优点在于其远离政治性,也可将其称之为政治中立性。当然,没有一种科学体系能保持完全的价值中立,即不让特定评价渗入到体系之中。德国犯罪论体系是以法治国为目的而设定的,这就意味着预先设定审核结构并且法

---

[39] 此外,还有大量的刑事追诉、刑事判决及判决执行的漏洞。对此参见 Struntz, The Collapse of American Criminal Justice, 2011。

庭判决也要符合这种结构,以尽可能地排除法律适用的恣意性。

当然,在刑法体系论的转换时也不能忽视旧有体系元素的继续效用。苏联的体系论意味着一个巨大的进步,它使得法律适用者受到一个特定结构的约束并限制法官的恣意。因为德国刑法既影响了十月革命前的俄国刑法,也继续影响了苏联的刑法,因此,对于三阶层犯罪构成体系的接纳,应被理解为体系自身的进一步发展,而不是一种突然的转换。[40]

---

[40] 可参见 *Makoto Ida*, Die heutige japanische Diskussion über das Straftatsystem. Eine kritische Untersuchung unter besonderer Berücksichtigung der Entwicklung der deutschen Strafrechtswissenschaft, 1990, S. 48 ff。

第十一章

罪刑法定原则：维护自由的工具
——论贝卡里亚和法国启蒙运动哲学中的罪刑法定原则

一、罪刑法定原则和法国启蒙运动

罪刑法定原则可以限制刑事法官的武断偏见，通过法律约束量刑权[1]，从而也可以限制国家权力。因此，在"驯化至高无上的主权"这条唯一独特的欧洲之路上，罪刑法定原则就是它发起和保护的措施之一。[2] 尽管罪刑法定原则的渊源可延伸至中世纪[3]，但它的最新版本仍然是启蒙运动的重要产物。17世纪及

---

[1] 现在，教义学上围绕刑法罪刑法定原则的概念和效力范围及该原则的四种表现形式（即法律保留、明确性原则、禁止类推和禁止溯及既往）的详细讨论，参见 *Schmahl*, in: *Schmidt-Bleibtreu/Klein/Hofmann/Hopfauf* (Hrsg.), Kommentar zum Grundgesetz, 12. Aufl., 2011, § 103, Rdn. 24—40。刑法学方面参见 *Weber*, in *Baumann/Weber/Mitsch*, Strafrecht Allgemeiner Teil, 11. Aufl., 2003, § 9, Rdn. 1—103; *Roxin*, Strafrecht Allgemeiner Teil, Bd. 1, 4. Aufl., 2006, § 5。

[2] Umfassend *Hans Albert*, Europa und die Zähmung der Herrschaft. Der europäische Sonderweg zu einer offenen Gesellschaft, in: *ders*.; Freiheit und Ordnung. Zwei Abhandlungen zum Problem einer offenen Gesellschaft, 1986, S. 9—59 (Walter Eucken Institut, Vorträge und Aufsätze 109).

[3] *Hans-Ludwig Schreiber*, Gesetz und Richter. Zur geschichtlichen Entwicklung des Satzes nullum crimen, nulla poena sine lege, 1976; zusammenfassend *Volker Krey*, Keine Strafe ohne Gesetz. Einfhrung in die Dogmengeschichte des Satzes "nullum crimen, nulla poena sine lege", 1983.

第十一章 罪刑法定原则:维护自由的工具

之后整个 18 世纪的泛欧启蒙运动使人们冲破古代封建主义和教堂的枷锁,可以评论所有社会关系和思想。个人的自由和尊严必须是所有人类——因而是所有法律——规定安排的基石和标准。[4]

启蒙运动,特别是在德国法哲学中,让人想起伊曼纽尔·康德和他的著名定义:"启蒙运动就是人类摆脱自己加之于自己的不成熟状态。"[5]在此,很容易被忽略的是,德国启蒙运动主要只是起源于英格兰的泛欧运动。关于这种忽略,我们可以在百科全书派狄德罗、达朗贝尔和霍尔巴哈男爵那里找到最激进的表达。[6] 法国启蒙运动的关注重点是改变政治局势,18 世纪之初,古老政体、君主制联盟和教堂在法国不断遭受批判,最初是秘密地批判,之后是公开地批判,并且从 18 世纪中期开始,批判更加猛烈。这种新的政治需求从法国传播到整个欧洲,他们的倡导者是法国学者、知识分子和作家,这些人同时也是著名的启蒙运动者。他们中间最有名的就是伏尔泰,伏尔泰的地位和影响如此巨大,以致 18 世纪

---

[4] Überblick bei *Wolfgang Röd*, Der Weg der Philosophie. Von den Anfängen bis ins 20. Jahrhundert, Bd. 2, 1996, S. 80—136. 启蒙运动哲学的文献,长久以来就是无法查阅的了。以下是选出的文献:*Cassirer*, Die Philosophie der Aufklärung, 2. Aufl., 1932; *Gay*, The Enlightenment. An Interpretation, Bd. 1, 1967; *Gay*, The Enlightenment. An Interpretation, Bd. 2, 1969; *Kopper*, Einführung in die Philosophie der Aufklärung. Die theoretischen Grundlagen, 3. Aufl., 1996; *Schneiders*, Das Zeitalter der Aufklärung, 4. Aufl., 2008; *Schoeps* (Hrsg.), Zeitgeist der Aufklärung, 1972; auch die politische Geschichte einbeziehend *Angela Borgstedt*, Das Zeitalter der Aufklärung, 2004; *Meyer*, Die Epoche der Aufklärung, 2010 (beide mit eingehenden Hinweisen zu weiterführender Literatur)。

[5] *Kant*, Was ist Aufklärung?, in: *ders.*, Werkausgabe, hg. von Weischedel, Bd. XI, S. 53—61 (53). Vgl. auch den Sammelband: *Nobert Hinske* (Hrsg.), Was ist Aufklärung? Beiträge aus der Berlinischen Monatsschrift, 3. Aufl., 1981.

[6] *Oskar Ewald*, Die Französische Aufklärungsphilosophie, 1924; *Werner Krauss*, Literatur der Französischen Aufklärung, 1972 (Erträge der Forschung Bd. 9); ferner *Winfried Schröder u. a.*, Französische Aufklärung. Bürgerliche Emanzipation, Literatur und Bewusstseinsbildung, 1974. Speziell zum Kreis um d'Holbach siehe *Philipp Blom*, Böse Philosophen. Ein Salon in Paris und das vergessene Erbe der Aufklärung, 2010.

被称为"伏尔泰时代"[7]。

启蒙运动传播者充分利用各种文学形式,从诗歌、悲剧和喜剧,到小说和记叙文,再到充满智慧的小册子和学术著作。启蒙运动哲学表达的主题也是极其多元的。同时,意料之中的是,这场启蒙运动的日程表也包括了对当时刑事法律和司法制度的批判,该制度之后被认为是非理性的、武断的和总是令人毛骨悚然的。[8] 艾贝尔哈特·施密特恰当地将由启蒙运动思想家提出的改革刑法的需求浓缩为世俗化、合理化、自由化和人性化。[9] 传播和实现这个方案构想,在很大程度上要归功于启蒙运动哲学家。

贝卡里亚的著作《论犯罪与刑罚》仅仅是一篇对法国启蒙运动思想家提出的刑法政策需求的出色总结。[10] 该书于1764年出版,短短几年之内就被翻译成最重要的欧洲诸语言,以无数的版本在整个欧洲及更远的地方流通。[11] 它的巨大成功,不仅仅是由于那

---

[7] So etwa *Victor Hugo*, Über Voltaire. Rede gehalten am 30. Mai 1878 bei der Jahrhundertfeier für Voltaire (Ausgabe Göttingen 1949), S. 16; ebenso z. B. *A. und W. Durant*, Das Zeitalter Voltaires, 1965/1982 (Kulturgeschichte der Menschheit, Band 14). Die beiden bedeutendsten Voltairebiographien sind: *Bestermann*, Voltaire, 1971; *Orieux*, Das Leben des Voltaire, 1968. Kurzbiographie von *Holmsten*, Voltaire, 14. Aufl., 2002.

[8] *Eberhard Schmidt*, Einführung in die Geschichte der deutschen Strafrechtspflege, 3. Aufl., 1964, 1983, S. 178—211.

[9] *Eberhard Schmidt*, Die geistesgeschichtliche Bedeutung der Aufklärung für die Entwicklung der Strafjustiz aus der Sicht des 20. Jahrhunderts, Schweizerische Zeitschrift für Strafrecht 73 (1958), S. 341—360.

[10] 如果没有其他说明,下文所引即根据该版本:*Cesare Beccaria*, Von den Verbrechen und von den Strafen, 1764. Aus dem Italienischen von Thomas Vormbaum. Mit einer Einführung von *Wolfgang Naucke*, Strafrechtswissenshaft und Strafrechtpolitik, Kleine Reihe, Bd. 6, 2004。

[11] 关于出版的过程参见 Esselborn, Beccarias Leben und Werke, in: Beccaria, Über Verbrechen und Strafen. Ins Deutsche übersetzt, mit biographischer Einleitung und Anmerkungen versehen von Karl Esselborn, 1906, ND 1990, S. 1—58 (16 f., 20 f., 26 ff.)。德文第一版参见 Joseph Ignaz Butschek, erschien bereits 1765。尤其具有影响力的是 Hommel 于1778年出版的译本,1966年该译本见于 Karl Ferdinand Hommel, Des Herrn Marquis von Beccaria unsterbliches Werk von Verbrechen und Strafen, 该书由 John Lekschas 主编并题写了后记。

个时代刑事司法明目张胆、滥用权力,也是由于该作品简洁明了,主要是免去法律具体问题,同时以通俗的书写方式介绍哲学,提出了刑罚正当化根据、刑事立法问题和对利益关系人理智地适用刑法等问题。然而,事实上,很早以前就为这些新需求奠定了基础。简而言之,贝卡里亚实际上是法国启蒙运动中刑事司法哲学的代言人。

在写给他的法文翻译人莫雷莱的一封信中,贝卡里亚说到了启蒙运动者的哲学书籍是他学习的典范,同时他称百科全书是"不朽巨著"。[12] 他视达朗贝尔、狄德罗、爱尔维修和布封为他的导师。阅读1721年出版的孟德斯鸠《波斯人信札》[13]和爱尔维修《论精神》[14]的过程使他历经哲学觉醒,贝卡里亚的作品和激进的法国启蒙运动之间的紧密关系可以从如下事实看出来:《论犯罪与刑罚》不是以意大利原版,而是以狄德罗的朋友、霍尔巴哈的衷心追随者莫雷莱的法国翻译版传播至整个欧洲,法国翻译版是意大利原版出现后的第二年,也就是1765年,出版的。贝卡里亚对他的作品获得了很多启蒙运动中的法国追随者,并且得到了格外地赞许和响应感到非常自豪,这也是为什么在霍尔巴哈邀请他去巴黎时,他热情地接受了。(在巴黎知识分子圈中,他似乎感到不舒服,不久就离开了。)[15]

伏尔泰在他1766年出版的《乡下律师评贝卡里亚的〈论犯罪与刑罚〉》一书中支持《论犯罪与刑罚》,[16]称《论犯罪与刑罚》由来

---

[12] 英语译本参见 Bellamy (ed.), *Beccaria*: *On Crimes and Punishments and Other Writhings* (Cambridge Texts in the History of Political Thought), Cambridge Unviersity Press, 1995, pp. 119—127。

[13] [法]查理·路易·孟德斯鸠:《波斯人信札》,来自 Jürgen von Stackelberg 的法语版并且带有正文评注和后记,1988年。引人注目的是,贝卡里亚没有提及孟德斯鸠1748年出版的"更加明智"的作品《论法的精神》。

[14] [法]查理·路易·孟德斯鸠:《致莫雷莱的信》,载同上书,第122页。

[15] 关于贝卡里亚和霍尔巴哈的交际圈的联系的详细情况,参见 Blom (Fn. 6), S. 265—278。Blom 认为,这种疏远的一个原因是法国思想家们强烈的激进性,这使贝卡里亚感到惊恐(第269页)。另一个原因是,尤其是对狄德罗和 Melchior Grimm 而言,这本书的一些命题显得简单化,而且他们觉得这个年轻的米兰人是幼稚的,正如 Blom (Fn. 6), S. 269 所述。

[16] 刊登在 *Voltaire*, Republikanische Ideen, hg. von *Mensching*, Bd. 2, 1979, S. 33—88。

自米兰的年轻作者贝卡里亚所写。伏尔泰在他 18 世纪 60 年代末期和 70 年代的大量其他作品中谈及此书,有时候注明贝卡里亚的名字,要不然就提及这本书的内容。当进入 18 世纪 60 年代时,伏尔泰开始促使更多公众关注:他对受教会主导的法国司法制度中刑法恣意和审判不公的攻击。最有名的是伏尔泰介入到卡拉斯事件,卡拉斯事件涉及 1762 年图卢兹胡格诺派教徒谋杀案与司法权的关系。[17] 该事件在欧洲引起了相当大的轰动,对贝卡里亚和他的米兰年轻知识分子圈来说肯定不是一个陌生的话题。[18] 而且,该事件很可能是贝卡里亚和他的年轻朋友们醉心于长期存在的刑法[19]的真正原因,同时正是对刑法的沉迷忘我,为以个人及其尊严为导向的现代刑事司法体系奠定了基础。

二、卡拉斯事件和伏尔泰

那是在 1761 年,胡格诺派家庭的一个儿子卡拉斯在图卢兹自杀了,自杀原因是他个人生活困难,又碰到职业难关。图卢兹势力强大的天主教居民迅速控告卡拉斯的父亲让·卡拉斯,认为他为了阻止亲身儿子皈依天主教而杀害了儿子。很明显,这是个不公正的指控。图卢兹的法官们却屈服于街头舆论和天主教教堂的压力,谴责卡拉斯应遭受酷刑,之后,就判处卡拉斯轮刑。现在看来,法官们是想利用公然的司法不公"杀鸡给猴看",以儆效尤,警告胡

---

[17] 全面的内容参见 Hertz:《伏尔泰和 18 世纪法国的刑事司法:对启蒙运动时代的历史的贡献》,1887 年,有关正文中上述"卡拉斯案件"的内容参见本书第 157—223 页;另参见 Gay:《人道卫士伏尔泰(卡拉斯案件)》,1959 年,载 Baader 主编:《伏尔泰:人权捍卫者》,1980 年,第 152—191 页(《研究之路》,第 286 卷)[Gay, Voltaire als Kämpfer für die Menschlichkeit (Der Fall Calas) (1959), in: Voltaire, hg. von Baader, 1980, S. 152—191 (Wege der Forschung, Band CCLXXXVI)],以及 Gilcher-Holtey (Hrsg.), Voltaire, Die Affäre Calas, 2010. [Gilcher-Holtey (Hg.), Voltaire. Die Affaire Calas, 2010.]。

[18] Karl Esselborn, Beccarias Leben und Werke, in: Cesare Beccaria, Über Verbrechen und Strafen, 1905, S. 8 f.

[19] Esselborn, a. a. O., S. 10, 15 f.

格诺派教徒不要再阻止本教教徒皈依天主教。[20]

当伏尔泰得知此判决并对该案展开进一步调查后,深信该判决是非法的,为了恢复已被执行酷刑的卡拉斯的名誉,并让其家庭得到赔偿,他动用一切资源,发起了一场平反运动。他进行了无数次会谈,写了很多信件、请愿书和论文,同时为了增强他此次运动的影响力和成效,他也贡献了大量的私有财物。最后,功到自然成。1765年,在卡拉斯合法但不公正的死刑判决执行3年后,该判决被推翻。[21]

这个运动代表了卡拉斯和其他遭受司法擅断的受害人的利益,并且自18世纪60年代起,伏尔泰的文学活动中,越来越多地表现他参加了该平反运动,如《哲学辞典》[22],但主要是其著作《论宽容》。关于卡拉斯事件,伏尔泰还写了其他重要文本,这些文本于2010年在德国由编辑英格丽·迪尔切·霍特出版。

> 任何情况下人定法必须以自然法为基础,而人定法和自然法共同的伟大原则是:己所不欲,勿施于人。现在,根据这个普及全球的原则,一个人不能对其他人说:"相信我所相信的,你不相信我所相信的,你就应当去死。"当时,在葡萄牙、西班牙和果阿的人们的确是这样说的。在一些其他国家,他们会得意地说:"顺我者昌,逆我者亡,相信我,我保你荣华富贵,否则,我叫你家破人亡。畜生,你和我不是信仰同一宗教,因此你没有宗教信仰,那么,对于你的邻居、城市、省会来说,你就是个恐怖之物。"[23]

---

[20] 有关"卡拉斯案件"的内容,同前注17。
[21] Hertz (Fn. 17), S. 215 f.
[22] 缺少完整的德语译本。最全面的版本来自 Noack (Hrsg.), Voltaire: Abbé, Beichtkind, Cartesianer. Philosophisches Wörterbuch, 1963. 这里使用的是 Noack (Hrsg.), Voltaire: Abbé, Beichtkind, Cartesianer. Philosophisches Wörterbuch, 3. Aufl., 1967.
[23] Voltaire, Über die Toleranz: Veranlasst durch die Hinrichtung des Johann Calas im Jahre 1762, in: Gilcher-Holtey (Hrsg.) (Fn. 17), S. 111—147 (142 f.).

在伏尔泰看来,这个"党同伐异的右翼"既无理又野蛮[24]。对付"党同伐异的右翼",他呼吁宽容,对他来说宽容才代表真正的人性。

国家宽容也意味着对国家权力的限制(自我强加的)。因此,刑法中的罪刑法定原则与限制国家权力有着直接的关联,因为刑罚权的运用需要依照法律的规定,所以,罪刑法定原则限制了国家刑罚权的运用,同时防止了法官罪刑擅断。1762年7月5日,在写给阿尔让塔法庭的有关卡拉斯事件的信中,伏尔泰写道:"还有一个比毫无理由心血来潮就杀人的暴政更可恶的暴政吗?法官说这不是惯例,你们这帮畜生,它一定会变成惯例的!"[25]

伏尔泰关于罪刑法定原则的言论分散在他的很多作品中。比如说,他在1747年发表的小说《查第格,或命运之书》中,是这样描写主人公的:"当他必须对一个案件下判决时,不是他的意见而是法律,而且永远只是法律才具有决定性。当他觉得法律过于严厉时总会减刑。"[26]罪刑法定原则这个表述简明地反映了很多启蒙运动的法律改革者自己所发现的困境:一方面,为了限制司法擅断,他们呼吁法律应约束刑罚权;然而,另一方面,那个时代大多数刑事法律都太残酷,严格实施那些法律会与人道主义理念的价值导向相背离。[27]

近代早期,刑法是神权统治的支柱,这是它不人道的主要原因;同时,在当时,违反刑法被解释为违背上帝意志[28],这也是其不

---

[24] *Gilcher-Holtey* (Hrsg.) (Fn. 17), S. 143.

[25] *Gilcher-Holtey* (Hrsg.) (Fn. 17), S. 17. Vgl. auch *Noack* (Hrsg.) (Fn. 22), S. 219 ff.

[26] *Voltaire*, Candide. Sämtliche Romane und Erzählungen, 1969, S. 24.

[27] *Otto Fischl*, Der Einfluß der Aufklärungsphilosophie auf die Entwicklung des Strafrechts in Doktrin, Politik und Gesetzgebung und Vergleichung der damaligen Bewegung mit den heutigen Reformversuchen, 1913, S. 3 ff.; differenzierend *Schreiber* (Fn. 3), S. 29 ff.

[28] Böhmer 在《刑法文献手册》中就已经谈到:"等级制度(即宗教统治,E. H.),真正的虔诚的产物……对刑法中自由的原则的萌芽是(绝非)有利的。" *Böhmer*, Handbuch der Literatur des Criminalrechts, 1816, S. 513.

人道的原因之一。改革这种刑法几乎是不可能的。唯一负责任的解决之道是将刑法制度从宗教中分离出来,从而制定新的刑事法律。是时候有个崭新的开始了。

三、罪刑法定原则和贝卡里亚

贝卡里亚的哲学以刑法和宗教相分离为开端。作为一个法学家,他关心的是罪行,而不是原罪。为了预防犯罪,必须要有比较妥善的安排——因此要开始理性应对预防和威慑犯罪最合适的手段是什么这个问题。很明显,他倾向于预防,认为预防总是比惩罚(总是事后的)更重要,因为只有当惩罚真正有利于预防犯罪时才具有正当性。

罪刑法定原则在《论犯罪与刑罚》中扮演主角。贝卡里亚一开始就以部分抽象契约理论和部分功利主义作为惩罚正当性的根据。在引言中,他清楚地表明:"法律……是,也应当是自由状态下的人与人之间订立的契约。"法律"不是少数人冲动的产物"、偶然的结果,也不是基于短暂动机在临时场合形成的。在贝卡里亚看来,理性立法要以严格地理性方式进行,法律应该是"代表最大多数人的最大幸福,由有能力将大众活动提炼成的一个要点并以此为目的的冷静的检验人性者"口述而成。[29] 另外,他写道:"预防犯罪比惩罚犯罪更重要,这是良好立法的基本原则,也是引导人们通向最大幸福和最小痛苦之路的艺术。"[30]

"最大多数人的最大幸福"这一格言因古典功利主义的讨论而广为人知。它在18世纪频繁地出现,即使这个表述多半是跟杰里米·边沁联系在一起的。然而,它的双重最优化规则使得最大多

---

[29] *Beccaria* (Fn. 10), S. 6.
[30] Id., S. 107.

数人的最大幸福按照传统版本无法实现。[31] 贝卡里亚很清楚它的意思:一定要尽最大可能地促进人类幸福,不仅是少数特权者,而是尽可能多的人。

> 本世纪,个人幸福最终要跟国家的建设联系在一起,最大多数的人幸福不再依赖于某个人,即上帝的眷顾……现在赋予立法真正的目的:本身最大自然极限地提升财富的好处。最大多数人的最大幸福这一格言仅仅是这个意思。这个原理优于这样的理念:在无法改变的社会现状下可以排除一部分人的幸福,只要是少数人就可以了。[32]

贝卡里亚认为,刑法的功能是预防犯罪,促进公共福利。因此,法律应该具有预防作用,借此可以认为,他主张(消极的)一般预防,比如说,威慑。我们也可以在他的其他作品中看出这一点。这个目的与社会契约论中惩罚正当性的理念紧密地联系在一起:

> 在人类天生独立的情况下,法律将人类与社会团结起来。人们厌烦了总是处在战争状态享受没有价值的自由,又不知道这还要持续多久,所以,他们牺牲一部分自由,享受剩下的和平与安全。每个人的部分自由组成了全体的自由,将全体的自由交到作为合法的全体自由管理者的统治者的手中,那么,全体的自由就生成了一个国家的统治权。但只确立这个保管是不够的,还必须保护全体的自由不受每个个体的篡夺。有些人总是想方设法地从群众那里夺取自由,不仅是夺回他自己的那一份自由,还要吞食其他人的自由。因此,出现了一些穿透理性的动机,在该动机的作用下主张,为了不让社会陷

---

[31] 反对(以及支持)功利主义的其他论证,参见 Eric Hilgendorf, Der ethische Utilitarismus und das Grundgesetz, in: *Winfried Brugger* (Hrsg.), Legitimation des Grundgesetzes aus Sicht von Rechtsphilosophie und Gesellschaftstheorie, 1996, S. 249—272。

[32] *Wilhelm Alff*, Zur Einführung in Beccarias Leben und Denken, in: *Cesare Beccaria*, Über Verbrechen und Strafen (1766), übersetzt und herausgegeben von *Wilhelm Alff*, 1988, S.37 f.

入以前的混乱状态就必须避免出现任何人的独裁,所以应当对违反法律者予以惩罚。[33]

在这段惩罚合法化的论述中,关于人性弱点有富有经验的洞察:人类倾向于违反规范准则,将这个洞察与原始契约的冲突紧密地结合起来,以此来证明刑罚制度的正当性。

因为贝卡里亚认为刑法的目的是促进人类幸福,所以,他工具主义的基本方法是:刑罚旨在预防犯罪,最终促进所有人的幸福,而且,在这一点上必须是有效。如果刑罚没有取得实效,那它就是不合法的。在启蒙运动思想者对刑法的评判中,这些原理是永久的主题。伏尔泰在他后期的一些出版物上写道:"惩罚,但有效地惩罚。如果我们想象法官是戴着眼罩的,那么,他应该最需要以'惩罚,但有效地惩罚'这个原理作指导。"[34]

贝卡里亚不断地强调刑罚均衡:"契约必须保证每个人的利益统一,没有维护契约的必要性时,所有的刑罚本身就是不公正的;同时,刑罚要与犯罪相对称,就像由主权者保护的自由一样,刑罚是神圣和宝贵的。"[35]

这些原理为强化罪刑法定原则提供了工具主义理性基础,贝卡里亚最先确立:"只有依据法律才能对犯罪判处刑罚;立法者代表全体社会,社会契约使立法者和全体社会结合在一起,只有立法者才具有制定刑法的权力。"[36]一方面,统治者(立法者)只能制定约束社会成员的一般法律,但不能对独立个案进行审判。[37]另一方面,刑事案件的法官没有权力解释刑法,"因为他们不是立法者"[38]。

贝卡里亚的这些思想与下述的考量是一脉相承的:"每一个刑

---

[33] *Beccaria* (Fn. 10), S. 10.
[34] *Voltaire*, Preis der Gerechtigkeit und der Menschenliebe, in: *Voltaire* (Fn. 16), S. 89—166 (95). Voltaires Text erschien 1777.
[35] *Voltaire*, a. a. O., S. 89—166 (95).
[36] *Beccaria* (Fn. 10), S. 12.
[37] *Beccaria*, a. a. O., S. 12.
[38] *Beccaria* (Fn. 10), S. 13.

事案件中的法官应该运用三段式进行推理论证。大前提是一般法律,小前提是行为违反或符合法律规定,结论是行为人自由或刑罚。如果法官对法律漏洞有责任,从而运用其他更多的三段式来适用法律,或者选择适用其他的法律,那法官将会引入不确定性。"[39]言外之意就是,刑事法官在每个个案中必须严格适用法律,以免出现罪刑擅断[40],在启蒙运动时期的刑法学著作里经常可以看到这种观点[41],根据这种(在今天看来理论上是幼稚的)观点,法庭的判决只能以法律条文为依据。

贝卡里亚清楚地看到不同的立场频繁地作用于刑法实践,这些不同的立场经常隐藏在漫无边际、冠冕堂皇的解释规则之中。他在这方面的评论相当现代化:

> 探寻法律精神,没有什么比这个普遍公理更危险的了。接受这个公理就等于是法律给舆论洪流让路。……每个人都有自己独特的观点,不同时期对同一对象也有不同的观点。那法律精神就是法官逻辑好坏的结果,这将依赖于法官领悟能力的强弱、法官暴烈的激情、法官的等级、被告人的条件、被告人与法官的关系或者其他所有的小状况。法律精神在人类变化不定的思维中不断地变换形象。因此,我们穿越到不同的司法法庭,看到违法者的命运、生活和自由多次被改变。违法者因为错误思想或法官的恶劣情绪而被牺牲了,同时为了合理的法律解释,法官误解了自己糊涂推理出来的含糊结果。[42]

---

[39] Id., S. 14.
[40] 值得关注的是,以前刑事法庭任意专断的制裁实践有时候得到基于预防考量的刑法理论的辩护,对此参见 Ogorek, Richterkönig oder Subsumtionsautomat? Zur Justiztheorie im 19. Jahrhundert, 1986, S. 41 f.
[41] Locus classicus ist *Montesquieu*, Vom Geist der Gesetze (1748), Buch XI Kap. 6 ("Von der Verfassung Englands"). Hier verwendet die von *Forsthoff* übersetzte und herausgegebene Ausgabe, 1958, Bd. 1, S. 214—229. Vgl. im Übrigen *Fischl* (Fn. 27), S. 32, 74, 128, 183, 203 und passim.
[42] *Beccaria* (Fn. 10), S. 14 f.

鉴于贝卡里亚的时代司法体制武断专制和有失偏颇,他的警世恒言很容易被人所理解。[43] 启蒙运动时期的思想者严格遵守法律,也只能是法律。这是限制司法专横最重要的手段,有利于法官更理性地运用法律,同时,可以避免过分残酷的刑罚。因此,罪刑法定原则是启蒙运动时期的法律和刑罚改革方案的基石。[44] 法官适用法律时会有个人判断,他们都会发现,完全不受个人判断的影响,严格地演绎出司法判决,困难重重。[45] 然而,为了改革方案,这个事实没有被明确地指出来。[46]

更进一步讲,贝卡里亚要求以一种尽可能明确、简单、易于理解的方式表述刑事法律。当那些触犯了刑法的人很容易就能明白在刑法中什么是禁止的时候,刑法的预防效果才得以实现。[47] 贝卡里亚严格地贯彻罪刑法定原则,他特别排斥赦免的任何可能性。他认为,法律,而不是统治者,必须明文规定所有的刑罚,同时也要规定格外开恩的所有前提条件。[48] 他也排斥利用一国之内的庇护而规避法律的任何可能性。[49]

---

[43] Ogorek 在其书中有理由指出,贝卡里亚的研究没有方法论上的,而是有政治上的根据。*Ogorek*(Fn. 40),S. 40.

[44] *Fischl*(Fn. 27),S. 183, 210.

[45] 在伏尔泰那里有一些段落,它们显示出一种对绝对法律义务的理想具有方法论根据的质疑。在小说《如此世界:巴蒲克所见的幻象——巴蒲克记》中写道:"另一天(博学的)巴蒲克来到最高法院,那里将会做出一个重要的判决。这个案件非常有名。所有对此发表意见的老年律师们都犹豫不决;他们引用了上百个法律,却没有一个触及到该案的核心;他们从不同的方面观察这个案件,却没有进行正确的探讨。法官们的判决比律师们预想的更加迅速。他们的判决几乎是一致的,而且这个判决也是好的,因为他们以理性的审断为准则,相比而言,其他的法官做了错误的判决,因为他们仅仅参照自己的书本。"*Voltaire*(Fn. 26),S. 102.

[46] 上文勾勒出的这些关系在当今围绕严格的法律义务的意义及可行性的讨论中经常没有被充分地关注到。由于诸多问题(没有人否认它们的存在)的固化一些法律义务假设的批评者并没有注意到产生法律义务假设的思想史背景。

[47] *Fischl*(Fn. 27),S. 101 und passim.

[48] *Beccaria*(Fn. 10),S. 64 f.

[49] "一个国家领土范围内的所有地方,都要受法律的约束。每个公民都要顺从法律的力量,正如影子紧随其身体一样。"*Beccaria*,a. a. O.,S. 66.

四、贝卡里亚的批判

(一)《论犯罪与刑罚》和基督教

前面已经说了,贝卡里亚的著作促进了那个时代的发展,他基于对既定刑事司法体制的批判,系统地阐述了刑事司法改革的流行话题,同时为"悬在半空"的改革提出了建议。[50] 因此,《论犯罪与刑罚》得到了很多赞许是预料之中的事。神职人员是最初的批评者,也是主要的批评者。他们指控贝卡里亚不仅诋毁刑法,还诋毁基督教,这个极度危险的指控不仅妨碍他作品的传播,而且危及到他自身的自由和生活。这迫使贝卡里亚在之后的版本中添加了一个新序言,在新序言中,他强调宗教和刑罚相分离,同时指出无论在什么情况下,他都不想自己对滥用刑法的苛刻评价被看做是对基督教的谴责。[51]

尽管如此,有一点必须要向认真的读者们澄清:纵然贝卡里亚极力避免引起宗教守护者的注意和激起他们的忿怒,但贝卡里亚的改革方案与教堂批准或要求的很多刑法实践相矛盾。他很清楚这一点,这位来自米兰的作者只在一处拐弯抹角地说到宗教裁判所:

> 读者可能已经觉察到我在谈及某个特定阶级的犯罪时,已经不再论述它所产生的那些恐怖毒瘤。这个特定阶级使欧洲处在血雨腥风之中:天空烟雾弥漫,阴云密布,受害人在痛苦地呻吟,他的骨头被压碎了,现在他那仍跳动不已的内脏正在被油炸。这是个讨人欢喜的奇观,同时,对盲信的群众来说,这种奇观充满了令人愉悦的和谐和融洽。[52]

这种极度残忍的描述,令人想起了伏尔泰对宗教的批判,这也使读者明确地得知贝卡里亚对宗教裁判所的看法;同时,他在论述

---

[50] 参见本章第一部分。
[51] *Beccaria*（Fn. 10）, S.1—5.
[52] Id., S.98.

保卫一国之内"舆论完美统一"的目标时[53]，用到了明显的反话，这反话真是意味深长。

（二）德国的困境和启蒙运动哲学

贝卡里亚（和伏尔泰）对不人道的刑法实践予以强烈谴责，这些谴责不仅针对法律现实，而且针对欧洲的基督教。[54] 当前，主要是德国，有人批判贝卡里亚和他的著作《论犯罪与刑罚》，认为《论犯罪与刑罚》很容易被人置之不理，因为它毫无系统、浅尝辄止。这些批判很少直接针对贝卡里亚的改革方案里的具体要点，更多的是针对法国启蒙运动本身。

我们经常能够发现潜伏在那些批判情绪背后的古老思想，同时，大体上，我们也会不假思索地接受那些古老思想，即"德国文化"（康德语）比据称是"浅薄"的西方文化——主要是"法国文化"（伏尔泰语）[55]——更优越。20世纪的政治历史，已经清楚地显示了这种无知自大带来的恶果。指责《论犯罪与刑罚》缺乏系统性，是因为我们忽略了这样的事实：像伏尔泰[56]或狄德罗，从来都不向往去写一些系统的、纯哲学的作品，首先，他们认为自己恰好是其领域唯一的专家，全部的追求是"百科全书背后的推动力"。自20

---

[53] Id., S. 98 f.

[54] 经由伏尔泰宣扬的人道主义、自由主义和世俗主义的理想遍及欧洲，以至于它们直到现在还决定性地造就着知识分子的生活，即使它们同伏尔泰或法国启蒙运动不再有任何的联系。

[55] *Hamann/Hermand*, Epochen deutscher Kultur von 1870 bis zur Gegenwart, Bd. 4, 1973, Taschenbuchausgabe 1977, S. 102—120.

[56] 伏尔泰的作品如此广泛和多样，以至于他摆脱了一个清楚的人物标签。当人们首先把他视为作家和知识分子时，或许对他并非不公平。他的特征在于他从未放弃的社会和政治责任心：就像一条贯穿60多年的红线，通过他的作品抵制他那个时代的政治、宗教和社会弊病。Dazu etwa *Wido Hempel*, Zu Voltaires schriftstellerischer Strategie, in: *Jochen Schmidt* (Hrsg.), Aufklärung und Gegenaufklärung in der europäischen Literatur, Philosophie und Politik von der Antike bis zur Gegenwart, 1989, S. 243—260; sec also Beeson/Cronk, "Voltaire: philosopher or philosophe?", in: Nichonas Cronk (ed.), *The Cambridge Companion to Voltaire*, 2009, pp. 47—64.

世纪中期以来,他们多元化的作品已经得到了应有的认可。[57] 然而,法国启蒙运动的其他哲学家,如爱尔维修和霍尔巴赫,就写出了非常系统、安排有序的作品。[58] 总而言之,德国不像法国或英国,它很大程度上无视了这一点。

人们有时会看到这样错误的论断:法国启蒙运动哲学只是无用的批评和奚落。持这种论断的人没有看到法国启蒙思想者对人道主义和普世价值的激情奉献。就伏尔泰来说,就可以特别清楚地证明这个事实。老年的伏尔泰被迫离开巴黎数十年之后,于1778年重返巴黎。凯旋之时,人们总是说"崇拜"伏尔泰[59],群众热烈欢迎、夹道迎接,不是因为他是个作家,而是因为他是个为了卡拉斯的男人,他是反抗政府枉法、司法擅断的斗士,是法律更人性化的提倡者。[60] 伏尔泰就像小说《老实人》或故事《真诚的休伦》里的某个人,讽刺欧洲人的文化偏见和错误优越感[61],他是18世纪宽容跨文化最重要的拥护者。[62]

最后,由于以人类福祉为中心,法国启蒙运动也受到了批评。诚然,对法国启蒙运动中的大多哲学家来说,所有社会和法律改革措施的目的实际上是为了人类幸福。因此,在边沁和约翰·斯图尔特·密尔之前,他们就支持以理想人性为导向的功利主义。在

---

[57] 当今,特别是 Hans Magnus Enzensberger 与多才多艺的狄德罗(Diderot)的辩论。*Hans Magnus Enzensberger*, Diderots Schatten: Unterhaltungen, Szenen, Essays, 1994; *Hans Magnus Enzensberger*, Voltaires Neffe: Eine Fälschung in Diderots Manier, 1996; *Hans Magnus Enzensberger*, Ein Philosophenstreit über die Erziehung und andere Gegenstände, aus Denis Diderots Widerlegung des Helvétius, 2004.

[58] *Helvètius*, Vom Geist (1758), dt. in: *Krauss* (Hrsg.), Philosophische Schriften, Bd. 1, 1973; *d'Holbach*, System der Natur oder von den Gesetzen der physischen und der moralischen Welt (1770), dt. Ausgabe 1978 (suhrkamp taschenbuch wissenschaft 259).

[59] *Bestermann* (Fn. 7), S. 446.

[60] 对此,除了前注17中提到的Hertz的作品之外,还有 Renwick, "Voltaire and the politics of toleration", in: Cronk (ed.), *supra* note 56, pp. 179—191。

[61] Abgedruckt in: *Voltaire* (Fn. 26), S. 289—385.

[62] 关于启蒙运动的世界主义及世界主义的产生,参见 *Meyer* (Fn. 4), S. 23 ff., 39 ff.

启蒙运动的追随者看来,对人类福利毫无贡献的法治是无用的,甚至是有害的,因此要淘汰这种法治。那时对法律呈现出的工具性理解,遭受了长时间的猛烈批评,尤其是在德国。在法律领域内,人们可以毫不夸张地说,立法的政策制定者和沉迷于教义学研究的判例法学者很少论及"反工具的兴奋状态",更多的是法学理论工作者和法哲学家谈及"反工具的兴奋状态"。

在德国哲学中,这种反工具冲动特别显著。连康德都谈到了"快乐主义的纠缠"。[63] 阿多诺和霍克海姆在《启蒙运动辩证法》中再次恢复了反工具冲动的地位,并且大胆地承认了"为人类谋福祉"这种启蒙运动思想和第三德意志帝国的毁灭具有重大联系。[64] 约亨·施密特巧妙地指出了,"在古老的反启蒙运动传统中",德国人具体地反工具主义理性的偏见。"启蒙运动中的思想基本上都是消极的、'具有颠覆性'的",据说是因为这种思想被简化为理性主义的理论后果,同时,启蒙思想家这种单方面的理性主义不受价值束缚。[65] 他同时指出,启蒙运动人道主义和普世价值取向也遭到了破坏。

(三) 沃尔夫冈·纳卡对贝卡里亚刑法理论方法的批判

近年来,最引人注目的是沃尔夫冈一直都在批评贝卡里亚的刑法政策需求。[66] 在沃尔夫冈新版教科书的序言中,他一开始就

---

[63] *Immanuel Kant*, Metaphysik der Sitten (1797), Werkausgabe, hg. von Weischedel, Bd. VIII, S. 453; vgl. auch *Immanuel Kant*, Kritik der praktischen Vernunft, 1788, Werkausgabe Bd. VII, S. 133 ff.

[64] *Adorno/Horkheimer*, Dialektik der Aufklärung, 1944/1947.

[65] *Jochen Schmidt*, Einleitung: Aufklärung, Gegenaufklärung, Dialektik der Aufklärung, in: ders. (Hrsg.) (Fn. 56), S. 1—31 (3 f.).

[66] *Naucke* (Fn. 10), S. XVI ff. Vgl. ergänzend *ders.*, Die Modernisierung des Strafrechts durch Beccaria, in: *ders.* (Hrsg.), Über die Zerbrechlichkeit des rechtsstaatlichen Strafrechts. Materialien zur neueren Strafrechtsgeschichte, 2000, S. 13—28; *Wolfgang Naucke* folgend *Thomas Vormbaum*, Beccaria und die strafrechtliche Aufklärung in der gegenwärtigen strafrechtswissenschaftlichen Diskussion, in: *Jakobs* (Hrsg.), Gegen Folter und Todesstrafe. Aufklärerischer Diskurs und europäische Literatur vom 18. Jahrhundert bis zur Gegenwart, 2007, S. 305—319; *Thomas Vormbaum*, Einführung in die moderne Strafrechtsgeschichte, 2009, S. 32 f.

指出，贝卡里亚的改革方案在理论上的确是影响重大，但时至今日，在实践中无法得到充分普及。《论犯罪与刑罚》出版250年以来，一直存在着过度依赖刑法的情况，这包括殖民地的刑事司法[67]，也包括20世纪极权主义者的独裁统治适用（滥用）刑法。这些很难被简单地解释为前启蒙运动思想的故态复萌，恰恰相反的是，在纳卡看来，这是由贝卡里亚在改革方式方面所显示出的根本缺陷导致的。贝卡里亚没有为他的计划提供真正可行的正当根据。贝卡里亚在他那个时代呼吁人道主义，的确引人注目，同时赢得了源源不断的拥护者。但不得不说的是，在当今法学中，人道主义主题显得不合时宜。[68]

而且，纳卡也批评贝卡里亚功利主义的关注重点，即尽可能多的幸福。纳卡认为，刑罚所表达的工具重心——"功利主义思想"[69]——在本质上是错误的。纳卡在其中发现扩大刑法适用范围的根基已经瓦解。贝卡里亚为刑法提供基本的正当化根据宣告失败，由此很明显看出，纳卡期待刑法的固定限制和合法性问题有一个清晰而明确的功能范围。

纳卡同时也反对贝卡里亚关于罪刑法定原则的论述。因为贝卡里亚认为法治没有例外，因此，法律变成了"正在残酷地威胁着统治的工具"[70]。对于行使这么大权力的法律来说，这个引用的有用性不大。[71] 纳卡批评贝卡里亚的罪刑法定原则在内容方面缺乏进一步限制："贝卡里亚提出增强法律权力的理由让人费解，因为他几乎不关心法律的内容，也不考虑法律和值得制定法律之间的关系。[72]

我们应该怎样理解这个批评呢？为贝卡里亚和启蒙运动刑法

---

[67] Dazu *Naucke*, a. a. O., S. 265—285.
[68] *Beccaria* (Fn. 10), S. XIX.
[69] Id., S. XX, XXIV und passim.
[70] Id., S. XXIX.
[71] *Beccaria*, a. a. O., S. XXIX.
[72] Id., S. XXX.

第十一章 罪刑法定原则:维护自由的工具

观点的学术争论注入了新的活力,这是纳卡的伟大成就。同时,刑法的工具重心无法免于滥用。制定刑法是实现公共安全、最终实现人类幸福的一种方式,事实上个别立法者很喜欢法律具有很大的灵活性,因为这样他就有权决定"公共安全"到底是什么意思。在这种情况下,无法排除刑法的扩张,或者纳卡所说的"刑法的强化"。[73] 最后,工具概念总是依赖于它所追求的目的,这个目的应被准确地界定。[74]

现在问题是,纳卡不得不提出刑法工具理解的一个替代措施,令人感到奇怪的是,在他关于贝卡里亚的批评中对此只字不提。同时,在批评中,他只是顺带地提及了康德和康德的正当化根据理论。[75] 然而,康德的正当化根据概念从其提出之日起,就充满了争议性,它绝不能被看做是实践哲学的一个合宜和公共(知识分子)的财产。是否要求助于康德为刑法提供一个"基本正当化根据",这个还有待发展。因此,人们不能简单地认为康德的方法完全比法国启蒙运动思想家和贝卡里亚的方法优越。

差不多可以确定,对于贝卡里亚的改革方案来说,他不关心学术体系的正当化根据,我们必须清楚地认识这一点。在他那个时代,刑法的可悲状况太明显了,改革的实践需求也太紧急。他只知道简洁地阐明先进的法律和刑法改革方案胜过一切。[76] 在很大程度上,孟德斯鸠、伏尔泰及其他人都已经对《论犯罪与刑罚》中的绝大多数要点进行过深思熟虑的详细论证。鉴于司法不公体验的与日俱增,司法不公在任何知识分子看来都很明显[77],所以,贝卡里亚追求的是改革提案的系统缘由。

不管贝卡里亚的具体意图是什么,在对他的刑法理论的批评

---

[73] *Beccaria*, a. a. O., S. XL.
[74] *Eric Hilgendorf*, Begründung in Recht und Ethik, in: *Brand u. a.* (Hrsg.), Wie funktioniert Bioethik? 2008, S. 233—254 (237).
[75] *Beccaria* (Fn. 10), S. XXVII.
[76] 参见本章第一部分。
[77] 关于法律改革和遭受的非正义的相互关系,参见 *Eric Hilgendorf*, Recht durch Unrecht? Interkulturelle Perspektiven, JuS 48 (2008), 761—767。

中,批评的方法值得怀疑。刑法的目的是保护人类的幸福,即"功利主义思想",很容易导致刑法被滥用。另一方面,为了实现所追求的目的,适用某个特定的刑罚是否合适,的确值得怀疑,为了对贝卡里亚刑法目的理论中过度、无用和不人道的刑罚展开批评,人们将这种怀疑发挥到炉火纯青的地步。18世纪中期的刑法实践极度肆意残忍,这种刑法既不能使社会更安全,也不能改造罪犯,因此完全不能增强社会或个人福利,法官看起来像是考虑周到的观察者,实际上已经被误导了,并且很不明智。顺便说一下,时至今日,利弊权衡仍然扮演着重要的角色,它与比例原则紧密联系在一起:每个法律都有特定的目的,为了实现那些目的,法律必须具有合理性(适宜性)和必要性(最后手段)。[78] 然而,法律所追求的目的不是立法者的裁量权,而是与那些具有优先效力的价值相兼容,最重要的是德国联邦宪法的价值体系及其基础人类尊严,而启蒙时代的立法者以理想人性论和公共福利为导向。

有必要进一步考虑的是,达到特定目标的手段合适与否,这最终是个实证性的问题。因此,为了维护、甚至增强公共福利,特定刑罚和刑事司法安排是否具有可持续性这个问题,最终也是要根据经验来决定的。因此,不是形而上学或神学上的问题,形而上学和神学的问题只有专家,如哲学家或神学家,可能贡献解决之道。贝卡里亚解决问题的方法,不仅使这个进步和理性的刑法新概念更大众化(这种刑法促进所有相关的福利),而且将这个方法托付给了具有批评性的公众。在此,二者都能发现一个进步刑事司法体系中的一个核心元素。

以工具主义理性的标准(目的理性)对所追求的目的进行检测,其在法律批判方面相当具有说服力。时至今日,工具理性方法仍存在着被批评的可能性,对刑法典中新的惩罚形式、刑法适用、

---

[78] *Horst Dreier*, Vorbemerkungen vor Artikel 1 GG, Rn. 146, 147, in: *ders.* (Hrsg.), Grundgesetz. Kommentar, Bd. 1, 2. Aufl., 2004.

监狱制度和社区矫正制度的讨论都可以充分地证明这种可能性。[79] 要想有效地批评这种"刑法过度"的趋势,最好的方法就是证明刑事法律激增不一定能够保证带来更多的安全,有时候甚至对所追求的目的有害,如未成年人刑法、内线交易法规和与毒品相关的刑事法规。

更为典型的是,在外国刑罚体系中批判刑法的工具理性方法仍然没有生根发芽,该工具理性方法包含了启蒙运动时期的思想及其刑事司法宗旨:世俗主义、理性主义、自由主义和人道主义。要想批评施行酷刑、适用死刑和出于宗教原因完全禁止堕胎,更具有意义的批评方式是,要么展示酷刑、死刑和禁止堕胎这些手段产生了巨大的危害后果,要么证明这些手段无法有效防止犯罪,这种方式优于意图提出宗教地或形而上地绝对或某种程度上合乎逻辑的刑法(这种刑法一般会导致罪刑擅断)正当化根据。迄今为止,这些意图都无法抵抗理性基础标准的检验。总之,需要指明的是,罪刑法定原则的声望和重要性丝毫没有降低,因为它是限制国家权力的工具行动和方式,早已被引进到启蒙运动的刑法哲学之中。

五、总结和展望

贝卡里亚的《论犯罪与刑罚》具有划时代的意义,我们只能在18世纪中期法国启蒙运动的历史背景下对其进行解读。这句话尤其适用于罪刑法定原则,因为罪刑法定原则的核心目的就是限制司法擅断,从而限制国家权力,这对启蒙运动司法政策改革方案具有根本的意义。即使作为维护自由的工具,罪刑法定原则由于对国家权力缺乏具体的威胁,其政治意义已经减弱,但时至今日,多

---

[79] *Eric Hilgendorf*, Punitivität und Rechtsgutslehre: Skeptische Anmerkungen zu einigen Leitbegriffen der heutigen Strafrechtstheorie, Neue Kriminalpolitik 22 (2010), S. 125—131.

亏了费尔巴哈,罪刑法定原则仍然继续塑造着德国刑法。世界上很多国家的刑法仍然具有法官罪刑擅断、刑罚不人道且无用的特点。这就是为什么启蒙运动中的法律和刑事政策方案,尤其是它的核心需求——严格的罪刑法定原则——如今仍然具有重大作用。

第十二章

惩罚主义与法益理论
——对现代刑法理论中若干关键概念的质疑*

一、导论

近些年来,在关于法律政策学的辩论中,人们往往对过度的"惩罚主义"(Punitivität)给予谴责。[1] 这种谴责一般指向个人或由个人组成的团体,甚而机构(如国会立法者),间或用于揭示刑法法规、刑罚裁量或刑罚执行体系中某一特定(无论确有其事抑或纯属想象)的趋势。若是指向人的情形,批判者主要责难的是人们对刑罚的过度需求,尤其是过多不必要的犯罪构成要件的创设。而遭受非难的若是刑法法规、刑罚裁量或刑罚执行中的趋势,则意指"刑法条文过多"或"刑法过于严厉"的倾向。关于"惩罚主义""惩罚性理论"(Punitiver Gesinnung)或"惩罚性的刑法法规"(punitive Gesetzgebung)的讨论,除上述显而易见的否定论调外,往往只剩下含糊其辞,因而以下问题仍有待澄清:"惩罚性"(Punitiv)究竟有何危

---

* 本文译自 *Eric Hilgendorf*, Punitivität und Rechtsgutslehre: Skeptische Anmerkungen zu einigen Leitbegriffen der heutigen Strafrechtstheorie, Neue Kriminalpolitik 22 (2010), S. 125—131。(译者注)

[1] 代表性论著见 *Lautmann/Kilimke/Sack* (Hrsg.), Kriminologisches Journal, 36. Jg., 8. Beiheft 2004 mit dem Titel "Punitivität";又见 *Helga Cremer-Schäfer/Heinz Steinert*, Straflust und Repression. Zur Kritik der populistischen Kriminologie, 1998。

害,应如何看待对其的批评,以及这些否定性评价源自何种依据。[2]

与这场惩罚主义的论争密切相关的是关于"现代刑法"的特殊表现形式的讨论,批评者诟病现代刑法越发脱离法治国思想的限制,转而向"安全刑法"(Sicherheitstrafrecht)发展,从而跻身范围广大、以预防为导向的安全法之列。[3] 这种意义上的"现代刑法"有以下标志:刑法持续向各种领域扩张,因而相较出罪的情形,反而更多新的犯罪化形式不断涌现;此外,对传统法治国理念限制的变通[如语词界限、类推禁止、法学论证评价标准(juristische Argumentationsstandard)];对最后手段原则(ultima-ratio-prinzip)的背弃;设立扩张的或可被诠释的新法益,尤其是普遍法益(Universalrechtsgüter);大范围的犯罪前置化,包括处罚未遂和预备行为,以及引入具体危险犯和抽象危险犯的长足跃进;一味强调刑法的预防目的,最终将消解刑法与警察法(Polizeirecht)之间的界限。[4]

毫无疑问,前文所述的大部分发展趋势事实上正在发生。尤

---

[2] 沃尔夫冈·海因茨(Wolfgang Heinz)正确地指出,当"惩罚主义"不加区分地被禁止时,"惩罚主义"也就不存在了。参见 Wolfgang Heinz, Zunehmende Punitivität in der Praxis des Jungendkriminalrecht? Analysen aufgrund von Daten der Strafrechtspflegestatistiken, in: *Bundesministerium für Justiz* (Hrsg.), Das Jugendkriminalrecht vor neuen Herausforderungen?: Eine Dokumentation des Bundesministeriums der Justiz, 2009, S. 29,33。此外可参见他刊登在 2011 年 1 月的《诺默斯刑事法规解释》的文章(Punitivität)。*Wolfgang Heinz*, Neue Straflust der Strafjustiz—Realiät oder Mzthos, NK 1 (2011)。

[3] 参见 Naucke, KritV 2010, S. 129 ff.,不过他也指出,这里指的并非新的发展;或可参见 Gusy 在同一期的文章,S. 111 ff.。

[4] 上文所述批评尤其为"法兰克福学派"(Frankfurter Strafrechtsschule)所拥戴,参见 *Wolfgang Naucke*, Schwerpunktverlagerungen im Strafrecht, KritV (1993), 135 ff.; *Winfried Hassemer*, Kennzeichen und Krisen des modernen Strafrechts, ZRP (1992), 378ff.; *Winfried Hassemer*, Perspektiven einer neuen Kriminalpolitik, StV (1995), 483 ff.; *Prittwitz*, Strafrecht und Risiko, 1993。关于"计算机刑法"这一特别领域可参见 *Seung-Hee Hong*, Flexibilisierungstendenzen des modernen Strafrechts und das Computerstrafrecht, 2002, http://nbn-resolving.de/urn:nbn:de:bsz:352-opus-9542。总结性论文(作为重要的文献综述)可参见 *Gerd Johannes Hesel*, Untersuchungen zu Dogmatik und den Erscheinungsformen des "modernen Strafrechts", 2003, S. 426。Hesel 中肯地提出对上述发展趋势须加以警惕的基本论调。

其可以确定的是,德国实体刑法最晚自 20 世纪 80 年代初期便有明显的扩张。[5] 然而,与上文勾勒出的与"现代刑法"模型相区别的"古典核心刑法"早前是真实存在还是仅为臆想,却是仍然存疑的问题。支持立法者的这种大幅伸展的观点认为,一方面以刑事手段规制因科技和经济的发展而涌现出的新型危害社会的行为形式,从一开始便未显示出任何不当。[6] 环境犯罪、计算机犯罪及金融市场犯罪多属此列。此外,从公平性和社会平等的角度出发,也可以赞同立法者从伤害罪或杀人罪等"古典"犯罪形式向"白领犯罪"领域的伸展。[7] 另一方面,传统法治国理念限制的变通,刑法与警察法的边界模糊进而融合成激进的"安全法",可能对自由构成威胁,也是不容忽视的。[8] 因此,即便人们对刑法的大幅伸展本身不予以谴责,立法上的惩罚性趋势仍然值得关注。

在犯罪学的文献中,"惩罚主义"一词常以不同形式出现。劳特曼(Lautmann)和克里姆科(Klimke)在其书中对相关概念层级进行了如下区分:"'惩罚'(Punitiv)在语义上"是指"某人或某一制度从规范角度出发,认为他人或其他制度的行为偏离了规范,进而施以负面制裁措施。"[9] 由此,"惩罚主义"(Punitivität)指的是"一种对有意识地违反规范的行为施加负担性制裁的普遍性的态度或

---

[5] 详细可参见 *Hilgendorf*, Die deutsche Strafrechtsentwicklung 1975—2000, in: *Thomas Vormbaum/Jürgen Welp* (Hrsg.), Das Strafgesetzbuch. Sammlung der Änderungsgesetze und Neubekanntmachungen, Supplementband I, 2004, S. 258 ff., bes. S. 374 f.。也可参见 *Silva Sanchez*, Die Expansion des Strafrechts. Kriminalpolitik in postindustriellen Gesellschaften, 2003。然而,德国在此问题上与美国不同,在刑罚裁量与刑罚执行方面没有类似的加重现象。也可参见 *Heinz* (Fn. 2)。

[6] *Schünemann*, GA (1995), 201, 209 f; *ders.*, in: *Hans-Heiner Kühne/Koichi Miyazawa* (Hrsg.), Alte Strafrechtsstrukturen und neue gesellschaftliche Herausforderungen in Japan und Deutschland, 2000, S. 15, 27.

[7] 此方面可参见 *Baumann*, JZ (1983), 935, 937。

[8] Hilgendorf (Fn. 5), S. 380.

[9] *Rüdiger Lautmann/DanielaKlimke*, Punitivität als Schlüsselbegriff für eine Kritische Kriminologie, in: *Lautmann/Kilimke/Sack* (Hrsg.) (Fn. 1), S. 9.

趋势"。[10] 劳特曼与克里姆科使用更为狭义的概念,对犯罪学理论来说有如下优势:"惩罚的概念"强调"偏向报复性制裁而忽略和解措施的趋势",他们同样提到了"惩罚—允许之间的连续性"。[11]

有人建议将惩罚主义区分为三个层面:第一,心理上的惩罚主义,即个人对惩罚的需要;第二,一般社会层面的惩罚主义,主要来自大众媒体的讨论;第三,司法机构决策中的惩罚主义。与此对应,可分别称之为个人层面、社会层面和司法层面上的惩罚主义。[12]此外,还有一种所谓"立法层面上的惩罚主义"(legislative Punitivität)[13]的现象也需要额外引起重视,即在国家新发布的刑法规定中体现出的其过度动用刑罚的倾向甚至以刑罚为乐趣[14]的现象。

德国刑法上关于对在公共街道和场所吐痰的行为处以自由刑的新规定,应该算是一个属于这种意义上的"过度"(übertrieben)而带有不相适应的惩罚倾向的刑法规范的例子。由于与比例原则相抵触,这样的规定甚至可能会被认定为违宪。不过,也并非所有的情况都可以如此清楚认定。恰恰是在新兴科技的领域,立法者倾向于选择相对严厉的刑法作为维持社会秩序的方式,原因也是从一开始便显而易见的。新《德国刑法典》第202c 条就属于这种情况,而 1990 年的《胚胎保护法》(Embryonenschutzgesetz)中也已有相似条款,即克隆技术须受刑事处罚,即便在当时那个年代还完全

---

[10] *Rüdiger Lautmann/DanielaKlimke*, a. a. O., S. 9.
[11] Id., S. 10.
[12] *Helmut Kury/Harald Kania/Joachim Obergfell-Fuchs*, Worüber sprechen wir, wenn wir über Punitivität sprechen? Versuch einer Konzeptionllen und empirischen Begriffsbestimmung, in: *Lautmann/Kilimke/Sack*(Hrsg.)(Fn. 1), S. 51, 52 f.
[13] 上注所引作者在其著作第 54 页也对立法上的惩罚主义有所提及,但并未深入探讨。*Helmut Kury/Harald Kania/Joachim Obergfell-Fuchs*, a. a. O., S. 54.
[14] *Winfried Hassemer*, Die neue Lust auf Strafe, Frankfurter Rundschau 296 (2000), 16.

不具可行的条件。[15] 另一个例子是《干细胞法》(Stammzellgesetz)第 13 条对仅为行政法上的不法行为施以刑罚处分。此外,刑法上对否认大屠杀行为(Holokaustleugnung)的禁止(第 130 条第 4 款)及对内幕交易行为(Insiderhandel)的禁止(参见《德国证券交易法》第 14 条、第 38 条)也被人们看做是过度的惩罚主义的表现。

(长期以来)希望刑法不仅处罚故意堕胎行为,同时也处罚过失中止妊娠行为的呼声,以及希望刑法处罚因故意或过失而造成母亲子宫内尚未出生之胎儿身体伤害的行为的呼声,使得未来修改的法律(de lege ferenda)也可能被归类为具有惩罚性的法律。互联网领域的典型例子是对《德国刑法典》第 185 条利用互联网侮辱他人的行为提出新的要求,包括针对"钓鱼"行为(phishing)的特别刑法规范,或针对在互联网上与未成年人展开以性行为为目的的接触行为及互联网用户因过失未对自身采取最低限度的保护措施从而造成恶意软件传播的行为进行刑事处罚的观点。以上实例表明,惩罚主义遭受的非难,火力多集中于近期刑法对新兴科技领域的态度。

所有这些情况中的决定性问题在于:国家刑罚权的合法使用是否存在一个特定边界?有意义而正当合理的法益保护手段何时开始向不相适应的"惩罚主义"发生转变?值得注意的是,这方面至今未有明确完整的概念抛出。下文将不会讨论经验性证据,或是就惩罚性趋势本身进行驳斥[16],也几乎不涉及质问惩罚主义者态度的根源。[17] 相反,重点问题在于,在实体刑法的语境中,惩罚性的规定和非惩罚性的规定是否可以明确区分?如果可以,如何进行区分?

---

[15] 关于刑法在人类生物学领域的全面运用,可参见 Susanne Beck, Stammzellforschung und Strafrecht. Zugleich eine Bewertung der Verwendung von Strafrecht in der Biotechnologie, 2006。
[16] 此外,也可参见 Hilgendorf (Fn. 5); Sanchez (Fn. 5); Heinz (Fn. 2)。
[17] 此外可参见 Hilgendorf, Beobachtung zur Entwicklung des deutschen Strafrechts 1975—2005, in: ders./Weitzel (Hrsg.), Der Strafgedanke in seiner historischen Entwicklung. Ringvorlesung zur Strafrechtsgeschichte und Strafrechtsphilosophie, 2007, S. 191, 205 ff。

二、"惩罚性"与"非惩罚性"刑法规则之间的界限位于何处？——刑法哲学领域的畅游

关于"相适应"的和"惩罚性"的刑法和刑罚之间如何界定的问题，起源于合理限制国家刑罚权边界的可能性。值得注意的是，目前为止，对于这个提出已久的问题，德国刑法理论中少见全面系统的分析[18]；相关问题首先反映在解释学框架下是否存在一个划分违法性界限的法益概念[19]的可能性。罗克辛（Roxin）正确地指出了这一点：德国联邦宪法法院至今"未找出能确定国家刑罚权边界的概念"[20]。在这种情况下，很自然地会将眼光超越法律科学的界限而投射到实践哲学的领域，因为国家刑罚权的限度在那里是个讨论已久的话题。

国家刑罚权边界问题最初的起点（Ansatzpunkt）应该在于契约理论对国家合法性的讨论。根据奠定早期现代政治哲学基础的契约模型，人民将自己天然的权利（包括刑罚权）让渡给国家，因为只有国家才能实现对人民利益的有效保护。一旦国家超越了授权的界限，便属于违反和抵触（根据新的术语）越权禁止（Übermaßverbot）的行为。[21]

有人认为，契约模型只是一个空想，因为如果一面给国家权力授予正当性，一面又对国家权力的施行设定边界，实属臆断。[22] 契约理论有时强调国家权力的正当性，有时强调对国家权力的限制，因而它并不能顺理成章地成为自由国家的理解基础。契约理论的

---

[18] 可参见 Hirsch, Moderne Strafgesetzgebung und die Grenzen des Kriminalstrafrechts, in: ders., Strafrechtliche Probleme, Bd. II, hrsg. von Lilie, 2009, S. 21—36; Schmidt-Jortzig, FS 50 Jahre Bundesverfassungsgericht, Bd. 2, 2001, S. 505—525; Wrage, Grenzen der staatlichen Strafgewalt：Überlegungen zu einer Renaissance des materiellen Verbrechensbegriffs, 2009。

[19] 见本章第四部分。

[20] Roxin, StV (2009), 544, 545.

[21] 同上注。

[22] Mahlmann, Rechtsphilosophie und Rechtstheorie, 2010, § 3 Rn. 1 ff.

主要代表人物托马斯·霍布斯(Thomas Hobbes),就在社会契约论的基础上将国家构建成著名的具有无限权威的利维坦。[23] 在思想史上,契约模型和对于国家刑罚权划定边界从而确定地保护法益的设想两者之间并不存在绑定的联系。而契约论者中偏向自由的一方,如约翰·洛克(John Locke)[24]则倾向于认为契约模型就意味着国家刑罚权因保护人民的利益而受到限制,但"利益"的概念范围自然相当宽泛,应受保护的利益和不应受保护的利益之间如何明确界分,以及相应的合法与非法的刑法规范之间如何明确界分,无法从契约模型本身推导出来。

理论上对国家刑罚权设定界限的第二个出发点在于19世纪自由主义的政治哲学。约翰·斯图尔特·密尔(John Stuart Mill)的大作《论自由》(On Liberty)第四章便题为"论社会凌驾于个人的权威的限度"[25]。他将其论述概括为以下两条核心格言:

"个人的行动只要不涉及自身以外什么人的利害,个人就不必向社会负责交代。"在这种情况下,"他人若为着自己的好处而认为有必要时,可以对他忠告、指教、劝说以至远而避之,这些就是社会要对他的行为表示不喜或非难时所仅能采取的正当步骤"[26]。

"关于对他人利益有害的行动,个人则应当负责交代,并且还应当承受或是社会的或是法律的惩罚,假如社会的意见认为需要用这种或那种惩罚来保护它自己的话。"[27]

个人的自由应当在触及他人利益的地方终止。按照密尔的理论,"对于文明群体中的任一成员,之所以能够施用一种权力以反

---

[23] Thomas Hobbes, *Leviathan* (1651), ed. by MacPherson, Penguin Classics, 1985.
[24] John Locke, *Second Treatise on Government*, in: John Locke, Two Treatises on Government (1690), ed. by Laslett, Easton Press, 1991.
[25] *John Stuart Mill*, Die Freiheit (On Liberty, 1859). Übersetzet und mit Einleitung und Kommentar herausgegeben von Grabowsky, 1945, 4. Aufl., 1973, S. 212—236.
[26] *Mill* (Fn. 25), S. 237.
[27] *Mill*, a. a. O., S. 237.

其意志而不失为正当,唯一的目的只是要防止对他人的危害"[28]。这在"盎格鲁-撒克逊"法哲学体系中被称为"伤害原则"(harm principle)。直至今日,关于国家刑罚权限度问题的讨论,仍会在"盎格鲁-撒克逊"法律体系中不时出现。[29]

然而,要在"合理"使用国家刑罚权的一侧与"惩罚性"刑事立法及刑罚裁量实践的另一侧之间划一条有效而清楚的界限,上述出发点同样难以胜任。行为从何处开始触及他人利益,对其造成危害或伤害(即伤害原则中的"harm"),并未得到清晰界定。对他人利益负面的"触及"不仅可能是对生活、身体或财产的损害,其他方面,如感情、宗教信仰或道德标准等,也可能遭受到伤害。[30] 这种与心理或情绪相联系的损伤在实质的感觉上甚至可能比身体或经济上的损失更为强烈。因而,即便是"盎格鲁-撒克逊"法律体系,国家刑罚权的限度问题在"伤害原则"的通说之下仍有聚讼,甚至连"伤害原则"本身亦屡遭质疑[31],也是不足为奇的事情。

综上,必须明确的结论是,因循实践哲学的研究角度不能得出国家刑罚权限度的强制性要求。可能促使刑法理论和刑法科学变得更加可怕糟糕的观点、论断、推理方法,反倒随处可见[32];人们在该领域对一个简单而便于操作的、用于辨识"惩罚性"刑事法规的标准的追寻,大抵是徒劳的。

---

[28] Id., S. 131.
[29] 此外,可参见 Feinberg, *The Moral Limits of Criminal Law*(Vol. 1): *Harm to Others*, Oxford University Press, 1984;(Vol. 2): Offense to Others, Oxford University Press, 1985;(Vol. 3): Harm to Self, Oxford University Press, 1986;(Vol. 4): Harmless Wrongdoing, Oxford University Press, 1988.
[30] *Hilgendorf*, Glück und Recht. Vom "Persuit of happiness" zum Recht aus Selbstbestimmung, in: *Kick* (Hrsg.), Glück. Ethische Perspektiven—akutelle Glückskonzepte, 2008, S. 47, 57 ff.
[31] 可参见 Bernard E. Harcourt, "The Collapse of the Harm Principle", 90 *Journal of Criminal Law and Criminology*, 109 (1999); Daniel Jacobson, "Mill on Liberty, Speech, and the Free Society", 29 *Philosophy and Public Affairs*, 276 (2000)。
[32] 可参见 *Stepanians*, Jahrbuch für Wissenschaft und Ethik 14 (2009), 129 ff。

三、宪法上的指导

这种情况下显然要根据宪法标准对现有的惩罚性法律条文进行检验。毋庸置疑，刑事法律若要有效，也必须满足一般法律的生效条件。这也意味着，立法者发布法律规范的时候不得越权，即必须遵守既定的立法程序，并且规范内容不得侵犯上位权利，尤其是基本权利（Grundrechte）。[33]

（一）比例原则（Verhältnismäßigkeitsgrundsatz）

同其他法律一样，刑事法律也必须遵守比例原则，也就是说，不仅刑事法律追求的目标必须正当，达到该目标的过程也必须在狭义上合理、必要，并且合乎比例。尤其必须尽可能用最温和的手段去实现立法者设定的目标。因此，比例原则对国家刑罚权的这一限定，使得通过不合理的手段对立法者目标的实现不被允许。除此之外，在可以实现立法者目标的合理手段范围之内，也必须选取对法律主体的利益损害最小的手段。这种适宜性和必要性在实质上是经验判断的问题，立法者在此被授予自由裁量的空间。

比例原则无法告诉我们立法者追求哪些目标，或者立法者应该追求哪些目标。出于与上位权利的关联，立法者的目标必须与《德国基本法》，特别是基本权利保持一致。相反若相抵触，则该目标不但自始违法，而且违宪。除此之外，（刑事法律）立法者无法再从比例原则推导出更多关于立法目标的要求。

（二）最后手段原则（ulitima-ratio-Prinzip）

刑事法科学上还存在其他关于"良性的"或"正当的"刑事法律

---

[33] 总结性文字参见 *Lagodny*, Strafrecht vor den Schranken der Grundrechte, 1996; auf der Grundlage der österreichischen Rechtsordnung *Peter Lewisch*, Verfassung und Strafrecht. Verfassungsrechtliche Schranken der Strafgesetzgebung, 1993。

的要求,其中一项是,刑法必须满足"最后手段原则",即国家只有在其他所有手段都失败或不具威胁性的情况下,才可以将刑罚作为最后手段启用,尤其是在——根据最后手段原则的支持者——民事或行政法律手段不能同等好地实现立法者目标的情况下。最后手段原则的理论基础在于自由主义理论,即刑法是法律领域中国家对公民最严厉的侵犯形式,只有在其他所有手段都无可指望之时方可动用。而现在,批评者在许多地方都看到了违背最后手段原则的现象,谴责立法者并未将刑法作为最后手段(ultima),而是作为优先的(prima),甚至有些场合下唯一的(sola)手段进行使用(滥用)。[34]

最后手段原则可理解为比例原则的延伸,后者总是只允许运用合理手段中那些最温和的手段。刑法是国家保护法益的最严厉的制度,由此推断,刑法手段只能作为"最后的手段"予以启用。因而,刑法在使用上与其他国家手段相对立,基本上属于辅助性方式。[35] 回到惩罚主义的问题上来,这就意味着:如果立法者在动用刑法手段的时候,不曾事先确定其他法益保护的可能性效果已然不佳,便会违背最后手段原则,从而招致惩罚性立法的非难。

(三) 责任原则(Schuldprinzip)与罪刑法定原则(Gesetzlichkeitsgrundsatz)

惩罚性倾向及相应的惩罚性刑事立法和刑罚裁量实践的另一个特别迹象可能在于,对传统刑法原则如责任原则或罪刑法定原则的背离。责任原则的意思是,刑罚以个人的责任为依据,并受限于个人的责任。[36] 如果没有责任,则不能对其施加任何刑罚;并且刑罚的强度以责任限度为界。有人将责任原则描述为"现有的自

---

[34] 这个工整的文字修辞源自 Hassemer, Produktverantwortung im modernen Strafrecht, 1994, 2. Aufl. 1996, S. 8。

[35] Weber, in Baumann/Weber/Mitsch, Strafrecht Allgemeiner Teil, 11. Aufl., 2003, § 3 Rn. 19.

[36] Jescheck/Weigend, Lehrbuch des Strafrechts. Allgemeiner Teil, 5. Aufl., 1996, § 37 I (S. 407).

康德和黑格尔时代以来几乎神圣的限制国家刑罚权的主要手段"。[37]

责任的定义是(个人的)可谴责性[38]，这也就意味着，刑法规范应该始终具备道德依据。责任原则由此衔接起刑法和道德。[39]刑法向道德色彩稍淡的领域扩张，无疑将削弱这种连接。国家刑罚权范围的有效边界并不在于道德上的应为与不为，因为在互联网、现代医药和生物技术研究等新的行为领域里，道德规则本身便素有争议。而立法者至少总是能找到一个用于支撑立法的道德立场。因此，虽然责任是刑罚的依据，这一功能也不适合拿来作为明确的限制立法者的标准。

责任原则也无法对刑罚裁量给予明确的限制。即便依据责任大小确定刑罚高低的做法符合情理，但"责任"无法测量，更不用说量化成数值了。判决中最多可能出现"A 的责任比 B 大"的字眼，勉强可作为合理接受。[40] 责任原则也几乎不能解释，出于纯粹的预防目的而对较小责任施以较高刑罚的现象为何正当。而责任原则提供的模糊界限也易于被人为操控，无法有效地限制国家刑罚权。

刑法上的罪刑法定原则具有以下四个子原则[41]：刑罚必须由法律明文规定(*nullum crimen, nulla poena sine lege scripta*)、刑法规定必须清楚且足够明确(*nullum crimen, nulla poena certa*)、刑法规则不得溯及既往(*nullum crimen, nulla poena sine lege praevia*)及刑法规则不得类推适用(*nullum crimen, nulla poena sine lege stricta*)。一般认为，如果仅仅出于满足刑事处罚的需要，便不尊重或在相当程度上贬低以上原则，就是一种惩罚性的刑法思想。但从罪刑法定原则中依然无法推导出国家刑罚权的明确边界。

──────────

[37] *Roxin*, FS-Lampe, 2003, S. 423, 435.
[38] BGHSt 2, 194, 200; differenzierend *Weber* (Fn. 35), § 18 Rn. 13.
[39] *Jescheck/Weigend* (Fn. 36), § 38 I (S. 418 f.). 作者同时指出，这一关联并不是普遍皆准的。
[40] 这里也存在一个基本前提，即该评价是在统一持续的道德系统下做出的。
[41] *Jescheck/Weigend* (Fn. 36), § 15 (insbes. S. 134 ff.).

(四) 人类尊严(Menschenwürde)作为国家刑罚权的边界

立法者还从《德国基本法》第1条第1款中找到"人类尊严"作为刑罚权的边界。对个人权利的每一项侵犯本身都是违反宪法的,不可能通过其他级别更高的途径来授予其正当性。"人类尊严"的概念内涵模糊,具有诠释空间,无疑是个问题[42];因而其不仅作为抑制国家刑罚权的理由,并且还是刑罚权的基础。[43] 并且,关于某些历史上存在且广为接受的核心区域(如酷刑、奴役),国家的举措是否实际损害了与其相关的人类尊严,仍留待确定。所以,要有效地限制立法者的行为,必须首先对"人类尊严"的概念进行准确的定义。有一种观点认为,"人类尊严"是主体权利的总和,包括:享受适当生活水准权、免受酷刑的自由、自决权、私生活受保护的权利、思想和良心上的完整、法律面前人人平等的权利及最低程度尊重的权利[44],国家对其中任何一项权利的侵犯都是不受容许的。只是这种做法的前提在于,人类尊严的保护领域及以上提到的权利作狭义的理解。也就是说,人类尊严的概念只是替立法者划定了一条最外围的界线。

四、刑法上的"法益"(Rechtsgut)概念

(一) 联邦宪法法院关于亲属间性交的判决与限定刑罚边界的法益理论

联邦宪法法院在2008年2月26日的判决中将《德国刑法典》对成年兄弟姐妹之间性交行为的刑事责任的追究(《德国刑法典》

---

[42] *Hilgendorf*, Jahrbuch für Recht und Ethik, 1999, 137 ff.
[43] 令人信服的批评参见 *Roxin*, Strafrecht Allgemeiner Teil, Bd. I, 4. Aufl., 2006, § 2 Rn. 20 ff.
[44] 此外可见 *Hilgendorf* (Fn. 42) 137, 148; 又见 *Birnbacher*, in: *Aufklärung/Kritik*, Sonderheft 1/1995, 4.

第 173 条第 2 款第 2 句及第 3 款)解释为合宪。[45] 这一判决在德国刑法学领域掀起了轩然大波。原因并不在于亲属间性交行为的刑事可罚性——单从刑事政策上看这并不重要——而是多年以来被刑法学界寄予厚望的用以限定刑罚边界的法益概念[46]，被联邦宪法法院在其判决中予以否定。

限定刑罚边界的法益概念的核心思想在于，只有当刑法规范的目的是保护法益的时候，该规范才具有正当性。而"法益"究竟是什么，在此问题上却仍然聚讼纷纭。[47] 20 世纪 30 年代曾有学者尝试以法律义务的概念替代法益概念，犯罪不再被理解为侵害法益的行为，而是违反法律义务的行为。[48] 与此类似的是韦尔策尔(Welzel)的观点，尽管不为多数人接受，即刑法首先关注违反规范的态度，最多间接地保护法益。刑法的重心必须是关注行为不法，而非结果不法。根据这种理论，不法首先是行为人的不法，即所谓"个人不法"的概念。[49] 然而，无论是法律义务违反的理论，还是个人不法的观点，都未能获得广泛认可。

关于法益理论限定刑罚边界功能的设想，于 20 世纪 70 年代中期刑法分则的改革中首次得到实现。在一场有关性犯罪的刑法规则改革的辩论中，得到接受的观点是，强调刑法的任务只是保护法益，而不是保护"纯粹的道德观念"。即便现在，法益概念也在刑事政策领域扮演着重要角色，例如，存在这种情况，"纯粹的道德观

---

[45] BVerfGE 120, 224—255 mit abweichendem Votum Hassemer.

[46] 参见 Hassemer, Theorie und Soziologie des Verbrechens. Ansätze zu einer praxisorientierten Rechtsgutslehre, 1973; den Diskussionsstand vor der Inzest-Entscheidung des BVerfG zusammenfassend Hefendehl/A. von Hirsch/ Wohlers (Hrsg.), Die Rechtsgutstheorie. Legitimationsbasis des Staates oder dogmatisches Glasperlenspiel?, 2003。

[47] 关于"法益"概念不同阐述的简介可参见 Stratenwerth, Zum Begriff des "Rechtsguts", FS-Lenckner, 1998, S. 377—391, bes. S. 398; Weigend bemerkt in LK, 12. Aufl., 2007, Einleitung Rn. 8, der "schillernde Begriff des Rechtsguts" bringe "mehr Verwirrung als Klarheit".

[48] 参见 Gallas, FS-Gleispach, 1936, S. 50, 67 f。

[49] Weber (Fn. 35), §3 Rn. 16.

念"未达致法益的等级,因而不能作为法益进行保护。[50]

由此可以清楚得看出,法益概念的限定刑罚边界的功能与自由主义理论有着密切关联,即刑法只能被谦抑、例外地使用。也就可以理解,为什么 20 世纪 60 年代晚期至 70 年代的非犯罪化运动(Entkriminalisierungsbewegung)将以限缩刑罚为目的法益概念写在大旗之上。

(二) 是否存在置于立法者之上的法益?

那么,事实上是否真的存在凌驾于立法者决断之上的法益? 一旦立法者通过自己的决断创设法益,便不能再恣意限缩法益范围。法益诚然只有通过立法决策才能被确认,但是,特定法益(个人法益同社会法益一样)及其面临的危险早在立法者之前已然存在。立法者在经过判断之后,将某些利益通过(刑事)法律保护起来,而这些利益就上升到(刑法)法益的高度。法益并非与立法者相联系,相反,应与立法行动相联系。这一决定性问题使得限定刑罚界限的法益概念至今无法令人信服。

如果人们将刑法的任务理解为"对社会共同生活中最重要的领域特别是社会中最重要的利益予以特别有力的保护"[51],那么,究竟哪些领域最重要,事实上涉及哪些利益,也还是留待澄清的问题。仅仅依据前文所谓的法益概念无法顺利回答这一问题。因此,联邦宪法法院在本节开头提到的关于亲属间性交的判决里写道:"与刑法的目的一样,由刑法来保护的法益的确定"也应留给立法者。"不能因为人们假想中先于立法者存在的法益,或是凌驾于立法者之上的存在所'承认'的法益,来限制立法者的这一权限。相反,如果是并且只要是……排除了预先实现先某一特定目的的可能性,立法者只受……宪法本身的约束。"[52]

---

[50] 又可见 Hörnle, Der Schutz von Gefühlen im StGB, in: Hirsch/ Wohlers (Hrsg.) (Fn. 46), S. 268 ff.; ausf. dies., Grob anstößiges Verhalten—strafrechtlicher Schutz von Moral, Gefühlen und Tabus, 2005。

[51] Weber (Fn. 35), § 3 Rn. 10.

[52] BVerfGE 120, 224, 242.

不过,联邦宪法法院的判决却遭到刑法理论界的一致抵制。[53]其中,罗克辛算是限定刑罚界限的法益概念最负盛名的支持者,他认为,联邦宪法法院的这一判决缺乏智识,刑法规则的合宪性并不仅仅取决于"达到立法者目标的过程合理、必要、合乎比例。""如果该目标需要用刑法手段去实现,则该目标本身也必须在宪法上具有正当性。"只有当刑法的任务是保护法益,而不是道德、传统风俗习惯或社会大众的看法的时候,这种正当性才会存在。[54]

先于立法者存在的法益可以约束刑法手段的动用,然而,它究竟渊源何处的问题,仍然没有得到充分阐释。在法学理论看来,这属于是否存在预设价值或"善"(Güter)的问题的特别方面,而实践哲学经过两千五百多年的论证也没能得出确切的结果。曾有各种学说提出预设价值的指向,包括神的旨意、超越时代的思想、自然、理性、福祉或一致的普遍原则,但没有一个能够长期地令人信服地解答这个问题。[55]

还有人认为,可以从宪法中找出先于立法者存在的法益。[56]但这个论断又会导致另外的问题,因为主要在《德国基本法》和基本权利中体现的价值和法益相对含糊而不明确,因而在解释上会有可操作的空间。基本法教义学和联邦宪法法院做出的重新解释《德国基本法》法条的判决,以及二者彼此间的影响,会持续不断地"发现"新的法益,或更好地修正原有法益。例如,《德国基本法》上

---

[53] Bottke, FS-Volk, 2009, S. 93 ff.; *Cornils*, ZJS (2009), 85 ff.; *Greco*, ZIS (2008), 234 ff.; *Hörnle*, NJW (2008), 2085 ff.; *Hufen/Jahn*, JuS (2008), 550; *Noltenius*, ZJS (2009), 15 ff.; *Roxin*, StV, 2009, 544 ff.; *Zabel*, JR (2008), 453 ff.; *Ziethen*, NStZ (2008), 614.

[54] *Roxin*, a. a. O., 544, 549.

[55] *Hilgendorf*, Recht und Moral, in: Aufklärung und Kritik, 2001, 72 ff. *Roxin*, Lehrbuch des Strafrechts Allgemeiner Teil, Bd. 2, § 2, Rn. 63,提出法益概念的可变性。

[56] BVerfGE 120, 224, 243 ff., stellt auf den Schutz von Ehe und Familie (Art. 6 GG), den Schutz der sexuellen Selbstbestimmung und auf eugenische Gesichtspunkte ab.

关于个人信息自决权[57]及保护隐私权与信息系统完整的条款。[58]毕竟德国宪法的首要价值是"人类尊严",根据主流观点的诠释是如此含糊,以至于几乎任意一条刑法条文都能以此为依据。只须窥见有关胚胎保护的法规那不甚清晰有时甚至互相矛盾的法益便可推知全貌。[59]综上,能否从《德国基本法》中推导出清晰明确的刑法法益,相当可疑。此时,联邦宪法法院不承认限定边界的法益,只承认《德国基本法》"排除了(立法者)预先实现先某一特定目的"[60]的做法,更具说服力。结果是,必须谨记,在目前的理解中,限制刑法立法者的法益理论并未逾越比例原则的解读。[61]

(三) 法益理论还剩下什么?

尽管认为法益天生具有限定刑罚权边界的作用的观点遭到批判,但也并不意味着"法益"概念在刑事政策和刑法科学上一无是处。法益理论还具备了以下不同功能[62]:

(1) 立法者设定一项新的刑事法规时,只有提出对应法益,才能检验该法规对法益的保护是否合理和必要。这就既为立法者提供了自我控制,又保证了外部控制(主要通过刑法学进行)。人们可将此称作法益理论的理性功能(Rationalisierungsfunktion)。

(2) 此外,法益与刑法规范的联系构建了刑法体系,更重要的是促进了刑法学上教义学的努力。法益理论还帮助刑法规范进行类型化,同类规范指向某类特定法益。这一点可看作法益理论的体系功能(Systematisierungsfunktion)。

(3) 与此紧密相关的是刑法的可教授性(Lehrbarkeit),通过法益理论,不仅原先彼此无关、无序、多由于历史原因结合起来的刑

---

[57] BVerfGE 65, 1 ff.
[58] BVerfG NJW (2008), 822.
[59] Schroeder, FS-Miyazawa, 1995, S. 533 ff.
[60] BVerfGE 120, 224, 242.
[61] So im Ergebnis auch Appel, Verfassung und Strafe, 1997, S. 357 ff.
[62] Walter, LK 12 (2007), Vor § 13, Rn. 8. 列出了法益的系统批评功能或正当性功能(此处又称"限定刑罚界限的功能")、解释性功能、体系性功能、竞合交易学功能和同意前提的功能。

法规范得以呈现为有机整体，并且各类法益提供了刑法内部的结构和体系。这就是法益概念重要的教学功能（didaktische Funktion）。

（4）另外，法益概念在法律的解释和运用方面还有一个重要意义：纯粹从语言学的角度对规范进行语义解释，经常会得出多个不同但都可以接受的结果，通过保护的法益，便可以对这些解释进行挑选，以最好地实现立法者的目标（即实现对该法益的保护）。这种考量也就是法律上的目的解释（teleologische Interpretation）。并且，法益分类有助于统一对法律的解释，否则，法条用语会因为词义上的多种阐释可能而缺乏明确性。[63] 人们可将其视为法益的论理功能（argumentative Funktion）。

（5）法益概念还有着十分重要的应用功能（anwendungsbezogene Funktion），尤其是在竞合理论中想象竞合（Idealkonkurrenz）与实质竞合（Realkonkurrenz）的区分上[64]，或正当性理论中正当化同意（Einwilligung）的前提条件上[65]，大有用武之地。

五、经验知识的价值

值得注意的是，迄今为止，经验知识在刑罚权界限的检验方面占据了很重要的位置：何种利益应被视为特别重大的社会共同利益[66]，以何种制度和规范保护该利益才算得上合理和必要[67]，这些都是社会科学管辖领域内的经验性问题。刑罚裁量的确认也是类似的情形：何种刑罚抑或特别措施能实际上起到特殊预防或一般预防的作用，亦为仍未有解答的经验性问题。当严格按照上述检验程序运行的时候，刑事立法和刑罚裁量也应被视为经

---

[63] 例如 § 185 StGB，如果不从作为受保护法益的"名誉"的角度出发，就无法解释该法条。
[64] BGHSt 28, 11, 15; 31, 380 f.
[65] Mitsch, in: Baumann/Weber/Mitsch（Fn.35），§ 17, Rn. 99.
[66] 或可见第四部分，见前注51。
[67] 或可见第三部分。

验性知识。

此外，在查证惩罚性立法和刑罚裁量的过程中还可以引申出另一条重要规则：惩罚性在于只满足刑事处罚的需要而未经经验过程的反思。换言之，未经科学指导或监控的刑法是危险的，不过是非理性的刑事处罚的工具罢了。

六、结论

本文的以上——诚然仍嫌粗略的——阐述可以总结为以下几个方面：

其一，"惩罚主义"完全是一个不甚明确的概念。要在惩罚性刑法法规和非惩罚性刑法法规之间划一条清晰的界限是不可能的；然而——也许正因如此——惩罚主义的概念在现今刑事政策领域的论辩中仍起着关键作用。

其二，实体刑法在过去三十年间的扩张不能因其具有"惩罚性"就武断地谴责其不合法。相反，当新型危害社会的行为对和平的共同生活构成威胁的时候，存在许多对其进行刑事处罚的理由，而最终做法是在议会制民主的政体下通过民主制度制定有效的法律。

其三，刑法的基本原则，如比例原则、最后手段原则、罪刑法定原则、责任原则等，只能在一定程度上限制立法者，但无法确切定义国家刑罚权的界限。

其四，以预先确定的法益来限制国家刑罚权是无法实现的，因为法益并非留待立法者发现，而是通过立法过程始被创设。立法者致力于借助经验知识找出被保护的利益和受威胁的情形。

其五，在任何情况下都不受侵犯的人类尊严才是国家刑罚权的明确限度所在。比例原则、最后手段原则、罪刑法定原则、责任原则是余下的检验程序，用来控制刑罚权，并审查刑法法规。

其六，经验知识在检验过程中占据重要位置。一项法规是否合理和必要，最终仍是一个经验性问题。同样情形也适用于何种利益对社会共同生活具有重大意义而需要刑法予以保护，立法者因而在此有裁量空间。

其七,由于经验知识对理性并符合宪法要求的刑事立法有着重大意义,所以,立法者仅具备日常知识是远远不够的。毋宁说,理性立法是经验性社会科学的结果,最重要的是,将来的犯罪学只可能比现在有过之而无不及。

其八,法教义学目前最紧要的任务是,解决传统法益理论上争议已久的问题(如"法益"概念本身的争论以及法益的渊源抑或依据的问题)。这可能需要跨学科的碰撞,如与现代实践哲学及法学理论的进一步结合。

其九,所有这一切都显示,通过概念或所谓预先设定的价值是无法有效限制国家刑罚权的。但并不能改变以下事实,即随着可能威胁公民自由的惩罚主义趋势于大众媒体中一再出现,如何将其阻止仍是一项重要的政治任务。

第十三章

"风险社会的刑法"真的存在吗?
——概述

一、"风险社会"这一命题的出现

"风险社会"这个词火了,政治家、社会学家及哲学家用这个概念来描述现代社会所具有的特征。那么,在法学领域广泛使用这个概念,也就没什么稀奇的了。

1986年,社会学家乌尔里希·贝克(Ulrich Beck)在其著作《风险社会——通往另一种现代性》中第一次使用了"风险社会"这个表述,该书所获得的巨大影响力已经远远超出了社会学领域。[1]贝克在后来的讲演及著作中进一步详细阐述和扩充了其在《风险社会》一书中提出的观点。[2] 其中,他也援引了过去对于风险概念[3]

---

[1] Ulrich Beck, Risikogesellschaft: Auf dem Weg in eine andere Moderne, 1986.

[2] Vgl. Ulrich Beck, Risikogesellschaft—Die organisierte Unverantwortlichkeit. Aulavortrag der Hochschule St. Gallen, Bd. 47, 1990 sowie die Beiträge in: Ulrich Beck (Hrsg.), Politik in der Risikogesellschaft. Essays und Analysen, 1991.

[3] 概要参见 die Bibliographie von R. Hoffmann u. a., Kommunikation über ökologische, gesundheitliche und gesellschaftliche Risiken des Einsatzes moderner Technologien, 1988 (Arbeiten zur Risikokommunikation, H. 2)。可进一步参见1980年出版的《环境政策杂志》关于风险问题的两份特刊(第2期、第4期),其中,尤其是康拉德(Conrad)与克雷布斯巴赫-格纳特(Krebsbach-Gnath)关于技术风险的社会内容的论述。Jobst Conrad/Camilla Krebsbach-Gnath, Zum gesellschaftlichen Umgang mit technologischen Risiken, ZfU 3 (1980), 821—845.

和安全命题[4]的大量分析和探讨。这些文献涵盖了如何在数学上对风险概念进行精确化的问题(主要涉及的是保险精算领域)、对个别技术所存在的特殊风险(如核能技术)进行分析的问题、心理学导向的对如何从心理上克服这些危险状况的研究及纯粹的政治学和道德哲学研究。学理上的分析往往与政治及伦理学上的立场相关联,贝克对于"风险社会"的研究同样也是如此。他自己也指出,鉴于这个议题的急迫性,《风险社会——通往另一种现代性》一书并没有采取"通常的学术性考量"以更加充分地表达该书的立场倾向。[5] 这当然是合理的,而他的坦诚也令人佩服,但从刑法教义的目的出发则要理智和清醒的分析。

在贝克看来,我们正处于从工业社会向风险社会的过渡之中,后者是一种崭新的宏观社会学类型:"正如现代化在19世纪消解了传统的、等级制的农业社会,并形成了工业社会的基本架构一样,如今,现代化则正在消解工业社会的结构并在现代化的进程中形成了一种的全新的社会结构。"[6] 所谓的另一种"社会结构",正是风险社会。

贝克的反对者正当质疑道,风险社会这个概念极不明确。[7] 在新近的一部著作中,贝克则将风险社会确定为一个"工业主义时代,在这个时代人类要应对的是取决于人类决定地、工业性地自我毁灭地球上所有生命可能性的挑战"。[8] 1991年,贝克在《风险社会中的政策》这本文集的前言中,则将风险社会定义为"进步的负

---

[4] 重要的文献首先是 *F. X. Kaufmann*, Sicherheit als soziologisches und sozialpolitisches Problem. Untersuchungen zu einer Wertidee hochdifferenzierter Gesellschaften, 2. Aufl., 1973, (umf. Bibliographie!)。

[5] Beck (Fn. 1), S. 12.

[6] Beck, a. a. O., S. 14.

[7] 例如,*Wagner*, Sind Risiko und Unsicherheit neu oder kehren sie wieder?, Leviathan 16 (1988), 288—296, 291。在同样的意义上,*Luhmann*, Risiko und Gefahr, 1990 (Hochschule St. Gallen, Aulavorträge 48), S. 4 ff.; ders. Soziologie des Risikos, 1991, Kap. 1。

[8] *Beck*, Risikogesellschaft—Die organisierte Unverantwortlichkeit (Fn. 2), S. 4.

面因素制造了越来越多社会冲突的时代"。[9]

显然,最后一种关于风险社会的阐述也是不充分的。克里斯托弗·劳(Christoph Lau)[10]试图通过将风险问题分为三种并列的风险类型来弥补相应的阐述缺陷[11],即"传统风险""工业—福利国家的风险"及"新风险"。

资本主义早期的工厂主、自然科学家或军官所面临的传统风险是由个人甘愿承担的,并由一个大众设立的社会伦理支撑。传统风险可以归属于个人,且受限于时间。一个传统意义上得到积极评价的冒险精神在今天仍然存在,例如,想要进行登山活动或危险的探险活动的冲动。

在工业—福利国家中,也存在一些个人或群体会蒙受风险,但风险成本不再像过去那样由个人来承担,而是被"社会化"。而其是通过新型的保险机制进行的,也就是将"可用金钱计算的风险后果重新分配到由被保险人组成的紧密共同体中"[12]。风险成为了"个人、公司、国家在进行成本计算时的考量因素"以及"冲突协商过程的对象"[13]。传统的风险伦理被去魅而转化为一种成本—收益的考量,克里斯托弗·劳称之为"向保险社会的发展"[14]。但风险的原因和结果仍然受限于时间和空间。

新风险则与此不同。克里斯托弗·劳认为,新风险是一种"工

---

[9] *Beck*, Politik in der Risikogesellschaft (Fn. 2), S. 10.

[10] *Christoph Lau*, Risikodiskurse: Gesellschaftliche Auseinandersetzungen um die Definition von Risiken, SozW (1989), S. 418—436 (auch in: *Beck* (Hrsg.) (Fn. 2), S. 248—265.

[11] Mary Douglas/Aaron Wildavsky, *Risk and Culture: An Essay on the Selection of Technological and Environmental Dangers*, University of California Press, 1983; *Adalbert Evers/Helga Nowotny*, Über den Umgang mit Unsicherheit, 1987; Ewald, *L'Etat providence*, Paris 1986 (für eine Zusammenfassung dieses Werkes, vgl. *ders.*, Die Versicherungs-Gesellschaft, KJ (1989), 385—393); *Perrow*, Normale Katastrophen. Die unvermeidlichen Risiken der Großtechnik, 1987.

[12] Lau (Fn. 10), S. 421.

[13] Lau, a. a. O., S. 422.

[14] Id.

业—福利国家风险与没有被认为是风险的一般生活危险的混合体"。[15] 这种风险并不是甘愿承受,就如同人类遇到自然灾害一样。但这种风险又是以"个人或机构的决定和行为"为基础的。[16] 也就是说,这一方面是一种"多个个人行为无意识的集聚效应",另一方面新型的风险又以"风险原因与风险影响范围之间的体系性割裂"为基础。[17] 在劳看来,前一种情况的典型事例包括土壤侵蚀、臭氧层空洞、森林退化、空气污染、流行疫病及洪水;而后一种情况"风险决定和风险承担之间的割裂"则包括现代化学、核工业及基因技术。[18] 新风险使得"社会群体分类(如团体、职业、阶层、邻里、性别、年龄段)"失去意义,风险面前人人平等。

乌尔里希·贝克基本上也接受了劳所提出的明确化建议方案。[19] 在他看来,新风险以及由此形成的风险社会具有以下几个特征:

其一,新风险不受时间、空间及牵涉范围的限制;

其二,根据现有的因果关系、罪责及责任规则,不能对新风险进行归属;

其三,新风险是不能通过保险来分散的。

贝克认为,这种新风险的基本类型尤其包括核能、化学、生物及基因技术所存在的风险。[20]

新风险以及风险社会的定义仍然有进一步明确化的空间。最近,汉斯·克里斯托弗·宾斯万格(Hans Christoph Binswanger)提出了一种重要的方案。[21] 但据笔者所知,在法学领域,这个建议方案仍然没有被接受[22],因此,本书不再详述。但应当坚持认为,虽

---

[15] Id., S. 423.
[16] Id.
[17] Id.
[18] Id., S. 424.
[19] *Beck*, Politik in der Risikogesellschaft (Fn. 2), S. 10.
[20] *Beck*, a. a. O., S. 10.
[21] *Binswanger*, Neue Dimensionen des Risikos, ZfU 1990, 103—118.
[22] 关于(传统的)风险概念更详细的论述,参见 *Bender/Sparwasser*, Umweltrecht: Grundzüge des öffentlichen Umweltschutzrechts, 2. Aufl., (1990), Rn 530 ff。

然新风险的实现与自然灾害相似,但终究是以人的决定为基础的,这种风险因此原则上是可控的。因此,可以认为,刑法是一种适当的而且——鉴于环境污染、核能设施及产品缺陷所产生的危险——也是必要的预防新风险的手段。在这个意义上,的确可以认为存在"风险社会的刑法"。笔者虽然很想就这个方面的问题进行深入地探讨,但首先还是有必要考察公法和民法领域对于风险的干预,因为公法和民法的干预在时间上是先于刑法的。

二、公法领域对风险社会命题的接受

最早尝试将贝克关于风险社会的思考用于法学领域的是赖纳·沃尔夫(Rainer Wolf)[23],但他至少还借用了卡尔·施密特(Carl Schmitt)[24]以及恩斯特·福斯特霍夫(Ernst Forsthoff)[25]的理论,二者早在几十年前就已经提及了国家由于技术和工业社会已经不堪重负的问题。沃尔夫的出发点在于,鉴于现代科技所带来的风险,在这些领域要求法律进行干预控制的呼声越来越高。[26]与这种"法律化"相适应的是显著的新风险"诉讼化"的趋势,其中

---

[23] *Wolf*, Zur Antiquiertheit des Rechts in der Risikogesellschaft, Leviathan 15 (1987), 357—391. Vgl. auch *ders.*, "Herrschaft kraft Wissens" in der Risikogesellschaft, SozW (1988), 164—187. 沃尔夫(Wolf)1987 年这篇论文的标题与 G. 安德斯(G. Anders)的书名相对应。*G. Anders*, Die Antiquiertheit des Menschen, Bd. 1: Über die Seele im Zeitalter der zweiten industriellen Revolution, 1956, 5. Aufl., (1980), Bd. 2: Über die Zerstörung des Lebens im Zeitalter der dritten industriellen Revolution, 1980.

[24] *Schmitt*, Der Begriff des Politischen. Text von 1932 mit einem Vorwort und 3 Corollarien. Unveränderter Neudruck der 1963 erschienenen Auflage 1987, insb. S. 75 ff., 85 ff.

[25] *Forsthoff*, Der Staat der Industriegesellschaft. Dargestellt am Beispiel der Bundesrepublik Deutschland, 1971, insb. S. 30 ff., 158 ff.

[26] 也可参见 BVerfGE 39, 1, 41 (§ 218—Entscheidung),该判决指出,在具体情况下国家必须"保护和促进《基本法》第 2 条第 2 款所保护的生命和身体完整性法益"。

涉及了不同的领域:机场[27]、私人试车场[28]及核电站[29]。沃尔夫认为,这表明,伴随着风险社会问题的增加,法院也开始忙碌起来;但他认为,通过危险预防很难长期确保风险社会的安全和秩序。他指出,风险社会需要一部风险法草案,这一立法的基础不再是警察法的变种。[30] 绝对的安全无法实现,因此,目标在于风险的平衡,而"集中调查和确定的风险评估及对风险的容忍也是不可避免的"[31]。沃尔夫还提到了"对环境标准进行量化"[32]。

沃尔夫提出的建议的确发人深省,但这些主张却并不像"风险社会中法律已经过时了"这个口号所显示的那般激进。沃尔夫所提出的"环境标准的量化"与极限值并无明显区别,这在行政法领域已经被深入地讨论过。[33] 而认为危险的预防也无法确保绝对的安全这一观点,早在对于核电站所存在的"残余风险"的讨论以后就基本不值一提了。

沃尔夫进一步对风险社会中的归责原则做出了评论。在风险社会中,因果关系及罪责这样的概念都将失去价值。对此,法律通过发展出一套"不依赖于罪责的风险平衡机制"来加以应对,如"足以产生危险的工作"或"严格责任"[34]。遗憾的是。沃尔夫对于这些观点都没有进一步加以阐述。总体来说,可以认为,沃尔夫在接纳风险社会这个命题的同时,并没有主张这个命题所承诺的内容:沃尔夫并没能充分地阐明他所主张的"法律在风险社会的过时"这

---

[27] BVerfGE 56, 54; BVerwG DVBl 1987, 573.
[28] BVerwG DVBl 1985, 1136; BVerfG EuGRZ 1987, 124.
[29] BVerfGE 49, 89; 53, 30; 61, 82; BVerwGE 61, 256; 72, 300.
[30] Anders (Fn. 23), S.385.
[31] So schon *Luhmann*, Ökologische Kommunikation: Kann die moderne Gesellschaft sich auf ökologische Gefährdungen einstellen?, 2. Aufl., 1988, S.137.
[32] Anders (Fn. 23), S.386.
[33] 对此全面的介绍,*Winter* (Hrsg.), Grenzwerte: Interdisziplinäre Untersuchungen zu einer Rechtsfigur des Umwelt-, Arbeits- und Lebensmittelschutzes, 1986 (Umweltrechtliche Studien 1).
[34] 关于严格责任的基本理论,参见 *Esser*, Grundlagen und Entwicklung der Gefährdungshaftung. Beiträge zur Reform des Haftpflichtrechts und zu seiner Wiedereinordnung in die Gedanken des allgemeinen Privatrechts, 2. Aufl., 1968。

一命题。但在笔者看来,他对于因果关系、罪责这样核心的法律范畴所提出的问题及严格责任在风险社会中的日渐重要,则是应当进一步讨论的。

三、民法领域对风险社会命题的接受

格特·布吕格迈尔(Gert Brüggemeier)将风险社会这个概念引入到民法领域,用来解释环境责任法。[35] 他正确地指出,环境责任法仍然是一个笼统的概念[36]。环境本身并不是侵权责任法所保护的法益,也并不存在《德国民法典》第823条第1款所规定的"其他权利";而从人格权中寻找环境权利基础的尝试,也是失败的。[37] 在这种背景下,布吕格迈尔建议在环境责任法中采取双轨制:

其一,环境责任法在过去是私法的组成部分,现在很大程度上也是如此。其内容包括了对由于环境污染而导致的法益侵害进行补偿和预防。在这个意义上,它仍然是传统侵权责任法的内在组成部分,其中包含了两个主要分支,即(客观的)过失侵权责任与严格责任。[38]

但在布吕格迈尔看来,环境责任法在未来则应当"超越侵权法"进行发展。

其二,今后的环境责任法还可以作为消除损害法而存在,消除损害法对由无法识别的(多个)污染引起者所造成的个人损害进行补偿(如设置特定的损害补偿基金),并对于那些由环境污染造成的、不在个人的法益或财产保护范围之内的损害负有赔偿责任。在这方面,尤其有必要对于"生态的损害及其起诉"进行定

---

[35] *Brüggemeier*, UmwelthaftungsR—Ein Beitrag zum Recht der "Risikogesellschaft?", KJ (1989), 209—230.

[36] Dies gilt auch nach Erlaß des neuen UmweltHG. Vgl. dazu *Hager*, Das neue Umwelthaftungsgesetz, NJW (1991), 134—143.

[37] Vgl. dazu etwa *Forkel*, Immissionsschutz und Persönlichkeitsrecht. Eine privatrechtliche Untersuchung, 1968 (Erlanger jur. Abh., Bd. 1).

[38] *Brüggemeier* (Fn. 35), S. 213.

义和规制。[39] 对此，布吕格迈尔建议，对于环境污染所造成的法益侵害设置一个统一的严格责任的构成要件。但布吕格迈尔认为，这样一种严格责任的构成要件只有在"施害者—受害者"的关系可被识别并在一定区域内可以预见时才具有可操作性。[40] 因此，他认为，这是不充分的，因为即便"在一定程度上对侵权责任法进行去个人化"[41]，也无法妥善地应对复杂的因果关系、施害者人数众多、集聚效应及损害的跨地域性与持久性等因素的综合作用。因此，他建议，在侵权责任之外还需要额外地设置专门的消除损害基金。

综上所述，在布吕格迈尔看来，现代的环境责任法具有以下五个方面的特征：[42]

其一，设置严格责任并降低证明标准及设置推定的因果关系；

其二，对于累积性的、多人共同导致危险发生的情况，推动共同责任的发展；

其三，生态环境损害责任（生态赔偿金）；

其四，设置消除损害基金；

其五，设置法定的环境保护保险。

布吕格迈尔的分析与政策建议十分精确且内容翔实，他表明，"风险社会"这个概念在民法领域的确能够得到卓有成效的运用。与这个崭新的概念相关的另一些问题则是，风险社会的问题会对合同法，尤其是对私法自治原则，产生何种影响？[43] 风险社会的这些问题是否也可以在合同中加以约定？在企业之间是否能够存在

---

[39] *Brüggemeier*, a. a. O., S. 213.
[40] Id., S. 222.
[41] Id.; ausf. *Fenyves/Weyers* (Hrsg.), Multikausale Schäden in modernen Haftungsrechten. Verh. der Fachgruppe für Zivilrechtsvergleichung in Insbruck 1987. 1988 (Arbeiten zur Rechtsvergleichung, Bd. 138), und darin insb. S. 99—151 (zur Rechtslage in Deutschland).
[42] *Brüggemeier* (Fn. 35), S. 229 f.
[43] Dazu grdl. *Flume*, Allgemeiner Teil des Bürgerlichen Rechts, Bd. 2: Das Rechtsgeschäft, 3. Aufl., 1979, § 1; *J. Schmidt*, Vertragsfreiheit und Schuldrechtsreform. Überlegungen zur Rechtfertigung der inhaltlichen Gestaltungsfreiheit bei Schuldverträgen, 1985 (Münsterische Beiträge zur Rechtswissenschaft, Bd. 13).

有效的风险分配体系？法院及法教义学上应当如何处理"新风险"？面对科学技术的迅速发展，私法的边缘领域（如医事法及基因技术法）是否还能够发挥效用？风险社会中产生的新的危险状况也带来了许多重要的程序问题。[44] 尤其值得一提的是，一般性的团体诉讼(Verbandsklage)的设置问题及在诉讼程序中加强对公共利益的考量问题。[45]

  行文至此可以暂作如下小结：风险社会这一命题在公法领域仅得到了部分的接受，且在法教义学上成果寥寥；与此相反，其在民法领域则已经成为了重要的阐释命题，例如，布吕格迈尔在环境责任法的讨论中展示了风险社会的问题如何在实然的解释论层面和应然的立法论层面发挥作用。

四、刑法领域对风险社会命题的接纳

  1988 年，彼得－阿列克西·阿尔布雷希特(Peter-Alexis Albrecht)教授在第 12 届刑事律师论坛开幕式上以"从自由法治国走向社会干预国的刑法——刑事实体法的发展趋势"为题做了开幕演讲。[46] 其报告的核心论点在于，在从 19 世纪的自由法治国向 20 世纪的社会福利国过渡的过程中，刑法的基本思想也从事后的镇压控制转向了事前的预防控制模式。[47]

---

[44] Vgl. *E. Schmidt*, Struktur-und Kompetenzanforderungen an einen zeitgemäßen Zivilprozeß, KritV (1989), 303—322.

[45] 不莱梅大学法律系研究院于 1991—1992 年冬季学期以"风险规制与私法系统——风险社会中私法的承载力与边界"为题，对这个问题及类似问题进行了探讨。

[46] *Peter-Alexis Albrecht*, Das Strafrecht auf dem Weg vom liberalen Rechtsstaat zum sozialen Interventionsstaat, KritV (1988), 182—209.

[47] *Albrecht*, a. a. O., 182, 183 f. 但对于刑法的自由主义观念的背离，在此之前就已经得到确认了，例如 *Lenckner*, Strafgesetzgebung in Vergangenheit und Gegenwart, in: *Gernhuber* (Hrsg.), Tradition und Fortschritt im Recht Festschrift gewidmet der Tübinger Juristenfakultät zu ihrem 500 jährigen Bestehen 1977 von ihren gegenwärtigen Mitgliedern und in deren Auftrag, 1977, S. 239—261 (Tübinger Juristische Abh., Bd. 46)。

在阿尔布雷希特教授看来,自由法治国向社会福利国的过渡在不同的社会领域有不同程度的表现。他认为,表现不同的原因在于,整个社会系统分裂为"政治—行政的系统"和"技术—经济的系统""两个方面。[48] 前一个系统主要在于政治领域,而后一个系统则可以等同于经济领域。阿尔布雷希特指出,在政治—行政的系统中,由于各种社会措施和压制措施的存在而产生了"控制过度"的问题,这主要体现在政策刑法、青少年刑法及性犯罪刑法领域。恰恰相反,技术—经济系统的问题则是"控制阙如",尤其体现在环境保护和经济刑法领域。阿尔布雷希特教授对乌尔里希·贝克的观点明确表示了赞同,在后者看来,在技术—经济系统中,政治与非政治之间存在着棘手的倒置关系:"政策机制日益成为发展的代办,这种发展并非由其预先安排,也无法为其所控制,但政策机制却需要为这种发展承担某种责任"[49]。

人们可以认为,刑法是用以应对阿尔布雷希特教授所提出的"控制阙如"问题的合适手段,而且这也符合公众的期待:污染河流或在市场上销售危险产品的人,似乎的确存在当罚性。这个观点认为,就环境破坏及泛滥的经济犯罪而言,刑法不仅是恰当的抗制手段,而且是最佳手段。

但阿尔布雷希特认为,要求动用刑法手段的呼声仅具有短期效果:"环境问题和经济问题只有通过有效的环境政策与经济政策才能得到解决,在这些政策中,必须使用刑法手段以外的其他规制要素,尤其需要通过公众的、民主的手段全面深入到技术—科学—经济系统的每一个子系统之中,而政治—行政系统对于这些子系统的运作无能为力而只能听之任之。水源、空气、土壤的恶化状况并不能简单地通过设置诉讼条款的方式就被阻止。我们需要通过民主手段对这些非政治的技术—经济领域进行干预。如果这在可预见的将来毫无成效,则意味着风险社会中一切手段

---

[48] *Alexis* (Fn. 46), 182, 184.
[49] *Beck* (Fn. 1), S. 305.

都失效了。"[50]

阿尔布雷希特认为,解决风险社会问题的手段并非刑法,而是更为有效的政策,其最重要的组成部分是公开性的树立。因此,他并非呼吁发展"风险社会的刑法",而是恰恰明确地反对动用刑法手段来抗制"新风险"。

与阿尔布雷希特相似,罗尔夫-彼得·卡利斯(Rolf-Peter Callies)同样认为,在风险社会和刑法的某种发展趋势之间存在特殊的关联[51]:"在现代风险社会中,处于国家控制作用之下的产品生产过程随时制造着各种危及身体、生命以及环境之存在的各种新的危险。在这样一个社会中,问题并不在于如何实现人类福祉之'善',而是如何防止'至恶'[52],显然随着各种新的危险的产生刑法也在不断扩张其保护范围或者进行保护的前置[53]。"在卡利斯看来,这种预防思想终究会导致"在体系上将传统的法治国刑法置换为社会—集权国家灵活的控制工具"[54]。

温弗里德·哈塞默(Winfried Hassemer)[55]也对风险刑法提出了尖锐的批评。但他认为,风险社会之刑法早就已经不断地向前发展了:"刑法突破了自由主义思考下的狭隘范围,在这个范围内,刑法仅仅用来确保'道德底线'。它日渐成为控制严重扰乱社会、国家秩序行为的工具[56]","刑法的目的不再是抗制犯罪"[57],而在于"为援助政策、环境政策、健康政策及外交政策提供辅助性的

---

[50] *Alexis* (Fn. 46),182,205.
[51] Callies Strafzwecke und StrafR. 40 Jahre Grundgesetz—Entwicklungstendenzen vom freiheitlichen zum sozial-autoritären Rechtsstaat?,NJW 1989,1338—1343.
[52] Vgl. *Beck* (Fn 2),S.65.
[53] *Callies* (Fn. 51),S.1340.
[54] *Callies*,a.a.O.,S.1340.
[55] Hassemer Symbolisches StrafR und Rechtsgüterschutz,NStZ 1989,553—559.
[56] *Hassemer* (Fn. 55),S.558.
[57] Hassemer采用了"处置犯罪"(Verbrechenverarbeitung)这个表述。*Hassemer*,a.a.O.,S.558.

支持,逐项对具体法益侵害的报应促使了大面积对问题情境的预防"[58]。

对于所有风险社会的问题都采用灵活的手段加以应对,哈塞默对此提出了警告。他认为,当今刑法的发展主要有两种趋势:一种趋势是刑法日益成为刑事政策的工具,哈塞默将其称之为刑法的"功能化"[59];而另一种趋势则被哈塞默称为刑法的"去形式化",他将此形容为"消除或削弱传统法治国刑法所设置的、用来阻碍政策目标实现的各种障碍"[60]。实现刑法灵活化的重要立法工具之一是,在刑法典中设置抽象危险犯[61]及沉湎于象征刑法之中[62]。在对现行环境刑法的批评中,哈塞默详细指出了立法者与法律适用者在风险社会应对上所存在的特殊问题[63]。在他看来,这种立法具有如下特点:

其一,刑法是解决各种社会问题的恰当工具,这导致了在真正

---

[58] *Hassemer*, a. a. O. , S. 558. Vgl. auch schon *ders.* , Über die Berücksichtigung von Folgen bei der Auslegung der Strafgesetze, FS-Helmut Coing, Bd. 1, 1982, S. 493—524, insb. S. 502—510 mwN.

[59] Vgl. Alternativ-Komm. zum StGB, Bd. 1 (§§ 1—21), 1990, vor § 1 Rn 480 ff. 哈塞默对刑法功能主义的批评参见 *Hassemer*, Grundlinien einer personalen Handlungslehre, in: *Philipps/Scholler* (Hrsg.), Jenseits des Funktionalismus. Arthur Kaufmann zum 65. Geb. 1989, S. 85—94。对于刑法功能化的问题,可进一步参见 *Cornelius Prittwitz*, Funktionalisierung des Strafrechts, StV (1991), 435—441。

[60] AK-StGB, vor § 1 Rn 490 ff.

[61] 全面的概要参见 *Weber*, Die Vorverlegung des Strafrechtsschutzes durch Gefährdungs-und Unternehmensdelikte, in: *Jescheck* (Hrsg.), Die Vorverlegung des Strafrechtsschutzes durch Gefährdungs-und Unternehmensdelikte. Referate und Diskussionsberichte der Arbeitssitzung der Fachgruppe für Strafrechtsvergleichung anläßlich der 9. Tagung der Gesellschaft für Rechtsvergleichung am 20. 9. 1985 in Göttingen, 1987, S. 1—36 (Beih. zur ZStW).

[62] 还可以参见 *Monika Voß*, Symbolische Gesetzgebung. Fragen zur Rationalität von Strafgesetzgebungsakten, 1989。

[63] *Hassemer/Meinberg*, Umweltschutz durch StrafR, Neue Kriminalpolitik (1989), 46—49, 48.

的犯罪人—被害人领域之外进行全面的犯罪化。[64]

其二,其中设置了大量表述模糊的公共法益。[65]

其三,存在广泛的犯罪化前置,尤其是抽象危险犯。

其四,各种教义学机制,如因果关系、既未遂的理论、正犯与参与理论、故意[66]和过失的理论,都被修改或被灵活化了;此外,法律语言并不准确。

其五,由于在核心刑法中增添了各种非传统刑法意义上的,用以确保健康政策、经济政策和环境政策的刑罚威吓,以被害人和法益保护为导向的核心刑法已经被相对化了。

很显然,本文不能完全地概括哈塞默对于刑法最新的发展以及一个"风险刑法"趋势的分析和论述。哈塞默所提出的许多问题在这里都无法得到讨论,更不要说详细地讨论解决对策了。[67] 对笔者而言,尤其值得玩味的是哈塞默在分析中多方面提到的"自由法治国传统"。我们或许可以说,哈塞默明确提及的这种纯粹法治国传统在现实中从来没有存在过。在笔者看来,可以批评的还包括哈塞默反复地将弗兰茨·冯·李斯特(Franz von Liszt)视为是自由法治国刑法的权威倡导者而以其观点为论据。[68]

本文也很难对哈塞默所总结的刑事立法所具有的特征展开全

---

[64] 参见 *Jakobs*, Kriminalisierung im Vorfeld einer Rechtsgutsverletzung, ZStW 97 (1985), 751—785。
[65] *Jakobs*, StrafR, 2. Aufl., (1991), 2/11; *Hassemer*, Das Schicksal der Bürgerrechte im "effizienten" StrafR, StV (1990), 328—331, 330 f.
[66] 关于艾滋病案判决中的故意概念,参见 *Frisch*, Gegenwartsprobleme des Vorsatzbegriffs und der Vorsatzfeststellung am Beispiel der Aids-Diskussion, in: *Geppert/Dehnicke* (Hrsg.), Gedächtnisschr. f. Karlheinz Meyer, 1990, S. 533—566。
[67] 参见普里特维茨教授清晰而有说服力的分析,*Prittwitz* (Fn. 59), 435—441。
[68] 哈塞默援引了李斯特的名言"刑法是刑事政策不可逾越的屏障",但却没有充分地考虑到,也正是李斯特本人强调了刑法中的目的考量并要求促进哈塞默所谓的"刑法功能化"。参见 *Franz von Liszt*, Der Zweckgedanke im StrafR, in: ders., Strafrechtliche Aufsätze und Vorträge, Bd. 1, 1905, S. 126—179 (das "Marburger Programm" von 1882). Eine ähnliche Interpretation wie die hier vertretende findet sich bei *Wolfgang Naucke*, Gesetzlichkeit und Kriminalpolitik, JuS 1988, 862—867; ausf. *ders.*, Die Kriminalpolitik des Marburger Programms 1882, ZStW 94 (1982), 525—564。

面的分析和批判。在笔者看来,其所总结的现行刑事立法的特征及由此而形成的立法模式是值得赞同的。但问题在于,哈塞默所提出的五点特征是否必然是风险社会刑法所具有的一般性特征,也就是说,这些特征是否在刑法必须应对新风险的所有领域中都有所体现。笔者想在刑事产品责任这个领域内讨论这个问题,该领域最近因为联邦最高法院的一份极具争议性的判决[69]而重新引起了广泛的关注。

五、刑事产品责任:风险刑法的例证之一?

产品对消费者群体所产生的危险可被视为"新风险"的一种:它在时间、空间及牵涉范围上都是不受限制的;它很难被归责给单一的个人(而是一个企业!),而且迄今为止这种风险也几乎不属于保险范围。由此而生的问题在于,刑事产品责任是否也具有"风险刑法"的特征,还是说,至少判决已经成功地在传统的受法治国原则约束的教义学框架内解决了所出现的紧迫问题?

与民法[70]不同的是,刑法在过去的很长时间里对于危险产品的生产者与推销者所负有的责任都没有给予很高的关注。在毛拉赫(Maurach)与施罗德(Schroeder)撰写的第5版《德国刑法教科书》[71]中才明确地提到了刑事产品责任这个概念,而在法条评注方面,则首见于舍恩克(Schönke)和施罗德的《德国刑法典注释》第22版之中[72],近期,也出版了一些以此为主题的专著,其中,特别令

---

[69] BGHSt 37, 106—137 = NStZ 1990, 588—592(皮革喷雾剂案判决)。

[70] Vgl. etwa *Simitis*, Grundfragen der Produzentenhaftung, 1965; *Diederichsen*, Die Haftung des Warenherstellers, 1967; *Schmidt-Salzer*, Produkthaftung. Die Haftung der an der Warenherstellung und am Warenbetrieb beteiligten Personen und Unternehmen, 1972. Weitere Nachw. bei *Larenz*, Lehrbuch des Schuldrechts BT, 12. Aufl., 1981, § 41 a.

[71] *Maurach/Schroeder/Maiwald*, StrafR BT, Bd. 2: Straftaten gegen Gemeinschaftswerte, 1981, S.57.

[72] *Schröder*, StGB, Komm. Begründet von Schönke, fortgeführt (7.—17. Aufl.,); von *Lenckner/Cramer/Eser/Stree*, 22. Aufl., (1985), § 15, Rn 219.

人称道的是施密特-扎尔策(Schmidt-Salzer)所编写《产品责任》[73]一书;实务中有关刑事产品责任的判决数量也相当可观[74]。联邦最高法院首先在 1990 年 7 月 6 日的判决中对刑事产品责任的总体问题提出了基本观点。以下是基本案情:

> X 有限责任公司是一家生产皮鞋及其他皮具护理用品的公司,其产品中还包括了作为护理剂及染料剂的皮革喷雾剂;旗下子公司 E 和 S 则负责产品的推销。1980 年深秋,公司收到了用户的投诉报告,称在使用皮革喷雾剂之后出现了严重的健康损害,如呼吸困难、咳嗽、寒战、发热,部分甚至有生命危险。公司对此进行了内部调查并改变了配方,但这些措施都未能达到理想的效果。
>
> 1981 年 5 月 12 日,X 公司主管人员就此召开特别会议,与会人员包括 S、Sch 博士、R、O 及公司的首席化学家 B 博士。[75] B 博士认为,现有的调查并没有足够的证据证明皮革喷雾剂中存在有毒物质。以此为基础,公司董事会做出决定,不召回产品也不停止销售产品,而只是对产品外包装上的提示进行完善。S 公司的负责人 W 及 E 公司的负责人 D 都在事后了解了本次特别会议的内容,两人都在自己的主管范围内执行了这个决定。随后,大量的消费者在使用之后仍然出现了身体损害状况,最终,联邦卫生健康部进行了介入并召回了产品。

---

[73] *Schmidt-Salzer*, Produkthaftung, Bd. 1: StrafR, 2. Aufl., 1988. 还可以参见 *Goll*, Strafrechtliche Produktverantwortung, in: *Graf zu Westphalen* (Hrsg.), Produkthaftungshandbuch, Bd. 1: Vertragliche und deliktische Haftung, StrafR und Produkt—Haftpflichtversicherung, 1989, S. 597—645; *Kuhlen*, Fragen einer strafrechtlichen Produkthaftung, 1989 (Mannheimer rechtswissenschaftliche Abh., Bd. 7); *Vogel*, Verbraucherschutz durch strafrechtliche Produkthaftung—Kriminologische und funktionale Aspekte, GA 1990, 241—264。

[74] So insbesondere die berühmte Entscheidungen des *LG Aachen* im Contergan-Fall, JZ 1971, 507—521; vgl. ferner die Zusammenstellung bei *Schmidt-Salzer*, Entscheidungssammlung Produkthaftung. StrafR mit Urteilsanmerkungen und einer Einleitung, 2. Aufl., (1988) (künftig zitiert "ES")。

[75] 公司负责人 R 在一审宣判时已经过世,而针对负责人 O 的指控则被专门审理。

一审判决被告人成立伤害罪[76]。州法院在判决中进行了区分：在知悉1981年2月14日损害事件F后发生之损害，被认定为成立过失伤害罪；至于1981年5月12日之后发生之损害，则因为是发生在特别会议之后，所以被认定为危险伤害罪；B博士则构成危险伤害的帮助犯，因为他没有为公司负责人提供足够的信息。

联邦最高法院基本肯定了一审判决的意见。本文在此并不详细讨论联邦最高法院的判决论述及相应的批评。[77] 这里只想讨论几个特殊的问题：

其一，就皮革喷雾剂本身的性质与出现的健康损害结果之间的因果关系问题，联邦最高法院指出："若不知产品中哪一个成分是造成消费者损害之原因，但只要其他被考虑的原因都被排除，那么该损害之结果之间就具有因果关系。"[78]

其二，生产者的保证人地位源自前行为保证人地位。法院认为，生产者将危险的产品置于流通领域的行为是一个危险的前行为。联邦最高法院在学理上详细论证了保证人地位的产生[79]，但它显然搁置了能否从民事的交易安全义务的角度衍生出保证人地位的问题。

其三，肯定了保证人地位之后，联邦最高法院认为，公司负有义务召回已经销售出去的皮革喷雾剂。法院谨慎地区分了被告人的负责领域及从中衍生的行为要求。S公司的负责人W的召回义务限于S牌的产品，而E公司负责人D的召回义务则限于E牌的产品。相反，对于S和Sch博士，联邦最高法院则以在危机和例外情况下所承认的[80]的公司领导的一般责任为出发点，认为，企业作

---

[76] LG Mainz Urt. v. 16. 1. 1989, ES IV 3.22 (Lederspray I).

[77] 参见 *Kuhlen*, Strafhaftung bei unterlassenem Rückruf gesundheitsgefährdender Produkte, NStZ (1990), 566—570; *Samson*, Probleme strafrechtlicher Produkthaftung, StV (1991), 182—186。

[78] BGHSt 37, 106 (Ls 1).

[79] Vgl. aber die—teilweise berechtigte—Kritik bei *Kuhlen* (Fn. 77), S. 567; *Samson* (Fn. 77), S. 184.

[80] *Schmidt-Salzer* (Fn. 73), Rn 1.166, 1.146 ff.; *Goll* (Fn. 73), § 46 Rn 14 Fn 15.

为整体被牵涉在内。

概言之,联邦最高法院从学理上对皮革喷雾剂案进行了详细的论证,并谨慎地建立了刑事产品责任的教义学结构。施密特-扎尔策在《产品责任》一书中正确地指出,皮革喷雾剂案判决作为奠基性的判决,其意义是难以用文字估量的。[81] 本文不可能像库伦(Kuhlen)与萨姆松(Samson)那样对该判决进行详细的批判分析[82],笔者在其他文章中已经对此进行了探讨。[83] 但在结论上,笔者认为:皮革喷雾剂案判决中并不存在那种有违法治国原则的对教义学结构的灵活化处理,相反,本案以过去相关判决[84]和文献为基础构建了刑事产品责任[85]的基础,而且努力地尝试以过去判决和文献上的观点来解决几乎所有的问题。虽然联邦最高法院的某些论证事实上并非毫无疑问[86],但笔者认为,批评者指责这份判决是在一个风险刑法意义上对刑法教义学结构的灵活化处理也是不能令人信服的。应当认为,刑事产品责任并不具有"风险刑法"的特征。

六、结论

乌尔里希·贝克所提出的风险社会命题在社会科学领域几乎成为了"万金油",法学领域也很快接纳了这个命题。虽然法学合

---

[81] *Schmidt-Salzer*, Strafrechtliche Produktverantwortung. Das Lederspray-Urteil des BGH, NJW (1990), 2966—2972, 2966.
[82] 前注 78 所援引的文献即是例证。
[83] 参见前注 1 所提及的文献。
[84] Zu nennen sind hier insb. BGH ES IV. 4 (Zwischenstecker); BGH ES IV. 1.5 (Vorzugsmilch); LG Aachen JZ 1971, 507 = ES IV. 26 (Contergan); LG München II ES IV. 28 (Monza-Steel); BGH NStE Nr. 5 zu § 223 StGB = ES Nr. IV. 1.13 (Bienenstich II).
[85] Vgl. *Schmidt-Salzer* (Fn. 73); *Goll* (Fn. 73), S.597—645; *Kuhlen* (Fn. 73); *Vogel* (Fn. 73), 241—264.
[86] 例如,判决中所隐含的在前行为保证人地位问题上的观点的变化,参见 *Kuhlen* (Fn. 77), S. 567 ff.; *Samson* (Fn. 77), S.184。

理地对于各种源自社会科学的时髦词汇持怀疑态度,但"风险社会"这个概念却似乎已经在公法和民法领域得到了卓有成效的运用;而在刑法领域,有相当数量的学者将"风险刑法"的危险强调为风险社会的特殊刑法。风险刑法的特征在于对于法教义学的基本结构进行在自由法治国视角看来极其可疑的灵活化处理,以刑事产品责任为例,需要检验的是,这种发展是否是刑法在应对风险社会挑战时不可避免的伴随现象。在本文看来,应当做否定的回答。

第十四章

集体决定中的因果关系问题

——以皮革喷雾剂案为例

一、问题的提出

德国联邦最高法院关于皮革喷雾剂案的判决[1]不仅是刑事产品责任[2]领域的主导性判决，而且也使围绕因果关系概念的讨论重新成为热点。该案件尤其涉及在集体决定中个人投票的因果关系问题，本文首先对这一问题进行简要的梳理。

皮革喷雾剂案基本案情如下：

  一家有限责任公司生产皮革喷雾剂并通过旗下的两家子公司推销这些产品。1980年秋，这家公司收到投诉称，在使用其所生产的皮革喷雾剂之后出现身体健康损害，其症状包括呼吸困难、恶心及发烧，部分受害者还患上了肺水肿，危及生命。公司虽然进行了仔细的调查，但没有发现任何产品缺陷。鉴于仍然有进一步的损害投诉，公司于1981年5月12日召开了主管特别会议。会上决定，在所有喷雾剂罐子上添加相应的警示，但并不召回产品。子公司的负责人则获悉了该会议

---

[1] BGHSt 37, 106 ff. = MDR 1990, 1025 ff. = NJW 1990, 2560 ff. = NStZ 1990, 588 ff. = StV 1990, 466 ff. = wistra 1990, 342 ff.
[2] Kuhlen, Fragen einer strafrechtlichen Produkthaftung, 1989；Schmidt-Salzer, Produkthaftung, Bd. 1, StrafR, 2. Aufl., 1988；Hilgendorf, Strafrechtliche Produzentenhaftung in der "Risikogesellschaft", 1993.

的决议。在健康部门介入之后,该公司于 1983 年停止生产皮革喷雾剂,并陆续召回产品。导致身体损害的具体物质并未被查明。在随后的刑事诉讼程序中,3 家公司的负责人被指控,或因为没有及时地召回皮革喷雾器,或因为继续生产和销售皮革喷雾剂而给产品的使用者造成了身体伤害。被告对于在 1981 年 1 月 14 日(发生了一起特别严重的损害事件)之后至 5 月 12 日(董事会特别会议)之前所发生的身体伤害,构成过失伤害罪;对于特别会议之后所发生的身体伤害,下级法院认为,被告构成危险伤害罪。联邦最高法院对于下级法院的这一判决中所涉及的主要问题持赞成态度。[3]

联邦最高法院在其详细的论述中多次提及了因果关系的问题。法院认为,问题首先在于在使用皮革喷雾剂与身体伤害结果出现之间的一般因果关系问题。[4] 本文所讨论的并非这一问题。[5] 联邦最高法院进一步认为,被告人的不作为,也就是没有促成做出召回危险的喷雾剂的决定,是导致损害结果出现的原因[6]。法院基于过去的一贯判决认为,在不纯正不作为犯中,当采取了合义务的行为时该当构成要件的损害结果便不会出现,也就是,当想象合义务行为存在时便不存在该损害结果,如此便能肯定不作为的因果关系。[7] 而联邦最高法院也再次明确拒绝采取风险升高理论。[8]

联邦最高法院采取了三个检验步骤,以确保正确地把握因果关系问题:① 如果公司负责人实施了合义务的行为是否就能够促成公司采取召回产品的行动;② 召回决定是否能够及时地通知所

---

[3] 与初审判决不同的是,联邦最高法院认定,共同被告人首席化学家 B 博士无罪,且对被告所成立的罪名之间的竞合关系也做了不同的处理。
[4] BGHSt 37, 111—113.
[5] 对此参见 *Kuhlen* (Fn. 1), S. 63 ff.;*Hilgendorf* (Fn. 1), S. 121 ff.
[6] 在肯定了一般因果关系之后,作为的因果关系也就不难判断了。
[7] BGHSt 37, 106, 126 unter Berufung auf BGH StV 1984, 247 f.;BGH NStZ 1985, 26.
[8] BGHSt 37, 106, 127;*Joerg Brammsen*, Kausalitäts-und Täterschaftsfragen bei Produktfehlern, Jura (1991), 533, 536, 538.

有的经销商;③ 经销商是否会听从召回决定。

对于后两个问题,联邦最高法院认为,地方法院正确地肯定了因果关系的存在,因此,联邦最高法院不再需要对此加以探讨。相反,联邦最高法院对于检验因果关系存在的第一步,即促成召回决定的可能性,进行了详细的探讨。每一位负责人都有义务促使公司做出决定下令并执行召回行动。对于因果关系问题而言,关键在于,负责人个人履行其义务是否能够促使公司做出召回存在危险的喷雾剂的决定。对于这一问题,如果就每一位公司负责人单独进行判断,正如联邦最高法院所认为的那样,则可能会"产生疑问,因为并不能排除的可能是,每位负责人尽管尝试促使公司做出其期盼的决定,却由于其他负责人的反对而失败"[9]。事实上,本案否定了通说所采用的条件公式:即便负责人个人实施了符合义务的行为,由于多数人共同决定的必要性也无法确定是否能够最终形成召回的决定。乍看之下,在这一检验步骤中便应否定因果关系的存在;但这一结论显然与法感情不符。

为避免这一结论,联邦最高法院采取了以下论证思路:

> 就危险伤害罪而言,全体负责人之间成立共同正犯关系。在不纯正不作为犯中,成立共同正犯的条件在于,多名保证人共同决定不遵守只能由他们共同履行之义务,而放任危险伤害的发生。[10] 每位被告人都必须对他人的不作为负责,从而共同承担未进行召回的责任。

而对于过失伤害罪,联邦最高法院同样肯定了因果关系。[11] 但其论证理由则极其简短:

> 法院一方面考虑了作为犯中的累积的因果关系[12],另一方面又强调,只有肯定因果关系才能与负责人们共同且

---

[9] BGHSt 37, 106, 129.
[10] BGHSt 37, 106, 129 unter Berufung auf LK-*Jescheck*, § 13 Rn 58.
[11] 其中联邦最高法院也援引了恩吉施的观点,参见 Engisch, Die Kausalität als Merkmal der strafrechtlichen Tatbestände, 1931, S. 30 f.。
[12] BGHSt 37, 106, 131.

同等的责任相符。若非如此，则一个有限责任公司的负责人只要提出其他董事也可能实施同样的、违反义务的不作为便能轻而易举地否定自己的刑事责任。"这显然是错误的。"[13]

二、文献上的回应

联邦最高法院的论证在理论上仅获得了少数的赞同。除了一般因果关系问题[14]以外，尤其受到关注的问题在于，没有努力促成召回的不作为，能否被认为是身体伤害的原因。

（一）库伦的见解

对于联邦最高法院的判决结论及其基本的论证思路，库伦（Kuhlen）教授持肯定态度[15]。但他认为，联邦最高法院在其判决中放弃了当单一被告人如果努力促使召回决定的做出，便能够以接近确定的可能性来避免损害结果的发生这一要求。在故意犯罪中放弃这一要求并不存在问题，因为"违反了由多名保证人共同承担的义务，由此多名被告人之间形成共同正犯关系。因而，基于《德国刑法典》第 25 条第 2 款的规定，个人的不作为也可以归责于他人"[16]。困难在于如何在过失伤害罪中解决因果关系问题。库伦认为，联邦最高法院虽然正确地放弃了条件公式的适用，但其与

---

[13] BGHSt 37, 106, 132；刑事政策上的考量，参见 OLG Stuttgart NStZ 1981, 27, 28。

[14] *Kuhlen*, Strafhaftung bei unterlassenem Rückruf gesundheitsgefährdender Produkte, NStZ (1990), 566 f.；*Samson*, Probleme strafrechtlicher Produkthaftung, StV (1991), 182, 183；*Puppe*, Anmerkung zum Urteil des BGH, Urteil v. 6.7. 1990 2 StR 549/89 (BGHSt 37, 107), JR (1992), 30 f.；*Brammsen* (Fn. 8), 533, 534 f.；*Beulke/Bachmann*, Die "Lederspray-Entscheidung"— BGHSt 37, 106, JuS (1992), 737, 738 f.

[15] *Kuhlen*, a. a. O., 566 ff.

[16] *Kuhlen*, a. a. O., 566, 570.

作为犯中的累积的因果关系相类比的做法也并不妥当,因为对于累积的因果关系而言,条件公式也是可以轻易地适用的。他主张在皮革喷雾剂案中设置一种条件公式的例外情形[17],但他并没有进一步的展开论证:"对于一个无偏见的对因果关系的理解而言,没有疑问的是,当他们虽然有行为的可能性却没有人采取行动推动决定做出从而导致这一决定流产时,这一因果关系就以每个有权做决定的个人的不作为为基础。"[18]

(二) 萨姆松的见解

萨姆松(Samson)则提出了对于共同决定的不作为中的因果关系问题与联邦最高法院不同的解决方案。[19] 就被告人没有做出召回而成立危险伤害罪的部分,萨姆松否认了被告之间的共同正犯关系。共同正犯必须能够对"是否以及怎样实施犯罪行为"[20]做出决定,但这一点在皮革喷雾剂案中则是不可能的。"如果多名负责人中的一人决定实施召回措施,也就是采取所要求的行为,也无法产生任何结果,就如同少数负责人以同样的方式做出决定一样。是否以及如何实施犯罪行为并不取决于该名负责人。"虽然要求公司负责人共同采取救助行动,但反过来并没有采取此种行动并不能成立不作为的共同正犯[21]。此外,即便是共同的行为决意也不能替代不作为的因果关系。[22]

在过失犯罪的部分,萨姆松同样认为联邦最高法院的论证根据也是"不充分的",因为从这一根据出发,在其他的案件中将得出无法令人接受的结论。对此,他用以下事例予以说明[23]:两名消防员将水管从消防栓接到着火的房子。A 的任务是打开消防栓的阀

---

[17] Id.
[18] Id.
[19] Samson (Fn. 14), 182 ff.
[20] Samson, a. a. O., 182, 184.
[21] Id.
[22] Id., 182, 185.
[23] Id.

门,而 B 则要将喷头接到管子上并对准着了火的房子。如果 A 没有实施他所被要求的行为,那么,关键便在于,如果 A 打开了阀门,B 是否就能够扑灭房中的火势。如果能够确定,B 不能扑灭房中的火是因为管子另一端的喷头出现故障或彻底坏掉了,则同样可以确定,A 并不需要"打开消防栓的阀门,往水管内注水"。在萨姆松看来,联邦最高法院依据其方法必须另行解决这一案件,也就是,应当认为无论是 A 的不作为还是喷头的故障都是造成损害的原因。[24] 萨姆松认为,这显然是不正常的。

萨姆松认为,在皮革喷雾剂案中应当考虑的是,负责人个人是否以放弃的形式而致使召回决定流产。"如果负责人中可确认的多数引发了不明智的感觉,则该多数负责人应当承担责任,而不是其他放弃的负责人。相反,如果某人向他人传递了这种感觉,则他通过这一行为不仅使他人也使自己丧失了救助能力。"[25] 这无论对于危险伤害还是过失伤害都是适用的。

(三) 普珀的见解

普珀(Puppe)教授[26]则仍试图在本案中对因果关系进行检验。她同样认为,联邦最高法院的共同正犯的考虑是不具有说服力的,因为共同正犯关系本身已经预设了每位共同正犯对于结果都具有因果力。[27] 而这一"共同正犯的策略"在过失犯罪的部分便完全无效了。[28] 普珀认为,联邦最高法院类比适用作为犯中的累积的因果关系是错误的,而应当适用"多重因果关系"。多重因果关系的特征在于,导致一个结果发生的多个完全或部分不同的充分条件同时被满足了。[29] 以此为基础,应如此解决皮革喷雾剂案中的因果关系的问题:"如果要避免对结果发生的多重充分条件

---

[24] Id.
[25] Id.
[26] *Puppe* (Fn. 14), 30 ff.
[27] *Puppe*, a. a. O., 30, 32.
[28] Id.
[29] Id.

都做出了必要贡献的多个行为人以即便没有自己的因果贡献结果也会发生为由互相免除责任,则人们必须不能再仅将这些导致结果出现的必要条件视为单一原因。只要根据一般的规则,一个行为是导致结果发生的充分条件的必要组成部分,该行为便足以被认为是结果发生的单一原因。"这与对因果关系的直观理解也是相符的[30]。

(四) 迈尔的见解

迈尔(Meier)[31]认为,联邦最高法院的结论及其论证根据都是正确的。与联邦最高法院一样,迈尔同样认为,本案所涉及的是不作为的累积的因果关系问题。[32] 仅基于等值理论是无法证立法院的结论的,因为即便假设个别负责人实施所要求的行为,也无法确定结果便能以接近确定的可能性得到避免。迈尔指出,联邦最高法院关于因果关系的论证本质上是刑事政策性的。他个人的解决方案则是应用以塔尔诺维斯基(Tarnowski)[33]的理论为基础的等值理论的修正形式。由此,对于多个条件,即假设排除任一(非累积性)条件,而结果不会发生,则每个条件都是结果发生的原因[34]。根据这一修正后的公式,便能够肯定每个公司负责人的不作为与未做出召回决定之间的因果关系。[35]

---

[30] Id.

[31] *Meier*, Bernd-Dieter: Verbraucherschutz durch Strafrecht? —Überlegungen zur strafrechtlichen Produkthaftung nach der "Lederspray" —Entscheidung des BGH, NJW (1992), 3193 ff.

[32] *Meier*, a. a. O., 3193, 3197.

[33] *Tarnowski*, Die systematische Bedeutung der adäquaten Kausalitätstheorie für den Aufbau des Verbrechensbegriffs, 1927, S. 45 ff. Ähnlich auch schon *Traeger*, Der Kausalbegriff im Straf-und Zivilrecht, 1904. S. 46.

[34] 参见 *S/S-Lenckner*, Vorb. § § 13 ff. Rn 82; *Wessels*, Lehrbuch des Strafrechts Allgemeiner Teil, § 6 I 2。

[35] *Meier* (Fn. 31), 3193, 3198.

(五) 布拉姆森的见解

布拉姆森(Brammsen)[36]则认为,皮革喷雾剂案中在过失犯罪的部分所产生的集体决定不作为的因果关系问题可以通过过失共同正犯加以解决。他认为,在正犯界定问题上的区分——故意犯罪中称为共同正犯,而过失犯罪中则称为从属正犯——在结论上是不正确的。本案表明,目前仍然缺少一个统一的正犯理论。[37]

三、本文的方案

联邦最高法院在危险伤害罪的部分认为公司董事成立共同正犯,而在过失犯罪的部分则采取了纯粹的刑事政策的考量,由此,联邦最高法院实际上回避了单一公司负责人的行为与没有做出实施召回行为的决定之间是否存在因果关系的问题。与累积的因果关系相类比几乎是没有说服力的。[38] 全体负责人的行为整体是结果发生的原因,这一点可以通过传统的条件公式的适用轻易地得出。前述萨姆松与普珀所进行的论证也不能令人信服。认为共同正犯以因果关系为前提,因而不存在共同正犯就不能论证因果关系,这一理由并不足以对联邦最高法院所采取的根据加以批判[39]。虽然即便是在共同正犯关系中也要求每个参与者的行为与结果的发生之间存在因果关系,但这仅仅涉及的是共同正犯共同实施的行为整体与结果发生之间的因果关系;相反,不需要证明共同正犯的个别原因力与整体结果之间的关系。相应地,不纯正不作为犯

---

[36] *Brammsen* (Fn. 8) 533, 537 f. 在一定程度上持赞同意见的 *Beulke/Bachmann* (Fn. 14), 737, 744; *Reinhard Franke*, Strafrechtliche Verantwortlichkeit bei Redakteurskollektiven, JZ (1982), 579, 582,在此前则已经肯定了编辑群体的刑事负责性。

[37] 对此参见 *Brammsen*, Die Entstehungsvoraussetzungen der Garantenpflichten, 1986, S. 424 ff。

[38] 在这个意义上 *Puppe* (Fn. 14), 30, 32 的评论是正确的。

[39] 关于 Samson 所提出的两点理由,即因果关系及董事会成员个人所拥有的犯罪支配,参见 *Hilgendorf* (Fn. 2), S. 125 f。

中主流的观点认为,当违反多人共同承担的法律义务而没有阻止结果发生时便能够肯定不作为者之间的共同正犯关系。[40]

而在过失犯罪的部分则存在疑问。通说直到现在还否定过失共同正犯成立的可能性,因为在过失犯中并不存在共同的行为决意[41]。但这一理由在皮革喷雾剂案中对于在负责人会议之后所出现的法益伤害而言并不适用,因为本案中公司负责人共同做出决议不召回产品,而且负责人之间是具有意思之联络的。[42] 在这类案件中成立过失共同正犯,在结构上是可能的。[43] 而对于发生在公司负责人特别会议之前的损害事件而言,则需要探讨是否也能够肯定公司董事对此是具有意思之联络的。这里并不需要决定究竟是否需要过失共同正犯的概念还是对此刻意回避采用"单一"过失犯[44]。因此,布拉姆森所提出的解决路径[45]基本是可行的。

但由此并不能当然地认为,所有与做出或不做出共同决定相关的因果关系问题都必须通过共同正犯加以解决。可以轻易地设想这样一种情况,公司负责人没有做出不召回的决定,而只是个别负责人采取了消极行为。此种情况下,并不能肯定负责人之间具有共同正犯意义上的意思之联络。由此,单一负责人的行为与未做出决议之间的因果关系问题将会变得特别重要。但这一问题也并非不可解决,下文将展示对此种情况的处理。

---

[40] RGSt 66, 71; *Dreher/Tröndle*, § 25 Rn 7a; *Jescheck*, Lehrbuch des Strafrechts Allgemeiner Teil, S. 618; LK-*Roxin*, 11. Aufl., (1993), § 25 Rn 215; *Stratenwerth*, Lehrbuch des Strafrechts Allgemeiner Teil, Bd. I, Rn. 1068.

[41] BGH VRS 18, 415, 421 f.; *Baumann/Weber*, Lehrbuch des Strafrechts Allgemeiner Teil, S. 527 f.; *H. Bindokat*, Fahrlässige Mittäterschaft im Strafrecht, JZ (1979), 434; *Jescheck*, a. a. O., S. 613; *S/S-Cramer*, § 25 Rn 101.

[42] Vgl. auch die Entscheidung des *Schweiz*, BG BGE 113 IV 58 und dazu *Harro Otto*, Anmerkung zu BayObLG 4 St RR 4/97, Jura (1990), 47 ff.; *BayObLG*, NJW 1990, 3032.

[43] 但联邦最高法院并不需要探讨这个问题,因为其在判决中认定了故意的存在。

[44] So wohl LK-*Roxin* (Fn. 40), Rn 221.

[45] 见本章第二部分第4点以及前注36。

(一) 合法则性关系学说

根据通常作为因果关系规定基础的等值理论，如果行为不存在结果便不会发生，则该行为便是结果发生的原因。[46] 但自恩吉施(Engisch)发表《作为刑事构成要件要素的因果关系》[47]这一奠基性著作之后，理论上广泛承认条件公式并不能定义因果关系，而只是一个帮助检验因果关系是否存在的工具。[48] 当存在替代原因时，条件公式便无法适用，因为即便假设该条件不存在，结果仍然会出现。与此相关的，包括超越的及假定的因果关系。

条件公式能够适用的前提在于，行为与结果之间明显存在合法则性关系。"只有当人们知道在原因与结果之间存在因果性关系时，才能够说，若无此原因则结果不发生。"[49] 这一点在康特根案中表现得尤为明显。在该案中，服用药物沙利窦迈与身体损害结果之间的因果关系恰恰存在争议。[50] 假设"服用沙利窦迈这一药物"不存在也无法改变什么。对于证明在服用沙利窦迈与身体损害结果之间存在合法则关系而言，所需的是实证研究。概言之，条件公式并非定义因果关系，而仅仅只是提供了一个不确定的标准，用以检验因果关系是否存在。[51]

那么，应如何定义因果关系呢？当前的通说认为，关键在于根据现有的经验知识，在行为与结果之间是否存在合法则性关系。始终需要探讨的是，"在时间上随后发生的外部世界的改变是否与一个行为相衔接，而这一外部世界的变化与该行为是合法则地联

---

[46] *Baumann/Weber* (Fn. 41), S. 219 ff.; *Dreher/Tröndle* (Fn. 40), vor § 13 Rn 17; *Jescheck* (Fn. 40), S. 250 f.; *Stratenwerth* (Fn. 40), Rn 218.

[47] Erschienen 1931. Vgl. auch *Engisch*, Vom Weltbild des Juristen, 2. Aufl., 1965, S. 110—140.

[48] *S/S-Lenckner* (Fn. 34), Rn 74; SKStGB-Rudolphi vor § 1 Rn 40—jew. mwN.

[49] *Jescheck* (Fn. 40), S. 253..

[50] *LG Aachen*, JZ (1971), 510 ff.

[51] 与此相反，耶塞克(Jescheck)在《莱比锡刑法典注释》(LK)中则明确指出，"条件理论作为因果关系的存在论定义并非无效"。这与其关于合法则性条件学说的论述是矛盾的。参见 LK-*Jescheck* (Fn. 10), vor § 13 Rn 50.

系在一起的,且该变化是该当构成要件的结果"[52]。因此,根据我们的经验知识,如果能够认为行为 H 与结果 E 的出现之间存在合法则性,则可以认为行为 H 是结果 E 的原因。所谓"合法则性"可以表述为"只要存在 H,E 便发生"。是否存在此种"合法则性",则是经验科学的研究范围。[53] 因果性阐释终究只是演绎推理的一种形式。[54] 重要的是,对因果关系的分析并不需要某种"力"或"本质的必然性"的影响。这种关于因果关系是某种力的推断在哲学上至晚在休谟的因果分析中便已经被认为是过时的了[55],在法学领域,这种理解也就没必要继续苟延残喘了。

(二) 合法则性条件学说的适用问题

通说在适用因果关系的这一定义时始终缺乏一致性,从而导致对合法则性条件学说的承认流于口号。与至少是文献上的通说相反,合法则性条件公式也可以轻易地适用于不纯正不作为犯,其仅取决于,在不实施某一作为与特定结果的出现之间是否存在合法则性关系,当某一特定的作为在给定的具体情况下足以避免结果发生时,便能够肯定这种关系的存在。[56] 例如,当值的水上救生员 A 放任了在他旁边的 B 溺死,则 A 的行为是 B 死亡的原因,因为在 A 的行为与 B 的死亡之间存在合法则性关系。即便 A 的行为被归为不作为也并不影响这一判断。

但通说拒绝了这一方法,因为通说认为,原因必须在某种意义上"真实地作用于"结果。其中,耶塞克(Jescheck)教授的观点极具代表性:"作为一个实然范畴,因果关系需要一个真实的力量源,它

---

[52] *Jescheck* (Fn. 40), S. 254.
[53] 仅在极其例外的情况下,因果关联首次在法庭上通过相关学科的代表的证言加以确定,例如,康特根案中。Vgl. dazu *Hilgendorf* (Fn. 2), S. 115—121.
[54] 详细的论述,参见 *Simon/Herberger*, Wissenschaftstheorie für Juristen, S. 354 ff. 这里并不需要决定统计数据性的法则是否能够作为因果解释的法则加以使用的问题。
[55] 参见 *Stegmüller*, Probleme und Resultate der Wissenschaftstheorie und Analytischen Philosophie, Bd. 1, 2. Aufl., 1983, S. 511—519。
[56] So schon *Engisch*, (Fn. 11), S. 30.

必须能够产生力量消耗,而在不作为中恰恰欠缺这一点(*ex nihilo nihil fit*)。"[57] 耶塞克想要从行为是否能够避免结果发生出发来考虑这个问题,而不是去配合一个"实然范畴"意义上的因果关系概念。合法则性关系应存在于这种避免可能性之中。[58] 因此,在不作为犯中他实际上又回到了条件公式的修正形式中。[59]

这一弯路使得第一个问题,即条件公式中已为人所知的缺陷[60],尤其是替代因果关系的问题,重新地进入视线。如果人们不把因果关系与所谓"隐藏的力量源"或其他"力"的作用相联系,那么,通说所主张的方法也并非必然。此种因果关系的概念只是一个早已过时的、对因果关系理解的残余。合法则性条件学说的特殊性之一便在于,它始终以合法则关系的存在为关注重心,而避免了对某种终究是以某种自然事件为基础的"力"的存在的推测。[61]

进一步的,第二个问题则涉及所要求的合法则性关系的种类。部分学者似乎认为,只有自然法才能构成"合法则性关系"[62]。恩吉施的著作中也能够找到这种理解的相应论述。[63] 但这种对自然法的局限是应被拒绝的。鉴于演绎推理的论证形式[64],对于此种所存在的关系而言关键在于[65],某一法则命题是否在经验上是可检验的。因此,符合经济与社会的法则,如供需法则,也可以被考虑作为因果阐述的组成部分。法律规范本身并不包含任何经验性

---

[57] *Jescheck* (Fn. 40), S. 559.
[58] *Jescheck*, a. a. O., S. 559.
[59] Ebenso *Baumann/Weber* (Fn. 41), S. 239; *Dreher/Tröndle* (Fn. 40), § 13 Rn 14; *S/S-Stree* § 13 Rn 61; *Wessels* (Fn. 34), § 16 II 3 sowie aus der Rspr. etwa BGHSt 6, 1; JZ 1973, 173; NStZ 1985, 26.
[60] 本章第三部分之(一)。
[61] 参见本章第三部分之(一)。
[62] 参见例如 SKStGB-Rudolphi vor § 1 Rn 41。
[63] 见前注,S. 21 f。
[64] 本章第三部分之(一)及前注 54。
[65] 在因果关系的分析中与"法则形式"具有紧密关系的问题,参见 *Seiffert/Radnitzky* (Hrsg.), Den Überblick von Jammer im Handlexikon zur Wissenschaftstheorie, 1989, S. 116 f。

的内容因而无法形成"合法则性关系"。但如果当特定的人群能够被视为基本是忠实法律的,那么,便可以将特定的事实与特定规范的存在结合起来认为(这在经验上是可检验的),该人群的行为是合乎法规范的且在将来也会如此。由此,在法规范与人的行为之间便产生了合法则性关系。

第三个问题则在于,有时并非仅存在一个,而是存在多个合法则性关系,它们可以帮助对一个特定的结果做出因果性解释。典型的例子是同时对被害人注射两种不同的毒药。这种情况对于合法则性条件学说的一贯运用而言也不存在任何困难。无论是对于作为犯还是不作为犯而言,因果关系判断的关键仅仅在于能够在行为与结果之间发现合法则性关系;同时存在的其他导致结果发生的合法则性关系则不纳入考虑范围。例如,当 A 和 B 都给了 C 一杯含有致命剂量毒药的饮料,毒药同时发生作用而 C 因此死亡,则无论是 A 的行为还是 B 的行为都是结果发生的原因。在这两种情况下,在投毒行为与 C 的死亡之间存在着一个合法则性关系,两个因果关系共同地发生作用,这一事实对于因果关系的认定而言并无影响。[66] 如果将上文所提及的救生员事例进行一定的修正,当时并不只有一名而是有多名救生员都眼睁睁地看着 B 溺死,对于这一情况上述规则同样适用。因此,全体救生员都因自己的不作为而导致了 B 的死亡而受到谴责。这与日常生活观念是相符的。

(三) 合法则性关系学说在集体决定中的运用

进一步探究某一集体所属成员的投票行为与第三人身上所发生的结果(如身体伤害)之间的因果关系,此种情况一方面涉及该集体成员的投票与集体决定之间的因果历程,另一方面则涉及该

---

[66] 为得出这一结论,通说对条件公式进行了修正:当存在若干条件时,若假设其中任意一个条件不存在,结果都不会消失;但若假设所有条件均不存在,则结果不会出现。在这种情形下,每一个条件与结果之间都有因果关系。也就是基于 *Tarnowski* (Fn. 33), S.47; z. B. *Jescheck* (Fn. 40), S.234; *Welzel*, Lehrbuch, S.45。也可参见本章第二部分第(四)点。

集体决定与第三人身上发生的结果之间的因果历程，二者需要分别加以讨论。联邦最高法院在皮革喷雾剂案中也是这样讨论因果关系的，其严格区分了将皮革喷雾剂带入流通的行为是否是身体伤害结果出现的原因（一般因果关系）及被告人的行为和召回的不实施之间是否存在因果关系两个问题。[67] 集体决定，也就是召回的不作为，与特定结果的出现之间的因果关系问题同样会出现在个人进行决定的场合。因此，下文中所要关注的，仅仅是集体成员个人的行为与集体没有达成召回决定之间的因果关系。

为简化分析，下文中，笔者将以一个仅由A、B、C三人组成的集体为基础进行讨论，集体决定以简单多数为基础而做出。其中，一方面需要区分故意犯罪与过失犯罪，另一方面则要区分作为犯与不纯正不作为犯。

（1）对于故意的作为犯[集体决定是造成普通身体伤害（《德国刑法典》第223条第1款）的原因]而言，集体决定的形成可能存在四种情况，即A和B，A和C，B和C，或者A、B、C全体投赞成票。也就是说，对于决定的做出而言，有四种可能的因果流程可以考虑。这四种因果流程对应于四种"合法则性"。如果A和B投票赞成决定，则他们的行为是集体决定做出的原因，因为其中存在着一个合法则性关系，这对于A和C或B和C投赞成票的情形而言同样适用。而在A、B、C全体同意而做出决定的情况下，在三人行为与做出决定之间也存在合法则性关系：当A、B、C投票赞成决定时，集体决定便形成了；而如果假设A、B或C某人的投票不存在，该集体决定仍然得以形成，这对于判断因果关系而言并不重要。第四个合法则性（A、B、C全体同意）的情况是多余的，人们只需要阐述形成决定的最低条件即可，第四种情况是可以忽略不计的。

（2）这同样适用于过失的作为犯[集体决定是过失身体伤害（《德国刑法典》第230条）的原因]。[68] 这种情况下，集体决定的

---

[67] BGHSt, 37, 106, 111 ff.
[68] 董事会对注意义务的违反体现在，他们并没有对因其决定而产生的风险进行充分的调查。显而易见的例证，就是危险产品的销售。

做出也有四种规律可以考虑。随后,无论是 A 和 B、A 和 C、B 和 C 还是 A、B、C 全体的行为,都可以是结果的原因,只要已经确定该集体决定与法益损害之间的因果关系存在,即决定是结果发生的原因,条件公式在此就没有适用的余地。

(3) 而在故意的(不纯正)不作为犯罪(《德国刑法典》第 223 条第 1 款第 1 种形式、第 13 条)中,没有形成特定的集体决定是法益损害的原因。[69] 而在我们的这个"模拟团体"中,也同样有四种可能性:A 和 B、A 和 C、B 和 C 以及 A、B、C 全体未投票赞成该决定。因此,有这么四种合法则性流程,导致了该决议未能形成。其中,是否有可能假设某一人的投票存在或不存在并非关键问题;同样,参与者的不作为与集体决定的未能形成之间的某种引力或斥力也并不重要。这仅仅取决于是否存在一个合法则性关系。

(4) 这一理论也可以解决(较为罕见的)过失不作为犯的情况(《德国刑法典》第 222 条、第 13 条)。[70] 具体可以参见第(2)(3)种情况的论证。

(四) 涉及"具体形态结果"的条件公式的运用?

有意见指出,上述结论也可以通过条件公式得出,通过以下方式描述犯罪结果,即每一人的投票或其不作为是结果形成的必要条件。因此,在作为犯的场合,对于一个 3∶0 的决定(也就是 A、B、C 同时投票同意的情况)而言,如果 C 投了反对票,尽管这个决定仍然可以形成,但此时已经不是 3∶0 的决定而是 2∶1 的决定了。因此,C 的投票是达成这个具体形态决定的原因。[71] 反之,在 A、B、C 未投票而成立不作为犯的场合也可以说,即便 C 符合要求投了票,仍然无法改变大局,但是,至少避免得了一个具体结果——

---

[69] 这里也包括了集体决定什么也不做(至少是不实施所要求的行为)的情况,这里并没有做出应当做出的决定。

[70] 过失犯中始终包括不作为的要素,因为所谓过失,正是通过没有达到所要求的谨慎注意来定义的,参见 *Jescheck* (Fn. 40),S. 545。

[71] 这一论证可以参见 *Kühl*, Lehrbuch des Strafrechts Allgemeiner Teil, § 4, Rn. 15; *Weber*, BayVwBl (1989), 166, 169。

也就是三人都未投票——的发生。

对于这一论证的进一步分析恰恰表明了条件公式的缺陷。将结果予以"具体化"从而使得 A、B、C 的投票成为条件公式意义上的原因，往往适用于任意情况。[72] 比如，人们将做出（或没有做出）集体决定的房间颜色也描述为行为具体情况的话，那么不仅是 A、B、C 的投票行为就连粉刷匠的行为也成为了这个"具体形态"结果的原因：如果粉刷工人将房间墙壁砌成别的颜色，则结果的具体情况也会发生改变。通过这种相应的"具体化"会使得任意情况都可能成为结果发生的原因。对因果关系的问题也就因此而无法在方法论上得到确定的论证，只能通过法情感来解决。

相反也有观点认为，对结果的描述只能限于构成要件所要求的内容。因此，对于《德国刑法点》第 223 条而言，犯罪结果便仅仅是存在身体伤害，而不存在其他额外情况。这原则上是值得赞同的。问题在于，判断何种情况在结果描述时可以被考虑在内的标准并不明确。这一标准既非来自于条件公式也非来自于日常的语言习惯，法学解释方法对此也是全无用武之地。这一问题在本案中体现得尤为明显，因为《德国刑法典》第 223a 条的构成要件并没有要求一个决定。因此，从对构成要件的解释中也无法得出，在对决定的描述中究竟应否考虑投票关系或形成决定的房间的颜色。[73] 实际的情况便是，法律适用者在对决定的描述中拥有广泛的自由裁量空间。因此，应当认识到，借助"具体形态结果"这个法律概念和条件公式原则上可以将任意一种情况视为形成决定的原因。——这显然是一个无意义的结论。这也表明，条件公式不能作为因果关系理论，而往往只能作为（不确定的）判断因果关系是否存在的标准而被加以运用。

---

[72] *Puppe*, Der Erfolg und seine kausale Erklärung im Strafrecht, ZStW 92 (1980), 863, 872 f.
[73] 如果不是从整体上探讨行为与构成要件结果之间的关系而是将行为切割开来分别探讨因果关系时这个问题就始终会出现。

四、结论

显然,合法则性条件学说能够轻易地解决集体决定场合所涉及的因果关系问题。这里的问题在于,通说尽管在表面上高喊着合法则性条件学说的口号,但实际上却仍然追随着一个已经过时的形而上学的因果关系理论,尤其是在不作为犯场合,仍然迷恋着某种"力"或"能量"的作用。合法则性条件学说则基于现代哲学对因果关系的研究而放弃了这种"力"的理解。更为困惑的是,通说的许多支持者仍然认为因果关系是通过条件公式加以定义的。至迟在康特根案中便已经表明,条件公式仅仅作为判断因果关系是否存在的标准而被加以使用,也就是作为辅助性工具来确定是否存在一个合法则性关系。这一工具具有高度的不确定性,而在合法则性关系未被认识或存在替代原因的情况下无法适用。皮革喷雾剂案的教训之一便是,必须最终认为恩吉施对于因果关系的分析及其所有结论是严肃的。

第十五章

现代因果论意义上的"合法则性关系"

一、现代因果论

(一)"合法则性条件"公式

因果关系及客观归责始终是刑法总论部分最富争议性的话题。[1] 文献上的通说认为,因果关系以两个事件、行为或状态之间存在合法则性关系为前提。[2] 恩吉施(Engisch)将因果关系定义为:"当一个行为与在时间上紧随其后发生的外部世界的变化之间是按照(自然)法则联系在一起,且后者是某个在刑法上被规定为构成要件结果的具体事实的组成部分的时候,则该行为是特定构成要件结果的原因。"[3] 恩吉施使用这一"合法则性条件公式"以替代当时也是现在普遍适用的条件公式。根据条件公式,设想一个行为若不存在,则某个确定的结果不会发生,那么,行为与结果

---

[1] 导论与概要参见 *Ebert/Kühl*, Jura (1979), 561—579; *Otto*, Jura (1992), 90—99。

[2] 该理论奠基于 K. *Engisch*, Die Kausalität als Merkmal der strafrechtlichen Tatbestände, 1931, S. 20 ff.; 其当代的主张者包括: *Jescheck*, Lehrbuch des Strafrechts Allgemeiner Teil, S. 254; *Art. Kaufmann*, FS-Eb. Schmidt, 1961, S. 200—231, 210; *Lenckner*, in: Schönke-Schröder, Vorbem. §§ 13 Rdn. 75; *Puppe*, ZStW 92 (1980), 863—911, 874; *Rudolphi*, in: SK-StGB, Vor § 1 Rdn. 41; E. *Samson*, Hypothetische Kausalverläufe im Strafrecht, 1972, S. 31 f.。

[3] *Engisch*, a. a. O., S. 21.

之间便具有因果关系。[4]

目前通行的关于"合法则性条件"学说的表述则是由耶塞克(Jescheck)教授提出的。这一表述的关键在于,"一个行为是否与在时间上紧随其后发生的外部世界的变化之间是合法则性地联系在一起的,且这种外部世界的变化是该当构成要件的结果"[5]。通常认为,合法则性条件公式较之条件公式是更为优越的,这尤其体现在涉及超越的因果关系、假定的因果关系及累积的因果关系的相关案件中[6],但这种"合法则性关系"的具体内容却始终没有得到全面地阐明。有时,这种合法则性关系只被当做是一个空洞的公式被加以使用,以主张一个人们直觉推断的、不加详细证明的因果关系。而在另一些场合,对"合法则性关系"的假定导致了以下结论,即条件公式以经验性知识的存在为前提。这个观点虽然正确但却不准确,因此,并不能满足法学的明确性要求。对合法则性关系的宣示意味着对经验的合法则性的援引。经验的合法则性意味着,原因与效果之间的关联并不是个别的、偶然的,而是一般的、普遍的。在这个意义上,人们将经验的合法则性称之为一般因果关系。但与过去一样,人们究竟将这种"经验的合法则性"理解为什么,依然是不明确的。大部分的学者认为,应当限定在"自然法则"的范围内,这种自然法则构成了一般因果关系的基础,但却没有进一步详尽地论述这种法则类型。[7]

(二) 亨普尔(Hempel)-奥本海姆(Oppenheim)模型

在这种情况下,关注所有在逻辑学和科学理论中用以建构科

---

[4] 关于条件公式及其问题,详见于 Jescheck (Fn. 2), S. 253 f.。
[5] Jescheck, a. a. O., S. 254.
[6] Vgl. nur Jescheck, a. a. O., S. 254 f.
[7] Lenckner (Fn. 2), Vorbem. §§13 Rdn. 75; Otto (Fn. 2), §6 III 1c; Rudolphi (Fn. 2), Vor §1 Rdn. 41; Stratenwerth, Lehrbuch des Strafrechts Allgemeiner Teil, Bd. 1, Rdn. 216. 相反,耶塞克则认为,从存在的合法则性能够积累经验知识。参见 Jescheck (Fn. 2), S. 254。

学阐述而进行的研究都有助于澄清这个问题。[8] 而因果关系的检验便是科学阐述的一种下位形式。当我们想要对一个事件进行因果性的说明时,我们通常需要两种类型的陈述,一种用以陈述一般法则性,另一种则用以对待阐明的事件进行具体的描述。[9] 在合法则性关系学说看来,这种逻辑结构同样是在法学理论上对因果关系进行检验的基础。"首先需要查明的是,究竟是否存在能够适用于重要情况的因果法则,即应当是在科学上得到确认的也就是在权威专业领域内得到普遍认可的自然法则(这是所谓的一般因果关系);其次则需要确定,所涉及的具体事实情况能否归属于这一自然法则之下(即所谓的具体因果关系)。这样,因果关系便得以在一个位阶性的检验过程中得到确定。"[10]

以下这个例子[11]可以说明这种解释模型的运作:

假设我们要对一根绳子断裂的原因做出解释,这条绳子仅能承重1公斤,但它实际上承重2公斤。这种对因果关系的解释包含了多个部分,即"一方面假设,'每当绳子承受了超出其承受范围的力量时它都会断裂',这是一个语句,这个语句具有自然法则的特征;另一方面则是特别的、只适用于这个情况的语句,即'这条绳子最多承重1公斤'与'它实际上承重2公斤'"。人们通过一个经验

---

[8] 舒林(Schulin)强调,现代科学理论上的因果关系概念是对于日常生活中对因果关系认知的精确化和具体化,这种日常的因果认知也是构成了德国法秩序的基础。参见 B. Schulin, Der natürliche—vorrechtliche—Kausalitätsbegriff im zivilen Schadensersatzrecht, 1973, S. 8f, 42 ff., 96 f。

[9] C. G. Hempel, Aspekte wissenschaftlicher Erklärung, 1977, S. 5.

[10] Otto, Lehrbuch des Strafrechts Allgemeiner Teil, §6 III 1 c. 奥托(Otto)本人并不是这一理论的主张者,参见 Otto (Fn. 2), 93 ff。上述检验结构的主张者包括:Armin Kaufmann, Tatbestandsmäßigkeit und Verursachung im Contergan-Verfahren, JZ (1971), 569—576; Lenckner (Fn. 2), Vorbem. §§13 Rdn. 75; Rudolphi (Fn. 2), Vor §1 Rdn. 41;可以参见 BGHSt 37, 106(111); Hilgendorf, Strafrechtliche Produzentenhaftung in der "Risikogesellschaft", 1993, S. 121—125。其他观点如 Joerg Brammsen, Kausalitäts-und Täterschaftsfragen bei Produktfehlern, Jura (1991), 533—538。他认为,联邦最高法院在皮革喷雾剂案中实际上采用了风险升高理论。

[11] 这个例子的出处,参见 K. R. Popper, Logik der Forschung, 9 Aufl., 1989, S. 31。

法则加上两个描述事件具体情况的语句便在逻辑上推导出了导致绳子断了的原因[12]。待解释的事件被称为待解释项(Explanadum),而相关的具体情况则被称为"边界条件"(Randbedingungen oder Antezedenzbedingungen)[13]。我们当然可以使用多个自然法则来对其进行解释,在许多事例中,不考虑各种不同的经验法则就不可能对其进行分析。[14] 总体而言,科学阐释与因果分析的逻辑形式展开如下:[15]

(1) A1、A2、……An(边界条件)
(2) G1、G2、……Gn(法则假设)
(3) E(待解释项)

这个解释模型通常被称为"亨普尔-奥本海姆模型"[16](H-O模型)[17],其中,每一个单一的边界条件都可以被认为是待解释项的原因。

(三) 现代因果论的一些问题

哲学上一个非常有趣的问题在于,关于"真"与"伪"法则之间的区分。后者指的是,其虽然具有"真法则"的逻辑形式,但人们直觉上觉得它并不是法则。[18] 然而,这个问题对于法学上的因果关

---

[12] 更明确地说是一个对事件予以因果性解释的语句。
[13] 关于这些术语,参见 M. Herberger/D. Simon, Wissenschaftstheorie für Juristen, 1980, S. 354 ff。
[14] Hempel (Fn. 9), S. 5f, 17f.
[15] Hempel, a. a. O., S. 6.
[16] 当作为大前提的是必然性法则时,这个模型又被称为"演绎推理模型"(D-N模型),而当作为大前提的是统计数据法则时,则被称为"归纳数据模型"(I-S模型)。参见本章第二部分之(二)。
[17] 卡尔·古斯塔夫·亨普尔(Carl Custav Hempel)与鲍尔·奥本海姆(Paul Oppenheim)早在20世纪40年代就已经以现在所使用的方式对解释的逻辑结构进行了分析。而认识到以一般性假设的形式而存在的大前提对于科学解释和因果关系分析的必要性则要更早,例如,关于其历史来源,参见 H. Koriath, Kausalität, Bedingungstheorie und psychische Kausalität, 1988, S. 3—34; M. Maiwald, Kausalität und Strafrecht, 1980, S. 47 ff。
[18] 例如,这样一个句子:"我口袋里的所有硬币都是铜制的。"用这样一个一般性的陈述语句来解释为什么我口袋里的某些硬币是铜的的原因就非常奇怪。

系分析却往往没有意义。[19] 更成问题的是使用完全多余的法则，其通过添加某些对于合法则性而言完全不相关的条件而形成。例如，"每当人们将一个物体悬空放下而太阳照射着它时,该物体都会落到地面上"。"太阳照射"这个原因条件对于合法则性而言就是完全不相关的。如果人们不假思索地使用了这个多余的法则，就会让人以为，太阳的照射是物体落地的原因。即便这种多余的法则很容易察觉(当然并不总是这样!)，这种多余的法则也会导致合法则性条件这一公式变得很荒谬。当人们与普珀[20]一样，要求所使用的因果法则对于待解释项的出现不仅包含一个充分条件，而且包含一个最低限度的充分条件时，这个问题才得到解决。也就是说，这个因果法则不应含有多余的组成部分。判断一个组成部分是否是多余的，人们可以根据移除该部分后这个法则的效用是否改变来加以判断。(在这个范围内，因果关系的检验事实上的确需要一个"假设不存在"的检验过程，正如条件公式所要求的那样。)。

迈瓦尔德(Maiwald)则对亨普尔-奥本海姆模型提出了批评，他认为，在这个模型中，被我们称之为"解释"这个词的意义并没有得到恰当地阐释。在迈瓦尔德看来，"解释"的目标在于，"透过现象看本质；合法则性包括了这样和那样的内容，然后就解释了一

---

[19] 关于如何检验什么是"伪"法则，参见 Hempel (Fn. 9), S. 8—14；详细的论述参见 *Stegmüller*, Erklärung, Begründung, Kausalität, 2. Aufl., 1983, Kapitel V。而 K.-D. Opp 所下的定义就足以满足法学研究的需要了。K.-D. Opp, Methologie der Sozialwissenschaften, 2. Aufl., 1976, S. 75；"所谓法则，是这样一个经验性陈述：① 这个陈述不受时间和空间上的限制；② 在这个陈述中无限多个客体的要素都具有某个特征；③ 这个陈述是以'如果……就……'或'越……就越……'的形式出现的；④ 这个陈述是可以从经验上得到证明的。"还可以参见 Opp, Methologie der Sozialwissenschaften, 2. Aufl., 1976, S. 75 ff. 的阐释。

[20] *Puppe* (Fn. 2), 863, 875 f., 910; J. L. Mackie, *The Cement of the Universe*, Oxford Unniversity Press, 1974, p. 62, 该书中将此称为"一个充分非必要条件中的不充分但却并不多余的组成部分(insuffcient but non-redundant part of an unnecessary but sufficient condition)"。

切,这个答案并没有对所提出的关于原因的问题进行妥善地回答"。[21] 迈瓦尔德通过多个方面进一步表明了自己的观点:"难道不应该是这样吗:人类的思维在物理世界中碰到了若干客观存在的、独立于具体情况存在的结构,而我们是否找到了它们?"[22]

迈瓦尔德对于解释这个概念在日常语言中具有多种含义的该观点无疑是正确的。人们解释一个词汇,是指阐明其所具有的意义;人们要解释一个复杂的机器设备,是要澄清其运作原理或说明应当如何使用它,等等。[23] 而在亨普尔-奥本海姆模型中所涉及的含义则只有一种,其在自然科学领域极为常见,即当我们用自然法则去解释特定的现象时,我们所指的是什么? 当我们表明,在皮革喷雾剂案中,皮革喷雾剂是导致身体伤害的原因,我们所指的是什么? 亨普尔-奥本海姆模型的宗旨恰恰在于在,这种解释过程中将含蓄而且往往是无意识设置的各种前提给予澄清并使之更为精确。在日常语言中,解释这个措辞虽然还有其他的使用方法,但这并不是反对亨普尔-奥本海姆模型的有效论据。

迈瓦尔德还提出了进一步的批评。他认为,亨普尔-奥本海姆模型所体现的存在于现象"背后"的"结构"被弱化了。事实上,现代科学的目标之一在于,对于其论点的阐述应当是清晰的、对于多个认识主体而言是可检验的并因此是非形而上学的。[24] 这也是大卫·休谟(David Hume)的目标,因为他将"因果必然性"中的形而上学观念从因果概念中排除出去了。迈瓦尔德所主张的观点仍然回到了休谟之前的观点,重新接受一个形而上学的因果关系概念。

哲学上的、自然科学上的概念与法学上的概念之间所广泛存

---

[21] *Maiwald* (Fn. 17), S. 70.

[22] *Maiwald*, a. a. O., S. 76.

[23] 关于"解释"这个措辞的多种用法含义,参见 H. Esser/K. Klenovitz/H. Zehnpfennig, Wissenschaftstheorie, Bd. 1, 1977, S. 101 ff.; *Stegmüller* (Fn. 19), S. 110 ff。

[24] D. Hume, *A Treatise of Human Nature*, 1739, Vol. 3. 对于休谟的批判,参见 *Maiwald*, Kausalität und Strafrecht, 1980, S. 48 f。

在的对立是建立在误解之上的,这一点是明确的。任何学科中,概念都不是预先规定好的,而必须始终(在日常语言习惯的衬托下)根据所承担的任务对概念进行定义及修正。在哲学以及科学理论领域中,人们试图从全面包含单一学科的角度来解释这种概念。法学的因果关系作为一个法学的基本概念,也就应当根据法学理论上的需要来制定。但如果主张自然科学的因果关系概念是经验性的,而法学的因果关系概念是规范性的,这就误解了因果关系概念。无论是法学的还是自然科学上的因果关系概念,其形成都建立在该学科专业人员所做出的以评价为指导的决定基础之上。在这个方面,"规范的"这个措辞只有在对其进行"需要进行价值填充的"应用时才具有意义。因此,法学上在具体案件中对因果关系进行检验(或至少是对可归责性进行检验)时是以法律适用者的评价为前提的,当然,这个结论在法安定性方面尤其存在疑问。下文中,笔者试图说明的是,在自然科学理论领域已经几乎得到普遍接受的亨普尔和奥本海姆所发展出来的这个模型也能够适用于法学领域,以至于在因果关系的检验层面上基本上不需要对个别情况做出评价。

然而,对于亨普尔-奥本海姆模型在自然科学领域以外的适用往往面临质疑。这种质疑的理由在于,原则上不能以解释自然现象同样的方式解释人的行为。[25] 例如,史学上似乎就不存在能够对恺撒大帝带着军队越过卢比孔河的决定或希特勒进攻苏联进行因果性解释的普遍法则。在实证社会学中,如果人们想要对特定社会阶层的选举行为在上述的意义上进行因果关系的解释,则需要关于该社会阶层的动机形成过程及政治偏好的决定论法则,但这种法则并不存在。由此而陷入的困境[26]使人们试图将这种科学

---

[25] 清楚而详细的分析,参见 A. Ryan, Die Philosophie der Sozialwissenschaften, 1973, S. 131—161;较新的论述参见 R. Schnell/P. B. Hill/E. Esser, Methode der empirischen Sozialforschung, 4. Aufl., 1993, S. 84—102。关于他人心理的可认识性这一特殊问题参见 V. Kraft, Erkenntnislehre, 1960, S. 272—283; Hilgendorf, Tatsache und Werturteile im Strafrecht, Kapitel 10。

[26] 详细的论述参见 Stegmüller (Fn. 19), Kapitel VI。

解释方法限制在自然科学领域,而在社会科学领域则采取另一种特殊方法,即所谓理解方法[27]。虽然沃尔夫冈·施特格米勒(Wolfgang Stegmüller)[28]及其他学者[29]已经拒绝了这种尝试,但不能否认的是,亨普尔-奥本海姆模型在社会学和法学领域的适用面临严峻的难题。

原则上,只有当存在决定论的自然法则能够对特定现象进行因果解释时,因果关系的分析才是没有问题的。例如,在皮革喷雾剂案中所涉及的问题就是,特定的喷雾剂是否会造成身体损害。专家证人在庭上对这个问题做出了肯定的回答,因此,法院能够认为在皮革喷雾剂的使用与身体损害结果产生之间是通过自然法则关联起来的,并且存在着一般因果关系。[30] 但如何因果地解释一个受到教唆的犯罪人的行为,就是一个完全不同的问题。[31] 如果人们要采用亨普尔-奥本海姆模型来分析其中的因果关系,则除了特定的边界条件(如犯罪人接受了杀死 X 的任务从而获得了大量的金钱作为报酬)之外,还需要一个普遍性法则,这法则规定了犯罪人实施犯罪行为(如杀人)如何取决于一定的前提条件。可以考虑如下法则形式:如果人们向一个心理不稳定、具有暴力倾向的人提供一笔巨额报酬让其实施某个特定的犯罪,这个人一定会去实

---

[27] 不计其数的文献可以参见 *M. Riedel*, Verstehen oder Erklären, 1978; *Wright* (Hrsg.), Erklären und Verstehen, 1974; 进一步的论证参见 *Bernsmann*, ARSP 1982, 536—555(538f)。

[28] 除了前注 26 中所提到的章节外还有其论文 *Stegmüller*, Der sogenannte Zirkel des Verstehens, in: K. Hübner/A. Menne (Hrsg.), Natur und Geschichte, X. Deutscher Kongress für Philosophie, 1973, S. 21—26. ND, in: *ders.*, Das Problem der Induktion: Humes Herausforderung und moderne Antworten. Der sogenannte Zirkel des Verstehens, 1986, S. 63—88。

[29] 参见例如 *H. Albert* (Hrsg.), Theorie und Realität, 2. Aufl., 1972, abgedruckten Texte von Hempel, Goldstein, Topitsch und Watkins。

[30] BGHSt 37, 106(111 ff.). 哈塞默(Hassemer)最近对于联邦最高法院的处理方案所提出的质疑(参见 *W. Hassemer*, Produktverantwortung im Strafrecht, 1994, S. 32 ff.)并不能让人信服(参见 *Hilgendorf*, Strafrechtliche Produzentenhaftung in der "Risikogesellschaft", 1993, S. 121 ff.)。

[31] 极其类似的问题出现在《德国刑法典》第 263 条诈骗罪的心理性因果关系问题上,参见本章第三部分之(一)。

施这个犯罪。但这种决定论法则显然是几乎不能被采纳的。为了解释并最终解决该问题及相关问题,审视不同的法则类型是有助于实现这个目的的,这些不同的法则类型是因果解释的大前提。

二、法则类型

我们可以从多个方面对经验性法则进行分类。[32] 例如,根据法则中所描述的是时间前后相继的事件还是多种事物属性同时存在,可以分为延续法则与共存法则[33],通常,只有延续法则才能作为因果法则加以使用,因为原因及其作用效果总是以时间分离[34];宏观法则是我们在现实环境中能够直接观察到的法则,而微观法则则限于原子或分子层面的现象[35],二者通常都作为因果法则被加以使用;接着,可以区分近距作用法则与超距作用法则,与日常语言习惯相一致,通常作为因果法则加以考虑的只有近距作用法则。[36] 在本书中,比上述这几种分类更为重要的是对法则根据精确程度、普遍性程度及适用对象范围进行的区分。在法学理论中,主张只有相对精确地加以表述的决定论自然法则才能被视为因果法则的观点,似乎占据了主流地位。[37] 但这一观点是过于狭窄的,这一点将在下文中予以说明。

---

[32] 综述性的介绍参见 *K. Acham*, Philosophie der Sozialwissenschaften, 1983, S. 178—193; H. Feigl, "Notes on Causality", in: H. Feigl/M. Brodbeck (eds.), *Readings in the Philosophiy of Science*, 1953, pp. 408—418; *Opp* (Fn. 19), S. 80 f.; *W. Stegmüller*, Das Problem der Kausalität, FS-Victor Kraft, 1960, S. 171—190; auch in *W. Stegmüller*, Aufsätze zur Wissenschaftstheorie. 2 Aufl., 1990, S. 1—20(尤其是第 9 至 13 页)。

[33] *Acham*, id., pp. 181—186; *Stegmüller*, Das Problem der Kausalität, a. a. O., S. 11,其中他指出,这种区分是极其困难的。

[34] 批判的观点,参见 *Acham*, id., p. 184 ff.。

[35] *Stegmüller*, a. a. O., S. 11 f.

[36] Id., S. 13.

[37] 例证参见前注 7。

(一) 定性法则、比较法则与定量法则

根据法则中所出现的概念的种类可以对法则进行分类。这些概念可以分为定性的、比较的与定量的概念。[38] 定性的概念是用来将事物或状态归于互斥的范畴内[39],典型的定性法则例子有"摩擦生热"或"机动车司机的血液酒精含量达到 1.1‰时,属于绝对无能力驾驶"。[40] 比较的(或位相几何性的)概念,如"更大"或"更长",表达的则是事物或状态之间的特定关系,例如,这样的陈述:"两个物体之间的距离越远,二者之间的引力就越小"[41],或者"一个人喝的酒越多,其血液酒精含量就越高"。定量的(或计量的)概念则通过数值的大小来区分事物或状态[42],如温度、长度、速度等。所有的物理法则都要用到定量的概念,因而可以被归为定量法则。但在法学中,这种定量法则极少出现,如用来计算汽车的刹车距离的法则。[43]

定性、比较与定量法则通常都适宜用于因果关系的解释。以定性的语言所表达的法则准确性虽低,但通常并不会降低其解释力。然而,人们应当将那些过于模糊而且毫无意义的陈述作为例外排除。如果涉及交通事故的一个因果解释只通过一般性定律"谁驾驶汽车就有陷入交通事故危险"及边界条件"X 先生驾驶着汽车"来进行的话,显然是不能让人满意的。在因果解释中,应当尽量避免这种过于模糊的一般性陈述。

---

[38] *Stegmüller*, Das Problem der Kausalität (Fn. 32), S. 10 f. 关于概念定义,参见 *R. Carnap*, Einführung in die Philosophie der Naturwissenschaften, 1969, hier benutzt die Taschenbuchausgabe, 1986, S. 59—76;详细的论述参见 *Herberger/Simon* (Fn. 13), S. 277—285。

[39] *Stegmüller*, Das Problem der Kausalität (Fn. 32), S. 10.

[40] BGHSt 37, 89ff;进一步参见 Dreher/Tröndle, §316 Rdn. 6a。

[41] *Stegmüller*, Das Problem der Kausalität (Fn. 32), S. 11.

[42] *Carnap* (Fn. 38), S. 69 ff.

[43] 法学上经常使用的是法则,参见 *Roxin*, Strafverfahrensrecht, §15Rdn. 17。(其中,并没有区分不同的法则类型。)

（二）决定论法则 vs. 统计法则

不仅对于日常理解，而且对于法学而言，决定论法则意味着通常情况。决定论法则的结构是：只要当 A 事件发生，B 事件也就会发现，简言之，"所有的 A 则 B"。决定论法则的特征在于，在起始状态与边界条件给定的情况下，其结果状态是明确且完全确定的[44]，因而，原则上，能够明确且完全确定地预测出这个结果。物理学上典型的决定论法则是经典力学中的运动方程，但在社会科学领域中，这种决定论法则却鲜少存在，其往往涉及的是宏观层面，如供求关系法则。[45]

法律条文中所存在的规则，乍看之下，似乎也包含了决定论法则的内容。例如，《德国刑法典》第 212 条规定："杀人者，将处以……的刑罚。"表面上的语法结构在这里导致了误解，法律规则至少在两个方面有别于决定论法则。首先，决定论法则是在经验上可检验的，它或多或少是已被证明的关于外部世界所存在的合法则性的假设；而法律规则则并非如此，它是立法者颁布的常规，立法者以此引导社会现象。如果将法律规则视为一种经验法则性的陈述，则所有涉及犯罪行为的规定长期以来都成为伪命题（因为在很多案件中并没有对杀人者依照《德国刑法典》第 212 条的规定进行处罚）。其次，法律规则与决定论法则的第二个区别则在于，普遍的观念认为，法律规则并不涉及真谬，也就是说，其不能为真或是为假。法律规则不是对事实的陈述，而是规范。因此，陈述及谓词逻辑对其并不适用。[46] 为了能恰当地表现出所谓的"法学三段论推理"，即法律适用在逻辑上的核心过程，必须将法律规范转

---

[44] Acham, *supra* note 32, S. 189.
[45] 与宏观层面的经验法则严格相区分的是关于适用于历史发展全过程的合法则性主张，如黑格尔的辩证法与马克思的发展规律。这种主张带有形而上学的特征，其在科学领域是难以使用的。参见 E. Topitsch, Zum Gesetzesbegriff in den Sozialwissenschaften, in: H. Albert (Hrsg.), Theorie und Realität, 2. Aufl., 1972, S. 317—370 (322ff.).
[46] 这种陈述与谓词逻辑完全不适用于规范条文。

换为关于真谬的法条。[47]

如上所述,在社会科学中,很少存在决定论法则,但这并不意味着,在社会科学领域必须普遍地放弃法则知识。在日常生活中,我们也以不计其数的社会生活规律为前提条件。如果一个人连一些基本的社会生活规律都不知道,就不能根据这些规律矫正自己的行为,其能否安然度过童年都要打上问号。但社会科学中的大部分法则并不是决定论法则,而是统计(或有关概率理论的)法则。[48] 其基本形式是:当 A 出现时,则有 p% 的可能性会出现 B,简而言之,存在 p% 的可能性若 A 则 B。[49] 在个体心理学及医学领域中,也存在着许多统计法则。现在的主流观点认为,即便是在物理学的某些领域中,这些统计法则也被视为独立的、基础性的法则类型(不仅仅作为通向"真正的"决定论法则的过渡阶段)。[50]

前文[51]中将因果解释定义为一个逻辑推理的过程,但不能对统计法则进行逻辑推理,因为永远存在即便前提为真但结论却没有出现的可能性。[52] 但是,在应用统计法则时仍然可以进行逻辑推理。对此,亨普尔[53]建议,采取以下模型进行统计法则的逻辑适用:

(1) $p(G, S, P)$ 接近于 1
(2) $S(m)$,$P(m)$
(3) 通常可以肯定(也就是极其可能)G 会出现

这个公式可以这样来理解:其中,p 代表了在满足条件 S 和 P

---

[47] *Hilgendorf*, Argumentation in der Juristprudentz, 1991, S. 32 ff. 提出了进一步的论证。

[48] *Ryan* (Fn. 25), S. 132.

[49] 更详细的定义建议,参见 G. Kröber, Gesetz und Prognose, in: *ders*. (Hrsg.), Der Gesetzesbegriff in der Philosophie und den Einzelwissenschaften, 1968, S. 179—205 (198ff);还可参见 *Opp* (Fn. 19), S. 134—145。

[50] 对于法学领域而言,*Maiwald* (Fn. 17), Kapitel 2 中总结了最重要的讨论结论。

[51] 参见本章第一部分之(二)。

[52] *Hempel* (Fn. 9), S. 58.

[53] *Hempel*, a. a. O., S. 61. 追随这一观点的包括 *Schnell/Hill/Eser* (Fn. 25), S. 56 ff,提供了最新的文献例证。

时,结果 G 出现的可能性。如果将 G 理解为病人的痊愈(Genesung),S 则是"链球菌感染"(Streptokokken-Infektion),而 P 则是"服用盘尼西林"(Penicilin),则(1)意味着,在病人感染了链状球菌而服用盘尼西林时,其治愈的可能性接近为 1,而(2)感染了链状球菌的汉斯·迈耶先生[S(m)]服用了盘尼西林[P(m)],则通常可以确定他会痊愈[G(m)]。

这个过程并不是一个逻辑推论,因为它并没有完全地排除虽然满足了前提(1)和(2)在某些情况下病人没有康复的可能性。迈耶先生的痊愈并不是绝对确定的,而只是极其可能的。[54] 这个模型称为"归纳统计"解释模型(I-S-Modell)。

(三) 自然法则与社会科学法则

刑法教义学的文献仅仅通过"自然法则"的提示来解释合法则性关系公式,通过这些自然法则及具体的边界条件对待解释项进行因果解释。[55] 事实上,日常理解将描述自然现象合法则性关系的自然法则视为经验型法则的典型情况。通常,人们认为,"自然法则"这个表述仅仅指那些具有高度普遍性的自然合法则性,如关于行星的运行定律。但严格说来,所有对我们周围环境中所存在的合法则性关系的真实描述都可以被视为是"自然法则"。

如前文所述,在人类的行为中也存在着一定的合法则性。社会现象的法则具有"客观性"的特征,因为其并不能被任意地改变或通过人类决定而废除,其与真正的"自然法则"的区别在于,它往往以人的有意识行为中的特定倾向为前提,而这种倾向可以通过社会法则性认识或基于这种认识所得出的预测而加以改变。证明社会学法则具有这种自我反思性的一个引人注目的证据是罗伯特·K.莫顿(Robert. K. Merton)在 20 世纪 50 年代所分析的"自

---

[54] 人们将此称为归纳盖然性,用来表示结果发生的概率只是相对于归纳基础(1)和(2)而言的。对于归纳基础的进一步问题,参见 *Opp*(Fn. 19),S. 141—145。

[55] 参见前注 7。

我实现"或"自我毁灭预言"。[56]

但社会学法则所具有的这种特质并不妨碍我们将其作为因果解释中的法则假设加以使用。社会科学中的法则往往不如自然科学中的法则精确这个事实,也并非自始就否定社会学法则解释的恰当性。[57] 因此,人们可以普遍认为,当一个国家的经济每况愈下时,极端组织上台的危险便随之增加。虽然这个法则是不确定的,但仍然可以设想一名历史学家可以根据这样表述的法则将一国的经济状况视为是该国极端政党执政的"原因"甚至是"主要原因"。

当法律规范规定了某种特定的行为时,就出现了一个有趣的情况。法律规范本身并不宜作为因果解释的法则,因为它并没有描述人的行为,而是对其加以规定。[58] 基于其所具有的规范性特征,从法律规范中并不能逻辑推理出个别定律。但的确存在充分的可能性,公民遵守一个法律规范,以此规范为基础可以确定法的属民的行为的合法则性,也就是说,法律规范本身虽然不能用于进行因果解释,但它基本上却能在忠诚于法律的公民身上产生行为规律性,这种规律(准确地说是对这种规律的描述)可以作为因果解释的大前提加以使用。

三、在法学因果解释中的统计法则?

迄今很少有学者在法学因果解释中使用统计法则。普珀(Puppe)认为,这种统计法则可以用来解释心理性因果关系。[59]

---

[56] Robert K. Merton, *Social Theory and Social Structure*, Free Press, 2nd. Edition, 1957, pp. 421—436. 其德文版参见: *E. Topitsch*(Hg.), Logik der Sozialwissenschaften, 11 Aufl., 1984, S. 144—161. 还可参见 Acham, *supra* note 32, p. 45。
[57] 参见本章第二部分之(一)。
[58] 参见本章第二部分之(二)。
[59] *Puppe* (Fn. 2), 863, 902.

她相信,统计法则还可以用来精确风险升高理论。[60] 如果人们以合法则性关系理论而非条件公式理论为基础,则统计法则会超出人们的想象更多地出现在法学因果解释中。下文中,笔者将集中讨论普珀所列举的两类案件:

(一) 心理性因果关系问题与禁止追溯理论

科里亚特(Koriath)[61]不久前详细地研究了心理性因果关系的各种问题。他在涉及心理性因果关系的不同案件中拒绝使用亨普尔-奥本海姆模型。[62] 他只是附带地提了一下将统计法则作为因果解释的大前提加以使用,但他却没有进一步地论证这种可能性。[63] 相反,他根据哈特(Hart)和奥诺雷(Honoré)的理论建构了自己的结构模型。[64] 在他看来,在通常所谓涉及"心理性因果关系"的案件中完全不能进行因果分析,他同样拒绝在这类案件中适用条件公式。[65] 科里亚特认为,当陈述描述的是人类之间产生相互作用的行为时,这种陈述之中并不包含规律性的假设。因此,他要求,应当发展出一套"非因果性的归责原则"。[66] 我们可以暂时搁置科里亚特所提出之建议的可行性问题。在笔者看来,我们完全可以避免建构这种非因果性的归责原则所需要的成本,因为在涉及心理性因果关系的案件中,通过在亨普尔-奥本海姆模型中使用统计法则就足以解决问题。

"心理性因果关系"的问题通常是在《德国刑法典》第263条诈

---

[60] *Puppe*, Zurechnung und Wahrscheinlichkeit—Zur Analyse des Risikoerhöhungsprinzips, ZStW 95(1983), 287—315. 文中就盖然性的考量对于风险升高理论做了详尽但有些深奥难懂的解读。
[61] *Koriath* (Fn. 17).
[62] *Koriath*, a. a. O., S. 223.
[63] Id., 194 f.
[64] Id., S. 216—224.
[65] Id., S. 224—248.
[66] *Koriath* 所提出的最重要的归责原则见 *Koriath*, a. a. O., S. 224—248。

骗罪中讨论的。[67] 在何种意义上我们可以认为 A 的欺骗行为是受害人 B 的认识错误及财产处分行为的原因呢？如果我们适用条件公式，则欺骗行为是后续的认识错误的必要条件：如果没有欺骗行为，就不会出现认识错误[68]；但如果人们将合法则性关系理论作为因果关系理论的基础，这个问题就变得很难回答。困难在于，我们应当如何阐述这个将欺骗行为与认识错误联系起来的法则呢？

恩吉施（Engisch）似乎认为，只能通过决定论法则来阐述这种关系。[69] 这意味着只能进行如下阐述："只要存在某种欺骗行为，就会产生认识错误。"[70] 但这种法则假设几乎是站不住脚的，因为有可能有一个特别谨慎的人不会被欺骗行为所迷惑。另一种可能则是，将案件中所涉及的法则假设进一步具体化："每当在这个非常具体的情况下正是 A 实施的欺骗行为必然造成 B 的认识错误"。由此而进行的推理过程，首先将对具体情况的描述前置为一个全称量词并主张，在欺骗行为与产生认识错误之间的时间顺序并不涉及一个一次性案例，而是涉及一种规律性。借助于这种法则假设而进行的因果分析并不符合我们在日常生活和法律生活中对于检验因果关系所抱有的期待。因果解释必须要让即将审核的具体个案为将来的案件提供预测。因果解释与单纯对于现象的描述之间的区别恰恰在于，前者是建立在一种经验性的、可以在未来得以延续的规律性基础上的。一个法则的适用范围越小，其所具有的预测实用性也就越有限。如果一个法则事实上仅包含了对于具体

---

[67] 特别是 BGHSt 13, 13ff；*Uwe Hansen*, Der objektive Tatbestand des Betruges（§ 263 StGB）—viergliedrig oder dreigliedrig?, Jura (1990), 510—515, 515。心理性因果关系的其他案例参见 *Bernsmann*（Fn. 27），537 以及 *Koriath*（Fn. 17），S. 160—184。

[68] 条件公式的优点在于其简单而便于操作，因而，作为确定因果关系的辅助性工具，条件公式仍然是不可放弃的（但条件公式并不是对因果关系的定义）。

[69] FS-H. Von Weber, 1963, S. 247—270 (269)。

[70] 抽象的合法性固然是可能的，例如，"只要有人实施了欺骗行为，相应的就会制造认识错误"。但这个法则显然是错误的，因而无法用来解释其中的因果关系。

个案的描述，则基于这个法则进行的因果关系解释就变成了循环论证而不具有任何意义。因此，如果一个历史学家通过设定一个决定论法则来试图解释恺撒大帝做出的渡过卢比孔河的决定，即一个男人如果和恺撒一样处于公元前49年1月的情势下时他就会决定越过卢比孔河，这是十分荒谬的。

而要对前述诈骗罪中的财产处分的原因进行解释则存在更多的问题。在很多人看来，决定论法则背离了意志自由原则[71]，后者则是德国刑法[72]的基本原则之一（许多学者将其视为一个对于国家而言必要的假设[73]）。[74]而且，这种假设也显然与我们日常生活理解相悖，因为我们通常都认为自己是自由的，而很少有人会接受自己的行为是受决定论法则支配而被事先决定好的假设。[75]当第三人故意地介入到因果关系之中时也会出现类似的问题，在这些情况中，似乎完全没有任何合法则性可循，其发展完全是任意的。

禁止追溯理论[76]认为，在存在第三人故意介入因素时，始终应当否定因果关系的存在。但现代社会学理论已经表明，人的行为中也以合法则性关系来进行[77]，因此，禁止追溯理论在今天看来就显得过于偏激了。但该理论承认，在第三人故意介入的场合与在

---

[71] 深入的分析，参见 K. Engisch, Die Lehre von der Willensfreiheit in der strafrechtlichen Doktrin der Gegenwart, 2. Aufl., 1965。
[72] 194 ff. 深入的分析，参见 E. Dreher, Die Willensfreiheit, 1987, insbesondere S. 11—59。
[73] E. Kohlrausch, FS-Güterbock, 1910, S. 1—34(26)持同样观点。
[74] Puppe (Fn. 2), 863, 902.
[75] 这一认识是不会为一个完全的决定论者所主张的。参见 N. Hoerster, ARSP (1971), 77—90。
[76] 该论点提出于 Frank, Das Strafgesetzbuch für das Deutsche Reich, 18. Aufl., 1931, §1 Anm. III 2 a (S. 14)。其他的主张者包括 H. Mayer, Strafrecht. Allgemeiner Teil, 1953, S. 138f; Naucke, ZStW 76 (1964), 408—440 (432ff); Jakobs, Lehrbuch des Strafrechts Allgemeiner Teil, S. 24/13 ff; Otto, FS-Maurach, S. 91—105 (98 ff)。目前，禁止追溯理论不再是在因果关系检验的语境中，而是在客观归责层面加以讨论了。
[77] 参见本章第二部分之(二)、(三)。

诈骗罪场合对于心理性因果关系的分析一样,都很难考虑使用决定论法则。[78]

这种问题的解决方案之一在于,在诈骗罪的心理性因果关系的问题上使用统计法则,这种情况下,在欺骗行为与认识错误产生及认识错误与财产处分之间存在的,并不是决定论关系,而是统计关系。这种法则可以像以下这样表述:"B 这样的人被特定的欺骗行为欺骗的可能性大于 0.5。"这就意味着,存在 B 被 A 骗的可能性。如果可能性的阈值为 0.1,则意味着虽然几乎不可能实施欺骗行为,但毕竟还是有那么一点可能性。[79] 同样,在第三人介入的场合,适用的也是统计法则而非决定论法则。

(二) 针对使用统计法则的异议

统计法则假设显然是很难进行精确量化的。所要适用的法则,即在 A 的欺骗行为与 B 的认识错误之间,以及在 B 的认识错误与财产处分之间,缺少经验性证据。此外,搜集这些经验性的材料,也是极其困难甚至是不可能的,因为这意味着需要 A 和 B 不断地(尽可能频繁地)重复同样的欺骗情况,而鉴于当事人的学习能力这种重复是不可能的:在人身上进行的实验与在非生命的自然环境中进行的实验不同,前者很难在完全相同的条件下进行重复,B 可能在某个时候得到了提醒而改变了自己的行为。[80] 乍看之下,这就否定了在对人的行为进行因果解释时适用统计法则。

当人们考虑到,对于因果解释出现可能性的一个精确的量化并不是必要的,鉴于实践需求就会排除以上问题。因果解释就是将个案的待解释项条件归属于一个统计或决定论法则之下。[81] 原则上,不需要确定在给定的情况下待解释事件出现的可能性大小。

---

[78] 社会学对频繁发生的现象进行研究可能得出不同结论。
[79] 通过统计假设来进行因果关系解释的逻辑结构,参见本章第二部分之(二)。
[80] 参见本章第二部分之(三)。此外,这种实验也存在伦理上的问题。
[81] 需要再次指出的是,在使用统计法则时是不可进行逻辑推理的。使用统计数据进行因果解释所存在的其他问题,参见 *Kindhäuser*, GA (1982), 477—498, 482 ff.

因此，法律适用者不需要就合法则性的存在及准确的可能性大小进行实证性研究，而只需要以其所具有的日常生活经验作为合法则性关系的基础。因此，在驾驶一辆刹车存在缺陷的机动车与发生交通事故之间存在一个一般性法则，法律适用者便有根据可以将驾驶这样的汽车作为事故发生的原因——而不取决于事故发生的可能性究竟是0.1、0.3还是0.9。同样，也不需要对教唆行为的影响采用精确量化的法则——基于日常生活经验，从事一个犯罪行为可以获得1000马克报酬的预示显著地升高了实施犯罪的可能性，通常便足以满足法学上的需要。[82] 只有在极其复杂的案件中，如康特根案与皮革喷雾剂案，法院才需要借助于专家证人的证言，他们不仅能够确定一个合法则性关系是否存在，而且能够确定特定的损害结果出现的可能性大小。

(三) 极端匪夷所思的事件问题

条件公式下，即便是在极端匪夷所思的事件中也存在因果关系。[83] 在著名的教学案例叔侄继承案中，侄子让叔叔在暴风雨天进入树林中，期望叔叔遭雷击身亡。只要叔叔的确是死于雷击，那么，侄子的行为就是死亡结果发生的必要条件。要否定侄子的可罚性，则通常考虑的是否定结果的客观可归责性[84]或认为其主观上缺少故意[85]。只有在鲍曼和韦伯的教科书中才认为这种极端匪夷所思的事件流程应当被视为条件公式的例外，从而否定其中的因果关系。[86]

将所有必要条件都视为是结果的原因，这与日常生活认知是

---

[82] 要解决这些问题，并没有必要诉诸心理学尤其是动机心理学的研究。*Bernsmann* (Fn. 27), 544 f, 文中正确地指出，根据现代动机心理学的最新研究状况而精确形成的法则并不存在。

[83] *Baumann/Weber*, Lehrbuch des Strafrechts Allgemeiner Teil, S. 224; *Jescheck* (Fn. 2), S. 255.

[84] *Jescheck*, a. a. O., S. 258; *Wessels*, Lehrbuch des Strafrechts Allgemeiner Teil, §6 II 6; 详细的论述见于 *Otto*, FS-Maurach, S. 91—105(99ff)。

[85] *Schlüchter*, JuS (1976), 315; *Welzel*, Lb, §13 I 2.

[86] *Baumann/Weber* (Fn. 83), S. 226.

相符的。因此,在叔侄继承案中,似乎可以肯定因果关系的存在,即便叔叔遭雷击死亡的概率非常低。[87] 侄子尽管出于杀死叔叔的愿望而让叔叔进入暴风雨的树林中,其行为也不应受到处罚,这在法教义学上似乎是没有争议的。在笔者看来,如果行为人积极地追求死亡结果的出现,那么,故意便是很难被否定的。客观归责的方法是值得考虑的,但客观归责理论尚缺乏足够清晰的、能够得出精确结论的判断标准。[88] 因此,应当采取鲍曼和韦伯的见解,在这种极端匪夷所思的事件中不再认为存在因果关系。[89] 但鲍曼和韦伯明确表示,合法则性关系学说并不具备重要的意义;而在笔者看来,则应当在现代因果论的背景下解决这个问题,将那些根据给定的统计法则只有在极少数情况下才会导致结果发生的条件排除于法律意义上的原因范围之外。据此,侄子将叔叔送入暴风雨的树林中的行为也就不是叔叔死亡的原因。

鲍曼和韦伯将这种极端匪夷所思的事件视为是条件公式的例外情况,这显然是允许的,因为这里的因果关系范畴是一个法律概念,这个概念是根据法学的需要而定义的。但在笔者看来,为了避免这样一个一般性的概念与日常生活经验产生直接的冲突,恩吉施所主张的作为法学上一个特殊范畴的"相当因果关系"概念是值得赞同的。[90] 在日常语言中,所有必要条件都是结果的原因。而当一个条件"不是完全不可能"[91] 导致结果产生时,则该条件就成

---

[87] 另一方面,在日常理解中,雷雨也不足以解释叔父的死亡原因。这体现了在亨普尔-奥本海默模型与日常理解之间存在着一定的矛盾。

[88] 甚至 Frisch 也指出,客观归责理论的确存在逐渐演变成一个未解决构成要件问题的、参差不齐的教义学超级范畴的危险。参见 W. Frisch, Tatbestandsmäßiges Verhalten und Zurechnung des Erfolges, 1988。

[89] 联邦最高法院有时也在即使存在必要条件关系的情况下否定因果关系的成立,如 BGHSt 33, 61(64)。根据这一判决,在道路交通领域当一个必要条件(如高速行驶)并没有陷于具体的"危险状况"之中时,其也并不构成法律意义上的原因。Wessels (Fn. 84),§ 15 II 6 提供了充分的例证。

[90] Engisch (Fn. 2), S. 45 f. 另外还可参见 Maurach/Zipf, Lehrbuch des Strafrechts Allgemeiner Teil, Bd. 1, § 18, Rdn. 30—35;详细的论述参见 Wolter, GA (1977), 257—274。

[91] Engisch, a.a.O., S.46.

为了具有相当性的原因。[92]

如果采取这一观点,接下来的问题就在于,当结果发生的风险概率程度有多小的时候可以否定相当因果关系的存在。显然,这个问题并不能简单地通过设置特定的概率程度加以解决。前文中已经明确的是,在法学领域中很少存在量化的概率法则。[93] 为了解决确定边界的问题,需要对不同的案件进行比较分析,即人们要区分结果出现概率实际为 0 的情况与通常能够明确确定因果关系存在的情况,然后寻找将一个待解决的具体案件究竟归于前者还是后者的具有说服力的论据。[94] 这一过程并不必然得出结论。在法学领域中,似乎并不存在更好地解决"界限问题"的普遍方法。

四、展望:统计法则与客观归责

用于确定一般因果关系的统计法则的解释性考虑,可以将以往在客观归责领域所讨论的问题视为因果关系的特殊问题加以讨论。文献上的有力观点认为,叔侄继承案中虽然能够肯定因果关系但应当否定其中的客观归责,因为侄子的行为并没有制造任何法律上相关的风险。[95] 这就意味着,在侄子让叔叔进入暴风雨树林中的行为与叔叔遭雷击死亡的结果之间不存在决定论的合法则性关系,而是存在统计合法则性关系。罗克辛(Roxin)在叔侄继承案中明确指出,该案中,死亡结果出现的统计概率很小。[96] 事实

---

[92] 参见 *Bockelmann/Volk*, Lehrbuch des Strafrechts Allgemeiner Teil, S. 64 ff; *Stratenwerth* (Fn. 7), Rdn. 223; *Walder*, SchwZStr 93 (1977), 113—163, 144ff 以及民法的文献和判例。
[93] 本章第三部分之(二)。
[94] 在各种法律适用中都作为基础而存在这种比较方法,详见 *Engisch*, Logische Studien zur Gesetzesanwendung, 3. Aufl., 1963, S. 26; *Hilgendorf*, Argumentation in der Jurisprundenz, 36 f。
[95] *Jescheck* (Fn. 2), S. 258; *Lenckner* (Fn. 2), Vorbem. §§ 13 ff, Rdn. 93; *Wessels* (Fn. 84), § 6 II 6。
[96] GS *Armin Kaufmann*, 1989, S. 237—251 (238); ebenso *Kühl*, Lehrbuch des Strafrechts Allgemeiner Teil, § 4, Rdn. 47。

上，风险升高理论涉及了问题的核心，但却以一种完全不必要的复杂方式表现，即在因果关系分析之后设置一个客观归责的检验阶段，而不是将制造风险作为因果关系的一种特殊情况。而且，似乎也不能排除，那些目前在客观归责领域表述模糊、没有明确的答案的问题，在未来有可能被视为特殊的因果关系问题，也有可能被视为违法性的问题加以解决。

第十六章

法治国中的酷刑？

关于 Jakob von Metzler 绑架案中警察酷刑(刑讯逼供)[1]的讨论超越了不可触犯的禁忌。在此之前,联邦德国历史上从未如此公开地、在如此广泛的政治和公众参与下争论酷刑的许可性。[2]诚然,该研究有三个方面因素的障碍,迄今阻碍了真正无前见、纯化的讨论。

首先,当时论战中一些核心概念的使用完全缺乏明确性。其中包括"酷刑"这个概念本身,大多将对身体或精神上施加的任何痛苦都理解为"酷刑"[3],这种涵义转移严重危及了对绝对禁止酷刑的认可。此外,为了保证获得确实无法反驳而且普遍令人信服的结论而作为反对酷刑的关键论据被引入的人类尊严的概念,若仔细地加以考察,也是很不精确的。

其次,在当时的酷刑讨论中,必须考量的不仅是一个而是两个法

---

[1] Hamm 非常中肯地指出,应当注意该案因为其特殊性并不适合作为讨论酷刑的基础。(此外,在警察以强制措施相威胁时,被绑架的被害人已经死亡,警察对此 无所知。)Rainer Hamm, Schluss der Debatte über Ausnahmen vom Folterverbot, NJW (2003), 946.

[2] 尤其值得关注的类似研究出现在美国 2001 年 9 月 11 日恐怖袭击之后。此外,自由主义的哈佛大学法学家 Alan Dershowitz 在 2001 年 11 月 8 日的《洛杉矶时报》上公开赞成在"定时炸弹案件"中允许使用酷刑。www.spectacle.org/0202/seth.html.

[3] 如 G. Jerouschek/R. Kölbel, Folter von Staats wegen?, JZ (2003), 613—620, 614:"与历史上的酷刑概念有一定的距离"。根据 E. Peters, Folter: Geschichte der Peinlichen Befragung, 2003, S. 192 ff., 早在 18 世纪,"酷刑"的概念就已经开始被扩展到各种形式的残忍对待。

律立场,因而论战的第二个问题便在于此:一个是可能被刑讯逼供的绑架者,另一个则是其被害人,即被绑架的儿童。双方都是人类尊严的承载者,国家不仅仅必须尊重,而且还要积极地保护(《德国基本法》第 1 条第 1 款第 2 段)。这种**人类尊严的两难**迄今仍无法解决。

最后,论战的第三个问题点在于我们特殊的历史负担。在德国,不唤起对盖世太保(Gestapo)(指 1933—1945 年纳粹德国的秘密警察——译者注)的恐惧,人们是无法讨论酷刑的。反观历史是正确的也是重要的,这表明了酷刑在一个极权国家可能意味着什么。然而,不应忽视的是,如今讨论的不是回归极权国家,而是在特定的、严格限制的例外情形下,为了获取信息以救助无辜的生命的目的,对刑事行为人施加痛苦是否可能合法的问题。

超越了不可触犯的禁忌之后,我们必须重新仔细思考酷刑的问题,整理提出的观点,划分支持和反对酷刑许可性的论据。在 Jakob von Metzler 案中,警察职员毫无异议地实施了酷刑威胁,而在德国警察羁押(Polizeigewahrsam)过程中,以施加痛苦相威胁肯定是很普遍的,这因此更加重要。

一、Jakob von Metzler 案

2002 年 9 月,行为人绑架了男孩 Jakob von Metzler,为了向其父母勒索高额赎金。行为人——法兰克福学法律的学生——很快被抓获。一开始,他不愿意供述。因为担心被绑架男孩的性命,警察威胁行为人,如果不透露小孩的下落,他将遭受严重的痛苦[4],并会给他颜色看。负责的警员当时并不知道,绑匪在绑架后不久已经将被害人杀害。威胁是由当时的法兰克福警察局副局长安排的,他同时也做了记录,并且通知了检察官。绑匪因为威胁最终打破沉默,供述了已被杀害小孩的放置地点。

这个案件在媒体中引起了巨大的轰动。然而,其重点不是行为人的肆无忌惮和厚颜无耻,他在被逮捕后,还企图误导警察锁定

---

[4] 计划的是拉伸他的手腕,这个过程非常的痛苦,但不会有任何损害残留。

错误的线索；反而是警察为了获悉小孩的下落而威胁绑匪对其施加痛苦的事实，媒体普遍提及"酷刑"或至少是威胁施加酷刑。当上一级司法局和警察局负责人以及政客和法学家们支持法兰克福警察局副局长时，媒体的兴趣就更加浓烈了。某些时评还猜测，酷刑在德国又会流行起来。

隐藏在"酷刑许可性"这一总括性问题背后，Jakob von Metzler 案还引发了很多具体问题。比如，警察羁押过程中施加痛苦的威胁是否成立程序障碍？[5] 逼取的供述是否具有可采性？对威胁负责任的警员是否具有可罚性或者至少可以进行惩戒法上的指控（disziplinarrechlichen Belangbarkeit）？被告人被逼迫才供述（Geständnis）是否承担特别严重的罪责？[6] 在需要更进一步明确的例外情形下，酷刑是否可以特别地得到警察法上的许可甚或普遍允许？这里必须区分刑事程序与危险防卫中的酷刑许可性；前者适用《刑事诉讼法》，后者是《警察法》。

此外，该案件还触及了德国法制和整体法律的基础问题。法兰克福警察局副局长自己谈到一种不幸的局面，也就是要么侵害被告人的权利要么拿被害人的生命做赌注的时刻。这个案件事实上也能够在法律与道德的矛盾层面上加以研究，法律上，根据其条文规定毫无例外地禁止以酷刑相威胁，而道德上的要求则是即使侵犯违法者的利益，也要救助无辜小孩的生命。

二、酷刑的历史

作为获取供词和其他信息的合法手段，酷刑的历史[7]可以回溯到古代。在古希腊和古罗马，起初只有奴隶会被施以酷刑；直到

---

[5] 这在 LG Frankfurt/M. StV（2003），327 ff. mit *Anm. Th. Weigend*, StV (2003)，436 ff. 以有说服力的理由所否定。
[6] 同意的是 LG Frankfurt/M. StV (2003)，参见 *FAZ vom 29. 7. 2003*；反对的是 *K. Lüderssen*, FAZ vom 8. 8. 2003, S. 31。
[7] 除了 *Peters* (Fn. 3)，参见 *F. Helbing*, Die Tortur, Geschichte der Folter im Kriminalverfahren aller Völker und Zeiten, 1910, Neudr. 2001。

罗马共和国,才对自由民也采取酷刑。为了强制基督教徒放弃其信仰,他们也受到刑讯。罗马后期,国家把刑讯作为公共娱乐。相反,日耳曼人似乎并不熟悉酷刑。即使在中世纪早期,酷刑也没有被运用。当然,中世纪获取证明上帝存在证据(考验的裁判法)(Ordale)的手法导致经常使用酷刑。[8]

12世纪和13世纪,酷刑转至刑事程序中。其主要原因是教会的影响,1252年,酷刑被公开用以对付"异教徒"(Ketzer)。[9] 酷刑被教会作为对付所谓女巫(Hexen)和巫师(Zauberer)、无神论者(Ungläubige)甚至最终是对付任何反对和批判教会者的主要武器。女巫裁判官(Hexenrichter)的官方手册《女巫之槌》(Hexenhammer),建议使用不受限制的刑讯(Marter),以使真理大白于天下。教会酷刑程序的过度使用也影响了一般的国家刑事程序。全德第一部刑事法典《卡罗琳娜刑事法典》(Constitutio Criminal Carolina 1532),为适用酷刑规定了严格的法律制度,但这对教会施行酷刑的程序影响不大。

对所谓女巫和巫师酷刑的无节制唤来了对酷刑的积极批判者。[10] 17世纪,Friedrich von Spee在其《谨防控告人》(cautio criminalis)中质疑逼取的供词的可信性。18世纪,启蒙时期的德国,Christian Thomasius坚决反对酷刑。[11] 影响更大是贝卡利亚在其名著《论犯罪与刑罚》(1764年)中所指出,酷刑是"为强大的犯罪人开脱,而宣判软弱的无辜者"的利器。[12] 其他有影响的酷刑

---

[8] 关于考验的裁判法与酷刑的关系,参见 W. Schild, Die Geschichte der Gerichtsbarkeit, Vom Gottesurteil bis zum Beginn der modernen Rechtsprechung, 1980, Neuausg. 1997, S. 20 ff.

[9] Peters (Fn. 3), S. 98 f.

[10] 自17世纪开始直到废除酷刑,对酷刑的批判都非常广泛,参见 M. Schmoeckel, Humanität und Staatsraison, Die Abschaffung der Folter in Europa und die Entwicklung des gemeinen Strafprozess-und Beweisrechts seit dem hohen Mittelalter, 2000.

[11] 参见 Ch. Thomasius, Über die Folter, Untersuchungen zur Geschichte der Folter. Übers. und hrsg. von R. Lieberwirth, 1960。

[12] C. Beccaria, Über Verbrechen und Strafen. Nach der Ausgabe von 1766, übers. und hrsg. von W. Alff, 1968, S. 92 f. (Kap. XVI)。

批判者是边沁(Bentham)[13]和伏尔泰(Voltaire)[14]。回顾历史,特别引人注目的是,严厉批判酷刑的学者主要是功利主义(如贝卡利亚和边沁)的支持者。相反,康德拒绝贝卡利亚式的"同情式的无病呻吟",而且批判边沁的幸福理论(Glückseligkeitslehre)[15],但是终究没有明确表示支持酷刑。[16]

在启蒙时期批判酷刑的影响下,第一个废除酷刑的国家是瑞典(1734)。六年后,即1740年,普鲁士也跟随着成为德意志第一个废除酷刑的邦。德意志其他的邦也相继废除酷刑。1806年,在巴伐利亚放弃酷刑时,费尔巴哈已经可以把刑讯作为过去野蛮的法律工具加以严厉批判,它只能在习俗和对新生事物的恐惧中得以存在。[17] 1831年,巴登成为德意志最后一个从法律上明确废除酷刑的邦。

对于费尔巴哈及其同时代的人而言,在现代已经启蒙了的早期立宪主义(Frühkonstitutionalismus)的刑事程序中,身体上的酷刑这种工具不再有任何地位。在德意志早期自由主义代表作 Rotteck 和 Welcker 的《国家百科全书》第1版中,Pfizer 回顾道:"人们放弃了以国家目的为任何手段辩白的基本原则,放弃了为了惩罚有罪的人也允许处罚单纯的嫌疑人甚至无辜者的基本原则,酷刑也就

---

[13] 参见 W. L./P. E. Twining, "Bentham on Torture", 24 *Northern Ireland Legal Quarterly*, 305 (1973)。

[14] 参见伏尔泰对贝卡利亚《论犯罪与刑罚》一书的评注,*Voltaire*, Republikanische Ideen. Schriften 2, hrsg. von G. *Mensching*, 1979, S. 33—88 (关于酷刑见 S. 58 ff.)。

[15] *I. Kant*, Die Metaphysik der Sitten, 1797, 此处引自 *W. Weischedel*, Immanuel Kant Werkausgabe Bd. VIII, 1968, S. 453 ff. (关于边沁的功利主义) und S. 457 f. (关于贝卡利亚)。

[16] 值得关注的当今少有的几位酷刑支持者之一 *Winfried Brugger*,康德是他主要引证的权威人物之一,参见 *Winfried Brugger*, Darf der Staat ausnahmsweise foltern?, Der Staat 35 (1996), 67, 86 ff.。

[17] P. J. A. Feuerbach, Die Aufhebung der Folter in Baiern, in: ders., Themis, oder Beiträge zur Gesetzgebung, 1812, S. 239—270; 详见 W. *Schreib*müller, Randbemerkungen zu Paul Johann Anselm Ritter von Feuerbach, Mit einem Exkurs zur Geschichte der Folter in Bayern, in: Jahrbuch des Historischen Vereins Hlr Mittelfranken, Bd. 95, 1990/1, S. 339—352。

不再被接受。"[18]

诚然,Pfizer 认为在他当时的刑事诉讼中仍然能够发现那些"或多或少与刑讯折磨相近"[19]的手段。他指的首先是"精神上折磨"(geistige Tortur)的手段,法官为了获取供词,使被告人陷入谎言和矛盾之中的各种努力也明显归属其中。这里已经出现了扩大酷刑概念的这种有问题的趋势,因为使被告陷入矛盾的"酷刑"与近代初期的刑讯(Martern)是很难被比较的。Pfizer 认为,被告人自证其罪的义务及其相关联的供词的重要地位是他所处年代刑事程序中的核心问题。[20] 直到被告"是否愿意或不愿意自我证明有罪"[21]的义务被免除之后,"刑讯体系"(Tortursystem)才真正被废除了。

大约在 19 世纪末,世界上几乎所有国家都放弃了酷刑,酷刑最终在世界范围内消失似乎只是时间问题。因此,20 世纪出现酷刑的复兴就更加令人恐惧。其最恶劣的弊病出现在国家社会主义(Nationalsozialsmus)中,除了希特勒德国之外,也有其他国家令人发指而肆无忌惮地动用这一长期以来被认为应放弃的权力工具。对酷刑的回归的两大原因,应该说是对 19 世纪自由个人主义的抛弃以及与此紧密相关的、极权主义国家类型的盛行。19 世纪自由的实证主义(liberale Positivismus)——尤其是在德国——在**法治国**中得到了最清楚的显现。自由主义强调了个体及其自由的意义,而将国家的功能限缩为对个体的保护。相反,源自黑格尔的传统,新兴的极权主义法律思想将国家尊为偶像,而只把个人视为共同体

---

[18] P. Plizer, Folter, in: C. von Rotteck/ C. Welcker (Hrsg.), Staats-Lexikon oder Enzyklopädie der Staatswissenschaften, Bd. 5, 1837, S. 592—600 (594 f.).

[19] Plizer, a. a. O., S. 595.

[20] "强制供述或者只是强制回答是以存在要求供述的权力为前提;然而,供述是自我告发,对此,对于法律的违反者,社会并没有一种天赋的、不证自明的权力。"(Plizer, a. a. O., S. 596.)关于酷刑作为获取真相的手段及通过推定程序(Indizienprozess)和自由心证超越此种观念,参见 W. Schild, Die Folter als rechtliches Beweisverfahren, in: Hinckeldey/Christoph (Hrsg.), Justiz in alter Zeit. Schriftenreihe des Mittelalterlichen Kriminalmuseums Rothenburg ob der Tauber, Bd. VI c, 1989, S. 241—260。

[21] Plizer (Fn. 18), S. 597.

的成员。这种思想立场最清楚地表现在国家社会主义的口号中:"汝乃无物,民族实系一切!"(Du bist nichts, dein Volk ist alles!)

值得注意的是,酷刑的复兴不仅与其在内国的警察法和刑事诉讼法中的回归相关联,而且也在通过特别委托(Sondervollmachten)、紧急许可(Notstandsbefugnisse)和例外规则(Ausnahmeregeln)所创制的"法外空间"(rechtsfreien Räumen)中得到贯彻。尤其是在战争领域的讨论中,酷刑曾经(而且正)处于"普通"法律制度之外。[22] 酷刑虽然事实上被实践了,却没有被重新整合入法律体系中。因此,实质上迄今仍旧存在着实施酷刑[23]、但秘密进行[24]的国家。公开性是反对酷刑的最强有力的武器。因此,联邦德国在特定例外情形下重新正式许可酷刑的建议,愈发值得关注。[25]

因为酷刑没有在实证法中被规制,至少在国家社会主义的酷刑体制被放弃之后,1945年后,酷刑并没有被"废除",而是通过新的规范被禁止实际运用。这种类型的禁止规范之一是1948年12

---

[22] 20世纪50年代,法国士兵在阿尔及利亚对暴动的本土人广泛施加酷刑的报道,在法国引起了轰动。其导火线首先是新闻记者 Henri Alleg 对自己在阿尔及利亚遭受酷刑的亲身经历的纪实报道。参见 H. Alleg, Die Folter (La Question), Mit Geleitworten von Jean Paul Sartre und Eugen Kogon, 1958。

[23] 大赦国际报道了超过150个国家通过国家机关施加的酷刑或虐待。其中,在超过70个国家中,酷刑泛滥或持续不断地被使用。参见 Amnesty International, Für eine Welt frei von Folter, 2000, S.8. 之前声名狼藉的酷刑国家包括阿根廷、智利和军政府专制下的希腊,报道参见 P. Reemtsma (Hrsg.), Folter: Zur Analyse eines Herrschaftsmittels, 1991;专门针对希腊的,参见 D, Spirakos, Folter als Problem des Strafrechts, 1990, S. 58 ff。

[24] 例外的是以色列,酷刑甚至由法院判决认为可以允许;参见 die Hamdan-Entscheidung des Israeli Supreme Court vom 14. 11. 1996, 载 http://www.derechos.org/human-rights/mena/doc/hamdan.html。该法院1999年9月6日的判决参见 http://www.derechos.org/human-rights/mena/doc/torture.html。也参见 N. Gordon/R. Marton(ed.), Torture: Human rights, medical ethics and the case of Israel, Zed Books, 1995; A. Ehrlich/M. Johannsen, Folter im Dienst der Sicherheit? Terrorismus und Menschenrechte am Beispiel der Vernehmungspraxis des israelischen Geheimdienstes Shin Bet gegenüber palästinensischen Häftlingen, in: J. Haase/E. Müller/P. Schneider (Hrsg.), Menschenrechte. Bilanz und Perspektiven, 2002。

[25] 对此,见本章第五部分。

月 10 日由联合国全体会议通过的《世界人权宣言》(Allgemeinen Erklärung der Menschenrechte)的第 5 条规定:

> 任何人不得被加以酷刑,或施以残忍的、不人道的或侮辱性的待遇或刑罚。

在此之后,酷刑的禁止被很多国际法律公约采纳。其中,特别重要的是《欧洲人权公约》(Europäische Menschenrechtskonvention)(第 3 条)和《公民和政治权利国际公约》(Internationale Pakt über bürgerliche und politische Recht)(第 7 条)。1984 年《联合国反酷刑公约》(UN-Folterkonverntion)不仅仅在各国国内禁止酷刑,而且还禁止将公民引渡或驱逐到将受酷刑威胁的国家。此外,该公约还规定了惩罚酷刑的国家合作。

最后,同样具有重要意义的是 1987 年 11 月 26 日的《欧洲预防酷刑和不人道或有辱人格的待遇或处罚公约》(Europäische Übereinkommen zur Verhütung von Folter und unmenschlicher oder erniedrigender Behandlung oder Strafe)(《欧洲反酷刑公约》),联邦德国在 1989 年加入该公约。[26] 该公约建立了国际性的委员会,审查各缔约国的监狱状况及谴责其存在的不良状况。该委员会有权访问监狱机构,并在不被监视的情况下会见被关押者。[27] 在 1998 年 7 月的国际刑事法院《罗马规约》中,特别规定了针对反人类罪和战争罪的犯罪人的酷刑。因此,在德国新的《国际刑法典》中也作了多处规定(第 6 条第 1 款第 2 项,第 7 条第 1 款第 5、6、8 项,第 8 条第 1 款第 3、8、9 项)。

德国内国法则缺少反酷刑的独立犯罪构成要件,不过,也不是必不可少的,因为施加酷刑可以通过《德国刑法典》第 223 条以下

---

[26] BGBl. 1989 II, S. 946.
[27] 关于欧洲层面上打击酷刑,尤其是欧洲预防酷刑委员会(CPT)的工作,参见 G. Kaiser, Folter und Misshandlung in Europa, in: G. Köhne (Hrsg.), Die Zukunft der Menschenrechte. 50 Jahre UN-Erklärung: Bilanz eines Aufbruchs, 1998, S. 141—161; R. Morgan/M. Evans, Bekämpfung der Folter in Europa. Die Tätigkeit und Standards des Europäischen Ausschusses zur Verhütung von Folter, 2003。

和第 340 条的身体伤害罪、第 343 条的逼取证言罪、第 240 条的强制罪等加以处理,甚至可能根据《德国刑法典》第 212、211 条及第 22、23 条构成故意杀人未遂以及谋杀未遂。以酷刑相威胁则还可以通过《德国刑法典》第 343 条和第 240 条处理。

三、"酷刑"的涵义界定

只有对"酷刑"概念的涵义有充分的共识,打击酷刑才有望有所成效。因此,各种反酷刑的国内和国际的动议总是有助于形成一个准确的术语——此处仅提及大赦国际(amnesty international)。[28] 酷刑在日常用语中是指施加严重的痛苦,这个概念的使用明显过于宽泛,因为这个定义不能够涵盖本文所指意义上的酷刑之极端的不法内涵。反之,认为只有施加酷刑者的意图在于获取信息时才属于酷刑的理解则过于狭窄,以至于酷刑在概念上已经无法与刑罚或处决("处决酷刑")(Hinrichtugnsfolter)[29] 相联系。

在很多国家,酷刑被用于威慑人民,因此,被大范围任意地实施,而并不取决于是否获取信息。在某些情况下(如乌干达的 Idi Amins),似乎完全只是为了取悦当权者和领导派系而对无辜者施加酷刑。与此不同,当时讨论的核心点在于为了拯救其他人生命的目的而施加痛苦。因此,也可以称之为"救助酷刑"(Rettungsfolter)[30]。此种类型的救助酷刑也是为了获取一定的信息,与"其余"类型的酷刑不同,救助酷刑获取的信息是为了拯救他人的生命所用。

1984 年 12 月 10 日的《联合国反酷刑公约》第 1 条第 1 款明确

---

[28] Amnesty International, "Wer der Folter erlag...". Ein Bericht über die Anwendung der Folter in den 80er Jahren, 1985, S. 26 ff.; Triffterer, Das "Folterverbot" im nationalen und internationalen Recht—Anspruch und Wirklichkeit, in: Amnesty iInternational, Folter: Stellungnahmen, Analysen, Vorschläge zur Abschaffung, 1976, S. 125—169 (130 ff.).
[29] 关于处决酷刑文学上最有名的例子就是 Franz Kafka, In der Strafkolonie, 1919。
[30] 该表述源自 Milos Vec, FAZ vom 4.3.2003, S.38。

地界定了"酷刑"的概念[31]：

> 就本公约而言，"酷刑"系指为了向某人或第三者取得情报或供状，为了他或第三者所作或被怀疑所作的行为对他加以处罚，或为了恐吓或威胁他或第三者，或为了基于任何一种歧视的任何理由，蓄意使某人在肉体或精神上遭受剧烈疼痛或痛苦的任何行为，而这种疼痛或痛苦又是在公职人员或以官方身份行使职权的其他人所造成或在其唆使、同意或默许下造成的。纯因法律制裁而引起或法律制裁所固有或随附的疼痛或痛苦则不包括在内。

在这个定义中，区分了三大重要要素：① 通过"使某人在肉体或精神上遭受剧烈疼痛（Schmerzen）或痛苦（Leiden）"所描述的客观构成要件；② 包括故意和特定意图的主观构成要件；③ 行为人与国家权力的特殊紧密关系。

首先，酷刑以施加对肉体或精神上的重大疼痛或痛苦为前提。比如，令人痛苦的电击、长时间殴打或对女性或男性的性强暴毫无疑问属于酷刑。施加轻微严重的疼痛也可以是酷刑，当然，必须注意的是，不能通过不恰当的扩张使得该概念轻微化。一个疼痛的或有辱人格的待遇可能是违法的，但就其自身而言，仍不必然就符合酷刑的条件。因此，在法兰克福案件中，理所当然地认为是以"酷刑"相威胁，是有问题的。违反《刑事诉讼法》第 136 条 a，也并不必然就可以认定为酷刑。

除了施加肉体上重大疼痛之外，施加极端的精神痛苦也属于酷刑。比如，对其亲近的人施加虚假的（或事实上实施了）酷刑或杀害，还包括威胁对其自身施加酷刑，只要已经对被害人产生相应

---

[31] Übereinkommen gegen Folter und andere grausame, unmenschliche oder erniedrigende Behandlung oder Strafe, in: BGBl. 1990 II, S. 247 ff. 上述《联合国反酷刑公约》的定义源自（在具体细节上有一些重大区别）1975 年 12 月 9 日联合国大会决议（第 3452 号决议）通过的《保护人人不受酷刑和其他残忍、不人道或有辱人格待遇或处罚宣言》(Erklärung über den Schutz aller Personen vor Folter und anderer grausamer, unmenschlicher oder erniedrigender Behandlung oder Strafe)。

的精神、思想上的效果,此种假执行(Scheinexekution)也属于酷刑。有问题的是《联合国反酷刑公约》第1条第1款第2句中的例外条款。根据该条款,如果疼痛或痛苦与法律上的惩罚相联系,则不属于酷刑。如果字面上理解该条款,则通过相应的法律规定,原则上任何一个酷刑都被排除在国际酷刑禁止的适用领域之外。此外,该条款允许伊斯兰国家保留其部分极端严厉的刑罚[32],这尤其受到反对酷刑的非政府组织(NGOs)的强烈批判。

其次,只有行为人故意实施的才属于酷刑。因此,如果是过失行为导致的,即使施加了极端的疼痛,也不存在酷刑:"酷刑的卑鄙就在于,在其背后存在着追踪反对者直至其身体最私密处的已决的意欲和有意识的计划。"[33] 除了故意之外,公约还要求施加疼痛的特定目标设定,同时列举了为了逼取情报或供状,为了对被害人或第三人的刑罚、恐吓或强制,或者为了基于种族主义、政治或宗教等动机的歧视目的。[34]

酷刑概念的第三个要素是行为人的特殊资格。行为人必须是国家权力的行使者,亦即诸如警员或监狱看守者,或者至少是唆使国家职员的人,如经过警察的授权,从绑架者口中逼打出被绑架儿童下落的私人打手或被绑架人质的亲属。纯粹的"私人酷刑"(Privatefolter),即没有经过官方职员至少是默示同意的酷刑,不属于《联合国反酷刑公约》中所定义的酷刑。

酷刑的历史表明,一个人准备好对另一个人所做的事,是明显没有限度的。[35] 在很多国家,施加酷刑者接受特殊的训练,瓦解其

---

[32] *K. Hailbronner*, A. Randelzhofer, Zur Zeichnung der UN-Folterkonverntion durch die Bundersrepublik Deutschland, EuGRZ (1986), 641—648, 642.

[33] *Ch. Tomuschat*, Rechtlicher Schutz gegen Folter? Zum Verhältnis von nationalen und internationalen Rechtsnormen, in: *P. Schulz-Hageleit* (Hrsg.), Alltag, Macht, Folter: 11 Kapitel über die Verletzung der Menschenwürde, 1989, S. 95—118 (102).

[34] 对包含歧视情形持怀疑态度的参见 Tomuschat, a. a. O., S. 103。

[35] 社会心理学的实验已经令人印象深刻地证明了这一点。参见 S. Milgram, *Obedience to Authority*, Tavistock, 1974; dt. Unter dem Titel: Das Milgram-Experiment: zur Gehorsamsbereitschaft gegenüber Autorität, 12. Aufl. 2001。

意志,使任何同情心都变得麻木不仁,并形成强大的集体一致。[36]在发明各种可能的酷刑上,人类显现出惊人的想象力。被实际运用了的酷刑方法包括诸如殴打、电击、有目的的灼烧敏感的身体部位、强制保持特定的身体姿势长达数天、挑掉手指甲和脚趾甲、骨头钻洞、截肢、性侵犯甚至通过动物进行性强暴、模仿枪毙和其他心理操控以及极端延迟对任何感官器官的阻碍。[37] 酷刑新近的历史标志就是偏好于使用那些事后无法被证明的手段。因此,酷刑通常借助毒品加以实施,医学监视确保达到痛苦最大化,但同时保证被害人不会过早死亡。

四、救助酷刑的法伦理评价

在从法律上检讨是否允许酷刑及酷刑威胁之前,应该先试图分析支持和反对在法治国中施加酷刑的最重要的法伦理论证。允许在警察讯问(Verhör)中施加酷刑的主要论据也许在于,通过酷刑(如在绑架案中)可能能够救助人的生命或防卫无辜者其他高位阶的法益(从身体完整性到自由乃至人类尊严)。例子就是,因为被警察逮捕的行为人闭口不提被害人的下落,被绑架者拘禁的小孩被慢慢地饿死。[38]

在此类"救助酷刑"[39]案件中,似乎法益衡量无条件的支持酷刑,因为绑架者的身体完整性与小孩的生命及人类尊严相比较更轻微。在这类案件中,酷刑也许是救助生命的一个非常有效的手段。最后,绑架者明显居于不法,酷刑针对的是有罪者,而其目标

---

[36] 比如参见 M. Haritos-Fatouros, Die Ausbildung des Folterers. Trainingsprogramme der Obristendiktatur in Griechenland, in: Reemtsma (Hrsg.) (Fn. 23), S. 73—90。

[37] 常见酷刑手段的详细列表参见 C. Corovalan, Folter und die Folgen, in: Schulz-Hageleit (Hrsg.) (Fn. 33), S. 61—83 (66 ff.)。

[38] 也参见 Matthias Hintze 案,1997 年 9 月他被绑架后被藏在地洞下面,备受折磨,窒息而死。

[39] 参见前注 30。

是为了救助无辜者。绑架者完全能够交代藏匿地点而免遭酷刑。在私人紧急救助（Nothilfe）中，酷刑至少在特定限度下[40]是允许的，如被绑架人的父亲也被允许对行为人施加极端的痛苦，以获悉他小孩的下落。

只有当不仅仅是一个，而是有上百个甚至上千个人的生命受到威胁时，如恐怖分子在城市中心放置了可以引爆的炸弹，但却不肯透露放置的位置，上述的论证才是正确的。如今，恐怖分子能够轻而易举地获取大规模杀伤武器。因此，人们可以认为，这种危险状况的改变，就必须考虑通过改变国家防御机制，甚至包括在极端情况下使用酷刑来加以应对。酷刑的威慑效果被认为如此之大，以至于可以避免犯罪行为。

反对酷刑的法伦理论证主要如下：即使将酷刑限制在极少数极端的紧急情况中，也无法排除其滥用。任意的酷刑或对无辜者的酷刑，是明显与法治国的基本原则不相容的。如果国家不希望丧失其道德合法性，那么即使在紧急情况下，国家也不允许涉足某些特定的手段。在法治国中允许酷刑则将意味着，必须公布酷刑适用的法律规则，公务员可能必须作为施加酷刑者而接受一定的额外教育。基于历史的原因，这两者在联邦德国都是无法想象的。此外，关于"形式化的酷刑"（formalisierten Folter）的设想也存在问题，因为它没有标志出任何法律界限，并且将接受酷刑者置于施加酷刑者毫无限制的恣意之下，这对于酷刑而言恰恰就是最典型的。

然而，反对酷刑的主要论证在于**人类尊严**，即使是最严重的犯罪人的尊严也不允许被侵犯。酷刑威慑力的根源在于，它是比单纯侵害身体更严重的，即使后者也可以是重伤甚至死亡。酷刑可以深入内心的最深处，在自我意识和意志自由的领域中获得一席之地。接受酷刑者仅剩下肉体，仅剩下物理性的存在。因此，酷刑不仅仅侵犯个体的自由意志，而且危害和毁灭他人自由意志的能

---

[40] 在紧急防卫的情况下，截肢等极端的行为也是不被允许的，因为此处存在基于保护人类尊严而进行的社会伦理对根据文义本毫无限制的紧急防卫权的限制。

力。如此极端的侵害经历使被害人遭受的创伤是永久性的。[41]

施加体系化的并且有最大可能痛苦的酷刑,是可以被想象到的对人类尊严最严重的侵犯。[42] 因此,酷刑的目标指向既不同于身体伤害,也不同于杀害,这些只是剥夺被害人的生命,而无需侵犯其尊严。因此,原则上,与执行死刑者相对于被判处死刑者相比较,施加酷刑者相对于接受酷刑者,实质上拥有更强大的地位[43],被判处死刑者的尊严并不必然通过死刑的执行而受到侵犯。执行死刑者仍然受到法律规则的约束,而施加酷刑者则完全得以自由地发挥其想象力。

以酷刑相威胁就已经可以产生恐惧,这对于国家权力来说一直都是很大的诱惑。Kate Millet 因此写道:

> 酷刑是国家权力最外在的方法。如果国家自认为有权力对其国民实施酷刑,国家就对国民获得了绝对的权力。当国家除了其他权力——逮捕、拘留、诉讼、审判、刑罚——之外,还能够对人施加酷刑时,国家就完全否定了个人。因为酷刑是无法被抵制的。这也许是启蒙时期的改革思想和人权运动坚决谴责酷刑的主要原因。[44]

然而,Millet 认为酷刑"否定"了被施加酷刑者这一命题是否真的正确?如果酷刑被控制并在一定限度内使用,是否也不能用于救助生命,而将犯罪行为人引回正义的一面?值得关注的是,反对

---

[41] 详细参见 G. *Keller*, Die Psychologie der Folter, 1981, S. 59 ff.;另外参见 *Lipps/Coravalan*, in: *P. Schulz-Hageleit* (Hrsg.), (Fn. 33), S. 46 ff., 61 ff.
[42] 当人们如同启蒙时期以来那样将人类尊严建立在个体的自由意志基础之上,这就无论如何的确如此。然而,很多宗教并不接受这个出发点。在基督教传统中,后期才承认人类尊严作为基本价值,但这并不是建立在个体的自由意志之上,而是在人类的"上帝相似性"上。在基督教历史上,酷刑发挥了重大的作用:基督教最重要的象征就是被施加酷刑致死的上帝。在无数的殉教者故事及经常是极其露骨的绘画表现中,酷刑都表现为对信仰的考验。
[43] 总是反复强调被施加酷刑者对于施虐者的完全的无力感,可参见 *Amnesty International* (Fn. 28), S. 33 f.
[44] K. *Millet*, Entmenschlicht. Versuch über die Folter, 1993, S. 14. 关于酷刑国家与个体的关系也参见该书 S. 68 ff.

酷刑者的论证完全没有涉及救助酷刑，而支持酷刑者，至少在西方国家中，只在个别极端的情形下——在酷刑作为救助无辜者的最后手段时——才打算允许酷刑。

五、新近对极端情形下施加酷刑的正当化

Winfried Brugger 支持在特定例外情况下允许酷刑，并仔细地论证这个观点。[45] 他所认为的情况包括以下特征：

> 对无辜者存在对其① 生命和[46]身体完整性的、② 清楚的、③ 直接的、④ 重大的危险。⑤ 该危险是由可以辨认身份的扰乱者导致。⑥ 扰乱者是唯一一个能够排除危险的人，只要他重新回归正义的界限内[……]。⑦ 他也有义务为之。⑧ 使用身体强制是获取信息唯一有成效的手段。[47]

Brugger 首先承认，实证法在法律条文上明确排除酷刑。他所指的是警察法、宪法和国际法。这也同样适用于刑事诉讼法[48]，但这与 Brugger 所认为的情形并不直接相关，因为他所指的不是关于犯罪行为的追诉，而是打击存在威胁的危险。然而，明确禁止酷刑，似乎与其他警察法的规定相违背，这些警察法部分地允许很大程度地侵入犯罪行为人的权利领域。与此相关，Brugger 指出了"评价漏洞"（Wertungslücken）或"评价悖论"（Wertungswidersprüchen）。

此类悖论中最重大的就是所谓"目的性救助射杀"（finalen Rettungsschusses），也就是为了救助人质而杀害绑架人质者。《巴

---

[45] W. Brugger, Examensklausur im öffentlichen Recht—Übungsklausur. Würde gegen Würde, VBlBW 16 (1995), 415 f., 446 ff.; ders. (Fn. 16), 67 ff.; ders., Vom unbedingten Verbot der Folter zum bedingten Recht auf Folter, JZ (2000), 165 ff.

[46] 更有说服力的可能是在这里使用"或"。

[47] Brugger, Vom unbedingten Verbot der Folter zum bedingten Recht auf Folter (Fn. 45), 167.

[48] 可以列举的首先是《德国基本法》第 104 条第 1 项第 2 句和《刑事诉讼法》第 136 条 a。

登-符腾堡州警察法典》（bwPolG）第 54 条第 2 款规定："如果射杀导致死亡的结果具有接近确定性的高度盖然性，只有在其是防卫现时的生命危险或严重侵害身体完整性的现时危险的唯一手段时，才被允许。"相似的规定出现在《巴伐利亚州警察职责法典》（BayPAG）第 67 条第 1 款："只有在①为了防止对身体和生命的现时危险时……才允许对人使用射击武器。"Brugger 认为此处表达了可以转用到酷刑问题上的两大原则：其一，警察必须有效地防止并消除危险；其二，警察必须"保护法律和权利，并提醒那些超越法律和权利界限的人注意其行为应受的限制"[49]。

在甚至允许杀死行为人（扰乱者）的情况下，为什么应当禁止为了获取信息目的的酷刑？Brugger 列举了以下例子：

> 绑架人质者拿着枪对着人质的太阳穴，如果射杀他是解救人质生命的唯一有效的手段，就允许射杀他。如果绑架人质者在人质身上绑着定时炸弹，而只有通过强制绑架人质者告知引爆装置的密码才能够解救人质，那么，相关法规范就会排除射杀这种措施。[50]

在结论上，为了避免评价悖论，Brugger 建议，将反酷刑的国内和国际规范从目的论上限缩在符合他所指出的 8 个标准的情况之下。

在迄今为止的文献中，Brugger 的建议是被大多数人所反对的，从中无疑可以得出这样的印象，就是他的论证思路没有被充分评价。[51]当然，Brugger 认为侵害在警察支配下的绑架者或恐怖分子的人类

---

[49] *Brugger*, Vom unbedingten Verbot der Folter zum bedingten Recht auf Folter (Fn. 45), 168.

[50] *Brugger*, a. a. O., 168.

[51] 基本研究参见 H. *Welsch*, BayVB1. (2003), 481—488; B. *Kretschmer*, Folter in Deutschland: Rückkehr einer Ungeheuerlichkeit?, RuP (2003), 102—118; J. P. *Wilhelm*, Die Polizei (2003), 198—207; 以考试练习的形式见 F. *Jeßberger*, "Wenn du nicht redest, füge ich dir große Schmerzen zu", Jura (2003), 711—715。结论上保持开放的见 O. *Nochmals Miehe*, Die Debatte über Ausnahmen vom Folterverbot, NJW 17 (2003), 1219 f。在趋势上同意 *Brugger* 的见 F. *Wittreck*, Menschenwürde und Folterverbot, DöV (2003), 873—882。

尊严明显是符合法律的,这也是有问题的。笔者认为,这个条件并不是无可反驳的。警察为了获取信息的目的而施加的直接强制,事实上就必然要侵犯被强制者的人类尊严?在大部分的学者看来,确实如此,正如 Brugger 本人也是这样认为。对这个问题有说服力的回答,其前提首先是得说明清楚,《德国基本法》第 1 条第 1 款规定的人类尊严到底保护什么。从中无论如何无法说明,直接强制理所当然就侵犯了人类尊严。[52]

六、人类尊严与酷刑

在法兰克福酷刑案的讨论中,人类尊严总是反复被提起,但是其概念却仍非常不明确。对"人权"(Menschenrechte)的引用也同样如此。然而,往往非常尴尬的是,对"人类尊严"概念为了政治目的而被广泛滥用,进而导致轻微化和感情化,很明显,必然导致该概念丧失清晰性、准确性及论证力。正如其在政治讨论和日常媒体上所使用的,"人类尊严"的概念因过于不明确,从而不可能在疑难案件中得出清楚裁决。这恰恰适用于工具化的论题(Instrumentalisierung),尽管其在大众化资料中备受喜爱,但很大程度上却无法被运用。[53]

为了证明酷刑违反人类尊严,需要对如何理解"人类尊严"作出解释,使之明确化。这也意味着,要对该概念的思想基础做出反思。在人文主义传统中,人类的尊严被理解为固有且不能转让的"内在价值"(Eigenwert)的表征,且本身又表现为不同的主观权利(subjektive Rechte),这些主观权利的整体形成人类尊严。人类尊严框架下可以具体区分为以下主观权利:

---

[52] 反对的观点认为,直接强制事实上经常被使用,而至今没有被批判为违反人类尊严。

[53] 参见 E. Hilgendorf, Die mißbrauchte Menschenwürde. Probleme des Menschenwürdetopos am Beispiel der bioethischen Diskussion, in: B. S. Byrd/J. Hruschka/J. C. Joerden (Hrsg.), Jahrbuch Recht und Ethik, Bd. 7, 1999, S. 137—158。

其一,最低生活保障权(das Recht auf ein materielles Existenzminimun):非法扣留个人生存必需的财产,如粮食、空气或空间,则违反人类尊严。

其二,独立自我发挥的权利(das Recht auf autonome Selbstentfaltung):任何个体必须至少保留最低的自由权利。

其三,精神—思想完整性的权利(das Recht auf geistig-seelische Integrität):如果通过诸如毒品或洗脑等不可抗拒的手段彻底改变个体的意识,则侵犯了人类尊严。

其四,免受极端痛苦的自由权利(das Recht auf Freiheit von extremem Schmerz):如果个体被施加严重而且长期持续的痛苦,则侵害了人类尊严。

其五,信息自决权(das Recht auf informationelle Selbstbestimmung):人类高度个人的私人领域不允许经由第三人任意地侵犯而被公开。

其六,法律平等权(das Recht auf Rechtsgleichheit):如果否认个体作为法权主体的状态,则违反了人类尊严。

其七,最低尊重的权利(das Recht auf minimale Achtung):除了上述一至六的侵犯形式之外,任何人都不允许被以极端的方式侮辱或使丧失自尊。

如果用如此界定的人类尊严衡量酷刑,那么,可以确定的是,酷刑同时在多个层面上侵害了人类尊严:大部分形式的酷刑都侵害了最低生活保障权(如通过抽出空气进行窒息酷刑、禁闭在极度狭窄的空间内)、侵害独立自我发挥的权利(整日整夜地完全控制)或精神—思想完整性的权利(洗脑、精神麻醉);通常而言,也会侵害免受极端痛苦的自由权利。此外,如果被害人被强制公开包括其所有个人信息的全部生活,信息自我决定权也会被侵害;法律平等权通常会受到侵害,因为在施加酷刑时,酷刑的被害人作为法权主体的地位被否定了;最低尊重的权利则总是受到侵害,因为对被害人的侮辱及对其自主能力的剥夺恰恰就是酷刑的本质所在。

由此可见,为什么酷刑侵害了人类尊严,而且为什么酷刑会是最严重侵害人类尊严的国家工具。像联邦德国这样的法治国，人类尊严是整个法秩序的基础，对人类尊严如此公然地侵害是绝对不被允许的。在紧急状态下例外地允许酷刑，即使对此做了很严谨而清楚的界定，也可能会引发国家自身合法性基础的悖论。

然而，绝对的禁止酷刑难道不也侵害人类尊严，即受到绑架人质者劫持或被恐怖分子威胁的无辜者的性命被国家完全抛弃？国家难道不是也有义务要积极防卫这些人的人类尊严吗？《基本法》第1条第1款第2句对这个问题给出了明确的答案，根据该款规定，国家权力不仅必须"尊重"（achten），而且必须"保护"（schützen）人类尊严。诚然，《基本法》并没有说明，在对一个人人类尊严的尊重必须以侵害另一个人的人类尊严为代价才有可能的情况下应该如何处理。如果法治国施加酷刑，那么其就不再是法治国；如果法治国不施加酷刑，又有可能放弃了无辜者糟糕的命运。这两种情形都侵害了人类尊严。

七、三种解决方案

笔者认为，处理这两难问题有三条路径：

（一）方案一

在极端的情形下，如法兰克福案件所出现的情形，酷刑是道义上所允许的（moralisch erlaubt），甚至可以被认为是道义上所要求的（geboten），这当然是有道理的。如果看一下现代研究中支持使用酷刑的那些论证，就可以发现，最终，事实上就是使法律与其道德观保持一致。[54] 因此，关于在极端情况下是否允许酷刑的论争，也可以在法律与道德的范畴中被重新建构。根据此处所主张的解决方案，在道德上也许可以支持酷刑，但在法律上必须毫无保留地

---

[54] 对此很明确的可参见 Brugger, Vom unbedingten Verbot der Folter zum bedingten Recht auf Folter (Fn. 45), 165, 172。

加以禁止,因为其侵害了人类尊严。在法治国,酷刑在任何情况下,即使在如此糟糕的情况下,也不能够在法律上被允许。在非常情况下所遗留的,就是安提戈涅(Antigone)的答案,道德置于法律之上及忍受个人自由行为的法律一致性。

(二) 方案二

第二条路径可能在于,在极端情况下,为了防御危害生命或严重侵害身体完整性的危险,可以基于正义的理由**在酷刑的界限以下**,允许有效的威胁手段和强制手段。这种威胁手段和强制手段,必须包含身体强制和施加身体痛苦在内,但是必须不能超出——无法正当化的——人类尊严侵害的界限,如一些令人痛苦的伎俩,像在 Jakob von Metzler 案件中威胁扭伤胳膊或拉扯手腕等。这里涉及的是施加痛苦,但还不是酷刑。[55] 这种措施被排除在刑事追诉之外(《刑事诉讼法》第 136 条 a),但出于防御危险的目的,如果系为了救助他人生命所必要,可以被允许。在一般的警察行为中,强制措施,甚至于"目的性射杀",都是被允许的。如果为了获取信息、救助他人的生命,对身体完整性的限制,为什么因此就不应当被允许?这并非毫无疑问可以被理解。当然,此处从法律上限定在《警察法》上是必要的。

这是一种直接强制(unmittelbarer Zwang)的情形,如果没有其他的手段可以被使用,而且也注意了过度禁止,原则上是允许其适用的。[56] 诚然,在各州的《警察法》中,存在一个主要的规则,据此,"为了取得说明"(《巴伐利亚州警察职责法典》第 58 条的表述)排除使用直接强制。[57] 这项规定可能在诸如此处所讨论的情形中应做如下补充:"只要适用直接强制是为了救助他人生命或为了避免他人严重的健康损害所必要的,该款不适用。"

---

[55] 必须承认,在如此敏感的领域划定界限是异常困难的。
[56] F.-L. Knemeyer, Polizei-und Ordnungsrecht, 9. Aufl., 2002, Rdn. 369 ff.
[57] "(1) 如果无法考虑其他强制手段,或者没有任何效果或不合目的,警察可以使用直接强制。适用直接强制的方式和形式,根据第 60 条以下。(2) 排除为了取得说明而适用直接强制。"

如果只有通过直接强制才能够救助他人生命或避免严重健康危害,使用直接强制以逼取陈述才例外地被允许,该条款就并非规定了违反人类尊严的酷刑。[58] 直接强制并不当然侵犯人类尊严,即使强制是基于特殊的目标设定而实施的,亦即为了获取信息的目的,这也不会有任何改变。这是因为,侵害人类尊严必须客观上根据其对被害人的效果来加以确定。[59] 因此,只要直接强制没有超越侵害人类尊严的界限,那就可以针对绑架者或恐怖分子实施。根据此处所主张的解决方案,如果直接强制是为了获取下落,原则上这也是可以适用的。

在立法论上(*de lege ferenda*)反对这种解决方案的观点首先指出的是,清楚地区分被允许的痛苦施加与被禁止的酷刑的困难。施加痛苦的强度并不可能存在主体间明确的标准。因此,上述路径在立法论上暂时不会有问题。[60] 但是,在将来社会危险状态可能发生实质改变时,就必须重新反思这种解决路径。

(三) 方案三

第三种解决的可能性是运用《德国刑法典》第 32、34 条的正当化事由。诚然,在《警察法》中,这些正当化事由是否可以延伸到国家职员的权限,是有很大争议的。少数观点对此加以否定[61],公法中的通说认为,普遍的正当化事由虽然不能为警察的侵犯权限提供依据,但适合于使可以主张正当化事由的国家职员免予承担刑

---

[58] 相反的,宪法上任何人都不必自证其罪(nemo tenetur se ipsum accusare)的基本原则也必须让位。

[59] *Hilgendorf* (Fn. 54),S. 143 f. 相反,工具化论题的运用导致了人类尊严保护的主观化,亦即,人类尊严的侵害取决于实施者的主观意图。

[60] 此外,有问题的是,为了获取信息的目的而"施加轻微的痛苦"是否与《欧洲人权公约》(EMRK)第 3 条相一致,该条除了禁止酷刑之外,也禁止"不人道或有辱人格的刑罚"。进一步参见 *J. Meyer-Ladewig*, EMRK-Handkommentar, 2003, Art. 3, Rz. 6 ff. Mit Nachweisen aus der Rspr. Des EuGHMR。

[61] *G. Jakobs*, Strafrecht Allgemeiner Teil, 2. Aufl., 1991, 12/41 ff.; *J. Renzikowski*, Notstand und Notwehr, 1994, S. 297; *K. Seelmann*, Grenzen privater Nothilfe, ZStW 89 (1977), 49 ff.

事责任。[62] 刑法文献中占优势的观点则更进一步主张,通过主张普遍正当化事由,国家职员的行为不仅仅在刑法上,而且在警察法上也是合法的。[63] 联邦最高法院似乎倾向于往这个方向发展,[64] 不过,判例对这个问题仍没有给出最终的答案。

如果根据公法以及刑法文献中通行的观点,普遍的正当化事由也可以被适用于警察法,那么,在本案中可以适用《德国刑法典》第32条(紧急救助)。对小孩生命、尊严和身体完整性的侵害(Angriff)[65],在于绑架者拒绝告知其下落,即使绑架者根据先行行为(Ingerenz)有义务做出相应回答。在警察以直接强制相威胁时,该侵害仍具有现时性(gegenwärtig)。该威胁是适当的(geeignet)和必要的(erforderlich),因为其他所有手段都无效了。有疑问的是,是否存在社会伦理上的限制事由(sozialetheischer Einschränkungsgrund)。被保护法益和被侵害法益之间极度失衡的案群与此无关,因为在法益保护方面是生命、人类尊严和身体完整性,相对的,在法益侵害方面是绑架者的身体完整性,也有可能是其人类尊严。在本案中,当然是同样重要的,并不存在有利于因强制措施而受到法益侵害的绑架者的优势法益。

当然,在紧急防卫的社会伦理限制事由(不是封闭的类型,而是具有可扩展能力的)的语境中,也应当考虑国际上大量存在的酷刑禁止。也就是说,短时间的拉扯手腕如果也和严重痛苦相联系,是否确实就属于酷刑了,这里同样也有疑问。直接强制的很多形式是和痛苦相联系的,但没有提高酷刑的可谴责性。在很多州的

---

[62] V. Götz, Allgemeines Polizei-und Ordnungsrecht, 13. Aufl., 2001, Rdn. 414; Knemeyer (Fn. 57), Rdn. 374; 刑法上 H.-J. Günther, Strafrechtswidrigkeit und Strafunrechtsausschluss, 1983, S. 366 ff.; Ch. Kühl, Strafrecht Allgemeiner Teil, 4. Aufl., 2002, § 7 Rdn. 155。

[63] Lackner/Kühl, StGB-Kommentar, 24. Aufl., 2001, § 32, Rdnr. 17;详见 Spendel, Leipziger Kommentar StG13, 11. Aufl., 1992 ff., § 32 Rdnr. 263 ff., 275; Schönke-Schröder-Lenckner/Perron, § 32, Rdnr. 42 a ff。

[64] BGHSt 27, 260;也参见 BayObLG, JZ 1991, 936 f。

[65] 在 Jakob von Metzler 案中,案件情况复杂性在于,小孩已经死亡,但警察却并不知道,这就存在"容许构成要件的错误"(Erlaubnistatbestandsirrtum)。

警察法典中,完全排除警员为获取信息而使用任何形式的直接强制。[66] 这种评价可以作为紧急防卫权的社会伦理限制的出发点。在结论上,这意味着,在解释论上(de lege lata)《德国刑法典》第32条也不可能作为正当化事由。这同样适用于侵犯了人类尊严的施加痛苦的严重情形。

八、结论

其一,在人质绑架或恐怖主义威胁的极端案件中,一般的、原则上不受任何质疑的酷刑禁止,是存在问题的。涉及生存的两难案件导致了法律上的灰色地带,从而可以主张各种不同的解决方案。

其二,正如《德国基本法》所要求的,如果从法律评价上将人类尊严作为联邦德国国家秩序的基础,并且接受国家在任何情况都不允许侵害人类尊严这一基本前提,那么,即使为了救助无辜者的生命和尊严,酷刑仍是违法的。

其三,法兰克福案要求概念的精确化,否则,难题就无法被恰当地把握和考虑。这同样适用于酷刑概念,只有在施加强烈和持续的痛苦时才能视为酷刑。相反,如果人们不愿使绝对的酷刑禁止成为荒谬的悖论,那么,轻微严重(minder schwer)的情况就不能涵摄到酷刑概念下。

其四,人类尊严的概念也需要解释和明确。人类尊严被理解为主观权利的集合体,包括了最低生活保障权、独立自我发挥的权利、精神—思想完整性的权利、免受极端痛苦的自由权利、信息自决权、法律平等权、最低尊重的权利。如果以此准确表述的概念理解为基础,则酷刑明确地侵犯了人类的尊严,相反,为了获取信息而施加的纯粹的直接强制则没有。

其五,法兰克福案同时也被阐释为法与道德的冲突。根据此处所主张的解决方案,法秩序毫无例外地禁止酷刑,许多观点认为

---

[66] 参见本章第五部分。

酷刑在极端的两难情况下,也许可以在道德上被正当化。这(又再一次)明确了法与道德是不同一的。虽然一个国家只能有唯一的法秩序,但是完全可以有不同的、甚至有时相互矛盾的道德要求。

其六,立法论上可以存在一种解决方案,即如果是为了救助他人生命或保护他人免受身体完整性的严重损害所必要的,那么,为了获取供述的较轻形式的直接强制,就可以例外地被允许。如此,则必须改变警察法典。当然,这种解决路径会出现应当如何划定使用的是"轻微的"还是"严重的"形式的直接强制的重大界限问题。

其七,在现行法基础上,此处所讨论的极端情形,原则上可以通过《德国刑法典》第32条的紧急救助加以解决。然而,正如在许多警察法典的实证法上所明确规定的那样,法伦理学上反对为了获取信息而施加直接强制,这导致了对紧急防卫权的社会伦理限制。如果遵循这种评价,则应排除第32条的正当化事由。

围绕法兰克福案的讨论表明,法律的规定和法律论证并不适合于为涉及生存的案件提供无法反驳的答案。在此,法理学有其局限。同时,这也表明了,不应仅仅在法律的日常事务范畴内思考,有时也应当将视角转向法的基础问题。这是如此的重要。

第十七章

悲惨案件：比较法视野下刑法中的极端情形与紧急状态

一、引言

公元前155年，希腊哲学家卡涅阿德斯（Carneades）在当时世界上正在上升的超级大国的中心——罗马，连续两天发表了两篇以正义为主题的演讲。演讲在罗马城的青年知识分子中引起了很大的轰动。[1] 卡涅阿德斯用"辩证法"展开其演讲[2]，也就是说，他第一天提出并且精心捍卫的全部观点会在第二天从根本上被推翻到正好相反的观点。这样，一个问题的两个方面就会以同样有说服力的方式被提出。[3] 这对大多数听众来说都是前所未有的智力挑战，因为这些人当时还不具备足够的机敏面对诸如此类的问题：任何事物在任何时间依据相同数量的证据和实质内容都应该既是可争论的也是可辩护的吗？当前时间点哪一种观点有效且正确？（当然，我们可以假定人们为了不必自己思考或做出决定来发现正确答案，必然对"简单答案"或建立在"主流意见"基础之上的

---

[1] 这两篇演讲被定义为"奠定罗马哲学过程中的关键日子"。参见 K. -H. Stanzel, Karneades, in: H. Canicik/H. Schneider (Hrsg.), *Die neue Pauly. Enzyklopädie der Antike*, 1999。

[2] 字面含义是"为双方说话"（也表示为双方辩论）。怀疑论者尤其偏好使用这种辩证方法。

[3] See B. Russel, *A History Of Western Philosophy*, (Unwin Paperbacks), Routledge, 1979, p.245; K. E. Wilkerson, "Carneades at Rome", 21 *Philosophy and Rhetoric*, 1988, p.131.

答案有一种强烈而且普遍的需求。)

　　卡涅阿德斯第二天提出的震惊罗马的悖论之一是：船只失事后落水的两个人挣扎着试图抓住漂在大洋中的一块木板。但是，木板只能浮起一个人。两个人中的一个是否应该把另一个从木板上推下去？如果应该，那么，谁应该被抛弃？或者，是否两个人都抓住木板一块儿淹死更好？这个案例被称为"卡涅阿德斯木板"。它讲述了一个悲惨情形，这种情形即使求助于理性似乎也无法解决。这个案例也是乐观原则的一个反例，乐观原则认为，只要通过理性的启迪就能够教会并实现道德上正确的东西。[4] "卡涅阿德斯木板"是西方哲学和法律中的许多问题的暗示。这个案例及其无数个不同的版本[5]，几个世纪以来不断地在道德哲学和法哲学著作里重复出现。它从普芬道夫(Pufendorf)[6]传到康德(Kant)，从康德[7]传到德国刑法。在德国刑法里，这个案例被作为紧急状态的例子存在了几个世纪。

　　事实上，这也是法律理论中最具挑战性的问题之一，即是否应该以牺牲其他人的非常合法的利益为代价来保护像人的生命或身体这种法律上优价的利益。考虑到这些情形，就会有许多案例涌入我们的脑海里：如牺牲一个生命挽救另一个生命，或者牺牲一个或少数人的生命挽救许多或更多人的生命。制定新的《航空安全

---

[4] 更多的关于本案的哲学背景信息，可参见 A. Aichele, Was ist wozu taugt das Brett des Karneades? Wesen und Zweck des Paradigmas der europaischen Notrechtslehre, *Jahrbush für Recht and Ethik* 11（2003），245ff. 致力于用法哲学解释当前德国紧急状态立法语境下的案例的论文，参见 J. Renzikowski, Entschuldigung im Notstand, Jahrbuch für Recht und Ethik 11（2003），269 ff.；M. Pawlik, Eine Theorie des entschuldigenden Notstandes: Rechtsphilos ophische Grundlagen und dogmatische Ausgestaltung, Juhrbuch far Recht und Ethik 11（2003），287 ff.，这两篇论文都提供了另外的文献证据。还可参见 H. Koriath, Über strafrechtsfreie Räume in der Strafrechtsdogmatik, Jahrbuch für Recht and Ethik 11（2003），317 ff。

[5] H. Koriath, Das Brett des Karneades, Juristische Arbeitsblätter（1998），250ff.

[6] S. Pufendorf, De Jure Naturae et Gentium libri octo, 1672, Bd. 2, chap Ⅲ § 11（at end）；J. Hruschka, Rechtfertigungs und Entschuddigungsgründe: Das Bret: des Karneades bei Gentz und bei Kant, Goltdammers Archiv für Strafrecht, 1991, S.2.

[7] 了解康德对这个案件的态度，可参见 W. Küper, Immanuel Kant und das Brett des Karneades: Das zweideutige Notrecht in Kants Rechtslehre, 1999。

法》(LuftSiG)时就把这些假想的情形考虑在内了。[8] 根据该法,安全部门有权击落满载乘客的被恐怖分子劫持的飞机,如果飞机正在朝着一个摩天大楼或核工厂撞去,而且找不到其他的办法拯救摩天大楼里或核工厂附近的人的生命和健康。很明显,《航空安全法》与2001年"9·11"事件中恐怖分子袭击世贸中心有直接关系。[9] 在这种情形下,是否应该击落一架商用飞机?并非只有普通的有责任感的法学家对这种问题感到既困惑又苦恼。大部分学者及大部分法科学生,在他们的研究中近乎固执地关注那些"正常案件""主流的观点",或多或少站得住脚的解决问题的脚本拼凑物。他们看上去不知道这个事实:法律,尤其是刑法,与解决这样一些情形的问题有关,这些情形可能延伸到几乎每一个存在的限度,而且不论好坏,要求做出悲惨的决定。忽视这种问题有其理由。对于那些必须做出悲惨决定的人,悲惨的决定仅仅意味着责任;或者如果意味更多,那可能就是愧疚。[10] 所以,紧急状态不仅是刑法中最令人烦恼的,而且是最具挑战性的领域。[11]

---

[8]　本章作为论文完成时(2004年11月15日),该法尚未制定。
[9]　该法详细条款参见 http://wikipedia.org/wiki/Luftsicherheitsgesetz (20. 11. 2008)。
[10]　个人责任也是欧洲思想史上自治理念中的主要因素,因而也是尊严归属的一个前提。罪责与尊严的潜在性和机会是相互依赖的。
[11]　有关紧急状态情形的法律文献浩如烟海。其中,近期最重要的著作包括(按年代顺序):*T. Lenckner*, Der rechtfertigende Notstand: Zur Probleraatik der Notstand sregelung im Entwurf eines Strafgesetzbuches, 1965; *H. Otto*, Pflichtenkollision und Rechtswidrigkeitsurteil, 3. Aufl., 1978; *W Küper*, Grund und Grenzfragen der rechtfertigenden Pflicht enkollision im Strafrecht, 1979; *K. Bernsmann*, Entschuldigung durch Notstand, Studien zu 35 StGB, 1989; *J. Renzikowski*, Notstand und Notwehr, 1994; *M Pawlik*, Der rechtfertigende Notstand. Zugleich ein Beitrag zum Problem strafrechtlicher Solidaritatspflichten, 2002。从道德哲学的角度也可参见 *L Nelson*, Kritik der praktischen Vernunf, 1917, S. 26 ff,以及更近的 *D. Birnbacher*, Tun und Unterlassen, 1995, S. 213ff; *L. Fritze*, Die Toftung Unschuldiger: Ein Dogmauf dem Prufstand, 2004。也有用道德理论论述这个问题的,比如 *L. Lemme*, Christliche Ethik, Bd. 2, 1905, S. 845 以及更近的 *W. Korff*, Ethische Entscheidungskonfliktee: Zum Problem der Ggterahwagung, in:*A. Hertz u. a.* (Hrsg.), Handbuch der christlichen Ethik, Bd. 3, 2 Aufl., 1993, S. 78 ff。

二、经典的紧急状态案例

除了卡涅阿德斯木板,在应用哲学和法理学领域讨论紧急状态尚有其他的范例。英国十八、十九世纪海事法上就曾经出现过大量的紧急状态情形。[12]

最著名的案例之一是霍姆斯案例。1841年,威廉·布朗号船在从利物浦驶向费城的航行途中由于在纽芬兰附近撞上冰山而沉没。船上有65名爱尔兰和苏格兰移民,只有少数主管人员、船员和乘客可以进入两个救生船。由于超载,一只救生船处于下沉的危险之中。头脑简单的水手霍姆斯根据其上级的命令把一些人扔下船,这些人后来都淹死了,救生船幸存下来。幸存者后来被另一条船营救并送到安全地带。霍姆斯在费城被指控谋杀并判处6个月监禁和20英镑的罚款。法院承认,本案涉及紧急状态,可以而且必须就此做出悲惨决定。法院判决还认为,水手应该牺牲他们自己的生命而不是把乘客扔下船。[13]

更有名的是1884年的美格诺奈案,此案在霍姆斯案后大约40年发生,美格诺奈游艇在从埃塞克斯去往悉尼的途中遭遇风暴而沉没。四位水手托马斯·杜雷、埃文·史蒂芬、艾蒙·布鲁克斯、理查德·帕克找到一艘小救生艇避难,但没有携带任何生活用品。他们靠芜菁和雨水生活了一段时间,后来又抓到一只海龟,靠海龟生活了一个星期。再后来,为了挽救同事和自己,杜雷杀死了由于喝了海水而几乎不省人事的帕克。其他人靠帕克的尸体生存,直到几乎一星期后一艘德国船把他们救了下来。回到英格兰后,杜

---

[12] A. W. B. Simpson, *Cannibalism and the Common Law*, University of Chicago Press, 1984.
[13] 详细内容参见 L Katz, *Bad Acts and Guilty Minds*; *Conundrums of the Criminal Law*, The University of Chicago Press, 1987, p. 17。还可参见 J. Goldstein/A. M. Dershowitz/R. D. Schwartz, *Criminal Law: Theory and Process*, Free Press, 1974, p. 1019。

第十七章 悲惨案件:比较法视野下刑法中的极端情形与…… 323

雷毫不犹豫地承认自己的所作所为,并和史蒂芬一起被判处死刑。[14] 公共舆论对判决持强烈的反对意见。后来判决减刑为6个月监禁。

在这个案件中法官决定激烈地反对特别紧急状态权[15],尽管这项权利已经作为"海上惯例"[16]而被英国水手熟知,即在海上允许合法的同类相食行为。很多人认为,英国法院主要是想通过美格诺奈案针对一种实践行为确立一个示范规则,大多数人(即"非水手")认为这种实践行为令人震惊。所以,这种示范性的判决表明对杜雷和史蒂芬做法的反对态度。这个过程在多大程度上是成功的尚不确定。1884年之后,似乎就看不到关于"海上惯例"的案例了。但是,可能有这方面的原因,即后来的幸存者不再报告类似的案件了。根据当前的德国法,杜雷和史蒂芬的行为绝不是正当的,却可能根据《德国刑法典》(StGB)第35条作为一种阻却罪责紧急避险(entschuldigender Notstand)而得到宽恕。

另一个来自海事法的著名案例是关于渔船埃塞克斯的事情。这个案例一开始并没有被从紧急状态的角度加以考虑。1819年8月,埃塞克斯驶离位于麻省的美国小港口城市南塔克。1820年11月20日,埃塞克斯在距离格拉帕高斯岛几百海里的暴风雨交加的海面上受到巨大的抹香鲸攻击而在海上挣扎。[17] 据说鲸鱼长28米,重100吨。鲸鱼攻击的时候大部分设备留在渔船上。经过海上几个星期惊心动魄的迂回前进后,食物终于用尽,船员们不得不第一次面对生命受到威胁的时刻。幸存者以死者的尸体为生,直到最后这也不足以维持所有人的生命。1821年2月6日,四位幸存者以抽签的方式决定谁被杀死供其他人食用。签落到一位年轻

---

[14] 第三个幸存者布鲁克斯充当起诉的主要证人,他没有受到指控。
[15] 对此的广泛讨论参见 Katz, *supra* note 13。法院意见中截取的一些片段发表于 J. Goldstein/A. M. Dershowitz/R. D. Schwartz, *Criminal Law: Theory And Process*, Macmillan Pub Co., 1973, p. 1029。
[16] 对该惯例生动的表述参见 N. Hanson, *The Custom of the Sea*, Double Day, 1999。该书从美格诺奈案中吸取广泛的素材以历史小说的形式讲述案件。
[17] 赫尔曼·梅尔维尔在《大白鲨》(1851)一书中讲述了此案件。

的水手欧文·考芬头上,他接受命运并情愿让其他人杀死自己。剩下的幸存者食其身体,其中的两人最后得救。[18]

沃尔夫冈·米驰(Wolfgang Mitsch)对此进行深入研究后认为,从一个微妙但很有司法意义的角度[19]观察,本案与美格诺奈案不同。理查德·帕克违背自己的意愿或起码未经其同意而被杀死,而欧文·考芬主动牺牲自己的生命。米驰的论证思路是,从这一角度出发本案可以在权衡利益(Interessenabwiigung)的语境下根据《德国刑法典》第34条有关阻却罪责的紧急避险条款进行判决,这样就可以找到杀死年轻水手的正当性。到目前为止,很少有人讨论的解决这一问题的观点(在笔者看来)也适用于当前的场合。如果我们认为权衡利益就是衡量不同观点的所有利弊[20],那么,受到影响的人的意志也必须考虑进去。[21] 如果进一步考虑在涉及牺牲自己的生命的案例中受到影响的人的自由和自我负责的意志占很大比重(这一点根据《德国刑法典》第216条[22]并不是没有疑问的),那么,本案就是合法的。但是因为当时"海洋惯例"[23]是一个毫无疑问的惯例,这种考虑尚未在特定的案件中提交给法院。[24]

到目前为止我们所考察的案件都与海事法有关。19世纪晚期以来,德国教科书里讲授的紧急状态问题案例材料几乎全部是虚构的案例。在"扳道岔工人"案件里,一列火车正朝着另一列火车

---

[18] 详细描述参见 W. Mitsch, "Nantucket Sleighride": Der Tod des Matrosenwen Coffin, FS-Ulrich Webet, 2004, S. 49ff。

[19] Mitsch, a. a. O., S. 55.

[20] 这是很普遍的观点,请比较 J. Wesseln/ W. Beulke, Strafrecht. Allgemeiner Teil. Die Straftat und ihr Aufbau, 34 Aufl., 2004, S. 31lf。

[21] E. Hilgendorf, Forum: Zwischen Humanexperiment und Rettung ungeborenei: Lebens-Der Erlanger Schwangerschaftsfall, Juristische Schulung (1993), 102.

[22] 《德国刑法典》第216条提供立法观点,同意毁灭某人自己的生命对任何正当性来说并不重要。尽管这样,还是减轻了行为的非法性或非正义性。参见 K. Kühl, Strafgesetzbuch. Kommentar, 25 Aufl., 2004, §216, Rn. 1 with additional documentary evidence。问题最终归结为个人在多大程度上有权处置自己的生命。

[23] K. Kuhl, a. a. O., §216.

[24] Mitsch (Fn. 18), S. 54.

的静止的、满载乘客的车厢飞奔而来。一位扳道岔工人正好在现场，完全有可能使飞奔而来的火车改道，但改道只能以牺牲正在旁边的铁轨上忙于维修的一伙工人为代价。[25] 在"登山运动员"案件里，一个由两三人组成的登山小组正危险地悬挂在山上陡峭的岩石面上，他们手里仅有一根绳子，固定绳子的楔子开始松动直到最后只能经得住一个人。[26] 在"气球骑手"案件里，一个热气球飘在空中，只有把一个旅客扔出去才能阻止气球掉到海里。[27] 有必要作为旁白在这里提及的是，自从20世纪90年代中期以来，关于命令警察在紧急状态下开枪杀人引发了一些新的问题（并得到解决）。[28]

---

[25] H. Welzel, Zum Notstandsproblem, Zeitschrift für die gesamte Strafrechtswissenschaft 63 (1951), 5l.

[26] 此案已经出现在 R. Merkel, Die Kollision rechtmäßiger Interessen und die Schadenersatzpflicht bei rechtmäßigen Handlungen, 1895, S. 48 ff. 里。C. Th. Welcker 讲述的"屋顶案"并不是"登山者案"的先驱，也不是更加复杂。在该案中，一位屋顶修理工把他的儿子推下屋顶，因为儿子由于自己的过失被绊倒后去抓父亲的滑轮，而该滑轮只能支撑两人中的一人。还可以对比 Carl von Rotteck/Karl Theodor Welder, Nothstand, Nothrecht oder Nothmagregel, in: Rotteck/Welder (Hrsg.), Staats-Lexikon oder Encyclopadie der Staatswissenschaften, Bd. 11, Altona1841, pp. 643—645。

[27] 本案确定首次创建于 F. K. Neubecker, Zwang und Notstand in rechtsvergleichender Darstellung, 1910, S. 62。亦参见 W. Küper, Totungsverbot und Iebensnotstand. Zur Prohlematik der Kollision Leben gegen Leben, Juristische Schulung (1981), 786。另一个版本是"摆渡人案"：一艘满载的渡船行将倾覆，只有摆渡人把船上的一个儿童扔进湍急的河流才能避免沉船。

[28] W. Brugger, Examensklausur im öffentlichen Recht—Übungsklausur: Würde: gegen Würde, 1995, S. p114ff; Vain unbedingten Verbot der Falter zum bedingten Reck aufFalter?, Juristenzeitung 4 (2000), 165 ff. 其他可以归属于"悲惨决定"的案件包括德语中所指的 finaler Rettungsschuss（字面意思：最后的救命一枪），这是警察作为最后手段使用致命武器来挽救生命；还包括排序问题（即"选择"病人或者对严重受伤的受害者配置治疗优先权以便增加获救者的人数）。悲惨程度轻一点的是"保护胎儿案"，即当生物实验室着火时在挽救十个胚胎和一个新生婴儿之间进行选择，该案的讨论参见 R. Merkel, Forschungsobjekt Embryo. Verfassungsrechtliche und ethische Grundlagen der Forschung an menschlichen embryonalen Stammzellen, 2002, S. 151 ff。

紧急状态("紧急避险")在法学界英语圈里也得到广泛讨论[29],但讨论中观点的分歧程度要远小于德国。合法的紧急状态与可免责的紧急状态之间的区别只是慢慢地在英国和美国开始普及。[30] 下面列举的案例值得作为讨论的基础:恐怖分子 T 威胁,如果 F 不立即杀死站在他附近的 G,就引爆遥控炸弹炸死一所学校里的 100 名儿童。F 的行为是否合法?[31] 另一个例子是:医生 A 需要一颗健康的心脏、两个肺和两个肾以便拯救他的五个濒危病人,如果 E 的器官都处于健康状态,法律是否允许 A 杀死 E 来拯救其他五个个体的生命?[32]

三、(过于)简单的答案

讨论这类案件引发听众的一个典型反应是:听众尽量在讨论中放弃悲惨的情形或通过微妙地改变案件的情景来回避。例如,失事船上的两个人都会一点游泳技术,足以支撑他们到达另一条船!当扳道岔工人把火车引入旁边的铁轨时,他可以警告在那里工作的工人!至于登山者案件,绳子可以支撑更长一点时间以便用另一个楔子换下原来的那个(登山者一般都有备用的楔子)!

只有允许歪曲给定的条件时,编撰备用的楔子这种把戏才能成功。在大学的演讲大厅里,尤其是在给法律初学者做演讲时,笔者观察到,当被强迫做出令人不安的决定时,一些听众怎样焦虑地或富有侵略性地做出反应,当决定涉及对人执行死刑或杀人时更是如此。考虑到今天面临的新的恐怖主义威胁,旧教科书里描述的场景变得或多或少有些真实了,基于政治上的正确或道德上的

---

[29] J. Dressler, *Understanding Criminal Law*, Lexis Publishing, 2001, p. 285; P. H. Robinson, *Criminal Lazy*, Aspen Publishers, 1997, p. 107. Also J. Thomson, "The Trolley Problem", 94 *Yale Law Review*, 1395 (1985).

[30] M. V. Clarkson, "Necessary Action: A New Defense", 81 *Criminal Law Review*, 81 (2004).

[31] Dressier, *supra* note 29, p. 292.

[32] Thomson, *supra* note 29, p. 1396.

软弱而回避给出清晰真实的答案就显得荒唐了。

避开给出清晰适当的答案的另一种方法是,在讨论中插入道德的"基本理念",这样就可以"不可避免地"得出确定的决定了。这种把戏也可以用来回避不得不自己做出决定。这种基本理念包括"正义""人性尊严"[33]或"人权"等。这种论点的典型逻辑是,手头的问题的答案必然来自于对这些基本概念的"正确"理解。他们试图通过这种方式回避做出悲惨的决定,但是这种论点仅仅看上去像真正的论点:上面提到的基本概念通过明显的迟钝和广泛的可能公开的解释表现在各个方面,所以,它们有助于把人们先前的个人理解置于显著地位,而且应用这些概念的个人可以随心所欲地对这些概念进行定义和再定义,以便迎合自己的需要。因此,那些真正理解这些问题的人,应该对任何试图利用法律文化里的崇高理念或价值来寻求解决法律中的这些极端案件的方法的做法保持怀疑。

如果不想沾沾自喜地避开问题或任意捏造基本概念来解决问题,另一种选择就是:独立细致地分析案情,识别它们的结构,并在没有偏见和对任何一种解决方案心存偏好的前提下,找到任何可以想象得到的解决方案。当然,对案情的细致分析永远不能替代在现实生活中的紧急状态下不得不做出具体的悲惨的决定。[34] 它仅仅有助于为决策提供条理,使之建立在理性的基础上并得到更好的理解。

---

[33] 了解更多参见 E. Hilgendorf, Die missbrauchte Menschenwarde—Probleme des Menschenwfirdetopos am Beispiel der bioethischen Diskussion, Jahrbuch für Recht und Ethik 7 (1999), 137 ff。

[34] 这里提出的思维模式把 20 世纪初的维也纳(柏林)圈里的法律学者和分析哲学学者统一起来。亦可参见 E. Hilgendorf, Zur Philosophie des frfihen logischen Empirismus. Ein Problemaufriß, in: ders. (Hrsg.), Wissenscha ftlicher Hmrmnismus. Texte zur Moral—and Rechts philosophie des frähen logischen Empirismus, 1998, S. 378 ff。

四、紧急状态案例的结构及德国法解决方案的指示

所有的紧急状态案件都有一定程度的两难结构。行为人发现自己陷入一种情形,即刚刚发现自己要对完全确定的利益造成损害就必须马上做出决定采取行动。[35] 紧急状态就是这样一种状态:行为人不能通过不作为来解决相互冲突的利益。恰恰是这种冲突的内在的不可避免性,造成情形的悲惨性。关于紧急状态的详细逻辑分析,不在本文讨论范围。[36] 即使这样,我们还是需要预先准备一些解释性观点,以便理解正在被讨论的案件的结构。这些案件的范围包括从卡涅阿德斯木板到为了抵御恐怖袭击而击落一架航班。

第一点是关于利益与作为或不作为义务之间的关系。在紧急状态中,相互冲突的利益在大多数情况下受到规范的保护,规范或禁止造成损害,或提升利益的安全或福利。"保护生命"的利益受到刑法规范的保护,规范不论怎样都会让损害行为受到惩罚。所以,我们不说利益冲突,而代之以行为(或克制)与义务的冲突,或换个说法,戒律与禁令之间的冲突。

第二点涉及这些利益冲突的方式。利益可以由法律来保护,但不是必须由法律保护。道德或宗教利益也可能各自产生冲突或与法律保护的利益发生冲突。[37] 当上帝命令亚伯拉罕杀死以撒

---

[35] 比较 Binding 给出的定义:"紧急状态是指一种情形,在此情形下只有实施一种被禁止的行为当事人才能救助或挽救一个处于危险中的法律保护的客体或权利,或者完成一个法律义务。"(K. Binding, Handbuch des Strafrechts, Bd. 1, 1885, S.759.)

[36] 更多的关于义务冲突的分析,参见 U. Neumann, Der Rechtfertigungsgrund der Kollision van Rettungsinteressen. Rechte, Pflichten und Interessen als Elemented-er rechtfertigenden "Pftichtenkollision", FS-Claus Roxin, 2001, S. 421 ff。

[37] 严格地说,这适用于所有的规范,甚至财产和行为规范。但是,在这种规范中做出决定的压力或(违反的情况下)违反规范的过错几乎不能被看作是严重的,所以,我们不会称之为"紧急状态"。

时，两个戒律就是相互冲突的：法律戒律是"不许杀人"，宗教戒律是"执行上帝的命令"。在许多国家，宗教戒律同时也是法律戒律，所以，不仅宗教义务相互之间可能发生冲突，建立在宗教基础上的法律戒律亦如此。以亚伯拉罕案为例，假设存在额外的一个前提，即上帝可以通过在特定案件中命令废除"不许杀人"（本案中指以撒）这个戒律，那么，不同规范之间的冲突在严格意义上就不存在了。

尤其重要的是，我们把亚伯拉罕所处的情形当做紧急状态，理由是杀死以撒——这是笔者的第三个观点——不仅违背了不许杀人的戒律，而且违背了上帝保护其子民并不给他们带来伤害的强烈习性。这样，我们还可以在"义务对习性"的语境下分析亚伯拉罕的处境。仔细研究就会发现，许多紧急状态案件都属于这类情况。义务不是与义务冲突，而是与（自然）习性冲突。假设在登山者案例中你不得不生存下来的唯一选择就是切断你的同伴拴在楔子上的绳索而任其掉下去摔死，那么，我们可以说，不得杀人的戒律与自保的自然本能之间产生了冲突。

到目前为止，我们讨论了紧急状态的结构。有关紧急状态案件结构的德国法对阻却违法的紧急避险（《德国刑法典》第 34 条）和阻却罪责的紧急避险（《德国刑法典》第 35 条）加以区分。[38] 合法的紧急状态预设对合法占有权的威胁是迫在眉睫的，对其施加的保护（即用相对温和的方法）是充分且必需的，而且行为人是怀着阻止危险的意志行为的，且行为人所保护的利益比起保护行为所损害的利益更重要；换句话说，行为人应该——用非法律术语描述——"两害相权取其轻"。

可豁免的紧急状态所预设的条件更加缜密。只有当对诸如生命、肢体或自由等的法律占有权构成威胁时才产生可豁免的紧急状态；同时，行为人——从主观上考量——为了阻止对其本人或与其关系密切的人或有其他密切联系的人的危险而应该行为。这种

---

[38] 很长时间以来，这种所谓的区分理论备受争议。参见 Lenckner（Fn. 11），S. 8 f。

情况下,利益与价值的权衡(Güter-und Interessenabwägung)并不是问题。可豁免的紧急状态的法律效果并不是给行为寻找正当性理由,而仅仅是豁免。也就是说,行为仍然是非法的,但仅仅因为我们不能对行为人做出任何个人指控而不受惩罚。

我们可以把正当防卫理解成合法的紧急状态的一种情况(防卫型紧急状态),这时,危险来自于其他人的突然袭击。正当防卫基本上不包括权衡利益或价值,它甚至允许对另外一个合法占有权造成极其严重的伤害。作为正当防卫,杀死另一个人可以是合法的。但是这种行为只有在另一方当事人以攻击者身份出现时才构成合法。构成紧急状态的另一类重要案件是义务冲突"[39],典型表现是两个或多个行为的义务(Handlungspflichten)相互冲突且不可协调。

一个尤其富有争议的情况是超法律的、可豁免的紧急状态。到目前为止,只在很少的案例中承认这种情况。其中最有名的案例之一就是纳粹政权的安乐死法案。精神病院里的医生和领导面临一个抉择:要么把他们手中的一些病人交给纳粹屠杀,要么拒绝合作。他们知道选择后者必然导致自己被合作的医生替换掉,从而更多的受害者以不同的方式遭到屠杀。[40] 在这些案例中,法院判决拒绝适用合法的紧急状态,而代之以承认超法律的免责或要求委员会决定惩罚。[41] 当前的《德国刑法典》第 35 条不可能与这些案例有关,因为当时的情形对于幸存者而言,不存在与所涉医生关系密切的人或有密切联系的人。

---

[39] J. Baumann/U. Weber/W. Mitsch, Strafrecht Allgemeiner Tell. Lehrbuch, 11 Aufl., 2003, §17, Rn. 43.

[40] 详细内容参见 G. Spendel, Der Conditicpsine-qua-non-Gedanke als Strafmilderungsgrund. Zu den Geisteskrankenmorden unter dem NSrRegime, in: ByG Spendel (Hrsg.), Für Vernun und Recht. Zwolf Studien, 2004, S. 173 ff.

[41] 另一种观点参见 G. Spendel, a.a.O., S. 184 ff,该书主张确定刑罚或处罚时把紧急状态考虑进去。

五、"生命对生命"的权衡取舍

(一) 法律中的"生命对生命"

涉及"悲惨事件"的紧急状态的法律理论中的主要问题是权衡利益或价值,这一点在前面论合法的紧急状态案例时已经有所描述。行为人发现自己处于紧急状态时必须"两害相权取其轻",以便使其行为合法。英美法系刑法和法理对紧急状态的理解与德国法相似,也适当地提到"两害相权取其轻"的抗辩[42],尤其是当面临生命对生命时权衡利益和价值就有疑问了。[43] 迄今为止,德国法的基本原则是:为了构成合法的紧急状态而对生命进行量化并"计算"是不可接受的。"[44] 根据《德国刑法典》第 34 条,许多条生命并不比一条生命更贵重。这个迄今为止没有争议的观点也可以追溯到前文提到的纳粹德国安乐死案件的判决。

韦尔策尔(Welzel)于 1949 年作出如下陈述:"如果人的生命和其他人的生命陷入共同的危险","那么,把人的生命仅仅看做可以计量的数量并把他们放到一个账单上算出所谓的总量",就是对我们的道德感的蔑视。[45] 类似地,加拉斯(Gallas)以"我们文明的基本道德信念"为前提展开讨论。[46] 德国联邦法院最后也判决认为:"适用两害相权取其轻原则违反基督教的文化和道德观。该原则仅适用于保护有形商品及当人的生命处于危险境地时根据行为

---

[42] 例如 Robinson, *supra* note 29, p. 407。

[43] 更为广泛的讨论参见 A. Meißner, Die Interessenabwägungs formel in der Vorschrift über den rechtfertigenden Notstand (§ 34 StGB), 1990。

[44] 根据迄今为止的主流观点,比较 H. *Tröndle/T. Fischer*, Strafgesetzbuch und Nebengesetze, 52. Aufl., 2004, Rn. 10; *Kühl* (Fn. 22), § 34, Rn., 两者均有附加证据。

[45] "Comments on the Decision Of the Supreme Court Of Justice (OGH), Criminal Division Of 5 March 1949, case 19/49" (in German), Monatsschrift für Deutsches Recht 1949, S. 375。

[46] *Gallas* (Fn. 41), S. 71。

产生的总的社会效果测量或权衡行为是否具有法律价值。"[47] 对本文论述的"单一效用主义思维方式"的批评反而使其反对观点看上去更加错误。如果在前文提到的制度性大屠杀场合有人为了挽救更多的生命而牺牲部分人的生命,其行为依据并非"仅仅是效用主义,而是保护生命的道德价值观"。[48]

近来出现了禁止权衡人的生命的例外。这种例外适用于所谓的共同危险案件,即如果不牺牲一个或几个人的生命就会失去所有人的生命。这里必须对危险的对称和非对称分布加以区别:在危险对称分布的场合,每个人受到同等程度的危险,每个人都可以以牺牲一个(或多个)生命为代价得到挽救,但不是所有人都能同时得救;在危险非对称分布的场合,只有两人中的一个能够得救,不论发生什么,另一个都不能得救(也适用于团体),在这种情况下得救的机会非对称分布[49],登山者案件就是一个典型的例子。[50]

法律理论承认危险非对称分布情况的部分合法性。合法的理由在于,在其他人的生命无论如何都保不住的紧急状态下,行为人

---

[47] Federal Court Of Justice, NJW 1953, 514.
[48] Appropriately C. Roxin, Strafrecht Allgemeiner Teil. Band I: Grundlagen Aufbau der Verbrechenslehre, 3. Aufl., 1997, §16, Rn. 33 with reference to Küpper (Fn. 11), S. 54ff; Küper (Fn. 27), S. 791 f. 正是 Welzel,批评"效用思想"和效用主义,代表 20 世纪 20 年代和 30 年代早期的非理性主义传统。Joachim Rückert 指出,形成这样一个对抗西欧思想的非常值得怀疑的领域(这在 Larenz 或 Franz Wieacker 等作者中能够以相同的方式发现),即使在今天仍然构成讨论问题的包袱。J. Rückert, Zu Kontinuitäten und Diskontinuitaten in der jurlstischen Methodendiskussion nach 1945, in: K. Acham/K. W. Nörrand/B. Schefold (Hrsg.), Erkenntnisgewinne, Erkenntnisverluste. Kontinuitäten und Diskontinuitäten in den Wirtschafts, Rechts-und Sozialwis—senschaften zwischenden 20er und 50er Jahren, 1998, S. 113 ff., S. 152 f. 这并不意味着效用主义不应受到批评。参见 E. Hilgendorf, Der ethische Utilitarismus und das Grundgesetz, in: W. Brugger (Hrsg.), Legitimationdes Grundgesetz aus Sicht von Rechtsphilosophie und Gesellschafttheorie, 1995, S. 249 ff。
[49] U. Neumann, in: ders./I. Püppe/W. Schild (Hrsg.), Nomos Kommentar zum Strafgesetzbuch (NK), Bd. 2, 1997, §34, Rn. 76.
[50] Neumann, a. a. O., §34, Rn. 76.

"并未利用其他的求生机会"[51]。一些学者认为,对为了把自己的个人生命延长很小的一段而把他人推向死亡进行申辩忽视了共同体团结一致的义务。[52] 我们可以从这些不同的观点看出他们怎样试图抓住重要的日常生活价值[53]并把它们统一成合法的紧急状态的教条。《德国刑法典》第34条关于利益权衡的措辞有点模糊,但却对这些价值做了修正。

但是,在共同危险的情况下,禁止衡量人的生命的部分例外能否和刑法中保护生命这一传统的基本原则携手并进还是个问题。罗克辛(Roxin)对此创立了两个令人信服的论点。第一,杀死反正也要失去生命的人本质上属于生命的缩短,故违反了即将死亡的生命也受法律保护这一原则。如果我们在共同危险的情况下允许这种杀人行为,那么,在共同危险之外的场合下却不允许杀死一个病危者来挽救其他人就没有道理了。[54] 第二,相当现实的观点是绝对并确定的致命的情形仅仅是头脑中的构想,实际上,我们永远也不可能确定地知道下一步会发生什么。所以,最后时刻的挽救总可能令杀死无辜者变得没有必要。[55]

禁止权衡人的生命也见诸德国联邦宪法法院的判决:

> 从整体上对生命进行对比计算最终导致允许为了多数人的利益而放弃少数人的生命和保护每一个具体的生命个体的义务并非并行不悖。每一个个体生命具有同等的价值,所以,绝不应该对其进行价值测量或任何形式的数字衡量。[56]

在德国宪法的层级结构中,人的生命是最高价值之一。这一点再一次被事实所确定,这一事实就是人的生命是人的尊严和其

---

[51] According to *Otto* (Fn. 11), S. 83.
[52] *Neumann* (Fn. 49), §34, Rn. 77; similarly *V. Erb*, in: W. Jöcks/K. Miebach (Hrsg.), Münchener Kommentar zum Strafgesetzbuch (MK), Bd. 1, 2003, §34, Rn. 118 ff. (特别提到如"9·11"等案件。)
[53] 详见下文。
[54] *Roxin* (Fn. 48), §16, Rn. 34.
[55] Id., Rn. 35.
[56] German Federal Constitutional Court Decisions, vol. 39, p. 58.

他所有基本权利的不可或缺的基础。[57] 所以,国家有目的的杀人只有在非常个别的场合下才具有正当性。[58] 国家一般只有以保卫极其有价值的法律占有权免受非法侵害为名义实施的有目的的杀人行为才具有正当性,尤其值得一提的是,为阻止对其他人的生命的袭击或对身体健康权的大规模攻击而进行保卫工作。但是,国家对无辜者的杀戮不具有正当性,对无辜者的生命进行权衡取舍使得个人的生命沦为账单上的数字或代表性的数量[59],这是对其人性尊严的践踏。[60]

最后,可以从这样一个事实出发来理解为什么宪法禁止从整体上对人的生命进行权衡取舍,即人权和其他基本权利在欧洲法律传统中被当做个人而非集体权利。[61] 这样"计算"个人权利的思想就没有意义。禁止对人的生命权衡取舍承载着德国宪法的名誉。头脑简单的立法者可能根据《德国基本法》第 2 条第 2 款第 3 句通过法律行为侵害生命权,但是,他决不能废除对权衡取舍人的生命的禁止。

---

[57] German Federal Constitutional Court Decisions, vol. 39, p. 42; H. Schulze-Fielitz, in: H. Dreier (Hrsg.), Grundgesetz-Kommentar, Bd. 1, 2. Aufl., 2004, Art. 2, Rn. 20 ff.

[58] 这里还应该提到对公共秩序的侵犯。全面的描述参见 D. Lorena, Recht auf Leben und körperliche Unversehrtheit, in: J. Isensee/P. Kirchhof (Hrsg.), Handbuch des Staatsrechts der Bundesrepublik Deutschland, Bd. Ⅵ, 2. Aufl., 2004, §128, Rn. 38 ff.

[59] 根据联邦宪法法院的(诚然,不是很合理的)客体公式,我们必须考虑到,不能把人降低为一个简单的客体或"可替代物"。参见 German Federal Constitutional Court Decisions, 9,89 (95); 27, 1 (6); 28, 386 (391); 45, 187 (228); 50, 166 (175); 87, 209 (228)。对客体公式的批评参见 *H. Dreier* (Fn. 59), Art. 1, Rn. 53; *M. Herdegen*, in: T. Maunz/G. Dürig (Hrsg.), Orundgesetz, 2003, Art. 1, Abs. 1, Rn. 33 ff。根据人性尊严的整体性理论,第六和第七组案例(失去法律人格和极端耻辱)是相关的。Hilgendorf (Fn. 33), S. 148.

[60] K. Baumann, Das Grundrecht auf Leben unter Quantifizierungsvorbehah? Zur Terrorismusbekämpfung durch "finalen Rettungsschuss", in: Die öffentliche Verwaltung, Bd. 57, 2004, S. 858; *G. Jerouschek*, Nach dem 11. September 2001: Strafrechtliche Überlegungen zum Abschuss eines von Terroristen entführten Flügzeugs, FS-Hans-Ludwig Schreiber, 2003, S. 188.

[61] *Tröndle/Fischer* (Fn. 44), §34, Rn. 10.

第十七章 悲惨案件:比较法视野下刑法中的极端情形与…… **335**

非常值得注意的是,英美法系圈里的人也开始对权衡取舍人的生命表示怀疑。本杰明·卡多佐(Benjamin Cardozo)写道:

> 如果两个或多个人遭受共同灾难,任何人都没有权利为了挽救一些人的生命而杀死另一个人。不存在抛弃人的规则。当被告知牺牲自己将使余下的人获救时,总要有人站出来选择其崇高的一面并投入水中。在最伟大的时刻,他们心灵中的黑暗就会被一种信念照亮:留在后面的人会驶向安全地带。如果船上找不到这种高尚的楷模,或楷模太少不足以挽救其他人,就必须"抛货"以便达到水的要求标准。在这种时刻,谁将在幸存者与遇难者之间选择?谁知道营救的桅杆和帆何时会出现在雾中?[62]

在大多数案件中,拒绝权衡取舍人的生命并不属于任何严格的范畴框架。[63] 许多学者期望找到极端的紧急状态案件的正当性。所以,一个例子就可以这样被描述:一个大坝面临即将被冲垮的危险,巨大的洪流威胁着下面的村庄的安全。这时,把水流导入另外的方向就存在正当性,哪怕这样做会夺去水流经过的一户人家的生命。[64] 现在思考对世贸中心的恐怖袭击,如果攻击不可避免,那么,我们现在就可以推定击落满载无辜乘客的被劫持的飞机应该是合法的。[65]

(二) 社会道德语境下的"生命对生命"

我们可以在道德领域重新审视英美法系相对德国法对待紧急

---

[62] B Cardozo, *Law and Literature and Other Essays and Addresses*, F. B. Rothman, 1931, p. 113. German translation in *Benjamin Nathan Cardozo*, Ausgewählte Schriften, hrsg. von M. E. Hall, 1957, S. 353.

[63] 比较 Katz, *supra* note 13, p. 32. 中的观点:把事物之间的比较权衡和作为与不作为之间的价值区别联系在一起(如其著作第33页中"比较杀死几个人与让许多人死"),与 Robinson, *supra* note 29, p. 41, 1. 中的观点。

[64] J. Q. La Fond, "Criminal law Principles", in: K. I. Hall (ed.), *The Oxford Companion to American Law*, Oxford University Press, 2002, p. 193.

[65] J. C. Smith/B. Hogan, *Criminal Law*, 10th Edition, Butterworths, 2002, p. 273L ("Defence of Necessity").

状态情形下禁止杀人的相当灵活的态度;德国法相对严格,即使在"生命对生命"的场合也决不放松对夺取人的生命的禁止。不管怎样,大部分人可能秉持这样的信念,即杀死一个人来拯救其他人的生命是不道德的。但是,如果我们加上新的条件,这种观点将会被置于一个全新的视角。例如,加上这些条件:被牺牲掉的人已经身患不治之症,只能活几小时了;他已经同意赴死;或他的死不仅能拯救几千人的生命,而且能拯救成千上万甚至上千万的无辜者的生命。如果把所有的这些因素加在一起考虑,我们的判断就会明白无误地变成杀死那个人。[66]

再举一例说明加上额外的条件可以修正我们的道德判断,这个条件就是,某个人不论怎样都要失去生命的,如果他不牺牲生命,所有的人都要死亡(共同危险)。假设,严格遵守禁止杀人就会有更多的人失去生命;与之对应的是,如果我们对此规则规定一个例外将会出现怎样的结果。[67] 我们可以继续列举任何数量的特定的例子。这些情形显然要求具备超乎寻常的责任,比如,遇到事故时船长必须为其船员准备福利救济金。许多人认为,杀死独裁者拯救无辜者在道德上是好的。在正当防卫(紧急避险)场合,生命对生命,道德判断很简单:如果袭击无法避免,对威胁他人生命的袭击者必须施加致命的武力。战争中,杀死敌人似乎具有道德正当性,而当这种杀死无辜平民的"附带损害"不可避免时,我们对这类案件的判断却可能表现得很犹豫。

为这些案件找到一个普遍规则并不容易。乍看上去,我们可以粗略地创设这样一条规则:根据社会道德标准,不能为了保护另外一个人或一些人的生命而放弃 A 的生命。我们只能针对以下几组案件讨论例外:

其一,A 是侵入者而且威胁他人的生命(正当防卫、战争中敌

---

[66] 笔者所认识的绝大多数非法律人士对此案的态度是更愿意个人自主选择牺牲自己的生命而不是被别人杀死。

[67] 比较 Binding (Fn. 35), S.765. 的观点:"当生命与生命发生冲突且禁止以另一个生命为代价挽救一个生命时,根据法律的意图,两个人都必须死掉。但是,这种意图本身就是非理性的。"

人攻击等案件）；

其二，A 是一个独裁者而且假定如果不事先杀死他就可能导致许多人死亡（如希特勒的大屠杀）；

其三，A 早已经同意牺牲其生命而且清楚地理解其决定；

其四，A 和行为人发现他们陷入共同危险的境地；

其五，A 负有自我牺牲的特殊义务（如船长、士兵等）；

其六，A 无论如何都将很快丧失生命；

其七，放弃 A 的生命有助于挽救大量的其他无辜者的生命。

在这些例外中，我们很可能最同意第一个，而第三个可能引发争论和不同的观点。所谓的"社会道德"只不过是一种推定，在其假象的后面隐藏着许多不同类别的或者不同个人的道德规则。这一点再一次变得清楚明白了。在同意的案件里，暂时撤销禁止杀人的规定从基督教和人的生命的不可剥夺性角度来看，也是值得怀疑的；相反，在把开明人的自我责任放到显著的中心位置的自由世界观可能对此不会有看法。如果我们考虑其他类别的文化，那么，价值观的区别就更大了，例如，东亚的世界观受到儒家的强烈影响，阿拉伯文化受到伊斯兰的影响。

我们讨论中的有趣的事是在极端的数字关系的情形下怎样把限制施加在禁止剥夺人的生命的规则上。例如，在涉及为了拯救 10 万人免于死亡而杀死一个人的案件。在德国法中，这种数字因素一般不起作用。每条生命都具有"至高的价值"，所以，一个人的价值和其他 10 万人的价值的总和恰恰具有同样的价值。但是，如果进一步分析就会发现在法律上数字因素的确起作用。所以，《德国刑法典》第 211 条所描述的"使用构成公共危险的手段"中的特定的不合法内容也是建立在这样的事实基础上：不仅一个人的生命处于危险之中，其他人也一样。在确定惩罚的数量时，杀死的不仅是一个人而是许多人这一点充分反映在惩罚数量的增加上。最后，尽管行为人为了拯救一个生命而造成身体伤害，假设他本可以通过造成另一个身体伤害拯救更多的生命，紧急状态的合法性还是不能确定。例如，A 用手枪瞄准一个人打算杀死他，B 站在附近怀着同样的杀人意图用其机关枪瞄准五个人组成的一个小组；

A 和 B 都准备扣动扳机；C 观察到全部情形，但只能阻止 A 或 B，最后决定阻止 A。在这个例子中，很明显，杀死五个人在法律语境下分量"更重"，或者，换句话说，其非法含量比杀死一个人更高。[68]

但是，根据传统的主流观点，数字因素在合法的紧急状态案件中不应该在衡量利益或价值方面起作用。基于上面提到的原因，笔者认为，这是一个很有说服力的观点。[69] 个人生命根本不可剥夺的原则同样适用于合法的紧急状态。唯一得到普遍承认的例外是，在正当防卫和战争的场合适用致命武器。[70] 毕竟，一个人的生命和许多人的生命同样重要，而且每一个个体的生命同等重要，没有必要考虑寿命、疾病或者其他的不同因素。当事人的同意是否构成禁止杀人的例外存在争议，但在笔者看来是可以接受的（尽管有 216 条）。[71] 但是，分析表明，这些原则从两个方面看是存在问题的：其一，从生活道德角度，生活道德本身就是高度不统一的，所以，允许对禁止杀人规定有更多的例外；其二，从法律的角度，在法律中，尽管存在许多坚决反对的主张，不同层级的保护生命的规定依然起作用。近来，立法者似乎在数量相对少的人的生命对相对多的人的生命的情况下倾向于限制禁止杀人的规定。

六、拟定中的《航空安全法》：告别人的生命不可剥夺原则？

《航空安全法》第 14 节第 3 条确认，"如果飞机被用于夺取人的生命"而且武装力量"是避免危险的唯一工具"，就允许"立即动

---

[68] 其他例子参见 *Mitsch* (Fn. 18)，S. 63 f。

[69] *Mitsch*，a. a. O.，S. 63 f.

[70] 如果坚持未出生的生命作为受到保护的价值和已出生的人的生命具有同等的价值，那么，杀死未出生的生命只能包括在上面列举的条目里。人们经常声称这种观点，却很少符合逻辑地把它贯彻始终。因为如果这样，堕胎政策就是非法的。详见 *Merkel* (Fn. 28)，S. 110 ff。

[71] *Merkel*，a. a. O.，S. 110 ff.

用武装力量"击落飞机。尚未确定具体使用什么武器击落飞机、杀死乘客以便防止像美国"9·11"事件那样规模的恐怖行为。[72]

这种法律规定给刑法提出许多非同寻常的问题。[73] 在制定此规则的过程中,人们提出一个反对的理由,认为这关系到一个超法律的可豁免紧急状态。[74] 一个超法律的可豁免紧急状态至多能豁免击落飞机,却不能使之成为法律。其豁免只能对特定案件有效并使行为人背上人身指责的恶名,但是,豁免不能改变行为的一般违法性。法律不能建立在一种(通常仅仅是个别有效的)"豁免"之上,因为法律包含建立在概念基础上的普遍规则。击落被劫持的飞机仍然是违法的,即使事后相关的个别行为人得到个别豁免。为了避免这些法律上的含蓄,我们必须采纳一种新的观点,根据这种观点,我们可以通过适用正在起草的新《航空安全法》为击落飞机提供正当性。

(一) 推定乘客同意?

击落飞机并杀死无辜乘客的第一个理由可能是推定被牺牲掉的乘客同意。我们可以争辩,当被劫持的飞机朝摩天大楼或核设施撞过去的时候其上的乘客注定没命了,击落飞机只不过意味着让必然的死亡来得快一点。所以,我们可以推定,乘客会同意击落飞机拯救无数的其他无辜生命。然而,这种争辩建立在一种远离实际生活的虚拟基础上。在现实生活中,被劫持的飞机上的乘客很少会同意被击落;相反,他们希望在最后时刻恐怖分子被转移、

---

[72] 然而,在立法过程中,对此有过详细说明和讨论,§14,Sec. 3,LuftSiG 包括一条纯管辖权条款。参见 German Bundestag, *Stenographic Report*, *Plenary Minutes15/98*(*in German*),session of 30 January 2004, p. 7893, 7895。这种观点和法律的字面含义以及其他立法过程中的代表的陈述都不一致。如果立法者仅仅是寻找一个管辖权条款,那么,这一点本应该在法律中更明确地制定。

[73] Jerouschek 早在实证法进行调整之前就从刑法的角度全面的思考过击落客机案件并为此获得殊荣。*Jerouschek* (Fn. 60), S. 188。关于《航空安全法》中的刑罚问题进行的第一次辩论中,尤其值得一提的是 *M. Pawlik*, §14 Abs. 3 des Luftsieherheitsgesetzes-ein Tabubruch?, Juristenzeitung (2004), 1045。

[74] See German Bundestag, *supra* note 73, p. 7893.

实现成功的营救或出现奇迹。推定乘客同意的假说根本无法接受。

(二) 正当防卫？

正当防卫及紧急状态下的协助都不是合法性的理由，因为正当防卫权只有在指向侵权人而不是无辜的第三人时才取得法律效力。所以，杀死无关的乘客，而且这些乘客本身也是劫机的受害者，不能构成正当防卫的理由。

(三) 阻却违法的紧急避险？

我们可以把本案看作合法的紧急状态：一架飞机被劫持朝着一个核工厂飞去，给无数人造成迫在眉睫的危险。除非击落飞机，否则无法阻止这种危险。承认合法的紧急状态进一步假定了行为所保护的利益实质上超过损害的利益。本案似乎就是这种情况，假设机上乘客有 300 人，那么这 300 人可能和 3000 人、3 万人甚至 30 万人进行比较。考虑后者抵御攻击的能力，他们只能随着核工厂的毁灭而毁灭。根据当前仍然占主流的观点，任何有关人的生命的"计算"都是不可接受的。每一条生命不论年龄或健康状态都是同等重要的，而且每一条生命和许多生命，甚至和非常多的生命的价值也是同等重要的。一个生命个体本身具有"最高价值"。[75] 所以，我们的案件也排除适用合法的紧急状态规则。

(四) 一个排除适用法律的空间？

经常提出的一个论点是，紧急状态下做出的悲惨决定发生在

---

[75] 参见上文第五部分之（一）以及脚注 45, in G. Stratenwerth/L. Kuhlen, Strafrecht. Allgemeiner Teil I. Die Stranftat. 5. Aufl., 2004, §9, Rn. 113。这些作者认为个人专属的法益的整体价值不会因为人数的增加而提高。在"扳道岔工人"案件里，这将意味着即便受到威胁的不是生命，而是身体完整性，也不存在排除违法性的可能。道德哲学家 Dieter Birnbach (Fn. 11), S. 221。

没有法律调整的空间,这里法律失去任何价值空间。[76] 但是,这种论点没有说服力。政府对公民自由空间的任何侵犯都必须建立在授权的基础上。只有不禁止的才允许市民去做。政府与社会被法律编织成没有缝隙的互相交织的网;换句话说,不存在一个"没有法律的区域"。那些符合刑法规范的实际要素的行为,如击落飞机(在必要时可以阻却违法或罪责),并不存在于所谓的没有法律的区域。"没有法律的区域"原则有时就是用来掩盖对禁止"生命对生命"衡量的违反并使其免于刑事责任。

(五)防御性紧急状态?

防御性紧急状态是为航空安全法中剥夺生命寻找正当性的另一个争辩。如果我们正确地说建立在防御性紧急状态上的正当性并非基于受害者与获救者之间的一致性这种理念,而是基于如下信念,即相关人员不必承担其他人面临的迫在眉睫的危险[77],那么,防御性紧急状态的理论就比合法紧急状态更接近正当防卫了。[78] 我们可以建议,人们提出的防御性紧急状态案件不通过《德国刑法典》第34条解决,而是通过《德国民法典》里的防御性紧急状态规定的相似的适用加以解决。[79] 这导致在利益衡量方面发生重要变化:除非承担防御性紧急状态责任的人的利益实质上大于处于危险中的人的利益,否则,防御行为是不可接受的。这时,牺牲人的生命原则上是正当的[80],我们很可能基于法律确立的防御性紧急状态规则杀死乘客。

但是,相反,让被劫持飞机上的无辜乘客为防御性紧急状态承

---

[76] *A. Kaufmann*, Strafloser Schwangerschaftsabbruch: rechtswidrig, rechtmäig Oder was?, Juristenzeitung (1992), S. 984 f. 深入分析参见 *K. Engisch*, Der rechtsfreie Raum, in: *P. Bockelmann/A. Kaufmann/ U. Klug* (Hrsg.), Beiträge zur Rechtstheorie, 1984, S. 9ff (especially p. 44)。

[77] *Neumann* (Fn. 49), §34, Rn. 86.

[78] See *Pawlik* (Fn. 73), S. 1048 and additional evidence.

[79] 例如 *Neumann* (Fn. 49), §34, Rn. 86;不同观点参见 *Roxin* (Fn. 48), §16, Rn. 65 ff。

[80] *Roxin*, a. a. O., §16, Rn. 69.

担某种"责任"是不合理的。他们本身就是受害者,而不是劫机发起者。危险不是来自于乘客,而是恐怖主义者和飞机。这可以合理地适用于地面上的人,飞机被击落在德国的土地上可能对他们造成各方面的影响。尽管像这样击落飞机可以从防御性紧急状态的角度理解(同时可以从该法典中的正当防卫和紧急救助条款理解杀死劫机者的行为),把防御性紧急状态的效果的正当性推广到无辜乘客最终注定是失败的。

(六) 通过制止权拓展国家使用武力的权力?

可以根据《德国基本法》第 20 条从一个新的角度支持击落乘客:"如果无法得到其他形式的帮助,对于试图干扰此秩序(即自由民主的基本秩序)的任何人,全体德国人都有权制止"。这里,我们可以援引"制止权及其积极的转化形式"。本文的结论是,紧急状态下无辜公民有义务为了正在遭受威胁的政治共同体的利益牺牲其生命。国家机构在这些案件中也得到授权,而且授权不仅来自宪法和其他法律的规定。潜在的思想是,那些得益于自由政治秩序的人有义务在紧急状态下为了国家而牺牲其生命。[81]

制止权还是缺乏说服力。我们可以理解,根据《德国基本法》第 20 条对国家的攻击这个概念不仅包括来自上面的攻击,而且包括来自下面的攻击,即来自叛乱分子和恐怖分子的攻击。只有市民有权制止。根据《德国基本法》第 20 条,不能把袭击权力拓展到国家机构。[82] 所谓的"紧急状态宪法"只调整国家紧急状态。如果把《德国基本法》第 20 条解读为一种使用武力的一般条款,这里规定的国家使用武力的特别权力[83](同时也是对攻击权的限制)将会自相矛盾。制止权没有拓展国家的权力,而且反对拓展。其

---

[81] M. Pawlik, Zum Ahschuss frei. Das Bürgeropfer im Luftsicherheitsgesetz, Frankfurter Allgemeine Zeitung of 19/07/ 2004, S. 29. 不同观点参见 Pawlik (Fn. 73), S. 1052 f。

[82] R. Herzog, in:Maunz/Därig (Hrsg.) (Fn. 59), 1980, Art. 20 Abs. 4, Rn. 49。

[83] E. Stein/G. Frank, Staatsrecht, 18. Aufl., 2002, §24 111. 该书中尖锐深刻地提出此观点。

主要着眼于防止国家篡夺并滥用武力使用权,永远不会帮助增加国家的武力使用权。根据新《航空安全法》,制止权不再为支持击落飞机合法化服务了。

(七) 从宪法里排除无辜的受害者?

莱茵哈特·默克尔(Reinhard Merkel)提出一种理论。认为新《航空安全法》有些倾向于"把无辜受害者排除在法律范围之外"[84]。他认为,乘客的基本生命权利和身体完整性在这里没有受到限制,但是,却被从根本上剥夺了,而且没有赔偿。默克尔认为在极端情况下,即"国家作为公众和平的捍卫者的特殊任务"处于危险之中,这是可以接受的:

> 如果国家保证规范秩序现状的功能完全遭到威胁,那么国家遵守这种秩序的内在准则的义务在极端情况下失去意义。这就是排除基本权利范围这一概念的含义,否则法律将很难保持一致性。[85]

但是,这种对基本权利的剥夺并非像默克尔想象的那样可以接受。完全剥夺基本权利将完全抛弃乘客作为法律主体的资格。在笔者看来,这不仅因为平等条款(《德国基本法》第1节第3条)而很有疑问,而且也由于侵犯飞机上的人的人性尊严而违反宪法。正如笔者在其他场合解释的[86],可以把人性尊严理解为主观权利的总和。权利是分立的:基本生存物质权、个人独立发展权、精神和肉体的完整权、免于遭受痛苦权、建立在正确信息基础上的自我决定权、法律平等权及基本关怀权。这种权利原则的优点是不必

---

[84] R. Merkel, in: Die Zei of 08/07/2004, S. 33;相似的结论参见 A. Sinn, Tötung Unschuldiger auf Grund von §14 Ⅱ Luftsicherheitsgesetz rechtmäßig?, Neue Zeitschrift für Strafreche (2004), 592;"立法者根据《航空安全法》第14节第3条已经决定支持容许杀死无辜者……" Sinn 认为,这一决定具有正当性,因为国家已经无力保护被劫持飞机上的人了。

[85] R. Merkel, in: Die Zeit of 08/07/2004.

[86] Hilgendorf (Fn. 33), S. 148 ff.

肤浅地使用没有意义的客观公式或工具化的几何学。[87]

使"排除"适用宪法构成问题的是基本的法律平等权,这种权利确定不能剥夺任何人作为法律主体的身份。所以,奴隶制度——一种把人降低成物的法律制度——被认为违反人性尊严。根据《航空安全法》第 14 节第 3 条,如果被劫持飞机上的乘客的基本安全权被全部剥夺并被驱赶出法律秩序而变成准毁灭状态,那么,这种规范就因其剥夺乘客的人性尊严而违反宪法。另外,从"从宪法中排除"这个范畴本身来看,正在起草的新《航空安全法》也没有正当性。[88]

(八) 中间结论与可能方案

到目前为止所有提出来的证明《航空安全法》正当性的论点都自相矛盾不能接受。合法紧急状态这种作为证明正当性的观点首先就值得怀疑,最后彻底被驳倒。这是因为,正如我们已经发现的,计算人的生命并断定许多人的生命比数量少的人的生命分量"实质上更重",根据《德国刑法典》第 34 条是不可接受的。总之,创设新的正当性基础是立法者的事。我们也可以创设新的理由来赋予"极端紧急状态"以正当性,在这种情况下不适用对权衡取舍人的生命的禁止。

但是,我们必须明确这是什么意思。在极端情况下,人的生命仍然是可计量的,50 个人的生命比 5000 或 500 个人的生命少。如果我们考虑禁止权衡取舍人的生命,那么,个人的法律地位相对于国家或社会就会大大地降低。人性尊严原则就会使国家"不可剥夺"的范围相形见绌。如果考虑到这样一个现实,即当今时代保护人性尊严本身受到许多限制而且具有很大的相对性,那么,支持尽量不对人的生命权衡取舍的原则就显得很值得赞扬了。这可能引起大量的法律争端。如果我们用新的理由接受"计算"人的生命,

---

[87] 更多批评,参见 Hilgendorf, a. a. O., S. 141 ff。
[88] 更充分的关于"排除"解决方案的政治哲学背景的阐述参见 Pawlik (Fn. 73), S. 1051 f。

那么在《德国刑法典》第 34 条的语境下保留对权衡取舍人的生命的禁止就变得几乎不可能了。如果我们坚持以上建立的观点,即禁止权衡取舍人的生命具有和宪法同等高度的重要性[89],那么,任何新的解释其正当性的理由都会毫无疑问地落空。

毕竟,法律最好不要调整击落满载无辜乘客的飞机这种行为。在具体案件里,击落行为本身仍然非法。对于任何案件,超法律的可豁免的紧急状态可以帮助那些责任人免于惩罚。这种解决方法的好处是,不必求助人的生命不可测量原则。这样,每个生命都可以得到其应得的关爱。在极端紧急状态案件中,仅剩下安提格尼解决方式:在法律之上选择自己的良知,尽管击落被劫持飞机的命令仍然是非法的。行为人只能被豁免并裁定无罪而免于处罚,但他自己必须承受其行为带来的所有其他后果。这种处理悲惨决定的方式更容易让笔者接受。

法律只调整正常的社会状态。[90] 法律不能也不应该调整极端的个别的案件。极端案件的判决可以和正常状态不协调。把极端案件编入法典会危害整体法律秩序,因为正常状态下不可剥夺的基本的价值和原则,可能在极端的案件中受到侵犯。试图在极端案件的基础上把正常状态下的法律和不可剥夺的因素加在一起进行测量是非常危险的。我们假设,在一个案件中,一名恐怖分子威胁如果某位无辜者不能被斩首并录下全部过程就毁灭整个城市,我们非要依法调整这个案件吗?恐怖分子为了达到他们的个人目的现在会威胁我们用核武器或生化武器毁灭人类,这既是可以想象的,也是非常可能的。我们为此需要新法吗?笔者认为,不是的。如果发生这种事情,但愿会涌现出坚定果敢之士使用所有可能和必要的手段阻止这种迫在眉睫的危险。现在,这里不需要法律调整。同样,不需要法律调整的极端案件,包括恐怖分子把满员的飞机转变成一个巨大的飞行中的炸弹。只要还存在足够多的其他

---

[89] *Pawlik*, a. a. O., S. 1051 f.
[90] 还可参见 E-W. Böckenförde 的观点(尽管属于国家紧急状态)。*E-W. Böckenförde*, Der verdrängte Ausnahmezustand—Zum Handeln der Staatsgewalt in außergewöhnlichen lagen, NJW (1978), 1881 ff.

方法能阻止劫机和对飞机的滥用[91]，笔者的最后答案就是，应该反对用明确的法律以对击落飞机提供正当性的形式调整极端案件。

七、结论

如果我们把"虐待投降的恐怖分子"和"杀死无辜者阻止更大的危险"这两件值得怀疑的事情放在一起考虑，就会发现几个共同特点，它们是这种极端司法案件中非常典型的特点。很明显，通过法律调整来解决这种案件既不可能也不可取。换一种更准确的方式表达这种模糊的陈述就是：这些一般性的有意义的规则本身——禁止酷刑、禁止杀死无辜者——从道德和法律政治的角度考虑，看上去仅仅在一定数量的、幸亏极少发生的案件中不适用。通过把例外的规则(不论合法还是可豁免的)法典化来解决这些冲突似乎完全没有必要。法律不能为这些例外案件提供充分的解决方案。

为了理解造成这些困境的原因，我们必须牢记，在制定法律规则的时候不能把每一个具体案件都包括在内，而且这些规则很可能永远也不会把所有的具体案件都纳入其未来的实际适用范围。一部良法的出类拔萃之处在于它能够把几乎所有的案件都纳入其调整范围，并且或多或少都能调整得很充分。每部法律都有其可以想象得到的例外情形，在这些情形下，适用该法不会产生任何有用的效果。杀人者当然应该被惩罚入狱，然而，如果案情是被杀死的人就是袭击杀人者的行凶者，杀人者反过来仅仅进行自我防卫，那么，还应该适用这个原则吗？

也有一些"典型"的例外案件可以用一些法律规则调整，我们不妨把它们放在"括号里"。这些例外包括调整正当防卫、合法和可豁免的紧急状态以及所有其他正当性和豁免的论辩。其他例外情形仍然很少且富有争议，以至于尚未制定规则对其进行调整。即使未来制定规则，也很难毫无争议地从更高位阶的规则和法典

---

[91] 联邦内务大臣在立法过程中列出了这些措施的全部清单，参见 German Bundestag (Fn. 72), S. 7882 f。

衍生出这些规则。这种类型的案件包括当前的疑难案件,如折磨抓获的与"汽车炸弹案件"牵连的恐怖分子以及为了阻止集体屠杀而杀死无辜者。

一旦发生这种例外案件,就会随之而生一些根本的问题:这些案件是否应该适用法律明确地重新加以调整,或者是否应该适用当前的规则,即使这些规则对很多人来说似乎很不充分而且给这种新的例外的案件留下太多期望空间。对于酷刑案件,一些法律学者建议制定特别规则允许酷刑。[92] 德国政府已经在其新的《航空安全法》里制定了类似的特别规则应对被劫持飞机产生的极端危险。

笔者认为,法律不去调整这种极端的紧急状态情形会更好。法律不能也没有必要解决所有需要进行悲惨选择的极端情形。如果禁止对人的生命进行权衡取舍属于保护人性尊严的不可剥夺的领地[93],那么,《航空安全法》就是违宪的。[94] 卡涅阿德斯是正确的,确实存在一些涉及悲惨选择的情形,这些情形没有"简单的"道德和法律解决方案。如果我们必须让目前的法律秩序原则取得资格合法地调整极端案件,还不如不同意任何形式的调整,这样会更好。一旦发生这种案件,相信面临这些极端案件的个人有足够的道德勇气。从法律的角度考虑悲惨的极端案件是聪明之举;拒绝用法律调整的诱惑是明智之举。

---

[92] 主要参见 A. Dershowitz, *Why Terrorism Works*, Yale University Press, 2002, p. 131ff, 158。反对观点参见 E. Hilgendorf, Folter im Rechtsstaat?, Juristenzeitung 7 (2004), 336 ff。

[93] Hilgendorf, a. a. O., 336 ff.

[94] 另一种观点,尤其是关于禁止对人的生命权衡取舍,参见 S. *Huster*, Zahlen Zahlen? Zur Kontroverse um das Luftsicherheitsgesetz, Merkur 58 (2004), 1050。

第十八章

互联网上的诈骗

【初始案例】 在图宾根的某一服务器上,A 保存了一个网页,上面写道,A 是中国的皇帝,但正处于财务困难中,如果谁能寄一千欧元给他,就将被任命为他的部长。A 以为不太可能有人会相信这话,但如果收到谁的汇款,他也愿意笑纳。这则信息以中文、日文、韩文、德文和英文五种文字发表。这构成(力图)诈骗吗?
(案例改编自 K. J. A. Mittermaier, Annalen der deutschen und ausländischen Criminal-Rechtspflege, Bd. 6, 1838, S. 17.)

一、导论

互联网越来越多地渗入我们的生活空间,不仅带来利益,同时也带来着新型的危险,这是眼下当然的事。几乎所有形式的损害社会的行为或犯罪行为,基本上都可以在互联网上出现。针对这一新的挑战,刑法亦当做出反应。[1] 网络传播得愈广,愈成为我们日常生活的正常组成部分,它就愈加成为我们社会的一面忠实的镜子,不管(照出的)是好的,还是坏的。然而,互联网并不局限于某个或某组国家的疆域之内,而是遍及全球。这样,"互联网社会"

---

[1] *Assmann*, Neue Technologien als Herausforderung des Rechts. Fragestellungen und Hypothesen, im vorliegenden Band; vgl. auch: Das Recht vor den Herausforderungen der modernen Technik. Sonderausgabe im Rahmen des Deutsch-Koreanischen Kolloquiums vom 19. bis zum 26. Juli 1998 in Wolfenbüttel, hg. von der Koreanisch-Deutsche Gesellschaft für Rechtswissenschaft, 1999.

就同等地将纽约、首尔、东京和图宾根囊括进来了。美国、欧洲和东亚明显是目前拥有最多互联网用户的地区,相较而言,世界上其他地方使用互联网则少得多,主要如非洲和阿拉伯国家。

波及全球的互联网社会,在文化上具有多样性。这种多样性,给互联网犯罪的刑事处理提出了一些特别的问题。这些问题,至今几乎尚未得到讨论。[2] 这不只是、甚至主要不是涉及确定不法类型(亦即用犯罪法予以威吓的行为方式)[3]的问题;而是更多地牵涉到像某一特定文化背景下的行为的社会相当性、行为人的不法意识的成立条件[4]以及禁止错误的可避免性这类法教义学的问题,也就是说,在解答上特别取决于文化特性的那些问题。

除此之外,在特定犯罪的构成要件的解释上,也会牵涉到文化特殊性问题,诈骗罪中说明义务(Aufklärungspflichten)便是这样的一个例子。该说明义务不仅受到各个经济模式的强烈影响,也受到未实证化的伦理、宗教规则的强烈影响。在这个角度上,较之于受儒家影响的、来自韩国或新加坡的业务伙伴而言,西方特质的、主要以利润为导向(profitorientiert)的当事人便遵从不同的约束性规则。总体而言,人们大概可以这样说,实证法给予非正式的文化规则越多自由空间,受制于文化的行为规范对各犯罪的构成要件的解释的影响就越大。然而,如在日本和韩国,继受自外国的法律规则的适用情况表明,严格拟定的规定和初上看去单义地拟定的规则,也可能会在解释上有巨大的文化差异。

正如本章一开始提出的论题那样,在互联网时代,文化差异对于刑法更为重要了。然而,人们似乎迄今尚未对刑法上重要的那些文化特性进行整理和清点。因而,下文就将以互联网上的诈骗

---

[2] Anregend *Höffe*, Gibt es ein interkulturelles Strafrecht? Ein philosophischer Versuch, 1999 (mit kritischer Anmerkung von *Weigend*, JZ (2000), S. 41).
[3] 在这方面,世界范围内有一值得注意的、可能与此有关的共同点是,个别国家(如德国)很早就发布了与计算机犯罪作斗争的刑罚规范,这成为了并仍然是世界范围内的范本。
[4] Dazu besonders *Valerius*, Das globale Unrechtsbewusstsein. Oder: zum Gewissen im Internet. Oder: zum Gewissen im Internet, NStZ (2003), S. 341—346.

为例,对一些核心问题加以概述。同时也将表明,在网络中出现的有的诈骗问题,在19世纪早期便已得到讨论,而正是那时,形成了今日德国的诈骗构成要件。所以,当我们讨论互联网上的诈骗时,在采用时间上**横向**的(synchron)比较法视角时,也辅之以时间上**纵向**的(diachron)法史学视角,才是合乎目的的。

如上所言,几乎所有形式的社会损害行为或犯罪行为都可以在互联网上发生。目前,在互联网上发生的最重要的、也是最常见的犯罪形态,有如下几类[5]:窃听数据传输、侵入他人的数据处理装置("黑客行为")、阻塞和破坏(尤其是大企业和官署的)电子邮箱("拒绝服务攻击")、释放或传播数据形式的非法材料(尤其是色情表演和极端主义的宣传)、未经许可地篡改或转移数据、未经许可地复制数据(特别是侵犯著作权)、假装他人以充当发送人(如利用他人的密码)或接收人(如假装与某银行计算机有连接)、释放或传送有目标的虚伪信息(如出于影响股价的目的)。除此以外,还有一些情形,在这些情形中,通常以需为他人的不法承担责任为其内容,这方面主要有提供者责任和设置具有犯罪内容的页面的链接的责任。

在这些为数众多的数据网络犯罪之外,将刑法适用于跨文化的网络空间[6]时(以诈骗为例)还会有一些特别突出的问题,这些问题也应得到关注。到目前为止,不像往年为祸一方的病毒或蠕虫攻击那样,互联网中诈骗尚未成为公共关注的焦点。不过,还是有些声音说,将来主导数据网络犯罪的,不是"黑客"或者什么病毒、蠕虫攻击,而是诈骗和计算机诈骗。[7] 在下文中,就只讨论经典的诈骗,亦即以牟利为目的地欺骗他人。

---

[5] Hilgendorf,"Kriminalität im Internet", in 17 *Hanyang Law Review*, 255 (2000); ders., Neue Medien und Strafrecht, ZStW (2001), 650, 653.

[6] 关于法律中的空间范畴及其不同侧面, vgl. *Dreier/Forkel/Laubenthal* (Hrsg.), Raum und Recht. Festschrift 600 Jahre Würzburger Juristenfakultät, 2002.

[7] *Hilgendorf* (Fn. 5), S.654.

二、互联网上诈骗的表现形式及其特性

（一）表现形式

互联网上有着各式各样的诈骗，其样式简直让人数都数不过来。[8] 下面我们只能挑选一小部分来讨论。长久以来，尼日利亚有一种交易要约的名声颇受争议：在这种要约中，发件人希望能够得到帮助，以有保障地将大量金钱汇寄到欧洲或美国的账户上。通常被隐瞒的情况是，这些金钱来自某个黑色来源或是以前的独裁者的秘密遗产。所转移财产中的一个不低比例的份额，将提供给收件人作为对价。但收件人需要事先预付一大笔钱，以促成交易。如果他这么做了，那他的钱就有去无回了。依《尼日利亚刑法典》[9]第 419 条，人们也将这称作"419 条的诈骗"（419er-Betrug）。[10]

其他的诈骗性要约，则针对家庭劳务或特定的服务许诺大量金钱，但又使其以新业务伙伴的预付为条件。（这些要约）以金字塔式的戏法和连锁信的行为，许诺以快速得利作为诱饵。以似乎价格便宜的方式，没有医生处方地提供神奇功效的药物。另一种传播较广的诈骗形式是，利用电话预拨号码实施的欺骗。受害人被（经常通过色情内容）引诱到会产生高额电话费用的网页上，而他本人却毫不知情。2004 年，人们大量关注的一种情形是"钓鱼"（phishing）。在这种案件中，行为人以欺骗获取其被害人的账户信息，然后将之在私人交易中加以滥用。

---

[8] Dazu Wallace Wang, *Steal This File Sharing Book*: *What They Won't Tell You About File Sharing*, 3rd Edition, No Starch Press, 2004, Chapter 9.
[9] 英文版本，参见 http://www.nigeria-law.org。
[10] 关于"尼日利亚客户"（Nigeria-Connection），详见 *Frank*, Zur strafrechtlichen Bewältigung des Spamming, 2004, S. 112 ff.（Das Strafrecht vor neuen Herausforderungen, Bd. 3）。以"尼日利亚客户"方式撰写的大量诈骗性信件，见 http://server-wg.de:8080/nigeria/inhalt_a_z.html。

在互联网上，像骗婚这类古典的诈骗形式也得到了复兴。被害人在一聊天室或个人专页上，在线结识一位谎称来自（例如）日本或韩国的寂寞但年轻貌美的姑娘。凭借（假的）照片和频繁的在线沟通，很快便营造出亲昵氛围。然后，这个姑娘请求转一笔金钱，以最终亲访她新的伴侣。如果受害人照着做，就会出现许多出乎预料的麻烦事，以使他再次汇款，等等。这样，他便被骗走了许多金钱。

同样的，在投资诈骗中，在被害人受损之前，也经常是和被害人之间建立了一定的信任关系。像在互联网上冒充投资咨询师的人，先提供的是"试验期"无需付费的股票咨询。不过，这针对的不是个别潜在受害者，而是针对广泛的人群。例如，行为人首先给一万人写信，并针对特定价值的股价发展做出预测。在50%的接收者那里，他预言股价会产生积极的变化，而在另50%那里则说会有消极的变化。然后，发信人便坐看实际上股价如何变化。针对那些收到他的正确预测的接收人，他就再重复一遍他的做法。在这个冒充投资咨询师的人数次正确"预测"后，顾客便决定将一笔更高数额的金钱委托给这位冒充的行家从事投资，"投资咨询师"得到这笔钱后便溜之大吉。[11]

如果人们不看一眼网络共同体为了防范诈骗都使用了哪些防范手段[12]，那对互联网上可能有的诈骗形式的了解可能是不完整的。"尼日利亚客户"的例子，也是这方面的一个好例子。人们为了应对这种情况，已经发展出了一整套防范措施。比如，已经出现了揭发这种做法和警告人们注意防范的独立的网页。[13] 网络上的管理机构也帮助揭发流行的各种诈骗手段。所谓的"诱使诈骗犯上钩者"（scambaiter, Betrüger-Köderer），便启用了一个特别有趣、

---

[11] 进一步的案例，可以参见 http://www.internetfallen.de/Betrug_Abzocke/betrug_abzocke.html. 的列举。

[12] 这里所讲的不是国家，而是私人的各种反应。

[13] 例如：http://www.internetfallen.de/Betrug_Abzocke/Kapitalanlage/Nigeria/nigeria.html；对它的全面介绍，亦见 http://www.auswaertiges-amt.de/www/de/laenderinfos/419_html。

但也非常有效的防卫手段。这种"诱使诈骗犯上钩者"旨在拆穿"尼日利亚客户"的花招并羞辱行为人。"诱使诈骗犯上钩者"佯装接受诈骗性的要约,但然后虚构很多复杂的步骤和障碍,直到骗子费尽精力而最终放弃。有的还要求骗子提供一张照片,以建立信任,而摄像机则经常拍出骗子的荒谬样态。这样,骗子自己也被骗了,这表明,即便是骗子,也不免偶尔会具有他在受害者身上如此成功地加以利用的轻信或贪心。

(二) 在线诈骗的特性

在互联网上许许多多有害于社会乃至犯罪的行为当中,和它们在日常生活和不经由计算机的业务来往中的对应样态相比,诈骗大概属于偏离其日常样态最少的了。[14] 这再一次证明,将"虚拟"世界和"现实"世界对立起来是多么的误导人了。经由互联网的财产损失,可以和利用电话、信件或传真机作犯罪工具的案例完全一样地具有现实性。人们在日常生活和业务交往中越多地使用互联网,那通过互联网进行交流就越"正常"。

在互联网,防范诈骗的最好手段是,面对陌生人接受义务时保持**小心和克制**。在这方面,网络交往也和使用像传真或电话这些传统媒体乃至真人当面交往没有什么本质的区别。到目前,我们尚没有防范互联网上诈骗的有效的技术防卫措施。然而,像封锁网络上已知的诈骗犯、过滤有诈骗嫌疑的垃圾电邮以及改良发信人甄别和内容鉴别程序这样的控制诈骗危险的技术措施,却是可以设想的。

不过,如果我们仔细加以分析,我们还是可以发现互联网上的诈骗的一些特点:

第一,那个诈骗性投资咨询师的案例,就正好表明了互联网上

---

[14] So auch Stuart Biegel, *Beyond Our Control? Confronting the Limits of Our Legal System in the Age of Cyberspace*, MIT Press, 2001, p. 261. 关于这本书,还有书评,参见 *Hilgendorf*, "Rezension von: Stuart Biegel, Beyond our Control? Confronting the Limits of Our Legal System in the Age of Cyberspace, 2003", 6 *New Media & Society*, 679 (2004)。

诈骗的第一个特性,即行为人有办法以最低限度的成本将诈骗性的信息大批量地发往全世界,这样可以和相当大范围的收信人同时对上话。**诈骗和垃圾邮件的组合**[15],这在互联网上是一种典型。通常而言,这种信息是以英文撰写的,这样便可以找到尽量多的读者。在许多案例中,尽管信息的不真实性显而易见,但因收件人数量众多,找到一个善意的受害人,仍然有不小的机会。

第二种特点,也即比较引人注意的另一点是,尤其当受害人特别容易**轻信和贪心**时,互联网上的诈骗犯便能轻松得手。在互联网上,有的欺骗手段是如此的笨拙,以至于在直接的人际交往中,几乎无人会把它们当真。"互联网"这一新媒体似乎绕过了许多人的防线,尤其是当伪装的亲昵和色情信息参加进来时,这一点更为明显。这种现象,在社会心理学领域尚没有得到足够程度的研究。[16] 犯罪学迄今在互联网问题上也研究得很少。

第三种特点是,由于网络的持续扩张,总是不断地有**经验不足的新人**加入,这些人比有经验的用户更容易被卷入诈骗活动中。特别让人忧心的是,年纪大的人也逐渐发现了互联网这一工具,而他们比其他人更容易陷入危险,成为诈骗活动的受害者,这也同时使得他们显得特别需要得到保护。在网络上,会有人兜售特别适合的受害人名单,并由诈骗性垃圾邮件的发送者购得。到发生这种现象,大概只是一个时间的问题。而警察和刑罚追诉机构,在这个过程中基本上没有办法给这些受害人提供帮助,因为这些名单通常是隐蔽地兜售的,诈骗性的信息也只是发送给挑选出来的收信人。

最后,在线诈骗和离线诈骗的第四个区别在于:**诈骗行为的可证实性**。不同于离线诈骗,网络诈骗是以数字形式呈现的。互联网上的每个活动都会留下痕迹,诈骗行为也不例外。这可以帮助

---

[15] Umfassend *Frank*(Fn. 10),S. 83 ff.
[16] 不过,毕竟已经有个概览,参见 *Paechter*, Internet, in: *Auhagen/Bierhoff* (Hrsg.), Angewandte Sozialpsychologie, 2003, S. 480—491 (482 ff.);关于"数码跟踪"(Cyberstalking)现象,参见 *Hilgendorf/Hong*, Cyberstalking—eine neue Variante der Internetkriminalität, K&R(2003),S. 168—172。

刑罚追诉部门将互联网诈骗者与行骗活动联系起来。不过,至今的经验表明,互联网诈骗者多半表示他们来自即便有足够线索也很难侦查和起诉的外国。

诈骗活动能够在多大程度上跨文化地大范围地发生,目前尚不清晰。在我们提到的"尼日利亚客户"案中,行为人在非洲国家尼日利亚动手的,但就其方法和内容而言,最大程度上地符合了欧洲以及美国的标准。人们很难在这里感到有什么文化上的鸿沟。

三、互联网上诈骗的刑事处理

在德国刑法中,互联网上诈骗活动,隶属于《刑法典》第263条诈骗构成要件。依照该构成要件,其要素包括欺骗行为、促成认识错误、财产处分、财产损失以及(行为的主观方面的)故意和牟利目的。像我们前面数次提及的"尼日利亚客户"这样的许多案件,都能够很容易地肯定满足这些要素。所以,问题更多的是,刑罚追诉有无事实上的可能性,而不是实体刑法的问题。不过,互联网上的诈骗,还是能提出一系列的特殊问题,下文我们就加以简要阐述。

(一)关于德国刑法在互联网上的适用

第一个问题是,德国刑法**是否能在互联网上加以适用**。[17] 依照《德国刑法典》第3条,德国刑法适用于在国内所犯的犯罪行为(属地原则)。《德国刑法典》第9条规定了行为地的概念,它不仅包括行为人作为的地点(第1款第1种情况),也包括不作为的情形时行为人必须采取作为的地点(第1款第2种情况)、属于构成要件的结果所发生的地点(第1款第3种情况)以及力图情况下依照行为人的设想结果本该发生的地点(第1款第4种情况)。《德国刑法典》第9条第2款则规定了参与情形下的行为地。诈骗是

---

[17] *Schmitt*, Zur räumlichen Geltung des deutschen Strafrechts bei Straftaten im Internet, in: *Dreier/Forkel/Laubenthal* (Hrsg.) (Fn.6), S. 357—375.

一种(断绝的)结果犯。[18] 这意味着,在既遂的情形时,不是只有欺骗行为的发生地属于行为地(《德国刑法典》第9条第1款第1种情况),结果(亦即财产损失)的发生地,也同样是行为地(《德国刑法典》第9条第1款第3种情况)。因此,如果涉及了德国领土内的财产的话,在满足其他条件的情况下,也是可以针对诈骗行为适用德国刑法的。

然而,《德国刑法典》第3—7条、第9条规定的国际刑法(刑罚适用法),并不能适应互联网的条件了。第一个问题点在于,如果行为人不管从世界上哪个地方在互联网上做出欺骗性的陈述,那么,就可以在随便何处的网络上见到该陈述。为了不使得到处都被认定为行为地,需要将《刑法典》第9条第1款第1种情况限制在行为人向网络输入欺骗信息的地点上。

第二个问题点是**结果概念**。德国联邦法院在其针对互联网上刑法适用的首例判决[19]中,对结果概念做了宽泛的解释,这遭到了文献的批判。[20] 对结果概念所作的这种扩张解释,扩张了《刑法典》第9条第1款第3种情况的适用范围,进而导致了德国刑法在互联网上的扩张适用,这不仅在国际法上存在问题,而且政治上也不合适。[21] 不过,这方面的问题,主要出在抽象危险犯上,而不是在像诈骗罪这样的结果犯上。就诈骗罪而言,仅当在德国领土内出现了财产损失或相当于损失的财产危险时,才可以认定出现了符合构成要件的结果。如果结果不成立,那便不得通过第9条第1

---

[18] Strafgesetzbuch. Kommentar, bearbeitet von *Kühl*, 24. Aufl., 2004, § 9, Rdn. 2.

[19] BGHSt 46, 212 (Fall Töben), dazu *Körber*, Rechtsradikale Propaganda im Internet—der Fall Töben, 2003 (Das Strafrecht vor neuen Herausforderungen, Bd. 1); *Kühl* (Fn. 18), § 9, Rdn. 5 m. w. N.

[20] Vgl. nur *Koch*, Zur Strafbarkeit der "Auschwitzlüge" im Internet—BGHSt 46, 212, JuS (2002), S. 123—127; weitere Nachweise bei *Kühl* (Fn. 18), § 9, Rdn. 5.

[21] 这方面,详见 *Hilgendorf*, Strafrechtliche Überlegungen zur Interpretation des Ubiquitätsprinzips im Zeitalter des Internets, NJW (1997), S. 1873—1878。

款第3种情况适用德国刑法。[22]

另外一个特殊问题是,财产只以数字形式存在而无法在地域上予以确定时,如何处理?在这种情况下,人们必须以逗留于德国领土内的人(受害者)的具体财产损失为标准。

(二)关于业务的精明性(Geschäftstüchtigkeit)和犯罪性诈骗之间的区分

在新媒体的诸多特性之中,有一点是会使得"非法性和文化创新之间的界限模糊化"。[23] 技术进步使人们对行为方式的社会伦理(对应地,也有法律上的)评价显得不那么确定了。这方面的例子有,例如,不付费浏览无线局域网、实施拒绝服务攻击或大量地宣传(垃圾邮件)。人们也许讨厌这样的行为方式,但仅仅如此还不足以使它们就轻易成为一种犯罪或只是应罚的。对于互联网上的许多新型活动而言,在应然法上都尚未明确应当如何归类。因而,不加反思地想借助"灵活的规范解释"[24]将它们认定为实然法上的内容,可能是短视和过于仓促的。

将这点适用到互联网上的诈骗上来,这意味着,我们要**重新思考**犯罪行为和容许的业务的精明性这二者之间的界分。这就又导出了一个令人关注的问题,这是个自19世纪初以来,欧洲学界讨论诈骗的可罚性时一直都在讨论的问题:如何界分犯罪性诈骗和人们容忍甚至希望的业务精明性这两者?这是个古老的问题,但在诈骗刑法中,却从未得到最终的解答。厄斯特特(Oerstedt)在其1823年问世的《对巴伐利亚王国刑法新草案的详尽审查》中写道:

人们在出售或出租东西时,对其货物加以赞美,隐讳其缺

---

[22] 当然,仍有可能依《德国刑法典》第9条第1款第1种、第2种或第4种情况适用德国刑法。

[23] Medosch/Röttgers(Hrsg.), Netzpiraten. Die Kultur des elektronischen Verbrechens, 2001, S. 8.

[24] 关于刑法灵活化的诸问题,见 Seung-Hee Hong, Flexibilisierungstendenzen des modernen Strafrechts und das Computerstrafrecht, Diss. Konstanz 2002, publiziert unter http://www.ub.uni-konstanz.de/v13/volltexte/2003/954//pdf/Hong.pdf。

陷，并给它附加一些不存在的优点，以及试图以不太正确的方式激起和他交易者的兴趣；或者谁希望接受某个付酬的工作时，不当地宣称自己有比实际上更大的能力，或者在涉及产品的耐用性和品质和他的交货时间上许诺他事先就知道无法兑现的许诺，这些做法，再司空见惯不过了。[25]

同样的，在19世纪早期的许多其他法学学者那里，也有人认为，仅当在具体情形下，平均水平的交往参加者不期待有欺骗时，才可以成立可罚的诈骗。[26] 在任何一个交易中，交易双方都希望获利，即便是以对方的成本为代价。然而，在19世纪的进程中，这种观点越来越没有市场。[27] 在1871年《刑法典》的第263条诈骗罪条款中，这一界分问题没有得到规定。到今天，人们也顶多是在边边角角里要求，对业务精明性和犯罪性诈骗的界分问题重新加以思考。[28]

当遇到互联网上的欺骗行为时，这一界分问题就变得更加尖锐了。在互联网上，发出要约者多半（还）会附加文字和图片说明。[29] 和潜在的商品或劳务买家产生交往，通常出于偶然且时间短暂。如果只是客观描写和提供信息，则难以找到新的顾客，并产生交易。因此，出售者必须使用尽量显眼的宣传信息，以求能够吸引到公众的注意力。从这到过分或美化的断言就只有一步之隔了。厄斯特特在19世纪早期生动地加以描写的有利于业务的欺骗，大概在今天应该属于网上交易中不可或缺的条件了，因此，用法学语言说，是社会相当的。

---

[25] *Oerstedt*, Ausführliche Prüfung des neuen Entwurfs zu einem Strafgesetz für das Königreich Bayern, 1823, S. 357.
[26] 文献见 *Hilgendorf*, Tatsachenaussagen und Werturteile im Strafrecht, entwickelt am Beispiel des Betrugs und der Beleidigung, 1998, S. 26 ff。
[27] Vgl. *Naucke*, Zur Lehre vom strafbaren Betrug. Ein Beitrag zum Verhältnis von Strafrechtsdogmatik und Kriminologie, 1964, S. 62 ff.; *Ellmer*, Betrug und Opfermitverantwortung, 1986.
[28] *Hilgendorf* (Fn. 26), S. 66 ff.
[29] 而早在借助向私人信箱中发送订货目录和宣传广告的邮寄业务中，就已经有同样的情形了。

毫无疑问的是,在互联网上,也不能拒绝适用像《德国刑法典》第263条这样的诈骗构成要件。但我们需要对诈骗和社会相当的业务精明性之间的边界划分,加以重新思考。用麦克卢汉(MacLuhan)那句广为引用的话说,传媒改变信息,因而也可能改变相应的法律评价。这是个在所有法律秩序中都会同样出现的问题。这可能表明,对于诈骗行为和单纯"高度的业务精明性"行为的传统区分,也适用于互联网。但同样可以想到的是,可能必须进行新的调整。在这里,没有办法对这个问题做一全面的处理;我们提到**存在这样一个界分问题**并概括一下在解决该问题上重要的观点,可能就够了。

认定成立单纯的业务精明性的重要证据是:大量客观的信息、在网下联系的可能性(如信件、电话、传真)、给予让人提问的机会(表明可以可接近供货者),最后还有对退货权的提示。像在eBay这样的新型网络交易平台上,便可以找到公正对待客户的可能性以及问题的充分的实例材料。[30]

当一方根本不是旨在以交易为内容的业务关系,而是单方面追求损人利己,那就不再是单纯的业务精明性了。这方面的例子有做明确不真实的陈述和毫无实据地极度夸大,以及匿名交易或在受害人交易后即隐匿自己致使受害人联系不上。在这些或多或少清楚的情形外,还有一个较广的灰色领域。在灰色领域里,已经逾越公平合作的界限,但却尚不能随便施以诈骗的责难。刑法[31]便面临如何区别对待灰色领域中的情况,(从宽缓到严厉的)路径依次大概是个案处理、列举相应的情形以至形成不成文的规则,甚至还可以是实证地规定出相应的规范。

在我们这里的情况下,特别令人感兴趣的,仍然是文化背景会有什么影响。就"公平"网络交易的规则而言,显然可能会有完全各不相同的观点。目前看来,我们的交易还多半只限于单一文化

---

[30] 在这里需要注意的是,eBay自己并不是交易方,而只是原则上为他人交往提供媒介的。不过,eBay预先确定了大量规制潜在业务双方交往的规则。

[31] 自然也还涉及民法,但我们这里就不加以论述了。

圈之内,甚至经常只是在一国之内。但是,交易发展到个人通过网络国际性地活动,不出家门便在线从纽约、东京或首尔购物的阶段,似乎也只是个时间上的问题。我们现在的私人,就已经完全可以很轻易地在德国购买到在美国的书籍或医疗产品了。将来,这种交易往来会更加频繁得多。[32]

(三) 关于诈骗受害人轻率的意义

和界分诈骗与业务精明性紧密相关的,还有诈骗教义学中的另一经典问题,这个问题随着互联网的发展也更加凸显出来了。这就是,受害人的轻率,在刑法上具有何种意义? 在文献中,人们已经列出了很好的理由,针对给那些重大过失地陷入诈骗之中的人提供刑法保护的做法进行了质疑。[33]

同样的,这种立场也可以远溯到 19 世纪。1838 年,著名刑法学家米特迈尔(Mittermaier)指出,"用刑罚法规来保护每个愚昧、轻信、弱小的人",是不合适的。当骗子说,"他是中国的皇帝,想任命他人做他的部长,但眼下需要一百塔勒*",那么,即便他欺骗成功并收到一百塔勒,也不能以诈骗罪加以处罚。[34]特别令人注意的是,今天互联网上的许多诈骗案例就是这样的。在我们的初始案例中,我为米特迈尔的这个案例按照互联网时代的样子做了更新。在这种案例中,事实上成立可罚的诈骗行为吗?

迄今为止,德国联邦法院均认为,不管受害人有多少轻信,都

---

[32] 不过,在面对一些过分乐观的估计时,采取克制的立场是合适的。技术也许可以很快改变,但是消费者的行为习惯却通常并不如此。因此,在 20 年之内,我们日常生活中的大量商业交往还将是"线下"进行的。Vgl. auch Opaschowsky, Deutschland 2020, 2004, S.188.

[33] 基础性的论述,见 Naucke (Fn. 27), S.163 ff.; Ellmer (Fn. 27), S.271 ff.; vgl. ferner Hilgendorf (Fn. 26), S.103 ff。

* 1871 年德国统一之前的旧时银币。(译者注)

[34] Mittermaier, Über die richtige Begriffsbestimmung der Verbrechen des Betrugs, der Fälschung, Unterschlagung und Erpressung durch die Wissenschaft und die Gesetzgebung,——erläutert durch einen merkwürdigen Criminalfall, in: Annalen der deutschen und ausländischen Criminal-Rechtspflege, Band 6 (1838), S.1—32 (17).

不能影响诈骗的成立。因此,再笨拙的欺骗行为,从原则上讲都有成立诈骗的可能。例如,联邦法院在天王星案[35]中很容易地便认定,可以依诈骗处罚[36],尽管骗子对受害人所讲的故事(他是天王星派来的使节,之所以过来,是为了带少数几个挑选出来的人到天王星去,因而,被害人应该杀掉自己并把财产遗留给行为人)简直是荒诞不经的。完全令人怀疑的是,该案中,为什么这同样一个认识错误,是和力图谋杀有关,而不是应该成立力图诈骗。如果人们按照倾向于诈骗的判例来,那么也可以将"中国皇帝"的初始案例认定为力图诈骗:宣称自己现在的身份是"皇帝",是在错误地宣称有某项事实,同时,他还接着宣称他想任命大度的捐赠者为部长,这也是一项针对(内心)事实的虚假陈述。通过这种断言,听者可能陷入相应的认识错误,然后会给他转账一千欧元(财产处分)。由于捐助者没有针对这笔钱得到等价的报偿,因而存在财产损失。行为人还具有相应的故意(至少是间接故意)。同样的,牟利的目的,也至少可以以伴随的动机过程(mitlaufender Motivationsstrang)的方式得到认定。

不过,似乎有疑问的是,这种对事情的认识,是否也能在互联网的条件下仍然站得住脚。人们可以区分出该问题的事实侧面和规范侧面:在互联网上含糊难解、荒诞古怪的说法比比皆是。这些说法中有许多都是如此不合适,以至于没有人会相信它们。不过,德国的诈骗构成要件在认定力图行为上,并不要求,他人上欺骗行为的当,用法学的语言说,促成一认识错误。行为人只需要以诈骗的故意(亦即至少是间接故意)实施欺骗行为,就足以认定成立力图诈骗。在初始案例中,这些条件已得到满足。

但是,即便具体某个国家领土上进行的或波及其领土上的所有欺骗活动原则上具备了诈骗的特性,在该国的刑罚追诉机构那里,也还可能要求许多其他条件,以使其依照合法原则

---

[35] BGHSt 32, 38.
[36] 不过,上诉到联邦法院的上诉审程序的内容,只是对力图谋杀加以审理。

(Legalitätsprinzip)**需要加以侦查。在德国,网络警察这个角色管的事是太多了。而在日本,情况便不相同:根据占据主流的起诉便宜原则[37],刑罚追诉机构掌握的是减缓实体刑法的严厉性,校正实体刑法的"不当追究"。[38] 在德国,我们也可以想象一下,是否可以在互联网诈骗问题上,将合法原则松动化。另外一种途径可能是,对德国的刑罚适用法做限制性解释。[39] 而需要加以考察的还有,将互联网上欺骗行为的特定的某些形式,从实体法上认定为**诈骗**,在根本上是否合适。这便引出了问题的规范侧面:

需要问的是,出于贪心和轻率而误信了显然不合理的说法的人,是否在根本上值得在刑法上予以保护。刑法是法益保护的最后手段,而非改造社会的随意手段。同时,跨越大洲进行刑罚追诉等成本问题,也应当列入考虑范围。因此,完全可以认为,对那些由于贪心或轻率而相信了显然荒谬的话的人,进行民法上的处理即可。[40] 为了控制互联网上的危险,需要做的应该是发展人们面对媒体的能力,如详解、警告以及在有必要的时候进行培训,而不是动用刑法。正如在道路交通以特定的技能为前提,在未来的网络交往上,也应当要求特定的资质和能力。如果欠缺,则通常不是法共同体承担责任,而是每个个人自己承担责任。[41]

这样表述的观点来自于被害人教义学领域,这在今天德国得

** 即强制起诉原则。(译者注)
[37] 对此,可参见 *Takayama*, Die Verwirklichung der Straftatbestände durch den Einsatz des Internets (Betrug), unter V. (im vorliegenden Band)的提示。亦参见 Natsui, "Cybercrime Cases in Japan", 11 *MEIJI Law Journal*, 1 (2004). 对案例的概览。
[38] 这种极其实用地处理刑法的做法,是否与主要发展自德国传统的法治原则相符的问题,在本处没有必要作出裁断。
[39] 对此见本章第三部分之(一)。
[40] 不过,当涉及的是处于持久的弱势地位的那些人时,可以开个例外。对此,详见 *Hilgendorf* (Fn. 26), S. 199 ff。
[41] 详见 *Hilgendorf*, Tendenzen und Probleme einer Harmonisierung des Internetstrafrechts auf Europäischer Ebene, in: *Schwarzenegger/Arter/Jörg* (Hrsg.), Internet-Recht und Strafrecht, 4. Tagungsband, 2005, S. 257—298。

到了原则上的认可。[42] 立法者也对被害人教义学的观点进行了考虑，正如在计算机刑法中那样。例如，《德国刑法典》第 202 条 a 中的未经许可地探知数据，只包含数据为防止被他人未经许可地获得而做了特殊安全处理的情形。不过，在诈骗上，主流学说和判例的立场是，受害人的特别轻信，并不构成排除诈骗刑罚的足够理由。在评价主流观点时，我们需要区别对待：

社会福利国家的原则就已经要求，经验特别不足的、年老的或智力上先天耗弱的人，需要获得刑法上的特殊保护，这同时适用也正适用于和诸如互联网这样的新媒体打交道的场合。也就是说，对于暂时乃至持续处于耗弱状态的那些人而言，即便他们未遵守对任何一个具备正常理解力和经验的网络用户来说自然而然的那些注意规则，也不能剥夺他们在刑法上所受的保护。[43]

不过，当受害人既不幼稚，也不是处于智力低下或其他弱势状态，而单纯是无所谓或轻率的时候，则应另当别论。在这类案例中，依照社会道德的标准，人们非常可能主张考虑适用国家性的保护。在互联网上的诈骗的情形中，则还有限制对其科处诈骗刑罚的其他理由：

（1）与经典诈骗形象的许多案例相比，互联网上的诈骗的不同点在于，其欺骗行为非常容易被人看穿。[44] 这类陈述的危险性，不在于其断言本身（在几乎所有人眼里，其不合理性显而易见），而在于它的大量散发。只有通过欺骗和垃圾邮件这两者的联合使用，才能使网络上的许多断言（或宣称）具备使他人损失的可能性，这种可能性使得有必要动用刑法。这意味着，像这样通过电子邮件**大量**散发某一特定的错误的宣称，要施以刑法上或民法上的[45]制裁，而如果只是发送少数几个这样的错误信息，则不应从刑法上

---

[42] 概览，见 *Roxin*, Strafrecht. Allgemeiner Teil. Bd. 1: Grundlagen, Aufbau der Verbrechendlehre, 3. Aufl., 1997, §14, III m. w. N。
[43] *Hilgendorf*（Fn. 26），S. 200。
[44] 参见本章第二部分之（一）的例子。
[45] 在笔者看来，在这里适用民法上的制裁更为合适些，vgl. *Hilgendorf*（Fn. 41），S. 291 f。

进行追究。同样,可以设想的是,人们可能会在或长或短的时间内,利用技术手段成功地解决大量发送电子邮件这种垃圾邮件的问题。[46] 在这样的情况下,可能也就不需要从刑法上来制裁在网络上(因大量发送而危险增高的)发送不当的宣称的行为了。

(2)尽管极其轻率的行为能够获得国家不受限制的保护,但强烈有必要的仍然是,人们应当增强自己使用媒体的能力。当网络参加者认识到,他自己需要为他行为的特定结果担负责任,并接受因极端轻率所引发的后果,那就会给他造成自律和谨慎的有益压力。从网络文化的折中视角来看,这总体上是有益的。相反,如果对互联网上任何形式的欺骗行为(即便它可能带来非常渺茫的收益),都进行不受限制的刑法干预,那么,就会给网络参加者们这样的印象,"父亲般的国家"已经能保证,所有的都是正确的,不会出意外。

从背景上看,这里涉及的,大概是对国家(所担负的)任务的若干种不同的期待:国家应该是照料、保障一切的父权主义的国家呢?还是说,国家在互联网上的任务只在于,划定一个让自主的当事人自由行使且自我答责的框架?这里出现的古老的两难课题,便是"安全和控制"VS."自由和自我答责"。在笔者看来,后者更适合于互联网。

(3)第三个问题涉及对互联网上(的行为)进行刑罚追究的可能性问题。逾越国界的活动,是出了名的难以制裁的。而刑法却正是要对符合法定的犯罪的构成要件的行为方式,加以实际的追究和制裁。如果刑法只是停留于书面上,那就失去了它的大部分的一般预防功能。因此之故,单纯的象征性立法,在刑法中是不受欢迎的,而且,它还往往是不采取有效保护措施的做法的官方缺席证明。恰恰是在互联网诈骗这种情况下,国家在事实上没有可能对所有欺骗行为(即使其根本未产生任何损害)以"力图诈骗"的方式加以追究。法政策以及教义学上合理的解决方案便是,直接否定这类显而易见其不正确的断言的可罚性。

---

[46] *Hilgendorf*(Fn. 41),S. 285,291.

（4）同样的，依照主流观点，显然夸大的宣传只能认定为是意见表达，尽管依照表面的文法可以将之解读为事实陈述。[47] 这方面的例子有，比如"这是我们城市里跑得最快的车"原则上是一个事实陈述，因为这是一个可以从经验上予以检测的表达。但是，如果这句话从一个汽车销售商的嘴里出来，那么，从任何一个具有普通理解能力的人角度来看，都非常明显不能从字面上理解这句话。这点也同样适用于极度夸大某物的减肥、延寿或壮阳功效的宣传。总而言之，对于普通理解能力的人而言，这些表述从一开始其效力便已明显降低，人们不可以将之认定为可以成立诈骗的事实陈述，而应认定为单纯的意见表达。

针对互联网上的不适当的断言，这点也同样适用：任意一个平均的网络参与者可以一眼看穿其不正确性的陈述，都应该从诈骗中排除出去，尽管它在外表上以事实陈述的方式出现。所以，像声称自己是中国皇帝，正需要点钱，却想将大度的捐助者提名为部长这样离奇的陈述，[48] 从一开始就不能当真，因而是与诈骗无关的。但若是针对特定投资机会或利润可能性的陈述，尽管过分夸大但却能够欺骗"普通理解力的人"，那就需要另当别论了。像"419条的诈骗"[49] 措辞的多数陈述便是这样的例子。在这类案件中，是可以依照诈骗加以处罚的。

这样，针对互联网上的诈骗，自然就会有特殊的问题了。互联网上的活动并不只是跨越国界的，而是越来越多地还跨越了文化。因此，在确定"普通理解力的人"以何者为标准时，就会特别困难。针对同一文化圈成员做出时应当被认定为单纯的业务精明性的陈述，却完全可能在对其他文化圈成员做出时涉及诈骗。在一个文化中可以马上被看穿并被认定为夸大的情形，却可能被其他文化圈的成员认真对待。

不过，也有一些超越各个文化都可以认定为不当的陈述。例

---

[47] Vgl. BGHSt 34, 199; weitere Nachweise bei *Kühl*, StGB (Fn. 18), § 263, Rdn. 5.
[48] 此即本章开头的初始案例。
[49] 详见本章第二部分之（一）。

如，我们初始案例中暂时缺钱的中国皇帝即为适例。尽管一直都存在许多有文化特质的确信、认知，这种差异能够影响到人们面对诈骗行为的抵御能力，但在知识、谨慎和智慧规则上，各个文化间还是共享一些基础的东西。随着交往技术的统一化和世界范围内越来越容易的信息交流，这些共同性在迅速增加。这也使得，"普通理解力的人"的标准变得越来越国际化和具有跨文化的特性。

四、提供商的责任

另外一个问题是，当提供商没有把已知的诈骗性垃圾邮件发送者从网络上清除时，是否可以认定他因此促进了诈骗性行为，进而需要承担刑法上的责任？倘若所涉及的只是属于原则上容许的精明的业务性活动，那就不存在依照诈骗或帮助诈骗（缺乏主行为）处罚的可能，而是涉及针对放行垃圾邮件的制裁。就提供商是否需承担责任而言，核心问题通常是，未采取可期待的技术措施的可责性。

在互联网上，除了违法内容的创作者外，依照一般的刑法规则，网络服务提供商也可能需要承担刑法上的责任。在德国，这样的问题主要是在《电信服务法》（TDG）里规定，其源头则是 2000 年的《关于电子业务的欧盟指导准则》（ECRL）（以下简称《指导准则》）。因此，提供商责任规则乃是欧洲标准对德国刑法产生影响的一个例子[50]，这种影响，在未来若干年内极有可能还会逐步增强。

《关于电子业务的欧盟指导准则》中的提供商责任遵循的是一个分级的体系：制作了独立内容的发布者，承担全部责任。为使用他人内容创制条件的提供商，仅当其事实上认识到违法内容时，才承担责任（《指导准则》第 14 条第 1 款）。这也适用于提供商在得知其所储存的数据违法，而仍然不采取措施的情况。如果提供商只是开放了连入互联网的渠道（入口或接入提供商），那么原则上不为他人的内容承担责任（《指导准则》第 12 条）。若只是单纯地

---

[50] 对此，详见 *Hilgendorf*, Tendenzen und Probleme (Fn. 41)。

传导数据,则既不能成立民事责任,也不能成立刑事责任。

德国已经几乎逐字逐句地将提供商责任的欧洲标准引入本国电信服务法之中了。然而,正是在连入提供商的责任问题上,存在争议。人们主要讨论的是,当提供商已经确实知道,特定地址会发出违法的内容,却拒绝封锁该地址时,是否也能豁免提供商的责任?这可以通过如下例子得以说明:X 也是连入提供商 P 的客户。有一消费者保护机构告诉 P 说,X 经常发送含有诈骗内容的垃圾邮件。该机构要求 P 封锁 X 的上网接口。P 拒绝,并说,这完全不关他的事;而且他也不应当为 X 的内容承担责任。那么,在该案中,P 可罚吗?

依照《电信服务法》第 9 条第 1 款第 1 句,[51]连入提供商原则上无需承担任何责任。也就是说,既不需要承担单纯的民事责任,也不需要承担刑事责任。不过,《电信服务法》第 8 条第 2 款第 2 句[52]却规定,并不触及其依一般法律封锁使用违法内容的义务。依照通常的语言表达,属于"一般的法律"的,也包括刑罚法规。较之于《电信服务法》第 9 条第 1 款第 1 句的责任豁免而言,封锁义务的规定是特别法。因此,尽管存在对连入提供商的责任豁免,提

---

[51] 《电信服务法》第 9 条:传导信息

　　1. 服务提供商不对其在通信网中传送或开放使用渠道的他人信息承担责任,倘使提供商

　　（1）没有安排传送;

　　（2）没有挑选所传送信息的接收者;以及

　　（3）没有挑选或改变所传送的信息。

　　当服务提供者有目的地与其服务的用户之一合作,以实施违法的行为,则不适用本条第 1 句。

　　2. 依照前一条第 1 句进行信息传送以及开放信息的使用渠道,也包括对该信息的自动暂时缓存,如果这只是为了在通信网中加以传送,且信息不能比通常传送所需时间更持久储存的话。

[52] 《电信服务法》第 8 条:一般的原则

　　1. 服务提供商需为其开放使用的独立信息依照一般的法律承担责任。

　　2. 第 9—11 条意义上的服务提供商没有义务去监控其所传送或储存的信息,也没有义务去探求违法活动的线索。尽管服务提供商依照第 9—11 条无须承担责任,但在那种情形下,他仍可能负有依照一般的法律删除或封锁信息使用的义务。基于《电信通讯法》第 85 条的通信隐私应当得到维护。

供商 P 仍然原则上应当承担刑法上的责任,倘使处于保证人地位的他,故意地拒绝封锁违法内容的话。

可是,这个遵循相关规定的字词而得出的近乎必然的结论,却受到了一些观点的强烈质疑。一种观点认为,连入提供商对于他开放使用的内容不具有保证人地位[53];另一种观点则援引欧洲指导准则制定者的意志(声称制定者是想没有例外地排除责任),认为应否定连入提供商的责任。[54]

这两种观点都没有什么说服力。连入提供商完全可以针对从某一特定出处发出的内容具有保证人地位,要么是基于和客户签订的合同规则,要么是根据官方或法院的封锁令。如果连入提供商自始便不可能具备保证人地位,那《电信服务法》第9条的答责排除规定就成多余的了。[55] 这一点已经表明,立法者也是认为连入提供商有成立保证人地位的可能性。

援引欧洲指导准则制定者的所谓意志,同样也不能使无例外地豁免连入提供商的观点成立。针对为什么要豁免连入提供商的责任,《指导准则》的斟酌理由(Erwägungsgrund)第42点采取了如下的立场:

> 本指导规则中针对责任问题所设定的例外,只涉及信息社会服务提供者的活动单纯是经营传送他人提供的信息或出于该单独目的而暂时储存信息的通信网络、为他人使用该网络提供媒介和使得传送更为便捷的技术性事项的情况。这种活动是纯技术性、自动性和被动性的,这意味着,信息社会的服务提供商既不具有针对所转发或储存的信息的认识,也不具有相应的控制。[56]

---

[53] Satzger, Strafrechtliche Providerhaftung, in: Heermann/Ohly (Hg.), Verantwortlichkeit im Netz. Wer haftet wofür?, 2003, S. 161—180 (171 f.)

[54] Kudlich, Die Neuregelung der strafrechtlichen Verantwortlichkeit von Internet-Providern—Die Änderungen des TDG durch das EGG, insb. aus strafrechtlicher Sicht, JA (2002), 798, 802.

[55] 与此观点一致的是 Satzger (Fn. 53), S. 172,认为该条文只有宣示性的意义。

[56] ABlEG Nr. 1. 178/6 vom 17.7.2000.

这一复杂的理由可以简单表达为:**如果提供商只是单纯传导数据,则毋需对数据承担责任**。但若连入提供商在尽管知晓一网络来源的违法内容时,虽有相应技术能力却仍故意地不予封锁,那么其行为就不再是单纯的传导行为了。正如前引的理由中说的那样,其行为已不再只是"纯技术性、自动性和被动性"的了,因为其对其所有意放行的网络地址具有认知和控制。因此,对连入提供者的责任一概加以豁免,也不是欧洲指导准则制定者的意志。这样,前面所阐述的结论便继续成立:有意不加以封锁的连入提供商,在满足所有可罚条件的前提下,也应当承担刑法上的责任。将连入提供商的责任一概予以豁免的情况,是不存在的,这种一律豁免其实"在刑事政策上也是灾难性的"。[57]

五、结论

其一,在互联网上,诈骗多半是以我们熟悉的方式发生,因此,在线和离线诈骗犯罪二者区别不大。

其二,除了防范垃圾邮件或黑客攻击,技术性的安全措施并不怎么有助于防范在线诈骗。取而代之地,谨慎和合理的怀疑,在互联网上也是保护自己免受欺骗的最好方法。

其三,在互联网上的诈骗问题上,诈骗教义学中的传统问题又以新的形式出现了。特别是业务精明性和犯罪性的诈骗的界分问题,以及有关特别轻率的用户的问题。

其四,任意一个平均水平的网络用户能够轻易识别为诈骗的陈述,应当从诈骗的适用领域中排除出去。在教义学上,这可以通过将之认定为显然不具有效力的陈述来实现,也就是说,将之判定为原则上不能成立诈骗的单纯的意见表达。

其五,未来的网络交易会比现在更加国际化。因此,也会有更

---

[57] So von *Bubnoff*, Krimineller Missbrauch der neuen Medien im Spiegel europäischer Gegensteuerung, in: *Zieschang/Hilgendorf/Laubenthal*(Hrsg.), Strafrecht und Kriminalität in Europa, 2003, 83—106(97).

多的跨越国界,或许甚至跨越文化的诈骗案例出现。这样,刑法教义学和刑法比较便面临探究文化特殊性的任务。在网络欺骗行为的刑事处理问题上,这种文化特殊性具有其意义。

其六,在与互联网欺骗作斗争的过程中,提供商扮演着不可低估的角色。当提供商违背良知不封锁发送诈骗性信息的发送者时,也可对其加以处罚。

第三编

互联网与计算机刑法

第十九章

作为现代信息法任务的网络的刑法规制

在过去20年中,计算机及网络刑法逐渐发展成刑法中一个新的分支。这一领域是由大量的专著、教科书和杂志推动形成,而相关的文章也不断成卷。齐白向在慕尼黑举办的第69届德国法学家大会提交的重要专家鉴定意见中指出[1],现在许多现行法和将来法的问题几乎还不清楚。鉴于这种情况,有必要抛开纯粹的教义学和法律适用的层面,从抽象的视角出发对网络刑法的特点及其作为信息法的一部分的立法后续发展问题进行思考[2]。下文将就以下论题进行论述,即网络化和电子化交流已经深入到我们生活和日常工作的方方面面,这使得确定计算机刑法与其他犯罪法之间的界限成为难题。

一、民主立宪国家中的技术控制

有一种陈词滥调认为,技术的进步不仅扩大了我们的行为选择方式,帮助我们按照自身的意愿来塑造世界和自我,而且还产生了一些附带的效应,使得我们的愿望和兴趣得到进一步发展。因

---

[1] *U. Sieber*, Straftaten und Strafverfolgung im Internet, Gutachten C zum 69. Deutschen Juristentag, 2012.
[2] Für eine aktuelle dogmatische Behandlung der Gesamtthematik, vgl. *E. Hilgendorf/B. Valerius*, Computer-und Internetstrafrecht. Ein Grundriss, 2. Aufl., 2012.

此,技术发展的设计和控制就产生一个问题。[3] 在一个民主宪政国家,并不是由大型企业、技术专家或大型的促进科学研究发展的机构来决定技术的持续发展;相反,是由民主的、合法的议会作为公民的代表对重要的技术发展问题做出决定。这无疑就为网络的刑法规制提出了一些显而易见的问题:问题达到什么程度才能符合立法者采取行动的要求？今后技术发展的趋势如何？什么样的效果是特定法律规定所期待的？可能出现哪些不希望的副作用？如何表明刑事立法者的行动取得了充分明确的社会共识？如果存在,那么今后这种共识是否继续存在？这些我们眼下所依据的规定是对未来开放的还是至少是可推翻的?[4]

在一些文献中偶尔也有观点认为,技术发展并不需要任何调控,相反,似乎是顺其自然发展的。[5] 持这种观点的学者,忽视了国家一直以来都对技术发展进行无一例外的监控和领导,从对违法行为的刑事处罚、吊销许可证到对科学研究的资助及税法的无处不在的影响。国家所施加影响的程度又是通过社会中以及对公众舆论有重要影响的参与者,如媒体、电视、社团和教堂,共同讨论决定的。德国联邦议会建立技术影响评估办公室,专门针对技术发展可能产生的影响开展工作。[6] 当今科学和技术的进步对我们社会的意义如此重大,人们经常直接称当今社会为"知识社会"(可能用"科学社会"的表述更好)。因此,人们认为,所有形式的知识中,如传统知识、宗教知识、某些精英的特殊知识等,有深厚基础的

---

[3] Umfassend A. *Grunwald*, Technik und Politikberatung, Philosophische Perspektiven, 2008; vgl. Auch M. *Kloepfer*, in: A. Grunwald (Hrsg.), Technikgestaltung zwischen Wunsch und Wirklichkeit, 2003, S. 139—160.

[4] *Grundwald*, a. a. O. spricht auf S. 71 überzeugend davon, dass eine rationale gesellschafliche Technikgestaltung als ständiger Lernprozess verstanden werden müsse.

[5] So etwa F. *Rapp*, Analytische Technikphilosophie, 1978, S. 8; dagegen G. *Ropohl*, in: F. Rapp/P. T. Durbin (Hrsg.), Technikphilosophie in der Diskussion, 1982, S. 3—18.

[6] http://www.tab-beim-bundestag.de/de.

科学知识具有最为重要的意义。[7] 自然科学和技术对我们所有人的生活的影响是巨大的。面对这种影响,这个领域也可能存在畸形的发展,越来越多地发现,自然科学和技术的专门知识在居民中欠缺开发。具有代表性的是英国社会学家 Robert Winston 在其 2010 年出版的《坏主意? 阻止我们发明的历史》一书中提出如下命题:"在被先进技术主宰的社会,成功的生活关键在于公众对科技和技术的接触。"[8]

二、规范秩序与技术发展

调控技术的发展并不通过决定性的个别现象,而是依据已建立的规范的秩序基础,而这些规范的秩序基础又是特别通过法律和社会道德建立起来的。所有的技术创新都可以运用这个基础来评价,虽然通常来说,只有很少的创新可以吸引这么大的注意力,引起政治主管机关特别对其进行讨论。例如,过去十年中一个重要的课题就是关于胚胎和干细胞的研究。[9] 然而,计算机的规制很长时间以来也是政治关心的主题。[10] 衡量技术进步的规范秩序是法律和道德。因此,至关重要的是从记忆中调取这些规范类型的特点,从而避免在技术发展的评价中犯错。法律和道德不是一成不变的,而是不断持续发展的。[11] 所以,今天我们认定为不道德或不合法的行为,明天就可能被认定为符合道德且合法。而且也

---

[7] P. Weingart, Wissenschaftssoziologie, 2003, S. 7 f.
[8] Weingart, a. a. O., S. 10.
[9] Speziell zu Fragen der strafrechtlichen Regulierung S. Beck, Stammzellforschung und Strafrecht. Zugleich eine Bewerbung der Verwendung von Strafrecht in der Biotechnologie, 2006.
[10] Insbesondere auf europäischer Ebene warden seit langem Vorgaben für die (auch strafrechtliche) Regulierung des Internet formuliertö vgl. Sieber (Fn. 1), C.41f; ausführlich Hilgendorf/Valerius (Fn. 2), Rn. 88ff; E. Hilgendorf, in: C. Schwarzenegger/O. Arter/F. S. Jörg (Hrsg.), Internet-Recht und Strafrecht. 4. Tagungsband, 2005, S. 257—298.
[11] Eingehend K. -H. Hillmann, Wertewandel, 2003.

可能出现逆转的发展：长期以来被视为没有任何问题的做法和技术，现在可能会被认为是道德上可疑的并可视为是违法的。交易行为长期以来被认为是没有问题的，但是直到文件共享（即通过网上交易进行的数据交换[12]）开始，法院才开始介入此类行为。特别是，难以向年轻人解释为何交换音乐CD是允许的，相反，交换音乐文件的行为就是不允许的。道德和知识产权显然是相互截然分开的，特别是在刑法上欠缺违法意识时也可能受到处罚[13]，这就对现有形式的知识产权的合法性提出疑问。[14]

　　针对某些技术评价，法律和道德可能指引不同的方向：符合法律的行为是不被评价为不法的行为，相反，这些行为可能是符合道德的。因此，在英美法系国家，否认第三帝国时期屠杀犹太人的行为（如某些网页上出现的）是被作为道德上有伤风化的行为，而不被作为违法行为处理。举个反例，在德国，根据《德国刑法典》第130条第3款的规定，否认屠杀犹太人是可受到刑罚处罚的行为，并且网络中的此类行为也适用该条的规定。[15]

　　在大多数的现代国家中，仅存在一个法秩序，而通常来说却存在大量相互冲突的道德方向。这反映了现代国家当前突出的对文化多元性的违背，这也给技术进步提出了许多艰巨的问题。网络为许多不能全面掌握的内容开了一个口子，这些内容中的部分具有色情或者性爱的性质，如果将其归入私人生活的一部分并且每一个对这种行为的限制都被认定为是非法的审查，则这是不可思议的。

　　法律与道德之间的一个重要区别还在于将其评价为违法还是不道德的后果。违法的行为是不受法秩序保护的并且通常相关的国家职权机构是可以对其禁止的。相反，纯粹的不道德行为是受

---

[12] In der Regel handelt es sich dabei um Audio-und Video-Dateien.
[13] *B. Valerius*, NStZ (2003), S. 341—346.
[14] Besonders in den USA wird diese Frage intensive diskutiert, vgl. Etwa L. Lessig, *Free Culture: the Nature and Future of Creativity*, Penguin Books, 2005.
[15] Vgl. auch *F. Körber*, Rechtsradikale Propaganda in Internet-der Fall Töben, 2003.

到法律保护的。第三人侵害是允许被制止的。这也适用于极端党派的网页也受到法律保护,即使在其网页上传播许多不适当的内容。

人格尊严常常被用来作为新技术准入讨论中的理由而考虑且被滥用,因此,人格尊严不仅作为一个法律概念,而且也作为道德概念来理解(《德国基本法》第1条第1款)。应当注意,法律语言比伦理意义上的含义狭窄得多:法律意义上所说的损害人格尊严,仅当个人的基本权利在极端意义上被损害的时候才成立,例如,通过酷刑或奴役。并非所有被认为有伤风化的网络中的行为都成立侵犯人格尊严的行为。

三、信息法的任务

在此规范的背景下,现代信息法的任务是什么呢?[16] 可以看出,首要的任务就是新技术的发展要符合有效的法律,在这个过程中,我们试图把握和理解重要的新的法律问题,对其进行分析并以现有生效法律为基础对这些问题进行解答。这本质上与教义学的工作有关。因此,我们可以从指导主管机关根据现行法适用法律的角度来谈。从这个意义上看,信息法为判例和法律适用机关遇到新的问题而做好准备。

现代信息法的第二个任务在于:面对可能违反法律的危险,对于技术发展的参与者,以及与其相似的自然科学研究者以及工程师,应当深入研究如何尽可能及早发现反对其研究或者研究结果的道德上或法律上的异议。然而,往往那些所谓的人群更容易将其行为的规范暗示隐藏起来。因此,信息法的第二个任务就在于使得技术发展的参与人站在法律的一边:研究、发展、制造以及设立标志都必须要符合法律的规定。我们可以称为"技术指导"。

我们完全可以做到及早地认识到法律风险并提出克服这些风

---

[16] *M. Schulte/R. Schröder* (Hrsg.), Einen Einblick in den heutigen Stand dieses Rechtsgebiets gibt das Handbuch des Technikrechts, 2 Aufl., 2011.

险所采取的措施和建议。法律风险并不仅限于民法上的危险或刑法上的责任。无论是新闻报道所谓违法行为,还是检察官开启的调查程序都可以给一个正在市场中活跃的企业带来极为沉重的负担。概括描述的概念上的构想与经济法上在"法律合规"条目下讨论的内容相似。[17] 这个概念来自于美国银行法并且通常是指"与现行法一致"。这样看来,针对企业和研究机构的"法律合规",特别在刑法领域,其实是自然的或合乎逻辑的结果。坚定不移地违反刑法规定的人仅仅存在于监狱和精神病医院中。"法律合规"这个概念所引起的极大的关注说明法学研究的视角将发生转变:大多数学者,特别是刑法学者迄今为止可以说都是以追溯性为导向的,过去的法律考试中的案例设计都是围绕"合规"相关内容展开的,企业和公司的进程也是如此构建的,即不会首先从违法的角度入手。因此,无论是民法中数据受保护的权利,还是刑法对数据的保护,原则上所有的法律领域都具有重要的意义。非常相近的还有对以实践为主导的信息法的任务的理解:法学家所面临的挑战不仅是对广泛存在的而且是计划中的技术进行法律评价,并且及早地说明可能存在的违法,以便于技术发展中进行修正。这种形式的法律指导是以未来为导向的而且可以被理解为是一种法律"合规"的备份形式。

现代信息法的第三个任务在于政治指导。这首先是从未来法的角度出发,提出的问题是对现有规范的重新立法或者至少是是否有必要进行改革,从而能够应对新的技术发展所凸显的问题。对于那些提供咨询或者给出意见的法学家,当他们将政治指导法律教义学化以及政治指导法律政策化时[18],他们尤为要认识到这一点。要求刑法更多介入的看法是存在疑问的,最后手段的原则使得主张该看法的人在说明其正当化根据的时候面临着压力。在

---

[17] Th. Rotsch, in: W. Joecks (Hrsg.), Recht, Wirtschaft, Strafe. Festschrift für Erich Samson, 2010, S. 141—169; umfassend D. Bock, Criminal Compliance, 2011.

[18] Auf das hierbei ber berührte Problem der wissenschaftlichen Wertfreiheit kann an dieser Stelle nicht näher eingegangen werden.

现有刑法基础上引入新的规范或者对其进行强化,仅仅在公民没有保护被侵犯的法益的手段时才能使用。可是,在刑事政策领域试图对多数的、平民主义的要求让步:在大众媒体上报道特定事件中的丑闻后,往往紧随其后的就是对立法者的强烈呼吁,这正是大众媒体所乐意看到的对立法者的敦促。这种让选民有效的决定证明,引入新的刑法规范并不需要造成特别的花费。因此,新的技术成就与计算机一样,很容易面临刑法过度规制的危险。

四、信息法的前提条件和一般特性

如前所述,信息法在一定程度上是以交叉学科的范围为前提的。[19] 这也适用于计算机刑法,没有一定的技术基本知识,是不可能实施相关行为的。此外,信息法还是一门横向的学科,必须要求掌握民法、刑法和公法三大法域的知识。从更大的意义上来说,事实上这些法律领域都是以不同学科作为依据的。民法主要涉及个人自治原理,问题原则上都是可以通过所涉当事人协议的方式,从而受到合同的约束来规定。相反,法治国家原则下的公法是遵守与立法相关联和比例性原则的,特别是刑法,主要是由法治原则主导的。因此,在探讨供应商责任时[《德国远程媒体法》(TMG)第7条以下][20],《德国远程媒体法》相应的规定对于德国三大法域都适用,这就可以预料到存在彼此的紧张关系和误解的可能。

另外,一方面,当信息法运用在某一横向的法律领域处理相关问题时,某种程度上的专业化是不可避免的,例如,在计算机领域所提出的法律问题就区别于人体生物技术或自主系统所带来的新的法律问题。另一方面,不能忽略的是某些问题是经常重复出现的,例如,在形成网络化的跨境技术性制品交易案件中,经常出现是否可以适用德国法律的原则性问题。同时,信息法也分为总论部分和分论两部分。

---

[19] E. Hilgendorf, JZ 2010, 913—922.
[20] Siehe unten VII. 3.

五、网络的发展趋势

计算机和网络在过去十年中极大地改变了我们的社会。20世纪80年代,计算机就已进入私人家庭,而网络则要晚十年。[21] 在此期间,数字化充斥着我们的生活和工作世界。数字化的迅猛发展并总是给人们带来新的可能,同时也产生了许多新的问题。[22] 假设网络仍然和传统媒体一样,通过作者单方面发表内容,则今天的网络使用者自己创作内容并在网络上传播。(Web 2.0)[23]

特别受欢迎的是"社交网络",在这个平台上,志同道合的人们可以相互交流并可以随意地交换数据。特别是年轻人利用这个机会,例如,在社交平台发表文字帖、交换私人图片、聊天并且约定现实生活中的事务。然而伴随线上和线下世界的结合,出现了许多具有社会危害的犯罪行为方式。[24] 这种形式的网络服务使最有可能搜集到大量使用者信息的供应端大型公司具有了很大的优势。我们可以毫不夸张地说,甚至有形成垄断的趋势。最大的提供方Facebook目前拥有大约十亿全球用户。很明显,法律上几乎不能对这样的企业进行约束。类似的,还有占领全球范围内搜索引擎市场的Google公司。

"云计算"标志着另一个趋势的产生。这意味着数据和程序不再仅仅着眼于自己的电脑,而是着眼从网络中的数据存储器上下载,这主要是依赖使用者自身准确的命令,甚至都不必知道供应商

---

[21] K. Hafner/M. Lyon, ARPA Kadabra oder die Geschichte des Internet, 2 Aufl., 2000; Ch. Stöcker, Nerd Attack! Eine Geschichte der digitalen Welt vom C 64 bis zu twitter und facebook, 3. Aufl., 2011.

[22] Facettenreicher Überblick bei M. Beckedahl/F. Lücke, Die digitale Gesellschaft. Netzpolitik, Bürgerrechte und die Machtfrage, 2012.

[23] Gute Einführung in Funktionsweise und Probleme bei H. G. Zeh, Paralleluniversum Web. 2.0. Wie online-Netzwerke unsere Gesellschaft verändern, 2009.

[24] Überblick (am Beispiel der Beleidigung) bei E. Hilgendorf, Zeitschrift für Internationale Strafrechtsdogmatik (www.zis-online.com) 2010, S. 208—215.

是谁。[25] 云计算使得程序和存储空间按照需要来提供或交出,这种可能性正是中小企业非常感兴趣的方面。转载特定的数据自然是可能违反法律的,如《德国刑法典》第 203 条。还应当考虑到的是,因为其可伸展范围之广,使用者在某些情况下过度依赖云供应商,因此可能阻碍或阻止一个供应者[26]将数据从一个平台转移到另一个供应者平台。云数据必须要防止第三人的查阅(如犯罪人),并得到充分的保护。[27] 因此,可以预计,云计算中,供应商的责任将引起激烈的讨论。实践中,可以考虑针对云端供应商颁发法定证书,甚至这也可以成为制定新的立法的基础。这样的证书可大大降低用户在选择供应商时的难度。[28]

网络对于不久的将来所产生的最重要的影响因素是,因其会对我们的生活和工作带来看不到的攻击,网络将不再是可以被控制和管理的。至今,我们的法律分析仍然是以传统的交流的电脑图景为基础的。这也是法学家大会的专家意见所依据的基础。未来属于"普遍的"或"无孔不入的计算机"以及"物联网",在其中,我们周围的人不受约束地交换信息,至少可以全世界范围内传播信息。[29] 朝

---

[25] C. Braun, u. a, Cloud-Computing, Web-basierte dynamische IT-Services, 2010.

[26] Man spricht insofern vom "Locked-in"—Problem. Es wiegt ökonomisch so schwer, dass es derzeit das Engagement vor allem mittelständischer Unternehmen in der "cloud" erheblich behindert. Abhilfe könnten hier geeignete zivilrechtliche Regelungensein, die die Cloud-Anbieter verpflichten, einen Anbieterwechsel nicht unzumutbar zu erschweren.

[27] Ch. Jones, in: J. Herczeg/ E. Hilgendorf/ T. Grivna (Hrsg.), Internetkriminalität und die neuen Herausforderungen der Informationsgesellschaft des 21. Jahrhunderts, 2010, S. 129—143.

[28] Zu entsprechend Vorstößen auf europäischer Ebene vgl. FAZ v. 10.7.2012 (Nr. 158), S. 12.

[29] W. Hehl, Trends in der Informationstechnologie, Von der Nanotechnologie zu virtuellen Welten, 2008, S. 41 ff; Bundesministerium für Wirtschaft und Technologie, Dokumentation 581: Internet der Dinge. Leitfaden zu technischen, organisatorischen, rechtlichen und sicherheitsrelevanten Aspekten bei der Realisierung neuer RFID-gestützter Prozesse in Wirtschfat und Verwaltung, 2009; M. Friedewald u. a., Ubiquitäres Computingö Das Internet der Dinge-Grundlagen, Anwendungen, Folgen, 2010; D. Uckelmann/M. Harrison/ F. Michaelles (Hrsg.): Architecting the Internet of Things, 2011.

着"无孔不入的计算机"方向发展的第一步就是"移动网络"的发展,例如,在这样的移动网络中,现代手机使我们有可能在任何地点,非常容易地因需要而使用网络,发送并接收数据。[30]

长期以来人们也在考虑,将日常的物品装上数据存储和数据发送的设备,从而使它们原则上也具有网络的功能。通过将具有数据交换能力的数据承载体装在任何物体上,可以检索到任何有关该物体的瞬间即逝的信息,这也称为"现实增强"。[31] 另一个例子就是,带有电子芯片标签的衣服,通过相应的数据库,可以因此在全球范围内识别穿着者的身份;此外,"智能住宅"通过计算机来控制仪表并读取数据,从而可能对其居住者的健康状况进行检测。经济上具有特别意义的是智能汽车的发展,这些智能汽车不仅具有自动泊车帮助功能,而且还可以互相交流,避免追尾事故的发生以及及时告知后面车辆前方拥堵的情况。汽车工业也已经考虑到完全的无人驾驶汽车的可能,即通过网络上的行车路线图以及高效的传感器来实现自主驾驶。[32]

即将到来的我们生活和工作的全面网络化要求要对现有的计算机刑法或网络刑法进行全新的思考。当网络化和数据交换不断扩大时,相应地,数据网络犯罪也会侵入更多区域。没有一个刑法学的分支[33],甚至连经济刑法也没有标明这样具有进攻性的、不可抗拒的、符合发展趋势并包括一切的膨胀的特点。

---

[30] C. Jones, Mobile internetfähige Geräte im Strafrecht, Diss. Würzburg 2011, 2012 (im Erscheinen).
[31] Dazu P. Thal, in: Herczeg/Hilgendorf/Grivna (Hrsg.) (Fn. 27), S. 144—156.
[32] Berichte der Bundesanstalt für Straßenwesen, Fahrzeugtechnik Heft F. 83: Rechtsfolgen zunehmender Fahrzeugautomatisierung, 2012.
[33] Gemeint sind Teilbereiche wie das Medizin-oder das Kapitalmarktstrafrecht, die trotz großen Umfangs und noch größerer Herausforderungen doch ein klar umgrenzes Anwendungsfeld besitzen.

六、对刑法现行法和未来法律的挑战

网络的发展使许多新的行为方式成为可能。大部分的发展并没有给我们生活带来障碍和不悦,而是便利和充实了我们的生活。但是,也存在一些新的方法是让人感受到不当或者有害的。在这个空间的末端是行为方式,而这些行为方式是符合刑法构成要件的行为。其他的行为方式处于社会危害和刑事犯罪之间,因此要按照个案来进行分类。这其中就包括如"垃圾邮件"(发送不受欢迎的海量邮件)[34]"网络钓鱼"(获取密码)[35]及各种形式的"网络骚扰"。[36] 对因这些行为而产生的灰色地带进行分类和识别,并且界定单纯的社会危害行为和犯罪行为,是每一个认真负责的刑事法立法在计算机立法方面一开始就面对的问题。[37]

网络交流因其自身一些特点使得刑法对其评价遇到困难。只有当网络犯罪展现了其全部特征,才允许[38]将其犯罪类型与其他犯罪相区分。这也说明,存在广泛的修改或扩张刑法保护的需要。

网络的第一个特点是网络出版物的空前国际化:网络上的出版物基本上是全球范围内可获得的(内容无处不在)。跨国界在网络世界并不是例外,而是常态。因此,网络为刑法适用提出了巨大的难题。[39]

网络的第二个特点在于信息的传播速度:在某地的网络上发表的内容,几乎同时就可以在地球上最远的地方获取,只要当地有一个网络连接即可。普遍性和出版速度这两个因素证明,"地球村"的说

---

[34] Grundlegend *Th. Frank*, Zur strafrechtlichen Bewältigung des Spamming, 2004.
[35] *Hilgendorf/ Valerius* (Fn. 2), Rn. 480 m. w. N.
[36] *E. Hilgendorf/S. H. Hong*, Kommunikation und Recht 2003, 168—172; zum neuen §238 StGB und seiner Bedeutung im Internet, *Hilgendorf/Valerius* (Fn. 2), Rn. 442 ff.
[37] "Eine empirische Analyse der Rechtswirklichkeit ist Voraussetyung der Kriminalpolitik." (*Sieber* (Fn. 1), C. 18.)
[38] Zur Abgrenzbarkeitsfrage, 下文第八部分。
[39] *Hilgendorf/Valerius* (Fn. 2), Rn. 128 ff.

法是正确的,这正是通过网络形成的。[40] 沟通的效率容易使人产生一种人与人之间亲近的错觉,这可能被犯罪分子利用,例如,滥用假身份进行聊天,探询处于弱势情况下的被害人的情况。[41]

网络的第三个特点在于全球范围的信息网几乎包罗所有信息。信息一旦放到网络上,想要删除就非常困难,大部分的信息内容很快就被复制并以各种形式储存起来。我们可以将此特别称作"信息的持久性"。在云端的某种存储媒介中的新型储存方式,如果原则上在其自身处理区之外,则也会加剧这种困难。

一方面,信息的普遍性、网络发表的极速以及发表内容的永久储存性导致了全球的信息洪流和信息密度,这在人类交流历史上还是首次。每个人都可以和另外的人建立联系,并且每个人都可以因内容而意外发现并进入网络中地球的其他任意地方。网络超越了历史上发展起来的群关系、文化共同体和国家。因此而发展出一种可能性,即个人在对外联系中,可以超越其本身的个人体验圈和文化特征。人们可以将此特别称为"跨文化的网络"[42]。网络的文化多元性与网络广泛的技术统一性相对。不仅网络赖以生存的技术是全球同步的,而且使用的软硬件也都是来自于美国的少数几家公司。例如,微软和苹果公司因此成为全球玩家,其影响已经超出了一国国界,并且也相应地几乎不可能受到某一国家的控制。网络的技术统一性是网络普遍性和网络发表极速的前提条件。另一方面,也可能在网络上的某个地方出现具有社会危害性

---

[40] Der Begriff wurde allerdings schon vor dem Internnetzeitalter von Marshall McLuban geprägt, vgl. Sein Buch M. McLuban, *The Gutenberg Galaxy*, University of Toronto Press, 1962, worin wesentliche Eigenschaften des Internet vorausgesagt werden.

[41] Zu den psychologischen Mechanismen, die ein derartiges Vorgehen erleichtern, vgl. *Hilgendorf*, ZIS (2010), 208, 209 ff.

[42] Zum Thema Interkuturalität und Strafrecht, vgl. Etwa *B. Valerius*, in: *E. Higendorf/J. Weitzel* (Hrsg.), Der Strafgedanke in seiner historischen Entwicklung, 2007, S. 217—233; umfassend *ders.*, Kultur und Strafrecht: Die Berücksichtigung kultureller Wertvorstellungen in der deutschen Strafrechtsdogmatik, 2011. Für einen Versuch, die neue Interkulturalität in die Juristenausbildung einzuführen, vgl. www.gsik.de.

的,甚至是犯罪的行为方式。[43]

以上简要探讨的内容所涉及的关键词"泛计算机化"[44]体现了互联网与今后的法律发展相关的特征:使其消失或者更确切地说,使其与我们生活和工作对象融合。因此,计算机刑法的独立存在权利是可质疑的。目前的讨论还是以传统的"桌面计算"为基础的,即数据传输是用户控制在计算机之间进行的。一直以来,一个准趋势是数据传输在日常生活应用的对象与计算机之间进行,或者甚至仅仅在日常生活应用的对象之间进行。因此,计算机法的调整范围也以此为基础进行调整。如果这样的数据传输是发生在身上安装了传感器和微芯片夹克的心脏病患者和医院之间,并且这个过程中的数据传输并没有进行充足的安全保障,如果在此过程中数据被读取或受到干扰,那么,这里就产生一个问题,即这个事件是否可以作为《德国刑法典》第 202 条 a 规定的探知数据来理解。是否存在一个案例,即当持续地损坏一个衣服中安装的数据处理器时,这种行为构成《德国刑法典》第 303 条 b 规定的破坏计算机犯罪而不构成《德国刑法典》第 303 条规定的破坏财物犯罪?抽象地来说,似乎随着数据处理越来越多地成为我们生活所需的对象时,计算机和网络刑法的独立存在权就变得更加麻烦。

概括起来,对于刑事立法以及刑法适用来说,网络具有六大特点。它们分别为:网络发表的普遍性、网络发表的极速性、内容的永久性、网络的特殊交叉文化性、巨大的技术统一性以及网络与我们日常生活环境的融合。

七、对专家意见的评判性质疑

综上,这些因素的存在导致在网络中出现了大量新的行为方式,其中,部分被归入到具有社会危害的甚至是犯罪的行为。齐白

---

[43] Insofern kann man eine Parallele zur Landwirtschaft feststellen: Monokulturen machen es Schädilingen leicht.
[44] 参见本章第五部分。

提出,德国刑法和刑事诉讼法需要进行很大的改革。[45] 以下将对实体法中的重点进行探讨。

(一) 信息技术制度和数据保护

齐白首先建议有关机密保护的德国刑法规定,应当对信息技术制度(包括《德国刑法典》第 202 条 a、202 条 b、202 条 c、303 条 a、303 条 b)的完整性和可操作性进行更好地系统化,并且在刑法典中某一章节统一规定。而且,数据保护法应当更加系统化和统一化,而数据保护刑法也应当在核心刑法问题中占有一席之地。著作权刑法也应当更加关注有组织的、有计划的犯罪人。《德国刑法典》第 11 条第 3 款的书面意思应当通过一个合适的媒体概念来补充。[46]

因此,我们将要谈谈未来法的一些重要问题。从狭义上来说,可能需要通过刑法规定来进行调整或系统化的计算机和网络刑法问题主要还是传统的犯罪,如窝藏罪(包括窝藏数据)领域[47]及网络中的侮辱和诽谤。[48] 新的犯罪指控也可以通过对个人权利法益的审查来实现,例如,还没有规定的通过个别私营大型公司的平台存储个人数据。[49]

---

[45] *Sieber* (Fn. 1), C 154 ff.

[46] Id., C 154 f.

[47] Im Gutachten (*Sieber* (Fn. 1), C. 92) wird auf die Möglichkeit verwiesen, die Datenhehlerei zumindest teolweise über § 202c Abs. 1 StGB i. V. § 17 Abs. 2 UWG zu erfassen. Zu weitergehenden Vorstößen vgl. http://www.spiegel.de/netzwelt/netzpolitik/datenhehlerei-soll-laut-justizministerkonferenz-strafbar-werden-a-838930.html.

[48] Dies ist etwa bei den Beleidigungsdelikten der Fall; vgl. *S. Beck*, in: *Herczeg/Hilgendorf/Grivna* (Hrsg.) (Fn. 27), S. 106—120; die a. a. O., S. 120 die Möglichkeit andeutet, neue Qualifikationstatbestände für internetspezifische Begehungsformen (hier: bei der Beleidigung) zu schaffen.

[49] Die Literatur zu den neuen Gefahren für den Datenschutz ist reichhaltig, doch wird als Urheber immer noch überwiegend der Staat gesehen; vgl. Etwa *A. Auer-Reinsdorf/J. Jakobs/N. Lepperhoff*, Vom Datum zum Dossier, 2001; *P. Schaar*, Das Ende der Privatsphäre. Der Weg in den Überwachungsstaat, 2007; *I. Trojanov/J. Zeh*, Angriff auf die Freiheit. Sicherheitswahn, Überwachungsstaat und der Abbau bürgerlicher Rechte, 2009; vgl. Aber auch *V. Mayer-Schönberger*, Delete-Die Tugend des Vergessens in digitalen Zeiten, 2010.

社会公民对于惩罚犯罪的需要,并不能成为新犯罪化的正当化事由。而且,仅仅以存在欧盟规定为由而轻易地否决最后手段原则是不充足的,特别是这些规定的制定、完成往往是不透明的,而且缺少民主的合法证明。在许多情况中,用户关于风险管理的技术措施和说明,比将法益保护的可能性作为某些行为犯罪化的理由更好。在对网络刑法的批判思考过程中,也应当注意到非犯罪化的可能性。例如,人们完全可以质疑《德国刑法典》第 202 条 b 和第 202 条 c 的刑法规范的解释中涉及的社会危害行为和犯罪行为是否都被充分地证明了。

(二) 新的法益?

齐白反复提到"新的无形利益"[50]和新的"无形法律对象"[51],但是,并不清楚他所指的是哪种新的法益。可以想到的也许是,计算机系统的机密性和完整性的法益,这是在德国联邦宪法法院 2008 年关于在线检索[52]的判决中提出的。在其他情况下,大多数的计算机或网络犯罪都是针对传统法益的,只是侵害的种类和方法是新的而已。例如,违反数据保护[53]的犯罪行为的法益是个人权利的保护,知识产权犯罪[54]的法益是个人智力财产,而刑法中对非法内容[55]的规定的法益根据所涉的内容不同而不同。现实中具有重要意义的网络犯罪形式是网络诈骗[56],该罪的法益是财产。网络诈骗最重要的问题是区分网络诈骗和纯粹的商业行为,这个边界的划分早在 19 世纪就被激烈争论过。这里清楚的是网络刑法并没有始终如一地探索新的问题,而是停留在陈旧的问题上。

---

[50] *Sieber* (Fn. 1), C 151.
[51] Id., C 153.
[52] B VerfGE 120, 274; siehe dazu *T. Böckenförde*, JZ 2008, 825.
[53] *Sieber* (Fn. 1), C 45.
[54] Id., C 48.
[55] Id., C 52.
[56] Id., C 27. Die Zahlen für Betrugsdelikte im Internet sind viel höher als die für alle anderen Internetdelikte zusammengenommen; vgl. *Sieber* (Fn. 1), C25. Zu den dogmatischen Fragen siehe *Hilgendorf/Valerius* (Fn. 2), Rn. 459 ff.

(三) 供应商应受惩罚性

专家意见中大大忽略的一个问题是供应商的可罚性。[57] 没有供应商的合作,网络中有效的刑事侦查总是困难重重。根据德国远程媒体法体系,欧盟规定很大程度上是适用于负有责任的行为人将自己的内容在线发布(即"网络主机供应商")。如果行为人仅仅提供了储存的空间,那么,只有当其积极地明知由其作为主机提供的内容是违法的时,其才承担责任。有争议的是仅仅提供网络访问的访问提供者的刑事可罚性。[58] 根据《德国远程媒体法》(TMG)第8条第1款,访问提供者对非法的内容原则上是不承担责任的。然而,《德国远程媒体法》第7条第2款第2项规定,根据一般法律规定用户有清除或关闭使用的信息的责任而《德国远程媒体法》第8—10条不承担责任的服务提供商也不例外,这些规定并没有改变。这就意味着,原则上访问提供者也可受到刑事处罚,如果其明知某个用户在网络上存储非法的内容却不清除时。当然,这仅仅适用于其他的可罚性要求(特别是处于担保人位置时)都符合时。

与此观点对应的是提出一个很有代表性的观点,即《德国远程媒体法》第7条在刑法上不可适用[59],然而,这一命题与条文的规定不一致,而且既不能在德国法律材料中,也不能在欧盟的规定中找到一个有说服力的支撑。[60] 以此为出发点,供应商的责任问题在将来将发挥更大的作用,一方面是因为在 Web 2.0 的产生过程中,许多用户同时也以供应商的身份出现;另一方面,云计算赋予供应商和访问提供者更大的意义。

(四) 主权冲突与跨文化视角

2012 年 7 月 25 日,新的《时代周刊》将 Facebook 从其头版中

---

[57] Überblick bei *Hilgendorf/Valerius* (Fn. 2), Rn. 215 ff.
[58] *Hilgendorf/Valerius* (Fn. 2), Rn. 215 ff.
[59] So etwa H. *Kudlich*, JA (2002), 798, 802. zur Vorläufervorschrift § 8 Abs. 2 Satz 2 TDG; ein Umdenken andeutend *Sieber* (Fn. 1), C 62.
[60] Dazu eingehend E. *Hilgendorf*, in: N. Bosch/St. Leible (Hrsg.), Jugendmedienschutz im Informationszeitalter, 2012, S. 105—119 (111 ff.).

移除,此举引起人们注意到 Facebook 的"社区规则"。这一页上出现了一个男性的生殖器,这一插图根据德国人的理解来看是令人反感的,但是,还没有达到色情或违法的程度。事件的经过在两个方面非常有趣:一方面,可以看出,在全球范围内活动且几乎形成垄断的美国网络公司对言论自由的影响是多么大啊!显然,在 Facebook 上全球都在贯彻美国的标准(通过 Facebook 负责人的解释)。另一方面,这个事件是交叉文化中评价冲突的典型范例:在德国看来没有问题的一个出版物,可能在美国就令人感到惊讶,而在东亚或阿拉伯世界就可能已经是一个犯罪行为。相反,某些行为(如否认大屠杀)仅仅在德国是可受到刑事处罚的,在其他国家(特别是在盎格鲁-撒克逊国家)是不被反对的。Töben 案是德国联邦最高法院首次处理这样的冲突。[61]

存在问题的是人们对受到国际法支持的刑事适用法在跨文化的评价中几乎没有分歧,我们可以想象到的巨大的冲突仅限于网络中的色情表演和酒类广告。由于这些国家在技术和政治上的发展情况所限,这些法律只是还没有在国内转化为可操作的规则,因此,从他们的视角出发,有问题的网络出版物可以运用现有的法律工具,如刑法,进行应对。如果将来这样的冲突出现了,则建立全球范围内的最低标准也许就是不可避免的。

(五) 程序相关的方面

专家意见中还详细地对网络犯罪中有争论的刑事诉讼法问题进行了讨论。[62] 齐白主张,针对源数据通信监控创设一个特别的规范(可替代现有《德国刑事诉讼法》第 100 条 a),一个将搜查作为开放性措施的立法解释,一个针对数据的独立的证据责任规则,为数据传输和大量备用数据建立特殊的证证明责任,为计算机数据和电子终端设备解码和破解安全防护制定特别的规定,以及为

---

[61] BGHSt 46, 212; *F. Körber* (Fn. 15), 2003.
[62] Überblick bei *Hilgendorf/Valerius* (Fn. 2), Rn. 758—811.

暂时的截留数据设置简易程序。[63] 这些要求基本上是可以赞同的。[64] 但是,激进的改革是值得注意的,对于刑事诉讼法的局部修理不能通过为计算机附加特殊规定而使得问题复杂化,而应当通过对刑事诉讼法更新的同时争取兼顾系统化和一致性。只有这样才能使德国刑事诉讼法与国际上相比没有再倒退。

八、在打击计算机犯罪中我们是否需要一部新的"信息刑法"?

专家意见多次呼吁制定作为广义的信息法的一部分[65]的信息刑法。[66] 这样的信息(刑)法是必不可少的,因为"数据和信息相关的问题不能通过传统的有关人身对象的规定来解决,而是需要通过信息所特殊需要的规定来解决"。[67] 并且,如果正确的话,物联网及自主的数据交换很快将成为日程生活很平常的事[68],这样的"信息刑法"必须要涵盖巨大的范围[69]并且可以作为传统刑法的电子补充。而反对制定这种信息刑法的观点不仅认为计算机和网络刑法的界限现在已经逐渐模糊,而且基本上传统的财产和人身权利的法益对于计算机和网络刑法也适用。[70]

---

[63] *Sieber* (Fn. 1), C 155 f.
[64] Vertiefend B. *Valerius*, JR (2007), S. 275—280.
[65] Eine beeindruckende, dogmatisch aber nur schwer einzuordnende Gesamtschau auf das Recht im digitalen Zeitalter hat 2008 V. *Boehme-Neßler* unter dem Titel "Unscharfes Recht. Überlegungen zur Relativierung des Rechts in der digitalisierten Welt" vorgelegt.
[66] *Sieber* (Fn. 1), C 14, 151 f. und passim.
[67] Id., C 83.
[68] Näher zum "ubiquitous computing", 参见本章第五部分。
[69] Zum Informationsstrafrecht als "Manteldisziplin", vgl. *Hilgendorf/Valerius* (Fn. 2), Rn. 6 f.; 816 ff.; näher E. *Hilgendorf*, in: J. *Taeger/I. Vassilaki* (Hrsg.), Rechtsinformatik und Informationsrecht im Spannungsfeld von Recht, Informatik und Ökonomie, 2009, S. 1—12.
[70] 参见本章第七部分之(二)。

第二十章

新媒体与刑法

一、引言

"新媒体与刑法"这一话题在过去一段时间之内引起了公众的高度关注。人人都在谈及新媒体,不过,就这一术语的精确含义却没有充分统一的看法。与诸如报刊、广播与电影等"传统的"媒体不同,新媒体的首要特征是对所有内容的数字化,也即将所有的信息转化为统一的二进制编码。数字化让信息可以在数据网络上加工或传播,这是新媒体的第二大特征。因特网是所有地方性或地区性数据网络的全球性联结,可谓"数据网络的网络"。数据网络使得数据提供方与数据接受方之间几乎任意数量主体的数据快速交换成为了可能。新媒体的第三大特征在于文字、图片和声音的汇集及其任意组合的可能性,这正是新媒体又被称作"多媒体"的原因。[1] 新媒体的社会效果绝不应该被忽视。[2] 下文将在很大程度上仅讨论这一社会效果的阴暗面:数据网络犯罪。[3]

---

[1] 类似的概念界定,可参见 *Fechner*, Medienrecht, 2. Aufl., 2001, Rnd. 764 ff.;对"多媒体"(Multimedia)这一关键词的特殊界定,可参见 *Lang*, in: *Faulstich* (Hrsg.), Grundwissen Medien, 4. Aufl., 2000, S. 296 ff.

[2] 有关这一方面的文献非常多,在此仅参见 *Beck/Goltz/Vegelsang*, Die Zukunft des Internet, 2000。

[3] *Hilgendort*, JuS (1997), 323. "数据网络犯罪"这一术语不仅涉及因特网,也涉及封闭数据网络(如 LANs, WANs)。后文对数据网络犯罪的描述仅限于德国刑法。就欧洲层面该问题的入门性介绍,可参见 *Bäumler*, DUD (2001), 348 及其所附文献。

2000年5月,通过微软Outlook程序传播的拥有"我爱你"(I love You)这一美好名称的计算机病毒,让世界范围内的数百万计算机陷入瘫痪,造成的经济性损失达数十亿。[4] 事实上,这一病毒涉及的是一种特殊的示爱方式,只不过这次不是"来自莫斯科的爱情"*,而是来自菲律宾,它源自一位受挫的电子数据处理专业的学生,其目的是为了给教授留下深刻的印象。半年过后,微软公司的总部,因特网世界的中心之一,成为了黑客攻击的受害人,在这一事件中,非常重要的秘密信息,即所谓的"源代码",很可能被发现和复制。由此造成的损失尚无法估算。[5] 在同一年,大型的因特网公司,如亚马逊网站、CNN新闻广播、搜狐搜索引擎,被大量的电子邮件询问(拒绝服务攻击,即DOS)所封锁。这也造成了数十亿的损失。[6] 这类案例表明,网络犯罪终于已经不再是科幻小说或理论推测领域的构想了,它已经成为了最重要的实践问题。刑法学也应当参与这一话题的讨论,因为刑法学要解决因特网罪犯的可罚性前提及界限问题,而这些问题在某些领域具有非常高的难度。

因特网以及其他数据网络在世界范围内的迅速扩张以及由此带来的跨越国界的数据流,向各个国家独自构造的法秩序提出了严峻的挑战。这一点尤其适用于刑法,因为刑法扎根于国家自身法文化的程度,比任何其他法领域都高。而与此相反,因特网上发布的内容,其典型特征就是,它不仅能在某个(具体的)国家领土之内接受,而且原则上在世界范围内都可以收到。[7] 因此,对于治理数据网络犯罪而言,国内刑法似乎自一开始就显得力不从心。超国家的刑法,至今仍只是初步地以国际法的形式存在。根据传统

---

[4] 据Harenberg在Lexikon Aktuell, 2001, S. 103中的分析,总的损失累计达到320亿马克。在美国,大约有250万台计算机受袭,欧洲大约25万台,亚洲10万台。

* "007系列电影"中,有一部叫做"俄罗斯的爱情"(From Russia with Love)。作者将其与这一案例关联起来,以活跃演讲气氛。(译者注)

[5] 亦可参见Power, Attacken im Web, 2001, S. 14 ff。

[6] Harenberg (Fn. 4), S. 110。

[7] 因此,也可以将其称为一个"全球化的风险社会"。

的理解,刑罚权是单个国家主权的核心内容,因此,国家极度不情愿将其转移给更高的有关当局。[8] 这一情形推论出来的结果是,指望国内刑法惩罚数据网络犯罪,是一种过高的要求。这涉及的是一个全球性的问题,这一问题只能通过国家间的协调来解决。因此,如果某个国家意图俨然以"网络之主"自居,就是一种狂妄。这种声音尤其在与慕尼黑初审法院对 CompuServe 案所作判决[9]相关联的讨论中成为主流,并在公众中获得了很大的支持。

值得在关联关系中对这一见解加以探讨:对数据网络犯罪进行刑法规制的问题,仅仅是更宏大问题的一个片段,而这一宏观问题是国家法秩序和国家政治市场的全球化所造成的。在这一因果关联之内,常遇见的命题是:全球性的诉讼程序完全不可控制,国家因此必须将自己限制在保证经济的框架性条件以及对个案中不合理的严重情形加以纠正之上。这是一种经济优先权的主张,它意味着政治的终结,[10]由此也会导致法律的终结。[11] 这种悲观主义当然是错误的,也是有害的。在民主的宪政国家,被用来解决社会秩序任务的不是市场,而是政治。刑法正是其手段之一,通过刑法,特别重要的法益受到了保护。新的数据网络的出现没有改变这种任务的划分。一种(频繁被完全有意思的方面提出的)观点认为,国内刑法自开始就对数据网络犯罪的规制无能为力,只有超国家的程序才有望成功地解决这一问题,这种观点将导致的结果就是,为了市场的利益而极大程度地抑制了法益保护。因此,这种观点是无法接受的。

此外,刑法层面对数据网络犯罪的讨论还为另外几个问题所困扰。一个主要的难点在于,这一新的事物具有很狭窄的技术限

---

[8] 证据之一就是,美国和中国针对创立国际刑事法院(ICC)的强烈反对声音。
[9] AG München NJW (1998), 2836 mit Anmerkungen von *Hoeren*, NJW (1998), 2796; *Sieber*, MMR (1998), 438; *Vassilaki*, NStZ (1998), 521.
[10] 就此,可参阅 *Kleinert/ Mosdorf*, Die Renaisssance der Politik, 1998, S. 157—173。
[11] 对新媒体的过于严格管制,不仅仅涉及一种纯粹的经济利益,还会损及高位阶的利益,如言论自由及信息自决权,这是毋庸置疑的。

制,与时髦的夹杂着英语的用语习惯(网络行话,"Cyberjargon")相联系。由于技术在急剧地向前发展,这些术语也被卷入了永恒的变化之中(网络文本在此过程中扮演着核心角色)。对于刑法教义学而言,没有理由去适应这种用语的膨胀。将教义学的问题与肯定会在短期之内被淘汰的技术细节挂钩,是一种难以接受的做法。不久之后,对数据网络的使用就会变得特别常见,以至于它的技术维度将被转向幕后,我们今天对电话或广播的使用就已经呈现出这种情形。对网络犯罪的刑法规制,并不在于创制一种具有独特语言、基础或规则的特殊教义学,而在于将已经被证明有效的教义学框架前后一致地、以满足法治国家要求(如明确性、可事后验证性)的方式充分地适用到新的问题之上。

下文将讨论,刑法如何回应数据网络犯罪提出的挑战。为了解决这一问题,首先当列举这种新型犯罪的几个类型(第二部分);然后,在某种程度上进一步分析"CompuServe 案"这一引起特别关注的案例(第三部分);接下来,本文将论及刑法适用规则的问题,这些内容包含在所谓的"国际刑法"(《德国刑法典》第3—7条、第9条)中(第四部分),在这一部分想要表明的是,借助"国际刑法"的帮助,至少能够在一定程度上找到法律适用问题的有效答案;最后一部分(第五部分)将探讨就因特网制定超国家刑法的可能性。

二、数据网络犯罪的呈现形式

原则上,几乎所有的犯罪都可以通过因特网或其他的数据网络而加以实施。不过,"数据网络犯罪"这一术语应当保留的是那些只有通过因特网才可能或至少在很大程度上变得更容易的犯罪形式。当前,在这一范围的犯罪主要是以下的案件群:数据间谍("数据盗窃"),如对密码的间谍行为;对数据往来的监听;从外部或内部(如由雇员实施的)侵入数据编辑基地("黑客");制造并传播破坏性或刁难性软件(如计算机病毒或"特洛伊木马");封锁或破坏网络地址,尤其是大公司或政府机关的地址(拒绝服务攻击,DOS);公开或发送不允许泄露的资料(以数据的形式),如右派激进主义的煽动或淫秽信息;对数据的非法篡改或者移动;非法复制数据(属于此类的主要包括侵犯著作权[12]);假冒其他发布者的身份(如利用他人的密码)或假冒信息接受者的身份(如通过伪造与银行计算机的连接);公开或发送有目的的虚假信息(如以影响股票价格为目的)[13]。

这里的案例群列举并没有穷尽所有的数据网络犯罪现象,不过应该包括了当前最重要的网络数据犯罪形式。[14] 在这些案例群中,最后两种案例群,即假冒他人的身份以及公开或发送虚假的信息,随着因特网上的经营尤其是银行往来("电子商务"或"电子银行"[15])的增长,意义越来越重要。决定数据网络犯罪将来走向的,不是"黑客"或计算机破坏,而是传播禁止传播的文本、图片、视频,以及普通诈骗和计算机诈骗。[16]

此外,还存在专门使他人犯罪得以可能或资助他人犯罪的案例群。在这一领域内,尤其值得关注的是网络提供者的责任[17]以及在网页上设置违法内容链接的责任[18]。

对于未获授权而通过因特网接受或传播图片,存在处罚的漏

---

[12] *Weber*, in: *Kitagawa u. a.* (Hrsg.), Das Recht vor den Herausforderungen eines neuen Jahrhunderts: Erwartung in Japan und Deutschland, 198, S. 77 ff.

[13] 要指出的是,因特网上的虚假信息发布直到最近才经常以这种形式而为人所熟知。当比尔·克林顿(Bill Clinton)第一次召开因特网新闻发布会时,表达的内容之一是,他强烈赞成互联网上有更多的淫秽信息。直到后来才发现,是一个黑客高手将这一言论"移植"到了克林顿名下。值得注意的是,刚开始并没有人认为前总统形象的因为这一事件而受到冒犯。

[14] 亦可参见 *Jofer* 分阶层的建议,*Jofer*, Strafverfolgung im Internet, 1999, 34 ff。他区分了三种范畴:一是"网络上特殊的传播犯罪";二是"以因特网为行为交流工具的犯罪";三是"以因特网作为虚拟的犯罪工具的犯罪"。

[15] 已有的文献,参见 *Stoll*, Bankraub online, 1997, 43 ff.

[16] 于2001年7月发布的德国内务部(das Bundesministerium des Innern)首期定期安全报告(Erste Periodische Sicherheitsbericht)在2.7.6 这一条目下也持相同的意见。

[17] 概览性介绍,可参见 *Sieber*, in: *Hoeren/ Sieber* (Hrsg.), Handbuch Multimedia-Recht, 1999, § 19 Rdn. 106 ff。

[18] 就此可参见 *Böse*, Strafrechtliche Verantwortlichkeit für Verweisungen durch Links im Internet, Diss. Konstanz 2000。

洞。德国联邦数据保护委托代理人在其于2001年3月发表的活动报告中[19],要求将未授权的接受或发表个人生活或私密领域的图片犯罪化,这一要求是有根据的。照相机缩小之后,即便在人们自以为不会被监视的地方,也有可能被秘密拍摄并将拍摄内容发布在因特网上。成为问题的情形包括商场或洗浴场所的更衣室,不过这也已经延及到了私人住所和诊所。公布秘密的录音记录可以判处刑罚(《德国刑法典》第201条),而公布秘密拍摄的图片却只能在例外的情形下纳入犯罪的构成要件之下,这是难以让人信服的。[20]

另外一个处罚的漏洞,可见于制作和传播《德国刑法典》第303条a及303条b之外的病毒或其他刁难性软件且未造成第三人数据损失的情形。不过,仍需检验的是,这种程序(经常被称作"恶意软件")是否真的会产生如此大的危险,以至于创制一个新的提前处罚构成要件(Vorfeldtatbestand)能够被正当化。此外,仍需进一步思考的是,过失造成病毒流行或传播是否有必要处罚。同样的情形也适用于在《德国刑法典》202条与202条a之外的未被授权阅读其他人电子邮件的行为。此外,复制他人网络货币的行为,也很难被归属于特定的刑法规范的范畴。[21] 最后,还需要提及通过电子邮件大量发送不受欢迎的广告("垃圾邮件"),它不仅让人厌烦和耗费时间,也可能让电子邮件的收件人因此而被封堵。[22] 有关黑客现象,不存在处罚漏洞,因为德国立法者不愿意将单纯侵入

---

[19] BT-Dtucks. 14/5555.
[20] 根据具体的案情,它固然可以与《德国刑法典》第185条以下的几个条文相关。亦可参阅《德国刑法典》第33条与《图像艺术以及摄影作品著作权法》(KUG)第22、23条的联合适用。
[21] Hilgendorf, in: Das Recht vor den Herausforderungen der modernen Technik (Sonderausgabe der Zeitschrift der Koreanisch-Deutschen Gesellschaft für Rechtswissenschaft), 1999, S. 204, 209;对于网络货币规制必要性的一般性文献,可参见 Blaurock, FS-Söllner, 2000, S. 152, 156 ff。
[22] 对电子邮件收件人被大量电子信件堵塞的刑法处理,试探性的考量可见 Hilgendorf, JuS (1997), 323, 325 f。

他人数据处理基地的行为进行刑事处罚。[23] 在其他领域,立法者被要求通过仔细阐明已经存在的构成要件及其在这些构成要件中适用的概念,以使当前的法制度局面(Rechtslage)清晰化。例如,对于"数据"的概念[24]就是如此,它并未在《德国刑法典》第202条a第2款中被加以定义,而仅仅是将其限定为"以电子、电磁或其他不可直接感知的方式"加以储存或传播的数据。此外,也需要立法者对数据的进入权限[25]以及《德国刑法典》第263条a这一语境中的"未经授权"(unbefugt)[26]进行澄清。此外,有学者主张《德国刑法典》第303条b的法定刑幅度有必要加以斟酌[27],也有人认为对秘密的窝赃行为(Geheimnishehlerei)应当由正统的刑法来接管。[28]

综上可见,对于数据网络犯罪刑法规制的讨论仍在起步阶段。已经受到了密切关注的仍只是提供者的责任,对此,慕尼黑初审法院针对德国 CompuServe 公司(CompuServe Deutschland)企业负责人的判决[29]也起到了一定的作用。有必要对这一案件进行更细致的分析。

三、CompuServe 案

"CompuServe 公司案"是过去几年来最引人关注的刑事案件之一。德国初审法院于1998年5月28日判处德国 CompuServe 有限责任公司的负责人两年的自由刑(缓刑),其原因之一就是其构成了传播儿童色情信息罪的共犯。这一判决受到了来自世界范围内的抗议,在审理法官的指责中,"无能"和"狂妄"都已经算是比较轻

---

[23] BT-Drucks. 10/5058, S. 28. 不过,立法用语并非没有歧义,参见 *Hilgendorf*, JuS (1996), 702, 704。
[24] *Scheffler/ Dressel*, ZRP (2000), 514, 516。
[25] 就此进行分析的 *Hilgendorf*, JuS (1996), 890, 892 ff。
[26] *Müller*, Aktuelle Probleme des § 263 a StGB, Diss. Konstanz 1999, S. 141 ff.; *Tröndle/ Fischer*, StGB, 50. Aufl., 2001, § 263 a Rdn. 8 ff。
[27] *Scheffler/ Dressel* (Fn. 24), S. 517; *Kudlich*, Jura (2001), 305, 306。
[28] *Scheffler/ Dressel*, a. a. O., S. 517。
[29] 参见脚注9所列文献。

的了。1999年11月17日,这一初审法院的判决被慕尼黑州法院推翻。

到底发生了什么?被告人是德国 CompuServe 公司的负责人,而德国 CompuServe 公司是美国 CompuServe 公司的全资子公司。德国 CompuServe 公司运行和管理连接服务器(Verbindungsrechner),以供 CompuServe 公司的德国会员获取美国 CompuServe 公司的数据存储。1995年11月,巴伐利亚州刑事侦查机构向德国 CompuServe 公司的负责人指明,在德国可以从美国的服务器获取儿童色情信息。德国 CompuServe 公司的负责人立即将这一信息报告给了美国的母公司,母公司立刻封锁了被指明的网点。后来,该公司制造了儿童保护软件并授予了 CompuServe 顾客以使用权限。此后,该公司又重新打开了此前封锁的信息群。不过,巴伐利亚州的侦查机构仍能从美国 CompuServe 的网站上下载到包含儿童色情、动物色情及暴力性色情内容的一些文章。检察机关在其针对德国 CompuServe 公司负责人提起的公诉中指出,该公司负责人没有采取措施制造一种合适的过滤软件阻止德国用户获取值得刑法处罚的信息内容。不过,联邦信息技术安全部的专家在法庭上说明,百分百地控制德国 CompuServe 公司网络连接点上超越边界的数据流,从技术上而言是不可能的。获得这一信息之后,检察院与辩护方都要求释放被告人。根据这种一致的辩护,所有人都预测法院将会做出无罪判决。而这一预测,让初审法院科处被告人两年自由刑的判决尤其让人震惊。[30]

与在很多计算机杂志和很长一段时间之内能够在部分专业杂志上读到的情况相反,该判决的论证完全是有道理的。其基本思想是:德国 CompuServe 公司和美国 CompuServe 公司构成了经济上的一体性,因此,在德国刑法面前,它们也应当被当做一个主体看待。这意味着,美国母公司的不作为可以归责于其德国子公司。巴伐利亚州初审法院的法官认为,证据已经表明,美国公司很早以前就能够将儿童色情内容从其服务器上删除。相关责任者的不作

---

[30] AG München NJW (1998), 2836.

为让其应受刑事处罚,而德国 CompuServe 公司的负责人则应被归责为共犯。

判决书的总结陈词如下:"美国 CompuServe 公司保持'硬色情'论坛以使其用户处于使用状态下的利益,在德国不值得保护。相反,存在一种重要的社会利益,即远程服务领域的技术进步,不得创制一种自由空间,在这种自由空间里,像青少年保护以及对以性为动机的暴力犯罪的防止,都被置于商业利益之下并因此而被牺牲。"[31]

像这样的判决理由,很难被完全否认,不过,这里仍存在一些教义学上的问题,如对于其他人上传或不删除相关内容,德国 CompuServe 公司负责人的责任问题。德国 CompuServe 公司负责人对美国母公司的影响力显然是很小的,由于这种没有影响力的从属地位,直接将子公司的负责人归责为共同正犯(Mittäter)是不妥当的。宣告被告无罪的慕尼黑州法院指出,德国公司负责人的行为无论如何都应被确定为帮助犯(Beihilfe)[32],这是不无道理的。该法院进一步指出,被告人缺乏传播"硬色情"内容的故意。与此相反,被告人一直在尽其所能地致力于促使美国母公司封锁或删除被指控的内容[33],因此,不存在提供获取硬性色情内容的可罚性。不过,这里的论述也并非具有完全的说服力,至少该公司负责人可能存在未必的故意(dolus eventualis)。值得优先考虑的或许应该是,自一开始就只认定不作为,亦即,将论证建立在封锁犯罪性内容的不作为之上,并进一步以被告人缺乏事实上的控制与封锁可能性为理由宣告其无罪。[34]

不可忽视的是,无论是总论部分所涉及的因特网犯罪行为可罚性的不少重要问题,还是分论部分所涉及的提供者的可罚性问题,都一如既往地没能得以解决。例如,《德国远程服务法》(TUG)第 5 条就属于这种情形之一。这一条文被认为是因特网提供者责

---

[31] NJW (1998), 2836, 2840.
[32] LG München NJW (2000), 1051.
[33] Id.
[34] Sieber, MMR (1998), 438, 444.

任规制的全局性规定,但迄今为止,它只是给刑法提出了更多的问题,相反,没有解决刑法的问题。[35] CompuServe 案也提出了如下难题:当犯罪行为的一部分不是在德国实施,而是在外国(也即美国)实施时,应当如何处理?

四、德国刑法对因特网上的刑事非法发布行为的可适用性

在因特网上,穿越国界不是例外,而是常有的情形。这不仅包括被发送到德国的信息,也包括在德国领土之外由德国外的网页所储存并被提取到德国的信息。问题是,对于这种源于国外而在德国被接收的内容,德国刑法可以在什么范围内适用。这种提问在《德国刑法典》中的"国际刑法"部分(《德国刑法典》第3—7条、第9条)加以规定。在过去近一百年的时间里,该部分规定所涉的内容在教义学层面里几乎一直处于隐身状态,直到数据网络犯罪出现,才将其从沉睡中唤醒。

将国内刑法的规定适用到本国领土之外的领域,原则上构成了对其他国家主权的侵犯,这种侵犯须根据国际法的标准加以检验。与此相关的首要原则是不干涉原则(Nichteinmischungsprinzip),根据这一原则,通常不得介入其他国家的事务。[36] 很多有关数据网络犯罪规制的新建议面临的问题是,国际法层面的法律适用问题没有充分地被认识到并受到重视。从刑法层面加以探讨,其出发点是在《德国刑法典》第3条中规定的"领土原则":德国刑

---

[35] 有关《德国远程服务法》第5条第4款对刑法的可适用性,参见 *Hilgendorf*, NStZ (2000), 518。对此持赞同意见的,参见 *von Bubnoff*, in: LK, 11. Aufl., Nachtrag 2000, §§ 130, 131, Rdn. 12; 不同的意见参见 *Sieber*, Verantwortlichkeit im Internet, 1999, Rdn. 390 ff. 及其所附文献。当时准备的"电子经营往来的法律框架性条件法"在《德国远程服务法》第8条及其以下的几条中规定了另一种不同的规制方式(2001年9月的版本)。

[36] *Kimminich*, Einführung in das Völkerrecht, 6. Aufl., 1997, S. 195 ff.; 使用另外一种在某种程度上不同术语的可参见 *Seidl-Hohenveldern*, Völkerrecht, 9. Aufl., 1997, Rdn. 1444 ff。

法适用于在德国国内实施的犯罪。犯罪地点的概念在《德国刑法典》第 9 条中进行了进一步的规定。根据该规定,如果犯罪行为在德国实施,或在不作为的情形之下,相应的作为原本应当在德国实施,或构成要件的结果在德国领土范围内出现,或(在未遂犯的情形之下)至少可能会在德国出现,都属于在德国国内实施的犯罪。因此,德国刑法遵循的是普遍管辖原则(Ubiquitätsprinzip),也即行为地和结果地都可以成为考虑是否适用德国刑法的连接点。[37]

(一)没有限制的德国刑法可适用性?

在因特网上发布信息很显然与《德国刑法典》第 9 条第 1 款之下的情形三相吻合:结果发生地在德国,因为有问题的信息内容可以在德国接收。由此可以得出,德国刑法可以适用于一切在因特网上发布符合《德国刑法典》构成要件的信息的行为。[38] 不过,这种观点在国际法层面是行不通的,因为它侵犯了国家主权并违反了不干涉原则。[39] 在根据《德国刑法典》第 6 条的规定为世界法原则(Weltrechtsprinzip)提供经常所需要的国际法层面的保障性条件[40]之前,在世界范围内无限地扩张德国刑法的适用范围,从政治的视角出发也是行不通的。在因特网上使德国的刑法单向度地"全球化",对其他国家而言必然会成为"全世界都应当从德意志精神中得以康复"(Am deutschen Wesen soll die Welt genesen)这一口号的一种变体。[41] 毕竟,我们应当考虑到,其他国家也可能会考虑

---

[37] 有关遍在性原则的发展史和教义学层面的详细探讨,可参见 öhler, Internationales Strafrecht, 2. Aufl., 1983, Rdn. 252 ff。
[38] Conradi/Schlömer, NStZ (1996), 366, 368 f.; 在一定程度上坚持这种观点的亦可参阅 Graf, DRiZ (1999), 281, 282; Huner, CR (1996), 453, 456; Sieber, JZ (1996), 429, 430. 齐白在此期间改变了自己的立场,对此的分析可见于本章第四部分之(四)4 的内容。
[39] 详细分析可参见 Hilgendorf, NJW (1997), 1873。
[40] 分析的典型例子可参见 Gribbohm, in: LK, 11. Aufl., § 6 Rdn. 4 ff。
[41] 作为早期世界法思想的代表,Robert von Mohl 就已经指出,"一个国家以可笑且最终必将落空的堂吉诃德式的方式,将追诉外部世界的所有未受到处罚的犯罪作为己任",是完全错误的。(von Mohl, Staatsrecht, Völkerrecht und Politik. Monographien, Bd. 1, 1860, S.636, 751.)

将自己的刑法在因特网领域扩张并贯彻到全世界。要防止这种企图,就必须准备使自己的刑法也认同国家法所确定的边界。从这些考虑出发,限制德国刑法在因特网领域的适用范围,就具有了迫切的必要性。

(二) 普遍管辖原则的主观限制?

第一类限制德国刑法适用范围的建议的基本主张是,将德国刑法适用的犯罪,也即所适用的罪的范围,通过犯罪的主观面加以限制。因此,这类观点主张,要进入德国刑法的适用范围,因特网的运营者必须通过有目的性的行为引发来自德国的数据获取,或者来自德国的数据获取请求必须在其"最终的利益"范围之内。[42] 不过这种限制的尝试难以贯彻下去:恰好且排他性地使犯罪在德国范围内起作用的故意,几乎不可能在超越国界实施犯罪的罪犯那里获得证明。最重要的是,从犯罪的主观面限制遍在性原则的尝试是从错误的前提出发得出的结论,因为只要精确地审读《德国刑法典》第9条第1款情形三的用语,就会发现它已经表明德国刑法无论如何不会就对所有犯罪主张普遍性地适用。[43]

(三) 根据犯罪类型加以区分的做法

解决适用性难题的钥匙,隐藏在立法自身之中,因为《德国刑法典》第9条第1款下的情形三并未将所有出现于德国领土范围内的"结果"作为确定犯罪地的充分条件,而是只认为在相关犯罪构成语境之下符合构成要件的结果出现在德国时,才认为条件已经完全满足。因此,纯粹的行为犯自一开始就不在《德国刑法典》第9条第1款情形三的适用范围之内。对纯粹的行为犯而言,相关的是《德国刑法典》第9条第1款规定的情形一,根据这一规定,行为才是确定犯罪地的根据。例如,一个仅在美国实施纯粹行为犯

---

[42] Collardin, CR (1995), 618, 620.
[43] Hilgendorf, NJW (1997), 1873, 1874;持同样观点的,可参见 Cornils, JZ (1999), 394, 395. 不过 Cornils 认为这一点在他的文章之前一直被忽视了,这是不准确的。

的人，根据《德国刑法典》原则上就是不可罚的。[44] 相反，对于结果犯，应适用的就是《德国刑法典》第9条第1款情形三的规定，因此，原则上在德国境内出现的符合构成要件的结果，就是确立犯罪地的要素。符合构成要件的中间结果（尚未实现原本的法益侵害结果，而是在此之前存在的）[45]以及客观处罚条件[46]也能作为犯罪地的确立根据。具体危险犯因为要求"具体危险的出现"，因此也构成了一种结果犯。[47] 故而，"具体危险"的出现也可以起到《德国刑法典》第9条第1款情形三中确定犯罪地的作用。

具有高度争议性的是抽象危险犯的行为。抽象危险犯将一种一般意义上的危险作为犯罪加以处罚，事实上的（具体的）危险的出现并非必要。抽象危险犯之所以被称为"抽象危险犯"，是因为立法者"抽象"出了一种危险的存在。[48] 因此，严格而言，"抽象的危险"或"抽象地危险化"都是错误的表达。[49] 如果将"危险"这一概念理解为一种情形，在该情形之下，根据我们的经验知识，如果不加阻止地任事情在时间上朝前发展，可预期会损及法益，则肯定会有或多或少具体的危险，而不完全是抽象的。[50] "抽象"的危险

---

[44] 例外的情形仅限于《德国刑法典》第4条及其以下几条的特殊规定中。
[45] *Hilgendorf*, NJW（1997），1873，1878.
[46] BGHSt. 42，235，242.
[47] 不同的意见参见 *Koriath*, GA（2001），51，58 f. 他认为，危险结果与实害结果不同，并非是一种真实的事实内容。这种怀疑，在笔者看来可以通过如下的方式加以消除：也即将"危险"作为一种具有侵害倾向的事实内容的存在加以界定。
[48] *Jescheck/Weigend*, Lehrbuch des Strafrechts Allgemeiner Teil, 5. Aufl., 1996, S.264. 不过，在具体问题上还有很多问题未得到澄清。相关的深入讨论，可参见 *Zieschang*, Die Gefährdungsdelikte, 1998。
[49] 但依然使用这些用语的，可见于 *Barton*, Multimedia-Strafrecht, 1999, Rdn. 221；*Heinrich*, GA（1999），72；*Lehle*, Der Erfolgsbegriff und die deutsche Strafrechtszuständigkeit im Internet, 1999, S.101（"对各种受保护法益的侵害风险"）；*Martin*, Strafbarkeit grenzüberschreitender Umweltbeeinträchtigungen, 1989, S.84 ff。
[50] 对危险"具体性""大小"或"远近"的追问，会回到"损害可能性"和"损害程度"这些参数之上，最终涉及的是因果性的问题。

根本不存在,[51]"抽象的危险"的说法没有意义。这表明,在因特网上实现的抽象危险犯缺乏符合构成要件的结果。[52]

(四) 客观的连接点

即便《德国刑法典》第9条第1款情形三不对纯粹的行为犯和抽象危险犯适用[53],依然存在一个问题:根据立法的用语,每种符合构成要件的结果出现在德国领土内都可以起到确定犯罪地的作用。与构成要件相关的中间结果与客观处罚条件也应适用相同的原理。因此,如果一个美国公民在其储存于纽约的因特网网页上侮辱一个同样居住在纽约的美国公民,而侮辱的信息能在德国获取或被读到,就可以适用德国刑法,因为《德国刑法典》第185条要求具备接触的必要性(Zugangserfordernis),这构成了一种犯罪结果。显而易见,这一结论是有问题的。[54]

1. 吸收《德国刑法典》第7条规定的连接点

为了将这类案件排除在德国刑法的适用范围之外,有观点建议,除了德国领土范围内出现符合构成要件的结果之外,还须联系《德国刑法典》第7条的规定。根据这一条的规定,在德国境外实施犯罪的因特网使用者仅在符合下列条件的情形下才构成德国境内的犯罪行为:① 符合构成要件的结果在德国境内出现;② 这一行为是针对德国人实施的(根据《德国刑法典》第7条第2款第1项的规定),或实施犯罪行为时罪犯是德国人或罪行实施完毕后成为了德国人(根据《德国刑法典》第7条第2款第1项),或行为时是外国人,但在德国被发现并且未被引渡(根据《德国刑法典》第7条第2款第2项)。[55] 根据这种观点得出的结论是,在因特网上实

---

[51] *Zieschang* (Fn. 48), S. 185;亦可参见 *Koriath*, GA (2001), 51, 53 及脚注 26。他准确地指出了这里存在的"显著的语言上的不敏感性"。

[52] 到现在为止的通说也坚持这一观点(与因特网犯罪没有关联),仅参阅 *Eser*, in: Schönke/Schröder, StGB, 26. Aufl., 2001, § 9, Rdn. 6 及其所附文献; *Satzger*, NStZ 1998, 112, 115。

[53] 不过还需参照本部分之(六)(德国联邦法院对Töben案的判决)加以理解。

[54] 详细分析见 *Hilgendorf*, NJW (1997), 1873, 1876。

[55] *Breuer*, MMR (1998), 141, 144。

施的诸如《德国刑法典》第 185 条之类的结果犯,并非每当在德国境内出现结果都会直接受德国刑法管辖。

不过,以这种形式构建起来的建议也面临着重大的质疑。一方面,为什么恰好且排他性地依靠《德国刑法典》第 7 条中所列举的连接点,值得怀疑且因此需要进一步论证;另一方面,这些列举出来的标准也过于狭窄,因此,不足以在所有的因特网犯罪所涉及的情形之下得出令人满意的答案。例如,一个外国人在其储存于外国的因特网上侮辱了他自己的同胞,而被侮辱者也恰好在德国停留。为什么在这一案例中,仅仅因为案件所涉及的被害人是一个外国人,就不能适用德国的刑法?这是很难让人理解的。以此作为理由[56]拒绝适用德国刑法,甚至可能会违反平等原则(《德国基本法》第 3 条第 1 款)。为什么德国人可以受到保护,而一个在德国境内停留的外国人就不受保护呢?如果是纯粹的国内犯罪,人们肯定有理由觉得侮辱罪构成要件保护的范围只限于德国人是错误的。因此,在这里可以得出一个中间性的结论,即被害人或罪犯的国籍并非可靠的界定因特网上的结果犯是否适用德国刑法的连接点。[57]

2. 相同规范原则的类似适用

另一种建议的目的是,在符合构成要件的结果出现在德国领土内这一条件外,还必须相应地依赖于《德国刑法典》第 7 条所规定的"相同规范原则"。根据这一建议,"如果犯罪地没有相应的规范来涵盖与德国构成要件所包括的处罚内容,"则德国刑法就不得适用。"换言之,在行为地不处罚的行为,即便行为结果在德国境内出现,也不得根据《德国刑法典》第 9 条第 1 款情形三为德国刑法所囊括。"[58]

这一建议同样不能让人满意。虽然根据这一观点,只是结果

---

[56] 根据这里得出的结论,适用德国刑法之所以会有问题,是因为犯罪结果虽然在德国领土内出现了,但缺乏足够程度的与领土相关的具体化(除非,将被害人暂时停留的地点作为充分的连接点看待)。

[57] 在结论上与此相同的亦可见与 Pelz, ZUM (1998), 530, 531。

[58] Kienle, Internationales Strafrecht und Straftaten im Internet, 1998, S. 173.

出现在德国领土内还不足以作为德国刑法适用的充分条件。不过,求助于犯罪地的可罚性并不适合在所有的案件中都得出具有说服力的答案。让我们再来分析前面已经提及的案例:美国公民在纽约的因特网上侮辱生活在纽约的同胞,而这一内容被一个德国的因特网用户读到了。在这一案件中,通过对侮辱的接触,犯罪结果(也)在德国出现了,所以,原则上,《德国刑法典》第 9 条第 1 款情形三所需的条件被满足了。不过,即便如此,适用《德国刑法典》仍显得没有说服力。不过,如果要前后一致地遵守同一规范的类似适用原则,就必须肯定德国刑法的适用,因为在美国,侮辱也受刑法处罚。即便在此之外要求[59]罪犯在德国被抓捕且没有被引渡(《德国刑法典》第 7 条第 2 款第 2 项),这一建议的结论也无法被接受。此外,依赖于犯罪地行为的不受处罚性,也容易引发如下后果:为了不受处罚,罪犯可能在实施犯罪之前将自己置入一个自己所实施行为不受处罚的国家。因此,犯罪地的行为不受处罚,必然并不意味着罪犯在没有违法性意识的前提下实施行为。如果将同一规范原则的类似适用坚定地贯彻下去,则很可能导致与众所周知的"保税区"类似的"免罚区"(Strafbarkeitsoasen),以有目的性地寻找通过因特网在不面临处罚风险的条件下实施特定犯罪的可能性。

3. 扩张行为的概念?

还有一种意见,主张因特网犯罪的犯罪地不仅包括罪犯身体行动所在地,也包括存储数据的服务器所在地。[60] 因此,在这里被补充的不是结果的概念,而是行为的概念。本质上而言,这种观点是 19 世纪"长臂理论"[61]的复活。首先这一观点对数据存储的过

---

[59] *Kienle*, a. a. O., S. 176. 不过,他的其他表述(如 S. 173)又表明,*Kienle* 倾向于放弃这一附加性的要求。

[60] *Cornils*, JZ (1999), 364;采用这一观点的还有 *Eser*, in: Schönke-Schröder, § 9, Rdn. 4。

[61] 对这一问题的介绍参见 *Häberlein*, GA (1877), 432;总结性的分析见 *Lehle* (Fn. 49), S. 50 f. 及其所附文献。

程理解并不准确,因此,单是这一点,就让这一理论丧失了说服力。[62] 只有例外的情形之下,数据才会有目的性地存储在特定的服务器上。在绝大多数情形下,用户根本不知道数据在什么地方落户。其次,现在越来越常见的情形是,因特网的内容存储在一系列的服务器之上["被镜像"(gespiegelt)],以缩短加载时间或绕开控制措施。因此,扩张行为的概念将会导致难以测量的犯罪地的膨胀。再次,为了互联网的案件特别地扩张行为的概念,同时又没有在法教义学的意义上防止这一扩张运用到其他领域,从方法论的角度看也是存在问题的。如果(非数字化的!)邮件炸弹(Briefbombe)被安置在邮局并在那里爆炸,行为概念的扩张是否也能在此适用?如果是这样的话,行为地与结果地的区分就完全被抛弃了。

4. 犯罪结果(Taterfolge)与犯罪行为结果(Tathandlungserfolge)

另有一种观点认为,与原本意义上的犯罪结果相区分的,还有一种犯罪行为结果。这种能够确定犯罪地的"犯罪行为结果"主要存在于以下情形,也即,"当罪犯虽然在外国实施犯罪行为,不过犯罪行为却在德国境内实现时"。[63] 乍一看,"犯罪行为结果"这一表达包含着用语的冗余,因为每个犯罪行为都以行为作为前提,因此,在通常的理解中"结果"(Erflog)"行为结果"(Handlungserfolge)和"犯罪行为结果"具有相同的含义。不过,如果将行为的概念界定为"意志掌控的表现"(willensgesteuertes Verhalten),则每种故意的表现都是意志活动的结果,因此,可以将表现作为意志活动的结果来理解。[64] 实际上,前述观点正是在这种意义上称其为"犯罪行为结果"。不过,用这种意义上的概念理解,《德国刑法典》第9条第1款情形一规定的行为地与"犯罪行为结果地"总是重合的。这

---

[62] *Schwarzenegger*, Zeitschrift für Immaterialgüter-, Informations-und Wettbewerbsrecht 3 (2001), 240, 247.

[63] *Sieber* (Fn. 17), § 19, Rdn. 406;详细分析可参见 *ders.*, NJW (1999), 2065。

[64] *Baumann/ Wber/ Mitsch*, Lehrbuch des Strafrechts Allgemeiner Teil, 10. Aufl., 1995, § 13, Rdn. 56.

样,想通过前述意义上的"犯罪行为结果"这一概念将德国刑法的适用范围扩展到行为地之外,就是不可能的了。

显然,"犯罪行为结果"既不能与通常的结果概念,也不能与通常的行为概念等同起来。为了说明这一问题,特以向一条河流投毒但河水流往德国的情形为例。[65] 根据前述观点,确定犯罪地点的"犯罪行为结果"不仅出现在原本的行为地,也出现在所有行为(实际)发生效果的地方。[66] 结果是,这种观点必然会被作如下理解:在狭义的犯罪结果之外,所有广泛意义上的行为负面效果都会被视为确定犯罪地点的根据。但这种结论显然无法与立法的用语吻合。立法只提到了"属于构成要件的"结果,也即从属于立法规定的构成要件的行为效果。考虑所有的行为结果(或"犯罪行为结果")在事实上也是完全不可能的。[67] 此外,"犯罪行为结果"也会导致有问题的结论。如果将这一概念运用到因特网,就意味着,《德国刑法典》第9条第1款情形三所规定的犯罪地包括所有呈现罪犯行为效果的地方,因此,会包括将色情数据存储到网络上的地方。[68] 由于在因特网上存储的数据原则上可以在所有能够与网络建立连接的计算机上获取,所以,每一存入数据的行为都会在世界范围内造成影响。不过,这就意味着,德国刑法可以适用于所有符合德国刑法所规定的构成要件的因特网上的发布行为。这种结论,在前文已经被证明是站不住脚的。[69]

对于使特定内容具有获取可能性的犯罪行为(如《德国刑法典》第184条使色情物具有获取的可能性),有人推荐另外一种界分的思路。根据这一思路,《德国刑法典》第184条所规定的使一篇文章在德国具有"获取的可能性",意味着这篇文章"在德国的计算机上可以获取"。相反,如果只是能够在德国从"互联网页上获

---

[65] Sieber (Fn. 17), § 19, Rdn. 497.
[66] 类似于"长臂理论"。参见脚注61所附的文献。
[67] Hilgendorf, NJW (1997), 1873, 1875.
[68] 齐白已经在此之前提出过类似的观点。Sieber, JZ (1996), 429, 430.
[69] 见本章第四部分之(一)。

取存储在外国的文章",则不适用德国的刑法。[70] 具有关联性的区别在于,数据是被"推送"(geschoben)还是被"提取"(gezogen)到了德国境内[推送技术与提取技术的差别("Push-Technologien" versus "Pull-Technologien")]。只有在第一种情形之下,在外国实施行为的罪犯才应当被适用德国刑法。仔细分析就会发现,这种进路也会面临怀疑。一方面,推送与提取技术的区分并没有清晰到如此的程度,以至于在所有的情形下都能得出没有分歧的结论。例如,一个订阅者将自己注册到"邮件清单"之中,通过这种方式将订阅的内容"提取"到手。将订阅者列入清单中的人,并没有给订阅者"推送清单"(因此没有推送)。不过,也完全有理由说,发送者将信息列入了清单,因此,这一信息是由发送者通过这一方式"推送"给订阅者的。两种观察的方式都完全能在语义上成立。此外,将刑法教义学的问题交给技术细节上的区分(如推送与提取技术)来解决,很难说是合理的。计算机技术的发展瞬息万变,今天的区分方式明天就有可能被取代了。最后,也恰好可能是该种思路最难解释的一点,这种区分在《德国刑法典》第9条第1款中根本找不到根据。

(五)领土的具体化(territoriale Spezifizierung)作为连接点

在当前有关《德国刑法典》第9条第1款情形三含义的讨论中,处于中心的是犯罪结果的概念。这一概念在刑法领域的很多地方扮演着相关角色,这不仅包括《德国刑法典》第9条中被规定为"属于构成要件的结果",也包括很多其他的情形,如《德国刑法典》第13条中对不作为可处罚性的作用、《德国刑法典》第78条a对时效起算点问题的意义、在因果性问题上对相当性理论的修正、在犯罪时间顺序理论中标志结束时点的作用以及在《德国刑法典》第24条的语境中区分实行完毕的未遂和未实行完毕的未遂。[71]原则上,可以将结果的概念区分为两种不同的层次:一种是狭义的

---

[70] Sieber (Fn. 17), § 19, Rdn. 410.
[71] 就此亦可参见 Lehle (Fn. 49), S. 56 ff.

结果,建立在行为所引发的外部世界的改变之上(如身体伤害的出现、人的死亡);另一种是广义的结果,将所有的作为或不作为,也即行为本身,作为"犯罪结果"。[72]《德国刑法典》第 9 条第 1 款情形三涉及的是外部世界结果的实现,因此,以狭义的结果概念为前提。否则,《德国刑法典》第 9 条第 1 款情形一中另行规定行为就显得多余。

《德国刑法典》第 9 条第 1 款情形三要求存在"属于构成要件"的结果。对于像《德国刑法典》第 212 条规定的结果犯而言,这不会引起特别的问题,更难判断的是危险犯。因为,对被评价为保护法益的侵犯,每种属于构成要件的结果,都能够满足《德国刑法典》第 9 条第 1 款情形三的要求,因此,只要"具体危险"属于相应的构成要件,蕴含特殊危险的状态也能满足《德国刑法典》第 9 条第 1 款情形三的要求。具体危险犯就是这种情形。为了将这种情形与原本意义上的侵害结果区分开,可以将其称为"与构成要件相关的中间结果"。[73] 与此不同,对于纯粹的抽象危险犯而言,它并不要求出现任何类别化的构成要件危险。由此可知,即便在构成要件所要求的情形之外已经出现了对保护法益的危险情形,《德国刑法典》第 9 条第 1 款情形三仍不能适用。

不过,因特网犯罪的特点之一就是,在犯罪与德国没有任何其他关联的情形下,与构成要件相关的结果(也即对相应保护法益的侵害)或仅仅是与构成要件相关的中间结果,都可能在德国出现。因此,从国际法的层面来说,在与外国具有关联的因特网犯罪的情形下,需要在结果出现于德国领土内这一条件之外,还存在一种为德国的介入提供"理性合法化根据"的要素。这一标准构成了德国刑法适用法的重要框架性原则。德国联邦法院甚至在就世界法原则(《德国刑法典》第 6 条)做出的一个判决(该判决所涉事实是前南斯拉夫的种族灭绝)中得出结论,认为从《德国刑法典》第 6 条的

---

[72] Baumann/ Wber/ Mitsch, Lehrbuch des Strafrechts Allgemeiner Teil, 10. Aufl., 1995, § 13, Rdn. 56;亦可参见 Lehle (Fn. 49), S. 56 f.; Martin (Fn. 49), S. 21 ff。

[73] 这是笔者自己的观点,Hilgendorf, NJW (1997), 1873, 1875, 1878。

用语出发,需要一种特别的合法化连接点。离开与本国的这种关联进行刑事追诉,就会违反国际法上的不干涉原则。[74]

在因特网犯罪的语境之下,这意味着德国刑法只能在满足了以下条件的前提之下才能被适用:犯罪结果在德国领土内出现,且还存在一种与德国相关的连接点。[75] 可以称这种连接点为犯罪的"领土具体化"。领土具体化必须满足国际法的标准,它必须具有可实行性和可检测性。《德国刑法典》第4、5、7条所列举的标准可以作为领土具体化的特殊类型加以理解,这些特殊条件可以填补或修正《德国刑法典》第3、9条规定的框架。对数据网络犯罪,可以作为特殊连接点的因素,大体上包括在德国有固定的居所或具有使犯罪恰好在德国领土之内产生效果的意图的犯罪人。与此相反,德国当局在领土之外抓捕相关罪犯恐怕不适合认定为充分的领土具体化条件。从被害人的角度加以观察,首先应当考虑的是在德国有居所。最后还需要考虑到的是行为的工具:在这里,尤其是对德语的使用可以作为犯罪的领土具体化要素起作用;与此相反,使用德国的线路或德国的服务器则并非充分的条件。

显而易见,"理性的合法化连接点"或"领土具体化"不可能在所有案件中都得出一致的结论,这从"理性的连接点"这一非常不确定的表达中就能看出来。[76] 尤其是,可能多个国家同时存在连接点,这也是国际私法领域非常常见的现象。[77] 因特网罪犯在各国刑罚权交错的环境中可能面临多个国家的处罚,这原则上并不成为严重的问题。不过,从法治国家的理由出发,在国际层面尊重"不因一个犯罪两次被追诉"(ne bis in idem)的基本

---

[74] BGH, NStZ (1999), 396, 397; 1994, 232. 在最新的判决中,德国联邦法院倾向于放弃《德国刑法典》第6条语境中的这种特殊连接点。对此的分析可参见 *Hilgendorf*, JR (2002), 82。

[75] 赞同这一观点的 *Lehle* (Fn. 49), S. 135 f., 146 f.。

[76] 不同的表述建议,可参见 *Delbrück/Wolfrum*, Völkerrecht, Bd. I/1, 2. Aufl., 1989, S. 321 mit Fn. 21。

[77] *von Bar*, Internationales Privatrecht, Bd. 1, 1987, Rdn. 545 ff.; *Junker*, Internationales Privatrecht, 198, Rdn. 177 ff.

原则值得强调。[78] 在什么时候哪个国家的刑法对特定的数据网络犯罪具有管辖权，或许只能通过国际法上的协定才能确立出明确的标准。

（六）托本（Töben）案

德国联邦法院在托本案中首次表达了自己对于德国刑法在因特网适用范围的观点。[79] 被告是一个澳大利亚公民，在一个澳大利亚的服务器上用英语上传了右倾激进主义和种族主义的煽动内容，在其中他否认了德意志第三帝国大量杀害犹太人的事实。因此，他被指控构成了侮辱幸存的犹太人（《德国刑法典》第185条）、谩骂死者（《德国刑法典》第189条）以及煽动民众（《德国刑法典》第130条第1款第2项）三个犯罪的行为单一竞合。作为下级法院的曼海姆州法院所代表的立场认为[80]，《德国刑法典》第185、189条可以适用于因特网上的发布行为，因为发布的内容可以在德国接触到，这成为了《德国刑法典》第9条第1款情形三所规定的结果，这种结果在德国出现了。与此相反，《德国刑法典》第9条第1款情形三不能适用于煽动民众这种抽象的危险犯，由于其他相关的国际刑法的联结标准也都不相关，因此，煽动民众的有罪判决不在考虑的范围之内。

德国联邦法院在2000年12月12日做出的判决中所持的观点与曼海姆州法院不同。它认为，在因特网上传播的煽动民众（《德国刑法典》130条第1款或第3款）的内容，德国内的因特网用户也

---

[78] Öhler, Internationales Strafrecht, Rdn. 959 ff.；深入分析，参见 Specht, Die zwischenstaatliche Geltung des Grundsatzes ne bis in idem, 1999；最近的文献，亦可参阅 Hecker, StV（2001），306。

[79] BGH, NJW（2001），624 附带评论。Clauß, MMR（2001），232；Geppert, Jura-Kartei（2001），StGB § 9/1；Heghmanns, JA（2001），276；Klengel/ Heckler, CR（2001），243；Kudlich, StV（2001），397；Schwarzenegger（Fn. 62），S. 246；Vassilaki, CR（2001），262；亦可参见 Werle/ Jeßberger, JuS（2001），39。

[80] 该判决也可以在网上获取，网址是：http://www.afs-rechtsanwaelte.de/urteile84.htm。

会有接触的机会,当这一内容表达足以造成对国内平和的具体侵扰时,在国内就出现了属于构成要件的结果。[81] 该犯罪属于"抽象—具体"的或者也是"潜在"的危险犯,该犯罪中,"具体的对平和侵扰的能力"应当被评价为《德国刑法典》第 9 条第 1 款情形三所规定的结果。在本案中,托本的意见发表在德国也具有侵扰公共和平"具体的可能性",因此,属于构成要件的结果在德国领土范围内出现了,德国的刑法可以适用。

德国联邦法院的判决明显受到了在全球范围内的因特网上反对右倾激进主义和纳粹主义的煽动内容这一愿望的影响,这种态度原则上肯定应当得到认同。不过,德国联邦法院的突破口在刑法教义学以及国际法层面是否能够站得住脚,则完全显得问题重重。在这里,笔者仅指出其中的三点:

(1)首先,最引人注目的在于联邦法院处理这一案件所使用的基本概念的模糊性,它的某些说法之间还存在自相矛盾的地方。"抽象—具体的危险犯"这一表述就不幸成为靶子,这是具有内部矛盾的定义构造的典型例子,在此之前很久,其弊端就已经被从法学理论的各种论证角度所阐明。[82] 另外,即便是经常使用的"危险"和"结果"这些概念,也显示出了不明确性。此前已经表明,严格而言,"抽象的危险"是一种不合理的称谓。即便要使用这一概念,一般而言也是用来指代比较轻微的危险。[83] 考虑到已经可以加以认知且与实践有关联的不确定性,刑法教义学就面临着使危险概念精确化的任务。在笔者看来,唯一可行的道路在于考虑法益侵害结果出现的(客观)可能性。因此,确定"危险"的定义应当与因果性概念密切联系起来。

此外,也有必要对刑法上结果的概念加以澄清。普珀(Puppe)在多年以前就已经准确地提醒到,与过于臃肿的行为理论相反,目

---

[81] BGH, NJW (2001), 624 (LS).
[82] *Lepsius*, Die gegensatzaufhebende Begriffsbildung, 1994.
[83] *Schwarzenegger* 以让人欣喜的鲜明立场赞成这一理论,参见 *Schwarzenegger* (Fn. 62), S. 246, 247。

前还缺乏刑法上的结果理论。[84] 这一漏洞在有关因特网犯罪结果的最新讨论中被深切地感受到了。如果德国联邦法院认为《德国刑法典》第9条第1款情形三所规定的"结果"与一般构成要件理论意义上的结果概念不相同[85]，则它忽视了如下事实:构成要件理论中也不存在哪怕只是在一定程度上清晰的结果概念。在有关构成要件讨论的语境中经常使用的结果公式——"外部世界的改变"，并没有被德国联邦法院排除在《德国刑法典》第9条第1款情形三的范围，毋宁说，德国联邦法院将自己的论证建立在这一基础上:即便是比较轻微的危险化，也构成了这种外部世界的改变。这与《德国刑法典》第9条第1款中至今为止仍经常被模糊化的结果概念无疑是相一致的。联邦法院的创新仅在于以没有说服力的方式偏离了这一点:《德国刑法典》第9条第1款情形三明文规定必须以"属于构成要件的结果"为前提。虽然德国联邦法院主张，从立法用语中仅能表明"结果的出现必须与构成要件具有紧密的联系"[86]，并因此将自己的论证建立在立法之上。不过，正是这一立法用语表达了如下含义:"只有构成要件性的结果对于确定犯罪地点具有意义，其他超过这一范围的结果则没有这一作用。"[87] 因此，立法文字并非与联邦法院的观点一致，而是与其相反。

（2）除此之外，还有另一批评的切入点。在前一批评之外，有争议的是，联邦法院有关《德国刑法典》第130条的规定如何被普遍化。联邦法院明确表示，对于纯粹的抽象危险犯的"危险实现时，是否在所有的情形之下都接受这种结果"[88]，仍没有确定的答案。是否仅在危险转变为法益侵害的结果时，联邦法院才将该"危险"作为结果加以接受？还是，犯罪行为的一般危险性升级到具体

---

[84] Puppe, in NK, vor § 13, Rdn. 67；亦可参见其此前的文献 dies., ZStW 92 (1980), S. 863. 有关结果概念对因果性问题的意义，参见 Hilgendorf, GA (1995), 515。

[85] BGH, NJW (2001), 624, 627.

[86] Id., 624, 628.

[87] Kielwein, Neiderschrifen über die Sitzung der Großen Strafrechtskommission, Bd. IV, 38.—52. Sitzung, 1958, S. 20.

[88] BGH, NJW (2001), 624, 627；Klengel/Heckler, CR (2001), 243, 246.

的危险时就足够了？可能后者才是正确的答案。只要没能更加精确地界定"具体危险"的概念，这种观点就会导致如下结果：所有建立在犯罪行为基础上的负面后果都能满足《德国刑法典》第 9 条第 1 款情形三的条件。[89]

（3）德国联邦法院对"国际上合法化的连接点"的强调，[90]使其通过对《德国刑法典》第 9 条第 1 款情形三的宽泛解释实现的扩张德国刑法适用范围的努力，又被它自己拽回来了。在这一问题上，德国联邦法院指出要存在"重要的国内法益"，并强调了《德国刑法典》第 130 条的目的设定。[91] 考虑到国际法上管辖权的界限，原则上这种对领土具体化的充分强调就已经具有说服力了。尽管如此，标准的不确定性仍然值得怀疑，正是借用这种不明确性，联邦法院先是极度地扩张了德国刑法的适用范围，然后又对其进行了限制。尤其不妥当的是以涉及"重要的国内法益"论证德国刑法的域外适用，因为其存在与否取决于国内立法者的衡量，因此恰好无法限制本国法普遍适用的幻想。

因此，总体而言，联邦法院对托本案的判决没能让很多问题得以解决。虽然从政治性的理由中反思教义学的概念区分，很可能走得太远了。不过，这一判决在笔者看来是现代刑法弹性化（Flexibilisierung）的典型例子（如在环境刑法或产品刑事责任中），而这种现象在很早以前就已经陷入了批评之中，这种批评显然是正确的。[92] 对德国刑法在因特网上适用性的追问，可能仍需教义学耗费时间来加以研究。如果要坚持法律适用与法政治的区分的话，根据当前有效的立法（de lege lata），最有说服力的答案应当是，前后一致地遵守立法文字，并在结果犯的情形之下联合国际法上附

---

[89] 这与"犯罪行为结果"理论具有高度的相似性。参见本章第四部分之（四）4。
[90] BGH, NJW (2001), 624, 628.
[91] Id., 与此相反，联邦法院没有考虑到语言的问题，因为违反刑法的意见表达是用英语发表的。因此，初审法院猜测，被告人可能主要是想在盎格鲁-撒克逊及美国的空间内为自己的观点赢得支持。
[92] 就此主要参考 Hassemer, Produktverantwortung im modernen Strafrecht, 2. Aufl., 1996[相关书评参见 Hilgendorf, JZ (1997), 611]。

加性的领土具体化的限制要求。不过,不应当忽视的是,(更多是具有偶然性的)犯罪范畴这一根基,尤其是具体危险犯和抽象危险犯的区分,并不能一直让人满意。[93] 因此,立法者必须不时地做出相应的决定。[94] 最重要的是,德国刑法在因特网的可适用性问题的解答,不能无视国际法。对刑法教义学而言,则需要承担起以下任务:找到一种精确的、可进行事后检验的特殊领土具体化标准,以在诸多能够在因特网领域处于竞争地位的法秩序中,选择德国法加以适用。

(七)有关(狭义)共犯(Teilnahme)的特殊问题

共犯的实施地点不仅包括主行为的地点,也包括共犯行为的地点(《德国刑法典》第9条第2款)。在外国通过因特网对在德国本土实施的犯罪行为进行教唆或帮助,这类共犯行为也处在德国刑法的管辖范围之内,这就是前述规定对于因特网犯罪的意义之一。在这里也需要确定一个附加性的连接点,一个领土性的具体化要素。[95] 多数情形下,这种要素可能会体现为:行为人具备参与在德国国内实施的主行为的具体化的共犯故意。与因特网犯罪相关的共犯问题,至今还没得到德国刑法教义学的充分研究。

五、在通往"文化际刑法"(interkulturelles Strafrecht)的路上?

可以预期,将来法院会比至今为止更频繁地与来自外国甚至来自不同文化圈的罪犯打交道。因特网迫使德国刑法国际化的程度,远高于超越国界的经济犯罪和环境犯罪,因为后两种犯罪形式的效果至少在原则上仅限于邻国之间,且它们也不像互联网犯罪

---

[93] Weigend, in: Hohloch (Hrsg.), Recht und Internet, 2001, S. 85, 89 f.
[94] 有关德国国际刑法改革必要的一般性介绍,参见 Lagodny/ Nilltheobald, JR (2000), 205, 207。
[95] 表达方式不同,但显然也持这一观点的意见,参见联邦总检察长, MMR (1998), 93, 94, 附带 Hörren 的评注。

一样,动辄引发全球性的效果。

(一) 对国内刑法文化差异的重视

这就提出了一个问题,刑法中的文化差异是否以及在何种程度上应当受到尊重。一个美国人从美国服务器上使右倾激进主义的煽动内容可以在德国被获取(《德国刑法典》第 130 条),或者一个斯堪的纳维亚人故意将含有色情内容的数据输往德国(《德国刑法典》第 184 条第 1 款第 4 项),像这样的案件相对而言还不构成问题,因为罪犯仍然是源自同一文化。但如果涉及不同文化,这类案例应当适用什么规则?

德国刑法并非完全对这类挑战毫无准备。过去几十年的移民运动使德国国内也逐渐存在大量的群体,其文化与本土的民众完全不同。[96] 因此,对于实体刑法而言,对文化差异的尊重并不陌生。在部分领域,它已经影响到了构成要件符合性的检验,如谋杀罪(《德国刑法典》第 211 条)中是否存在"卑鄙的动机"。[97] 在某些情形下,它也会影响是否承认合法化事由,如基于信仰与良心自由(《德国基本法》第 4 条)的特定宗教实践。在不法意识这一框架之内,文化差异最容易受到重视,[98] 而不法意识则构成了犯罪行为个人可谴责性(也即行为人的责任)的重要要素。对于处于德国领土内的外国人而言,应当认为他们原则上在任何情形下都能对刑法的核心内容具有避免禁止错误的可能性,因此,只能将其作为刑罚宽缓化事由(《德国刑法典》第 17 条第 2 句)。

对于在因特网上活动的行为人而言,更应当在此之外承认错误的不可避免性。尤其是对于那些从来没有离开自己家乡文化圈的人而言,尤其应当如此。[99] 此外,与文化相关的特殊性能影

---

[96] 详细探讨参见 Streng, JZ (1993), 109。
[97] 司法实践中的操作大体上可以参阅 BGH, JZ (1980), 238; BSG, StV (1997), 565。
[98] Köhler, Lehrbuch des Strafrechts Allgemeiner Teil, 1997, S. 433 ff.
[99] 不过,世界范围内的大众媒体传播,也包括且恰好是互联网,已经在很大程度上构成了对文化差异的消解。

响刑罚的裁量。因此,可以总结出以下结论:德国的刑法现在已经能尊重文化的特殊性。在这种意义上,已经存在一种"文化际的刑法"。

(二)针对因特网的超国家刑法?

另一个浮出水面的问题是,如果某些犯罪已经出现,它们在德国领土范围内具有负面效果,而根据本文持的观点又不能置于德国刑法的管辖范围之内,应当如何处理?如前文所述,作为对域外犯的一种规则[100],仅符合纯粹行为犯或抽象危险犯的构成要件的犯罪,大体上就属于这种情形。如果这些犯罪因为没有犯罪化等原因也不能受行为地的刑法管辖,则要求建立一种跨文化、超国家的刑法的要求就已经呼之欲出了。[101] 国际的因特网行为法典,也即所谓的"网络社交行为统一规范"(Netquette)[102],无法实现这一功能。

国际刑法的当前发展[103]尤其是《国际法院规约》[104]的形成表明,有效的超国家因特网刑法的观念并非完全不合理。不过,这种刑法究竟应当有什么样的内容,还没有确定的答案。为了寻求能够获得共识的答案,需要一种能够涵盖所有相关方利益的法政治

---

[100] 如果犯罪已经导致了符合构成要件的中间结果出现在德国领土范围内,则例外。参见本章第四部分之(五)的开头。

[101] 对于与本章相联系但不会在此详细论述的国际人权保护问题,可参见 Koller, in: Brunkhorst/ Köhler/ Lutz-Bachmann (Hrsg.), Recht auf Menschenrecht, 1999, S. 228。

[102] 随着用户数量的快速增长,"网络社交行为统一规范"终究会迅速失去意义。

[103] Blumenwitz, Zeitschrift für Politik 44 (1997), S. 324; 深入介绍可参见 Jescheck, Die Verantwortlichkeit der Staatsorgane nach Völkerstrafrecht, 1952; Trifferer, Dogmatische Untersuchungen zur Entwicklung des materiellen Völkerstrafrechts seit Nürnberg, 1966; Ahlbrecht, Geschichte der völkerrechtlichen Strafgerichtsbarkeit im 20. Jahrhundert, 1999; Niehoff, Die von internationalen Strafrechtshöfen anwendbaren Normen des Völkerrechts, Diss. München 1999。

[104] 《国际法院规约》已由 Ahlbrecht 刊登出来,见 Ahlbrecht, a. a. O., Anhang VII。对此的分析参阅 Ambos, ZStW 111 (1999), S. 175; Cassese, "Reflections of International Criminal Justice", 61 Modern Law Review 1, 1998。

衡量。[105] 将西欧及北美的价值观直接作为因特网的基础,在任何情形下都是没有说服力的,尤其是这种操作没有在公开的前提下发生,而是借用"人权"或"正义"等宽泛且具有巨大解释空间的概念的幌子之下实现。[106] 只要意识到人权的解释在细节问题上可能出现完全不同的观点,就会发现前述立场并不是要否认具有绝对重要性的人权。经常听到的西方"文化帝国主义"的指责,恰好在联系到因特网的时候找到了合理的内核。[107]

在笔者看来,下面这种在本文中[108]只能略加勾勒的思路[109]更加可靠一些:刑法的任务在于保护法共同体认为特别重要的利益[或者"财富"(Güter)]。通过对这些利益赋予法的保护,它们就成为了法益。如果将这种思想贯彻到具有国际适用效力的刑法之上,则受它保护的法益只能是获得普遍性认同的利益。这种刑法只能适用于被评价为基础性的、根植于人性之中的利益的保护,如

[105] 类似的提问,在国际法领域早已被接受。参见 *Verdross*, Archiv für Völkerrecht 1953/54, 129 (neu abgedruckt in: *Klecatsky u. a.* [Hrsg.], Die Wiener rechtstheoretische Schule, Bd. 2, 1968, S. 2189); *Redslob*, Das Problem des Völkerrechts, 1917, insbes. S. 73 ff。
[106] 尝试对此进行研究的有 *Höffe*, Gibt es ein interkulturelles Strafrecht? 1999, S. 34 ff。不过其对法伦理的阐释缺少有说服力的论证。对此的准确批判可参见 *Weigend*, JZ (2000), 41。
[107] 不容忽视的是,西方世界不仅确立了因特网的技术标准,也确立了其道德法律标准。在这一点上,尤其具有影响力的是美国。特别值得深思的是,这种设定不是在国家层面(也因此不是通过民主的方式)合法化的,而是通过一些大公司的市场控制地位实现的。
[108] 详细分析参见 *Hilgendorf*, Recht und Moral, Aufklärung und Kritik (2001), 72, 86 ff(对普世价值可建构性问题的分析)。
[109] 尝试为世界法创制普遍适用的规范,具有非常古老且完全值得敬重的传统。从法哲学的视角可以参见 *del Vecchio*, ARSP XLVIII (1962), S. 289。哲学层面的两个经典文本可参见 Bentham, "A Plan For An Universal And Perpetual Peace, 1786—1789", in: Bowring (ed.), *The Works of Jeremy Bentam*, Vol. 2, 1962, p. 546. 以及 *Kant*, Zum ewigen Frieden. Ein philosophischer Entwurf, 1795, 2. Aufl., 1796, in: *Weischedel* (Hrsg.), Immanuel Kant Werkausgabe, Bd. XI, 1968, S. 195。

生命、身体的不可侵犯性、自由及名誉。[110] 以这种方式构建的在世界范围内适用的因特网刑法，只能限定在少数几个将侵犯前述法益的行为犯罪化的构成要件之上。在这一问题上，不容忽视的一点是，前述法益（除名誉之外）往往只有在例外的情形之下才可能通过互联网上的发布行为所侵犯。因此，互联网上的刑法保护在将来也主要会交由国内刑法秩序来完成，而国内刑法秩序必须尊重其他国家的主权。

当前，没有必要建立一个新的国际机构[111]或将一些网络犯罪的构成要件纳入正在计划中的*国际刑事法院的管辖范围。对于应当在世界范围内加以处罚的因特网发布行为，交给世界法原则就已经足够了。对于德国法而言，这意味着将一些严重的互联网犯罪纳入（总归是迫切地需要修订的[112]）《德国刑法典》第6条，就如对色情信息泛滥这类现象无争议的处理方式一样。不过，对于增加世界法犯罪的数量，必须持高度的谨慎态度。像美国这样具有古老民主传统的国家而言，言论自由具有非常高的价值，以至于右倾激进主义的煽动都是无罪的，因此，德国不能单边地在互联网领域将这种行为全球性地犯罪化。在笔者看来，德国联邦法院在托本案中就没能充分地考虑到这一点。《德国刑法典》第6条的每一次扩张，都必须建立在国际协同一致的基础上。就这种扩张的必要性是否能够在事实上达成共识（如有关名誉保护或对抗极端主义的政治运动领域），仍须进一步观察。

---

[110] 即便是人的尊严也能与普遍的自然人类利益联系起来。参见 *Hilgendorf*, Jahrbuch für Recht und Ethik 7 (1999), S. 137, 148 ff. mit Fn. 42。
[111] 提出这种倡议的，参见 *Lehle* (Fn. 49), S. 186。
　*　本章作为论文发表时，国际刑事法院尚未正式成立。（译者注）
[112] *Merkel*, in: Lüderssen (Hrsg.), Aufgeklärte Kriminalpolitik oder Kampf gegen das Böse?, Bd. III, 1998, S. 237. 在该文献中，*Merkel* 准确地强调，《德国刑法典》第6条的当前版本由于包括了特别轻微的犯罪（例如《德国刑法典》第6条第5项：未经授权销售麻醉品）违反了国际法。

六、结论

在"新媒体与刑法"这一给人时髦印象的关键词背后,隐藏着所涉范围非常广的严肃的刑法教义学问题。这些问题的一部分建立在德国刑法教义学的传统课题之上。因特网犯罪决不会强行要求将已经经受时间考验的教义学工具弃置一旁,完全相反,新的课题应当在被证明过的受法治国家保障的方法框架之内加以解决。不过,有必要在一些侧面扩展刑法教义学的视野:这一要求一方面适用于建立在交叉文化基础上的刑法问题,这一课题领域最好交给刑法理论来解决。另外一种刑法教义学视角的扩展涉及此前一直被忽视的国际刑法,针对这一点,有必要增加对国际法任务的尊重,这种国际化的强制可能是新媒体对刑法学最重要的影响。

第二十一章

计算机刑法新论

一、概述

直到20世纪80年代,个人使用电脑仍然是非常少见的情形。时至今日,几乎每个德国家庭都至少有一部计算机。同时,越来越多的家电也是通过电子技术来控制和处理。因个人需求或工作目的而使用电脑已经成为一种日常行为。现在,网络几乎与公路网一样成为公共基础设施不可或缺的组成部分。毫不夸张地说,我们的生活世界因此步入了一个全面的数字化时代。

随着新型信息和通讯技术的发展,也出现了新型的危害社会的和犯罪的行动方式。德国立法者及时做出反应,1986年公布了两部打击经济犯罪的法律,由这两部法律规定的计算机刑法条文基本上至今仍然有效。欧洲范围内,有关计算机和网络刑法的规定在过去一些年中有了新的发展。[1] 其中,最为重要的两个立法就是2001年11月23日欧洲理事会颁布的《关于计算机犯罪的公约》[2]和2005年2月24日欧盟理事会颁布的《关于攻击信息系统的理事会框架决议》。[3] 2007年8月7日德国《为打击计算机犯

---

[1] Überblick bei *Hilgendorf*, in: Schwarzenegger/Arter/Jörg(Hrsg.), Internet-Recht und Strafrecht. S. 257 ff. zusammenfassend *Eric Hilgendorf/Thomas Frank/Brian Valerius*, Computer-und Internetstrafrecht, 2005, Rn. 65 ff.

[2] ETS Nr. 185.

[3] Rahmenbeschluss 2005/222/JI. ABI. EU Nr. 1. 69 VOM 16.3.2005. S.67.

罪的〈德国刑法典〉第 41 修正案》获得通过,该修正案完成了欧洲理事会《关于计算机犯罪的公约》和欧盟委员会《关于打击计算机犯罪的理事会框架决议》在德国刑法中的执行和适用。[4]《关于打击计算机犯罪的理事会框架决议》第 12 条第 1 款规定,缔约国有义务在 2007 年 3 月 16 日前完成该决议在各国国内法中的执行和适用。为了实现此目的,尽管由联邦政府负责起草的草案[5]是在时间紧迫的情况下通过的[6],但是,无论其主题思想还是具体的细节,都是令人信服的。我们日常生活的数字化发展如此广泛,因此,必须清晰且可明确选择地规定特殊的计算机不法,从而使我们不必冒计算机和网络刑法的适用范围膨胀扩大的危险。特别值得肯定的是,草案多过度犯罪化的危险进行强调[7],因此,原则上狭义的犯罪构成要件是可取的。然而,令人惋惜的是,《德国刑法典》第 202c 条的规定过于宽泛。

---

[4] Näher *Gerke*, MMR (2004). 728 ff. Nur angemerkt sei, das die Umsetzung der auch in der Gesetzesbegründung(BT-Drucks, 16/3656. S. 7) angesprochenen Europarats-Konvention zur Kinderpornographie zügig erfolgen sollte. Vgl. auch BT-Drucks, 16/3439.

[5] BT-Drucks, 16/3656 und dazu die Stellungnahmen der Sachverstandigen Borges, Bruns, Gercke, Graf, Hange, Hilgendorf, Kudlich, Lindner und Stuckenberg. abrufbar unter www. bundestag. de/ausschuesse/a06/anhoerungen/15 _ Computerkriminalitaet/04_Stellungnahmen/(15.10.2007). *Georg Borges*, Rechtsfragen des Phishing "Ein Überblick", NJW (2005), 3313 ff.; *Marco Gercke*, Analyse des Umsetzungsbedarfs der Cybercrime-Konvention: Teil 1: Umsetzung im Bereich des materiellen Strafrechts, MMR (2004), 728 ff.; *Jürgen-Peter Graf*, "Phishing" derzeit nicht generell strafbar, NStZ (2007), 129 ff.; *Eric Hilgendorf*, Aktuelle Fragen des materiellen Computer-und Internetstrafrechts im Spiegel neuerer Gesamtdarstellungen, ZStW 118 (2006), 202; *Eric Hilgendorf*, Tendenzen und Probleme einer Harmonisierung des Internetstrafrechts auf Europäischer Ebene, in: *Schwarzenegger, Christian/Arter, Oliver/Jörg, Florian S.*, Internet-Recht und Strafrecht, 4. Tagungsband, 2005, S. 257 ff.; Carl-Friedrich Stuckenberg, Zur Strafbarkeit von Phishing, ZStW 118 (2006), 878 ff..

[6] Dazu mit Recht kritisch *Kudlich* (Fn. 5), S. 2.

[7] BT-Drucks, 16/3656. S. 9, 11, 12 und passim.

二、获取数据(《德国刑法典》第 202a 条)

《德国刑法典》第 202a 条第 1 项规定:"非法为自己或他人获取不属于自己的、为防止被他人非法获取而作了特殊安全处理的数据的,处 3 年以下监禁或罚金。"

尽管在新的《德国刑法典》第 202c 条中规定预备行为具有可罚性,但并没有规定未遂的可罚性。[8] 行为人仅仅为自己或他人非法获取数据的行为本身并不能成立犯罪行为,只有行为人为自己或他人非法获取数据访问的行为才是犯罪行为。所以,简单的黑客侵入陌生电脑系统的行为应当被认定为犯罪。[9] 这个修订具有积极的意义,旧的非法获取数据的行为概念引起[10]的问题,也全部解决了。自然而然,草案正是把这种特殊保护的需求反映出来。这表明,并不是任何数据都可以通过《德国刑法典》第 202a 条保护,相反,这些数据的受保护性是通过特殊保护的授权确定下来的,我们可以确定不安全的数据不能通过《德国刑法典》第 202a 条保护。当行为人突破了访问安全性的保护而获取访问时,这个行为本身就成立犯罪行为,这也是具有说服力的。因此,我们也可以说,在这些案件中,行为人暴露了特殊的犯罪能力。同时,用户在处理自身数据的过程中也可因疏忽而导致数据被使用,从而不能受到刑法的保护,例如,当用户选择了一个非常低的安全级别的时候。我们可以把这种思路表达为"对自身数据的自我答责原则"。因为法条明确指出"突破"访问安全性的必要性,我们也需要像过去的《德国刑法典》第 202a 条那样,不应当认为某人毫无顾忌突破安全性的行为无关紧要。[11] 就这点来说,该罪的犯罪构成包含了

---

[8] Näher *Kudlich* (Fn. 5), S. 4. *Stuckenberg* (Fn. 5), S. 2. spricht von eniem "unlogischen Systembruch".
[9] BT-Drucks 16/3656, S. 9 f.
[10] *Hilgendorf/Frank/Valerius* (Fn. 1), Rn. 683 ff.
[11] BT-Drucks 16, 3656 (Anlage 2), S. 16.

一个被害人教义学要素。[12]

德国联邦参议院在其 2006 年 11 月 3 日的发表意见中批评该罪的构成要件过于宽泛,因为还存在一些没有数据储存和数据处理功能的电子设备。[13] 因此按照草案的规定,以下行为都可以受到刑事处罚。例如,当某人为了听 MP3 储存的音乐而破解了一个上锁的 MP3 播放器,或者当一个十几岁的孩子设法悄悄获取了其父母禁止其观看的特定电视节目的密码并观看了节目。因此,在这些行为中存在问题。德国联邦政府声称存在问题的情形将通过的《德国刑法典》第 202a 条适用中的特殊访问安全的构成要件特征排除掉[14],这种说法并不合理,因为在以上上锁的 MP3 和电视节目密码的案件中,特殊的访问安全是存在的并被行为人的行为破解。问题在于《德国刑法典》第 202a 条本身,但是,该条本身问题并不致命,因为这一条中并不要求行为人获取数据的访问途径,而是对数据本身的获取。因此,问题在于德国立法者以及有关的欧盟规定起草人仍然是从旧的,基本上是以 20 世纪 60 年代产生的"黑客"模式为出发点的。那时候,还没有考虑到电脑功能可能在所有的日常生活设备中建立。典型的"黑客"攻击整个电脑系统,而不是 MP3 播放器、电视或全副武装的熨斗。

由此也就可以看到一个解决的办法,即并不是获取任何一个访问都足以成立犯罪,而是只包括以下情形,这些情形中,行为人获取了数据储存器的访问,与此同时,假设《德国刑法典》第 202a 条第 1 项规定如下:"非法为自己或他人获取不属于自己的、为防止被他人非法获取而作了特殊安全处理的、具有储存功能的数据载体或类似的数据传输体的,处 3 年以下监禁或罚金。"

通过以上表述中"具有储存功能的数据载体或类似的数据传输体"的注释,可以使立法者给判例提供机会使新的"黑客"模式和《德国刑法典》第 202a 条更加明确,并且使得在使用音乐播放器、

---

[12] LK/Schünemann, StGB, § 202a, Rn. 15.
[13] BT-Drucks, 16/3656(Anlage 2), S. 16.
[14] Id., S. 18.

电视及其他具有数据传输功能的日常设备时出现的非法破解访问安全的行为被排除在符合构成要件的行为之外。只有这些具有数据存储功能的设备才应当被允许作为"黑客"的行为对象,通过这样的规定就澄清了数据存储只是设备整体功能的一个基本要素。与该设想相反的观点则认为,数据储存所体现的特殊性与那些数据储存仅仅是其附带功能的设备之间的界限很难以界定。实践中,越来越多出现的是终端的融合,如电视机(数据存储作为其附带功能)和电脑(数据存储是其主要功能之一)已经几乎不再清楚地被分离开来了,例如,今天的 MP3 音乐播放器首先被当做一个小的硬盘看待。

　　立法上对犯罪行为的理解仍然是有问题的。[15] 就法条规定的字面意思来看,根据"获得数据入口"的规定,如果一个黑客获得了访问某台计算机的机会,他可以从这台陌生计算机上上传数据,但是却不能从此台计算机下载数据。[16] 是否可通过对"擅自获取数据存储"规范的广义解释,使得行为人所产生的行为结果不符合此规定,如果考虑到刑法的确定性原则来看是存在疑问的。

　　同样不清楚的是,《德国刑法典》第 202 条第 1 项规定意义上的"入口"的前提条件具体含义是什么。人们可以争辩说,当行为人努力开始进入入口的时候,就可以认为行为人已经获取了陌生数据的入口(实行犯)。因此,既遂时间点不可思议地大大提前。还有另外一种可能,即当行为人已经着手并且不存在主要的障碍或仍然需要中间步骤的时候,可以认为行为人已经获取了访问的入口。这种解释被否定了,这是因为到底还剩余多少阻碍是一个非常不确定的标准。[17] 因此,似乎更加合理的标准应当是行为人是否已经对受保护的数据进行了独立的、直接的访问。这就意味着,如果一个黑客侵入一个多重安全防护的系统,只有当他突破越

---

[15] *Gercke* (Fn. 5), S. 6.
[16] Beispiel von *Gercke* (Fn. 5), S. 6.
[17] Fraglich ist schon, ob eine derartige "Wesentlichkeit" objektiv (nach einem allgemeinen Maßstab) oder subjektiv (nach der Leistungsfähigkeit des Täters) auszulegen wäre.

过最后一道安全保护时,才构成犯罪。相反,仅仅通过一个安全保护来设置数据处置权的情形要比通过多个安全保护谨慎设置数据处置权的情形更易受到刑法的保护。这从法律政策上来看不是一个合理的结论,但是,这种情形在传统的取得型犯罪(如《德国刑法典》第242条)中也会出现。

从结论上看,尽管这个新的法律规定值得赞同,但是,无论是判例还是法学理论,都面临一个任务,即通过对法律适用中规范的恰当解释,使之与典型的黑客现象相一致。

三、拦截数据,《德国刑法典》第202b条

最新《德国刑法典》第202b条规定如下:"非法为自己或他人,通过技术手段从非公开数据处理设施或电磁广播的数据处理设备中拦截非特定数据(《德国刑法典》第202a条第2段),处2年以下监禁刑或罚金,除非依据其他规定应当判处更加严重的刑罚。"

兜底构成要件的功能在于保护有处分权利人对其数据的形式的保密利益。通过采用"为其本人或他人获取数据"的要素,使得旧的《德国刑法典》第202a条中行为规定的解释困难被新的《德国刑法典》第202b条继受。[18] 不明确的还有"非公开的数据传输"的前提条件。[19]《德国刑法典》第201条第1款第1项当中也使用了"非公开性"这个要素,这个要素在该条文中并不是指向公众,并且也不适用于超出了个人的或实质的关系清楚界定的人群。[20] 如果把这个套用到新《德国刑法典》第202b条,则可由此得出结论,互联网中的邮件交流基本上也是受保护的,例外的情形是当邮件一开始就是发送给数量巨大的邮件接收者时。还应当包含的是,在无线网中不受保护的新闻传播及当第三人查看的权限非常有限

---

[18] Vgl. *Hilgendorf/Frank/Valerius* (Fn. 1), Rn. 683 ff.
[19] *Graf* (Fn. 5). S. 4.
[20] *Thomas Fischer*, Strafgesetzbuch und Nebengesetze, 55. Aufl., 2008, § 201, Rn. 3; ausformuliert *Konrad Alber*, Zum Tatbestand "nichtöffentlich" § 201 Abs. 1 Nr. 1 StGB. JR (1981), 495.

的情形。[21] 但是,这种权限的可能性并不影响行为是针对不公开的新闻的判断,只要邮件接收人的范围是清楚的。《德国刑法典》第202b条并不要求针对第三人权限的特别安全。

从电磁广播的数据处理设备中获取数据也符合条文对数据的规定,这些数据并不是直接传输的数据,而是储存在系统中的数据。就这点而言,立法的根据是容易被误解的。[22] 法律条文规定的范围是实用的,试图将所谓的"边信道侵害"也包括进来。因此,行为人并不是通过一个侵害获取系统内数据,而是通过其他手段,如通过电磁广播的符号或录音来实现。[23]

引人注意的是,此处德国及欧盟的规范制定者不同于《德国刑法典》第202a条之处在于,并不要求存在一个特别的访问安全性。其中的理由并不明显,仅仅存在技术性的事实并不值得重视。例如,非公开的数据可以通过加密来进行安全防护,电磁广播可以通过相应的技术保护装置来阻止数据被获取。《德国刑法典》第202a条中体现出来的很有说服力的对个人数据自我答责[24]的思想,乍看起来在《德国刑法典》第202b条中并不合理,因为根据该条的规定,草率的数据权利人和谨慎的数据权利人受到同样的保护。

因此,可以考虑在"获取"这个词前面加上"克服了一个特殊的安全保护"的表述。但是,看起来有疑问的是,这是否可与欧盟的规定相协调。此外,处于正在传输状态中的数据比储存起来的数据更加易于受到攻击,因此,对于没有设置安全措施的、疏忽的数据传输也应当进行特别的刑法保护是有意义的。在许多案件中,

---

[21] Dazu den Beitrag von *Paul Thomas Thal*, Wireless Local Area Networks, Die strafrechtliche Beurteilung von Wardriving und anderen WLAN-Angriffen, in: *Hilgendorf* (Hrsg.), Dimensionen des IT-Rechts, 2008, S. 43 ff.; sowie Kay H. Schuhmann, Das 41. SträndG zur Bekämpfung der Computerkriminalität, NStZ (2007), 675, 677.

[22] Vgl. BT-Drucks, 16/3656, S. 11. wonach gespeicherte Daten nicht Tatobjekt der Vorschrift sein sollen.

[23] Näher *Hilgendorf/Fran/Valerius* (Fn. 1), Rn. 693.

[24] Vgl. *Hilgendorf/Fran/Valerius* (Fn. 1), S. 3.

技术性保护措施的使用往往花费巨大。对构成要件的某些限制已经通过其他的条文实现了,新的《德国刑法典》第202b条仅规定未公开的、非行为人特定的数据传播。与此相反,允许"使用技术手段"这个构成要件要素不再发挥作用,那么,访问正在传输的数据甚至电磁广播的数据处理设备,不使用任何技术手段是不可能完成的。

四、准备守候并拦截数据,德国刑法第202c条

《德国刑法典》新的第202c条规定如下：

1. 行为人为实施《德国刑法典》第202a条和第202b条的犯罪行为而准备,通过：
(1) 密码或其他安全码访问数据;或者
(2) 为自己或他人获取、销售具有第1项目规定的目的的计算机程序,或者向他人转让、传播或允许他人使用这样的计算机程序,处1年以下监禁或罚金。

2. 比照适用《德国刑法典》第149条第2、3项的规定。

新规定的目的在于对计算机刑法领域的确定的、特别的和危险的预备行为进行规定。[25] 除了立法者认为这种赤裸裸的占有应当被控诉以外[26],这是值得肯定的。但是,《德国刑法典》第202c条走得太远了。《德国刑法典》第202c条第1款第1项和第2项也规定了一般社会认可甚至希望的行为,此外,"第202a条和第202b条的犯罪行为的预备"的法律规定太过宽泛,为了能够给出一个有意义的限制,应当在每个"预备"前加上对犯罪行为的帮助这个限制。德国的立法者没有采纳像《关于计算机犯罪的公约》第6条第

---

[25] Grundlegende Kritik bei *Gunnar Duttge*, Vorbereitung eines Computerbetruges: Auf dem Weg zu einem "grenzenlosen" Strafrecht, FS-Weber, 2004, S. 285 ff.
[26] BT-Drucks, 16/3656, S. 12.

2 项的清楚的附加条款的规定模式。[27] 因为《德国刑法典》第 202c 条的规定也适用于第 303a 条第 1 项或 303b 条第 1 项,因此,在那些法条中也存在这个问题。

具体来看,《德国刑法典》第 202c 条第 1 款第 1 项的客观构成要件并没有清楚规定不法的类型,而是规定了如设定保护确定的数据的密码和安全码的系统管理者的活动。假设在一个企业或机关,过去设定的密码一直被重复使用,如果想要使其不符合未经授权占有陌生数据,则如果系统管理员仍然为系统设置新的密码,根据《德国刑法典》第 202c 条第 1 款第 1 项的规定,系统管理员可能受到刑事处罚,因为根据《德国刑法典》第 202a 条,当一个具体的犯罪行为已经是可预见的,则构成以间接故意实施的犯罪预备行为。当设定密码或安全码的系统管理员估计到密码或安全码有被黑客攻击使用的可能时,行为人可因此受到刑事处罚。因此,在更大的企业或机关中,符合《德国刑法典》第 202a 条规定的不正常情况如果在日常生活中经常发生,则系统管理员的工作将无缘无故进入刑事处罚的灰色地带。

德国联邦议会已经意识到了以上提到的问题。在 2006 年 11 月 3 日联邦议会的观点中,可以找到以下例证:"一个健忘且疏忽大意的行为人(机关或企业的成员)在其电脑旁边标记了其密码,虽然他估计到清洁员可能找到密码并使用密码登录(尽管清洁员没有这么做)。"[28] 在这个案例中,如果行为人允许他人使用其密码并且因此而成立《德国刑法典》第 202a 条的犯罪预备,则将完全符合《德国刑法典》第 202c 条第 1 款第 1 项的规定。德国联邦政府在其反对意见中指出,以上案例中缺少《德国刑法典》第 202a 条

---

[27] Art. 6 Abs. 2 der Cybercrime-Konvention lautet: "This article shall not be interpreted as imposing criminal liability where the production, sale, procurement for use, import, distribution or otherwise making available or possession referred to in paragraph 1 of this article is not for the purpose of committing an offence established in accordance with Articles 2 through 5 of this Convention, such as for the authorised testing or protection of a computer system."

[28] BT-Drucks, 16/3656, S. 16.

规定的计算机刑事犯罪行为,因为行为并不是为了攻克一个特别的访问安全。[29] 然而,这种观点并不能使人信服:根据条文的规定,并不要求根据《德国刑法典》第 202a 条或第 202b 条的规定行为进入实行阶段,只要"预备"即可。"预备"的概念应当理解为是任何的帮助行为及《德国刑法典》第 202a 条或第 202b 条规定的实行行为之前的行为。通过行为人草率地放置密码,使得清洁工通过行为人而获得突破计算机密码安全的可能性,因此而符合《德国刑法典》第 202a 条的构成要件,这足以满足《德国刑法典》第 202c 条第 1 款第 1 项的客观构成要件。

《德国刑法典》第 202c 条第 1 款第 2 项仍然存在的问题是,对于活跃在德国的生产检测 IT 系统保护装置软件的安全企业,将面临难以估计的刑事责任风险。他们生产借助于 IT 的基础设施对安全漏洞进行穿透性检测的软件工具。根据《德国刑法典》第 202a 条或第 202b 条的规定,这样的软件也实施刑事犯罪行为。因此,人们经常也称为"两用工具"。值得注意的是,这样的程序本身并没有确定的目的,更确切地说,体现了程序设置人的意图或后来就是体现程序使用人的意图。[30] 程序的目的因其适用性而不同。通常所说的"客观化的目的",或者说"客观的用途",是一种极大的误解。与此相关的《德国刑法典》第 263a 条第 3 款相当长一段时间也受到批评和谴责。[31]

这种不准确的概念使用引起的结果早在立法过程中就显现出来:德国联邦政府解释道,如果程序的客观用途也成立刑事犯罪行

---

[29] Id., S. 18. Möglicherweise meint die Bundesregierung, bei Verwendung des Passwortes würde §202a StGB ausscheiden, weil dann keine "besondere Zugangssicherung" mehr überwunden werden müsste. Nahme man diese Ärgumentation ernst, so würde §202a StGB immer dann nicht in Frage kommen, wenn es dem Täter gelungen ist, sich in Besitz einer Passwortes oder eines anderen Zugangsschlüssels zu bringen-eine kaum vertrebare Ansicht.

[30] *Fischer* (Fn. 20), §263a Rn. 30. Vgl. Auch *Stefan Ernst*, Das neue Computerstrafrecht, NJW (2006), 2661, 2663.

[31] Scharfe Kritik z. B. bei *Fischer*, a. a. O., §263a, Rn. 32. Vgl. auch *Hilgendorf/Fran/Valerius* (Fn. 1), Rn. 158.

为,则足以认为构成要件已经实现[32];其后又认为,与此相对,两用工具并不符合客观构成要件。[33] 因此暴露了目前的法律版本考虑不周,尤其是客观构成要件限制的必要性被轻易地过度强调,好像计算机程序法指出"有目共睹的目的"或"主要的目的"是犯罪行为。

作为对过于宽泛的客观构成要件含义的限制,现行法在必要时可求助于主观构成要件。这种修正仍然是不充分的,因为《德国刑法典》第202c条与公约不同[34],只要间接故意就足够了。这就意味着,当行为人估计到有可能通过他的行为促使符合《德国刑法典》第202a条或第202b条的犯罪行为产生,即预备行为。然而,仍然不明确的是,行为人对于引起这样的犯罪行为到底要求达到多么具体的认识程度[35],是否必须行为人当时已经对于构成其准备行为基础的具体犯罪行为的地点、时间和对象都有设想,还是只要有一般的认识就足够了[36],例如,对《德国刑法典》第202a条或第202b条所规定的符合构成要件和违法性的犯罪行为提供支持。从规范的字面意思出发,这两种解释都是可能的。针对第一个解释方案,从《德国刑法典》第41修正案形成的立法目的的背景来看,要避免过度的犯罪化。[37] 另一方面,无论如何,这样的情况根据《德国刑法典》第202a条或第202b条的规定也可被认定为《德国刑法典》第27条规定的帮助犯。所以,根据第二种解释方案,《德国刑法典》第202c条的主观构成要件的宽泛解释可想而知,同时也开启了新的《德国刑法典》第202c条使用范围的漫无边际。在违法性的层面上,如果行为人从合法权利人(如工厂的所有人)

---

[32] BT-Drucks, 16/3656, S. 12.
[33] Id., S. 19.
[34] Vgl. oben Fn. 27 ("for the purpose of committing an offense").
[35] Treffend Bruns (Fn. 5), S. 5.
[36] Die gleiche Frage stellt sich bei den §§ 149 Abs. 1. 263a, Abs. 3 und 275 StGB sowie bei § 22b Abs. 1. Nr. 3 StVG, Vgl. auch die neuere Diskussion um den Begriff des "gefährlichen Werkzeuges", nachgewiesen bei *Karl Lackner/Kristian Kühl*, Strafgesetzbuch, Kommentar, 26. Aufl., 2007, § 244, Rn. 3.
[37] 参见本章第一部分。

处获得许可,对其 IT 安全结构进行测试,这样的行为方式可以被排除违法性,应当受到保护。然而,这种方法并不是在所有的案例中都奏效,例如,那些安全软件被作为独立于其他单个部件来设置的或内部秘密测试的情形。因此,一个可能的授权在这种情形中原则上是不合适的,因为这样的法律概念在这些案例中应当受到限制,因为这些情形中受到损害的合法权利人事前并不可能被询问。[38]

为了对《德国刑法典》第 202c 条的表述进行限制,可以加入主观构成要件并用适当的语言表述为"行为人为了故意实施《德国刑法典》第 202a 条和第 202b 条规定的犯罪行为而作准备……"通过一个犯罪的、主观的行为方面的必要条件,至少更加清楚地强调行为人的不法类型。然而,主观的构成要件要素始终可以引起显而易见的困难。因此,从立法论的角度来看,最好能更为明确地凸显客观的不法。这样可以借助以下表述"行为人针对《德国刑法典》第 202a 条或第 202b 条的犯罪行为进行准备,其中……""针对"一词应当客观地理解,这同时意味着这样的行为从客观上看是指向《德国刑法典》第 202a 条或第 202b 条的犯罪行为的。如果替代"针对"这个表述,则还可以使用"直接的"这个表达。应然法仍然需要检验是否在真正的法益侵害发生之前的刚刚开始的预备不足以符合构成要件,例如,这里面并不成立两用软件,而是仅仅开始了实施应受刑罚处罚的具体犯罪行为的预备行为。

总体来说,新的《德国刑法典》第 202c 条是失败的:它不仅干扰了机关或企业中负责 IT 安全的系统管理员或其他责任人的工作,而且为德国的安全公司制造了很大的障碍,因为他们今后将在刑法的灰色地带工作。此外,IT 安全供应商及杀毒软件生产商也可能受到牵连。然而,犯罪人为了不违反《德国刑法典》第 202c 条的规定,可以轻易到国外躲避。[39] 德国的安全公司只能听任新的

---

[38] Jürgen Baumann/Ulrich Weber/Wolfgang Mitsch, Strafrecht Allgemeiner Teil, 11. Aufl., 2003, § 17, Rn. 118.

[39] Graf (Fn. 5) S.5 weist treffend daraufhin dass die Mehrzahl der Hackertools auf Datenpeichern im Aualand vorgehalten wird, dazu auch Ernst (Fn. 30), S.2666.

刑罚处罚条例摆布。因此,该法条实质上是削弱而不是加强了德国的 IT 信息安全保护。社团的活动,如德国汉堡"混沌电脑俱乐部",发现大型公司或国家设备中的安全漏洞并公之于众,今后,这样的行为在某些场合将受到刑事处罚。[40] 安全教育,包括高等学校信息技术科学学院也会受到影响。此外,联邦信息技术安全局的活动也可能受到影响。[41] 最终,专业记者及研究人员下载意在进行网络调查的软件也将可能根据《德国刑法典》第 202c 条受到刑事处罚。

值得翘首以待的是执法机构将如何应对《德国刑法典》第 202c 条的规定。法治原则要求行为要与法律条文一致,健全且开明的法律政策应当对某些现实的应受刑罚处罚的案例进行限制,如果这些案例中个别情况下不法侵害计算机的危险有所增加。《德国刑法典》第 202c 条的条文在前面首先规定了广泛的活动,这些活动在很多情况下都是社会希望的,并且从计算机安全来看,都是合理的。它也保留了目的上的缩小和限制,即通过"有针对性的准备"《德国刑法典》第 202a 条或第 202b 条中的犯罪行为的客观构成要件。也可以有充分理由的是插入了主观构成要件,并且要求行为人具有实施《德国刑法典》第 202a 条或 202b 条的意图。如果不对《德国刑法典》第 202c 条的刑法规范进行限制,则可能构成违宪,一方面因为该条文过度地限制了受到基本权利保护的系统管理员和安全公司的活动,另一方面也是违背了法治国家的要求。

---

[40] Neben dem neuen § 202c StGB ist auch § 202a StGB n. F, einschlägig, der es ausreichen last, dass sich der Täter den Zugang zu bestimmen Daten verschafft. Ein Verschaffen der Daten selbst ist künftig nicht mehr erforderlich.

[41] Nach § 3 Abs. 1 Nr. 1 des BSI-Errichtungsgesetzes gehört zu den Aufgaben des Amtes auch die "Untersuchung von Sicherheitsrisiken bei Anwendung der Informationstechnik" sowie die "Entwicklung von Sicherheitsvorkehrungen, insbesondere von informationstechnischen Verfahren und Geräten für die Sicherheit in der Informationstechnik, soweit diess zur Erfüllung von Aufgaben des Bundes erforderlich ist." Eine Beeinträchtigung des Tätigkeit des BSI durch das 41 SträG wird verneint von Hange (Fn. 5), S. 3.

五、变更数据，《德国刑法典》第 303a 条

在已经提到的联邦议会的意见中，《德国刑法典》第303a 条反复出现明显违反其确定性的情形，受到很多批判。[42] 不确定性是指对数据的支配权如何确定的问题，刚好这个问题对于网络系统中的数据是完全没有解决的。因此，可以考虑从规范的合宪性中推导出结论。[43] 但是，仍然值得质疑的是，立法者现在能否解决这个问题。在法学研究文献中，至今仍然没有任何明确的解决办法，并且对于司法实践来说，这个问题并不关紧要。因此可以说，除了《德国刑法典》第 303a 条以外，《德国刑法典》第 41 修正案是一个积极有效的改革。这也适用于法兰克福 OLG 最新的一个判决中对"受压制的"构成要件要素做出不同于通说的解释，即临时短暂地拦截数据并不足以成立犯罪。[44] 因此，并不指望这种观点在判例中有追随者。

六、破坏计算机

《德国刑法典》第303b 条应该修改如下：

　　1. 为下列行为之一，严重干扰对他人有重要意义的数据处理程序的，处 3 年以下监禁或者罚金：
　　(1) 实施第 303a 条第 1 款之行为的；
　　(2) 故意侵入或传送数据（第 202a 条第 2 款），从而使他人遭受损害的，或
　　(3) 对数据处理设施或数据载体加以毁坏、损坏、使其不

---

[42] BT-Drucks, 16/3656, (Anlage 2), S. 16 f.
[43] LK/*Tolksdorf*, StGB, § 303a, Rn. 7, 11. Aufl.
[44] OLG Frankfurt, MMR (2006), S. 547. Eingehend zu dieser Entscheidung Brian Valerius, Zur Strafbarkeit virtueller Sit-ins im Internet, Von Pershing via WAA zur Lufthansa, in: *Eric Hilgendorf* (Hrsg.) (Fn. 21), S. 19.

能使用、消除或变更的。

2. 非法交易对他人的企业、公司或机关具有重要意义的数据处理，可处 5 年以下监禁或罚金。

3. 犯本罪未遂的，亦应处罚。

4. 犯本罪第 2 项规定之罪，情节特别严重的，处 6 个月以上 10 年以下监禁。特别严重的情形是指当行为人，

(1) 引起大范围的财产损失；

(2) 职业性地或作为持续实施破坏计算机犯罪团伙的成员而实施犯罪；

(3) 通过犯罪行为损害国计民生的重要财产权利、服务或联邦德国安全；

5. 本条第 1 款犯罪的预备行为的处罚，适用第 202c 条的规定。

新的《德国刑法典》第 303b 条第 1 项原则上扩大了全部对破坏计算机的数据处理的刑法保护。计算机现在已经为人们的日常生活所有，并且大部分是通过私人家庭支出来实现支配的，面对这一现状，理所应当赞同受到扩大的刑法保护。通过修改，对数据处理作了"重要的意义"的限制，可能导致国家刑罚权利的膨胀。这是令人信服的。对数据处理进行"具有重要意义"到"几乎没有意义"的界定，仍然有待判例法来解决。

《德国刑法典》第 303b 条第 1 款第 2 项也可用于对 Dos 侵害[45]的刑事法考量。客观构成要件之数据输入或数据传输规定得很宽泛，只能通过主观构成要件中必要的意图进行限制。这种立法技术使得原则上难以规定的主观行为方面占据特别重要的分量。规定 Dos 侵害的特别情形也没有其他可能的解决方法。令人惋惜的是，《德国刑法典》第 303b 条第 1 款第 2 项在主观构成要件方面显然是直接采用了《德国刑法典》第 274 条第 1 款的规定，而没有将消除大量解释困难带来的不利作为问题考虑。[46]

---

[45] BT-Drucks, 16/3656, S. 13.
[46] Bruns (Fn. 5), S. 7 f.

《德国刑法典》第303b条也关注这个问题,由于我们日常生活世界的数字化发展,几乎不存在[47]不具有数据处理功能的电子设备,所以,原则上也可以把损害家用设备芯片保护的行为归入《德国刑法典》第303b条的范围。德国联邦议会在其发表的意见中还提到录像机、高保真音响、电视机、导航系统、洗衣机和洗碗机及可编程的电灶。[48] 然而,如果在这些设备中的数据处理已经到期或终止,则不存在第303b条第1款前半部分所假设的、对相关行为人有重要意义的数据处理实施犯罪。

七、"网络钓鱼"的理解

网络上连续出现一种新的具有社会危害的行为,而依据计算机刑法已经建立起来的构成要件来理解这种行为看起来存在问题。最近,人们首要关注的问题是"网络钓鱼"(由 password 和 fishing 合成)。[49] 网络钓鱼的犯罪行为人试图通过电子邮件或其他媒介使收件人交出密码及其他相关的访问数据。网络中的这种行为方式背后的想法是老套的,并且早已经在十年前当时使用的"中间人攻击"概念中探讨过了。[50] 正如 Bruns 强调的那样,这种行为方式是所谓的"身份盗窃"的变种。[51] 可以确定,当前的"网络钓鱼"的形式,根据现行法不能全部被理解为是可受刑罚处罚的。[52]

《德国刑法典》第263条也会因此而落空,尽管存在犯罪行为人的欺骗行为和对应的被害人陷入错误,但并不意味着已经造成了对被害人财产处分权直接的财产性损害或损害相当的财产性

---

[47] 参见本章第二部分。
[48] BT-Drucks, 16/3656 (Anlage 2), S.17.
[49] *Graf* (Fn. 5), S.129—132; *Hilgendorf/Frank/Valerius* (Fn. 1), Rn. 760 ff. ausführlich, *Stuckenberg* (Fn. 5), S.878 ff; vgl. Auch *Borges* (Fn. 5), S.3313 ff.
[50] Vgl. auch *Borges*, a. a. O., S.3314.
[51] *Bruns* (Fn.5), S.9 mit Hinweisen zu weiteren Formen des Identitätsdiebstahls.
[52] *Ernst* (Fn. 30), S.2665, *Graf* (Fn. 5), S.132.

危险。[53] 然而，仅仅是泄露密码或其他访问数据，并不一定造成损害相当的财产性危险。在某些案例中，缺少直接的财产性危险，这些情形中的行为人只是先一次性采集大量的被钓鱼的访问数据，然后才有希望开始进行交易。

因此，《德国刑法典》第202a条并不能被满足，因为行为人并不是通过突破安全设置而获取数据访问的。最终，在许多案例中，都可能与《德国刑法典》第269条有关[54]，这体现了在缺少发送方报告或发送方报告不明确时，则报告中可以确定的具体的发送人和数字的证据也无从谈起了。那么，运用《德国刑法典》第269条处理不清楚的或缺少发送人报告的案例就不成问题了，这显示了原则上对被害人的重大疏忽仍然保护，呈现了被害人教义学的倾向[55]，因此，也就提出了刑事法保护的适当性问题。恰好这种形式的网络社会危害行为又一次明确地指出，最为有效的预防形式并不是刑法，而是用户的媒体能力的提升。[56]

鉴于"网络钓鱼"潜在的危险和高额的成本，如果考虑将通过这种新形式产生的网络欺诈行为全部犯罪化，这在任何情况下都是不合理的。令人惊奇的是，在立法论证时并没有进一步指出，《德国刑法典》第202c条第1款第1项（获取密码）已经可以包含大部分的"网络钓鱼"案件。"网络钓鱼"的核心就是非法获取密码或其他进入代码。需要对前提条件作一定的限制，即非法获取密码的行为必须是《德国刑法典》第202a条或第202b条的犯罪行为的预备。如果网络钓鱼者通过网络欺骗手段非法获取密码或其他账户及有吸引力且受保护领域的进入代码，则只要行为人使用这些钓鱼获得的数据，都可构成《德国刑法典》第263a条第1款第3种情形和第4种情形之罪。为了更加有效地规定"网络钓鱼"，可

---

[53] Im Regelfall des "Phishing" wird allerdings ein Betrug gem. §263 StGB vorliegen, vgl. *Hilgendorf/Frank/Valerius* (Fn. 1), Rn. 765.

[54] Dies betont zu Recht *Michael Heghmanns*, Strafbarkeit des "Phishing" von Bankkontendaten und ihrer Verwertung, wistra (2007), 167 ff.

[55] 请参见本章第二部分及前注12。

[56] *Hilgendorf* (Fn. 1), S. 257, 292 f.

将《德国刑法典》第 202c 条表述为"任何实施《德国刑法典》第 202a 条、第 202b 条或第 263a 条所规定犯罪行为之预备……",或者更准确地说,"行为人意图实施刑法第 202a 条、第 202b 条或第 263a 条规定的犯罪行为之预备行为……"

当然,也可以考虑根据"网络钓鱼"的特殊含义而将其在现行法中单独规定(《德国刑法典》第 202d 条)。具体的刑法条文可表述如下:"行为人故意使得他人陷入不利,在网络通讯服务中,通过不切实际的报告使得收件人交出密码或其他登录数据,处 1 年以下监禁或罚金,其他法律规定另有更重处罚的除外。"

这样的规定足以规制所有应受刑罚惩罚的"网络钓鱼"形式。如果我们仅仅想要保护"网络钓鱼者"活动所针对的财产,则可不采用"陷入不利"的表达,而可表述为"为其本人或第三人获取违法的财产利益"。

八、建议对网络通信中的过失行为进行处罚

随着日常生活的数字化,计算机的使用越来越成为理所当然的事。公民以最为多样化的方式使用网络,如用于沟通、用于获取信息、用于职业生活及业余活动。网络的使用也顺理成章。因此,比照道路交通,我们可以考虑要求网络用户采取基本的安全措施,以免其本人或他人受到侵害。如同《德国刑法典》315c 条和第 316 条所规定的确保道路交通安全那样,为了使得网络通信中的参与人本身不遭受危险,可以考虑对计算机使用人进行安全的引导并对其过失行为进行刑罚处罚。[57] 人们应当认识到,大范围的病毒传播及其他形式的恶意软件之所以可以造成损害,是因为计算机使用者忽视了基本的注意事项。同样的,Dos 攻击经常是针对盗版的计算机实施的,而这些毫无戒心的用户正是忽略了相应的安全保护措施。

由于缺乏帮助的故意,这样的案例中原则上不被考虑《德国刑法典》第 27 条规定的帮助犯的可罚性。为了弥补这个漏洞,可以

---

[57] *Hilgendorf*, ZStW 118 (2006), (Fn. 5), S.204.

构造一个刑事规范,将疏忽为计算机设置合理的安全防护的不作为行为纳入刑事处罚,如果其能够根据《德国刑法典》第202a条,第202b条及第303a条或第303b条的规定认定为犯罪。考虑到最后手段原则,看起来合适的办法是不用刑事法的手段解决问题,更加有效的是采用民事法中的绝对责任。[58] 从长远来看,笔者认为,并不能排除符合相应的过失犯罪构成要件。

九、结语

《德国刑法典》第41修正案的新规定总体来看是成功的。以下几点仍然值得新的探讨:

其一,《德国刑法典》第202b条中的"使用技术手段"的要素是多余的,因为《德国刑法典》第202a条第2项中所涉数据只能通过技术手段获得。

其二,《德国刑法典》第202c条的规定过于宽泛。今后立法应当从主观构成要件方面做出限制,如"行为人为了……",或者最好是在客观构成要件层面进行修改,如"针对……做准备"。

其三,为了更好地规制"网络钓鱼",今后立法对《德国刑法典》第202a条、第202b条的客观构成要件应当选择表述为"行为人实施了《德国刑法典》第202a条、第202b条或第263a条的预备行为……"也可以考虑一个全新的犯罪构成要件,其条文可表述为:"行为人故意使得他人陷入不利,在网络通讯服务中,通过不切实际的报告使得收件人交出密码或其他登录数据,处1年以下监禁或罚金,其他法律规定另有更重处罚的除外。"

其四,一方面,人们面对着新的《德国刑法典》第202c条及"网络钓鱼"的刑事规制所产生的问题;另一方面,新型危害社会行为伴随着飞速的技术发展而产生。因此,可以推测,在不久的将来立法者就必须要积极行动起来。

---

[58] Hilgendorf, a. a. O., S. 204, Allgemein zu Gefährdungshaftung, *Dieter Medicus*, Gefährdungshaftung im Zivilrecht, Jura (1996), 561 ff.

第二十二章

Web 2.0 时代的名誉冒犯("flaming")
——对实然之法与应然之法的问题审视

一、涉及侮辱的刑事规定(Beleidigungsstrafrecht)之"前世今生"

尽管德国涉及侮辱的刑事规定具有悠久的历史,并且法律条文只历经较少次修改,但是,这些规定经证实仍是极其灵活的。这在很大程度上要归因于对相关法律规定(主要是《德国刑法典》第185、186、187、193条)解释的宽泛性及开放性。而且,这些规定的主导概念,主要是"名誉"法益,毛拉赫(Maurach)将其视为"刑法笨拙手段"难以企及的法益[1],此外,与其紧密相关的有待解释的基础概念"名誉毁损"和以"正当权益的行使"阻却违法性是十分灵活的,以便能够与时俱进。[2]

目前,涉及侮辱的传统刑事规定面临着一个特殊挑战:即解决互联网上涉及名誉毁损的意见发布问题。现代德国人称这种现象为"flaming"。从"数码化公开揭露辱骂"到诽谤的种种涉及名誉毁损的意见发布,在以资讯传送与资讯存储为主的全球网络中占据

---

[1] R. *Maurach*, Strafrecht, Besonderer Teil, 2. Aufl., 1956, § 17 I 1.
[2] J. *Tenckhoff* 在他 1974 年发表的基础性著作 Die Bedeutung des Ehrbegriffs für die Systematik der Beleidigungstatbestände 第 13 页中有理有据地附加指出了"名誉"法益教义理解上的语言混乱。J. *Tenckhoff*, Die Bedeutung des Ehrbegriffs für die Systematik der Beleidigungstatbestände, 1974, S. 13.

着一席之地[3]，然而，对于互联网上名誉刑事保护的特殊性并没有引起足够的重视。[4]在这种滞后的背后可能隐藏着这样一种观念：涉及侮辱的传统刑事规定可以轻易地应对这些全新挑战。笔者在下文将验证这种观念是否正确并展示互联网给《德国刑法典》第185条及以下数条的传统教义带来的一系列全新问题。最后，笔者也会概略地阐述一下解决这些问题的方法。

二、互联网的发展之路：已至 Web 2.0

为了能够对互联网上名誉刑事保护所面临的全新挑战进行恰当评估，应当首先了解一下这一大众传媒的最新发展。[5]2009年，在年满14周岁的德国人群中，至少有67%的人会偶尔上网，在这个比率中，有接近72%的人会天天上网。使用互联网率在14—29周岁的人群中最高，为96%。此后的年龄段对互联网的使用热情明显下降。但是，在年满60周岁的人群中还是有27%的人会偶尔上网。

一个全新概念从2004年开始大热：Web 2.0。[6]它展现了一些

---

[3] 参照 *Volkmer/Singer*, Tatort Internet. Das Handbuch gegen Rufschädigung und Betrug im Internet, 2008, S. 48 ff. "数码化公开揭露辱骂"（"digitalen Pranger"）详见 *Greve/Schärdel*, MMR (2008), 644。

[4] 参照 *E. Hilgendorf/Th. Frank/B. Valerius*, Computer-und Internetstrafrecht, 2005, Rn. 519 ff；*Hilgendorf*, EWE (2008), 403, 409 f。互联网上的侮辱主要详见 *Beck*, MMR (2009), 736。

[5] 以2009年德国电视一台（ARD）和电视二台（ZDF）在线研究的数据材料为基础，ARD/ZDF Online Studie, Media Perspektiven (2009), 333—376。

[6] 这一概念由 Dale Dougherty 和 Craig Cline 在2004年提出，Tim O'Reilly 公司在2005年让其成为了一个流行语。参照 O'Reilly, "What is Web 2.0"?, http://www.oreilly.com. 而今时今日可以收集到涉及这一主题的大量文献资料，基础文献见 *M. Castells*, Internet-Galaxie Internet, Wirtschaft, Gesellschaft, 2005（英文原版2001年）；此外，参照 *Palfrey/Casser*, Generation Internet, Die Digital Natives：Wie sie leben, Was sie denken, Wie sie arbeiten, 2008。从法学角度使人感到特别新颖的是 *Chr. Bieber u. a.*, Soziale Netze in der digitalen Welt, Das Internet zwischen egalitärer Teilhabe und ökonomischer Macht, 2009；*Ertelt/Röll*（Hrsg.），Web 2.0：Jugend online als pädagogische Herausforderung, Navigation durch die digitale Jugendkultur, 2008；*Zeger*, Paralleluniversum Web 2.0, Wie online-Netzwerke unsere Gesellschaft verändern, 2009；一些关于重要商业结构（Geschäftsstrukturen）的介绍请见 *Kaspar*, Web 2.0, 2009。

第二十二章 Web 2.0时代的名誉冒犯("flaming") 443

新的特点,即网络的功能不再仅限于文章、电影、图片及诸如此类文件的下载,而是可以将文件主动上传到网络上。许多互联网产品像互联网百科辞典 Wikipedia 或视频数据库 YouTube 的良好运营正是基于大批用户的热情,将其自身的素材,即文章或视频上传到这些互联网平台上。此外,在 Web 2.0 时代备受推崇的使用平台是诸如 flickr 这一类的照片社群,用户可以将自己的照片上传到该类平台上,也可浏览或评论他人照片。网络博客(Webblogs)即一种网络日志,用户通过它可以定期报道一定的主题。著名的法社会学家克劳斯·勒尔(Klaus Röhl)就开通了一个既有内涵又有品位、域名为 www.rsozblog.de 的博客,其主题主要涉及法社会学、法律政策以及法律理论。所有用户都在其博客中加入了其他博客的网页链接,形成了"博客空间"。[7]所谓的"社交性书签"(网络书签),如 del.icio.us、Digg、Furl 与 Mister Wong 也愈发重要,互联网用户可以通过它们将个人书签上传到网上,并且为了便于操作时常将关键词编成索引。

受到绝大部分用户青睐的 Web 2.0 交流平台是社交网络,其部分与职业相关(如 Xing,LinkedIn),但绝大部分还是与私人相关(如 StudiVZ,Facebook)。14—19 周岁年龄段的德国青少年中,有 74%使用私人社交网络,其使用比率在 20—29 周岁年龄段的德国人中仍高达 61%,在 30—39 周岁年龄段的德国人中依然有 24%,在 40—49 周岁年龄段的德国人中为 12%,在 50—59 周岁年龄段的德国人中仅为 10%。[8]特别值得注意的是,相比于互联网其他平台,使用社交网络的女性用户比率高于男性。用户在社交网络中在线设置自己的个人主页,在上面呈现着他们想与别人分享的个人信息。用户通过社交网络可以与其他用户进行交流,寻找朋

---

[7] *Zeger*, a.a.O., S.24 ff.
[8] ARD/ZDF (Fn.5), S.333, 360.

友及其他联络交际形式。[9] 大部分用户不只拥有一个社交网络账户，而是相应地在多个社交网络上注册，拥有各式各样的个人主页。[10]

以上的互联网产品表明：Web 2.0 在很大程度上是以用户利他的活力以及与其相关的动机为基础的，如通告热情、热衷联系和好奇。Web 2.0 是一个非常人性的传媒。新技术方法有时所遭遇的笼统批判是建立在无知或不理解的基础上的。然而，不容忽视的是，这样的"互动网络"也成了滋生诸如假冒身份、探知他人数据、借助"网络跟踪"进行各种各样的破坏活动乃至进行激进主义煽动、诈骗及勒索等新型危害社会与犯罪行为的温床。基本上所有的犯罪都可以在线，即以数据网络犯罪（Datennetzkriminalität）的形式实施。[11] 本文将着重论述以 Web 2.0 为平台实施的侮辱行为。

三、互联网侮辱的特殊性

《德国刑法典》第 185 条及以下数条原则上可以毫无问题地适用于互联网侮辱。鉴于 Web 2.0 飞速发展的节奏，"技术疏远原则"（Grundsatz der Technikdistanz）[12] 对于其法律评价而言就具有特殊的意义：可罚性前提源自法律；构成要件特征应被解释为，并不是每一个还不重要的新型技术都会马上导致法律评价上的差异；技术性的预防犯罪措施，即使它们的本意是好的，也必须根据法律规定加以衡量。在此显而易见的原则基础上所给予的建议绝

---

[9] 在互联网上揭示私人细节的顾虑似乎越来越少，这就给传统数据保护规定的正统性带来了质疑。详见 Hilgendorf, Ist ein Schutz der Privatsphäre noch zeitgemäß? Probleme und Perspektiven des Datenschutzes in Europa, in: Tomásek (Hrsg.), Grundlagen des europäischen Strafrechts. Sammelband des Deutsch-Tschechischen Grundlagenseminars zum europäischen Strafrecht, 21.—22. April 2005 in Prag, 2005, S. 30—48。

[10] 因为一般不会对所输入的资讯进行审核，所以，极易伪造身份在社交网络上登录。这自然为诸如网络追踪者或有恋童癖的犯罪人提供了可乘之机。

[11] 数据网络犯罪的概念见 Hilgendorf, JuS (1997), S. 323。

[12] Hilgendorf, ZStW 113 (2001), 650, 653.

对是十分必要的,因为技术现实目前在互联网刑法中总是被作为庇护论断去对抗法律要求。[13]

为了能够准确展示互联网侮辱的特殊性,笔者以下将从三个不同的角度进行论述:发送侮辱信息者、接收侮辱信息者以及所使用的传媒即互联网。

(一) 发送侮辱信息者

今时今日,所有年龄段的人及社会阶层都在使用互联网。[14]每个人都可以成为互联网发送侮辱信息者。然而,互联网用户相比在"真实"世界发出侮辱言辞者通常都身处于另外一种处境:互联网侮辱发起者并不是与侮辱言辞接收者,即《德国刑法典》第185条规定中的被侮辱者或《德国刑法典》第186、187条规定中的第三人,面对面。由此,侮辱言辞接收者便无法对侮辱发起者产生影响(可能刺激其侮辱行为,但在大多数情况下使其保持侮辱行为克制)。此外,侮辱发起者的心理还具备以下特点:通过家用电脑发布侮辱言辞,这种情况下行为人将感到自己匿名且不受约束。通过电邮、聊天工具(chats)或推特(Twitter)进行联络通常使人感受强烈并导致用户能够比面对面的情况更为轻易地发布涉及第三人的极其主观的言辞。即使传媒心理学已经就互联网的特点开展了相关研究,但心理学迄今对这类现象的背景似乎还没有进行全面的研究。[15]

依据所谓的"社会线索减少理论"(Reduced Social Cues-Ap-

---

[13] 这样就可以欣然地以(所谓的技术条件)绝无可能通过一个特定的供应商来监督正在进行的在线联系来提出反对供应商责任的论断,虽然有公司,如谷歌,表示可以对互联网进行整体性监督,但这种监督并非毫无死角,而且随随便便,与离线情况(在"普通世界")无异。

[14] 参照本章第二部分所列举的数据。

[15] Vgl. etwa *Batinic/Appel* (Hrsg.), Medienpsychologie, 2008, wo die Besonderheiten von Computern und Internet durchgängig mit thematisiert werden. Speziell zu Kommunikation und sozialen Beziehungen im Internet. *Boos/Jonas*, in: *Batinic/Appel*, a.a.O., S.195, 211 ff. Allgemeiner *Krämer u.a.* (Hrsg.), Medienpsychologie, Schlüsselbegriffe und Konzepte, 2008. Aus dem angelsächsischen Raum Joinson etc. (Eds.), *The Oxford Handbook of Internet Psychology*, Oxford University Press, 2007.

proach),在数字化交流时(用户)并不会洞察到一些特定的刺激提示,以至于滋生误解以及错误行为。互联网心理专家妮古拉·德林(Nicola Döhring)将所出现的效应总结如下[16]:

(1)社交语境的有限认知(Beschränkte Wahrnehmung des sozialen Kommunikationskontextes);

(2)交流伙伴的有限认知(Beschränkte Wahrnehmung des Kommunikationspartners);

(3)自身认知的强化(感觉偏向以自我为中心)[Verstärkte Wahrnehmung der eigenen Person (Begünstigung egozentrischer Sichtweisen)];

(4)相互作用的调节困难,由此造成的不安、误解以及冗余(Erschwerte Regulation der Interaktion, dadurch Verunsicherung, Missverständnisse, Redundanz);

(5)均衡的交流(状态资讯的过滤)[Egalisierte Kommunikation (Herausfilterung von Statusinformationen)];

(6)失控的交流(开放、冲动、极端情况至侮辱)[Enthemmte Kommunikation (Offenheit, Emotionalität, im Extremfall Beleidigungen)];

(7)鉴于群体动力学产生的矛盾效应(单方面的均衡效应,并行的两极分化以及形态/潜在敌意观念的强化)[Ambivalente Effekte hinsichtlich der Gruppendynamik (Egalisierungseffekte einerseits, gleichzeitig Polarisierung und Bildung/Bestärkung von Feindbildern möglich)];

(8)鉴于交流结果产生的矛盾效应(潜在失范的组群进程,也可设想为对民主性群组交流以及创造性的冲动)[Ambivalente Effekte hinsichtlich des Kommunikationsergebnisses (anomische Gruppenprozesse möglich, denkbar sind aber auch Impulse zu demokratischer Gruppenkommunikation und Kreativität)]。

---

[16] Döhring, in: Krämer (Fn. 15), S. 290, 292 f.). See also Barak, in: Joinson etc. (Eds.), supra note 15, pp. 303—329(附带大量书目)。

第二十二章 Web 2.0 时代的名誉冒犯("flaming")

在社交网络如 StudiVZ 或 Facebook 中时常出现刺激侮辱行为的特别情形,原因在于不仅用户自身,就连平台供应商也以特殊方式将这种与交流伙伴保持的亲近关系强调为自身"网络"的一部分。一个人只在一个只独有于互联网的"朋友圈子"范围内活动[17],相比"真实世界",他当然倾向于在互联网空间发布问题言辞。在社交网络的单一用户组群中会轻易形成安全、封闭以及亲密的氛围(网络供应商也以特别方式营造这种氛围),这就导致了抑制标准的降低。可总体理解为,用户在互联网上所接触的条件以特别方式(一方面)营造了特殊的亲密感,(另一方面)却造成了匿名性以及不负责任。

问题是如何对这些特别条件进行法律上的转化。首先可以考虑否定宣告的故意,从而排除侮辱行为的主观构成要件。一个人在与外界隔绝的情况下,在私人房间中通过互联网发布毁损名誉的言辞,就不太可能充分了解其毁损名誉行为的宣告特征。[18]用户的感觉就好像纯粹在"聚餐会友"(Stammtisch)时(意指他频繁登录的用户组)发表言辞一样,然而,这并不能排除对于包含侮辱言辞的宣告存在间接故意。一旦这些言辞在网上出现,其他组群成员也自然会知晓。因此,一个侮辱的主观构成要件并不会因为缺少宣告的故意而被否定。

如果将这种情况与亲密家庭成员间的言辞相类比,就可以赋予行为人一定的特权。然而,对于如何进行这种特权化,法学理论上仍然无法达成共识。通说援引《德国基本法》第 6 条第 1 款进行目的性限缩[19],而依据其他意见,只有在"行使正当权益"的情形

---

[17] 然而,在惯例中,似乎大多数"网络熟人"是以互联网外的联系为基础,更为准确地说是同步进行。

[18] 一个《德国刑法典》第 185 条意义上的"宣告"是以此为前提的,即问题言辞"向外部"渗透,参看 Tenckhoff, JuS (1988), 787, 788。

[19] *Wessels/Hettinger*, Strafrecht, Besonderer Teil, Bd. 1, 33. Aufl., 2009, Rn. 482 ff.; *Lackner/Kühl*, Strafgesetzbuch, Kommentar, 26. Aufl., 2007, § 185 Rn. 9; *Regge*, in: *Joecks/Miebach* (Hrsg.), Münchener Kommentar zum Strafgesetzbuch, Bd. 3, 2003, Vor § 185, Rn. 60; *Tenckhoff*, JuS (1988), 787, 789.

下才可考虑违法性的排除。[20]然而,转化问题并未因此得到解决,因为显现的争论点在于,侮辱言辞在互联网服务中的一个特权化究竟是否适当,即使这些相应的互联网服务提供了一种带有家庭氛围或聚餐会友的亲近亲密感。亲密家庭成员中的言辞特权主要是以家庭受到《德国基本法》第 7 条第 1 款的特别保护为基础;而聚餐会友,特别是互联网上彼此熟悉的亲密用户组是不享有这种保护的。[21]因此,许多人都赞同,即便在互联网上用户组中出现的侮辱言辞体现了亲密感,也绝无可能依据实然之法赋予其特权。而应然之法会不会鉴于社交网络特定的进一步推广形式赋予这样的侮辱言辞一种正当性,并不是本文探讨的重点。

如果拒绝互联网亲密交流组内侮辱言辞的特权化,则只能通过否定用户的不法意识来避免其可罚性。前面所概述的互联网用户的特别心理状况偶尔是可以符合这样的条件。然而,这样的一种禁止错误,即《德国刑法典》第 17 条,在通常情况下是可以避免的,以至于相应的侮辱言辞依然是可罚。而学校未来也会面临繁重的任务,即在向学生传授传媒特别是互联网知识的同时,也必须要使其认识到使用网络的风险。[22]

(二)接收者的角度

接收者层面主要存在两方面的作用因素,其从一开始就赋予了互联网特殊的标记:其一是并不能确定潜在接收者的范围,其二是原则上可以在世界范围内接收侮辱言辞。

由此所引发的刑法空间效力问题已被多次探讨[23];因为《德

---

[20] *Hilgendorf*, in: *Laufhütte/Rissing-van Sann/Tiedemann* (Hrsg.), Strafgesetzbuch, Leipziger Kommentar, Bd. 6, 12. Aufl., 2010, Vor § 185, Rn. 14 及进一步的证明。

[21] 将用户组对应为聚餐会友并不合适,一般来说,每个用户都有一个不同的朋友圈子,而且各自的朋友圈子都不会完全同一,最多是部分同一。

[22] *Süss*, in: *Batinic/Appel* (Fn. 15), S. 361, 371 ff.

[23] *Hilgendorf/Frank/Valerius* (Fn. 4), Rn. 230—256(附有深入的论证);目前的国际法观点基础,参看 *Schmahl*, Archiv des Völkerrechts (2009), 284—327。

国刑法典》第185条及以下数条涉及结果犯,而其中的犯罪结果被认为是侮辱言辞为任意一人获悉[24],这种犯罪结果可以在世界的任何角落发生。相反,在德国也可以接收到从地球的任意角落通过互联网上发送的侮辱言辞,就可适用《德国刑法典》第9条第1款第3种情形将德国作为犯罪地。为了避免德国刑法由此所要面临的对于互联网侮辱行为的全面管辖权,学界就提出了很多的解决建议。作为最佳建议,除了犯罪结果在德国境内发生,还需要犯罪行为与德国具有特殊关系,即属地限制。[25]

互联网侮辱给接收者造成的另外一个特别问题在于,侮辱的确定必须要考虑各自语境下通常的交流标准。[26]某一表达方式在特定的社会组群(也就是所说的亚文化群)中被认为是社会相当的,但将其对一个并不属于该组群的人员使用时,就可能直接被他视为侮辱。一个范例是大学同学或者同龄的假期旅游者之间使用亲密的"你"或称呼其名十分正常,但是,生意往来或上庭时使用"你"或称呼其名就会被视为侮辱。[27]在德国,尽管相应规范条文规定的并不明确,但涉及一个蔑视或不尊重的宣告的前提在一定程度上还是明确的,因为存在着一个有着100多年历史的判例法案例集可供参考。然而,需要注意的是,旧有判决鉴于迄今所发生的价值及观点转变,已不能再轻易适用于今时今日的情况。观点以价值观多元主义也存在于互联网空间,但这种多元主义并不能沿着时间轴延伸至过去,而是存在于一个当代的全球标准下。[28]

使得互联网上的这种问题状况加剧的原因主要有两方面:一

---

[24] *Tenckhoff*, JuS (1988), 787, 788; *Lackner/Kühl* (Fn. 19), § 185, Rn. 7.
[25] *Hilgendorf*, NJW (1997), 1873, 1876; Hilgendorf, ZStW 113 (2001), 650, 669;同样观点见BGHSt, 46, 212 (Fall Töben)。一个属地限制的基准承接着国际私法中的"真正联系原则"的古老思想。
[26] *Regge* (Fn. 19), § 185, Rn. 9; *Hilgendorf* (Fn. 20), § 185, Rn. 19 ff.
[27] 在互联网上已经接纳了称呼其名的做法,以至于可能出现以下情况,即自然而然地用"你好"及以其名来称呼重要的互联网经销商。这样的做法在现在十分流行,人们已经可以将其视为与社会相当。如果同样的事情出现在一个德国的百货商场里,就会招致许多顾客的非议。
[28] 可以以一个历时多元主义代替一个同步多元主义。

方面互联网上存在着大量坚持各自观点的亚文化群及组群，另一方面基于一种实际情况，即原则上可全球范围接收互联网的发布内容，以至于不是亚文化群特殊的交流方式，而是整个文化形态的标准发生碰撞。[29]因此，在互联网上发表涉及先知穆罕穆德的漫画的行为[30]，由此产生的问题可能会随着电脑在伊斯兰国家的日益普及而变得更为严峻。

另外，将一个"客观观察者"所使用的方法作为标准是行不通的，原因在于，作为互联网标签的全球事务缺少一个超然于特定文化评价之上中立的"后设层面"。而文献似乎对这个问题也没有进行深入的探讨。（德国的）法律应用者可以勉强、暂时地运用其个人的思维方法，在类似穆罕穆德漫画[31]的案件中相应地确定，在客观上并不存在一个侮辱行为，在犯罪主观方面也肯定不具有侮辱的故意。于是乎，必须接受一个事实，即其他国家适用其相应程序以及刑事观念，就可能意味着，在西欧发布宗教批判言辞的人要受到伊斯兰国家的审判。[32]

从更为中立以长远的角度来看，有必要进行国际接轨并对"还可以容忍"的一致性标准加以明确。这首先涉及创设一个适合观点多样化的自由空间，而并不涉及起草一个可接受的，适用于侮辱成立的跨文化性标准。鉴于极端的价值主观性以及对于名誉毁损的文化解释的开放性，后者这种大胆的尝试从一开始就注定要失败。

或许在侮辱的核心领域可以达成跨文化的共识，即特别注意那些最严重的冒犯名誉行为。这些行为不仅毁损名誉，而且牵涉

---

[29] Hilgendorf, JZ (2009), 139.
[30] 丹麦的《日德兰邮报》(Jyllands-Posten)在2005年9月30日刊出了涉及先知穆罕穆德的系列漫画，引起了伊斯兰世界的强烈不满，并且导致暴力示威以及袭击西方国家在他国的使领馆。事件的详细内容参看在线百科全书维基百科(Wikipedia)的标题"Das Gesicht Mohammeds"（本书使用版本的编辑日期为2010年1月29日）。
[31] 见前注30。
[32] 触犯何种罪名而接受审判，是触犯狭义的侮辱罪还是触犯涉及宗教的犯罪（即亵渎神明），就上下文关系而言并不重要。

到相关者的人类尊严。[33]如果人们根据总体理论对《德国基本法》第1条第1款进行如下诠释,即人类尊严包括了各种主体权利,如维持最低的生活水平,基本自主的自我发挥,最低限度的免于痛苦,维护隐私、思想及精神上的完整,基本的权利平等及获得最低限度的尊重等[34],就是对以上情况的最佳说明。可依此将名誉保护中文化的共通部分视为要求"获得最低限度尊重的权利"。当然,还必须对这种观点进行多重解释及说明。[35]

因此,西方世界想要简单推行自己的标准的做法并不被认可,并且也不具有正当性。更确切地说,如果想要避免不同刑法体系[36]间的冲撞,就必须接受对言论自由的自由化观点进行强有力的限制。

(三) 互联网媒介的特点

互联网作为侮辱媒介展示了其大量特点,这些特点赋予了通过数据网络进行名誉毁损行为一个特征。前文已经阐述了行为人特殊的心理状况。[37]此外,通过移动互联网络在线发布侮辱言辞的可能性呈上升趋势。今日的网络用户不仅可以使用家用、单位、学校或大学网络,还可以通过智能手机在诸如酒吧或迪斯科这样相对于其他正式场合休闲放松的地方轻松上网。至于移动互联网(Mobile internet)是否以及能在何种程度上改变侮辱的犯罪学模式,仍有待观察。

另外一个问题因素在于,原则上可以在世界任意角落通过互联

---

[33] Tenckhoff 也将人类尊严强调为"名誉的恒定因素",参见 Tenckhoff,(Fn. 2), S. 178 f。
[34] *Hilgendorf*, Jahrbuch für Recht und Ethik 7 (1999), 137, 148 ff.
[35] 参看 EWE 2008 里的讨论:*Arzt*, EWE (2008), 416;*Burkhart*, EWE (2008), 418;*Hörnle*, EWE (2008), S. 426;*Losch*, EWE (2008), 437。
[36] 类推自受到许多人赞同的 Huntington 在其 1996 年发表的著作 The Clash of Civilizations 中描述的"文化间的冲突"。Huntington, *The Clash of Civilizations*, Touchstone, 1996.
[37] 参看本章第三部分之(二)。

网上接收涉及名誉毁损的发布内容[38]，这就意味着，侮辱言辞可以全球传播。用户可以复制这些言辞并且将其加入链接。也就是说，一些并不了解发布背景的人也能收到这些问题内容。这就给一些模棱两可的、可能会被视为侮辱的言辞以及发布内容造成解释的不确定性，[39]并且使得"侮辱"轻易地成为政治所利用的工具。[40]

同样值得思考的是，一个通过互联网接收到的侮辱言辞很难再被删除。即使诉讼当事人双方已经和解了很长时间，但这则侮辱言辞依然存在于网络之上。虽然可以在最初储存这则问题数据的服务器上删除该数据，然而这则数据届时在绝大多数情况下已经被传送至其他数量庞大、不可尽数的服务器上，而它们又将该侮辱言辞继续传送。在此情形下，进行一个网络"净化"需要极大的成本。因此，这时一个崭新职业"互联网名誉管理者"（Internet-Reputations-Manager）就应运而生了。该职业的主要任务为在删除通常并无可能的情况下[41]，发现那些在互联网上令其委托人声誉受损的言辞，并且通过附加发言使得侮辱言辞的影响相对化或通过反驳消除其影响。

综上所述，导致互联网侮辱具有特殊及危险扩大化特征的因素可总结为：原则上可在世界任意角落通过互联网接收涉及名誉毁损的发布内容（普遍存在性），人们可以长时间在网上阅览这些发布内容（长期可及性）并且很难再将它们删除（不可删除性）。通常情况下，浏览名誉冒犯发布内容的人并不了解发布者与当事人间的特殊关系（私人背景的缺乏）。

在互联网发布名誉毁损言辞所引发的特殊危害会引发这样

---

[38] 然而，这并不适用于互联网上全部的侮辱行为。一封涉及侮辱的"普通"电子邮件只能由发送者及（在地址栏中被明确列入的）收取者读取（这里并不考虑网络服务提供商或系统管理员读取侮辱信息的可能）。
[39] 本章第三部分之（二）已经就这点进行了论述。
[40] 可能在穆罕穆德漫画的事件中存在这种情况，对此，详见前注30中维基百科的文章。
[41] 参看诸如 www.datenwachschutz.de, www.deinguterruf.de, www.myonid.de, www.reputationsdefender.com 及 www.sauberweste.de, 也可参看 Zeger (Fn. 6), S.110 f. 自我保护的实践性说明见 Volkmer/Singer (Fn. 3), S.28 ff。

一种考虑,即是否还需要就互联网侮辱创设一个特别构成要件,可以考虑在《德国刑法典》第185、186条以及第187条的基础上设立一个加重构成要件。[42]另外,也不应忽视的是,通过家用电脑或智能手机发布毁损名誉言辞的可能性导致了抑制限度的降低,仅通过一个加重处罚是很难重新提升这种抑制力的。立法者在进行相关立法工作之前必须要从事充分的实践研究,以便以有力论据科学论证犯罪人与受害人在互联网上所处的特殊情况,并且使规范措辞更有针对性。而德国的立法者并不能独力解决跨国界侮辱所造成的特别问题。总而言之,立法者目前依然是任重而道远。

四、网络服务提供商(Provider)

(一)滋生侮辱的温床:互联网服务

在"Web 2.0"时代,网络服务供应商占据着一个前所未有的强势地位,原因在于,他们提供并且控制着必要的基础设施。过去曾经流行过这样一种要求,即互联网应当去国家化,以保证其成为一个"无政权空间",[43]就可以极大缓解互联网侮辱的问题。国家越放弃对互联网的规制,大型的、而且大多作为全球性的网络企业就越拥有更强大的话语权。全球性网络中坚企业,如谷歌或微软,在今日已经脱离了单一国家的规制,多国政府常常只能对其进行协同监管;然而,有的时候并不可能对其实施这样的监督。这种历史性的全新支配地位在 Web 2.0 时代造成了巨大后果:一个特定平台提供者通常在没有征求用户同意的情况下,就可以从其手中收回这项服务。此外,网络服务供应商制定使用条件并且可以在事后对其进行修改。这些修改有时会因相关者的反对而失败,然而,

---

[42] 观点权衡见 Hilgendorf, EWE (2008), 403, 408;对于引入一个新的加重构成要件见 Beck, MMR (2009), 736, 738 ff。

[43] 部分赞同此观点的,比如 Hören, EWE (2008), 424 f。

在绝大多数情况下，供应商并没有考虑相关者的意见，就进行了修改。

网络服务供应商及平台创设者种类繁多的服务形式也印证了其所具有的强势地位。一些服务从一开始就注定成为侮辱平台。在 2008 年就出现了一个以 www.rottenneighbors.com 为域名的平台，人们在该平台上可以抱怨自己的邻居，而它就成为了滋生大量侮辱的温床。时下一个可疑的滋生侮辱的互联网温床是 http.dontdatehimgirl.com，人们可以通过此平台就前伴侣发表意见。[44]

这类网页不仅使得触犯《德国刑法典》第 185 条及以下数条犯罪的出现成为可能，甚至成为了其推动平台。然而，这种招致或推动他人犯罪倾向原则上仍然是不可罚的，原因在于缺乏一个充分的具体故意。如果网络服务供应商明知自己推动了一个特定犯罪，这自然就是可罚的。

此外，当网络服务供应商明知存在一个明确的侮辱发布内容，但没有将其从网上删除，就可考虑成立不作为犯罪。相应的保证人义务可以依据合同或警察性规定而产生。没有封锁或删除违法内容的这一不作为的可罚性也可适用于连接供应商。虽然《德国远程媒体法》第 8 条规定：作为服务提供商对于透过通信网络或提供接取网络之他人资讯在该项规定列举的例外情况下无须负责。出于这项规定，部分文献就自然肯定了连接服务商的一个范围宽泛的责任特权。[45]然而，《德国远程媒体法》第 7 条第 2 款第 2 句规定：依法除去或封锁网络资讯义务，服务提供商不因依第 8 条至第 10 条无须负有义务之情形而有差别。由此可以得出，连接服务商就其不作为有可能也要负刑事责任。[46] 而前提仅仅需要满足一个不作为可罚性的全部条件，特别是要具有保证人地位。只要连接服务商存在技术可能以及依据合同或官方规定负有义务将违法内容加以封锁或从网上删除，但故意不予执行，对他们而言就不存在

---

[44] 也可对照 www.hollabacknyc.com。人们可以把手机照片发布在该平台上，来提防那些（真实或臆想的）令人讨厌的人。
[45] *Marbeth-Kubicki*, Computer-und Internetstrafrecht, 2005, Rn. 155.
[46] *Hilgendorf/Frank/Valerius* (Fn. 4), Rn. 310 ff.

一个特殊的特权。

(二) 对自身暴露以及其他可能尴尬的发布内容的再度使用

迄今在刑法领域还没有作为一个主题问题研究的是对名誉毁损内容的使用。用户出于自己的意愿将此种内容发布在网上，但却没有考虑到这些内容已经超出了一个特定的应用范围而变得为众人所知。人们不妨想象一下，在另一种情境下上传到 StudiVZ 的狂欢照片或不堪影像又出现在了酒精广告或色情网页中，可以视其为一种侮辱吗？一些网络服务提供商甚至在其商业条款中明确保留了能够任意对用户上传内容进行再度使用的可能。[47]

是否存在一个侮辱的客观构成要件，即是否存在蔑视或不尊重的宣告原则上取决于个案。在情境存在极度差异的情况下使用照片或影片的行为是可以符合《德国刑法典》第 185 条或第 186、187 条的构成要件。在这类案件中，主观构成要件至少要满足间接故意(dulus eventualis)。

问题是，是否可以对排除违法性的同意不予承认。用户常常至少在形式上同意了网络服务提供商的商业条款。然而经验表明，很少有人真正了解这些商业条款。在绝大多数情况下，用户并没有阅读相关文本就在其下面打钩同意该条款，并且提供商也没有期望所有人对该文本进行阅读。由此是否存在刑法意义上排除违法性的同意，还得打个问号。[48]

基于由一个取得病人同意之侵入性治疗发展而来的原则可以

---

[47] 参看网址为 http://de-de.facebook.com/plicy.php 的 Facebook 的一般商业条款，在其所谓的"社交广告"中写道："为了使广告对你们更具吸引力以及独特性，我们有时会将所发布的广告与我们所拥有的关于你和你朋友的相关信息结合。例如，如果你是一个 Facebook 页面的粉丝，我们可以将你的名字以及个人主页头像放置在这个页面的广告旁，然后，通知你 Facebook 上的朋友。我们只会将在社交广告中显示的个人信息转送给你在 Facebook 上的朋友。你在帮助页面上可以选择你的信息在社交广告上不予使用。"出自营销专业角度的一个评论，请见 http://www.website-marketing.ch/(1689-miss-braucht-facebook-mitglieder-als-werbebotschafter/。

[48] 详细的前提见 Lackner/Kühl (Fn. 19), § 228, Rn. 3 ff。

否定一个排除违法性的同意,就像事实上必须要给病人说明一个侵入性治疗可能带来的风险,只通过面交表格和须知的方式来告知病人存在的潜在风险是远远不够的,[49] 所以,如果在互联网刑法领域以同意排除违法性,就必须使用户真正了解风险。反对将在特定商业条款下打钩的方式视为取得刑法意义之同意的意见进一步认为,一个同意必须与一个明确的、相当具体化的法益侵害有关。概括的同意是不具有任何效力的。以上这些论述都反对通过一般的商业条款来取得与刑法相关的同意。

五、正当权益的行使

一种对涉及互联网侮辱的刑事规定所要面对的大量文化特性进行正确评价的可行方法是《德国刑法典》第 193 条"正当权益的行使"。盎格鲁-撒克逊法律体系也有一个相应对照物"文化抗辩"[50](cultural defense),然而,它不是只适用于侮辱犯罪(其在美国也并不重要[51]),而是适用于总体犯罪。然而,英国以及美国法庭对认可文化抗辩还是持保留态度。

由于用户在互联网上可以轻易地使用像漫画那样的图片,[52] 所以,也不能忽视对艺术自由的保障。依据德国法律,像"穆罕穆德漫画"那样的出版物不仅受到言论自由的保护,而且受到艺术自

---

[49] BGH, NJW (1985), 1399; *Lackner/Kühl* (Fn. 19), § 228, Rn. 14.
[50] 详情请见 Renteln, *The Cultural Defense*, Oxford University Press, 2004。
[51] 在美国,并不存在德国意义上的涉及侮辱的刑事规定,相对于大陆法系以及德国模式,它更强调言论自由的意义。详见 Nelson, in: Tellenbach (Hrsg.), Die Rolle der Ehre im Strafrecht, 2007, S. 663—699。然而,近些年来,在美国展开了一次关于需要对所谓的"仇恨言论"(hate speech)加强刑事监管的深入讨论,详见 Van Blarcum, in: Carr (Ed.), Computer Crime, Ashgate, 2009, pp. 327—376。有时,在一些非官方层面也会通过"政治正确"(political correctness)规则来处理名誉冒犯。这些规则原则上主要在大学里强力限制受到保障的言论自由。
[52] 对于法律关于使用图片的现代讨论,参见如 *Röhl*, Recht anschaulich. Visualisierung in der Juristenausbildung, 2007; *Hilgendorf* (Hrsg.), Beiträge zur Rechtsvisualisierung, 2005。

由的保护。一般来说,《德国刑法典》第 193 条"正当权益的行使"在教义上已囊括了艺术自由的影响。但是,作为相关排除违法性规范的是《德国基本法》第 5 条第 3 款第 1 句,而不是《德国刑法典》第 193 条。[53]

通说以及判决对名誉保护与言论及艺术自由的界定的做法是,以创造"实践调和"为目的的对冲突的利益进行衡量。[54] 这样的权衡方法在刑法中会由于其所运用的权衡观点的不明确性而产生问题。此外,一个能够平衡理解相互对立观点,能够为相关人员评估观点的意义,能够为双方观点做出一个均衡、正确决定的法律应用者是实施该方法的关键。在一些案情中,具有一般水平的法律应用者并不一定熟悉文化特性[55],这样就会使得权衡极易陷入只会、甚至只能考虑自身利益的质疑之中。可以通过在法学教育中加强传授文化能力[56]来缓解这个棘手的问题,但是,这样的方式并不能完全解决这个问题。

六、结论

上述简短的分析已经表明互联网刑事名誉保护面临着新的挑战,而传统的教义学已再无力应对这些挑战。特别值得注意的是典型侮辱犯罪形态的改变,即涉及名誉毁损的言辞已不再出现于面对面的争吵,而是通过与外界分离分离私人房间的家用电脑以及在迪斯科以及酒吧通过智能手机上传至社交网络封闭的论坛

---

[53] *Hilgendorf* (Fn. 20), § 193, Rn. 8 ff. ; *Lackner/Kühl* (Fn. 19), § 193, Rn. 14. *Tenckhoff*, JuS (1989), 198, 200),他在文章中赞成存在一个《德国刑法典》第 193 条意义的"相似案例"。

[54] BVerfGE, 42, 143 (152); *Hilgendorf* (Fn. 20), § 193, Rn. 6;也可参看 *Henschel*, NJW (1990), 1937, 1942。

[55] 参见本章第三部分之(二)以及所给出的文献。

[56] 参见维尔兹堡大学的相关项目"全球体系与跨越文化的能力"(www.gsik.de),这个项目的目的是向大学所有专业的学生传授跨越文化的能力。跨越文化的能力在此项目中被理解为一种认识、分析以及(潜在)解决与文化相关的冲突问题的能力。

中。目前还不清楚这种新的犯罪形态是否可以以及怎样影响法律评价。需要解决的问题还有当缺乏一个一致的"客观观察者"的前提时,依据何种标准在跨文化交流中确定一个名誉毁损的存在。另外一个新型问题在于互联网发布内容的普遍存在性以及不可删除性,由此也就引发了这样一种想法,即是否需要就《德国刑法典》第185条及以下数条设定一个新的加重构成要件,以便妥善处理互联网侮辱的特殊不法内容。最后,不容忽视的是网络服务提供商所具备的特殊责任以及要竭尽所能地以现有的法律途径对其监管,就其违法地不予删除非法内容的行为追究其刑事责任。

第四编

医事刑法

第二十三章

生物主义的歧途

——生物学和法律关系史之篇章

德高望重的德国学者诺贝特·霍恩(Norbert Horn)在其《法哲学》第3版中,巧妙地指出了许多法哲学和法伦理学问题的政治侧面。对此,他常常从跨学科的视角出发,突破法教义学的有限立场,同时又没有损害法学及其规范和论证标准的独立性。下文将在"生物学和法律"这一主题背景中对这一方法展开论述。

一、导论

生物学将上升为21世纪的主导科学。现代基因研究、新生殖医学和人类生物工程等生物学知识的快速增长使我们的生活环境发生根本的变革。由此也产生了法律政策上的新问题。[1] 鉴于所谓的"生命科学"("life sciences")的迅猛进步,以及立法者想要通过法律来全面规制新技术的倾向,可以预见的是,生物学问题将在法学领域中产生比从前更大的影响。因而并不奇怪的是,"生物学和法律"这个主题在法律基础研究中已经引起了一定程度的关

---

[1] *Norbert Horn*, Rechtsphilosophie, 3. Aufl., 2004, S.256.其中列举的当今立法者面临的七个主要问题中,至少有四个问题涉及生物医学进步的特定结果(保护未出生的人、基因研究和基因方法、不明的母亲身份及安乐死)。

注。[2] 这包括人的行为在人类学上的先定性问题,即先天的行为模式问题,还有通过生物学的因素解释道德和法律规则[3],或者自然的评价机制的问题化,这些评价机制可以有助于回答关于"正确的"价值和"正确的法律"的传统问题[4]。

与之相反,值得注意的是,到现在为止"生物主义"这个主题似乎在法律基础研究中没有展开[5] 得到关注的充其量是像"有机体"[6]或者"种族"这样来自生物学的个别术语。"生物主义"应该是指将生物学的解释范式和所属术语不加批判地转移到其他学科,尤其是社会科学和人文科学当中。一个典型的生物主义思潮的例子是社会达尔文主义。生物主义的论证往往清晰有力并充满诱惑,然而正如本文将指出的一样,它们蕴含着方法论上的重大危险:这是一种还原论的思维模式,包含着自然主义的谬论,且违背了科学上的价值无涉原则。

在政治和道德方面则是另一幅图景:如果排除一些思潮中总是蔓延到其他领域的非理性主义,那么生物主义的理论就常常是

---

[2] 例如,参见 *M. Grute/M. Rehbinder* (Hrsg.) Der Beitrag der Biologie zu Fragen von Recht und Ethik, 1983; *S. Wesche*, Gegenseitikeit und Recht, 2001.

[3] 与此有关的首先是社会生物学,参见 *E. Voland*, Grundriss der Soziobiologie, 2. Aufl., 2000; *F. M. Wuketits*, Soziobiologie. Die Macht der Gene und die Evolution sozialen Verhaltens, 1997;详细内容参见 *Ch. Vogel*, Anthropologische Spuren. Zur Natur des Menschen, 2000;关于人的生物局限性的一般论述,参见 *S. Pinker* Das unbeschriebene Blatt. Die moderne Leugnung der menschlichen Natur, 2003 (engl. Original 2002);最后,同样参考 *E. Voland* (Hrsg.), Fortpflanzung: Natur und Kultur im Wechselspiel. Versuch eines Dialogs zwischen Biologen und Sozialwissenschaftlern, 1992,即关于在具体研究领域中的合作可能性。

[4] *E. Hilgendorf*, Recht und Moral, Aufklärung und Kritik (2001), 72—90.

[5] 至少可参考 *G. Mann* (Hrsg.), Biologismus im 19. Jahrhundert. Vorträge eines Symposiums vom 30. bis 31. Oktober 1970 in Frankfurt am Main, 1973 (u. a. mit Beiträgen von *Helmut Coing* und *Franz Wieacker*) sowie *A. Barsch/P. M. Heyl* (Hrsg.), Menschenbilder. Zur Pluralisierung der Vorstellung von der menschlichen Natur (1850—1914), 2000。

[6] *H. Coing*, Bemerkungen zur Verwendung des Organismusbegriffs in der Rechtswissenschaft des 19. Jahrhunderts, in: *G. Mann* (Hrsg.) (Fn. 5), S. 147—157.

无害的。在一些情形中,生物主义的借用语甚至表明是有益的,例如在现代系统论中,不过生物主义的观点在其中并不明显。[7] 其他生物主义的观点如国家"有机体"论,就其思想史的影响而言,则极可能被认为是自相矛盾的。[8] 在德国流行于 1880 年至 1930 年间的"生命哲学"显然不能归入此处意义上的生物主义,因为尽管存在一个经常被误解的术语(例如在尼采[9]那里),但是生命哲学并不涉及到将生物学的理论应用到社会和人文科学领域之中。[10] 在本文中,我所要讨论的就限于这种当前主要被否定的生物主义思潮,且仅仅选取生物主义的一个特定发展脉络,以便使得生物主义所存在的问题和危险能够更加清晰地凸显出来。

二、生物主义的历史

(一) 达尔文和达尔文主义

现代生物主义的历史开始于 19 世纪中期。达尔文的代表作《物种起源》出版于 1859 年。在该书中,他指出,动物界通过适应环境和自然选择而进化。然而,所有跟他同时代的细心的人都明白,这种新的进化论也适用于人类。达尔文只是在他作品的结尾提到了这一点:"我认为,在遥远的未来一个广阔的领域更富有研究意义。心理学肯定会在赫伯特·斯宾塞(Herbert Spencer)所构

---

[7] 在可能追溯到生物学家 H. R. Maturana 的"自生系统"构造中,生物学的影响是明显的。

[8] 同样参见 Coing (Fn. 6), S. 157。其指出,在 19 世纪的法学中,"有机体"概念的使用绝不统一。

[9] 尼采虽然不是此处意义上的生物主义的纯粹代表,却属于 19 世纪末 20 世纪初倡导优生运动的行列。详细内容参见 P. Weingart/J. Kroll/K. Bayertz, Rasse, Blut und Gene. Geschichte der Eugenik und Rassenhygiene in Deutschland, 2. Aufl., 1996, S. 70 ff。

[10] 关于生命哲学的详细内容参考 H. Schnädelbach, Philosophie in Deutschland 1831—1933, 1983, S. 172 ff.;与法学的关系参见 H. Welzel, Naturrecht und materiale Gerechtigkeit, 4. Aufl., 1962, ND. 1980, S. 201 ff。

建的基础之上继续发展:每一种才智和能力都只是逐渐和分阶段地形成的。这也适用于人类及其历史。"[11]

达尔文对自然事件的解释在完全不同的方面应用到人类及其社会中。他的理论首先针对的是传统的上帝创造大自然的静态观点。[12] 将自然事件视为自然选择的结果的因果性解释取代了上帝意志。按照达尔文的观点,大自然的演进总是需要生命对其环境具有更大的适应性,而适应性更好的生命形式战胜适应性较差的得以存续。由此概述的进化思想已经被证明是非常富有成效的研究范式,而且在目前的自然科学中基本上不再受到怀疑。

对于试图将早期的进化论应用到社会和法律问题当中的社会达尔文主义而言,则另当别论。[13] 其主要观点是形而上学批判和宗教批判、相信进步和在社会进化中适者生存的信念,而这种想法容易扭曲形成"强者的权利"的观念。值得注意的是,社会达尔文主义的主要论点在达尔文之前就已经被提出来了,特别是由(在上面达尔文的引文中也提到的)英国的社会理论家赫伯特·斯宾塞(1820—1903)提出来的。[14] 社会达尔文主义之父是斯宾塞,而非达尔文。

现在和"社会达尔文主义"这个概念紧密联系的是"生存竞争"的社会生活观念,即只有最有能力的人才能够而且应该成功,因为他们拥有"强者的权利"。由此勾勒出的世界观以不同的形式出

---

[11] Ch. Darwin, Die Entstehung der Arten durch natürliche Zuchtwahl, 1963, S. 676. (Reclams Universalbibliothek Nr. 3071). 达尔文在其1871年才出版的著作《人类的起源》中表述地更加明确:"我的《物种起源》第1版只是略微提到,该作品也扩及人类的起源和历史。对此可知,人类由于在地球上生存而和每一种其他的生物一样适用相同的普遍结论。"(Die Abstammung des Menschen. Mit einer Einführung von Christian Vogel 1982, S.1.)

[12] E. Mayr, Evolution und Vielfalt des Lebens, 1979, S.137.

[13] 与此有关的全面内容,参见 E.-M. Engels (Hrsg.), Die Rezeption von Evolutionstheorien im 19. Jahrhundert, 1995.

[14] 主要参见其1851年的著作《社会统计学》。关于斯宾塞的详细内容,参见 K.-H. Curth, Zum Verhältnis von Soziologie und Ökonomie in der Evolutionstheorie Herbert Spencers, 1972; D. Wiltshire, The Social and Political Thought of Herbert Spencer, Oxford University Press, 1978。

现,例如,在美国是强化的经济自由主义(经济的生存竞争),在英国是关于帝国主义的合法化。[15] 对于传统宗教的态度也不同:在美国,社会达尔文主义和新教密切相关;而在德国,它是批判形而上学[16]和反对教权的。

起初,德国的法学在很大程度上并未受到社会达尔文主义思想的影响。导致这种局面的原因可能首先在于,法律实证主义居于统治地位,其将法学家的工作限制在体系化的规范解释和应用上。在法律工作中掺入个人的政治评价,这不是法学家的任务。法律的时代精神对于来自其他学科(如生物学)的影响是保持怀疑的。有时,人们把鲁道夫·冯·耶林(Rudolf von Jhering, 1818—1892)和社会达尔文主义联系起来。但是,仔细观察就会发现,这种相似性——再也站不住脚了——微乎其微。[17] 晚年的耶林认为,目的是法律的创造者,他的法律模式是以目的论为导向的。法律的判决和规则以生活世界的需求为基础,并随之进化。这种法律模式与其说是按照达尔文主义,倒不如说是根据一般进化史构想出来的。[18] 法律中的进化思想远远追溯到达尔文之前,在赫尔德(Herder)、历史法学派和19世纪的比较法研究与法人类学那里就已经出现了。

社会达尔文主义倾向在大约19世纪末的犯罪学中表现得更为明显,例如,在"社会法学派"的领军人物弗兰茨·冯·李斯特(Franz von Liszt, 1851—1919)那里。他试图从历史的进化中确定

---

[15] H. W. Koch, Der Sozialdarwinismus—Seine Genese und sein Einfluss auf das imperialistische Denken, 1973.

[16] "每一个自然科学家都可能会……按照某种合乎逻辑的想法形成这样的观点,即我们理解为精神活动的所有能力都只是大脑物质的功能,或者粗俗一点来说,思想和大脑的关系就像……尿和肾的关系。"(Vogt Karl/Jakob Moleschott/Ludwig Büchner: Schriften zum kleinbürgerlichen Materialismus in Deutschland. Eine Auswahl in zwei Bänden, 1971, Bd. 1, S.17 f.)

[17] 例如参见 F. Wieacker, Bemerkungen über Ihering und den Darwinismus, in: G. Mann (Hrsg.) (Fn. 5), S.158—163。

[18] 与之相对的模式是静态理解的自然法或者理性法,在耶林那里首先是指幼稚的概念法学,在法律内容上其观念由概念预先确定。

未来的进化趋势,并提出了一个可视为"自然主义谬论"之典型的主张:"我认为,应该存在之物只能从存在之物中衍生出来……。只有已被知晓的进化趋势才能给予我们关于应存之物的启发;我们人类的目的只是阻碍或促进独立于人类意志的进化过程。每一个清晰思考的进化论的支持者都一定会形成这个结论。"[19]

在大约19世纪末,社会达尔文主义和同样自19世纪中期以来兴盛的种族信仰结合起来。[20] 特别具有影响的是德·戈宾诺伯爵(Graf de Gobineau)的论点,他的四卷本著作《人种不平等论》从1853年到1855年就已经出版。戈宾诺认为,世界历史实质上就是种族历史,即白色、黄色和黑色基本种族及其相互竞争的历史。最具有价值的种族是"雅利安人",他们以独特的方式将美丽、尊严和力量相结合。[21] 通过融合,种族的原始特征逐渐丧失,戈宾诺将其解释为文明的退步。1898年到1901年,戈宾诺的作品出现了德文版。不久之后,它就主要在科普著作中得到了密切的讨论。[22] 种族研究和妄想与早就存在的反犹太主义[23]形成了极具争议性的结合物,其中,科学、优越的自负、意识形态和传教般的热情危险地杂糅在一起。

(二) 优生运动

虽然优生学(源自希腊文"eugenes",即好的来源)的历史可以回溯到古典时期,但被视为优生学的真正创立者的是达尔文的表弟弗朗西斯·高尔顿(Francis Galton,1822—1911年)。高尔顿在

---

[19] Von Liszt, Das "richtige Recht" in der Strafgesetzgebung, ZStW 26 (1906), 553, 556.

[20] G. Mann, Rassenhygiene—Sozialdarwinismus, in: ders. (Fn. 5), S. 80.

[21] G. Mann, a. a. O., S. 75.

[22] 关于戈宾诺及其在德国的接受程度的详细内容,参见 G Mann, a. a. O., S. 74—76. 这位法国伯爵的早期支持者是作曲家 Richard Wagner.

[23] 在回溯到古典时期的整个欧洲文化史中,有据可查的反犹太主义并不是源自生物主义或伪达尔文主义,而也是由宗教造成的。对此,例如 G. Czermak, Christen gegen Juden: Geschichte einer Verfolgung. Von der Antike bis zum Holocaust, von 1945 bis heute, 1997.

1865 年发表了一篇论文"遗传的禀赋和性格"[24],他在文中声称,人的道德和智力水平是由此得以提升的,即促进繁殖有才能的人而限制繁殖劣等人。优生学的任务就是系统化地研究哪些因素会导致后代的重要特性得以改善或恶化。正如格里昂·沃尔特斯(Gereon Wolters)所强调的,高尔顿的"才能"观念显然符合"维多利亚时代精英社会的理想形象":于男人体现于才华、性格和身体力量,于女人则在于优雅、美丽、健康、良好的品性和持家的能力。[25]

此外,在德国优生学的主导观点是由威廉·沙尔迈尔(Wilhelm Schallmayer, 1857—1919)[26]和阿尔弗雷德·普勒茨(Alfred Ploetz, 1860—1940)[27]提出的。优生学可以分为两种,即用于预防人类遗传特征恶化的消极优生学——在德国多数情况下称之为"退化"——和研究并实施可以改善遗传特征的措施的积极优生学。消极优生学的代表人物所讨论的措施包括关于婚姻指导、婚姻禁止和自愿绝育的健康教育,以及强制绝育、阉割和有目的地杀害"遗传病患者";属于积极优生学的是为了"遗传健康者"和特定的"繁殖计划"而实施的促进婚姻的措施,经常与之相关的是对社会政治措施的"反自然选择"效果的警告。

1900 年之后,不仅在德国,而且在其他重要的工业国家[28]出现了可以称之为"优生学的制度化"的过程。阿尔弗雷德·普勒茨在 1904 年创办了《种族生物学和社会生物学档案》,在 1905 年创建了"种族卫生协会"。然而,德国法学界直到 1933 年仍然几乎没

---

[24] Francis Galton, "Hereditary Character and Talent", 12 *MacMillan's Magazine*, 157—166, 318—327 (1865).

[25] 具体参见 G. *Wolters*, Darwinistische Menschenbilder, in: *A. K. Reichhardt/E. Kubi* (Hrsg.), Menschenbilder, 1999, S. 102 f. unter Berufung auf Galton, Ibid., at 165。

[26] W. *Schallmayer*, Über die drohende Entartung der Kulturmenschheit, 1891.

[27] A. *Ploetz*, Grundlinien einer Rassenhygiene. Die Tüchtigkeit unserer Rasse und der Schutz der Schwachen, 1895.

[28] 关于美国的内容参见 P. *Weingart/J. Kroll/K. Bayertz* (Fn. 9), S. 345 ff。

有接受优生学的要求。[29] 形成这种保守立场的主要原因,可能又是[30]法律实证主义对法教义学的坚持与对"法律之外"的政治影响的抵制。

(三)《授权毁灭不值得生存的生命》

刑法学者卡尔·宾丁(Karl Binding)和精神病学家阿尔弗雷德·霍赫(Alfred Hoche)于1920年共同出版了一本很薄但影响巨大的书——《授权毁灭不值得生存的生命》。[31] 宾丁从刑法的视角解决这个问题,霍赫则从医学的角度。虽然这两个作者得出了相似的结论,即允许"毁灭不值得生存的生命",然而,他们的著作在论证过程和措辞方面差别很大。

作为那个时代一流的刑法学者之一,宾丁分几个步骤来论证这个命题。他首先探讨了"自杀"的不可罚性,自杀在他看来既不违法也不合法,而仅仅是"法律不禁止的"。宾丁认为,人是"他自身存在的主宰"。[32] 然后,宾丁研究了"安乐死的纯粹结果",即"用另一种没有痛苦的死法来取代痛苦的、可能还会持续更久的、由疾病造成的死法"。[33] 在这里,宾丁认为,不存在法律意义上的杀人行为,"事实上只存在纯粹的治疗"[34]。此外,这并不取决于

---

[29] 详细内容参见由笔者指导的博士论文 Ch. Merkel, "Tod den Idioten". Eugenik und Euthanasie in juristischer Rezeption vom Kaiserreich bis zur Hitlerzeit, 2006.

[30] 参见本章第二部分之(一)脚注17关于社会达尔文主义的内容。

[31] K. Binding/A. Hoche, Die Freigabe der Vernichtung lebensunwerten Lebens. Ihr Maß und ihre Form, 1920. 赞同的观点参见 A. Elster, Freigabe lebensunwerten Lebens, ZStW 44 (1924), 130—135;绝大部分法学家持反对态度,参见 F. Walter, Die Vernichtung lebensunwerten Lebens (Euthanasie), ARWph 16 (1922), 88—120. 对此的总结参见 K. Engisch, Euthanasie und Vernichtung lebensunwerten Lebens in strafrechtlicher Beleuchtung, 1948; M. Schwanz, "Euthanasie"-Debatten in Deutschland (1895—1945), VfZ 46 (1998), 617—665.

[32] Binding/Hoche, a. a. O., S. 13 f.

[33] Id., S. 17.

[34] Id., S. 18. 到目前为止,安乐死问题的这种(已经着手实施构成要件的)解答首先用来支持注射止痛但缩短寿命的药物。

将要死亡的人的同意。

在探讨基于要求的杀人（《帝国刑法典》第216条），即死者同意的杀人时，宾丁转到了他真正的主题，其中他论述道，当濒临垂危病人或受到致命伤的人而不是"要求毁灭健康的生命"时，"毁灭"自己生命的要求具有更大的意义。[35] 至此，宾丁的论述仍然基本上处于他那个时代刑法讨论的范围之内。他论证的出发点是强调死者的自决权，并将个人视为其生命的主宰；他坚持全面保护生命的必要性，想把参与自杀置于刑罚处罚范围之内，在这点上甚至比他那个时代的大多数刑法学者所采取的主张更具有限制性。[36]

宾丁将"毁灭不值得生存的生命"的核心问题表述如下：

> 存在如此严重地丧失了法益的特性，以至于其存续对生命载体和社会而言已经持久地失去了所有价值的人的生命吗？[37]

宾丁认为有三类人的生命可以被视为不值得生存的生命：

（1）"由于疾病或受伤而无法挽救的人，他完全清楚自己的状况，具有急迫的解脱愿望并且通过某种方式表达出来"[38]；

（2）"无法医治的痴呆患者"，其"既没有生的意愿，也没有死的意愿"[39]；以及

（3）"精神健全的人，其由于某种事件，如非常严重的致命伤而失去意识，并且如果从无意识状态中再次苏醒的话，会陷于极度的痛苦当中。"[40]

值得注意的是，宾丁应该说明法律或法伦理学的根据，而不是仅仅依赖法感觉或明显的状况。他前面关于自杀和基于要求的杀

---

[35] Binding/Hoche, a. a. O., S. 25. 宾丁在此借助符腾堡、不伦瑞克、巴登、图林根和汉堡的早期刑法典。
[36] Binding/Hoche, a. a. O., S. 20.
[37] Id., S. 27.
[38] Id., S. 29.
[39] Id., S. 31.
[40] Id., S. 33.

人的论述意味着,"授权毁灭不值得生存的生命"在原则上并没有违背杀人罪的传统教义学。特别值得关注的是,宾丁依然试图坚持自决原则:他要求"完全尊重所有人的生存意愿,即使是最病重、最痛苦和最无用的人"。[41]对于"感到生命美好的低能者",则不可"授权他人将其杀害"。[42]

霍赫医生以宾丁的论述为基础,但又从新的经济的视角将其扩展,即从危重病人和残疾人给整个社会造成的负担的角度。霍赫也比宾丁在言辞上犀利得多:

> 这类累赘者所必需的消耗是否在所有方面都合理,这个问题在以前的繁荣时期并不急迫,然而,时过境迁,现在我们必须认真地考虑这个问题。……我们德意志的使命向来就是:尽可能高度地整合所有的方法,解放每一种有用的实现目标的能力。与践行这项使命相悖的是现代的努力,即尽可能保护所有形式的孱弱者,为所有那些虽然精神上苟延残喘,但在其所属的组织中是劣等元素的人给予照料和保护——这些努力取得了特别的效果,即迄今为止不可能而且也没有认真地尝试过把这些有缺陷的人从繁殖当中排除掉。……从更高的国家道德的立场来看,不容置疑的是,这种无条件维护不值得生存的生命的努力已经过度了。换个角度来说,在这一点上,我们忘记了把国家有机体在相同的意义上看作一个包含自己的法律和权利的整体,就像一个自身封闭的人类有机体一样,我们医生都知道,它为了整体的福利而放弃并摆脱个别变得无价值的或受损的部分或微小部分。

霍赫将缺少利益视为"不值得生存的生命"的决定标准。没有能力感受需求和利益的人,在霍赫那里就已经是精神死亡的。杀害其肉体就不产生不法:"一个精神死亡的人根据事情的状况和由于其大脑状态,没有能力提出对于某事和对于生存的主体权利,那

---

[41] Id., S. 28 (Hervorhebung i. O.). 类似的表述见于第34页:"每一次违背将死者或被杀者的生存意志的授权杀人都(被)排除。"

[42] Binding/Hoche, a. a. O., S. 29.

么杀害他……就没有损害主体权利。……面对精神死亡的人,'同情'对于生和死而言是适合于后者的感觉活动;没有痛苦,也就没有同情。"

宾丁和霍赫的著作得到了集中的讨论,但是其大部分观点遭到了否定。特别在法学界,否定的声音几乎是一致的。[43] 尽管如此,该书在半科学和非科学的领域产生了显著的影响。在德国,社会生物学讨论的特征是最晚自世纪之交以来明显出现的对衰退的畏惧,即害怕生物学的"退化"。[44] 对许多人而言,宾丁和霍赫似乎已经指出了一条摆脱将出现的灾难的唯一可行出路,虽然它极端而且在道德上极其有问题。该书中的不少表述,从"不值得生存的生命""累赘者"到"有缺陷的人",都被纳粹采用。但是,这并没有停留在术语的借用层面:在1933年,即《授权毁灭不值得生存的生命》这本书初版之后13年,德国出现了新的统治者,他们把书中的建议付诸实施。

(四) 纳粹法律思想中的生物主义

纳粹分子欣然继承了前人关于优生学、种族卫生学和安乐死的研究,它们确实适合于为自己的种族主义和反犹太主义披上科学性的外衣。反之,优生学家希望从纳粹分子那里得到物质性的支持,并且把优生学的理论付诸实践。[45] 纳粹主义世界观的核心和希特勒政策的主要动力是迄今仍令人匪夷所思的过度种族妄想,其可憎的面孔体现在肆无忌惮的反犹太主义中。[46] 纳粹掌权

---

[43] 参见脚注31的内容。
[44] 具体参见 G. Mann, Dekadenz—Degeneration—Untergangsangst im Licht der Biologie des 19. Jahrhunderts, Medizinhistorisches Journal 20 (1985), 6—35。
[45] P. Weingart/J. Kroll/K. Bayertz (Fn. 9), S. 381 ff.
[46] 当前详细的研究状况参见 K. Hildebrand, Das Dritte Reich, 6. Aufl., 2003, S. 270—290, 全面的文献资料见第406—417页。

后,除了排除犹太人和剥夺其权利的活动[47],还直接实施优生措施。[48] 1933年7月14日的《遗传病后代预防法》(1934年1月1日生效)针对"① 先天性弱智、② 精神分裂症、③ 狂躁抑郁症、④ 遗传性癫痫、⑤ 遗传性舞蹈病(亨廷顿舞蹈症)、⑥ 遗传性失明、⑦ 遗传性耳鸣、⑧ 严重的身体畸形"这样的遗传病,以及"严重的酗酒",规定了强制绝育。由法学家和医生组成的"遗传健康法庭"负责判决实施强制绝育。[49] 而质疑这些疾病是否完全由基因所导致的观点,则受到了压制。从1934年起,超过30万人被强制绝育,其中大约6000人死亡。

种族主义、反犹太主义和纳粹的优生学是以生物主义为根据并得以合法化的。精神病学家恩斯特·吕丁(Ernst Rüdin)对于《遗传病后代预防法》的出台起到了决定性的参与作用,他为该法辩护的下面的话特别有趣:

> 为了阻止在所有具有高度文化的民族中威胁平均遗传健康的逆向选择,有必要采纳种族卫生措施。它和政治根本无关,因为每一个具有高度文化的民族都要依靠它。除了付出必需的努力,以便使遗传健康者和有天赋者达到足够的出生率之外,也有必要尽可能小心地淘汰遗传无能者。大自然极其残酷无情地淘汰所有不适合的生物,它在那些有遗传特征缺陷的载体充分地繁殖之前,就通过杀害的方式将其排除。

---

[47] 通过1935年9月15日的《纽伦堡法案》(《帝国公民权法》和《德意志血统及荣誉保护法》),犹太居民被公开剥夺了权利,并且,大屠杀的惨剧开始上演。

[48] E. Klee, "Euthanasie" im NS-Staat. Die Vernichtung "lebensunwerten Lebens", 1983; K. Nowak, Sterilisation und Krankenmord 1934—1945. Von der Verhütung zur Vernichtung "lebensunwerten Lebens" im NS-Staat, in: P. Propping/H. Schott (Hrsg.), Wissenschaft auf Irrwegen. Biologismus—Rassenhygiene—Eugenik, 1992, S. 85—99; H.-W. Schmuhl, Rassenhygiene, Nationalsozialismus, Euthanasie. Von der Verhütung zur Vernichtung "lebensunwerten Lebens" 1890—1945, 1987.

[49] 全面内容参见 I. Czeguhn, Das Gesetz zur Verhütung erbkranken Nachwuchses vom 01. 01. 1934 und die Erbgesundheitsgerichte, Tijdschuilt voor Rechtsgeschiedenis (2004), 359—372。

人类通过种族卫生措施,即仅仅通过阻止遗传特征差的性细胞受精,就将痛苦地淘汰人转变成无痛苦地淘汰生殖细胞。迄今为止,在自由大自然的残酷要求和文化人类的人道要求之间存在着对立,而种族卫生措施以最人道的方式解决并且调和了这种对立。[50]

在这个例子中,还需要再次明确生物主义论证方式的典型特征:将生物学或伪生物学的观念应用到人类社会中,而不考虑其特殊性;不加思考地把描述性概念(如"自然的")等同于规范性概念(如"好的"和"必要的");使用生物学和科学的术语,并且诉诸臆想中的生物学的必要性来掩饰政治意图;认为自己的(因此也是自己负责的)决定是"生物学上预先确定的"。值得注意的是关于"文化人类的人道要求",其实现方法将是以"无痛苦地淘汰生殖细胞"代替"痛苦地淘汰人"。

(五) 纳粹政权在生物主义掩饰下对病人和残疾人的杀戮

大约从1939年起,纳粹的优生学延伸到了系统化地"毁灭不值得生存的生命",即大规模地杀戮病人和残疾者。[51] 尽管对病人的杀戮不再保密,却没有出现主管医生的抗议。直到1941年夏季,明斯特主教克莱门斯·格拉夫·冯·盖伦(Clemens Graf von Galen)的公开布道才使官方停止"T4行动"。[52] 大约7万人成为"T4行动"的受害者。在个别的机构和医院中,杀人行动在1941年夏季之后仍在秘密地进行。在这个所谓的"野蛮的安乐死"中,又有大约3万人死亡。

最恐怖的场景是在德国的集中营里,特别是奥斯威辛集中营,在那里,约瑟夫·门格勒(Josef Mengele)对囚犯进行极其残酷的医

---

[50] 引自 U. Wiesing (Hrsg.), Ethik in der Medizin. Ein Studienbuch, 2. Aufl., 2004, S. 57 f。

[51] 从"民族"当中"淘汰"病人的策划地是柏林蒂尔加滕街4号,所以也称之为"T4行动"。

[52] 1941年8月3日,冯·盖伦在明斯特宁柏迪教堂的布道最重要的段落刊登于 Wiesing (Fn. 50), S. 60—62。

学研究和手术,甚至在没有任何麻醉的情况下对人进行活体解剖。门格勒的专长是双胞胎研究。他多次把研究成果和制成的人类畸形标本寄往著名的柏林威廉皇帝人类学研究所。这个惨无人道的谋杀者和学界之间的合作当然进展顺利。

对于纳粹政权对其臆想的"不值得生存的"人进行史无前例的杀戮,我们可以将其合法化的主要论点——当然是大为简化地——总结为三点[53]:

其一,从经济的角度看,"毁灭不值得生存的生命"可以让社会摆脱"累赘者"。这些累赘者从经济上损害社会,并且毫无益处地束缚建设德国所急需的健康力量。典型代表这种根据的是霍赫医生的论述。[54]

其二,是有关"种族研究"和优生学的生物主义的根据。由于以文明的方式阻断自然的选择机制,德意志民族的"遗传健康"似乎受到了威胁。需要用新的手段抵制令人担忧的生物衰退,即"退化"。代表这种方法的例子是上文引用的精神病学家吕丁的论述。[55]

其三,经济的和生物的根据都可能源自对"不同的"人的深度畏惧,例如,含有异常身体特征的外国人或重度残疾人(心理学的解释方法)。这种抵触情绪遍及整个人类史[56],可以作为其人类学上的根据。

---

[53] 详细参见 H. *Schott*, Die Stigmen des Bösen. Kulturgeschichtliche Wurzeln der Ausmerze-Ideologie, in: *Propping/Schott* (Fn. 48), S. 9 f。世纪之交以来,关于"安乐死"的深入的多方面分析,参见 M. *Schwarz*, "Euthanasie"-Debatten in Deutschland (1895—1945), Vierteljahresschrift für Zeitgeschichte 46 (1998), 617—665。

[54] 参考本章第二部分之(三)脚注 38。

[55] 参考本章第二部分之(四)脚注 50。

[56] 具有启发性的概况参见 *Schott* (Fn. 53)。

三、生物主义在方法论上的问题和危险

有几个因素似乎很容易使人把生物学的研究成果应用到社会和政治问题当中。像家庭、组织、团体或国家这样的社会产物都由个人组成[57],他们本身(也)属于人类生物学的范畴。此外,生物学的个别方向,如社会生物学,不仅试图形成关于个别人的有经验根据的结论,还同时关涉群体和整个社会中的人的行为。在研究动物界时,关注的也不仅仅是个体,还包括整体结构。最后,"蚂蚁群体"这个称谓意味着,不仅生物学的概念应用到社会产物中,政治和社会的概念也反过来应用到生物整体当中。

生物主义的论点首先会受到来自道德视角的批判。然而,合理的道德批判不应忽视的是,还可以从方法论上分析并且质疑生物主义的方法。道德批判仅仅涉及生物主义的弊端,而方法论上的批判则更为彻底。

(一) 还原论

在社会学和法律中,生物主义解释模式的核心问题就是还原论[58],即将复杂的社会或规范的问题还原到生物学的解释范式中。然而,不能否定所有的还原论,相反,科学上对于认识对象的理解,即对认识对象的系统性描述与对其中所发生的现象的阐述,总是需要将现象的多样性还原为基本的考察对象。所以,还原和抽象同样属于科学。但是,在社会科学中,生物学的解释方法必须面对的问题是,它们是否能够完全理解对每一个领域而言重要的观点。语言、道德和宗教这样的文化因素属于人类共同体的特色,而在纯粹生物学背景下对它们进行的分析至今仍几乎没有说服力。[59] 另

---

[57] 霍布斯的《利维坦》第1版(1651年)中著名的扉页画形象地展示了这一点。
[58] 这一概念的详细内容参见 G. Wolters, Artikel "Reduktionismus", Enzyklopädie Philosophie und Wissenschaftstheorie 3 (1995), 521—522。
[59] 至少可参看 H. Mohr, Biologie und soziokulturelle Evolution, in: P. Sitte (Hrsg.), Jahrhundertwissenschaft Biologie. Die großen Themen, 1999, S.181—200。

外,像"自然选择"或"适者生存"这样的标语对动植物界而言并无差别,将这种粗略的模式应用到人类共同体中,并尽可能把"种族"视为进化载体,这没有知识上的价值。它不是科学,而是意识形态。

(二) 自然主义的谬论

从事实中得不出规范或价值,同样的,从规范或价值中显然在逻辑上推导不出事实。仍然这样做的人,如上文所引论据中的弗兰茨·冯·李斯特[60]就犯了"自然主义的谬论",它自大卫·休谟(David Hume)以来就在哲学文献中一再受到批判。[61] 这还意味着,从自然中事实存在的规律性根本得不出这样的结论,即这些规律性在道德上是"好的"或"坏的"。大自然是道德无涉的,它并不关心我们的价值,也从不认识它们。

所以,我们不能从自然中存在的自然选择的事实,推导出以某种方式选择"更好的适应者"或"强者"在道德上就是必要的或"好的"。也不能说,妨碍或阻止自然选择就是不道德的或"坏的"。然而,在自然界很难区分实然和应然、事实的视角和规范的视角,因为在达尔文主义之前的形而上学目的论的范式统治之下,自然界被理解为根据上帝意志安排的宇宙,其对"实然"和"应然"根本不加区分。[62] 现在,"自然的"或"自然性"这样的概念仍然带有明显的规范色彩。

(三) 违背价值无涉原则

生物主义论据在方法论上的第三个问题在于这种诱惑,即打着自己所臆想出来的严谨科学方法的旗号,在讨论中掺入个人的

---

[60] 参见本章第二部分之(一)脚注 19。
[61] K. Seelmann, Rechtsphilosophie. 3. Aufl., 2004, § 8 Rn. 19 ff.
[62] 对于这种观念在现代"潜在性论证"中的影响,参见 E. Hilgendorf, Stufungen des vorgeburtlichen Lebens-und Würdeschutzes, in: A. Gethmann-Siefert und St. Huster (Hrsg.), Recht und Ethik in der Präimplantationsdiagnostik, 2005, S. 115—130 (116 f.)。

政治或道德观念,即个人的"世界观",而参与讨论者并没有予以驳斥,甚至没有注意到这一点。他们似乎从来没有发现过自己违背了科学中的价值无涉原则。这可能是激烈抵抗的主要原因,至今,马克斯·韦伯将学术观点和个人评价相区分的论点仍遭到这种抵抗。[63]

优生学的创始人弗朗西斯·高尔顿就已经明显违背了科学中的价值无涉原则。高尔顿意图培养"最有才能的人",而这些人的特征和维多利亚时代的理想形象惊奇地相似。[64] 高尔顿混淆了事实和规范之间的界限:

> 即便高尔顿模式中的体力、优雅、持家能力和其他特征在个别情形中是值得重视的,然而,将它们看作允许生殖的标准和未来人的形象的核心部分,却显然是规范的决定,它需要根据。高尔顿从来没有考虑过这种根据,意味着他并不善于区分事实和规范,而是将他生活的统一帝国时代中与他相同阶层的多数人事实上的感觉看作道德上有根据的或合理的。[65]

以种族研究和优生学为例,价值无涉的构想被多次批判,其间,想象中"以严格自然科学的方式"进行论证的种族研究者和"种族卫生学家"的世界观前提和政治要求得以阐释,其理论的可怕后果也被指明。这种批判之所以是错误的,是因为所提及的学者没有遵循价值无涉的观点。此外,他们对韦伯的观点似乎存在误解:该观点要求严格区分学术见解和个人的道德或政治要求。但是,它并不包含这种(错误的)论断,即科学研究不能含有道德上可疑的结果。相反,近代初期以来的科学进步显示,科学工作的结果能引起非常棘手的道德和政治问题。

---

[63] 参见 E. Hilgendorf, Das Problem der Wertfreiheit in der Jurisprudenz, in: ders. / L. Kuhlen (Hrsg.), Die Wertfreiheit in der Jurisprudenz. Konstanzer Begegnung: Dialog zwischen der Juristischen Fakultät der Universität Konstanz und Richtern des Bundesgerichtshofes, 2000, S. 1—32 (Juristische Studiengesellschaft Karlsruhe, Heft 242)。

[64] 参见本章第二部分之(二)脚注24。

[65] Wolters (Fn. 25), S.104. 也参见 Voland (Fn. 3), S. 26 f。

从种族研究和优生学的例子可以看出,科学如果停止遵循价值无涉的要求,就会多么容易地变成伪科学。自戈宾诺时代以来,种族研究的缺陷就是隐蔽地混合事实陈述和评价、经验和救世说,因此,它就不是价值无涉的了。它和优生学一样,至多是阶段性地而且在其个别代表人物那里具备经验科学的地位。即便对这些人而言,种族理论和优生学的基础也是不确定的,他们的许多观点是错误的,而且其进化论假设是不恰当的。然而,并没有出现纠正,因为种族研究和优生学由于忽视价值无涉原则而已然成为了意识形态,变成了不可能通过提出反证加以证伪的信仰体系。

四、结语:当今的生物学和法律

一方面,研究个人或社会道德问题的生物学家的不少文章依旧没有区别描述性和规范性的观点。特别是在社会生物学的文献中,自然主义谬论的例子明显可见。[66] 另一方面,法律和道德体系应该考虑行为生物学的知识,从而可以有效地调控人的行为。例如,行为生物学能够告诉我们人的行为可能具备的先天特征,从而有助于我们解释受否定评价的行为方式[67],并尽可能合目的地阻止它们。生物学家恩斯特·迈尔(Ernst Mayr)称之为"由生物学知晓的"规范体系,它并非源自进化和生物学知识,却与之协调一致。[68] 迈尔将小孩子对道德规则的天然接受性视为规范上重要的生物学事实的例子,从中可知,对小孩子进行道德教育具有重要的意义。[69]

迈尔认为,我们文化中三个大的道德(和法律)问题就是:最初作为群体特有的伦理学的普及问题[70];"过分的自我中心"和个人

---

[66] 具体内容参见 *Wolters* (Fn. 25), S. 110 ff。
[67] 对此的一个例子是排外情绪,即对所有外国人不加思考地并经常近乎偏激地排斥。
[68] E. *Mayr*, Das ist Biologie. Die Wissenschaft des Lebens, 2000, S. 322.
[69] *Mayr*, a. a. O., S. 340.
[70] 在 *Peter Singer* 之后,迈尔称之为"扩展的范围"问题(出处同 *Mayr*, a. a. O., S. 343)。

主观权利的过度,以至于成为整体的负担;欠缺思考我们对于大自然的责任。[71] 迈尔觉得特别重要的是把人类视为整体,还有(仍需塑造的)广泛的人类团结意识,他继托马斯·赫胥黎(Thomas Huxley)之后把这种立场称为"进化的人文主义"[72]。最后,他总结道:"对进化的理解可以给予我们一种世界观,理性的道德体系以此为基础——这种体系能够维护健康的人类社会,并关照由人类保护和维持的世界未来"[73]。

很明显,"进化的人文主义"立场作为规范的世界图景,不可能仅仅通过生物学的知识得以证明和合法化。毋宁说它以道德决定为基础。如果承认这一点,那么,笔者认为,"进化的人文主义"似乎就是一个吸收了生物学知识而没有被生物主义简化的可靠世界观。

---

[71] *Mayr*, a. a. O., S. 344 f.
[72] Id., S. 346. 同样参考 M. *Schmidt-Salomon*, Manifest des Evolutionären Humanismus. Plädoyer für eine zeitgemäße Leitkultur, 2005。
[73] *Mayr*, a. a. O., S. 347.

第二十四章

禁止克隆与人的尊严

——从"智人"到复制人？对《胚胎保护法》第 6 条的思考

一、问题的提出

随着生物技术的进步,我们根据自己的意愿改造大自然的能力得到了超乎想象的提升。生殖医学和遗传工程结合成为一个新的学科,即"生殖工程",它将在 21 世纪产生深刻的影响。面对这种发展状况,一再浮现的问题是,我们究竟是否可以利用这些新兴技术,或者对新技术的利用是否会威胁甚至损害我们文化的基本价值。值得注意的是,对于相反的问题却很少有人问津,即我们的价值是否就不需要新兴技术的运用。生物技术的批评者们似乎就将刑法看做一种禁忌守护者,它将任何一种可能的滥用都遏制在萌芽阶段。于 1991 年 1 月 1 日生效的《胚胎保护法》(ESchG)在很大程度上便受到了这种严格主义的影响。这也体现在《胚胎保护法》第 6 条第 1 款所包含的禁止克隆规定当中:"人工促使形成和另一个胚胎、胎儿、人或死者包含相同遗传信息的人类胚胎的,处五年以下自由刑或金钱刑。"

根据《胚胎保护法》第 6 条第 2 款,将克隆出的胚胎移植到妇女身上的,同样处罚。《胚胎保护法》第 6 条第 3 款规定了第 1 款或第 2 款中行为未遂的可罚性。然而,《胚胎保护法》的不少规定仅仅具有象征性的意义;在德国被禁止的事物,却在国外得到研究,并且有些部分已经被成功地运用到实践中。许多国家目前正在努力进行克隆人体组织的工作。由于技术的迅猛进步,以及专家预计克隆技术不久就能大规模地运用于治疗目的,对于克隆的道德评价变得越发不确定,这一点可能完全适用于胚胎研究。[1] 因此,是时候反思我们对于生殖工程的态度和《胚胎保护法》中所体现的严格主义立场了。

二、克隆的方法和目的

人们将无性繁殖后代的做法统称为克隆。克隆体,也就是包含(几乎)完全一致的遗传特征的生物体,在自然界屡见不鲜,如培育植物的幼芽和插条,而动物则通过分裂的方式。[2] 在人类自身,单卵双胞胎就是一种自然意义上的克隆体。由此可见,克隆是一种完全亲近自然的方法。然而,在日常用语中,"克隆体"这个词包含了明显消极的价值评判,这严重妨碍了客观地讨论这种新方法的利弊。[3]

(一) 克隆的方法

目前有两种不同的克隆方法[4]:胚胎分裂和细胞核移植法。前者也被称为人工多胎培育,在此种情况下,分裂球,也就是胚胎发育到 28 个细胞阶段的细胞,被相互分离。这样的细胞仍然是全能的,可以再次发育成胚胎,所以,从胚胎分裂中能够产生多个含有完全一致的遗传特征的胚胎。后者是目前得以实践运用的

---

[1] Birnbacher, Ethische Probleme der Embryonenforschung, in: Beckmann (Hrsg.), Fragen und Probleme einer medizinischen Ethik, 1996, S. 228—253.
[2] 概况参见 Hensel, in Kleer/Söling (Hrsg.), Herausforderung: Klonen, 1998, S. 21 ff.; Stiegler, Stichwort Klonen, 1997, S. 15 ff。
[3] 相关内容参见 Dawkins, in: Nussbaum/Sunstein (Eds.), Clones and Clones. Facts and Fantasies About Human Cloning, W. W. Norton & Company, 1998, pp. 54—66。
[4] 具体内容参见 Stiegler (Fn. 2), S. 55 ff。

第二种克隆方法,即把待克隆的生物体的细胞核植入到去核的卵细胞中。[5] 跟卵细胞融合的细胞可能处于不同的发育阶段。例如,引起轰动的克隆羊多利(1997年),人们所使用的就是一只成年母羊的乳房细胞。[6] 细胞核移植法是无性运作的,也就是说,人们为此并不需要通过自然的(有性的)方式形成胚胎。细胞核移植法可以让已经分化的细胞的细胞核"重新编程",从而重新形成完整的生物体。由此,细胞正常的分化进程被逆转,而这在数年前尚被认为是不可能的。[7]

(二) 动物克隆的应用领域

在遗传工程和生殖医学中,很多领域都用到了克隆的方法。对于克隆动物,目前有三种主要不同的应用领域[8]:① 高产动物的大量生产;② 转基因动物的人工增殖;以及③ 用于异种移植的动物克隆。

人工增殖完全相同的高产动物,如奶牛,很早就被实际运用了。为此,处于早期发育阶段的胚胎被多次分裂,并由其他产能较低的母畜进行孕育。幼畜仅仅继承了高产奶牛的基因,从而拥有它们的而不是幼畜"代孕母"的特性。与自然的有性繁殖方式相比,高产动物的特性通过这种方式扩增得更快。

此外,以克隆方式增殖转基因动物的目的是制造药物。转基因生物体的遗传特征中包含了通过人工方式移植进去的另一种生物体的基因。这种基因会改变受体生物体的特定性状。转基因的植物,如基因技术修饰过的玉米,能够抵抗特定的害虫。又如,转

---

[5] 具体内容参见 *Decker/Pühler/Schmid* (Hrsg.), Biotechnologie und Gentechnik, 2. Aufl., 1999, Artikel "Kerntransfer", S. 433 f。

[6] 后来得知,在克隆多利时母羊已经怀孕,因此,当然产生的疑问是,是否出于疏忽而使用了胚胎细胞。

[7] *Podschun*, Sie nannten sie Dolly. Von Klonen, Genen und unserer Verantwortung, 1999, S. 43; *Winnakker*, Gentechnik—Eingriffe am Menschen. Was wir dürfen und was wir nicht dürfen, 2000, S. 12 f. (Gedanken zur Zukunft, Heft 1)。

[8] 以下内容参见 *Kollek*, in: *Ach/Brudermüller/Runterberg*, Hello Dolly? Über das Klonen, 1998, S. 19 (27 ff.)。

基因的奶牛能够通过一种被修饰过的腺体组织在它的奶中制造一种物质,而这种物质对于人类的一种药物来说是必需的。转基因动物能够优质足量地制造这种物质,然而,生产这样的转基因动物并不容易。因为在有性繁殖中,亲代动物的遗传物质会混合在一起,所以,更好的做法是克隆转基因动物,从而尽可能在保持这种特性不变的同时进行扩增。

克隆技术在动物界的第三个重要应用领域是人工增殖动物,将它们用作人类替代器官的供体。在异种移植中,也就是将另一个物种的器官移植到人身上[9],猪是首要的供体生物体。要利用基因技术对这些动物进行改造,以使其器官不被人类生命体排斥。一种合适的供体动物能够通过克隆的方式进行增殖,这样对供体器官的大量(并且不断增多的)需求也会得到满足。但异种移植的发展目前尚处于初始阶段。[10]

三、关于人的克隆

最近,克隆哺乳动物取得的成果引发这样的问题,即克隆技术是否以及在多大范围内也能够被应用到和人有关的领域中。在1992年,乔治·华盛顿大学医学中心的杰里·霍尔(Jerry Hall)和罗伯特·斯蒂尔曼(Robert Stillman)就已经通过分裂的方法克隆出人类胚胎。[11] 现在,克隆技术能够用在人身上这一点已经毫无疑问。但究竟能出于何种目的而在人身上运用这种技术,对此似乎尚无定论。可以设想的应用领域包括:① 增殖单细胞或小的细胞群;② 植入前诊断学;③ 通过克隆方式制造组织、器官和身体部位;④ 治疗无生育能力的夫妇和其他无性生殖的情形;以及⑤ 有针对性地繁衍含有特定素质的人。

---

[9] 详细内容参见 *Müller/Paslack*, in: *Paslack/Solte* (Hrsg.), Gene, Klone und Organe. Neue Perspektiven der Biomedizin, 1999, S. 141—165。
[10] 特别显得有问题的是,猪的疾病可能会被转移到人类身上。
[11] *Stiegler* (Fn. 2), S. 77 ff.

其一，制造（单）细胞克隆体在研究和应用医学中具有重要的作用。一个在诊断学、治疗和研究中同等重要的例子是制造单克隆抗体。具体而言，是将免疫系统中能够产生抗体的特定细胞与具有无限分裂能力的肿瘤细胞融合，由此产生的细胞结合了二者的特性。为了能更多地制造特定的抗体，就将可以产生抗体的细胞提取出来并且用克隆的方法增殖。[12]

其二，另一个应用领域是克隆体外受精的卵细胞，在植入前进行诊断（所谓的植入前诊断学，简称 PID）。[13] 例如，经过研究克隆出的细胞（群），人们可以提早发现遗传疾病，甚至可能在植入前通过基因技术的介入治愈它们。胚胎植入前诊断的一大优势在于，它可以大量减少因孩子的伤害而实施的终止妊娠的数量。

其三，特别值得关注的是通过克隆制造人体组织、器官和身体部位。尽管异种移植取得了一些进展，移植异种的组织部分和器官却仍然由于受体生物体的排斥反应而失败。如果能够成功地对需求者自身的体细胞进行克隆，并从胚胎干细胞中培育出新的组织甚至替代器官，那么就能缓解合适的供体器官的短缺状况。2000 年夏季，英国的一个专家小组就建议采取这种方式。[14]

其四，往往与克隆人相关的第四类情况则是医治无生育能力的夫妇。不过，可能在大多数情形中，目前广为接受的试管受精方法足以满足拥有孩子的愿望。如果一位妇女不能怀胎，她不借助克隆也可以实现拥有孩子的愿望。当试管受精方法由于医学原因被排除，此外对于想拥有孩子的单身者或同性配偶而言，克隆才是可取的方法。[15]

其五，最后一组案例似乎在大众传媒中首先会跟"克隆"这个可怕的词联系起来：有针对性地繁衍人，特别是含有特定素质的

---

[12] *Stiegler*, a. a. O., S. 14 f.
[13] 对植入前诊断学的刑法评价参见 *Schneider*, MedR（2000），360 ff。
[14] Department of Health, "Stem Cell Research: Medical Progress with Responsibility", June 2000.
[15] 当然，在诸如此类的情形中总会现的问题是，相应的拥有孩子的愿望应不应该也被满足。

人,如做艺术家或学者,但也做组织供体。在文学中经常出现这样的情形,即克隆一个亟须进行骨髓移植的孩子,以便把他的孪生人用作骨髓供体。这个孪生人不会因为该方法而受到持久的伤害,最终两个孩子都能健康地成长起来。[16]

当然,还有一些与当前的主流社会道德显然格格不入的情况。这首先包括大规模地进行人的培育和繁衍,他们被"最优化"以便服务于特定的工作,就像奥尔德斯·赫胥黎(Aldous Huxley)在他1932年出版的经典作品《美丽新世界》中所描绘的那样。工业化地制造一系列顺从的劳动奴隶或士兵,也属于这样。同样可怕的还有出于(并未和供体商定的)克隆的目的而进行体细胞交易。设想一下,在医生对一位著名影星或政治家进行例行检查时,一些身体细胞被提取出来,并随即在网上以克隆为由被天价叫卖——肯定有父母抵不住诱惑,想拥有长得像比尔·克林顿(Bill Clinton)一样的孩子。

毫无异议的是,最后列举的这些做法并不值得向往。它们不符合我们关于人的平等和正义的观念。然而,仅仅因为明显的滥用和无节制就笼统地谴责克隆技术,这是不适当的,而这在当前仍然经常发生。舆论中,无差别地谴责和拒绝克隆技术的观点甚嚣尘上。因此,全面地考察各种反对克隆人或人体组织的论据并且研究其可靠性,是颇有价值的。

四、反对克隆的理由

反对克隆的理由[17]主要分为四个不同的论证方向:

(一) 侵犯上帝创造的世界

神学形而上学的核心论据是这种思想,克隆意味着未经允许

---

[16] *Gutmann*, in: *Roxin/Schroth* (Hrsg.), Medizinstrafrecht: im Spannungsfeld von Medizin, Ethik und Strafrecht, 2000, S. 325 (333, Fn. 51)。
[17] 概况同样参见 *Gesang*, Universitas (1998), 771 ff.;相关内容参见 *Markl*, Universitas (2000), 817 ff., 995 ff。

地侵犯上帝创造的世界。这就是说,当人干预自然的生殖过程,甚至使用新的繁衍方式时,他就在扮演着上帝的角色,侵入了上帝创造的世界。[18] 很明显,这些反对克隆的神学形而上学根据可能首先说服的是那些享有同样世界观的人,而在一个世界观中立的国家,它们则不应轻易地被普遍化并成为立法的基础。

基督教徒主张上帝所创造的世界是不可支配的,与此同时,他们必须否认人类在过去五千年中主要的活动就是改造大自然,换句话说,让上帝创造的世界听命于人。[19] 例如,家畜的培育已经产生了新品种,现在饲养的牛和猪在自然状态下根本没有生存能力。我们的祖先也已经创造了克隆方法,他们栽培土豆,并把花的枝条插入土中使之生根。因此,主张克隆之所以不被允许,是因为它侵犯了上帝创造的世界,上述这个论据几乎是没有说服力的。

(二) 人的尊严和工具化

第二组论据批判每一种形式的人的克隆,认为它们都违背了人的尊严[20],设立《胚胎保护法》第 6 条的目的就是保护人的尊严[21]。然而,以人的尊严作为论据导致很多问题:

令人费解的是,究竟谁的尊严会因为克隆而被损害,这常常没有被指明:克隆出的细胞的尊严? 细胞供体的尊严? (可能)由克隆出的细胞将来长成的个人的尊严? 甚至任何一个旁观者目睹克隆的过程或看见克隆出的细胞,他的尊严就会被损害吗? 德国顶尖的自然科学家、哲学家和法学家们最近提出,克隆所侵犯的是经由克隆而创造出来的人的尊严:

克隆人的问题在于……这个事实,即另一个人作为实现

---

[18] 详细内容参见 *Gröner*, in: *Günther/Keller*, Fortpflanzungsmedizin und Humangenetik—Strafrechtliche Schranken?, 2. Aufl., 1991, S.293 (296 ff.)。
[19] Genesis 1, 28.
[20] *Brohm*, JuS (1998), 197 (204 f.); *Gröner* (Fn. 18), S.308; *Kunig*, in: *von Münch/Kunig*, GG-Komm., Bd. 1, 5. Aufl., 2000, Art. 1 Rn. 36.
[21] *Keller/Günther/Kaiser* (Hrsg.), Kommentar zum Embryonenschutzgesetz, 1992, § 6 Rn. 3; vgl. auch *Gröner* (Fn. 18), S.307.

某个目的的手段被创造出来,他自己不是目的,而且为了实现这个目的,他不得不忍受和另一个人的基因相同性。显然,一个人之所以被克隆,是因为他要替代含有相同基因组的另一个人,成为另一个人的器官或组织供体,或者作为子代,是被移植的细胞核来源的人的基因复制——用于优生学或商业目的的克隆除外。在每一个这样的情形中,基因同一性都会因为某个目的而被操控,被创造的人就是要为这个目的服务。[22]

正如这些作者所说,以这样的方式,通过克隆的途径创造出的人就成了"工具化"的受害者。这种工具化触及他的人格核心,并因此违背了"以尊严为名受到保护的自我目的性",而自我目的性是"人之为人"所应该具备的。[23]

然而,"人的尊严"这个概念是非常不确定的,它似乎总隐含着可以让各个言说者为己所用的含义。"工具化"这个普通概念可以追溯到康德"绝对命令"的一个表述[24],尽管它广为传播,却不是用来确定违背人的尊严的适当标准[25];让我们设想一下,一对夫妇由于一方患有一种严重的疾病而不能再生孩子,当某一天他们唯一的孩子不幸遇难时,他们决定从死亡的孩子身体上取出细胞,并让别人克隆这个孩子。母亲孕育她第一个孩子的孪生人,九个月后一个健康的小女孩降临人间。

在这里,这个克隆的孩子绝不仅仅是实现他人目的的手段。他的出现根本不是手段,而是生殖方法的唯一目的。在自然的生殖方法中,夫妻除了繁殖后代之外有时还可能追求其他目的。相反,在上文所描述的人工生殖例子中,唯一关心的是这个后来的孩子。如果人们仅仅根据一个人是否被作为实现他人目的的"单纯

---

[22] *Eser u. a.*, in: *Ach/Brudermüller/Runtenberg* (Fn. 8), S. 223 (234 f.).

[23] *Eser u. a.*, a. O., S. 235.

[24] "这样行动,把在你自己身上,也在每一个其他人身上的人性,在任何时候都要同时作为目的,绝不要仅仅作为手段。"(Grundlegung zur Metaphysik der Sitten (1785/86), Weischedel-Werkausgabe Bd. VII, S. 61.)

[25] 具体参见 *Hilgendorf*, in: *Byrd/Hruschka/Joerden* (Hrsg.), Jahrbuch für Recht und Ethik, Bd. 7, 1999, S. 137 (142 ff.)。

的手段",来确定是否存在违背人的尊严的情况,那么就可以确定上面的例子并没有违反《德国基本法》第1条第1款。[26] 像制造单克隆抗体、培育替代组织或替代器官这样的方法就更加没有违反《德国基本法》第1条第1款了。

在胚胎植入前诊断中,如果克隆出的胚胎被杀死,这种情形就更棘手。这首先涉及"胚胎复制品"的生命权(《德国基本法》第2条第2款第1句)。不过,也可以主张这是对其尊严的损害,因为这个胚胎仅仅为了诊断目的而被制造出来,于是这就成了一个工具化的典型例子。然而,正如上文所说,工具化并不是适当的标准,不能有说服力地确定违背人的尊严的情况。既存在没有工具化却明显损害人的尊严的情形,[27] 也存在工具化却没有损害人的尊严的情形。[28] 所以,对工具化的谴责并不足以宣称胚胎植入前诊断违背了《德国基本法》第1条第1款。那种认为基本权利除了具有传统的防御功能,还有一种客观的价值确立功能的观点,[29] 改变不了这个论断,因为它只是扩展了基本权利的约束力而不是内容。当人们仅仅以工具化来定义何为违背人的尊严时,那么,克隆在内容上就没有损害人的尊严。

(三) 人的尊严的集合理论

工具化这个标准是错误的,因此,我们需要以其他的方式界定人的尊严。人的尊严的内容,正如目前为人所知的一样,可以通过一系列的主体权利进行解释,所以可称之为"人的尊严的集合理

---

[26] A. A. Neumann, ARSP 84 (1998), 153 (160 f.).
[27] 第三帝国时期对犹太人的迫害和杀戮无疑损害了他们的尊严,却没有存在工具化:受害者没有被作为"单纯的手段"用来实现进一步的目的,而是因为他们自身就被杀害。犹太人的死亡并非手段(为了哪一个目的?),而是纳粹迫害犹太人的(最终)目的。
[28] 例如,一个富有野心的医生出于唯一的目的给一个病人(成功地)动手术,他想借此声名鹊起;这个病人对他来说只是实现此目的的手段。这里尽管存在着病人的工具化,却几乎难以称得上对他的尊严的损害。
[29] 然而,保守观点参见 Maurer, Staatsrecht, 1999, § 9 Rn. 20 f。

论".[30] 据此,下列情形违背了人的尊严:

(1) 剥夺个人生存所必需的利益(如食物、空气、空间)(获得最低限度的物质生存条件的权利);

(2) 剥夺个人最低限度的自由权利(独立自我发展的权利);

(3) (通过作为或不作为)使一个人遭受生理的或心理的严重而持久的痛苦(免于痛苦的权利);

(4) 揭露他人隐私,并且使第三人可以获得相关信息(保护隐私的权利);

(5) 利用像麻醉剂或"洗脑"等令人无法抗拒的手段持久强烈地改变他人的意识(精神和心灵完整性的权利);

(6) 否认他人作为权利主体的地位,也包括在法庭上有效行使权利的可能性(基本的法律平等权);

(7) 以第(1)种到第(6)种损害形式之外的极端方式侮辱他人,或者剥夺他人的自尊(获得最低限度的尊重的权利)。

即使把这种内容上的规定作为人的尊严的基础,也很难证实克隆是普遍违背人的尊严的。显然,第(1)种到第(6)种情形与克隆无关。只有当人们为了培育供体的复制品,违背他人的意愿提取其细胞并进行克隆时,才可能会出现第(7)种情形。但这只是一种例外情形,通常情况下,它是作为身体伤害罪(《德国刑法典》第223条第1款第1种方式)而受处罚的。克隆本身并不存在对(此时还根本没出现的)克隆体的轻视。这意味着,即便以集合理论为基础,克隆也并不必然包含着对人的尊严的违背。

总之,从人的尊严出发并不能得出全面禁止克隆的结论。与之相反,人的尊严作为理由反而会支持而不是反对人体组织的克隆,但生物医学的许多反对者却对此充耳不闻。想象一下,我们可以克隆一个瘫患者的神经组织,利用经过这种方式制造出的替代组织治愈瘫痪。认为这种情形中治愈者的尊严受到了损害的观点是错误的。完全相反,如果国家阻止发展相应的治疗技术,那么它就违背了《德国基本法》第1条第1款。

---

[30] *Hilgendorf* (Fn. 25), S. 148 ff.

国家不仅要尊重人的尊严,还要保护人的尊严(《德国基本法》第1条第1款第2句),所以,国家不得妨碍甚至禁止任何在与严重疾病和残疾作斗争的过程中所取得的医学进步。如果发现新技术能够消除或至少缓解人的没有尊严的状态,国家就应当积极地推动新技术的发展。损害人的尊严的不是帮助瘫痪者的人,而是拒绝对其提供可能的帮助的人。

(四)"无知的权利"——克隆体的前景

哲学家汉斯·约纳斯(Hans Jonas)论证道,人的克隆侵害的是对自己基因身份"无知的权利"。[31] 这个由约纳斯提出的论点最初只是针对克隆人的情形,而目前在德国生物伦理和法律政策的讨论中广为流传。约纳斯认为,每一个通过自然的方式产生的人对于他周围的人和他自身而言,都是一件"新鲜事",他的发展还完全是不确定和开放的:"从各方面而言,无知都是自由的前提:新掷的骰子一旦落地,就必须在没有指引的努力中发现自我,度过他第一次也是唯一一次的生命。这意味着在和世界的接触中成就自身,而世界还没有为这个新人做好准备,就像他没有为自己做好准备一样。"[32]

与此相反,克隆出来的新人知道得太多了。他认为自己只是一个作为模板的生命的简单重复,而他周围的人也只是把他当做复制品:"首先,对所有的知情者来说,已经众所周知的细胞供体的原型……会支配所有的期望、预言、希望、忧虑、计划、比较、成功与失败的标准、满足和失望的标准——对克隆体和旁观者来说也是一样。……因此,生命的险途失去了诱人同时也令人畏惧的开放性。"[33]

在约纳斯看来,这是一个"无法救赎的犯罪,一次也不许实施"。[34]

---

[31] Jonas, in: ders., Technik, Medizin und Ethik. Zur Praxis des Prinzips Verantwortung, 1985, S. 162 (187 ff.).
[32] Jonas, a.a.O., S. 188.
[33] Id., S. 191.
[34] Id., S. 192.

侵害"无知的权利"这个观点之所以值得关注，是因为约纳斯不是从神学或概念的角度进行论证，而是强调了克隆的事实后果。在此，笔者不想深究如何论证——约纳斯仅仅作为观点引入的——无知的权利这个问题。但几乎可以肯定，约纳斯是正确的，因为克隆体会吸引他周围人的眼光，甚至可能被他周围的人看作怪物。克隆体总会被和他的基因原型进行比较和衡量。毋庸置疑，以克隆方式制造出的人将深受他周围人的态度的影响，而且这种影响几乎肯定是负面的。

然而，如果认为克隆体只是被强制性地去重复作为模板人的生活，这个观点却是错误的。它的基础是这种不恰当的观点，即人及其身体和精神的发展是由他的基因配置一次性地确定的。这种基因决定论广为传播，尽管专家一再指出，人不仅被他的遗传特征，也被他的环境影响和塑造。人不仅仅是他的基因的总和。因此，克隆体也可以——而且必须——按自己的方式发展。他和以自然方式孕育的人一样，拥有相同的能力、权利和义务。[35] 出身并不会成为他的负担，就像某些"正常"出生的情况一样，如名人子女。顺带一提的是，通过试管受精方法出生的孩子现在早已过着平静的生活，尽管他们以前是备受争议的"试管婴儿"——曾经轰动的事已经变得正常了。

不过，仍然需要考虑克隆人的其他风险。以人工方式、作为另一个人的基因复制品来到这个世界，这种心理负担和周围人的相关反应会引发身体的危害。多利羊的诞生过程中，直到最后健康的羔羊出生，一共经历了276次失败的尝试[36]。可以说，人的克隆至少也会经历这么多次失败。即使是健康出生的婴儿，在目前的知识水平下我们也不能排除后续损害发生的可能性。一些科学家猜想，克隆人可能会更快地出现老龄化。总之，按照现在的知识水平，"克隆体的前景"[37]堪忧。

---

[35] *Gutmann* (Fn. 16), S. 336;同样参 *Hilgendorf*, MedR (1994), 429, 431,对于一个通过体外培养而成长的人而言。
[36] *Stiegler* (Fn. 2), S. 62.
[37] *Birnbacher*, in: *Ach/Brudermüller/Runtenberg* (Hrsg.) (Fn. 8), S. 46—71.

综上所述：这个经常被人提起的论断，即每次人类细胞的克隆都违背了人的尊严，是站不住脚的。一方面，通常情形中受侵害的主体尚不存在；另一方面，人的尊严的概念太不确定，因而无法从中得出清晰的、可以在主体之间理解的结论。即便借助集合理论，把人的尊严解释为主体特定权利的集合，也无法确定克隆侵犯了人的尊严。这种广泛针对任何形式的人体细胞克隆的强烈抵抗，可能尤其根源于病态的人类中心主义。不过，鉴于目前克隆仍然存在相应的风险，禁止克隆人，也就是生殖性的克隆，仍然是有意义的。但上述理由并不适用于克隆单细胞或细胞群、克隆式地增殖人体组织及培育器官（治疗性的克隆）。

五、对《胚胎保护法》第 6 条的解释

1997 年 4 月 4 日公布的《欧洲人权与生物医学公约》[38]（以前被称为《生物伦理公约》）没有明确提到克隆。与之相反，1998 年 1 月 12 日的一份附加议定书[39]明确禁止克隆人。人类细胞和组织的克隆并没有被包括进去。不过，由于德国（仍然？）没有加入《欧洲人权与生物医学公约》，所以，这份附加议定书对德国也没有约束力。因此，可以适用的法律仍然是国内法，特别是《胚胎保护法》第 6 条，它规定在德国范围内全面地禁止克隆。

以上文所提出的法律伦理和法律政策方面的论证为背景，《胚胎保护法》第 6 条存在重大的问题。《胚胎保护法》禁止克隆人，却不禁止克隆动物。除此之外，很多问题还没有得到解决。如何评价这个禁止规范，应当从这样一个事实出发，即一般人格权（《德国

---

[38] Abgedruckt in: *Honnefelder/Streffer* (Hrsg.), Jahrbuch für Wissenschaft und Ethik, Bd. 2, 1997, S. 285—303; dazu *Honnefelder/Streffer*, a. a. O., S. 305—318; Kienle, ZRP (1998), 186 ff.; *Taupitz*, VersR (1998), 542 ff.; 特别关于无能力做出同意的临床诊断，参见 *Elzer*, MedR (1998), 122 ff.

[39] Abgedruckt in: *Honnefelder/Streffer* (Fn. 38), Bd. 3, 1998, S. 331—338.

基本法》第 2 条第 1 款前半句和第 1 条第 1 款）也包括生殖的自由[40]，其中也包括了个人决定采取何种方式繁衍后代的权利。[41] 因此，不仅要保护对试管受精技术的需求，而且原则上也要保护对克隆技术的运用。[42] 禁止克隆必须符合比例原则，也就是说为了保护一种得到肯定的法益，禁止克隆应当是适当和必要的。

（一）《胚胎保护法》第 6 条的法益

立法者想通过《胚胎保护法》第 6 条保护人的尊严。[43] 与此相应，文献上也大多认为本条保护的法益是人的尊严。[44] 不过，这难免让人质疑，作为法律概念，"人的尊严"的轮廓太模糊，因而不适合直接作为犯罪构成要件的保护法益。另外，在本文看来，克隆根本没有涉及到《德国基本法》第 1 条第 1 款。[45] 关于禁止在人身上进行克隆的问题，下面的观点似乎是更值得讨论的：[46]

一方面，需要力求保护人的特定形象，它尤其包括个人的独特性和"不可支配性"的观念。但是，这种法益比个人的尊严还要不确定，因此，它并不适合成为《胚胎保护法》第 6 条的保护利益。此外，禁止克隆的理由还可以在于，克隆人，或者即使是克隆个别的人类细胞的想法，仍然会在公众当中产生严重的不适感。它触及了迄今仍没有被认真追问过的禁忌，也损害了深深根植于西方文化中的对个人独特性的信念。所以，《胚胎保护法》第 6 条的保护法益应该是指跟即便处于早期发展阶段的人的生命的虔诚交往。

---

[40] 加以考虑的还有违背研究自由，即《德国基本法》第 5 条第 3 款第 1 句。对此参见 *Morsey*, in: *Wagner* (Hrsg.), Rechtliche Rahmenbedingungen für Wissenschaft und Forschung. Bd. 3, 2000, S. 15—80 (79 f.)，其认为整个《胚胎保护法》由于违反《德国基本法》第 5 条第 3 款第 1 句因而是违宪的。
[41] *Brohm*, JuS (1998), 197, 202.
[42] *Gutmann* (Fn. 16), S. 332 ff.
[43] Begründung zu § 6 RegEntw. ESchG, BT-Drucks. 11/5460, S. 11.
[44] *Keller/Günther/Kaiser* (Fn. 21), § 6, Rn. 3.
[45] 对此参见本章第四部分之（二）、（三）。
[46] 关于法益概念的争论参见 *Jakobs*, Lehrbuch des Strafrechts Allgemeiner Teil, 2. Abschn., Rn. 7—25; *Roxin*, Lehrbuch des Strafrechts Allgemeiner Teil, § 2, Rn. 2—24。

事实上,刑法有一些其他的构成要件,它们保护特定的内心感受并由此间接保护公共安宁。例如,《德国刑法典》第 167 条 a(扰乱葬礼)、第 168 条(扰乱死者安宁)和第 189 条(诋毁死者的纪念物)就是保护虔敬的感觉。[47] 然而,这种和所有发展阶段的人的生命的虔诚交往所体现的——完全合理的——利益,可能同样是过于模糊而难以界定的,因而不能被视为禁止克隆的保护利益。[48]

鉴于克隆人依然存在的重大风险,受保护的法益可以是,由克隆来避免损害这一过程所体现的利益。不过问题在于,对于通过克隆方式出现的人而言,损害的存在是难以证明的。在相关的人看来,出生时带有残疾总比不出生好。[49] 克隆出来的人所享有的人格权的"预先效力"也难以作为论证的基础;这种"预先效力"的看法将危及任何一个法律上的界限,甚至可能导致荒谬的结论。因此,禁止克隆人所保护的法益首先是法律共同体的利益,即通过违反常规地处理人的胚胎,出生的都是健康的孩子。这种想法的结论是,在完善克隆技术的过程中,《胚胎保护法》第 6 条将失去它的正当性。

广泛禁止克隆最有力的理由或许在于,克隆出生的孩子将承受预料之中的心理负担。然而,问题在于,这种负担是否真的能为犯罪构成要件的设置提供正当根据,或者说要消除克隆出来的人所遭受的预料中的歧视,是否一定要改用对公众进行宣传教育的方法。对于通过试管受精技术出生的孩子,他们一开始也几乎像怪物一样被别人关注,而现在试管受精技术是一种获得普遍认可的治疗不孕不育的方法。总之,为普遍禁止克隆提供合理根据并由此说明要保护的法益,比迄今为止所想象的更加有问题。

---

[47] 不过汉堡地方法院做得太过分了,NStZ (1982), 512;保护尊敬感的一般论述参见 Rüping, GA 1977, 299 ff。

[48] 同样参见 Hassemer, Theorie und Soziologie des Verbrechens, 1973, S. 183,其批判《德国刑法典》第 168 条缺少受侵害的权利主体。

[49] 这个问题最初是在英国的法伦理学中得到详细讨论的,参见 Gutmann (Fn. 16), S. 339 ff。

(二) 相同的遗传信息？

《胚胎保护法》第 6 条第 1 款的另一个问题是，根据其字面含义，被禁止的只是产生和供体有机体包含"相同的遗传信息"的胚胎的方法。在文献中，"相同的遗传信息"主要被理解为细胞核中脱氧核糖核酸的完全一致性。[50] 但是，细胞核移植并不满足这个前提，因为去核的卵细胞仍然拥有自己剩余的遗传物质。所以，与胚胎分裂方法不同，通过细胞核移植出现的克隆体会包含一些和细胞核供体存在微小差异的遗传物质。[51]

不过，法律并没有提到"完全一致的"，而只是"相同的"遗传信息。因此，微小的偏差仍然符合《胚胎保护法》第 6 条第 1 款的字面含义，特别是立法理由也明确支持将细胞核移植纳入到《胚胎保护法》第 6 条第 1 款的范围内。反对观点指出，即使是附属刑法的规定也应当尽可能清晰和明确。[52] 事实上，问题在于，原个体和复制体之间的偏差一定要多大，才能认为二者之间不再具有"相同性"，而仅存在"相似性"。如果不把"相同的遗传信息"解释为"完全一致的遗传信息"，那么，和《胚胎保护法》第 7 条第 1 款第 1 项，也就是和"含有不同遗传信息的胚胎"，的界限就会变得模糊。

然而，当人们认识到要克隆的生物体的遗传物质在被植入到去核的卵细胞之前（完全）有可能会被改变，也就是说被"最优化"的时候，前述观点争议就失去了意义。[53] 这种改变首先是为了去除缺陷，如严重的畸形或疾病。不过，去除缺陷和改良自然性状——容貌、力量、健康、智力——之间的界限是浮动的。因此，未来的细胞核移植将不再致力于制造含有"相同的"遗传物质的克隆体，而是制造出比供体拥有更好的遗传物质的生物体。在所有这些情形中，《胚胎保护法》第 6 条第 1 款都不适用。

---

〔50〕 特别是 *Keller/Günther/Kaiser* (Fn. 21)，§ 6 Rn. 6。
〔51〕 它位于线粒体当中，所占比例不到细胞遗传信息的 1%。
〔52〕 *Keller*, FS-Lenckner, S. 487.
〔53〕 *Von Bülow*, Dt. Ärzteblatt 1997, A 718—A 725 (A-721 f.)

(三)《胚胎保护法》第 6 条第 2 款的杀害要求

《胚胎保护法》第 6 条第 2 款也存在严重的问题,它禁止将克隆出的胚胎移植到子宫内。排除了(不大现实的)永久冷冻胚胎的可能性之后,《胚胎保护法》第 6 条第 2 款便产生了杀死克隆出的胚胎的法律义务。[54] 这与生命权和通说赋予最初发展阶段胚胎的人的尊严并不协调,因为通过克隆方式产生的胚胎也必须一致地享有这种保护。如果人们认真地接受通说的前提,那么考虑到人的尊严和生命权,克隆出的处于最初发展阶段的胚胎也是一个具有同等价值的人。像《胚胎保护法》第 6 条第 2 款规定的那样,在基本权利方面区别对待克隆出的和以自然方式产生的胚胎,这肯定是没有说服力的。

有观点认为,杀害义务的根据在于,克隆出的胚胎的生命权必须屈从于细胞供体的尊严。[55] 这个观点之所以被驳斥,是因为通说认为新胚胎所享有的人的尊严,在没有法律保留时是不得受到限制的,尤其当限制的后果是消灭人的尊严的载体时。此外,细胞供体的尊严则完全没有受到侵害。[56] 根据法律的字面含义,即便当被复制的细胞是从一个死者身上,如从一个不幸遇难的孩子身上提取的时候,《胚胎保护法》第 6 条第 2 款中以刑罚来确保的杀害义务也同样存在,但此时最多称得上是对人的尊严的影响。令人不解的是,为什么克隆出的胚胎的权利从一开始就要处于较低的地位。一个没有参与到克隆过程本身的妇女,为了救助胚胎

⋯⋯内,可能会作为帮助犯(刑法典第 27
⋯⋯个被孕育的孩子是她自己不幸遇难的

⋯⋯根据在于,这"并不涉及孕育正常的孩

⋯⋯), § 6, Rn. 11.《胚胎保护法》第 7 条第 2 款对
⋯⋯规定也是如此。
⋯⋯), § 6 Rn. 11.
⋯⋯三)。

子"[57]。事实上,我们几乎只能这样来理解《胚胎保护法》第6条第2款,即立法者将克隆出来的生命看作不正常的、劣等的生命。所以,法律不仅助长了对克隆出的生命的歧视,还明显违背了《胚胎保护法》第8条第1款的目的,即同等保护每一种具有发育能力的人的生命形式。一个本身如此矛盾的规定违反了法治国原则。[58] 如果根据通说,赋予最初发展阶段的胚胎生命权(《德国基本法》第2条第2款第1句)和人的尊严(《德国基本法》第1条第1款),那么,更明显的结论是《胚胎保护法》第6条第2款具有违宪性。《胚胎保护法》第6条第2款中用刑罚保护的杀害义务与此并不协调。

六、生命和人的尊严获得保护的范围

《胚胎保护法》第6条的另一个主要问题,同时也是胚胎保护的一个核心问题,就是什么时候可以称得上是一个"胚胎"。对此,《胚胎保护法》第8条第1款规定:作为《胚胎保护法》意义上的"胚胎",指的是"从原核融合之时起已经受精的、具有发育能力的人类卵细胞,此外,也包括每一个从胚胎上提取的、在所需要的其他条件出现时能够分裂并且发育成个体的全能细胞"。《胚胎保护法》第8条第1款似乎并不适用于把细胞核植入到去核的卵细胞的情形,因为此时没有出现卵子和精子的融合。提取胚胎全能细胞的规定对此也作用甚微。为了把细胞核移植的情况包括进来,《胚胎保护法》第8条的定义在文献中就被解释为不是封闭性的。据此,《胚胎保护法》第8条第1款意义上的胚胎同样是指未受精、去核并且被植入细胞核的人类卵细胞,"只要该卵细胞具有发育能力"[59]。

不过,这种观点导致的结论是,如果体细胞仅仅被植入到去核

---

[57] *Keller/Günther/Kaiser* (Fn. 21), § 6, Rn. 14.
[58] *Gutmann* (Fn. 16), S. 328.
[59] *Keller* (Fn. 52), S. 486.

的卵细胞并且在其中具备发育能力,那么,最后所有的体细胞都一定会被看做"胚胎"。根据通说,胚胎不仅受到《胚胎保护法》保护,还是人的尊严的载体(《德国基本法》第 1 条第 1 款),拥有生命权(《德国基本法》第 2 条第 2 款第 1 句)。按照这种方式,人的生命的法律保护将大为扩展。在文献中,甚至有观点想把人的尊严和生命权赋予本身未受精的卵细胞。[60]（为什么也不赋予男人的单个精子?）为了给这种极端广泛的保护领域提供理由,很多作者援用联邦宪法法院关于允许终止妊娠的第一个判决文本:"哪里存在人的生命,哪里就有人的尊严;这个载体是否意识到这种尊严,或者是否知道去捍卫它,并不是关键的。从一开始由人的存在而确定的潜在能力,就足够为人的尊严提供根据。"[61]

联邦宪法法院的观点被一再批评是代表生物主义的。[62] 事实上,将潜能理论不加考虑地从"传统的"终止妊娠问题转移到生殖医学上面,几乎是不可能的。正如新的克隆技术展示的那样,不久以后,几乎可以从任意的体细胞中培育出人。据此,全部体细胞就其本身而言都应该是人的尊严和生命权的载体吗？如果肯定这一点,就会得出对基本权利的保护是荒谬的这样的结论。

潜能理论之所以是错误的,也是因为事实在于,一个人在其发展的特定时点才拥有特定的权利,而绝不能说,他在一个较早(或较晚)的时刻一定也拥有这些权利。两岁的人享有的权利跟二十岁的人不同,尽管他具有成为二十岁的人的潜力。或者用有点更露骨的理由来说:我们都是潜在的尸体。但这不表明现在就能把我们当尸体一样对待,也不能否认我们作为活人所享有的权利！显然,潜能理论的基础是从纯粹的潜在权利人到完全权利人的错

---

[60] *Starck*, Die künstliche Befruchtung beim Menschen. Verhandlung des 26. Deutschen Juristentages, Bd. 1, Teil A, 1986, A 17; anders aber jetzt *ders.*, Das Bonner Grundgesetz. Kommentar. Bd. 1, 4. Aufl., 1999, Art. 1 Abs. 1 Rn. 18.

[61] BVerfGE 39, 1 (41);通说与此一致,非常不同的解释仅参见 *Lorenz*, in: HStR VI, § 128 Rn. 10 m. w. Nw。

[62] *Zippelius*, Anfang und Ende des Lebens als juristisches Problem, 1988, hier zitiert nach *ders.*, Recht und Gerechtigkeit in der offenen Gesellschaft, 1996, S. 329—336 (331);*Neumann*, ARSP (1998), 153, 159.

误结论。

对于胚胎保护而言得出的结论是,立法者必须要对刑法保护的起点做出比迄今为止更加清晰的定义。此外,应该避免和禁止堕胎规定(《德国刑法典》第218条以下)之间的评价矛盾。当处于最初发育阶段、只能被辨识为细胞群的体外胚胎被严格地保护,而当它们作为成熟的胚胎或胎儿位于子宫内时,这种保护反而显著地减弱了,这二者几乎是不可调和的。如果人们想坚持终止妊娠的现有规定和消除胚胎保护方面所存在的矛盾,就一定要在这方面从根本上更改《胚胎保护法》。

关键在于,从克隆羊"多利"出生以来,《胚胎保护法》第8条第1款中将"全能细胞"和"胚胎"等同视之的规定再也站不住脚了。当成年生物体(几乎)任意的体细胞可能被重新恢复到全能性的状态时,"全能性"的道德和法律含义就会发生变化。[63] 任意的体细胞,如果它们仅仅被植入到去核的卵细胞中并在其中具备发育能力,就被看作"将成为人的生命"并且相应地加以保护,这几乎是不合理的。[64] 假设从克隆产生的胚胎干细胞中真的培育出了人体器官——这些器官还要被看做"将成为人的生命"吗?它们至少是直接从全能细胞中产生的,此外,本身还具有被再次恢复到全能状态并且被培育成同等价值的人的潜能。但是,认为人工产生的皮肤组织或肝脏具有胚胎的地位,这明显是错误的。对于作为该组织或器官来源的全能细胞,这种观点也必须一以贯之。

考虑到上文阐述的生物医学的发展状况,那么,对于发育中的人类细胞就必须根据其发育程度和发育方向分层次地进行保护。[65] 在严格意义上,将成为人的生命看起来比还没开始往个体方向发育的人类细胞更加值得保护。立法者要审查一下,对后者究竟是否应该适用《胚胎保护法》。法教义学的任务将是,比此前更加清晰地阐释人的生命的这两种形式之间的差异。

---

〔63〕 参见脚注7提供的论据。
〔64〕 参见 Hilgendorf, NJW (1996), 758, 761。
〔65〕 根据发育阶段进行分层次保护的构想的详细内容参见 Hilgendorf, in: Strasser/Starz (Hrsg.), Personsein aus bioethischer Sicht, 1997, S.90—108 (105 ff.)。

第五编

经济刑法

第二十五章

刑法合规中的基本问题:以反腐为例

——刑法合规作为刑罚的一种选择?

一、引言:腐败——法律的挑战

本次会议的主题是经济法和企业法,刑法部分讨论的是遵循国家法律进行金钱调配的问题。这一主题是很大的、复杂的问题中的一部分,无论在德国还是在国际上都习惯性地将其称为"腐败"。对此,人们理解为信赖地位的滥用,人们基于自己在公共管理、法律、经济、政治或其他组织机构中所承担的功能而获得这种地位,通过对这种信赖地位的滥用获得了某种物质或非物质性利益,尽管他们在法律上并没有权利要求这样的利益。腐败伤害了公众利益,而为其自身或相近的群体谋取利益。

腐败的事例,如:① 与提供劣质服务的公司签订合同,只因有权决定签署合同的官员被支付了所谓的"回扣"。在这一意义上,腐败不只是发生在公共企业,也发生在在私人公司和政治中。② 腐败还表现在,当一位教授接受了一家制药公司提供的昂贵旅行的邀请或高额的讲课费,并随后撰写了对该公司有利的文章。

腐败是一种普遍现象,尽管程度不同、形式不同,但它确实发生在世界上的每一个国家。这同时也是一个边界模糊的问题,如以下示例:① A 教授对于某种药品是全球最好的专家。B 制药公司与其签订了一个五年合同,以研究其产品的疗效。对此,双方都主要强调了药品的功效,而该药品的副作用却只是提及而没有得到进一步阐述。② A 警察在一次交通巡逻中抓到他的父亲 B,B

正酒后开车回家。A 将 B 送回家而没有报告此事。③ 在德国的东道主 A 接受了来自东亚的访客 B 的一件价值 50 欧元的礼物。

以上事例属于腐败吗？

在《德国刑法典》中存在着很多规定，用来防止或至少是减轻腐败。最重要的包括：《德国刑法典》第 331 及以下诸条，当该行为涉及到公务员时；《德国刑法典》第 298 及以下诸条，商业贿赂；《德国刑法典》第 108b 条规定的贿选；《德国刑法典》第 108e 条规定的议员腐败。

上述最后的两项规定在实际中意义不大。除此之外，还有针对国际反腐败的法律（IntBestG）和《欧盟反腐败法》（EUBestG）。

在刑法中重要的是，作为贿赂的回报而实施的作为或不作为（如制作不真实的证书，或将有危险的甚至是可能对人体有害的产品投入市场），常常（但不总是）被刑法规定为犯罪，如公务员实施的伪造公文书或任何其他形式的文书伪造、诈骗、违反食品法，甚至是身体伤害或故意杀人。此外，在刑法中，索取贿赂的行为可能会构成腐败相关构成要件以外的犯罪，如敲诈勒索。

在德国，对"腐败"现象进行了一段时间的实证研究，主要是犯罪学上的，但也会在一般企业与组织社会学的语境中加以研究。特别值得一提的是，联邦刑事警察局（BKA）定期提交的腐败报告。

在接下来的报告中，不再阐述上述刑法规定的细节。取而代之的是，笔者想要在反腐败的案例中另起炉灶，谈谈近年来在德国刑法学界所讨论的"刑事合规性"这一主题。对此，笔者想要从以下两个主题来论证：

其一，"刑事合规性"不仅是一个"噱头"，而且具有理性的内核，这个核心能够而且应当被运用到反腐败斗争当中。

其二，"刑事合规性"长期以来在预防犯罪的语境中占有很重要的地位，即使这个概念是崭新的。它既适用于德国，也适用于东亚。因此，可以说，"刑事合规性"并不是刑法的替代物，而是跨学科认知和系统化推动的预防工作的一种新形式。

二、什么是"刑事合规性"?

在如何评价"合规"这一命题时始终存在不同的意见。[1] 部分观点将其只是当做一个噱头,而另一部分观点则将合规性研究看做刑法学创新的一个不可分割的组成部分。真相介于两者之间。这首先取决于,在具体问题中证明这个新命题所能发挥的作用。

在对"合规"这一概念的理解上,存在这几种语言上的混淆。这一概念部分被用来命名某种行为,还有部分是被用作某种行动范围的总称。从字面上看,"合规"意味着对某种特定规则的遵守,对如医疗的、经济的、伦理的和法律的规则的遵守。"刑事合规性"便意味着对刑法规范尤其是一国现行法中所包含的命令规范和禁止规范的遵守。因此,对刑事合规性的要求是不证自明的。[2]

在专业文献中,也存在对"刑事合规性"这一概念的更为狭义的理解。一个代表性的观点将"刑事合规性"理解为"所有必要的和允许的、避免企业职员因业务相关行为承担刑事责任的措施"。[3]

笔者看来,这一定义在以下三个方面来看是值得思考的:

首先,人们会问,实际上,是否只有(为避免刑罚或受刑罚的风险的)"必要的"措施才可被视为合规性措施。我们很难在事前判断一个特定的措施是否为"必要",因为在刑事可罚性或可罚性风险的问题上往往存在着很多不同的观点。较为理想的做法或许

---

[1] 转引自 statt aller Th. Rotsch, Criminal Compliance, ZIS (2010), 614—617; ders., Compliance, in: H. Achenbach/A. Ransiek, Handbuch Wirtschaftsstrafrecht, 3. Aufl., 2012, Kap. 4; weiterführend die Beiträge in L. Kuhlen/H. Kudlich/I. Ortiz de Urbina (Hrsg.), Compliance und Strafrecht, 2013。

[2] 上述内容可见于 E. Hilgendorf, Die Verantwortung für Innovationen: Lebensmittelrechtliche Compliance, Haftung und strafrechtliche Konsequenzen. Vortrag auf dem 24. Deutschen Lebensmittelrechtstag 2011, abgedruckt in der Zeitschrift für das gesamte Lebensmittelrecht (ZLR), 2011, S. 303—321 (311)。

[3] Rotsch, in Achenbach/Ransiek (Fn. 1), Kap. 4, Rn. 6。

是,将所有以避免刑事可罚性及其风险为目标的措施都纳入到合规措施的范畴内。

其次,在笔者看来,将合规措施限制在"可允许"的范围内是否有利这一问题是存在疑问的。为什么不能存在不被允许的合规性措施?或者换一种问法:为什么在定义上就将合规措施限制在允许的措施限度内呢？我们并不能因为某项合规措施是不被允许或违法的,就认为它不具有作为预防犯罪措施的特征。

最后一个质疑针对的则是这个表述将刑事合规措施限于企业内部,或者一般而言,将刑事合规这个大命题规定在经济刑法领域内。难道不能在机关、高校、国家研究机构的研究和发展部门领域探讨预防犯罪的措施吗?将合规措施理解为一个"组织机构"内部,也就是在一个具有内部结构的长期存在的人的集合内部,所采取的措施,或许是更为有意义的。单纯从概念的角度看合规措施当然也可以适用于个人,但这个意义上的合规措施在实践中往往与特别预防措施联系在一起。

问题在于,"合规"这个概念是否也包括了在组织内部对犯罪行为人的后续处理措施。如果人们将合规理解为避免刑事可罚性而采取的所有形式的行为,则似乎并不能从一开始将这种后续的处理措施排除在外。但在避免犯罪的措施与对犯罪人的后续处理措施之间存在范畴上的差异。因为在第二种情况下犯罪行为已经发生了,而要避免的是特定的犯罪后果(对犯罪行为人或对组织本身的后果),而不是犯罪本身。或许,我们应该区分第一阶段和第二阶段的合规措施。

三、"合规性"措施的内容

在笔者看来,"合规"这一命题根本的创新性与决定性之处部分在于视角的转变:早期刑法的研究主要是针对过去的案例,即依据法律艺术的规则对这些已发生的案件进行刑法上的"加工",而对合规措施的拓展研究则是朝向未来的:它是今后为避免刑事违法和刑法责任的措施。当然,这个切入点对于企业法务人员和合同设计者来说没有什么新鲜的,但对于传统上以刑事法官为模型而培养出来的刑法学者而言,在刑事合规这个范畴中则需要在根本上转变其视角。

要是人们把刑事合规性的要求理解为不违反现行刑法,那么,刑事合规性的要求便不会产生什么轰动效应。在这种理解之下,只有监狱和精神病院里的人才会反对刑事合规性。

而如果将刑事合规理解为采取各种措施以最大限度地减少或根本上排除刑事可罚性的风险,这样的理解却会受到一定的质疑。这类措施的范围十分宽泛,不仅包括通过阐释与教育使人们对刑法规范有所认识,而且也涵盖了设置告密者、内部调查以及其他组织内部的惩罚违反合规规范的行为而设置的各种制裁机制,这些措施构成了超越刑法之上或在刑法以外的另一个制裁领域。

对于这些措施而言,又必须对其在法律上的可允许性进行检验[4]。在此可以确定的是,刑事合规这个命题在可预见的将来无论对于司法实践还是刑法理论都构成一大挑战。依据上位法进行这种检验,使法律人又重新回到了自己熟悉的领域,而非一个预先的合规语境中。

当刑法规范的内容并不十分清晰或不完全与社会道德相吻合的时候,合规性措施的意义尤为凸显。这种情况首先存在于附属刑法领域。例如,许多德国食品刑法法规[5]制定得就不十分清晰,连专业人士也很难搞明白,非法律人士就更是不知所云了。

这类规则需要进行翻译,要能够使一般民众理解。本文在此不想进一步探讨这些规范是否因为违反明确性要求而存在违宪的可能性这一问题,但笔者仍然认为,有必要采取额外的措施对这些命令规范加以解释使其为公众所知晓。就此而言,合规措施有助于使内容并不清晰的刑法规范实现事实上的有效性。

---

[4] 转引自 etwa die Beiträge von *Frank Maschmann* über "Compliance und Mitarbeiterrechte" und *Victor Gomez Martin* über "Compliance und Arbeitnehmerrechte" in *Kuhlen/Kudlich/Oriz de Orbina* (Hrsg). (Fn. 1), S. 85—103, S. 105—124。

[5] *Hilgendorf* (Fn. 2), S. 320.

四、问题

人们不应该忽视这样一个事实,对"刑法合规性"这一主题的新的热情也会造成问题:

首先,第一个问题就是刚刚所说到的:当刑法合规性的措施被用于通过向公民阐明规范内容的方式来拯救失败的规范表述时,那么就会产生这样的危险,即立法机关在制定附属刑法时在措辞上会比以前更不审慎。很有可能出现的情况是,合规性措施因其难以被理解,不仅没有帮助刑法命令获得事实上的有效性,还导致自身成为一个违宪的规范,因为合规性措施要给出必要的确定性。[6] 问题是,这样的一种机制是否符合宪法,特别是符合宪法性政策的目的。

其次,如果人们将合规理解为对可能存在的刑事可罚性的预防措施,则从字面上来看这也可能包含各种掩盖犯罪行为的各种形式,从寻找刑法中的"漏洞"到各种混淆或掩盖行为。在经济刑法中,这种操作手段已经被轻易地投入使用了。在笔者看来,这一问题还没有得到充分的讨论。

再次,围绕刑法合规这个命题的争论中所存在的第三个问题在于,实践中的合规也可以被理解成一种用来规避德国刑法界限而采用另一个标准模糊的"合规"规则体系的方法。有的人认为,这将导致一种亲美国法的规则模式和法律风格。为消除这样的误解,在笔者看来,还需要大量的解释工作和语言上更高的清晰度[7],特别在德国刑法中包含了那些刑法合规的问题上,即刑法合规与德国刑法规定的一致性[8]。

最后,与之相密切联系的还有第四个问题:公诉机关似乎越来

---

[6] Hilgendorf, a. a. O., S. 320 f.
[7] 参见本章第二部分。
[8] 尽在特殊情况下会涉及外国刑法条文, dazu L. Kuhlen, Grundfragen von Compliance und Strafrecht, in: Kuhlen/Kudlich/Ortiz de Urbina (Hrsg.) (Fn. 1), S. 1—24 (7 f.)。

越期待有关组织,尤其是企业对刑法相关的异常状况进行尽可能的内部(前期)调查,并以递交出一份尽可能翔实的调查报告来结案。[9] 涉案企业在这种期待下,无论是否愿意,都会尽量避免公开的入户搜查和其他形式的调查。通过这种入户搜查的调查,证据很容易被损坏,而且它规避了法治国对于被告人权利的保障并以极其有问题的方式将刑事追诉私人化了。[10]

五、结论

从对刑法合规性的现有讨论中可以吸取那些有用的结果?笔者认为,至少可以得出以下几个结论:

其一,如果将"合规性规则"理解为所有用来消除或至少是减轻刑罚风险的措施,这样的话,合规性措施的数量便是无限的。在反腐败斗争的问题上也是如此。可以考虑的,包括了不同阶段的各种措施,如向职员传授规范的内容、风险分析、传授各种避免规范破坏的策略、在企业内部建构一个能够防止犯罪的组织结构、继续教育措施、建立匿名举报机制、设置监督企业内部腐败问题的职员和负责一般性合规事务的职员、聘请外部监事等。为了在实践中能找到合适的合规性措施,最好能够建立全面的措施目录,以便能够在各种具体情况下选择恰当的措施。

其二,选择哪种合规性措施则是合目的性的问题;对这一问题的回答包括了取决于组织的形式、要避免的风险的形式以及人们准备付出的成本代价。在不同国家及不同文化背景中,每一种合规性措施的意义也会不尽相同。那些在德国和欧洲其他国家适用的措施,在东亚也许会起到相反的效果。这种对于合目的性的关注是除了朝向未来性以外合规性措施的所具有的另一个与传统司法个案工作不同的实质特征。

---

[9] *J. Benz/Th. Klindt*, Compliance 2020—ein Blick in die Zukunft, BetriebsBerater (BB)(2010), 2977, 2979.

[10] *J. Benz/Th. Klindt*, a. a. O., 2979.

其三，在笔者看来，除了按照法律部门来划分合规性措施外，也应按其所适用的领域来划分，如"研究发展方面的合规性措施""建造业的合规""广告和获取订单的合规""销售的合规""发出订单的合规"等。这样一来，就可以提高合规性研究的实践性。这里要再次说明的是，工作和研究领域的"合规"要依赖于跨学科的能力。因此，经济学在这里所扮演的角色将比以往更为重要。

其四，合规性措施能够更有效地被使用在控制员工明显有误的行为上。在新情况下，由行为所导致的责任风险很难预计，也很难通过合规性措施来加以控制。应当考虑包括组织内部的一般性注意规范以及对一般道德规范的扩展。

笔者认为，一方面，"合规"主题总体来时说已经在实践中产生了实质性的成果，它并不是一个毫无实践相关性的"噱头"。另一方面，刑法研究对于腐败问题的处理也清晰地展示了在刑法"合规"这一问题上尚有许多概念有待阐明，其适用范围也有待进一步明确。

第六编

比较刑法

第二十六章

浅析全球化与法律

——当今刑法比较的使命与方法

一、德国刑法比较的历史与现状

我们生活在一个打破时空界限的年代:最著名的欧洲旅行家马可·波罗在13世纪末需要耗时数月才能到达中国的皇宫,而今天人们只用少于一天的时间就可以舒适地完成相同的路程。在全球化的经济浪潮中,商品流通只需要较短的时间就可以从东亚到达世界上任何一个角落。而现代的交流渠道,主要是互联网使得信息传播更加快捷地传播到全世界。多人参与性互联网文化的兴起,也被称作"Web 2.0",更进一步推动了这样的发展。因为现在已不再只是少数人,而是几乎每个人都可以在任何地点、任何时间通过互联网传播各自的信息。时间与空间已经失去了其传统意义。[1] 人们今天是在一个"地球村"中从事政治、经济、艺术以及科学活动,彼此犹如近邻。这尤其体现在那些与全球网络这个"诸网之网"相绑定,作为其一隅的国家与人民。

而这样的发展也促进了世界不同法律体系的密切合作,在许多生活领域,尤其是在那些强烈受到经济导向的领域里形成了跨

---

[1] *Hilgendorf*, Nationales oder transnationales Strafrecht? Europäisches Strafrecht, Völkerstrafrecht und Weltrechtsgrundsatz im Zeitalter der Globalisierung, in: *Dreier/Forkel/Laubenthal* (Hrsg.), Raum und Recht. Festschrift 600 Jahre Würzburger Juristenfakultät, 2002, S. 333—356 (338 f., 344 ff.).

国法规,其中部分甚至是全球性法规。商法及经济法自可作为其最佳范例。即便刑法因其自身植根于一国在历史发展中形成的、带有社会道德烙印的法律信念之中而具有强烈的民族性,跨国刑事法规也开始以国际刑法[2]与新兴的欧洲刑法[3]的形式被予以创设。

然而,很长一段时间内,跨国刑法仍然只能作为例外而存在;一个民族的、适应各自法律信念的刑法较之一个必然抽象并且概括的跨国刑法可能更符合本国公民的法律与道德信念。[4]但是,一个孤立的民族国家刑法不太可能存在于全球化世界之中,因此,促成与其他刑法体系的交流,阐明各自特点并缓和其中有可能冲突部分的使命是十分有意义的。涉外刑法适用法是在刑法适用层面,而刑法比较则从刑法原理及法律政策层面履行这项使命。[5]

目前的比较法主要是在民法领域(包括经济法领域)进行[6],但在公法及刑法领域也进行着比较工作。在公法领域主要是比较宪法[7],这种比较近似于政治制度[8]比较,令人感兴趣的方面还

---

[2] *Ambos*, Der Allgemeine Teil des Völkerstrafrechts, 2002;*Werle*, Völkerstrafrecht, 2. Aufl., 2007.

[3] *Hecker*, Europäisches Strafrecht, 2. Aufl., 2007;*Satzger*, Internationales und Europäisches Strafrecht, 4. Aufl., 2010.

[4] *Hilgendorf* (Fn. 1), S. 340 ff.

[5] 术语"刑法比较"(Strafrechtsvergleichung)具有一个年代久远的内涵,而称谓"比较刑法"(Strafrechtsvergleich)(也可见"比较法"(comparative law)则相对较而清新。无所谓采用哪种术语,只要清楚说明比较工作以及工作成果即可。

[6] *Zweigert/Kötz*, Einführung in die Rechtsvergleichung, 3. Aufl., 1996,简直就是经典著作。

[7] *Wieser*, Vergleichendes Verfassungsrecht, 2008.

[8] *Berg-Schlosser/Müller-Rommel* (Hrsg.), Vergleichende Politikwissenschaft. Ein einführendes Studienhandbuch, 4. Aufl., 2003;*Pelinka*, Vergleich politischer Systeme, 2005;重要的更古老的文本被收集到 *Stammen* (Hrsg.), Vergleichende Regierungslehre. Beiträge zur theoretischen Grundlegung und exemplarische Einzelstudien, 1976。

有文化上的比较。[9] 而在刑法领域也具有悠久的法律比较思维传统,此传统可以追溯到德国刑法学的奠基人保罗·约翰·安西尔姆·里特·冯·费尔巴哈(Paul Johann Anselm Ritter von Feuerbach, 1775—1833)。费尔巴哈穷其一生致力于撰写一部描述全部民族与时代法律的《全球法律史》,只可惜他最终并没有能够完成。[10]

另外一个从事刑法比较研究的著名学者是约瑟夫·科勒(Josef Kohler, 1849—1919)。人们直到今天还将其涉及全球法律文化史的著作视为重要的原始资料。[11] 此外,还要提到的是弗兰茨·冯·李斯特(Franz von Liszt),他主张国际刑法学(包括犯罪学)。[12] 特别值得一提的刑法比较学者,是法律哲学家暨法律政

---

[9] 介绍见 *Srubar/Renn/Wenzel* (Hrsg.), Kulturen vergleichen. Sozial-und kulturwissenschaftliche Grundlagen und Kontroversen, 2005。

[10] 至少在他的遗作中还能找到一篇 P. J. A. R. *von Feuerbach*, Idee und Notwendigkeit einer Universaljurisprudenz. Naturrecht, Rechtsphilosophie, allgemeine Rechtswissenschaft, in *Schuffenhauer* (Hrsg.), Ludwig Feuerbach. Gesammelte Werke, Bd. 12: Paul Johann Anselm von Feuerbachs Leben und Wirken, veröffentlicht von seinem Sohne Ludwig Feuerbach, 1976, S. 616—634。再版于 *Haney* (Hrsg.), Naturrecht und positives Recht. Ausgewählte Texte von Paul Johann Anselm Feuerbach, 1993, S. 252—275。手稿的完成时间并没有被确定,估计是费尔巴哈在班贝克(Bamberg)时所作。他在此期间并没有太多的学术成果。对此详见 *Hilgendorf*, Paul Johann Anselm Feuerbach als zweiter Präsident am Appellationsgericht in Bamberg, in: *Meisenberg* (Hrsg.), 200 Jahre Appellationsgericht/Oberlandesgericht Bamberg. Festschrift, 2009, S. 19—33 (29 mit Fn. 55)。也可参见 *Haney*, a. a. O., S. 360 f。

[11] 科勒的法律比较研究涉及面极广,这在他数目繁多、参差不齐的出版作品中得到了体现。一些最重要的文章见 *Josef Kohler-Bibliographie/Eschke*, Verzeichnis aller Veröffentlichungen und hauptsächlichen Würdigungen, 1931, 再版1984, S. 12—30。

[12] *Von Liszt*, Strafrechtliche Aufsätze und Vorträge, Bd. 1 (1875—1891), Bd. 2 (1892—1905), 1905, 再版1970。值得注意的是,弗兰茨·冯·李斯特也是一名国际法学者,参见 *von Liszt*, Das Völkerrecht systematisch dargestellt, 7. Aufl., 1911。

策家古斯塔夫·拉德布鲁赫(Gustav Radbruch)[13],其著作《英国法律思想》[14]时至今日仍然是关于盎格鲁-撒克逊法律思想的入门佳作之一,他在这部著作中还主要集中地阐述了法律适用及刑法理论的方法。

而在当代,从事刑法比较研究的著名学者当属汉斯-海因里希·耶塞克(Hans-Heinrich Jescheck)。他在1955年出版的著作《刑法比较的发展、任务以及方法》直到今天还被视为德国刑法比较的理论基础。[15] 他撰写的大型教科书《德国刑法总论》[16]中蕴含了大量丰富的法律比较内容,这在全球来看也无人可望其项背。该书中还包含了大量与单一法律体系、主要地区及国家,如东亚、美国、英格兰、法国及意大利,相关的刑法比较成果。

这些大量、令人印象深刻的研究成果并不能掩盖以下事实:德国刑法比较整体上存在不足,与民法相比还缺乏单独的刑法比较教科书。虽然在刑法案件中越来越多地牵涉到涉外关系,但刑法比较在法学教育中并没有引起足够的重视。不过,一些德国大学已经开始在法学教育中将法律比较予以制度化。维尔兹堡大学的跨专业研究项目"全球化体系和跨越文化交际的能力"已经颇具规模,该项目试图让学生在学习之余掌握同"外国人"交际的基本能力,并对外国的法律与文化具备一个明确的认识。[17] 其中,刑法领域的许多重要问题都占据特别地位,比如,在伊斯兰国家流行的荣誉谋杀。

---

[13] 最重要的文章被收录在 *Kaufmann* (Hrsg.), Gustav Radbruch Gesamtausgabe (GRGA), Bd. 15: Rechtsvergleichende Schriften, bearbeitet von H. Scholler, 1999; 也可参见 *Scholler*, Die Rechtsvergleichung bei Gustav Radbruch und seine Lehre vom überpositiven Recht, 2002。

[14] 刊登在 *Kaufmann* (Hrsg.), a. a. O., Bd. 15, 1999。该书第1版出版于1946年。

[15] 耶塞克著作中关于刑法比较作用的详细论述参见其自传,载:*Hilgendorf* (Hrsg.), Die deutschsprachige Strafrechtswissenschaft in Selbstdarstellungen, 2010, S. 167—207。

[16] *Jescheck/Weigend*, Lehrbuch des Strafrechts Allgemeiner Teil, 5. Aufl., 1996.

[17] www.gsik.de。这个项目由法学院主持。2010年夏参与此项目的专业还有经济学、教育学、汉学、印度语言文学、斯拉夫语文学、生物学、教师培训以及神学。

二、刑法比较的任务

对刑法比较广泛地持保留态度的一个原因在于,刑法比较的任务及其所能带来的实益尚不明确。这在一定程度上体现为以下几个方面:

其一,比较各种刑法首先要源自个人的兴趣。如果一个人就一个单一刑法制度进行了长时间的系统学习并从中积累了实践经验,往往就会对外国法律中的相关规则产生兴趣,这主要涉及的是人们在工作或业余时间中对外国刑法制度的接触。外国的经验可以帮助我们更好地了解自己,接触外国刑法可以使自己认识到本国的法律并不是凭空而来,而是一个历史长期发展及特定文化因素的结果,而这种特定文化因素根本就不适用于地球上的其他国家。通过这样的方式可以对许多法学家直到今天还具有的某种民族狭隘性进行反省与修正。在将本国法律与别国法律进行比较的过程中,文化敏锐性也随之提升,尤其是在像刑法那样与各自国家文化紧密相连的法律领域。

对外国法律特点具有敏锐性并不意味将外国法律置于本国法律之上。众所周知的现象是,长年客居异国并对当地文化有深入了解的人,在返回故土后就会发觉家乡并不是那么糟糕。因此,对外国法律文化的接触也将会促进对本国法律一个反思性的积极评价。无论如何,这种交流可以在自身特定的价值、利益及需求上有助于更好地理解本国的法律设置。

其二,从事刑法比较的第二个原因是出于实际,通常是出于经济上的需求。了解外国法律制度可以有机会在外国市场站稳脚跟,赢得当地客户的青睐,订立合同并且提升产品在当地的销售额,而"文化经理人"则在经济专业(尤其是企业经济)中赢得了一席之地;[18]刑法恰恰反映各自文化所蕴含的道德规范,因为在所有

---

[18] 图书 Hofstede/Minkov, *Cultures and Organizations: Software of the Mind*, 3rd Edition, MacGraw-Hill, 2010, 完全考虑到了"客户"的立场。

文化中，刑法与道德的联系都非常紧密，刑法制裁那些特别严重地触犯各自国家道德规范的违法行为。

随着世界经济的日益全球化，对适用于全球范围的法律的需求也相应增加，刑法自然不可能置身事外无动于衷。全新的国际刑法已经成为热门话题，其涉及领域如经济刑法中的金融市场刑法或者反腐败与反洗钱的国际刑事规定；而计算机互联网刑法也日趋国际化。这就利于不同的刑法体系在可预见的未来就此领域相互协调，从而成就一部"世界互联网刑法"，即一部信息刑法。[19]

然而，值得注意的是，相同或类似的刑法规范也往往因不同的法律文化而得到不同的适用。不同的文化背景会造成不同的解释及不同的结果，这通常还是发生在具有相同条文的规范之间。刑法规范有时完全不能得到适用而或多或少地只停留在纸上。因此，在刑法比较中，必须明确将"书本的法律"(law in the books)与"事实运作的法律"(law in action)间区别开来。要想认真研究各国特有的计算机互联网刑法的作用，就必须深入地、系统地研究外国的法律文化。

其三，出于学术兴趣从事刑法比较的人，首先会对普遍规则以及有效因数产生兴趣。个别克利福德·格尔茨[20](Clifford Geertz)理论的追随者及后现代主义的代言人所要求的那种单纯解释性地、面向符号性地研究外国法律文化，会无缘无故地放弃对一个目的在于符合规律的社会学进行解释以及预测的可能。这样就降低了经济、社会及政治因素的影响，从而不能使人信服。马克斯·莱茵施泰因(Max Rheinstein)对于法律比较的定义依旧具有权威性：法律比较是将法律作为普遍的文化现象，对其中的社会生活规律进行经验性研究的科学。[21]

这对于刑法而言涉及下列的一般性问题：一个国家的经济与社会发展状况和它的刑法体系处于怎样的一种关系之中？在一

---

[19] *Hilgendorf* (Fn. 1), S. 354, 356.
[20] 代表性著作为 *Geertz*, Dichte Beschreibung. Beträge zum Verstehen kultureller Systeme, 1983。
[21] *Rheinstein*, Einführung in die Rechtsvergleichung, 2. Aufl., 1987, S. 21.

些经济和社会状况类似的国家是否也能察觉到"现代刑法"许多饱受争议的表现：规则之繁冗、刑罚前置、抽象危险犯的泛滥、刑法适用的灵活化、预防思想、对"最后手段原则"的忽视、在一个具有宽泛内容的"安全法"中展开刑法？哪些因素影响刑法的发展？在刑法发展中是否存在类似亨利·萨姆纳·梅因（Henry Sumner Maine）对于一般法律发展所假设的著名命题"从身份到契约"那样的规律性？这些问题与其他问题对于学术性刑法比较而言非常重要。

从经济与技术发展状况类似的社会中会出现类似问题这一观点出发点，就能对其他法律文化中的解决方法进行分析，且这也有益于对其自身问题的解决。尤其是东亚国家具备一个很特别的传统：学习别国的法律文化。[22] 这其中体现了儒家文化的影响，即将学习视为是最重要的德性。日本与韩国在很久以前就已设立了一些专门从事与外国法律体系交流的部门；今日之中国，则对西方法律思想有所取舍扬弃，以期能集各国法律之所长来完善自身的刑法体系。

虽然德国具有悠久的比较（民法）传统，但迄今为止也没有表现出向其他法律文化学习的热情。德国刑法学在很长时间里被视为世界刑法学（事实上）的中心。今日的"德国刑法学者联合会"仍是世界上最有影响力的刑法学者联合会之一。自日本与韩国于20世纪初采用了德国刑法模式以后，德国刑法学者从20世纪50年代开始就同东亚刑法学者保持着一个活跃的学术交流关系，许多日本与韩国的法律学者都拥有德国的法学博士背景。

然而，同这两个国家的学术交流却是单方面的：信息大量地从德国涌向东亚，却没有来自东亚的反馈信息。现在情况开始好转。日本与韩国的经济增长速度赶上了德国，在一些领域（如现代信息技术传播）甚至已经超越了德国。两国的法学研究始终与德国保

---

[22] 记录孔子及其弟子言行的《论语》开篇就言明掌握学习的精义："学而时习之，不亦说乎？"（*Konfuzius*, Gespräche. Aus dem Chinesischen übersetzt und hrsg. von Moriz, 1998, S. 5.）

持着紧密联系,然而,面向美国的倾向也日益增强。两国刑法原本长时间受到德国的影响,但现在开始也受到美国的影响。日本的刑事诉讼法明显带有盎格鲁-撒克逊模式的烙印;日本近年来的科研改革有意将盎格鲁-撒克逊机制引入[23]到日本的法学教育中。依照一些观察家的看法,这样会进一步深化美国法律思想的影响。

另外,不可否认的是,在日本,受德国影响的实体刑法与面向"盎格鲁-撒克逊"模式的刑事程序法的组合造成了许多问题。日本与韩国的大学在引入法学院(Law School)要素的过程中也遭到了批评。美国刑法[24]在世界范围并不具有特殊地位,因为严格意义上根本就不存在这种刑法。刑法在美国是联邦州的事务,然而,这并不意味着不值得认真地去研究美国刑法。正好相反,主要是美国的模范刑法典,即 Model Penal Code,为受欧洲影响的刑法学家们提供了新颖的见解。

其四,如果一个人已经对外国法律的特性足够敏锐,他就会清楚地认识到普遍规律以及相关的作用因素,并且能够符合实际情况地考虑可能出现的经济性观点,并能就新的刑法规则给予超出本国法律适用范围的建议。这就是所谓的法律创造或法律技艺的需要。《海牙国际刑事法院规约》只有在其起草者非常熟悉各种法律前提及其他参与协商的法律人员的思维方式时,才能得以制定出来;如果不具备法律比较的敏锐性,那么协商就会不欢而散,一方熟悉另一方的文化前提才能进行合理协商。此后,超越一国法律适用范围的、甚至要将不同法系结合起来的刑事立法草案的制定,同样也需要事先进行此种深入的法律比较工作。

---

[23] 详见 *Ishikawa/T. Ischikawa*, Werden Japans Juristen "amerikanisiert"? —Zur Einführung des Law School-Systems in Japan, in: *Großfeld u. a.* (Hrsg.), Probleme des deutschen, europäischen und japanischen Rechts. Festschrift aus Anlass des 20-jährigen Bestehens der Partnerschaft der Westfälischen Wilhelms-Universität Münster und der Chuo-Universität Tokyo auf dem Gebiet der Rechtswissenschaft, 2006, S. 135—150。

[24] *Dubber*, Einführung in das US-amerikanische Strafrecht, 2005.

三、刑法比较的方法

尽管对不同法律及法律体系进行比较显得日益重要,但对于应采用何种方法进行比较却尚不存在共识。下面,笔者将简要地介绍三个极具代表性的观点。

第一,汉斯-海因里希·耶塞克的著作《刑法比较的发展、任务以及方法》[25]是第二次世界大战后德语区里第一部对刑法比较进行全面科学阐述的作品。依照耶塞克的说法,刑法比较研究的方法论可分为四个阶段。

本国的教义学及刑事政策立场构成了比较的基础,两个立场用于作为研究假设及联系点,也就是作为对比基础(tertium compatationis)。[26] 第二个阶段是"对外国法进行诠释"。按照耶塞克的说法,"这个阶段在很大程度上要符合对本国法所采用的研究方法"。除了法律文本之外,还要考虑到学说及习惯法。然而,耶塞克同时指出:必须要考虑到"一国法律的社会学深层含义","在本国刑法的研究中,其社会学关系至少会在潜意识中对研究者产生影响,因为本国的社会秩序构成了研究者理解时的境域。相应地,在对外国法进行研究时则必须探求其社会学基础,该基础常常可以成为理解一些令人费解的现象的关键"。[27] 按照耶塞克的意见,真正的法律比较开始于第三阶段,即"对材料进行系统的整理及阐述"。这就涉及通过系统的比较制定出对一个特定规制问题的解决方案。[28] 第四个阶段,对已找到的初步解决办法从法律政策角度进行评估,根据耶塞克的意见,这已经超越了真正科学意义上法律比较的范畴,而是关于"正义、刑事政策合理性、实用性、传

---

[25] 1955 年出版于蒂宾根。本书是耶塞克在其 1954 年弗赖堡大学就职后首次公开课的基础上扩编而成。Jescheck, Entwicklung, Aufgaben und Methoden der Strafrechtsvergleichung, 1954.

[26] Jescheck, a. a. O., S. 40.

[27] Id., S. 41.

[28] Id., S. 42.

统及民众信仰等宏观价值范畴"。[29] 耶塞克的这种评价批判论是承继了马克斯·韦伯及古斯塔夫·拉德布鲁赫的传统。值得注意的是,对于耶塞克而言,刑法比较与超国家刑法规则的发展是密不可分的。

第二,瓦尔特·佩隆(Walter Perron)也认为,刑法比较同刑法的国际协调密不可分。他在其1996年美因茨大学的就职报告[30]中突出强调了这种协调所需的三个要件:

首先,"要找出作为出发点的事实在哪些方面大体相符,也就是说,刑法间的相互协调是可行的及有意义的,而在哪些方面则可以继续保持国家或地区的特别规则"。不同的"经济、社会、文化及地理情况",同样会产生"不同的人类共同生活规则及在违反规则时不同的制裁需要",例如,非洲的环境刑法相比西欧的环境刑法则侧重于其他方面。[31]

依照佩隆的意见,统一的国际刑法产生的第二个前提在于"所涉及国家法律适用人员对公平的普遍观念在本质上是一致的"。对于佩隆而言,以下任务最为重要:"通过一个适用于所有体系的方式表达出刑法在抽象层面的基本价值问题,并且寻找这个问题的答案,而这些答案应当是能够为尽可能多的国家所接受并向实践转化的。"[32] 即便佩隆没有详尽解释,这也涉及法哲学或法学理论领域的核心任务。

佩隆要求的第三个前提则在于,"所有与这种统一化相关的国家应该大体确认各自刑法体系的功能关联,并且逐步地使其相互协调"。[33] 这个要求的目的在于把握各自实体规则所处的关系:仅统一的单一规定还远远不够,必须要考虑到各自规则的规范问

---

[29] Id., S. 43.
[30] Perron, Sind die nationalen Grenzen des Strafrechts überwindbar? Überlegung zu den strukturellen Voraussetzungen der Angleichung und Vereinheitlichung unterschiedlicher Strafrechtssysteme, ZStW (1997), 281—301.
[31] Perron, a. a. O., S. 298 f.
[32] Id.
[33] Id., S. 299.

题与事实问题区域。[34]

第三,弗莱堡的马普外国与国际刑法研究所所长乌尔里希·齐白(Ulrich Sieber)近期试图系统地展现刑法比较方法论要件。[35]齐白将其分为七个方法,这些方法互不矛盾,而是相互补充,今日对于在刑法比较领域成功完成一项研究缺一不可:

其一,普世性刑法比较,即考虑全部法律体系或至少从中选择一个典型。因此,对于齐白而言,刑法比较在较大型的组织单位或网络中才有可行性。

其二,功能性刑法比较。依照齐白的看法,其具有如下特点,即"比较的关联点不是一个法学概念或法律制度,而是一个特定的事实问题:进行比较的是所有在解决这个问题时具有相应功能的(刑事)法律规定。"

其三,体系性刑法比较。大量相关的刑事、非刑事和非法律的规定往往只有在各自所处的整体法律体系中被予以理解。这要求对所搜集的大量材料进行系统化的分析以便评估。[36]

其四,结构性刑法比较。齐白对此的看法是,"对法律问题的解答和法律体系不能够单单在条文规定层面进行确定和理解。此外,整体性的理解也必须将现实层面考虑进去"。[37]在齐白看来,其范围主要包括公平观念、规范使用者的其他价值认知、使用者的其他价值观念"以及文化、历史、经济、政治、哲学和社会的因素"[38]。

其五,案例式刑法比较。不仅要系统及抽象地将规则及它们之间的关系进行比较,还要对"具体的案件类别与案例个例"进行比较[39],其被视为法律规则的实用结果。这种方法与功能主义式

---

[34] Id.
[35] *Sieber*, Strafrechtsvergleichung im Wandel, in: *ders./Albrecht* (Hrsg.), Strafrecht und Kriminologie unter einem Dach. Kolloquium zum 90. Geburtstag von Professor Dr. Dr. h. c. mult. Hans-Heinrich Jescheck, 2006, S. 78—130.
[36] *Sieber*, a. a. O., S. 114.
[37] Id., S. 116.
[38] Id.
[39] Id., S. 118.

的思考方法十分相似。

其六,"价值比较性"与"价值评判性"刑法比较。齐白认为,此种方法意味着在现有诸多的解决方案中寻求一个"更好的"解决方案。[40]但是,可否将这种方法视为一个科学的法律比较要素,如上所述,则是有待商榷的。[41]

其七,使用计算机技术进行的刑法比较。齐白认为,传统的方法对材料及源自上述方法的结果的处理与提取显得捉襟见肘,取而代之的应该是由计算机技术支持的数据掌握及数据提取的新式方法。[42]

四、观点展望

在研究了耶塞克、佩隆及齐白的相关提议后,就会明显感觉他们通通信奉以一个功能主义方法进行刑法规范比较。功能主义,在德语区以及美语区范围,往往会同恩斯特·拉贝尔(Ernst Rabel)和马克斯·莱茵施泰因的名字联系起来,而事实上现在这个词则被用来指称法律比较论的方法出发点:不再将法律理解为单纯的规范秩序,即"书本中的法律",而是需要研究它的实际功能。这从方法论出发有着以下三方面的意义:

其一,要跨越纯教条及与应用有关的观点,审视并思考法律的实际作用;

其二,为了领会这些作用,必须考虑规范所赖以形成和发挥作用的社会与文化语境;

其三,对法律的实际作用及社会与文化语境的强调包含了一种方法论上的根本转向:法律比较不再是一种规范教条式的工作,而是(实践学科)法律社会学的组成部分。

---

[40] Id., S.119.
[41] Id.,他建议区分以下四个问题领域:规定内容的可比较性、评估标准的可比较性、对规定和其评估标准的比较及对规定的价值决定。
[42] Sieber, a.a.O., S.125.

今日，大多数德国及美国的主要法律比较学者对功能主义的基本态度是相同的。在法律比较中，认可功能主义的出发点并不意味着方法论上争论的结束。依照笔者的看法，恰恰相反，就比较法律而言，必须要引入一个全面的方法讨论。耶塞克、佩隆及齐白权威性的阐释可以作为其出发点及定位点。笔者认为可以将他们所提及的观点与方法向以下三个方面扩展：

第一个方面在于，将法律比较的视角向法学以外的范围扩展，并始终将法律理解为文化的组成 限制所造成的影响是殖民的。如果将法律理解为一种文化现象，则在进行比较研究时必须要审视不同的文化背景，这涉及如一个国家的社会道德、宗教及历史。今日，虽然并没有将这样一种扩展式法律比较观点向实践转化，但是，许多法学论述已经在理论上接受了这种观点。此外，还要了解并接受关于跨越文化比较问题的文化学方法讨论。特别是在人类学、社会心理学及实践哲学等学科内，蕴含着不同种类的关于文化比较及其可比性问题的文献资料，法律比较可以从这些文献资料中受益。[43]

第二方面在于，笔者所提议的法律比较的另一个方法讨论的扩展，事关科学论或逻辑观点。这就涉及法律比较逻辑，这就需要回答以下问题："比较"意味着什么？这种要解释说明的工作与其他基础科学工作如"观察""衡量"或"使成体系"相比有何区别？比较需要比较者的一个自我评价或能够对比较进行纯叙述？"比较"与科学论重要的方法争论，如价值判断论战[44]或"理解"vs"说明"的争论，是处于一种怎样的关系？必须要在一个"法律比较科学论"的范围内对这些及其他问题进行探讨与解释。

笔者认为，法律比较研究急需扩展的第三个方面涉及更加积

---

[43] 这也适用于克利福德·格尔茨（Glifford Geertz）的理论。"后现代"文化比较理论是以格尔茨的理论为基础构建，有着自身的独到之处。

[44] *Hilgendorf/Kuhlen*, Die Wertfreiheit in der Jurisprudenz. Konstanzer Begegnung: Dialog zwischen der Juristischen Fakultät der Universität Konstanz und Richtern des Bundesgerichtshofs, 2000（Juristische Studiengesellschaft Karlsruhe, Heft 242）.

极地包容其他文化,并且与之协作[45],仅在欧美范围从事法律比较工作的时代已经过去了。但是,人们不禁要问,是否这种时代曾经存在?因为东亚各国从19世纪晚期开始集中精力地研究外国法律,并从中找出了完善自身法律体系的诸多要素。或许今天不再是东亚学习欧洲及美国的经验,而是刚好相反,美国与欧洲在学习东亚的经验。

五、总结

其一,刑法比较在目前显得日益重要,这不仅针对基础研究,也是鉴于各国刑法体系所需之相互协调与统一及设立一个跨国的刑法规范。

其二,不同的方法同刑法比较的任务相互关联。功能主义式的出发点占据十分重要的地位,即刑法规范不单是教义式的呈现(书本中的法律),还要系统性地检验其实际作用与功能(事实运作的法律)。这里就涉及一个实践性的研究方向。

其三,鉴于刑法比较日益重要,就需要扩展刑法比较研究的视角及明确关注各国文化。这就需要进行一项带有更强烈跨学科性的刑法比较研究。

其四,这项研究所欠缺的是对法律比较基本概念进行一个科学理论诠释。

其五,刑法比较研究必须包容其他文化,尤其是东亚的刑法学及立法实践可以使德国的刑法比较研究获益良多。

---

[45] 对于这种方向的尝试参考 Hilgendorf (Hrsg.), Ostasiatisches Strafrecht. Würzburger Tagung zum Strafrechtsvergleich vom 8.—12. Oktober 2008, 2010。

第二十七章

刑法与跨文化

——辩护之于德国刑法教义学文化上的灵活性

文化多样性的新标准对刑法也同样造成了影响,这一点可以从实体性的刑法和刑事诉讼法中的证据法的事例中展现出来。

一、引言:刑法与文化的多元化

德国的刑法教义学中越来越能看到国际化与全球化的影响。这里当然会涉及一些关键词勉强用来形容相关的现象。对全球化的不同形式加以区分对于理解这些现象是有帮助的:要区分① 通过大众传媒进行的交流全球化,如电视,但首要的是通过网络;② 通过遍布世界的商业关系、商品和人员流动构建的经济全球化;以及③ 通过世界范围内的学术交流促成的知识全球化。[1] 几年前,全球化的问题还主要是在理论层面进行探讨,而今则已经深入到了每个公民的日常生活、工作之中。全球化的后果几乎在人们生活的各个方面留下了痕迹。这意味着,刑法也需要联系全球化的后果进行研究。

在刑法体系中,由于上述现象的存在,刑法学国际化的重要性与日俱增,这主要是指国际刑法,还包括了欧洲刑法和刑法适用法。在"内部关系"中,国际移民及交流全球化导致了文化的多样

---

[1] 详见 E. Hilgendorf, in: H. Dreier u. a. (Hrsg.), Raum und Recht. Festschrift 600 Jahre Würzburger Juristenfakultät, S. 333—356 (338 f.)。

性,甚至形成所谓的"平行文化"。全球化进程加剧了不同文化背景的人之间的碰撞。跨文化交流,一方面产生于德国人到另外一个文化的国家时,如旅游或商务往来,这种形式的交流可以说是清楚明了的[2];另一方面,更重要的是另一种形式的交流,它仅发生在德国一国境内,近几十年来的迁徙运动使得不同文化在同一个狭小的空间内相互碰撞。[3]

文化的多样性对于社会而言通常是有益的,但众多新形式的跨文化交流在运行中也存在着问题。在大众传媒中,没有一天不在使用诸如"文化碰撞""新宗教战争"或其他表示文化冲突的用语。在日常生活中,跨文化交流也展现出许多问题,人们对于时尚与风俗、宗教特性、性别关系、个人在群体关系中的重要性,以及被文化影响的集体信念等问题有着不同的理解。在这些问题上的不同观点不仅会造成日常生活中的误会,更会造成矛盾冲突的深化,极端情况下还会演化成暴力事件。排外和种族主义等现象,至少可以部分归因于缺乏跨文化交际能力。

跨文化交流,正如刚才所描述的,在法律实践中发挥着越来越重要的作用。这包括了与外来文化的委托人进行商议,对被特殊文化影响的法律冲突的再处理,以及在穆斯林或东亚国家建立商事贸易。还应提到的是,在亲属法的情形中,有一个或多个来自外国的成员组成的家庭。[4] 特别值得注意的是刑法中的跨文化冲突。许多问题涉及那些有着土耳其血统的人们的特殊的名誉理念,一般与家族名誉、"荣誉谋杀"和血亲复仇相关。这类刑法案例在法院中并不少见。[5]

当今社会中日益增长的跨文化现象使刑法面临新的挑战,既

---

[2] 应当指出的是,游客在外国并不必然跟陌生文化有实质性接触,在国外的跨文化的商业业务往来在数量和重要性上都在逐渐增加,迄今为止只有少数人在工作上与其有直接接触。

[3] M. Bommers, Aus Politik und Zeitgeschichte (ApuZ) (2008), 20—25.

[4] 2007年3月报道过一个亲属法法官判决的离婚案例,尽管丈夫一方有虐待行为,但援引伊斯兰教义中丈夫拥有惩罚权,排除了《德国民法典》第1565条第2款规定的法律后果。

[5] 这类案例的概要可见 B. Valerius, JZ (2008), 912—919。

涉及刑法的和刑事诉讼法的实践,也涉及刑法学,主要是刑法教义学,其中也存在着处理如"荣誉谋杀"这样的具体问题的工作。[6]但令人惊讶的是,目前尚没有人尝试对"刑法与跨文化"这一命题进行全方位的探讨,即便是在长期讨论文化多样性的美国,也没有人触及这一命题。[7]

二、文化理论

如今,"跨文化交际能力"已经是一个重要的关键词了,跨文化交际能力的概念与文化哲学、人类学和社会学的基础问题密切相关。对于"文化"这个概念始终充满了各种争议,至今也并没有一个统一的定义,文化的不同含义之间有时甚至是不能兼容的。[8]

出于我们的研究目的,将"文化"作为集体生活方式来理解就足够了。这种集体生活方式,① 主观上建立在特定的、其他群体成员所不具有或至少不完全具有的观念和价值基础之上,② 客观上则表现为特定的行为方式和人类创造。"文化"一词通常仅在第二个含义上加以使用,即人类所有从农业到建筑业和商品交换的特殊形式,再到"无目的"的艺术创造。

---

[6] 参阅 Vgl. neben dem Beitrag von *Valerius* (Fn. 5), vor allem *W. Baumeister*, Ehrenmorde: Blutrache und ähnliche Delinquenz in der Praxis bundesdeutscher Strafjustiz, 2007; *B. Erbi*l, Toleranz für Ehrenmörder? Soziokulturelle Motive im Strafrecht unter besonderer Berücksichtigung des türkischen Ehrbegriffs, 2008; vgl. auch *H. Kudlich/I. Tepe*, GA (2008),92—103。

[7] 对于"文化防御"这一概念,一直以来都只是对某一方面的问题进行研究。详见:P. A. Robinson, *Criminal Law*, Aspen Publishers, 1997, p.567. zum Fall "People vs. Kimura" und der in diesem Zusammenhang debattierten "cultural indoctrination defense" m. w. N. Eingehend A. D. Renteln, *The Cultural Defense*, Oxford University Press, 2004; vgl. ferner (kritisch) D. L. Coleman, "Individualizing Justice Through Multiculturalism: The Liberals' Dilemma", 96 *Columbia Law Review*, 103 (1996); N. A. Gordon, "The Implications of Memetics for the Cultural Defence", 59 *Duke Law Journal*, 1809 (2001)。

[8] 参阅 *A. Nünning* (Hrsg.), Metzler Lexikon Literatur-und Kulturtheorie, 4. Aufl., 2008, S.395—396 m. w. N. 中《文化概念》这一章节。

在文化理论中,有各种不同的定义。根据 Maletzke 的说法,文化"在本质上是一整套观念、信仰、态度和价值观的体系,这一体系可见于人类的行为和行事,以及智力和物质产品"。[9] 在这个定义中,也可以看到上文提及的主客观标准这两极。

为了符合当今民族文化的现实,重要的是要认清大文化的三个核心特征:首先,文化是动态的,而非静态的,这意味着它在持续发展。2009 年的德国文化与 1949 或 1979 年都有着本质上的不同。第二,文化定期会吸收其他文化的要素,文化是"混合的",没有"纯文化",文化与文化之间始终存在着交流。最后,文化还表现出巨大的差异性,原因之一是,在大文化和特别是民族文化层面以下,存在着低层级的不同文化,如不同的宗教或代际文化。因此,每个人其实都同时归属于多种文化。这导致了文化在所有的语境中都被过分简化了,人们依据各自的归属,将文化分为"西方的""伊斯兰的"和"东亚的"。

"跨文化交际能力",指的是认清、分析、解释和解决文化冲突的能力,从简单的日常生活中的误会,到由根深蒂固的潜在的暴力促成的对"其他事物"的偏见和成见。如今,尤其重要的是,提供丰富的和系统性来源于实践的知识,并将其纳入法律体系中考量。鉴于生活中文化的多样化,职业生活中的跨文化能力有着越来越重要的地位。[10] 刑法学也有理由致力于对外来文化冲突的不同认知能力的识别和应对。

三、问题领域

接下来笔者想要仅作示范性,而非详尽无遗地处理几个值得关注的问题,新的跨文化交流能够在其中形成一个推动力,以巩固

---

[9] G. Maletzke, Interkulturelle Kommunikation. Zur Kommunikation zwischen Menschen verschiedener Kulturen, 1996, S. 16.

[10] 一些大学已经开始接受这一挑战,并着手于特定的项目来介绍跨文化能力。参阅维尔兹堡的项目"全球化体系和跨文化交际能力"(详见 www.gsik.de)。

传统的刑法教义学。笔者想要在这一方面解决如下的几个不同问题：① 已有法律解释的，在荣誉杀人和血亲复仇方面的"卑劣动机"问题；② 刑法的名誉概念；③ "迷信犯罪"的可罚性；和 ④《德国刑事诉讼法》第 261 条意义上的"自由心证"问题。

（一）血亲复仇、荣誉杀人和"低动机"

联邦最高法院近期处理了一个发生在两个库尔德家庭间的血亲复仇案。[11] 在一次两家人一起举行的庆祝活动后，A 家的户主被人从背后枪杀，而 B 家的成员 X 有着很大的嫌疑。德国法院因为事实不清而没有做出判决。于是，被杀害者的儿子 Y 和他的侄子 Z 从行驶的汽车中枪杀了 X。下级法院认为，这一行为构成出于卑劣动机而实施的共同使用诡计的谋杀，而"血亲复仇"在道德上则为最深层次的动机。

联邦最高法院认为：该情形是否可归为低动机，以及是否依据一般道德价值处于最深层级，"要在所有内部与外部动机的基础上考察促使行为人作为的相关因素"。这一评价标准，根据联邦法院的说法，"是联邦德国法律界的主流观念，而非不承认德国法律界道德和法律价值的个别团体的观念"。[12] 一个以"血亲复仇"为动机的杀人行为，"在所有的规则下都被看做是不顾及社会的应受谴责的行为，因为行为人越过法律规范，自行为其个人和家族声誉执行了对他人的死亡判决"。[13]

然而，联邦最高法院也强调了不同思维方式的重要性，出于低动机的复仇杀人行为并不必然被定义为谋杀。更多的是要区别"被告人是否出于明显的'血亲复仇'动机，是否为低动机，或相似但非低动机的、因其亲属遭受重大损失而承受的心理压力"。[14] 出于这个理由，联邦法院否定了 Y 是出于低动机，因为作为被杀害

---

[11] BGH, NJW (2006), 1008.
[12] BGH, a.a.O., S.1008 (1011); ebenso schon BGH, NJW (1995), 602, wo es ebenfalls um Blutrache ging.
[13] BGH (Fn. 11), S.1008, 1011.
[14] BGH, a.a.O., S.1008, 1011.

的 A 家户主之子,其行为"掺杂着强烈的感情因素";相反,肯定了 Z 作为侄子的低动机,因为其叔叔的死与其并没有持续的特别密切的人身关系。[15]

这里对联邦最高法院的判决做了大幅度删减,但其中特别值得注意的是:首先确定了行为动机是否为"低"动机的标准应采用联邦德国法律界的主流观点,而非行为人所属的团体的观念。[16] 这一观点是值得肯定的。对其不只要作民主理论的考量:如同在理想状况下法律是被人民群众中的多数承担的,在解释"需要填补的价值"这一概念上也应采纳多数人的观点。

判决中第二点值得注意的是,其对于一个来自于陌生文化的行为人刚好也是不同的思维方式。行为人来自于承认"血亲复仇"的文化这一事实,并不应导致上述案例中的行为动机自动归为"低动机"。此种方式也颇值称道。联邦最高法院本可以再作进一步的区分:对于侄子 Z,没有核查他是否理解了"低"动机标准就肯定他的低动机。依据主流观点,行为人不需要区分其行为在法律上的评价,也不一定要将自己的动机评价为"低"动机。[17] 相反的观点认为,一个与此相关的欠缺可以作为违法行为的(部分)错误,因此也依据《德国刑法典》第 17 条作为法律错误来理解。[18]

解决这一法律错误引发了一个难题,即在何种条件下违法行为是可分的。[19] 在上述案例中,存在区分"可分的违法行为"的可能性:涉及杀人的违法行为即是,出于其他动机的违法行为则不是"低"动机。这将导致,对错误的不法行为,必须要进行评价其是否为"低"动机的核查。笔者认为,这样的错误对于一个长期生活在德国的人来说是可以避免的。这一结果也是联邦高等法院的解决办法。

---

[15] Id., 1011 f.
[16] 联邦最高法院并没有一直在清楚地强调这一点。参阅 etwa BGH, NJW (1980), 537。
[17] Tröndle/Fischer, StGB, 56. Aufl., 2009, § 211, Rn. 82.
[18] So etwa Valerius, JZ (2008), 912, 918.
[19] Dazu näher C. Roxin, Strafrecht Allgemeiner Teil, Bd. I, 4. Aufl., 2006, Rn. 16 ff.

提出的这一问题表明,在刑法处理外来文化的特定犯罪行为时,须穷尽各种教义学上的差别。对于刑法工具的"灵活性"则是毫无原因的。借助于外来文化的特定行为可以得出,最重要的核查点为:① 对客观的和特殊的主观构成要件特征的解释,② 意图,和③ 违法行为,有时还包括④ 接受基于宗教自由(《德国基本法》第4条)的辩护,或是⑤ 对符合标准的行为的不可期待性形态的谅解问题。

(二)《德国刑法典》第185条及以下诸条意义上的声誉概念

依据 Maurach 的说法,声誉是"最微妙的,带着刑法的最不灵活的手套最难处理的法律权益"。[20] 恰当地理解声誉,刚好清晰地展现了其与新文化多样化的联系。20世纪80年代,"声誉"这一概念在社会现实中还没有很大的反响,刑法上的声誉保护在19世纪就有迹象,且在当时是个不应时的概念,一些学者甚至主张废除刑法保护荣誉。[21] 但如今,这一情形已经彻底改变,特别是对于土耳其背景的人群来说,"声誉"是一项指导原则,它的重要性很难再被高估,不仅是对实际移民的那一代,对他们的第二代和第三代后裔仍是这样。

然而,不仅坚持"声誉"的社会价值在强度上是前所未有的,"声誉"的内容也发生了部分改变。依据德国刑法教义学上占统治地位的"标准的"声誉概念,声誉是人尊严的外化(《德国基本法》第1条第1款),且存在于基本的对于尊重的请求权,但其确切的含义和范围尚存有不明之处。[22] "土耳其人对声誉的理解",依据旧的"实质的声誉概念"可总结为,包括了一个人的名声;对于标准的声誉含义,一个重要的理解上的区别在于,通过一些不当行为实现,且被陌生的不当行为破坏。

---

[20] *R. Maurach*, Deutsches Strafrecht, Besonderer Teil, 2. Aufl., 1956, § 17 I 1.

[21] *W. Kargl*, FS-E. A. Wolff, 1998, S. 189—223 (221); ausführlich *M. Kubiciel/ Th. Winter*, ZStW 113 (2001), 305—333.

[22] *E. Hilgendorf*, in: Strafgesetzbuch. Leipziger Kommentar (LK), Bd. 5, 11. Aufl., 2005, Vor § 185, Rn. 4.

土耳其移民和主流刑法教义学上对声誉在理解上的第三个区别是,声誉的承载者,换句话说是可被诽谤的。绝大多数的移民当然地认为,家族是这样的可被诽谤的。不仅老一辈人有这样的观点,有移民背景的年轻人也是这样认为的。大多数声誉谋杀的案例,像 Hatan Sürücü 案[23],一个人,通常是年轻女性,被指责有性不当行为(此概念作宽泛理解!),是对其他(尤其是男性)家族成员的诽谤,还被视作是对整个家族声誉的损毁,会被处以死刑。

值得注意的是,在德国,直到20世纪60年代。家庭还被视为是可被诽谤的。[24] 如今,对声誉的理解,依据主流观点,是高度个体化的;一个群体只有在如下情形中才是可被诽谤的:当其中的个体因其所在的集体而受到诽谤,或是一个满足法律上承认的社会功能的群体能够形成一个统一的意愿并可被一般大众所界定时。德国的法律解释和刑法学著作都不再承认家族声誉。[25] 理由是,"声誉"仅被理解为个人对尊重的请求权。[26]

个案中,刑法上的声誉保护,一方面有关有移民背景的群体对声誉的理解,另一方面这一问题不应被轻视。经验表明,当国家机关拒绝提供救济时,自力救济的趋势就会增加。当家族声誉根深蒂固且广为传播,并当不经更多的反思就拒绝承认时,法律设定了没有危险状况时关于"诽谤"概念的尊严的定义。即使到今天,这一问题也没有得到最终解决,但已有所缓和,这表现在实践中更多地考虑了家庭成员被诽谤的可能性。从教义学的结构上讲,家族作为一个集体概念受到诽谤是可能的;实践中这种结构是很难发挥作用的。

---

[23] 一个德国一名库尔德女子 Hatun Sürücü 于2005年2月7日在路上被她的哥哥开枪杀死,因为他的家庭不能认可她西化的生活方式。这一案例引发了媒体的强烈关注,并将德国公众的视线引向了这一德国刑法机构接触多年的声誉谋杀问题。

[24] H. Welzel, Das deutsche Strafrecht, 11. Aufl., 1969, § 42 I 1 b.

[25] BGH, NJW (1951), 531; BayObLG, MDR 1958, 264; *Hilgendorf*, in: LK (Fn. 22), Vor § 185, Rn. 33.

[26] H. Hirsch, Ehre und Beleidigung. Grundfragen des strafrechtlichen Ehrenschutzes, 1967, S. 98: die Familie als solche besitzt keine "Subjektivität".

迄今为止,还没有比 Hatun Sürücü 一案中对家族声誉做出更强的保护。对行为人的判决毫无疑问地表明,其家庭是可被诽谤的。这一问题的核心并非家族能否被诽谤,而在于不同于刑法教义学上的规定,Hatun Sürücü 被指责的西化的生活方式的行为是否存在诽谤的特性。鉴于基本法上清晰的规定,这一问题必须被否定。根据我们的主流文化和法秩序的标准,Sürücü 女士的行为不应受到限制,因此,家族是否具备被诽谤的权利能力这一问题在此案中是次要的。

然而,在其他的案例中还是要考虑到,承认家族能作为一个群体概念被诽谤,有助于有移民背景的人更大程度上接受我们的法秩序。在土耳其文化环境中,对整个家族有针对性的诽谤,无论是笔者还是目标群体,都一致认可其存在,但是,根据德国法的标准,却不存在重大的声誉损失。如果德国的法律解释借此机会适时合理地将牵涉整个家族的严重诽谤行为作为议题,那么,许多案例中的自力救济现象就会受到限制,犯罪升级的危险也会部分得到避免。

(三) 迷信犯

刑法上对迷信犯的处理应在新文化多样化的背景下加以考量。"迷信"应被视为"行为人相信在现实中不存在或根据现今的科学知识不能证明的魔力(魔鬼崇拜、施魔法、死亡祷告等)"[27]而实行的犯罪。依据主流观点,迷信犯不被认为是犯罪,对此有如下的理由:

单看构成要件,迷信犯是不能犯,其目的根据已有的经验客观上无法达成,因此,也不构成犯罪。依据《德国刑法典》第 22 条主观上"直接着手"的尝试规则,和《德国刑法典》第 23 条第 3 款"严重的认识错误"规则,不能犯是可罚的。《德国刑法典》第 23 条第 3 款规定,对自然法中包含的认识错误,法院可免除或减轻其刑罚,前提是其犯罪行为在性质上是不能实行终了的。

---

[27] *B. Heinrich*, Jura (1998), 393, 397.

在一般日常用语中,迷信犯在概括意义上讲可归为《德国刑法典》第 23 条第 3 款中的"认识错误"。[28] 主流观点却否认了这一点,并接受了普遍的不可罚性,对这一结果有不同的理由。RG 中承认了"信仰或迷信的力量仅仅是属于想象或幻想",原则上不是刑法的研究对象,其无论在事实上还是法律上都是没有意义的,仅具有道德领域的意义。[29] 在文献资料中,这种现象是否可纳入以理性为导向的刑法的适用范围也存在疑问。[30] 其他人则倾向于行为人意图的问题,行为人是希望但仅在法律意义上不能成功的。[31]

这种认为迷信犯是犯罪的理由不能完全使人信服。那些来自于陌生文化,相信那些我们认为是违反自然法则上因果联系的人,基于这种"迷信"的因果联系认为能够且对此有相当大的"希望"会造成法益侵害。这种目标也不是强制性地一开始就从刑法的适用范围中被排除:主流观点接受了这种前提,即通过行为人的犯罪行为对犯罪的刑法基础、对法律意识造成冲击。[32] 这便得出了迷信犯不可罚的主流观点。Bloy 如此写道:"迷信行为表现为经过理性思考的属于认识错误的一种特殊形式,不影响法律安宁则强制性不可罚。"[33]

那么,如果对法律安宁造成了影响呢?如果因为人们相信行为人的作为在现实中产生了影响,使得行为人的迷信犯罪在他的

---

[28] *Roxin* (Fn. 19), § 29, Rn. 372, der eine Subsumtion des abergläubischen Versuchs unter § 23, Abs. 3 dennoch ablehnt.

[29] RGSt 33, 321 (323).

[30] *P. Bockelmann*, Strafrechtliche Untersuchungen, 1957, S. 160 f. ; weitere Nachweise bei *J. Baumann/U. Weber/W. Mitsch*, Strafrecht Allgemeiner Teil, 11. Aufl. , 2003, § 26, Rn. 35.

[31] Begründung des E 1962, BT-Drucks. IV/650, S. 145.

[32] 参阅 nur *J. Wessels/W. Beulke*, Strafrecht Allgemeiner Teil, 38. Aufl. , 2008, Rn. 594; ebenso auch noch *Roxin* (Fn. 19), § 29, Rn. 373. Neuerdings hat Roxin seine Position allerdings modifiziert und will primär auf die fehlende Gefährdung des Rechtsguts abstellen, vgl. *ders.* , FS-H. Jung, 2007, S. 829—842 (zum abergläubischen Versuch, S. 836 ff.).

[33] *R. Bloy*, ZStW 113 (2001), 76, 108 f. .

周围环境中造成了实际威胁,那么,在这个环境中就产生了"对法律意识的冲击",行为人也就是可罚的。如果在一个区域中居住着许多非洲或南美洲的移民,他们认为一位巫毒牧师的特定做法会造成人身伤害或杀害的真实威胁,那么,这一做法就有了刑法上的资格。迷信犯虽然在一般情况下不会在行为人的环境对法律意识造成冲击,但鉴于我们社会中的文化多样化,例外情形也越来越可能出现。因此,如今看似更为可取的做法是,将"迷信犯"被视为《德国刑法典》第23条第3款中的"认识错误"[34],并授予法官权力,依据个案情况施加或免除刑罚。

(四) 外来的世界观和自由心证

与文化上的误解相联系,科学公认的因果联系,特别是接受国际学术上不能统一的"迷信"的因果联系,还存在着刑事诉讼上的问题,其首要的就是证明问题。《德国刑事诉讼法》第261条原则上是承认自由心证的,也就是说,法院对调查证据的结果的裁判是依据自由的、从行为本质中提取的证明力。[35] 原则上可能存在与受西方自然科学影响的世界观不一致的观念,在其他的文化中可以作为法官裁判的证明依据。以某些宗教信仰(不只出现在外来文化[36])为基础,人们维持着超自然力量的干预,将其纳入刑事诉讼的效力范围之内。一个例子就是有效的超自然邪恶力量造成杀人结果的驱魔行为,不能确定的是,受害人有可能不是通过驱魔行为,而是通过一个更高的"邪恶力量"致死的。这是1976年7月发生在维尔兹堡的女学生 Anneliese Michel 在驱魔仪式中丧生一案

---

[34] Ebenso schon Baumann/Weber/Mitsch (Fn. 30), § 26, Rn. 34 m. w. N.
[35] W. Beulke, Strafprozessrecht, 10. Aufl., 2008, Rn. 490.
[36] 参阅 etwa als Vertreter des katholischen Wunderglaubens H. Grochtmann/ Klaus Adomeit, Unerklärliche Ereignisse, überprüfte Wunder und juristische Tatsachenfeststellung, 2001. Gehören durch Naturgesetze unerklärliche Vorgänge nur "dem Glauben oder Aberglauben, der Vorstellung oder dem Wahne" an oder sind es nachweisbare Tatsachen? Eine Entgegnung auf den Beschluss des Bundesgerichtshofes vom 21. Februar 1978, 1989, 2. Aufl., 1990。

中,被告人的论据。[37]

自由心证肯定不能像第一眼看到的假象那么自由。主审法官有义务首先要遵从逻辑规则,他的证明不能出现自相矛盾。其次,要联系学术上承认的经验原则。[38] 特定的宗教和外来文化观念对于刑法和刑事诉讼法上的处理有着深远的影响:早在30年前,联邦高等法院就处理过心理玄学者可否在法庭上作为专家证人的问题。联邦高等法院拒绝的理由为:"言语的力量是无法证明的,只属于想象和幻想,而非建立在科学知识和生活经验的信仰和迷信,因此不能作为法官裁判的来源。"[39] 法院几乎原文照搬了1900年RG中对魔鬼崇拜犯罪的可罚性的表述。[40]

依据对外来文化的可考量性和能否将偏离科学世界观的观念纳入证明框架体系的问题的法律解释,可以得出,这样的观念在证明框架内很大可能不会真的被考虑,或根本不允许被纳入证明体系。法官在证明框架内依照我们的理解运用理性标准;法官的证明(不是作为私人)须依据现代科学世界观。

四、通过刑法,外来文化的观念可以在何种程度上被接受?

在对谋杀的法律解释中一定程度上纳入了"低动机"。如前所述,司法判决的立足点在于,评价为"低"动机的标准是以受西方影响的大多数社会确立的。联系外来的迷信的观念的可考量性,相同的结果在证明框架内也可得出。相反,在对声誉概念的分析上提倡谨慎地接纳外来的声誉观念,而且在处理《德国刑法典》第23条第3款迷信犯的适用范围时考虑外来文化的因果观念也是有力

---

[37] E. Hilgendorf, FS-Rainer Paulus, 2009, S. 87—101 (95 ff., im Erscheinen).
[38] Zu weiteren Einschränkungen Beulke (Fn. 35), Rn. 491 ff.
[39] BGH, NJW (1978), 1207; dazu auch Th. Hillenkamp, FS-H.-L. Schreiber, 2003, S. 135—152 (140 mit Fn. 23). Ablehnend z. B. B. Bender, Zeitschrift für Parapsychologie (1987), 121 ff.; ebenso Grochtmann (Fn. 36).
[40] RGSt 33, 321 (323).

的理由。

问题根本上在于,何种情形下外来文化的观念可以纳入我们的法秩序,而什么情况下不可以。这一问题的前提应当是,判决是以"人民的名义"做出的。在民主社会里,法院的决定原则上对于多数人民群众来说是合法的,联邦德国法律秩序的核心要素不允许质疑也不能放弃。这意味着,司法程序的理性同样在证据法中也是不可动摇的。证据法应符合现代科学世界观。核心的基本法上的价值判断对此不作更详细的说明,如维护尊严和性别公平的义务。女性的地位在部分移民文化中与基本法给出的价值不一致,[41]法律解释和刑法学不应当屈从于蛊惑,承担由于被错误理解的宽容和顺从而助长了的误会。这需要加倍的努力,用以在土耳其群众中贯彻公平正义的理念。尽可能产生宗教上的说服力并没有起到决定性的作用,法律高于宗教。[42]

相反,在许多领域都做出了让步,在一定程度上表现为一个新的刑法教义学工具的细微调整。讨论的问题涉及被动的可受诽谤性和迷信犯。刑法要面对的,不是要背弃核心的法律价值判断,而是在社会现实中考量新的状况。就这点而言,每个法律都面临一项传统的挑战,不是去巩固强调早已写成的旧文本,而是作为"活着的法律"对社会造成冲击并形成影响。

此外,不再属于这里讨论的问题范围,如正当防卫的应当性、《德国刑法典》第323c条中的救助行为的可期待性,或是《德国刑法典》第263条中欺诈框架内的说明义务,(包括青少年司法中的)量刑等问题,都没有做出过说明。没有被列为议题的还有,特定的刑法构成要件,如《德国刑法典》第172条,是否应当考虑到新的社会现象。文化多样化要求我们重新考虑我们刑法体系的基础和许多细节,它不应引导我们去左右我们的法律秩序中重要的价值和理性的标准。

---

[41] S. Ates, Der Multikulti-Irrtum. Wie wir in Deutschland besser zusammenleben können, 2007, S. 41 ff.

[42] Zur Selbstbehauptung des Staates gegenüber den Religionen E. Hilgendorf, in: FS-Hans Albert, 2006, S. 359—383.

第二十八章

从法律的发展援助到法律对话

——法律对外科学政策的序言

一、引言

克劳斯·罗克辛教授是当今世界上著名的法学家。在东亚、土耳其、南美及许多其他地区,他是与费尔巴哈、冯·李斯特、拉德布鲁赫、耶塞克等人齐名的。他的著作被翻译成多种语言,他的理论方法,如"客观归责"学说,在日本、韩国、中国、土耳其及西班牙语国家广为流传。

这一强大的影响赢得了尊重和赞誉,此外,那些受益于德国刑法理论在全世界的广泛传播的学者们也要感谢罗克辛教授的强大影响力,因为罗克辛教授是当今德国刑法学界在国际上最具影响力的学者。因此,在这部向他致敬的文集中应当包含以下这个主题:即在科学体系全球化的条件下,使得德国刑法模式在未来得以发挥其国际导向功能的前提与机遇。[1]

在全球化的世界中,纯民族国家的法律解决方式越来越成问题。如果人们并不打算直接建立超国家的法律秩序,那么,法律国际上的比较、调整和谨慎的同化便是时代的要求,通过法科学上紧密的国际合作可有效地为此做出准备和提供帮助。但是,对于这

---

[1] R. Stichweh, Universität in der Weltgesellschaft, 2010 (Luzerner Universitätsreden Nr. 19); ausf. N. Stehr, Wissenschaftspolitik. Die Überwachung des Wissens, 2003, S. 245 ff.

一观念与要求的转向,德国法学界显得并不是那么急切。首先,刑法学从始至终都主要是国家导向的,即便这种在法律领域[2]根深蒂固的"托勒密世界观"日益受到批评。法律比较首要是在民法中受到高度重视,在公法和刑法领域中还未得到显现。在对刑法比较的方法争论等方面,情况开始发生改变。[3]

与其他国家建立法律的发展合作,在德国,长期以来由德国技术合作公司(GTZ)等组织,大众汽车、蒂森基金会等促进机构,以及康拉德-阿登纳基金会(KAS)、汉斯-赛德尔基金会(HSS)、费里德里希-埃波特基金会(FES)和费里德里希-瑙曼基金会(FNS)等大的政治基金会来支持。尤其是,德意志学术交流中心(DAAD)和亚历山大·冯·洪堡基金会提供了资金帮助,使外国的学生和杰出的青年学者有机会到德国,同时,德国人到国外学习和研究。然而,这还不足以使德国的学术在世界竞争中立于不败之地。[4] 理论界也需要更为积极地参与到国际合作之中。

二、法律和法学的国际化

我们正经历着学术的国际化。这首先涉及在生物学和医学影响下的自然和生命科学,而法学的研究紧随其后也开始超越国家视野。一方面,自然和生命科学的国际化研究合作要求法学要有一个超越国界的视野,如对跨国的干细胞和胚胎研究的刑事责任风险的讨论[5];另一方面,大的研究促进机构越来越多地支持国际间的与跨国的法学研究项目,这也使得法学研究不能再局限于是

---

[2] 笔者采用 Christoph Schönberger, VRÜ 43 (2010), 6. 中对比较宪法所应用的表述。

[3] 转引自 S. Beck/Ch. Burckard/B. Fateh-Moghadam (Hrsg.), Strafrechtsvergleichung als Problem und Lösung, 2011。

[4] Dazu auch G. Schütte/R. Gruhlich (ed.), Stategies to Win the Best: German Approaches in International Perspective, Proceedings of the Second Forum of the Internationalisation of Sciences and Humanities, December 5—7, 2008, Berlin. Abrufbar unter http://www.humboldt-foundation.de/web/iab-forum-2008.html.

[5] Hilgendorf, ZRP (2006), 22; Valerius, NStZ (2008), 121.

国家导向的。

以民族国家为界的法律与法学理论,目前在欧洲仍居于主导地位,但这并不是理所当然的。直到19世纪之前,还存在着一个建立在罗马法基础上的统一的欧洲法学。[6] 而如今,再度国际化的原因首先是东西方界限的消失和新出现的跨国性乃至全球性的治理问题。下文中将对部分存在重叠的问题组加以区分[7]:

以往的传统问题是那些(超出国家政策的)问题,如环境污染和其他跨国的环境危机(如存在安全隐患的核工厂)、跨国的难民潮及向富裕国家的工作移民。这类问题原则上要通过国家间的合作来解决。

其他的问题则无法限定在几个(相邻)国家的范围内,而是涉及全世界的。一个现实的例子,是发生在2008—2009年的金融危机;此外,还有气候变化、国际恐怖活动和跨国犯罪。这种形式的国际化问题要求建立新的国际规则,这使得法学理论与法政策面临新的挑战。一个相关的问题领域为此提供了一个入口,即全球公共产品,如水和空气的分配。许多可归为这里描述的问题领域的任务常年来由国际法来承担(如阻止和整治战争),一个新的重要的工作领域是建立国际气候制度,在刑法领域则是建立了国际刑事法庭。

第三种问题类型是涉及全球的、但通过国际规制不能直接解决的现象,如不受控制的特大城市建设、民众的营养失衡或威胁着社会多样化的(原则上不希望出现但因对自由的需求而出现的)社会分裂。但是,这些相同的现象并不一定相互关联,例如,许多特大城市中出现的问题,如伊斯坦布尔、开罗、墨西哥城、纽约、北京、上海、汉城和东京,虽然相似但其间并没有相互依存的关系,这些问题首先仍然是由各国政府及其立法者在国家范围内加以解决

---

[6] Grimm, Rechtswissenschaft—eine internationale Disyiplin, in Schütte (Hrsg.), Wettlauf ums Wissen. Außenwissenschaftspolitik im Zeitalter der Wissensrevolution, 2008, S.135.

[7] 相似的有 Messner, in: P. Meyns (Hrsg.), Handbuch Eine Welt. Entwicklung im globalen Wandel, 2009, S.103。

的。但是,将会出现一个"包含广泛领域的学习共同体:系统性地评价与借鉴他国经验,甚至也可以考虑建立为解决上述问题的双边和多边项目"。〔8〕

第四项难以解决的问题是那些全球化现象中的相互依存的问题,如在西方发达国家发生的金融危机在世界其他地区引发了贫困、饥荒及政权不稳定,而这些问题反过来又导致大量难民涌入发达国家。一些国家的经济繁荣和福利是建立在另一些国家的贫穷的基础上的,而单向地消耗有限的自然资源却对全球造成沉重的环境负担。这一政策领域的构建还存在着很大的问题,当下的国际组织,如 WTO 和 IWF,因其管辖权的限制多只能处理某个方面的问题。〔9〕

三、(刑)法学可行性的界限

如果把上述问题领域联系起来看,会发现虽然这实际上是法律的规则治理问题,然而,这一任务却很难由法学单独完成,这在很大程度上属于超越个别学科而存在的跨学科领域问题。

进一步需要强调的是,即便上述问题属于法学领域的问题,它首先也不是刑法和刑法理论所要完成的任务。从法治国的刑法模型出发,在国际层面仍然要遵守最后手段原则。刑法所负责的领域主要在于如何应对国际恐怖主义、全球信息网络犯罪或金融犯罪等问题。刑罚手段在国际领域的有效运用体现在国际刑法之中,自冷战结束以来,国际刑法得到了引人注目的发展,在这一领域也包括欧洲刑法的出现。由于包含着特殊的文化因素及其与国家主权的密切联系,在可预见的将来,刑法仍将主要是国家导向的。〔10〕但是,这并不能排除有效的刑法规制具备国际化的特征。针对特定问题的规则,如环境法或国际刑法,可以成为其他国家效

---

〔8〕 *Messner*, a. a. O., S. 105.
〔9〕 Id.
〔10〕 Dazu auch das "Lissabon-Urteil" BVerfGE 123, 267

仿的榜样。所谓榜样并不是标准的简单复制，而是一种规则范例，人们可以对其进行扬长避短。刑法理论也并非局限于一国范围内，而是要在刑法的比较，或人们传统上所说的"比较刑法"的框架下关注别国的刑法规范。

四、对外文化政策——学术的外交政策

一个与法律比较相关却又独立的新领域是所谓的法律的"对外文化政策"或者说"学术上的外交政策"。"对外文化政策"的概念，是由亚历山大·冯·洪堡基金会的前秘书长格奥尔格·舒特（Georg Schütte）在议会讨论中提出的。他在 2006 年《时代周刊》的一篇文章中写道：经济和学术的全球化使得"德国的学术界进入了一个新阶段：一个国际合作与竞争的阶段。在工业时代，德国的民族经济以对外经济政策来应对国际化挑战。在全球化知识网络和创新竞争的新时代，德国需要一个对外文化政策"。[11] 舒特认为，学术体系的竞争主要在于科研，最好的科研应避免"人才外流"和天才学者移居国外，在高校内外的研究之间有必要建立新的对接模式，要在全球竞争中更好地保护知识产权。

不久后，费里德里希·埃波特基金会组织了一个以"学术的对外政策——德国作为世界知识网络的枢纽"为题的学术会议。[12] 在会议的引言中，时任基金会主席的安克·福克斯（Anke Fuchs）解释道："世界上 95% 的知识"产生于德国之外。"为推动研究和发展以及实现创新，学术的交流是必不可少的。尤其是气候变化和能源安全及金融危机等全球问题，都要在国际交流中解决。学

---

[11] Schütte, Die Zeit, Ausgabe 16 vom 12.4.2006, S.83. Vgl. auch ders. (Hrsg.) (Fn.6); Zusammenfassend ders., in: Simon/Knie/Hornbostel (Hrsg.), Handbuch Wissenschaftspolitik, 2010, S.151 ff.

[12] Borgwardt (Hrsg.), Wissenschaftsaußenpolitik. Deutschland als Knotenpunkt im weltweiten Wissensnetzwerk. Konferenzbericht der Veranstaltung vom 13. November 2008, Friedrich Ebert-Stiftung, 2009.

术是国际化的,但学术政策和研究的促进则仍然是国家的任务。"[13]

即使上述"95%"的量化并不十分清晰,这一学术政策和研究促进的国际化理念仍是非常明确的。福克斯认为,学术将越来越国际化,而德国的学者也将更好地融入这一国际化体系中。另外,德国须成为一个"向世界开放的国家",可以吸引外国的学者并使他们可以在这里轻松地工作。"学术对外政策的核心,是达成德国作为世界知识网络的枢纽这一目标。"

这一目标与德国联邦政府教育科研部在2008年2月提出的学术与研究的国际化战略是一致的[14],其中又提出了如下任务:应当加强与世界上最强者的研究合作。这一目的要求联邦政府加强德国研究者与优秀的创新型的外国学者的合作。此外,还应进一步发掘国际上的创新潜力。这意味着,德国的企业应与领先的及新兴的高科技地区及研究发展的创造性核心进行全球化合作。

另外,要在教育、研究和发展等方面持续加强与发展中国家的合作。与非洲、拉丁美洲和亚洲的科学技术合作和发展合作要更好地相互协调。最后,还要求政府承担属于德国的国际责任,面对全球化挑战。德国须以其研究和创新的潜力,为应对全球化气候、资源、健康、安全及移民等挑战做出贡献。

2009年,德国外事局提出了"积极地对外文化政策"。[15] 这项政策的目标是,推动教育和研究上的国际合作。对此,要在国外建立"学术和创新房子",将现有的或将来的德国学术机构与各地方联系起来。进而,计划依托德国高校,在选取的合作国家内建立"研究与教学中心",就此形成一个学术合作的"灯塔"网络。应以诱人的奖学金额度吸引高素质的外国大学教师到德国来学习、读博或在研究机构中工作。校友关系网(外事局认为尤其是德意志

---

[13] *Borgwardt* (Hrsg.), a. a. O., S. 7
[14] 德国在国际学术社会中的角色加强。Strategie der Bundesregierung zur Internationalisierung von Wissenschaft und Forschung, vorgelegt im Februar 2008, abrufbar unter http://www.bmbf.de/pub/Internationalisierungsstrategie.pdf.
[15] www.auswaertiges-amt.de/awp.

学术交流中心和亚历山大·冯·洪堡基金会的奖学金获得者们)应使国际合作变得更容易。最后,为外国人提供的德语学习机会在数量和质量上都应当加强。对此,给予外国的语言学者额外的奖学金来德继续深造、网络等现代科技手段也应纳入其中。

五、法律对外文化政策的前提

虽然上述官方所表述的对外文化政策目的中所使用的语言仍然过于形式化而缺少具体内容,但在笔者看来,对外文化政策这一构想本身是极具重要性和前瞻性的。

对此,首先要对现存的问题具备现实的认识,也就是说要超越传统民族国家的束缚来理解问题。现今德国作为大陆法系的核心国家,与英美法系的国家尤其是英国和美国处于竞争关系之中[16],在全球化的标准中,判例法逐渐失去其意义,因为应对新技术的挑战是需要通过立法者,而非着眼于先例的法官来实现的。

其次,在法学理论的对外政策中要注意到的是,民法、刑法和(其他)公法就其对外影响而言存在显著的区别。民法典在世界范围内被接受,首先是在东亚和南美。在这些国家中,德国民法和德国民法学的影响十分强大。[17] 更为显著的是德国刑法在世界范围内的影响力。日本和韩国紧密地以德国刑法模型为导向,通过这两个国家,德国刑法也影响到中国。[18] 在南美,德国刑法的影响也是巨大的,同样,在土耳其也是。公法上,如德国宪法管辖权的形成也有着国际影响力,这体现在苏联的许多国家上。[19]

最后要注意的,还有法政策领域中的一般性合作。[20]

---

[16] 转引自德国司法部的"Law made in Germany"(www.laemadeingermany.de),以及 *Kamphausen*, DRiZ (2009), 2; *Jahn*, DRiZ (2009), 5; *Budras*, DRiZ (2008), 225; *Gehb*, DRiZ (2008), 222。

[17] 对中国的转引自 *Sun Rabels*, Z 71(2007), 644。

[18] *Hilgendorf* (Hrsg.), Ostasiatisches Strafrecht, 2010.

[19] *Arnold*, ZöR 61(2006), 1.

[20] 例如 *Busse*, ZG (2010), 193

然而,单方面的法律输出时代已经过去了。[21] 这一点从东亚国家的视角来看则更为明显。韩国和日本在经济上与德国达到同样水平,其社会发展程度也很高,在某些领域,如网络技术,甚至超过了德国。中国则基于它的庞大和古老的文化,不太容易接受欧洲法。因此,未来绝不会是单方向的法律输出,而是双方对等的法治对话。[22] 这种对话的一个重要方面就是相互理解和消除误会,以及"跨文化交际能力",这也要作为重要的能力被引入到法学的教育中。[23]

六、国际法律合作的一个模型

未来法律合作的具体步骤是怎样的?笔者看来,下列八个方面具有很大的意义[24]:

(一) 学术交流

好的学术交流是通过个体的接触开始的。无论是法学还是其他学科,和谐的人际关系对于保持长期的学术合作是实质性的、不可或缺的基础。因此,开始一段有益的合作关系需要相互间的拜访,进行报告和讨论。

---

[21] *Jung*, ZStW 121 (2009), 467.
[22] "法治国家对话"作为术语幸运地成为 2000 年 6 月以来中德两国法律事务机构沟通的桥梁,然而,中德两国的法治国家对话因政治原因不断地受到阻碍,因此,相关的项目也不再是学术的,而是符合政治目的的。
[23] 参见维尔兹堡大学的项目 "Globale Systeme und interkulturelle Kompetenz" (www.gsik.de)。
[24] "瑞士的与发展中国家建立研究伙伴的法律方针"指明了另一种方向,一个成功的合作项目应包含如下结构:共同的目标协议、互信的建立、信息共享和网络发展、责任共担、公开透明、对合作的持续控制和评价、成果的准备和应用、研究能力的提升以及新项目的建立。(Vgl. die Guidelines for Research in Partnership with Developing Countries, 11 Principles. Swiss Commission for research Partnership with Developing Countries (KFPE), 1998, abrufbar unter http://www. kfpe. ch/key_activities/publications/guidelines_e. php.)

(二) 大学生和博士生的交流

第二个重要的步骤是大学生间的交流。许多高校间都存在着这样的项目,针对外国学生的特殊需求来设置的。对此,还有博士生间的交流。理想化的情况是,他们应该已经很好地掌握了要去交流国家的语言,且他们的博士研究项目至少有了基本雏形。

(三) 奖学金项目

如果在国外停留期间能够得到资助,那么,大学生和博士生的交流会容易实现很多。在德国有着许多的这样的能够提供或部分提供经济资助的机构。要提到的首先就是德意志学术交流中心(DAAD)以及不同政党的基金会。[25] 很多时候,外国学生和青年学者可以得到一个教学岗位的工作合同。[26] 亚历山大·冯·洪堡基金会在此起了很大的作用,在基金会的帮助下,优秀的新生代学者在德居留期间能够获得其资助。

(四) 共同开展研讨会和其他的合作项目

人员间交流合作的最重要的形式就是共同开展研讨会。会议主题应与问题相关联,如对网络犯罪、环境危机及程序上的问题等更大的规则问题共同起草解决建议。[27] 在所有这些项目中,重要的不仅是有外国合作伙伴的参加,他们还应在项目计划和项目结构中拥有相同的权利。[28]

(五) 共同出版物

会议和其他的合作项目通过共同出版物形成文件形式。这样的出版物有助于成果的传播,为今后的合作项目奠定了基础。理

---

[25] 参见本章第一部分。
[26] 困难的是,大学的公务员法对外国人的助教和科研岗位都有所限制。这里强调的是重要的补救措施。
[27] 值得一提的是,许多国家都在讨论"辩诉交易"的可行性。
[28] 参见前注 24 中提到的"瑞士法律方针"。

想情况下,这样的出版物应该是双语的,然而,由于翻译的费用和所需的时间,这一点不总是能达到。

(六) 翻译工作

一个有雄心的项目需要有对学术工作的翻译。[29] 许多年来,德国学者的文章,主要是刑法,也包括民法和其他公法,以其他的语言广泛传播。这一工作是十分重要的,且有助于德国和其他国家间的法学上的合作关系形成坚固的基础。如今,将如东亚、南美或土耳其等外国学者的著作译成德语,则有着越来越重要的意义。这样的翻译工作是十分必要的,如此才能真正地实现不同国家的刑法学者间的对话。而仅把德语著作翻译成其他语言的时代已经过去了。

(七) 制度化的合作:核心,博士项目

一个长期的合作是以一个确定的制度化为前提的。开始是个体间的或教职人员间的合作,之后是院系间或高校间的系统化合作。不同结构的相同核心是要在特定领域内使合作更容易。参与德国技术合作公司(GIZ,2011.1.1)或其他高校外组织(如联邦某部委)的发展项目时拥有相同权利是很重要的。未来的项目是共同的博士项目,尤其是使优秀的博士生拥有外国和德国的双导师,由此可掌握两国的法律体系。

(八) 确保法学的工作环境

法学合作中一个十分重要但常常被忽视的方面是确保适当的工作环境。德国的——或者可以说是欧洲的——法学如今面临着一个困境,因为学术工作的语境和范本都改变了。自然科学影响

---

[29] Frank (Hrsg.), Übersetzen, verstehen, Brücken bauen. Geisteswissenschaftliches und literarisches Übersetzen im internationalen Kulturaustausch, Bd. 2, 1993. (mit grundlegenden Darlegungen zur Problematik Juristischer Übersetzungen aus der Feder von *Gizbert-Studnicki/Maier/Maciag/Murakami/Poczobut*, *Schwartz/Shiyake/Wyk*, in: *Frank u. a.* (Hrsg.), a. a. O., Bd. 1 S. 305 ff.)

着政治家,他们尝试让人文社会科学,包括法学,去适应自然科学的风格和工作方式。

这也包括了对学术成就特定的评估程序,例如,将引文的数量和期刊的评价作为"影响因素"。出于无法进一步实现的原因,在法学工作的应用中存在"盎格鲁-撒克逊"同学的,主要是美国的学术指数的巨大优势,这表现出一种现代的学术上的帝国主义。未来国际合作的目标应当是共同坚决应对问题的动向。

七、结语

德国刑法学在国际上的魅力,如同其在克劳斯·罗克辛的作品中展现的,不会再被理所当然地接受。为使德国刑法在法律体系的全球化竞争中占有一席之地,还需要更多的努力。尤其是单方向的法律输出和法律帮助,要发展成为伙伴间真正的法律对话。反思一个成功的国际合作的条件和机遇,有助于找到一系列的角度观点,这都会成为未来法律的对外文化政策的基础。